郭齐勇 主编

中国哲学通史

—学术版—

—隋唐卷—

龚隽
李大华 等
夏志前 著

A
HISTORY
OF
CHINESE
PHILOSOPHY

江苏人民出版社

图书在版编目(CIP)数据

中国哲学通史.隋唐卷/郭齐勇主编;龚隽等著
.一南京:江苏人民出版社,2022.9
ISBN 978-7-214-26659-0

Ⅰ.①中… Ⅱ.①郭… ②龚… Ⅲ.①哲学史-中国
-隋唐时代 Ⅳ.①B2

中国版本图书馆 CIP 数据核字(2021)第 225571 号

中国哲学通史
郭齐勇　主编

隋唐卷
龚　隽　李大华　夏志前　等著

策　　　划	府建明	
责 任 编 辑	胡海弘	
装 帧 设 计	周伟伟	
责 任 监 制	王　娟	
出 版 发 行	江苏人民出版社	
地　　　址	南京市湖南路 1 号 A 楼,邮编:210009	
照　　　排	江苏凤凰制版有限公司	
印　　　刷	苏州市越洋印刷有限公司	
开　　　本	652 毫米×960 毫米　1/16	
印　　　张	48.25　插页 4	
字　　　数	646 千字	
版　　　次	2022 年 9 月第 1 版	
印　　　次	2022 年 9 月第 1 次印刷	
标 准 书 号	ISBN 978-7-214-26659-0	
定　　　价	178.00 元(精装)	

(江苏人民出版社图书凡印装错误可向承印厂调换)

目　录

导　论　*1*

第一章　隋唐时期的儒家哲学思想　*6*

　　第一节　颜之推及其《颜氏家训》　*6*

　　第二节　王通及其《中说》　*15*

　　第三节　韩愈及其"五原"　*23*

　　第四节　李翱及其《复性书》　*38*

第二章　天台宗的哲学思想　*45*

　　第一节　智颉与天台宗的判教思想　*46*

　　第二节　天台宗的圆融哲学　*56*

　　第三节　天台宗的"性恶"说　*72*

第三章　三论宗的哲学思想　*87*

　　第一节　"三论"的译传与吉藏　*88*

　　第二节　"破邪显正"基础上的判教论　*93*

　　第三节　"八不"基础上的中道观　*100*

第四节 三论宗的"二谛"说 110

第五节 三论宗的"佛性"说 117

第四章 法相唯识宗的哲学思想 123

第一节 玄奘的生平与著述 123

第二节 法相唯识宗的传承与典籍 132

第三节 "万法唯识"说与三时判教 137

第四节 奘传唯识新学 144

第五章 华严宗的哲学思想 178

第一节 华严宗的创立与哲学主题 178

第二节 法藏的缘起理论与教相判释 186

第三节 "六相圆融"与"十玄无碍"说 190

第四节 澄观的"四法界"与"三圣圆融"说 197

第五节 宗密的"绝对真心"论与禅化华严学 201

第六章 禅宗的哲学思想 205

第一节 从"印度禅"到"中国禅" 206

第二节 禅宗思想中的"方便通经" 212

第三节 中国禅门中的顿与渐 228

第四节 慧能与《坛经》诸问题 236

第七章 禅宗有关"坐禅"思想的中国化 255

第一节 初期禅宗史中的"一行三昧" 255

第二节 "一行三昧"与"念佛""守一" 258

第三节 从"一行三昧"到"游戏三昧" 261

第四节 "游戏三昧"与戒相 272

第五节 南宗对"坐禅"批判的意味 276

第八章 成玄英与李荣的哲学思想 281

第一节 成玄英与李荣的生平与著述 281

第二节 论"玄"与"玄之又玄" 285

第三节 论"玄道" 295

第四节 论"有无" 318

第五节 论"动静" 331

第六节 论"三一" 346

第九章 王玄览的哲学思想 352

第一节 王玄览的生平与著述 352

第二节 论"道体" 354

第三节 论"道物" 358

第四节 论"心性" 362

第五节 论"有无" 369

第六节 论"坐忘" 372

第十章 司马承祯的哲学思想 382

第一节 司马承祯的生平与著述 382

第二节 《服气精义论》中的道性论 389

第三节 《坐忘论》中的道性思想 399

第十一章 唐玄宗的哲学思想 415

第一节 唐玄宗的生平与著述 415

第二节 "明道德生畜之源"说 419

第三节 "道性清静"说 432

第四节 "因学知道，行无行相"说 441

第五节 "理身理国"说 450

第十二章 吴筠的哲学思想 468

第一节 吴筠的生平与著述 468

第二节 "道至无而生天地" 472

第三节 "道德、天地、帝王，一也" 478

第四节 "神仙可学" 484

第十三章 张志和的哲学思想 499

第一节 张志和的生平与著述 499

第二节 "为物之宰曰造化"的本体论 501

第三节 "至道非有无之殊"的辩证法 508

第四节 "无心可知道之妙"的认识论 517

第五节 "死生有循环之端"的生死观 522

第十四章 杜光庭的哲学思想 525

第一节 杜光庭的生平与著述 525

第二节 重玄思想的清理及其理论旨趣 530

第三节 "道通一气" 541

第四节 "体用相资"的辩证思维 553

第五节 "穷理尽性"与"安静心王" 563

第六节 理身与理国 577

第十五章 《无能子》与《化书》中的哲学思想 594

第一节 《无能子》与《化书》 594

第二节 《无能子》中的自然论 597

第三节　《无能子》的社会批判思想　*605*

第四节　《化书》中的"虚化"论　*612*

第五节　《化书》的社会批判思想　*625*

第十六章　罗隐的哲学思想　*641*

第一节　罗隐的生平与著述　*641*

第二节　"贵贱之理著之于自然"　*646*

第三节　《谗书》的批判性质　*658*

第十七章　隋唐重玄学说与内丹学说　*665*

第一节　道教的重玄学说　*665*

第二节　道教内丹学与神学思辨　*677*

第三节　《周易参同契分章通真义》的"还丹"说与"数"论　*688*

第十八章　隋唐时期的三教关系　*701*

第一节　佛与儒的关系　*701*

第二节　道与佛的关系　*703*

第三节　道与儒的关系　*721*

第四节　唐代道教与宋明理学的关系　*738*

主要参考书目　*754*

后　记　*761*

导　论

公元 6—7 世纪,中国封建社会进入了鼎盛期,这一时期也是中国文化思想史上继春秋战国百家争鸣之后的一个灿烂的开放时期,唐王朝营造了三教并行的学术环境,儒释道三大思想派别互相攻讦,又相互融摄,各秉所宗而各弘其旨,从而显示出各自的学术气韵。

经过六朝的社会动荡,隋唐时期中国社会进入了相对稳定和统一的时代,在哲学思想上也呈现出特有的形态。我们可以将 6 世纪末到 10 世纪初的隋唐两代理解成一个连续的时代。隋唐时期,作为中国哲学思想主要法流的儒释道三家均发生了程度不同的变化,而且三教之间的互动与思想交织也非常频繁。于是,要理解隋唐时期中国哲学思想史的发展与特色,应从三家思想之交互关系这一整体来加以观察。这不仅与对于隋唐中国哲学思想的理解关系甚大,也关联到对于宋明理学的深刻把握。

儒家思想自两汉以来大都依附在经学的形式下得以开展,而隋唐儒家经学在思想上经历了一次重要的嬗变。隋唐儒家为了适应中央集权需要的统一的思想要求,大都在传统经学的基础上,融合汉魏六朝以来的经学成果,兼采南北经学的不同风格,力图形成具有统合性质的经学形式。此间,儒家经学经过隋代二刘(刘焯、刘炫)的兼通群经,对于南北朝经学进行了初步综合,到了唐代孔颖达撰定五经义疏,最终以《五经正义》的形式完成了它作为帝国统一意识形态的历史使命,并成为国家开科取士的思想教程。虽然,这种以大一统为思想主旨的儒家经学在若干观念方面对于六朝以来的思想略有发挥,但整体来说,经学的桎梏使得这一时期儒学的创见极少。如皮锡瑞所言:"唐至宋初数百年,士子皆谨守官书,莫敢异议矣。故论经学,为统一最久时代。"①

儒家经学谨守家法与官方意识形态,在哲学思想方面远不如释、道两家积极有为,多所创发。虽如此,淡泊儒门中也有少数学人,敢于冲破藩篱,为儒家学说略添风采。如颜之推、王通等学人就敢于不拘泥于儒家经法,而援佛、道来充实儒家学说,重振儒门统序。等到中唐之后,韩愈、李翱又在佛、道思想的刺激下,重新审视三教之间的界限,并试图以重建儒家的道统与心性之学,来找回儒家在性命之学方面的信心。虽然这些努力还不够精致,却不同程度地开了宋明理学思想之先河。

相对于释、道两家而言,儒家在隋唐哲学思想的发展中是比较薄弱的一支。儒学不振,甚于六朝,难怪宋代儒者叹喟唐代"儒门淡薄,收拾不住,皆归释氏"②。

佛教自汉代传入中国,在六朝时期获得了思想上的大发展。六朝佛教哲学就佛教思想中的心性之学开展了丰富的论辩与创发,形成了俱舍、成实、涅槃及地(论)、摄(论)等不同思想的法流与学派,佛教心性论思想中的空/有、真/妄、染/净、生灭/寂灭、本觉/始觉等重要观念,都在激烈的讨论中获得了中国化形态的思想发展,同时也留下诸多悬而未决的思想问题。可以说,六朝是中国佛教哲学思想最初的创生期,思想之活跃甚于儒、道两家。而隋唐佛教宗派,很大程度上可以看做在延续与解决六朝佛教思想中的遗留问题,而又融合了新的经教,从而有系统地统合而成的思想宗派。有学者认为,六朝到隋唐佛教的嬗变是一个"由

---

① 皮锡瑞著,周予同注释:《经学历史》,第 207 页,北京:中华书局,1959。
② 《佛祖统纪》卷四五,《大正藏》第 49 卷,第 415 页,东京:大藏出版株式会社,1988。

诸学派到诸宗派"的发展①,即是说,隋唐佛教思想呈现出非常鲜明的宗派形式。隋唐佛教宗派思想各具特色而又交互影响,特别在心性论思想方面,各宗思想展开了不同的哲学论说。这些不同的哲学论说,较为鲜明地表现了各个宗派在思想与宗义方面的不同旨趣。虽然近来学界对于中国佛教宗派的观念存在不同的看法②,但是从哲学思想史的角度来看,以不同宗派的思想论述来观照隋唐佛教,仍然不失为中国哲学思想史书写中一种重要的阐释方法。

隋唐佛教从哲学思想方面来看,以三论、天台、华严、法相唯识等义学思潮为主流,各家学说自立权衡,而又有体系地依据不同的佛教经论来发挥自家宗义。如天台讲"性具善恶"与"一念三千",华严重"性起无碍"与"理事不二",法相唯识主"八识缘起"与"转识成智"等。于心性染净所依等的性质,不同宗派也各有立说,皆有所据。在不同宗派思想的关系方面,隋唐佛教根据不同的佛教经论,极富创造性地进行了重新组织与判释,乃至于儒释道三教思想之间的次序,也在隋唐佛教的判教系统中呈现出新的架构。禅宗虽然标榜"不立文字,教外别传",重视心传而反对义解,却不妨说是以一种新的思想形式,别开生面地发展出佛教心性论与修学新观念,在顿悟渐修等思想方面展开了非常丰富而复杂的论说,把印度禅转化成为最具中国化特色的中国禅学法流。可以说,隋唐佛教在哲学思想的组织与创作方面形成了中古中国哲学史上最为灿烂辉煌的一页。此外,律宗、净土宗、密教等不同佛教流派在隋唐时期也都有重要的发展,但是这些宗派重于修行实践的开展,在思想义理方面创发很少,因而我们从哲学史的角度可以略而不述。

根植于春秋时期,由老子所创立的道家哲学思想,在经过了庄周、宋钘、尹文、慎到、田骈及《吕氏春秋》《淮南鸿烈》《文子》《列子》的分殊彰

---

① [日]冲本克己、菅野博史编:《新亚洲佛教史07 中国Ⅱ 隋唐:兴盛开展的佛教》,释果镜译,第57页,台北:法鼓文化,2016。
② 详见汤用彤《隋唐佛教史稿》(汤用彤论著集之二),第4章第10节"综论各宗",北京:中华书局,1982。

显，又经过汉初(高、惠、文、景)的政治化、魏晋的玄学化和二张(张角、张陵)的宗教化之后，至隋唐可谓枝繁叶茂，恢廓宏远。唐末杜光庭列唐代《老子》注解者"六十余家"，计250多卷。① 《新唐书》增录杜氏所未录者14家、40卷(另有6卷佚)，还录《文子》注24卷，《亢仓子》2卷。② 在解注老庄的学者中，既有万乘之主的帝王，也有隐姓埋名的布衣庶民；既有高居庙堂的显贵，也有逍遥山林的道士。在这之外，还有一大批学者虽不解注老庄，但善谈老庄之学，其中有著名道家(教)理论家，也有熟读六经的显儒，形成了唐代新的老学和新的庄学，出现了《玄珠录》《坐忘论》《天隐子》《玄纲论》《太白阴经》《阴符经注》《阃外春秋》《玄真子》《太上老君说常清静经注》《无能子》《化书》《谗书》等大批著名道书。这些道书皆禀老庄之意，各阐扬于一端。老、庄、文、列在唐代享有至高的政治与学术地位，老子被唐王朝奉为宗祖，并一再追封。祖述老庄的道士、女冠被视为皇族本家，地位在僧尼之上，明经科考试加试《老子》。唐朝还置崇玄博士，"令习《老子》、《庄子》、《列子》、《文子》，每年准明经例考试"③，王公以下研习老庄成为时尚。道家、道教哲学在隋唐达到如此空前的繁荣，可以说不负那个时代给予的空前宽松与自由的学术环境。这除了统治阶级的有意倡导，也有其自身的原因，这些原因汇合时代背景，凝成特殊的性格，大致说来有以下一些特点：

首先，道家和道教不可截然分开，道教在历史上充当了文化载体。作为一种宗教，道教不仅承传了先秦道家以来的人文精神，也保存了道家所有文献。如果不是道教学者努力搜罗道家文献并把它们编在《道藏》中，或许道家也会像先秦的墨家及其后学一样渐失其传。在隋唐五代，的确难以将道家和道教分得那么清楚，它们在思想性及方法论上彼此没有根本区别，区别只在道家和道教学者有的是职业道士，有的是隐

---

① 参见《道德真经广圣义·序》，《道藏》第14册，第309—310页，文物出版社、上海书店、天津古籍出版社，1988。
②《新唐书》卷五九，"艺文志三"，第1515—1524页，北京：中华书局，1975。
③《旧唐书》卷九，"玄宗纪下"，第213页，北京：中华书局，1975。

士,有的则是出入禁中的宦官人士。从思想史的角度来看,他们各自的身份并不重要,重要的是他们有着共同的倾向性。所以,应该将道家和道教合起来看待,因为在事实上,这两者之间并没有明确的界限。

其次,隋唐五代的道教经历了一个巨大的思想转变,即由对自然物理及其宇宙本体的关心转向对生命现象及其本体的重视,从而身体与心性学说兴起了。这种思想转变是宗教超越所引起的,即从由炼造和服用外部自然精华而得到超越,转向在自己身心现实存在中发现宇宙的精神而得到超越,也就是外丹道教向内丹道教的转变:存在于宇宙及其所有自然现象中的精神实质,也同样存在于自己的身心当中,生命的本质就是宇宙的本质。后者不是抛开了前者,而是实现了自己的转换。

最后,从六朝到隋唐五代,有一个"重玄"的思潮贯彻始终。它根源于老子的"玄之又玄",起因却在于对魏晋玄学"以无为玄"的反思,其中佛教中观学说对道教理论的辩驳有力地推进了重玄学说的产生。道教原本不是主张辩论的,即便是东汉的魏伯阳、东晋的葛洪这样一些理论大家,也只是讲出一个深刻的道理,不主张讨论问题。佛教的进入,改变了道教的传统,逼迫道教学者对一些问题做出回应,而对佛教问题的回应转变成了道教自身理论的建设,也催生了一批思想家。隋唐道家和道教学者都在不同程度、有意无意地回应佛教的问题,他们的思想过程中也都会透出"重玄"的史影,而这又可以称为道家、道教本身的义理化。

第一章　隋唐时期的儒家哲学思想

隋唐时期，儒释道三教并行，儒家哲学面临着如何与释、道交往与分判的问题。隋代的颜之推著《颜氏家训》，主张调和儒佛；王通亦兼采释道，但以复兴儒学为己任，作《中说》，为儒家心性论打开了一个新局面。唐代韩愈与李翱则开始正视三教之分判，对释、道提出批评。韩愈作"五原"，建立了儒家的"道统"说；李翱作《复性书》，提出"人可学以成圣"的论题，都为儒学心性与治道两面的合理性而辩护。隋唐儒家哲学是宋代儒学复兴的先导。

第一节　颜之推及其《颜氏家训》

在短暂不足 40 年的隋代(581—618 年)历史上，儒释道三教并行，儒家哲学之形态至隋末王通讲学论道方获上升与突破。然而，隋代儒学常涉释道，尤受佛教影响，在经学的洪流中较为艰难地发展。此艰难主要归因于两方面：

其一，文、炀二帝偏好佛学，诉求法治而非仁政，未能真正遵从与施用儒学思想。具体而言，隋文帝在位期间虽厚赏诸儒，毕集四海九州强学待问之士，使讲诵之声道路不绝、儒雅之风盛极一时，然其政策未得一以贯之,空有建学之名而无弘道之实,以致礼义不足以防君子、刑罚不足以威小人。隋代帝王有意纳用深悉礼仪、博学通儒、善文善校之士儒,如刘焯、刘炫等,皆专于天文历法、讲经著书。刘焯、刘炫于学术上出类拔萃,南北传统兼容并包,时人称之为"二刘",以为隋朝士儒之一大代表,但其哲学思想方面则未可窥究。① 另外,隋代官员调动频繁,公卿士大夫多以学问为营生,以谋官为务,以词章训诂为业,怀攘夺之心,亦不利于推尊孔孟学术、重兴儒家道统。

其二,隋朝时期战事频仍,大量著述损毁散佚,民间讲学多处受阻。在文、炀二帝文化政策的影响下,隋代学术典籍之数目虽曾辉煌一时,但也几乎与隋王朝一同湮没。尤因炀帝末年好战喜功,大量藏书毁于战火。今之学者大多仅能从唐宋明清著述中的零散片段来窥寻与概述隋代儒者的学术成果,或仅就留存的有限文本诠释其思想内核,此亦研究隋代儒家哲学义理的难点所在。当时,旧儒多已凋亡。如辗转四朝的颜之推,入隋十年即病逝,暮年作《颜氏家训》20 篇,援佛入儒,详述修身齐家之"道"与"术",以亲身经历悟改过之难,规劝子孙后代,培善立德应自幼时起、立言立世须读书,故其学仍以务实为主。由于世道衰微,隋代民间讲学活动相对受阻,唯隋末炀帝大业年间河汾之学兴盛。王通四受征辟而不仕,隐于河汾之间论道讲学,使儒学兴而师承继往,求学者甚众。王通兼采释道思想,以重振儒家道统秩序、复兴孔子教化为己任,在隋代儒家哲学之混沌中劈开一番新景象,而其"心为穷理者"之心性论思想或为宋代理学兴起之先迹,门人私谥为"文中子"。

一、颜之推的生平与著述

颜之推,字介,琅邪临沂(今属山东)人,生于梁中大通三年(531 年),卒于隋开皇十一年(591 年),卒年六十,尝自叹"三为亡国之人"。

《北史》载:

---

① 《隋书》卷七五,"儒林传序",第 1707 页;"刘焯传",第 1719 页,北京:中华书局,1973。

之推年十二,遇梁湘东王自讲《庄》、《老》,之推便预门徒。虚谈非其所好,还习《礼》《传》。博览书史,无不该洽,辞情典丽,甚为西府所称。湘东王以为其国右常侍,加镇西墨曹参军。好饮酒,多任纵,不修边幅,时论以此少之。湘东遣世子方诸镇郢州,以之推为中抚军府外兵参军,掌管记。遇侯景陷郢州,频欲杀之,赖其行台郎中王则以免。景平,还江陵。时湘东即位,以之推为散骑侍郎,奏舍人事。

后为周军所破,大将军李穆重之,送往弘农,令掌其兄阳平公远书翰。遇河水暴长,具船将妻子奔齐,经砥柱之险,时人称其勇决。文宣见,悦之,即除奉朝请,引于内馆中,侍从左右,颇被顾眄。后从至天泉池,以为中书舍人,令中书郎段孝信将敕示之推。之推营外饮酒,孝信还以状言,文宣乃曰:"且停。"由是遂寝。

后待诏文林馆,除司徒录事参军。之推聪颖机悟,博识有才辩,工尺牍,应对闲明,大为祖珽所重,令掌知馆事,判署文书。迁通直散骑常侍,俄领中书舍人。帝时有取索,恒令中使传旨,之推禀承宣告,馆中皆受进止。所进文书,皆是其封署,于进贤门奏之,待报方出。兼善于文字,监校缮写,处事勤敏,号为称职。帝甚加恩接。为勋要者所嫉,常欲害之。崔季舒等将谏也,之推取急还宅,故不连署。及召集谏人,之推亦被唤入,勘无名,得免。寻除黄门侍郎。

……

齐亡入周。大象末,为御史上士。[1]

可知,颜之推年少时已博览群书,辞采华茂,获梁湘东王萧绎赏识,擢国右常侍,加授镇西墨曹参军。之推年少好酒且不修边幅,世人对此多有微词。湘东王派其随世子萧方诸镇守郢州,侯景之乱中郢州被侯景攻陷后,之推多次险被侯景所杀。萧绎称帝后,任命之推为散骑侍郎,奏舍人事。承圣三年(554年),梁军被北周军所破,之推被俘,北周大将军李穆

---

[1]《北史》卷八三,"颜之推传",第 2794—2796 页,北京:中华书局,1974。

将之推送往弘农,在他的兄长阳平公李远处掌管书翰。恰逢黄河暴涨,之推携妻儿备办船只奔齐。北齐文宣帝高洋见之推勇决,除奉朝请,引于内馆中,后待诏文林馆,除司徒录事参军。之推以其聪颖机悟、博识多才获大臣祖珽赏识,官升中书舍人,又因善文善校获文宣帝重用。他在北齐共历 20 年,官至黄门侍郎。北齐灭亡后,之推入北周,大象(579—581 年)末被征为御史上士。

公元 581 年,隋文帝杨坚代周自立。"隋开皇中,太子召(之推)为文学,深见礼重。寻以疾终。有文集三十卷,撰《家训》二十篇,并行于世。之推在齐有二子,长曰思鲁,次曰敏楚,盖不忘本也。《之推集》,思鲁自为序。"①据王利器考证,《颜氏家训》所述多入隋以后事,然其多次提到《广雅》而不避隋炀帝杨广的名讳,可断定成书于隋文帝平陈以后、隋炀帝即位之前,是其暮年之作。②

二、《颜氏家训》中的哲学思想

《家训》通行本分 7 卷,共 20 篇:卷一《序致》《教子》《兄弟》《后娶》《治家》;卷二《风操》《慕贤》;卷三《勉学》;卷四《文章》《名实》《涉务》;卷五《省事》《止足》《诫兵》《养生》《归心》;卷六《书证》;卷七《音辞》《杂艺》《终制》。

在颜之推看来,古圣贤之书在教人诚孝、慎言检迹、立身扬名等方面已经十分完备,故其创作《家训》的目的在于"整齐门内,提撕子孙"。因为较之师友之诫与尧舜之道,以家族之长的身份修训立教,更能让家庭成员信服,从而使其言行符合规范。颜之推以家训的方式来书写,主要是想从实用性与时效性的角度来肯定《家训》的作用,以自身经历和体悟告诫子孙勿忘前车之鉴。

王利器的《颜氏家训集解》为本研究提供了资料翔实的底本。此外

---

① 《北史》卷八三,"颜之推传",第 2796 页。
② 王利器:《颜氏家训集解(增补本)》,叙录,第 1—2 页,北京:中华书局,2002。

还有两部通论性著作,即我国台湾学者尤雅姿的《颜之推及其家训之研究》、日本学者宇都宫清吉的《颜之推研究》,对全面了解颜之推及其思想有很好的参考价值。学界现今对于《颜氏家训》的文本,多从家庭教育、文学理论和佛学思想等方面进行论述。这里选取有关儒学思想义理的卷篇进行阐释,以观隋朝初年旧儒之思想。

(一)中人"培善立德"之性三等说

颜之推反省自己一生主要的德性之失,与世人评价亦大致相同:"肆欲轻言,不修边幅"。其言曰:"颇为凡人之所陶染,肆欲轻言,不修边幅。年十八九,少知砥砺,习若自然,卒难洗荡。二十已后,大过稀焉;每常心共口敌,性与情竞,夜觉晓非,今悔昨失,自怜无教,以至于斯。追思平昔之指,铭肌镂骨,非徒古书之诫,经目过耳也。"①这是坦言自己在省过与再犯之间不断往复,夜觉晓非,今悔昨失,始终找不到一个好的办法来克除身上不好的习染。他将自己轻狂的过失归咎于年少时未受严格的规范和教育,故"习若自然,卒难洗荡"。这种铭心刻骨的追悔,使他意识到作为一家之尊,应当仁威并重,以家训的方式将先辈的知识与经验传承下来,殷切指导后世子孙从小培育好的习气,从而保全德性之善。

颜之推先从人性的高度来论究家训。他把人性分三等:上智、中庸及下愚。"上智不教而成,下愚虽教无益,中庸之人,不教不知也。"②颜之推认为三等人中,真正需要接受教育的主要是中庸之人。中庸,即教而知之、不教不知之人。中庸之人具备发展成为上智之人的可能性,需要教导、启发、劝诫、规勉方可培植智性、德性之幼苗(孝、仁、礼、义),不断弥补天生之不足,克服后天之习染。即便中庸之人中还有聪慧俊秀与愚蠢迟钝之分,为人父母仍应一视同仁,毕竟家庭教育重在培养子女美好的德性,而非技艺。另一方面,颜之推发现,孩子初生之时并非自然知孝、自然知悌,他们只能从父母的面色中判断事理与道理,确认自己的言

---

① 檀作文译注:《颜氏家训》,"序致第一",第3—4页,北京:中华书局,2020。
② 檀作文译注:《颜氏家训》,"教子第二",第7—8页。

行是否讨父母欢心。"父母威严而有慈,则子女畏慎而生孝矣。"①因而,子女对父母之"孝"非生于天生的仁心与仁爱,而主要缘于对父母的畏慎之心。颜之推并不否认人有发自内心的情感,相信人生而有情且具"差等之爱",如一家之亲有三:夫妇、父子、兄弟。其言曰:"兄弟者,分形连气之人也。"②在他看来,兄弟是外表不同而血气相通之人,兄弟之间应敬兄如敬父、爱弟如爱子,如同形与影、声与响一般亲密,切忌因为妻儿仆妾的影响而相互疏远,心生嫌隙。在兄弟人伦中,颜之推尚且宣扬推重相互关爱的情感先验性,但是在父子的关系中,他则突出"孝"的观念源自于"威严",这一思想在本质上是与主流儒家思想不甚合契的。

(二)"威""爱"兼统之家礼

在颜之推看来,"简则慈孝不接,狎则怠慢生焉"③。倘若没有人为定立的德目与准则,父母不拘礼节,对子女过分亲昵,就会使子女滋生放肆不敬之心,致使家庭难以"父慈子孝"。中庸之人如果自幼未受父母长辈的时时督促与教导,必将流于恶习,失却挺立自我道德本体的依据。故"家齐"之本质在于"威严"与"爱"并用,且首重"威严"。颜之推认为,家长的"威严"需要有礼仪、规矩的指导,以及恰当的惩罚:"笞怒废于家,则竖子之过立见;刑罚不中,则民无所措手足。治家之宽猛,亦犹国焉。"④家不可废体罚犹如国不可废刑罚,刑罚施用得当,百姓自然知道应该如何做,避免犯错。此齐家之方式与进路看上去与隋文帝以严刑峻法整顿吏治的举措更为相类。当时儒者亦有重于"循礼教"与"立规矩"的面向,他们以道德节目为"善",认可"孝仁礼义"乃成就健全之人格的品德,将之作为规范与训条来匡正人的言行举止,从而改善社会风化。具体而言,礼仪规范包含避讳之法、待客之礼,以及如下几种情况:父母病重、丧吊、丧父丧母、儿生一期(即孩子满周岁时)、与人结拜等。此亦隋朝统治

---

① 檀作文译注:《颜氏家训》,"教子第二",第 7 页。
② 檀作文译注:《颜氏家训》,"兄弟第三",第 19 页。
③ 檀作文译注:《颜氏家训》,"教子第二",第 12 页。
④ 檀作文译注:《颜氏家训》,"治家第五",第 35 页。

下帝王文化政策的一个体现：儒者须对礼仪有所见地。颜之推历经几朝，熟稔南北地区的礼仪风俗，故其《家训》中不乏实例佐证，且记载详备，并对不合情理之礼仪提出疑问。

承上所述，德性之养成、恶习之摒除需要依靠自幼年起的家庭教育，而"慕贤"亦是人们走出家庭面对社会环境时应当具备的品质。颜氏说："人在年少，神情未定，所与款狎，熏渍陶染，言笑举动，无心于学，潜移暗化，自然似之。何况操履艺能，较明易习者也？是以与善人居，如入芝兰之室，久而自芳也。与恶人居，如入鲍鱼之肆，久而自臭也。墨子悲于染丝，是之谓矣。君子必慎交游焉。孔子曰：'无友不如己者。'颜、闵之徒，何可世得！但优于我，便足贵之。"①少年人性情未定，气质亦易受环境熏染，因而要谨慎交友，择善而从，"无友不如己者"。

（三）为学务实之读书法

正所谓"勤学自立"，自立于乱世需依赖书籍。颜氏曰："士大夫子弟，数岁已上，莫不被教，多者或至《礼》《传》，少者不失《诗》《论》。……文士则讲议经书。"②颜之推认为，《诗经》《论语》《礼记》《左传》乃士大夫子弟数岁以上之所学，及至成年，文人需要具备讲论儒家经书的能力。他反对自傲与空谈，主张于读书时关注那些能够切合人伦实用的生活知识，譬如如何孝亲、如何散财、如何恭谨、如何发奋等等，这些都被认为是培养品行的方式。颜之推说："古之学者为己，以补不足也；今之学者为人，但能说之也。古之学者为人，行道以利世也；今之学者为己，修身以求进也。夫学者犹种树也，春玩其华，秋登其实；讲论文章，春华也，修身利行，秋实也。"③他首肯古之学者之为学，赞赏古之学者为学乃补己身之不足，修身利行、行道利世，而非追求功名利禄。如"上士忘名，中士立名，下士窃名。忘名者，体道合德，享鬼神之福佑，非所以求名也"④，上

---

① 檀作文译注：《颜氏家训》，"慕贤第七"，第85页。
② 檀作文译注：《颜氏家训》，"勉学第八"，第94页。
③ 檀作文译注：《颜氏家训》，"勉学第八"，第106页。
④ 檀作文译注：《颜氏家训》，"名实第十"，第169页。

等之人内心体悟了"道"，行为符合了"德"，往往忘却名声。之推尝叮嘱长子颜思鲁道："使汝弃学徇财，丰吾衣食，食之安得甘？衣之安得暖？若务先王之道，绍家世之业，藜羹缊褐，我自欲之。"①如果能够致力于先王之道，继承家学传统，他乐意着粗布麻衣，食粗茶淡饭。学以修身，亦不废致用，颜之推并不排斥将读书看做一种立身的技艺和途径来劝人向学："夫明《六经》之指，涉百家之书，纵不能增益德行，敦厉风俗，犹为一艺，得以自资。……伎之易习而可贵者，无过读书也。"②这与他颠沛流离的人生境遇息息相关。因技之所长而屡受提携，亦是当时久经战乱之旧儒的现实写照。

颜之推倡导之"务实"，可见诸读书之法与涉务上。关于读书之法，其一，颜之推主张熟读经文，粗通注文之义，博览而取其精要。换言之，读圣贤书重在指导自己的言行，有益事功，而不必专研训诂，空疏词义："夫圣人之书，所以设教，但明练经文，粗通注义，常使言行有得，亦足为人；何必'仲尼居'即须两纸疏义，燕寝讲堂，亦复何在？以此得胜，宁有益乎？光阴可惜，譬诸逝水。当博览机要，以济功业；必能兼美，吾无间焉。"③当然，读书虽重经世致用，但文字小学也不可偏废，对字义的严格界定有利于阅读典籍："夫文字者，坟籍根本。"④其二，学人应当相互切磋问学，相互启发而后真正明白书中道理："盖须切磋相起明也。"⑤其三，谈话或写作不可道听途说，唯亲眼所见方可复述："谈说制文，援引古昔，必须眼学，勿信耳受。"⑥在涉务方面，颜之推认为文人学者应当具备处理实际事务的能力，如处理政务、掌管文史、统领军队、驻守边疆、出使外邦、负责兴造等。勤学之人皆可获得某类技艺，因人生而禀赋各异，长短不一，故不求全备，但有一技之长，可胜任其中一项事务，即能为国效力：

---

① 檀作文译注：《颜氏家训》，"勉学第八"，第 125 页。
② 檀作文译注：《颜氏家训》，"勉学第八"，第 98 页。
③ 檀作文译注：《颜氏家训》，"勉学第八"，第 110 页。
④ 檀作文译注：《颜氏家训》，"勉学第八"，第 131 页。
⑤ 檀作文译注：《颜氏家训》，"勉学第八"，第 126 页。
⑥ 檀作文译注：《颜氏家训》，"勉学第八"，第 129 页。

"人性有长短,岂责具美于六涂哉?但当皆晓指趣,能守一职,便无愧耳。"①可见,《家训》所倡导的读书与知识是一类理用兼备、具有儒家知识理想的类型。

(四)儒佛一体之援佛入儒

值得注意的是,颜之推亦信奉佛教,并将儒学与佛学相互调和,援佛入儒。他认为儒学与佛学实为一体两面,唯悟道方式与境界浅深不同,故二者可以并行不乖,皆可遵行。他把仁义礼智信五常与佛教所倡之五种禁戒一一对应,谓:"内典初门,设五种禁;外典仁义礼智信,皆与之符。仁者,不杀之禁也;义者,不盗之禁也;礼者,不邪之禁也;智者,不酒之禁也;信者,不妄之禁也。"②这类以五常拟配五戒的诠释方法,成为唐以后儒佛会通的基本法式之一。

关于世人对佛教的责难,作为儒者的颜之推提出自己的回应与解释。他从存在论的角度肯定佛教所述之神灵与因果轮回,反对因品行不端之僧尼而判定佛门为藏污纳垢之地。同时,他还提出信佛不必非得出家修行:"内教多途,出家自是其一法耳。若能诚孝在心,仁惠为本,须达、流水,不必剃落须发。"③只要心中有诚孝之念,以仁爱惠施为立身之本,不剃发亦不妨碍修道信佛:"树立门户,不弃妻子,未能出家;但当兼修戒行,留心诵读,以为来世津梁。人生难得,无虚过也。"④在颜之推看来,儒者修行持戒,诵读佛经,能够超度自己与世人,免脱前世今生之罪恶负累,获得来世的福祉善缘,这既有益于世俗生计,又不违碍儒家"仁爱"教义,何不遵行?对于死后丧葬事宜,颜之推提出,扫祭应以追思父母为重,要求子孙在葬礼上一切从简,并援引佛学"戒杀生"的观点,忧心祭祀宰杀生灵会增加死者的罪孽。由以上种种可见,当时儒者在对佛学的理解上深受因果论的影响,多从德性之善(仁、义、礼、智、信)与因缘际遇之善(福报、消

---

① 檀作文译注:《颜氏家训》,"涉务第十一",第178页。
② 檀作文译注:《颜氏家训》,"归心第十六",第212页。
③ 檀作文译注:《颜氏家训》,"归心第十六",第223页。
④ 檀作文译注:《颜氏家训》,"归心第十六",第225页。

业障)中寻求儒佛的统一。

第二节　王通及其《中说》

一、王通的生平与著述

王通,字仲淹,绛州龙门(今山西河津)人,生于隋文帝开皇四年(584年),卒于隋炀帝大业十三年(617年),卒年三十三,门人私谥"文中子"。据《中说·文中子世家》载:

> 文中子王氏,讳通,字仲淹。……十八代祖殷云中太守,家于祁,以《春秋》《周易》训乡里,为子孙资。十四代祖述,克播前烈,著《春秋义统》,公府辟不就。九代祖寓,遭愍怀之难,遂东迁焉。寓生罕,罕生秀,皆以文学显。秀生二子,长曰玄谟,次曰玄则。玄谟以将略升,玄则以儒术进。玄则字彦法,即文中子六代祖也。仕宋,历太仆、国子博士……究道德,考经籍……故江左号王先生,受其道曰王先生业,于是大称儒门,世济厥美。先生生江州府君焕,焕生虬,虬始北事魏。太和中为并州刺史,家河汾,曰晋阳穆公。穆公生同州刺史彦,曰同州府君。彦生济州刺史一,曰安康献公。安康献公生铜川府君,讳隆,字伯高,文中子之父也。传先生之业,教授门人千余。①

此文开篇陈述王通的世系族谱。自十八代祖王殷至六代祖王玄则,皆贤良博学,家学自此始称儒门。高祖为晋阳穆公王虬,唐代薛收《隋故征君文中子碣铭》中叙述道:"初,高祖晋阳穆公自齐归魏,始家龙门。若乃门风祖业之旧,鸿儒积德之胄,事贲家牒,名昭国史。"②王虬自南齐归魏,始家龙门。曾祖为王彦,称同州府君。祖父为王一(一作王杰),称安康献

---

① 郑春颖:《文中子中说译注》,"文中子世家",第194页,哈尔滨:黑龙江人民出版社,2004。
② 〔唐〕薛收:《隋故征君文中子碣铭》,《全唐文》卷一三三,清嘉庆内府刻本。

公。父为王隆,称铜川府君,教授门人千余,并传业于王通。王通家学渊源深厚,早年受业于父,并"受《书》于东海李育,学《诗》于会稽夏琠,问《礼》于河东关子明,正《乐》于北平霍汲,考《易》于族父仲华,不解衣者六岁"①。可见其幼年发奋立志,为学孜孜不倦。

隋文帝仁寿二年(602 年),王通时年 18 岁,被本州举荐为秀才,"射策高第"。翌年,19 岁的王通怀抱济苍生之心,自龙门西至长安觐见隋文帝,上《太平十二策》,然因公卿"不悦"而不得推行,抱憾而归。文帝复征召之,授官蜀州司户,王通"辞不就列"。②《世家》对此段经历所记颇详:

> 仁寿三年,文中子冠矣,慨然有济苍生之心,四游长安,见隋文帝。帝坐太极殿,召见。因奏《太平策》十有二策,尊王道,推霸略,稽今验古,恢恢乎运天下于指掌矣。帝大悦,曰:"得生几晚矣,天以生赐朕也。"下其议于公卿,不悦。时将有萧墙之衅,文中子知谋之不用也,作《东征之歌》而归,曰:"我思国家兮,远游京畿,忽逢帝王兮,降礼布衣。遂怀古人之心兮,将兴太平之基。时异事变兮,志乖愿违。吁嗟,道之不行兮,垂翅东归。皇之不断兮,劳身西飞。"文帝闻而再征之,不至。③

按隋代相关史料,文帝晚年逐渐昏聩,晋王杨广与权臣杨素密相勾结,构陷太子杨勇、蜀王杨秀,故公卿"不悦"一语应指权臣杨素。杨素等公卿欲助杨广夺得帝位,必然反对王通所献《太平十二策》之谏,忌惮文帝复运天下于掌。因此,在仁寿三年(603 年)长安之行以后,王通便不再对隋室君臣抱有希望,曰:"悠悠素餐者,天下皆是,王道从何而兴乎?"④从此隐居不仕,只在民间传道讲学。王通大业元年(605 年)二度受召,却之以疾,并于万春乡甘泽里开展续经之业,于河汾之间教授门徒千余人,大兴河汾之学。门人将其言论整理编纂为《中说》,文体效孔子《论语》而作,

---

① ③ 郑春颖:《文中子中说译注》,"文中子世家",第 195 页。
② 〔唐〕薛收:《隋故征君文中子碣铭》,《全唐文》卷一三三。
④ 郑春颖:《文中子中说译注》,"王道篇",第 18 页。

成书于唐初。唐代陆龟蒙评价王通曰："文中子生于隋代，知圣人之道不行，归河汾间，修先王之业。九年而功就，谓之《王氏六经》，门徒弟子……咸北面称师，受王佐之道。隋亡，文中子没，门人归于唐，尽发文中子所授之道，左右其理。"①皮日休撰《文中子碑》曰："文中子王氏，讳通，生于陈隋之间。以乱世不仕，退于汾晋。序述六经，敷为《中说》，以行教于门人。……先生则有《礼论》二十五篇，《续诗》三百六十篇，《元经》三十一篇，《易赞》七十篇。"②王通以"王孔子"自诩，所续经为《易》《诗》《书》《礼》《乐》《元经》六种，九年而就，至唐代几近散佚无存。

二、《中说》之义理

因《隋书》《北史》皆无王通传，唯新、旧《唐书》之王绩、王勃、王质传中附带介绍过王通，故历史上对文中子其人是否存在有过争议，而今大致承认王通真实存在。③　如尹协理、魏明所著《王通论》一书，即是针对历史上种种对王通及《中说》的误解进行厘清。④《中说》又称《文中子说》，成书于唐初，为王通门人姚义、薛收整理编纂的追录王通言行之作，是现今留存下来最为完整的体现隋代儒者思想的著作之一，也是现今探究王通思想的主要依据。恰如朱子所言："《中说》一书，如子弟记它言行，也煞有好处。虽云其书是后人假托，不会假得许多，须真有个人坏模如此，方装点得成。"⑤即便《中说》后经王通之子王福畤重新分类编排，加进许多吹嘘王通的不实之词，也不该因之否认《中说》一书的思想价值。毕竟

① 〔唐〕陆龟蒙：《送豆卢处士谒丞相序》，《笠泽丛书》卷乙，清雍正九年刻本。
② 〔唐〕皮日休：《文中子碑》，《全唐文》卷八〇九。
③ 关于王通其人真伪性的论辩，今学界多数承认其存在，因与王通同时代的薛收、陈叔达、吕才、王绩及王凝等人皆对王通有所提及与记载，且薛收、陈叔达皆自述为王通门人或问学者："收学不至毅，行无异能，奉高迹于绝尘，期深契于终古。义极师友，恩兼亲故"（薛收《隋故征君文中子碣铭》）；"因沾善诱，颇识大方"（陈叔达《答王绩书》，《全唐文》卷一三三）。此外，《中说·文中子世家》中王通的生年、卒年、每一重要事迹经对证大致属实，且不与隋代历史发生抵牾，可证王通其人之真实存在。
④ 尹协理、魏明：《王通论》，北京：中国社会科学出版社，1984。
⑤ 〔宋〕黎靖德编，王景贤点校：《朱子语类》卷一三七，第3257页，北京：中华书局，1986。

在那个儒者治学偏好事功、儒家哲学混沌不明的年代,王通深入心性层面思考道德主体修养与践履,探究天地人心之理与复道心,斩钉截铁提出"命承儒宗",以"申周公""绍仲尼"为己任,已是振聋发聩。儒家哲学因之朗现,《中说》之哲学价值因之凸显。

现今学界主要从"中道""王道""三教可一"等向度诠释王通的思想。如李金河在《论王通在儒家思想发展史上的三大贡献》中指出,王通的"三教可一"主张为宋明理学对佛、道二教思想的吸收开了先河。[①] 王冬认为,后世王阳明先生的"王道"思想与王通有会通之处,在王通的"王道"思想中,"天下大乱是由'虚文盛而实行衰'所致;五经本旨乃是扬善隐恶、导民以善的圣人的价值追求和人情关怀"[②]。周庆义认为,"王通思想是以'中道'一以贯之,其著述是在明'天人之事'、严'帝王之道'"[③]。综言之,学界大致认可王通的思想对宋明理学具有开启作用,这方面的主要研究著作有景云的《论王通对宋明理学的开启》,尹协理、魏明的《论王通的伦理思想》。

(一)王通的"心"论

在王通的思想体系中,"心"乃穷理之心,穷究天地之理,而"理"又兼该仁义礼智信。其言曰:"心者,非他也,穷理者也,故悉本于天。"[④]"心"在王通思想中统摄三个范畴,即人心本善之"道心"、可认知之"智识心"、秉天而与天地相接之"元识心"。王通认为天、地、人三才同等重要,天统元气,地统元形,人统元识。因天命人具此"元识心",故人心得以探求与天地相感应之途径。譬如,用祀礼、飨礼来接近神鬼之气,"推神于天,盖尊而远之也,故以祀礼接焉";"推鬼于人,盖引而敬之也,故以飨礼接焉"。又因人身骨肉之形乃地之所生,故以祭礼与地联系,"形也者,非他

---

① 李金河:《论王通在儒家思想发展史上的三大贡献》,《中华文化论坛》1998 年第 2 期,第 90—95 页。

② 王冬:《论王通与王阳明王道本义之会通》,《阳明学刊》2012 年第 6 辑,第 69 页。

③ 周庆义:《王通思想简论》,《齐鲁学刊》1992 年第 6 期,第 63 页。

④ 郑春颖:《文中子中说译注》,"立命篇",第 173 页。

也,骨肉之谓也。故以祭礼接焉"。① 在此思想中,寻求"沟通鬼神"无非是寄予人类对天地、先祖缅怀敬畏的情感。故此敬天祭祖之理路,是从仪礼制作的角度论证"元识心"乃沟通天地鬼神之关节,大致符合儒家"神道设教"的范畴。

在注重自我修身、恢复"道心"上,王通主张"诚""恕""恭""悫"等方法。"诚"乃敬慎诚惧,内心警醒提撕,行为有过而思改之,如:"人心惟危,道心惟微,言道之难进也。故君子思过而预防之,所以有诚也。"②王通尤重诚惧,附举古时明君将"诚"刻于盘盂、几杖为例证,论其要义。"恕"即将心比心,如:"为人子者,以其父之心为心。为人弟者,以其兄之心为心。推而达之于天下,斯可矣。"③"子之乡无争者,或问人善?子知其善,则称之不善,则曰未尝与久也。"④"恕"之工夫由亲及疏,先以己心与父兄之心同,切身理解体谅父兄之心,推而达至与天下人之同其心,此即"恕"也。举例而言,与人相处,多观人之善,可使少争端;内心包容万物,忘却自我私欲,方得快乐长寿。"恭"即恭谨,为人恭谨则万物服膺。"悫"即诚心,推至诚心则有所成就。在工夫论上,王通还推崇"主静",提出"静以思道"⑤、"缄口而内修"⑥、闲居静坐以悟道的方法,且曰:"多言,德之贼也"⑦,"静能保名"⑧。王通推崇静虑而反对多动多言,但也承认静思未必一定得道,言则当言道义。

由上观之,王通的河汾之学就此层面已现宋代理学论辩之话头,即重新审视自我的心性修养,试图从"推诚""以心化"之道心处,为重兴儒学道统寻求更稳定可靠的依据,扭转汉儒以来专务词章训诂之学风。然

---

① 郑春颖:《文中子中说译注》,"立命篇",第173页。
② 郑春颖:《文中子中说译注》,"问易篇",第91页。
③ 郑春颖:《文中子中说译注》,"天地篇",第29页。
④ 郑春颖:《文中子中说译注》,"事君篇",第60页。
⑤ 郑春颖:《文中子中说译注》,"周公篇",第74页。
⑥ 郑春颖:《文中子中说译注》,"礼乐篇",第123页。
⑦ 郑春颖:《文中子中说译注》,"问易篇",第103页。
⑧ 郑春颖:《文中子中说译注》,"礼乐篇",第125页。

其义理终究较粗,又受佛学影响而认肯"心迹可判"的主张,难免有割裂知行之嫌,立不住根基,多为宋儒诟病。如程颐曰:"文中子……下半截却云:'征所问者迹也,吾告汝者心也,心迹之判久矣。'便乱道。"①朱熹则评价王通之学为"颇近于正而粗有可用之实",归其学说为"无体"、于"大体处有所欠阙"、"未尝探其根本",故有"乱道处"。②

(二)王通的复王道思想及其途径

王通沿承儒家"复王道,行仁政"的政治思想主张,极其推崇周礼与汉制。王通认为国家应守之以"道",君臣父子应如"春生、夏长、秋成、冬敛"一般,各得其位,万物相称即是天道王道之呈现与流行。不过,王通所希慕之王道并未上溯尧舜,而以两汉之治为理想:"舍两汉将安取制乎?"③换言之,两汉役减刑轻,尚礼乐,导民以德,示民以信,以仁义公恕统天下。王通认为,天道之根本乃"至德",其中最重要的莫过于"仁义",但"非知之艰,行之惟艰"④,真正达到仁义的人极为罕见,贪图私利之人却如过江之鲫。王通屡屡抱憾隋代帝王之道晦暗不明,对隋王室、公卿施行礼乐文教而流于形式之现象十分反感,认为其不涉诗旨之道、声乐之雅、文辞之理义,王道因此无从复兴。"道之不胜时久矣,吾将若之何?"⑤"今言政而不及化,是天下无礼也。言声而不及雅,是天下无乐也。言文而不及理,是天下无文也。王道从何而兴乎?吾所以忧也。"⑥"学者,博讼云乎哉?必也,贯乎道。文者,苟作云乎哉?必也,济乎义。"⑦是故王道兴则礼乐随之兴,礼制之要在于"正人心"。王通所处的时代,礼乐秩序崩坏无常,冠礼、婚礼、丧礼、祭礼早已废除,道、德、仁等伦理规范

---

① 〔宋〕程颢、程颐撰,潘富恩导读:《二程遗书》卷一九,第315—316页,上海:上海古籍出版社,2000。
② 〔宋〕黎靖德编,王景贤点校:《朱子语类》卷一三七,第3256—3270页。
③ 郑春颖:《文中子中说译注》,"问易篇",第92页。
④ 郑春颖:《文中子中说译注》,"魏相篇",第163页。
⑤ 郑春颖:《文中子中说译注》,"王道篇",第5页。
⑥ 郑春颖:《文中子中说译注》,"王道篇",第9页。
⑦ 郑春颖:《文中子中说译注》,"天地篇",第27页。

流于形式。因此,王通所倡之礼治有别于隋王室,所谓礼治,即要使人对礼制有诚心,"直尔心,俨尔行,动思恭,静思正……有心乎礼也"①,而非拘泥于形式之礼。如以丧礼寄托对亲人的哀思,以婚礼维系家庭的正常秩序,皆可谓"有心乎礼"。换言之,王通将心性学说的萌生和发展看做实现礼乐秩序的内在依据,认为孝亲之德的沦丧是礼崩乐坏的根本原因。

王通直言隋王朝昏聩,如"今之仕也,以逞其欲"②,"舍道干禄,义则未暇"③,同时也坚信儒家道统乃天命所系,可扭转隋朝乱世。因为先王之道与个人修身息息相关,故王通虽终身不仕,却始终都有以儒家道统仁义扭转政治现实的抱负。在他看来,即便隋王室昏聩,不行王道,但儒者在民间推行孔教礼仪,彰显礼仪以"仁心发用"为主的意义,使人注重自我修身立德、孝亲爱兄信朋友,先王之道其实也就显现于世了。因此,在献《太平十二策》而不受用后,王通即谈经著书,讲道劝义,隐而不仕,于河汾之间大兴讲学,推尊孔圣之道。其言曰:"古之事君也以道,不可则止。"④"父母安之,兄弟爱之,朋友信之,施于有政,道亦行矣!"⑤

(三) 王通思想中的儒释道兼摄面向

王通融通儒释道三家,认为儒释道可一,三家长期相互攻讦有碍统治,并且反对将朝代之衰乱归咎于三教:"政恶多门久矣"⑥,"《诗》、《书》盛而秦世灭,非仲尼之罪也。虚玄长而晋室乱,非老庄之罪也。斋戒修而梁国亡,非释迦之罪也"⑦。

---

① 郑春颖:《文中子中说译注》,"魏相篇",第 147 页。
② 郑春颖:《文中子中说译注》,"事君篇",第 64 页。
③ 郑春颖:《文中子中说译注》,"周公篇",第 78 页。
④ 郑春颖:《文中子中说译注》,"事君篇",第 59 页。
⑤ 郑春颖:《文中子中说译注》,"礼乐篇",第 108 页。
⑥ 郑春颖:《文中子中说译注》,"问易篇",第 93 页。
⑦ 郑春颖:《文中子中说译注》,"周公篇",第 76 页。

　　王通认为,佛教为西方之宗教,释迦乃圣人,唯其教义乃"西方之教也,中国则泥"①,不适于在中国推广,此其宗教地域观。但王通也深受佛学影响,在论说中使用"此岸""彼岸"等语,如:"仁亦不远……惟精惟一,诞先登于岸。"②并且,王通相信人皆有其命,如薛收问"命",王通答曰:"稽之于天,合之于人,谓其有定于此而应于彼,吉凶曲折无所逃乎!非君子孰能知而畏之乎?非圣人孰能至之哉?"③"吉凶,命也,有作之者,有偶之者。一来一往,各以数至,岂徒云哉?"④王通认为,天赋于人之命数必然呈现为吉凶曲折,君子知此而敬畏,唯圣人通其玄机,达知其命。换言之,世间一切皆有命,但天下、家国、世人之命数有因个人行为而造之因果,亦有出于偶然而遇之,盖命并非绝对固定。王通尝曰:"主中国者将非中国也,我闻有命,未敢以告人。"⑤"吾于《续书》《元经》也,其知天命而著乎。"⑥自称感应到天命,主持中原大局之人不是中原之人,知此天命而后著《续书》《元经》,所谓知天命而用之矣。王通认为,人在其"命数"的实现过程中可以修身立德继道统,发挥主体性作用,成为维护社会道统秩序的践履者,由是严辨汉儒"天命论"求诸卜筮的神秘色彩。

　　又,"君子不受虚誉,不祈妄福,不避死义"⑦,通达命数而勘破生死者,泰然自适,物来顺应。在丧葬方面,王通与颜之推一样反对以厚葬作为礼制,因"古者不以死伤生,不以厚为礼"⑧,故其父铜川府君丧葬时,埋葬器具一律从俭。此亦其历代家制家规:"棺椁无饰,衣衾而举,帷车而载,涂车刍灵,则不从五世矣。"⑨王通赞赏清廉之人常乐无求。观其论"道",一方面将"道"解释为天地万物运动变化之规律,即五常之统称:

---

① 郑春颖:《文中子中说译注》,"周公篇",第77页。
② 郑春颖:《文中子中说译注》,"立命篇",第165页。
③ 郑春颖:《文中子中说译注》,"问易篇",第98页。
④ 郑春颖:《文中子中说译注》,"立命篇",第168页。
⑤ 郑春颖:《文中子中说译注》,"述史篇",第128页。
⑥ 郑春颖:《文中子中说译注》,"关朗篇",第179页。
⑦ 郑春颖:《文中子中说译注》,"礼乐篇",第120页。
⑧ 郑春颖:《文中子中说译注》,"天地篇",第32页。
⑨ 郑春颖:《文中子中说译注》,"事君篇",第61页。

"千变万化,五常守中焉。"①认为仁义礼智信一如必然之天命,浩然不可动摇。另一方面,王通又吸收了道家的思想。他时常赞扬弟子董常,推崇物我两忘、淡泊无思虑之精神境界,并且提出天隐、地隐、名隐三等隐士,认为退隐亦光耀显著:"潜虽伏矣,亦孔之焰。"②其言"名实相生,利用相成,是非相明,去就相安"③"皇国战无为"④"顺阴阳仁义"⑤"行之者不如安之者"⑥"庶民之道……先遗其身"⑦等,皆与老子的辩证观念、"无为"思想相承相续。诚如董常所言:"夫子之道,与物而来,与物而去,来无所从,去无所视。"⑧可见王通的思想呈现儒道相融的特点。

第三节　韩愈及其"五原"

安史之乱(755—763 年)是唐代政治、经济与文化的一个分水岭。大一统的帝国格局被割据的方镇势力逐渐肢解,中央所能支配的税收区域随之紧缩,初唐以来的政治架构和经济模式都被迫调整:地方自治或半自治的政治、军事势力被接纳到国家的体制当中,需要由国家强力保障的均田制和租庸调制被放弃,转行更为便利的两税法。国家的边防线也被迫收缩,边境危机和地方叛乱层出不穷。⑨ 与此相应,这一时代的士人开始全面反思唐代的文化结构,其中的焦点问题是:能否继续选择包容与综合的文化模式?

"夷夏之辨"重新成为令人焦虑的文化问题,同时它也是一个政治和

---

① 郑春颖:《文中子中说译注》,"周公篇",第 82 页。
② 郑春颖:《文中子中说译注》,"魏相篇",第 144 页。
③ 郑春颖:《文中子中说译注》,"问易篇",第 102 页。
④ 郑春颖:《文中子中说译注》,"问易篇",第 103 页。
⑤ 郑春颖:《文中子中说译注》,"问易篇",第 104 页。
⑥ 郑春颖:《文中子中说译注》,"礼乐篇",第 124 页。
⑦ 郑春颖:《文中子中说译注》,"魏相篇",第 150 页。
⑧ 郑春颖:《文中子中说译注》,"天地篇",第 38 页。
⑨ 详见[英]崔瑞德编《剑桥中国隋唐史:589—906 年》,第 8 章"中唐和晚唐的宫廷和地方",中国社会科学院历史研究所西方汉学研究课题组译,北京:中国社会科学出版社,1990。

经济问题。佛、道二教从来不是不食人间烟火的精神桃花源,它们有世俗的组织和建制,占据着世俗的空间位置(寺、观),乃至侵占世间的财富,这些都挑动着国家那已经相当敏感和脆弱的经济神经。如果二教进而以鼓吹神秘力量介入政治,还会造成进一步的政治混乱。所有文化方面的反思都牵连着这样的经济、政治背景。文化问题的思考实际上折射着这一时代的儒学对社会问题的全面反省和重新想像。而且,安史之乱所造成的影响是相当深远的,国家和社会的形态被深刻地改变了。中原对周边民族威慑力的弱化,国家对基层控制力的减弱,都是持久的。相应地,中晚唐儒学所讨论的文化问题也具有相当久远的延伸意义。

三教的界限问题是一个核心问题,新形态的儒家哲学的发生与此问题密切相关。佛、道二教对人伦关系的挑战在多大程度上可以继续被容忍?儒学是否应该继续将心性修养问题拱手让与佛、道?韩愈和李翱是这个时代最杰出的儒者,他们在之后的思想史中被反复讨论。那么,他们是在何种意义上被视为新儒学的先行者?

安史之乱前的儒家哲学以意识形态化的《五经正义》为代表。《五经正义》虽然为国家提供了统一的儒学观念,但作为科举取士的标准,也限制了儒学义理的发展,与迅速发展的佛、道思想相比,儒家哲学长期处于相对沉寂的状态。[1] 整个初唐的文人心灵,沉浸在一种"二元世界观"当中。所谓二元世界观,就是认为世界由两个不同性质的领域构成,对应于这两个领域,可以分疏出两种不同属性的观念和行为。一般认为,儒学负责人间秩序,包括治理国家、调节人伦关系;道教负责方外之术,如养生、长生等;佛教负责超越凡俗之事,如治心、成佛。[2] 但三教发挥作用的领域并非泾渭分明,一旦道、佛二教的活动过分干涉或妨碍了政治和社会生活,儒者便会发出抗议。当儒者批评二教妨害社会经济的时候,可能只是指责它们逾越了自己应有的界限。但当对二教的批评指向了

---

[1] 参见张跃《唐代后期儒学》,第1—3页,上海:上海人民出版社,1994。

[2] 参见陈弱水《墓志中所见的唐代前期思想》,《唐代文士与中国思想的转型》,第98—121页,桂林:广西师范大学出版社,2009。

更广泛的领域,如批评二教的活动伤害了世俗的人伦关系和礼法生活形式,批评它们那些养生、治心主张的谬误时,儒者已经走得更远了,他们开始不满于素日划定的三教界限。因此,当韩愈在《原道》中说"古之所谓正心而诚意者,将以有为也。今也欲治其心,而外天下国家,灭其天常"①时,他不仅将儒学与二教区分开来,并且开始否认二教"治心"之法的正当性,因为二教的"治心"会导致"外天下国家,灭其天常"的不良后果。而二教之"治心"既然不可取,那么修身与治心之术就应该回到儒学传统当中去考虑。这便是心性儒学复兴的契机。韩愈和李翱都热衷于讨论"性命"的问题。韩愈仍在很大程度上延续了汉唐儒学的特征,他推尊孟子,但并没有认同"性善论"的价值,而是提出了"性三品"说。而李翱的《复性书》则在更大程度上具备了新儒学的特征。《复性书》重新提出了"人可学以成圣"这一问题,指出成圣的内在根据在于"性善",障碍则在于"情",并提供了"息情""复性"的工夫路径。

因而,韩愈和李翱至少在以下意义上可以作为宋明新儒学的先驱:他们重新审视了三教之间的界限,他们对佛、道二教的批评是全方位的,也就意味着他们认为儒学应该具有更普遍的意义,可以解答人生命历程当中的各个向度上的问题,因而,儒学应该重新并且系统地讨论心性问题以及心性的修养方法。

一、韩愈的生平

韩愈,字退之,世称"昌黎先生",谥号"文",故又称"韩文公",河南河阳(今河南孟州南)人②,生于唐代宗大历三年(768 年),卒于穆宗长庆四年(824 年),卒年五十七。

---

① 〔唐〕韩愈撰,马其昶校注,马茂元整理:《原道》,《韩昌黎文集校注》卷一,第 17 页,上海:上海古籍出版社,1986。
② 据《韩愈评传》考,韩愈为河南河阳人,昌黎乃是其自称的郡望。唐人重门第,士人自托的郡望未必合于事实,韩愈其实并非出自"昌黎韩氏"。详见卞孝萱、张清华、阎琦《韩愈评传》,第 1 章"韩愈家世",南京:南京大学出版社,1998。

韩愈生当中唐,盛世不再,衰势难挽。这一时期的所有政治努力都致力于医治安史之乱所遗留的社会病症,虽不乏振兴的希望,然而帝国终究是开始全面崩溃了。① 一代有识士人之一番热情与抱负,时而愤懑无处施用,时而一逢君用而暂露光华,但终究都是在愈来愈黑暗而无望的政治环境当中奋力挣扎而无力回天。韩愈《杂说》云:"四支虽无故,不足恃也,脉而已矣;四海虽无事,不足矜也,纪纲而已矣。忧其所可恃,惧其所可矜,善医善计者,谓之天扶与之。"② 盖有为而发。有唐一代终究是病渐入膏肓,纲纪愈颓。

韩愈 3 岁丧父,由兄长韩会抚养,7 至 11 岁随兄嫂住在长安。韩愈幼年读书就显示出非凡的一面,据称"七岁好学,言出成文"③。大历十二年(777 年),韩会受政治风波牵连,贬韶州刺史,举家南迁。不幸韩会至韶后忧劳而死,韩愈随长嫂返回河阳。德宗建中、兴元年间,成德、魏博、山南、平庐诸镇相继为乱,丁武俊、李希烈谋反,姚令言犯京师,朱泚犯奉天,中原多事,因此韩愈随嫂避居江南。直到贞元二年(786 年)韩愈 19 岁到京师求取功名之前,他一直生活在江南宣州地区。④

韩愈的少年时代,基本在辗转奔波、坎坷艰屯当中度过,也可以说是代、德时代政治下滑、民生凋零的一面镜子。韩愈称其兄长韩会"以道德文学伏一世"⑤,韩会是一位颇具才华与抱负的士人,以伉直的性情、过于外显的才华而遭受诽谤,终于在政治的打击当中忧愤至死,但他对韩愈的性情、道德和文章的取向都产生了极大的影响。韩愈的长嫂郑氏,在韩会过世之后教养韩愈成人,韩愈未及成名,郑氏已撒手人寰,此不无遗憾,但

---

① 详见钱穆《国史大纲》(修订第 3 版),第 28—30 章,北京:商务印书馆,1996。

② 〔唐〕韩愈撰,马其昶校注,马茂元整理:《杂说》,《韩昌黎文集校注》卷一,第 34 页。

③ 〔唐〕皇甫湜:《韩文公墓志铭并序》,《全唐文》卷六八七。

④ 〔宋〕洪兴祖:《韩子年谱》"贞元元年"条,〔宋〕吕大防等撰,徐敏霞校辑《韩愈年谱》,第 23 页,北京,中华书局,1991。

⑤ 〔唐〕韩愈撰,马其昶校注,马茂元整理:《考功员外卢君墓铭》,《韩昌黎文集校注》卷六,第 353 页。

韩愈谨记长嫂恩情,为其服丧一年,[①]并写下了一篇感人至深的《祭嫂文》。

韩愈贞元二年(786年)起到长安求取功名,经礼部四试而中进士,但吏部铨选三试不中。十年求取功名,辗转于江南、长安和河阳之间,潦倒落魄,数度以文章干谒要人,但都没有结果。贞元十二(796年)至十六年(800年),先后入汴州、徐州为幕僚,两度遭逢兵乱,且不得志。复入京选官,历授国子监四门博士、监察御史,贬阳山令。[②] 贞元年间,德宗在位,朝廷不仅养成姑息藩镇的政策,中央兵柄也渐移于宦官,内外交困。韩愈在此等政治环境当中郁郁不得志,但他一生的学问规模基本上在此阶段成形,在哲学史上起了重要作用的"五原",就是在这一阶段写成。[③]

宪宗元和年间,史称"中兴",韩愈也迎来了他政治生涯当中最引人注目的阶段,历任国子博士、河南县令、尚书职方员外郎、比部郎中、史馆修撰、考功郎中等。元和十二年(817年),跟随丞相裴度讨淮西彰义军,参谋军机。淮西既捷,升刑部侍郎,撰《平淮西碑》。元和十四年(819年),谏迎佛骨,贬潮州刺史,移袁州。[④]如果说《平淮西碑》的创作是韩愈政治事功达到顶点的标志,使之彪炳史册,那么《论佛骨表》则是其崇儒抑佛的又一卫道之作,在儒学史上一直为人称道。

元和十五年(820年),穆宗即位,召为国子祭酒,改兵部侍郎,镇州兵变,为宣慰使,勇说王廷凑,转吏部侍郎。长庆四年(824年),因病罢官,卒于家。[⑤]

二、"五原"之义理

(一)《原道》之道统论

《原道》在韩愈的思想著述当中具有提纲挈领的意义。在《原道》中,

①按:《仪礼·丧服》规定嫂叔无服。唐代贞观年间议礼,制嫂叔小功五月之服,详见《旧唐书》卷二七,"礼仪七"。韩愈遵从兄长临终时的叮嘱,为嫂服期,是为重报兄嫂深恩。

②④⑤ 详见〔宋〕吕大防等撰,徐敏霞校辑《韩愈年谱》,第30—35、45—69、69—78页;卞孝萱、张清华、阎琦《韩愈评传》,第2章"韩愈生平",第85—133、133—221、221—242页。

③"五原"的写作时间虽有争议,但时间段都在贞元年间。参见卞孝萱、张清华、阎琦《韩愈评传》,第80页。

韩愈提出了有名的"道统"说。我们对"道统"的理解,一般关注的是什么样的人物可以被列入传道的序列当中。这确实是一个重要的问题,但更根本的问题其实是,传道者所传的"道"意指的到底是什么? 以此为中心,才有了所谓的圣圣相传的"传道序列"。这确实是韩愈的问题意识。他所要彰显的"道",明显是针对佛老而发,所以,《原道》乃是理解韩愈所捍卫的"儒道"内容的重要文本。

1. 唐代儒家经说当中的儒道会合

要理解韩愈"道"论的独特之处,可以唐代主流的儒家学说为参照系。主流儒家学说以官定的《五经正义》为典范。从《五经正义》看,唐代经说讲论道德仁义乃是综合儒道的。① 最典型的例子当然是《周易正义》采用了以玄解经的王弼注本作为疏解的文本。玄学本身即是儒道会通的产物。而即使是最具儒家特色的礼学,也深受道家学说的浸染。如《礼记·曲礼》云:"太上贵德,其次务施报。"孔颖达疏云:

> 今谓道者,开通济物之名,万物由之而有,生之不为功,有之不自伐,虚无寂寞,随物推移,则天地所生,微妙不测。圣人能同天地之性,其爱养如此,谓之为道。此则常道,人行大道也。其如此善行为心,于己为得,虽不矜伐,意恒为善,谓之为德。此则劣于道也。既能推恩济养,恻隐矜恤于物,谓之为仁,又劣于德。若其以仁招物,物不从己,征伐刑戮,使人服从,谓之为义,又劣于仁。以义服从,恐其叛散,以礼制约,苟相羁縻,是之谓礼,又劣于义。此是人情小礼,非大礼也。圣人之身,俱包五事,遇可道行道,可德行德,可仁行仁,可义行义,皆随时应物。其实诸事并有,非是有道德之时无仁义,有仁义之时无道德也。此道德以大言之,则天地圣人之功也;以小言之,则凡人之行也。故郑注《周礼》云:"道多才艺,德多善行。"

---

① 这一潮流与李唐王朝崇尚老子学说不无关系。

谓于一人之上，外能开通，亦于己为德。①

从这段疏文可以看出，在唐代主流的解经活动当中，以老子为代表的道家学说占据着一个非常重要的位置。这是承袭南北朝义疏学的结果，也是合乎官方意识形态的选择。这体现在两个方面：第一，儒家经典中的重要概念的解释，已经经受了道家学说的洗礼。儒家经说对"道"的理解已经融合了道家"虚无寂寞"的特征，并化用老子"生而不有，为而不恃，长而不宰"（《老子》第 51 章）的语句论说之。当然，此种融会儒道的理解在汉代的黄老学说对"道"的论述当中便已开始。但把这种理解引入礼学体系当中，仍能看到道家学说正在进一步地渗透到儒学的解经活动中。第二，在解释儒家经典的时候，必须考虑与道家相关说法是否存在冲突，并且尽量弥缝，力图使之相融而不相碍。如儒家对"道德仁义"价值的肯定，与老子对"道德仁义"作为一个下降序列的理解，二者之间是存在冲突的，解经者努力消融之，既要接纳"失道而后德，失德而后仁，失仁而后义，失义而后礼"（《老子》第 38 章）这一下降序列，又努力不贬损儒家对"道德仁义"价值的肯认。于是《老子》贬斥为"忠信之薄而乱之首"（第 38 章）的"礼"，疏文解释为"此是人情小礼，非大礼也"。而在圣人层面上，则完全超越"道德仁义"作为下降序列层次堕落的问题，一身而兼会道德仁义，"可道行道，可德行德，可仁行仁，可义行义，皆随时应物"。

可见，兼会儒道，乃至融合儒道佛三教，是隋唐儒学的特点。在官方的解经作品中，解经者也毫不隐晦地表达这一点。与此相对照，才能凸显韩愈《原道》的哲学价值。因为韩愈在那个以"包荒"为潮流的时代里，斩钉截铁地说："斯吾所谓道也，非向所谓老与佛之道。"②而他所提出的"仁与义，为定名；道与德，为虚位"③，显然也是针对主流儒学的"道德

---

① 〔汉〕郑玄注，〔唐〕孔颖达正义，吕友仁整理：《礼记正义》卷二，第 23—24 页，上海：上海古籍出版社，2008。
② 〔唐〕韩愈撰，马其昶校注，马茂元整理：《原道》，《韩昌黎文集校注》卷一，第 18 页。
③ 〔唐〕韩愈撰，马其昶校注，马茂元整理：《原道》，《韩昌黎文集校注》卷一，第 13 页。

仁义"论无法严辨儒道佛之界限这一问题而发的。

2.《原道》所表达的"道德仁义"

《原道》开宗明义,韩愈对"道德仁义"的理解,显然与他排斥佛老的立场相为表里。《原道》说:

> 博爱之谓仁,行而宜之之谓义;由是而之焉之谓道,足乎己,无待于外之谓德。仁与义,为定名;道与德,为虚位:故道有君子小人,而德有凶有吉。老子之小仁义,非毁之也,其见者小也。坐井而观天,曰天小者,非天小也;彼以煦煦为仁,孑孑为义,其小之也则宜。其所谓道,道其所道,非吾所谓道也;其所谓德,德其所德,非吾所谓德也。凡吾所谓道德云者,合仁与义言之也,天下之公言也;老子之所谓道德云者,去仁与义而言之也,一人之私言也。①

在韩愈看来,理解"仁义"比理解"道德"更为根本。"仁与义,为定名",意思是说"仁"和"义"有比较稳定的含义,其"名"所指之实是能够取得较为普遍的共识的,并且这一共识能够指向儒家的学问品格,那就是:"仁"指的就是"博爱","义"指的就是恰当地施行"博爱"。

而"道与德,为虚位",意思是说"道"和"德"这两个词基本上就像万金油,涂抹在任何一种思想主张上都可以。韩愈敏感地认识到,由于各家各派对这两个词的理解五花八门,以至于它们被滥用到可以装载任何含义。君子可以说自己有道,小人也可以说自己有道;君子可以说自己有德,小人也可以说自己有德。究竟彼之道德与此之道德有何区别?因此,韩愈才会有针对性地提出:"仁义"应该作为理解儒家道德与佛老道德的切口。从这一敏锐的角度去观察,虽然都是在谈"道德","由仁义而之焉"与"非毁仁义",两者判若天渊。

但是如同唐代经学所做的那样,《老子》的"非毁仁义"未必是不能解释的。《老子》所批评的内容可以被解释为堕落了的"仁义"。但无论如

---

① 〔唐〕韩愈撰,马其昶校注,马茂元整理:《原道》,《韩昌黎文集校注》卷一,第13—14 页。

何，"仁义"一词所包含的内容，一般人总能首先联想到儒家的主张，并且将此视为"仁义"的常识内容。由对"仁义"的常识性把握出发，"道德"这一虚待的位置便有了"定位"。

那么韩愈所关切的"道"，指向的到底是什么样的具体内容？《原道》中说：

> 夫所谓先王之教者，何也？博爱之谓仁；行而宜之之谓义；由是而之焉之谓道；足乎己，无待于外之谓德。其文诗书易春秋，其法礼乐刑政，其民士农工贾，其位君臣、父子、师友、宾主、昆弟、夫妇，其服麻丝，其居官室，其食粟米果蔬鱼肉：其为道易明，而其为教易行也。是故以之为己，则顺而祥；以之为人，则爱而公；以之为心，则和而平；以之为天下国家，无所处而不当。是故生则得其情，死则尽其当，郊焉而天神假，庙焉而人鬼飨。曰：斯道也，何道也？曰：斯吾所谓道也，非向所谓老与佛之道也。尧以是传之舜，舜以是传之禹，禹以是传之汤，汤以是传之文武周公，文武周公传之孔子，孔子传之孟轲，轲之死，不得其传焉。荀与扬也，择焉而不精，语焉而不详。由周公而上，上而为君，故其事行；由周公而下，下而为臣，故其说长。[1]

韩愈所讲的"道德仁义"，指向的其实是那些非常具体而且日常的内容。这些内容，就是传统儒家所讲的"先王之教"，而"先王之教"，不过就是"先王"引导下的一种有礼法、有秩序的生活方式。这一引导，是多方面、多层次的，立体且丰富。这一引导，从最基础的物质生活的关怀开始，让人们避免寒冷、饥饿、疾病，进而引导他们生活的秩序，饮食、衣服都有一定的节律，父子、君臣、师友等人伦关系都有一定的规范，种种节律与规范，调节着人们生活的方方面面。切近世俗人情，所以"其为道易明，而其为教易行也"。有节律而不失序，以此教法去生活，既能"为己"，也能"为人"，一己之生活顺当而安详，对待他人有爱而公道，个人内心生活和谐而平静，治理天下则

---

[1] 〔唐〕韩愈撰，马其昶校注，马茂元整理：《原道》，《韩昌黎文集校注》卷一，第18页。

使人各得其所。活着的时候得到如分的欲求,死去也能得到如分的仪节之尊严,人神各得其位、各得其所。这就是韩愈所认为的圣圣相传的"道"。"道统"不过是传承如此之"道"的一个圣贤序列而已。

后世所关注的道统观念,其实常常装载着与韩愈的主张不完全一致的内容。韩愈所关注的,其实是儒家的礼法生活。他的视角,其实是从一个有职位的或者至少是应该具有职位的"士大夫"的身位上去看的。这仍颇具汉唐儒学的特点。孔子说的"天下有道"的"道",不也是这样一种礼法生活吗?

韩愈所言说的,是治理国家、引导万民的方式。道者,导也。他确实不关注形而上的概念思辨,也不那么关注那种精微细致的念虑生活,这是后来宋明理学的重点。所以从理学家的视角出发,一方面他们激赏于韩愈那独立无回、壁立千仞的卫道风骨,韩愈多方面的主张也可以供他们继续发挥,但另一方面,他们仍旧叹息着说他"无功夫""不知道"。

以程朱为代表,理学家对韩愈的批评主要是两方面。一是批评"博爱之谓仁"见"用"而不见"体"。如二程说:"退之言'博爱之谓仁',非也。仁者固博爱,然便以博爱为仁,则不可。"[1]二是批评"道与德,为虚位"有贬低"道"的嫌疑。如程颐直谓之"乱说"[2]。朱熹为韩愈"仁与义,为定名;道与德,为虚位"的说法做了一定的辩护。他说:"盖仁义礼智是实,此'道德'字是通上下说,却虚。如有仁之道,义之道,仁之德,义之德,此道德只随仁义上说,是虚位。"但也认为韩愈此说"大要未说到顶上头",即未把握到"道"最精微的一面。并且朱子也认为《原道》"首句极不是","他说得用,又遗了体"。[3]

从理学家的批评当中可以看出,儒家论"道"的重点已经发生转变。

---

① 〔宋〕程颢、程颐著,王孝鱼点校:《河南程氏遗书》卷一八,《二程集》,第 182 页,北京:中华书局,1981。

② 〔宋〕程颢、程颐著,王孝鱼点校:《河南程氏遗书》卷一九,《二程集》,第 262 页。

③ 〔宋〕黎靖德编,王景贤点校:《朱子语类》卷一三七,第 3271 页。

理学不仅要确立"道"的儒家品格，还重新把"道"放回一个至高的理论位置，使之成为统摄其他概念的"道"，那便是"天理"。也可以说，儒学往更精微的方向发展了。但无论如何，韩愈重新争取了儒家对"道"的全方位的话语权，此一开创之功，在宋明新儒学的发展中也是得到了认可的。

3.《原道》与《论佛骨表》排斥佛老的理路

《原道》排斥佛老的理路主要有三端：经济民生、人伦天常和政治治理。《论佛骨表》接续了上述理路，但由于是有为而发的谏书，所以只针对佛教而论。韩愈对佛老的"治心"问题虽未深入，但也指出正是它们的"治心"之术导致了抛弃治理家国天下之责任的谬果。

《原道》中说："古之为民者四，今之为民者六；古之教者处其一，今之教者处其三。农之家一，而食粟之家六；工之家一，而用器之家六；贾之家一，而资焉之家六；奈之何民不穷且盗也！"①这便是从佛、道妨碍经济民生的角度立论的。儒家的圣人之所以值得推崇，也是首先由于他们教导百姓以"相生养之道"。

《论佛骨表》中说："夫佛本夷狄之人，与中国言语不通，衣服殊制；口不言先王之法言，身不服先王之法服。不知君臣之义，父子之情。"②这主要针对佛教而论，佛教乃是外来宗教，与中国的礼仪制度存在差异和冲突。但主张出世，不以人世间的人伦关系为至重，乃是佛、道二教的共同问题。《原道》说："古之所谓正心而诚意者，将以有为也。今也欲治其心，而外天下国家，灭其天常；子焉而不父其父，臣焉而不君其君，民焉而不事其事。"③也是这一立论角度，并且进一步把矛头指向了佛、道二教的"治心"之术。

而《论佛骨表》更以历代君主治理天下的历史经验告诫君主崇尚佛教对于政治治理的危害。佛教主出世，然而教众既有肉身，与人世终不

---

① 〔唐〕韩愈撰，马其昶校注，马茂元整理：《原道》，《韩昌黎文集校注》卷一，第15页。
② 〔唐〕韩愈撰，马其昶校注，马茂元整理：《论佛骨表》，《韩昌黎文集校注》卷八，第615—616页。
③ 〔唐〕韩愈撰，马其昶校注，马茂元整理：《原道》，《韩昌黎文集校注》卷一，第17页。

能没有干涉,无论是兴建佛寺、广占田地,还是依赖信众及统治者获得衣食,在儒者看来都是妨碍经济的。[①] 更为要害的是,佛、道二教常有干预政治之事,且此种干预又常有违背儒家治道之处。道教常惑人主以符箓、方术,佛教则以事佛求福之说。这都是二教遭受儒者批评的缘由。

上述排佛理路也并非韩愈先发,唐士大夫反佛者,代有其人,他们的反佛思路也与韩愈大同小异,如武后时狄仁杰上疏谏止造像,即以妨害政事、民生及人伦为言,睿宗时辛替否上疏也有类似说辞。[②] 而韩愈反佛之所以影响深远,除了他慷慨无畏的动人气概,也是由于恰逢唐代政治、经济已不堪佛教势力的重负之时[③],故能一呼百应。

韩愈排斥佛老的理路都是近于人情而切中现实要害的,后来也成为理学排斥佛老根据的一部分。如二程批评佛教说"吾所攻,其迹耳"[④],强调从佛教的行迹上去判断其是非,便与韩愈相近。二程甚至激烈地说,《传灯录》所载千七百人无一人见道:"果有一人见得圣人'朝闻道夕死可矣'与曾子易箦之理,临死须寻一尺布帛裹头而死,必不肯削发胡服而终。是诚无一人达者。"[⑤]但二程更进一步指出,从在外之"行迹"的是非可以判断其在内之"心性"是否通达。所以二程又说:"禅者曰:'此迹也,何不论其心?'曰:'心迹一也,岂有迹非二心是者也?'"[⑥]从内外一如的高度去评判三教,更为鞭辟入里了。

[①] 唐朝统治者对道家、道教的尊崇是一以贯之的,对佛教时有抑制,但佛教也一直在发展。据汤用彤《隋唐佛教史稿》整理,唐高宗时有僧6000余人,玄宗时僧尼逾12万,武宗时期则逾26万,可作为唐朝佛教势力发展的重要参考。参见汤用彤《隋唐佛教史稿》,第50页,武汉:武汉大学出版社,2008。唐朝人口在玄宗之极盛时期也未超过5300万,可想庞大的佛教人口数量给经济带来的压力。参见梁方仲《中国经济史讲稿》,第164页,北京:中华书局,2008。

[②] 详见汤用彤《隋唐佛教史稿》,第26—31页。

[③] 安史之乱之后,政府逐渐失去了对河北和大部分河南地区的控制,四川、岭南和淮西等区域也不能完全控制,国家能够直接控制的人口以及税收大大锐减了。《论佛骨表》因宪宗迎佛骨而发,宪宗号称"中兴之主",然而"中兴"乃是十分费钱的事情,宪宗在一定程度上挽回了中央对于藩镇的权威,然而他多次发动对藩镇的讨伐,也花费了大量经费和人力。中晚唐的国家经济状况,详见〔英〕崔瑞德编《剑桥中国隋唐史:589—906年》,第8—9章。

[④] 〔宋〕程颢、程颐著,王孝鱼点校:《河南程氏遗书》卷四,《二程集》,第69页。

[⑤⑥] 〔宋〕程颢、程颐著,王孝鱼点校:《河南程氏遗书》卷二,《二程集》,第3页。

（二）《原性》之"性三品"说

韩愈极为推尊孟子，《原道》中叙述"传道序列"，称"轲之死，不得其传焉"[1]，但韩之尊孟，取其尊孔子、倡王道、辟杨墨，可以说，在政治哲学之大端趋向上，韩与孟是一致的。而孟子之心性论及修养工夫论，对韩愈似乎影响不大。韩愈论性有自成一格的"性三品"说，论修养工夫则甚粗，只是不违儒学之矩矱而已。

《原性》说：

> 性也者，与生俱生也；情也者，接于物而生也。性之品有三，而其所以为性者五；情之品有三，而其所以为情者七。
>
> 曰何也？曰：性之品有上中下三。上焉者，善焉而已矣；中焉者，可导而上下也；下焉者，恶焉而已矣。其所以为性者五：曰仁、曰礼、曰信、曰义、曰智。上焉者之于五也，主于一而行于四；中焉者之于五也，一不少有焉，则少反焉，其于四也混；下焉者之于五也，反于一而悖于四。性之于情视其品。情之品有上中下三，其所以为情者七：曰喜、曰怒、曰哀、曰惧、曰爱、曰恶、曰欲。上焉者之于七也，动而处其中；中焉者之于七也，有所甚，有所亡，然而求合其中者也；下焉者之于七也，亡与甚，直情而行者也。情之于性视其品。
>
> 孟子之言性曰：人之性善；荀子之言性曰：人之性恶；扬子之言性曰：人之性善恶混。夫始善而进恶，与始恶而进善，与始也混而今也善恶，皆举其中而遗其上下者也，得其一而失其二者也。……故曰：三子之言性也，举其中而遗其上下者也；得其一而失其二者也。曰：然则性之上下者，其终不可移乎？曰：上之性，就学而愈明；下之性，畏威而寡罪；是故上者可教，而下者可制也。其品则孔子谓不移也。[2]

韩愈对性、情做了区别，但也只是在常识意义上而已。韩愈讲"性三品"，

---

① 〔唐〕韩愈撰，马其昶校注，马茂元整理：《原道》，《韩昌黎文集校注》卷一，第18页。
② 〔唐〕韩愈撰，马其昶校注，马茂元整理：《原性》，《韩昌黎文集校注》卷一，第20—22页。

自谓与孔子"唯上智与下愚不移"(《论语·阳货》)的主张相符,其立论的侧重点仍在于政治教化的角度上。董仲舒云"名性者,中民之性"①,实亦将人性分为三品,且亦从教化的角度立论,然以"中民之性"为教化之重点。在韩愈,则三品之性皆有教化之理,比仲舒所言较为周密。但其所谓的三品之性不可转移,自为理学家所否定。如程颐说:"孔子谓'上智与下愚不移',然亦有可移之理,惟自暴自弃者则不移也。"②便是否认有始终不能为善之人。若谓人性之品不可移,则中下之品皆有推诿不学之可能,从修养工夫的角度论性,其精微之意更深一层。

(三)《原人》之"一体"意义

韩愈《原人》文云:

> 形于上者谓之天,形于下者谓之地,命于其两间者谓之人。形于上,日月星辰皆天也;形于下,草木山川皆地也;命于其两间,夷狄禽兽皆人也。

> 曰:然则吾谓禽兽人,可乎? 曰:非也。指山而问焉,曰:山乎? 曰:山,可也;山有草木禽兽,皆举之矣。指山之一草而问焉,曰:山乎? 曰:山,则不可。

> 天道乱,而日月星辰不得其行;地道乱,而草木山川不得其平;人道乱,而夷狄禽兽不得其情。天者,日月星辰之主也;地者,草木山川之主也;人者,夷狄禽兽之主也;主而暴之,不得其为主之道矣。是故圣人一视而同仁,笃近而举远。③

"形于上""形于下","形"只是形体之形,非宋明儒"形上""形下"的道器之分。日月星辰是天上的形体,总名为天;草木山川是地上的形体,总名为地;降生在天地之间的有知觉之物(有灵之物),包括夷狄禽兽和人,总名为人。

---

① 〔清〕苏舆撰,钟哲点校:《春秋繁露义证》,"实性第三十六",第 312 页,北京:中华书局,1992。
② 〔宋〕程颢、程颐著,王孝鱼点校:《河南程氏遗书》卷一八,《二程集》,第 204 页。
③ 〔唐〕韩愈撰,马其昶校注,马茂元整理:《原人》,《韩昌黎文集校注》卷一,第 25—26 页。

"人"之名可以包含夷狄禽兽,却不能以"禽兽"之名称呼包括人类在内的有灵之物。就像"山"之名包含山上的草木鸟兽,而山上的一棵草却不可以叫做"山"一样。

天道、地道、人道,乃指天、地、人的常态。若此常态发生了变乱,日月星辰、草木山川、夷狄禽兽都相应不得其常。天是日月星辰的主导者,地是草木山川的主导者,人是夷狄禽兽的主导者,作为主导者而暴虐之,并不是主导之道。所以圣人对于夷狄禽兽是一视同仁的,厚待近的,但也涵盖远的。

韩愈认为天、地、人可以涵盖日月星辰、草木山川、夷狄禽兽,其思想上的根据在于天、地、人是日月星辰、草木山川、夷狄禽兽之"主"。"主"应理解为"主导",因为"主"的主要作用在于顺着天地万物的常态疏导其秩序,而不是以强制弱,硬生生地宰制万物为我所用,所以作为主导者而暴虐万物,是不得主导之道的。人为夷狄禽兽之主,乃是要以人道疏导夷狄禽兽的情欲,使夷狄禽兽各得其所。夷狄禽兽并非作为人之实用工具而为人所宰制,因而人并无暴虐夷狄禽兽的权力。

"夷狄禽兽皆人也",这已蕴含着人要为夷狄禽兽负责的一体之义。由此更进一步,宋明儒推重"夫人者,天地之心"[1],也可以说天地万物皆人也,不仅仅夷狄禽兽而已,如此便可到"仁者以天地万物为一体"(程颢语)的高度了。而"圣人一视而同仁,笃近而举远",既包含了人与夷狄禽兽的一体之义,又指出其差等之序,有所轻重厚薄。因此《韩昌黎文集校注》引徐敬思言曰:"此文已为西铭开端发钥。一视同仁,理一也;笃近举远,分殊也。推其道,欲使夷狄禽兽皆得其情。其言仁体,广大之至,直与覆载同量。"[2]此话不无道理。也可见韩子《原人》一篇,上承孔孟儒学仁民爱物之精义,下启宋明理学民胞物与、仁者与万物同体之学,其为宋明儒所推尊,也就顺理成章了。

---

[1] 〔明〕王守仁:《答聂文蔚书》,吴光等编校《王阳明全集》,第79页,上海:上海古籍出版社,1992。
[2] 〔唐〕韩愈撰,马其昶校注,马茂元整理:《原人》,《韩昌黎文集校注》卷一,第25页。

（四）《原毁》之修养论与《原鬼》之鬼神论

从《原毁》一文看,韩愈在修养工夫论方面并无太多独特的地方,不过是发挥先秦儒家"躬自厚而薄责于人"的主张而已。但从他认为舜和周公为常人效法的圣人典范来看,韩愈的思想颇具唐人道德与才能兼重的特征。舜的特点是"仁义人",即是道德典范,周公的特点是"多才与艺人",即是具备极高的治国才能的典范。因此常人的自修,应该包括这两个方面。《原毁》又提出"事修而谤兴,德高而毁来","毁"即诽谤,诽谤之兴,由于"怠与忌",大概是自况之辞。① 除《原毁》外,韩愈还有一篇令人称道的《五箴》。《五箴》从"游""言""行""好恶""知名"五面自我针砭,可谓勇于讼过之典范。《五箴》之序云"聪明不及于前时,道德日负于初心"②,朱子晚年屡屡引用为自箴之辞。

而《原鬼》所表达的思想,大体上属于儒家"神道设教"的范围。鬼无声、无形、无气,此乃"鬼之常",但人若有违天逆伦之行为,鬼则能凭借形声为祸于人。这种主张不过亦是汉唐"天人感应"之说的一种表现,与宋明理学论"鬼神者,二气之良能也"③相比,自然显得粗疏了。所以朱熹说:"韩文公《原鬼》,不知鬼神之本,只是在外说个影子。"④

第四节 李翱及其《复性书》

李翱(772—836 年),字习之,陇西成纪(今甘肃静宁西南)人,官至山南东道节度使。李翱与韩愈大略同时而稍幼于愈,曾向韩愈请教古文,但除崇儒、排佛、主张古文之趋向与韩愈相同外,其思想主张与韩愈之间的承袭关系并不明显。李翱代表作为《复性书》,作于其 29 岁之时,而内

---

① 〔唐〕韩愈撰,马其昶校注,马茂元整理:《原毁》,《韩昌黎文集校注》卷一,第 23—25 页。
② 〔唐〕韩愈撰,马其昶校注,马茂元整理:《五箴》,《韩昌黎文集校注》卷一,第 56 页。
③ 〔宋〕张载:《正蒙·太和篇第一》,《张载集》,第 9 页,北京:中华书局,1978。
④ 〔宋〕黎靖德编,王景贤点校:《朱子语类》卷一三七,第 3272 页。

容构想则更在此之前①，可见其思想成形甚早。

李翱《复性书》之所以成为具有理论创造意义的儒学作品，是因为他在有唐一代三教互动的文化氛围当中，敏感地捕捉到了后来成为新儒学发展方向的"成圣"问题。"人皆可以为尧舜"（《孟子·告子下》），"涂之人可以为禹"（《荀子·性恶》），"学以成圣"本是先秦儒学的题中之义，但由汉至唐，"成圣"的问题意识在儒学当中晦暗不显。这一方面是由于"圣人"被描述为不可测、不可即的神秘化存在，另一方面是由于儒者将"治心"的学问拱手让与佛、道二教，儒学遂冥昧了其"学以成圣"的向度。《复性书》的诞生，标志着"成圣"问题重新成为儒学关注的焦点。《复性书》虽有种种理论漏洞，在这方面的功绩却是不可磨灭的。当然，李翱对此一问题的重新关注，实有佛道二教的影响，但他的思想渊源是多方面的，包括汉儒性善情恶的思想渊源、佛教的思想架构、道家道教的概念资源等，最为重要的是，他要依循儒家的基本价值，重新建构儒家的心性修养理论。②

一、成圣的根据和障碍："性"与"情"

李翱提出，人皆可以为圣人的内在根据在于"性"，而现实中人难以成为圣人，其障碍在于"情"。《复性书》中说：

> 人之所以为圣人者，性也；人之所以惑其性者，情也。喜、怒、哀、惧、爱、恶、欲七者，皆情之所为也。情既昏，性斯匿矣。非性之过也，七者循环而交来，故性不能充也。水之浑也，其流不清；火之烟也，其光不明，非水火清明之过。沙不浑，流斯清矣；烟不郁，光斯明矣。情不作，性斯充矣。（《复性书上》）

---

① 参见〔唐〕李翱《复性书下》，《李文公集》卷二，《四部丛刊初编》第 705 册，上海：商务印书馆，1929。本章以下所引李翱《复性书》均据此本，不再加注。
② 参见陈弱水《〈复性书〉思想渊源再探——汉唐心性观念史之一章》，《中央研究院历史语言研究所集刊》1998 年第 3 期，第 423—482 页。

在李翱的论述当中,"性"与"情"的关系是对立而紧张的。"性"乃是成圣之根据,因而获得了一个超越的位置,可不受人之不为圣人的责备,而"情"则堕落为与"性"相对立之障碍物。不过,此乃凡人之"情"。若论圣人之"情",则不必与性相对立。而"性""情"之本原关系,也不必是完全相对立的。所以李翱也说:"情不自情,因性而情;性不自性,由情以明。"(《复性书上》)

李翱又说:

> 圣人知人之性皆善,可以循之不息而至于圣也,故制礼以节之,作乐以和之。安于和乐,乐之本也;动而中礼,礼之本也。故在车则闻鸾和之声,行步则闻佩玉之音,无故不废琴瑟,视听言行,循礼而动,所以教人忘嗜欲而归性命之道也。(《复性书上》)

这便恢复到了孟子"性善论"的传统,且为圣人之"制礼作乐"重新找回了"性命之道"的内在根据。

李翱又以《中庸》之"至诚"来论"道":

> 道者,至诚而不息者也。至诚而不息则虚,虚而不息则明,明而不息则照天地而无遗。非他也,此尽性命之道也。(《复性书上》)

李翱对《中庸》的把握对宋明理学重"诚"也起了一个先行引导的作用。

总之,李翱以"成圣"为《复性书》的核心问题,并提出"成圣"的内在根据在于"性",而"性"乃是"善"的,其所以不能"成圣"是由于"情"的障碍,理论已相当周密。但其所论的"性"与"情"之间存在较为严重的区隔,有不切近日用伦常之病。此外,李翱对"情"的描述,其指向是比较明确的,就是指"喜、怒、哀、惧、爱、恶、欲"七情。但"性"是什么,其只是往"性者,天之命"(《复性书上》)上面提升,而未有一切实的论述,这也是《复性书》显得不够亲切的原因。孟子论"性",便说是"仁义",论"仁",则以"恻隐之心"指点之,而李翱虽重《中庸》和《易·系辞》,但对儒家性命之学的生生一面,似乎没有彰显。

二、成圣的工夫方法："息情""复性"

《复性书》中篇对成圣的修养工夫有所讨论,但主要是从消极面的工夫方法入手的,谓之"息情",而"息情"主要是一种"渐修"的工夫。那么,如何才能"息情"? 李翱认为单提出一个"静"的工夫是不够的,因为"有静必有动,有动必有静;动静不息,是乃情也"(《复性书中》),于是他试图用一种"遮诠"的方式提出一种"动静皆离"的"静",而用《易·系辞》之"寂然不动"、《中庸》之"诚"形容之。《复性书》云:

> 方静之时,知心无思者,是斋戒也。知本无有思,动静皆离,寂然不动者,是至诚也。《中庸》曰:"诚则明矣。"《易》曰:"天下之动,贞夫一者也。"(《复性书中》)

但如何达到此种"静"? 虽说"知本无有思,动静皆离"超越了一般意义上对"动静对待"的认知,但仍偏重于知识论层面的把握,工夫未免粗疏而较难具有实际的操作意义。

李翱又说:

> 情者,性之邪也。知其为邪,邪本无有。心寂然不动,邪思自息。惟性明照,邪何所生? 如以情止情,是乃大情也,情互相止,其有已乎?《易》曰:"颜氏之子,其殆庶几乎? 有不善未尝不知,知之未尝复行也。"《易》曰:"不远复,无祇悔,元吉。"(《复性书中》)

如何"止情"? 李翱提出一个"遮诠"的"知",即在认识上明白"情"于"性"乃是后发的、不正的,并且是无根之物("邪本无有"),如此,心就自然能够呈现出一种寂然的状态。以此作为入手工夫,在实践上其实是很难做到的。从智识之认知一下跳跃到工夫效验,可见李翱主要把工夫归结到认知问题上。从理论上说,"知其为邪,邪本无有"可以作为"邪情"无根的一种解释,但是单单知道此种解释,在实践上还不能保证人能够做到"止情"。就如人都知道晚上应该休息,但仍有许多人失眠一样。当人的作息系统已然混乱之时,除了需要明了"向晦宴息"的道理,更需要调节作息的方法。没有能够切近人情的、可真正落实到身心上的修养方法作为配合,性命之学便显得空洞无力。

李翱《复性书》的缺憾,一在于缺乏一种贴切、可行的工夫方法,因而其性命之说稍显苍白;二是其"息情""邪情"之说过分地区隔了圣人之"情"与凡人之"情",缺乏切近日用伦常的生生之机。这便是虽然李翱在许多方面都与后来的宋明理学有着共同的趋向,可称为一先行者,其理论却为宋明理学家所不取的原因。李翱对宋明新儒学的影响之所以远逊于韩愈,除了韩愈排佛风骨之易于感动人,也与李翱"息情"论之近于枯槁有关。宋明理学有谓"制欲不如体仁",李翱所提出的修养方法只是片面的"制欲"罢了。出现这种问题,可能是由于《复性书》主要是一种理论上的设想,李翱本身也缺乏对"复性"的真切体验。但他能够把握住"复性"这一敏锐的问题,在唐代儒者当中已经相当难得了。

三、圣人状态:"至诚"——"虽有情,未尝有情"

从李翱"性者,天之命也,圣人得之而不惑者也;情者,性之动也,百姓溺之而不能知其本者也"(《复性书上》)的描述来看,圣人之"性"与百姓之"情"形成一个相反相对的关系。但他接着又说:

> 圣人者岂其无情邪?圣人者,寂然不动,不往而到,不言而神,不耀而光,制作参乎天地,变化合乎阴阳,虽有情也,未尝有情也。(《复性书上》)

则圣人并非断绝了"情"的,但圣人的"情",在李翱的描述当中,确实难以看到喜怒哀惧爱恶欲的特点,因而与百姓之"情"似乎是相区隔的。虽然难以说李翱主张圣人"无情",但他描述的圣人"寂然不动,不往而到"等等特征,只是对于圣人应物无碍的能力与状态的描述。这种状态,李翱又称之为"至诚":

> 圣人至诚而已矣。尧舜之举十六相,非喜也。流共工,放驩兜,殛鲧,窜三苗,非怒也。中于节而已矣。其所以皆中节者,设教于天

下故也。《易》曰："知变化之道者,其知神之所为乎!"《中庸》曰:"喜怒哀乐之未发,谓之中;发而皆中节,谓之和。中也者,天下之大本也;和也者,天下之达道也。致中和,天地位焉,万物育焉。"《易》曰:"唯深也,故能通天下之志;唯几也,故能成天下之务;惟神也,故不疾而速,不行而至。"圣人之谓也。(《复性书中》)

在李翱的描述中,圣人"至诚"状态下的喜怒是中节的,"至诚"之状态不因此而波动。李翱以尧舜举十六相、诛四凶为例,说明圣人"非喜""非怒"。不过李翱的表述易让人误解圣人之"非喜""非怒"是断灭七情的表现,且他对圣人状态的描述偏重明觉应物的一面,而对圣人七情之流行是无所描述的。其原因在于,李翱的立论当中预设了圣人之"情"与凡俗之七情是异质性的。此种预设,既偏离了孔孟儒学对世间情的肯认,也是后来宋明理学所不取的。程颐说:"舜之诛四凶,怒在四凶,舜何与焉? 盖因是人有可怒之事而怒之,圣人之心本无怒也。"[1]在"事可怒"而"心本无怒"之间,"圣人之怒"便有了两边圆融的解释。"事可怒",便是圣人之"怒",亦是百姓七情之"怒",而"心本无怒"则是圣人超越无节制的七情之怒,可怒而怒,非无名之怒,且不迁怒。

四、《复性书》的解经意识:"心通"

李翱将《中庸》和《易·系辞》融贯到自己的理论体系当中,《中庸》之"诚"、《易·系辞》之"寂然不动"都成为他所描述的圣人状态的有机要素,他对圣人之"情"的理解也发挥了《中庸》"发而皆中节"的说法。李翱以《中庸》和《易·系辞》发挥自己的理论的做法,在宋明理学当中也得以大行其道。

此外,李翱对孔门弟子及后学的理解也成为宋明理学先导。如李翱对颜子心性学问的描述:

---

① 〔宋〕程颢、程颐著,王孝鱼点校:《河南程氏遗书》卷一八,《二程集》,第 210—211 页。

> 昔者圣人以之传于颜子,颜子得之,拳拳不失,不远而复,其心三月不违仁。子曰:"回也其庶乎,屡空。"其所以未到于圣人者,一息耳,非力不能也,短命而死故也。(《复性书上》)

此说为宋明理学所沿用,颜子遂成为孔门心性工夫的代表。李翱对子路、曾子、子思、孟子的理解也是从心性入手的。子路断缨而死,是由于"其心寂然不动";曾子"得正而毙",是"正性命之言";子思之得道体现于"述《中庸》";孟轲之得在于"不动心"(《复性书上》)。此乃宋明理学以心性成就之高低品评人物之先导。

李翱之所以有此种创造性,乃是由于他的"彼以事解者也,我以心通者也"(《复性书中》)的解经意识。这一解经意识,在宋明理学当中也是大行其道。

第二章　天台宗的哲学思想

　　陈隋之际是中国佛教哲学史上的关键时期。天台宗、三论宗、三阶教的实际创始人智𫖮、吉藏和信行在此时期构建了自己的宗派（教派）哲学，而法相、律、禅、净、华严诸宗的思想渊源亦可追溯至此阶段。随着国家的统一，本来差异颇大的南北学风逐步走向协调、综合，最终开创了中国佛教思想的极盛时期。[①]

　　天台宗是中国最早成立的佛教宗派，因形成的中心地点在浙江天台山而得名。天台宗立教以鸠摩罗什译的《法华经》为典据，同时融摄《大般涅槃经》《大智度论》和其他般若类经典，构成了一个庞大而又复杂的教理体系。天台宗实际创立者智𫖮不仅通过判教统一安排了全部佛教经典，调和了佛教内部矛盾，而且还通过止观学说从理论和观行两方面圆融统一了南北佛学。天台宗提出的一系列概念、范畴、命题，不仅大大丰富了中国哲学的内容，还为中国哲学从朴素的伦理道德学说向精致的思辨哲学的转向提供了重要的思想资源。

[①] 汤用彤：《隋唐佛教史稿》，绪言，第1—2页，北京：中华书局，1982。

第一节　智𫖮与天台宗的判教思想

根据宋代天台宗人宗鉴编撰的《释门正统》和志磐的《佛祖统纪》记载,天台宗推尊印度的龙树(约 150—250 年)为高祖,中土的北齐慧文(生卒年不详)为二祖,南岳慧思(515—577 年)为三祖,实际开宗立教的智𫖮(538—598 年)为四祖,唐时中兴天台的荆溪湛然(711—782 年)为九祖,北宋初年的四明知礼(960—1028 年)为十七祖,此后的天台子孙皆为知礼之后,代代相传。

一、智𫖮的生平与著述

天台宗的实际创立者为四祖智𫖮。智𫖮,俗姓陈,字德安,祖籍颍川(治今河南许昌)。西晋末年,为避匈奴之乱,陈氏一族举家南迁,定居荆州华容(今湖北监利市西北)。梁武帝大同四年(538 年),智𫖮生于荆州。其父陈起祖曾为梁武帝第七子湘东王萧绎门下宾客,萧绎称帝后,又被拜为散骑常侍,封益阳侯。母亲徐氏,虔信佛教,温良恭俭。其胞兄陈针则在萧绎第九子晋安王萧方智门下任中兵参军之职。陈氏一家受惠于梁朝,门第很高。智𫖮幼时接受的教育以正统儒学为主,其对佛学的兴趣则在随母礼佛的日常活动中得到了培养。

智𫖮 17 岁时,西魏军南侵江陵,梁元帝萧绎被处死,官吏士民数万人惨遭屠戮,萧梁一朝土崩瓦解,智𫖮双亲亦于战火中相继离世。智𫖮 18 岁投湘州果愿寺沙门法绪座下出家,曾依止真谛弟子慧旷律师学律,20 岁受具足戒。23 岁,前往河南光州大苏山,依慧思学习禅法,证悟法华三昧,得到慧思印可。30 岁学成,到南朝陈都金陵(今江苏南京),于瓦官寺开讲经义、创弘禅法,博得僧俗敬服。后因北周武帝破佛(574 年),北方禅者避地南来,智𫖮深感习禅者日渐增多,真有所得者却极少,于是决心入天台山实修。陈太建七年(575 年),智𫖮率弟子 20 余人入天台山,住了 10 年,时人称之“天台大师”。在天台山隐修期间,智𫖮对禅、教有了更深入的研究,最后成熟了"圆融实相"之说。

陈至德三年(585 年),智顗应陈后主之请回到金陵,这年他已 48 岁。在金陵期间,智顗开讲《法华经》,"天台三大部"之一的《法华文句》便成于此时。4 年之后,即隋开皇九年(589 年),陈国灭亡,智顗避乱离开金陵。他游化两湖,又往庐山,还回到出生地荆州,建立玉泉寺继续讲经说法,《法华玄义》《摩诃止观》都著成于这一时期。隋开皇十一年(591 年),智顗应晋王杨广之邀,赴扬州主持"千僧法会",在会上为杨广授菩萨戒,取法名"总持",杨广回赠智顗名号"智者",从此智顗被世人尊为"智者大师"。隋开皇十七年(597 年)春,智顗率弟子灌顶等人回到阔别 12 年的天台山,是年十一月二十四日,病逝于天台山石城,世寿六十,僧腊四十。①

智顗一生六十年生涯可分为前期(538—585 年,1—48 岁)和后期(585—598 年,48—60 岁)。若进一步细分,前期可分为幼年时期(538—555 年)、修学时期(555—568 年)、瓦官寺时期(568—575 年)、天台隐修时期(575—585 年);后期可分为三大部讲说时期(585—595 年)和晚年时期(595—598 年)。智顗一生著述宏富,然其亲笔撰写的只是其中一小部分,其余都系门人(主要是灌顶)根据智顗的讲授整理而成。学者们对智顗作品的真伪以及创作年代的先后争论不休,现在通行的归类法主要有两种。

一种是按真伪把智顗的著作分成三类:一、亲撰,指智顗亲笔所撰,于智顗所有著作中最具权威,包括《法界次第初门》《方等三昧行法》《法

---

① 有关智顗的传记,最有影响者当推五祖章安灌顶(561—632 年)所撰《隋天台智者大师别传》,以及唐初道宣(596—667 年)所撰《续高僧传》卷一七"智顗传"。在智顗世寿年岁的记载上,二传并不统一。张风雷针对这一问题做了详细考证后指出:"智者生卒年当为梁武帝大同四年(秋七月)至隋文帝开皇十七年(十一月二十四日),若以西历计,则为公元 538—598 年。"参见张风雷《天台智者大师的世寿与生年》,湛如主编:《华林(第一卷)》,第 83—87 页,北京:中华书局,2001。另外,日本学者佐藤哲英的《天台大师之研究:特以著作的考证研究为中心》(释依观译,台北:中华佛教文献编撰社,2005[原著:京都:百华苑,1961])的第 1 篇分四章详细介绍了智顗的一生。

华三昧忏仪》,以及智颢晚年应杨广之请撰述的《净名玄义》(10 卷,部分已佚,余下的是《四教义》12 卷与《三观义》2 卷的离出本)。二、真说,指智颢亲口所说,由门人笔录而成,其中又可分为两类,一是智颢口授,门人笔录,再由智颢亲自监修,包括早期于瓦官寺讲说的《次第禅门》和晚年著作《观心论》1 卷、《净名经疏》31 卷(包含两部独立的作品,即《维摩经玄疏》6 卷与《维摩经文疏》25 卷);二是智颢讲说,门人笔录,然而此私记本在智颢在世时尚未完成,从而未经智颢监修,"天台三大部"皆属此类。三、假托,指著作署名"智颢",实则为后人所撰,归属于智颢名下的净土类著作多属此类。①

另一种是按创作年代把它们分为两组:第一组是早期作品,包括《次第禅门》《修习止观》《方等三昧行法》《法华三昧忏仪》《六妙法门》《觉意三昧》《法界次第初门》《禅门口诀》《证心论》《请观世音忏法》《金光明忏法》。后期作品则包括《法华文句》《法华玄义》《摩诃止观》《四教义》《三观义》《维摩经玄疏》《维摩经文疏》《观心论》。后期作品又可分为两类,一类是"天台三大部"(《法华文句》《法华玄义》《摩诃止观》),另一类则以对《维摩经》的疏解为中心。代表智颢晚年成熟思想的"天台三大部",构成了天台宗哲学理论的庞大体系,现代学者对智颢思想的研究多集中在他的"天台三大部"方面。

二、天台宗的判教思想

天台宗主张教观并重,"教"指的是教义、经典、教相判释,"观"指的是

---

① 佐藤哲英认为,归属于智颢名下的净土类著作皆为假托,而《金光明经玄义》与《金光明经文句》需要仔细区分何者为智颢讲说,何者为灌顶所作;《观音玄义》《观音义疏》《请观音经疏》《四念处》则应归为灌顶的著作。详见[日]佐藤哲英《天台大师之研究:特以著作的考证研究为中心》,第 83—85 页。佐藤哲英还出版了『続·天台大師の研究』(京都:百華苑,1981)。关于智颢作品的考证研究,还可看看平井俊栄『法華文句の成立に関する研究』(東京:春秋社,1985)。该书从文献学的角度论证"天台三大部"中的《法华玄义》《法华文句》的一部分是智颢灭后由弟子灌顶全面依据、参照吉藏的《法华玄论》《法华义疏》而完成的。平井氏的研究给日本的天台研究带来了冲击。

止观、观心、观照万法,彻悟实相。就"教"的一面而言,天台宗非常重视经典以及对各类经典的意义和地位的判别和理解,他们"在佛说全体统一的基本概念上,对于各部分加以剖析解释,以求了解真相;这也可说是要明白每一部分的佛说对于全体应有的意义。如此解释佛说的方法就是判教"①。

　　中国的判教并非始于智𫖮。南北朝时期,大量佛教经典被译介到中国,由于传译时间有先后,所译典籍繁多庞杂,不同经典的文义出现了矛盾对立之处。为调和各类佛典之间的矛盾,南北各家师说兴起,他们纷纷对佛法进行判释总结,对释尊一代说法按时间前后与内容深浅进行分类编排,确定佛法的理论大纲,并将其整理成各各不同的理论体系。由于各家对经典的判释不同,佛教内部出现了极大的分歧,到天台立宗时,总计具有代表性的南北各家说法共十种,通称"南三北七"。南方的说法大都从顿、渐、不定三类分别来分判佛说;北方的说法则比较复杂,从主张佛说一音起到六宗止,各不相同。② 为化解佛教内部的理论分歧,智𫖮在批判旧说的基础上,以《法华经》为中心来解释各方面的内在联系,从而构成了一种既有重点又全面的判教思想体系。

　　天台宗判教的经典依据主要包括:《华严经·性起品》(晋译卷三四)的日出喻,"譬如日出,先照一切诸大山王,次照一切大山,次照金刚宝山,然后普照一切大地",以此比喻佛的说法是先从高处说起,再渐次普及于大众;《涅槃经·圣行品》(凉译卷一四)的牛乳五味喻,"譬如从牛出

① 吕澂:《中国佛学源流略讲》,第 331—332 页,北京:中华书局,1979。
② 智𫖮将南地三师与北地七师的说法做了教判,称为"南三北七"。南方三家为:一、虎丘山岌师之有相、无相、常住,称为三时教;二、宗爱、僧旻于常住教之前,加了"同归教",称为四时教;三、定林寺之僧柔、慧次,及道场寺之慧观等,复于同归教之前,加了"褒贬抑扬教",称为五时教。北方七家为:一、武都山刘虬立人天、有相、无相、同归、常住,称为五时教;二、菩提流支立半、满字教,故称半满二教;三、光统(慧光)立因缘、假名、诳相、常宗,称为四宗判教;四、护身寺自轨将前四教,加上《华严》的法界宗,称为五宗教;五、耆阇寺安廪立因缘、假名、诳相、常、真、圆宗,称为六宗教;六、北地禅师立有相、无相大乘教,称为二种大乘教;七、北地禅师谓佛以一音说法,众生随机缘不同而理解有异,称为一音教。详见《法华玄义》卷一〇上,《大正藏》第 33 卷,第 801 页。此外,韩焕忠《天台判教论》(成都:巴蜀书社,2005)的第 1 章(第 12—29 页),对南北朝时期南北各家的判教思想,以及智𫖮对南北朝判教的批判进行了详细说明,可资参考。

乳,从乳出酪,从酪出生酥,从生酥出熟酥,从熟酥出醍醐。醍醐最上,若有服者,众病皆除,所有诸药悉入其中",以此比喻佛说法,因听法者的机缘不同而分为五种法味或五个阶段;《法华经·信解品》的长者穷子喻,讲走失在外的穷孩子,面对所乞讨的长者的富裕之家却不知是自己的家,见长者威德庄严,便心生畏惧,快速离去,长者派人将穷子追回,穷子非常恐怖,担心被处死,长者令人以冷水洒面,促其醒悟,但穷子仍不醒悟,长者便巧设方便,暂不相认,雇之为佣,令其除粪,又换垢衣与其一起除粪,且教彼识字,穷子渐除下劣之心,最后长者临终时当众与子相认,并将家财悉数交予,以此比喻佛说法善用种种善巧方便令人受益。

与天台宗判教思想相关的典籍主要有:智𫖮的《法华玄义》第九、第十卷,《维摩经玄疏》第六卷,以及十二卷本的《四教义》;湛然的《法华玄义释签》《法华文句记》《止观辅行传弘诀》;宋代高丽僧谛观的《天台四教仪》;明代智旭的《教观纲宗》;元代蒙润的《天台四教仪集注》;以及作者存在争议的《天台八教大意》[1]。其中又以谛观的《天台四教仪》和蒙润的《天台四教仪集注》流行最广。

传统上,谈到天台宗的判教思想,通常以"五时八教"来概括。在《法华玄义》中,智𫖮为了阐述《法华经》的纯圆独妙之处,对《法华经》与其他经典做了区别,并提出"教相三意"说:"教相为三:一、根性融不融相;二、化道始终不始终相;三、师弟远近不远近相。"[2]在"根性融不融相"中,智𫖮以乳、酪、生酥、熟酥、醍醐"五味"来比喻佛说法的五个阶段,这五个阶段分别是华严时、鹿苑时、方等时、般若时、法华涅槃时,其中佛陀晚年所

---

① 关于《天台八教大意》的作者,《天台八教大意》卷首云"隋天台沙门灌顶撰",又于卷末云"天台释明旷于三童寺录焉"(《大正藏》第46卷,第769、773页),以致后世关于该书作者出现了两种说法:遵式的《天竺别集》(《卍续藏经》第101卷,第262页,台北:新文丰出版公司,1983)、义天的《新编诸宗教藏总录》(《大正藏》第55卷,第1178页),以及志磐的《佛祖统纪》卷一〇(《大正藏》第49卷,第202页)均以灌顶为《天台八教大意》的作者;最澄的《传教大师将来台州录》(《大正藏》第55卷,第1055页)则以明旷为该书作者。现代学者池田鲁参在「湛然における五時八教論の展開」(「駒澤大学佛教学部論集」6号,1975.10,51页)一文中也认为《天台八教大意》是湛然门下明旷所撰。

② 《法华玄义》卷一上,《大正藏》第33卷,第683页。

说的《法华经》代表了佛陀纯圆独妙的教法。在"化道始终不始终相"中，智颛述及如来说法的方式虽多，亦不出渐、顿、不定、秘密四种。再加上《四教义》中所阐述的藏、通、别、圆四教，则是"五时八教"的基本内容。

　　"五时"与"八教"的内容虽然在智颛的著作中已有体现，但"五时八教"的完整说法则是出自距智颛一百多年后的湛然。在湛然的《法华玄义释签》《法华文句记》和《止观辅行传弘决》里，"五时八教"一词各出现了一次。① 湛然之后，谈到"五时八教"的有《天台八教大意》，书中首明顿、渐、不定、秘密等"化仪四教"，次明藏、通、别、圆等"化法四教"，合称"天台八教"。到了宋初，高丽僧谛观撰《天台四教仪》，其内容系依据天台宗判教的各种相关典籍删补《天台八教大意》而成。② 谛观将"五时"与"五味"一一对应，又将"五时"与"化仪四教""化法四教"配合，宣说智颛的判教核心是"五时八教"。《天台四教仪》开篇云：

　　　　天台智者大师以五时八教判释东流一代圣教，罄无不尽。言五时者，一华严时，二鹿苑时（说四阿含），三方等时（说《维摩》《思益》《楞伽》《楞严三昧》《金光明》《胜鬘》等经），四般若时（说《摩诃般若》《光赞般若》《金刚般若》《大品般若》等诸般若经），五法华涅槃时。是为五时，亦名五味。言八教者，顿、渐、秘密、不定、藏、通、别、圆，是名八教。顿等四教是化仪，如世药方；藏等四教名化法，如辨药味。如是等仪散在广文。今依大本略录纲要。③

　　"五时"指全部佛说可以按佛陀说法的时间先后分为五个阶段，即：

---

① 《法华玄义释签》卷一云："五时八教，故云种种。"（《大正藏》第 33 卷，第 816 页）《法华文句记》卷一云："种种之言，亦不出五时八教。"（《大正藏》第 34 卷，第 171 页）《止观辅行传弘决》卷五之二云："乃至五时八教，一期始终。"（《大正藏》第 46 卷，第 292 页）可以看出，湛然每次都是比较随意地使用这一概念，由此可以推知，在湛然以前可能已经有人在使用这一说法。

② Leon Hurvitz 在 Chih-I（538－597）: An Introduction to the Life and Ideas of a Chinese Buddhist Monk（Bruxelles: Impr. Sainte-Catherine, 1962）一书中，重点分析了智颛的判教思想，然而，他对判教的理解遵循的是天台后来的发展，即高丽僧人谛观的《天台四教仪》，而不是智颛本人的判教思想。

③ 《天台四教仪》，《大正藏》第 46 卷，第 774 页。

第一华严时,佛陀初成道时说《华严经》;第二鹿苑时,佛在鹿野苑说小乘三藏教,即诸部阿含经;第三方等时,佛说《维摩》《思益》《楞伽》等经,斥小乘赞大乘;第四般若时,专说空义,说般若诸经,以明诸法皆空,融合大小乘于一味,破斥对大小乘的分别偏执;第五法华涅槃时,佛于最后几年间说《法华经》,开权显实,会三乘归一乘,令开示悟入佛之知见,临示灭一昼夜,说《涅槃经》。通过"五时"判教,佛教大小乘经典都得到较合理的安排,各类经典也被组织成一个便于修学的有机体系。

"八教"包括"化法四教"和"化仪四教"。"化法四教"是从说法内容上将佛说分为藏、通、别、圆四教。"藏"指小乘三藏经典;"通"指与三乘相通的般若类经典;"别"指《维摩》等专门显示大乘优越的方等经典;"圆"指《华严》《涅槃》《法华》等阐扬大乘究竟义理的经典,这类经典圆满具足、圆融无碍,其中又以《法华》最为圆满,是为"纯圆"。"化法四教"的说法在佛典中并无依据,是智𫖮的独特讲法,在整个天台判教体系中居于核心地位,所以也称"天台四教"。

"化仪四教","仪"指方式方法,即从教化的方式上分为顿、渐、不定、秘密四种。"顿"指佛说法时直接宣说诸法实相,开显大乘圆顿教理;"渐"指从小乘法渐渐过渡到大乘,次第宣扬;"不定"指受教者或从顿中领悟渐义,或从渐中领悟顿义,各人虽悟证各异,而彼此相知;"秘密"指佛对大众普说,受教者同听异闻,各人悟证各异,互相不知。

鉴于"五时八教"这一提法形成过程的复杂性,有学者指出,虽然五味、五时、四教等都是智𫖮判教体系中已有的概念,但由于智𫖮并没有明确提出以"五时八教"作为一完整系统的判教体系,因此,若是仅以"五时八教"作为天台判教理论的基本原则,会在一定程度上偏离智𫖮原意。[1]

---

[1]《中国天台宗通史》指出:"智𫖮判教并未突出五时说,但此后天台宗人发展了他的五时说,并提出五时八教为天台判教的原则,忽视了智𫖮的本来思想,以致将他的五味根机说歪曲了。"该书认为,智𫖮的判教体系是由五味根机说、三种教相论、四教义说、教观统一论四个部分组成,而不是传统的"五时八教"说。参见潘桂明、吴忠伟《中国天台宗通史》,第187页,南京:江苏古籍出版社,2001。

三、智颛的判教理论

智颛判教的基本说法首见于《法华玄义》第九、第十两卷。

关于教相，智颛明确以顿、渐、不定作为教相判释的"大纲三种"。《法华玄义》卷一〇云："大纲三种：一顿、二渐、三不定。此三名同旧，义异也。今释此三教，各作二解：一约教门解，二约观门解。教门为信行人，又成闻义；观门为法行人，又成慧义。闻慧具足，如人有目，日光明照，见种种色。"①智颛首先说明自己进行教相判释采用的是旧说顿、渐、不定的名称，但是含义并不相同，然后进一步从教门、观门两方面对三种教相做了说明。

从教门来看。"顿"指"顿教相"，而非"顿教部"，凡说及圆顿之旨的诸大乘经典，如《华严》《净名》《大品》《法华》《涅槃》等经，皆可归为此类。"渐"指"渐教相"，凡依次第说法者即具渐教相，如：《涅槃》十三云：从佛出十二部经，从十二部经出修多罗，从修多罗出方等经，从方等经出般若，从般若出涅槃。如此等意即是渐教相也。"②也就是说，属于顿教部的圆教经典在教相上也可归属于渐教门。"不定"指"不定教相"，智颛以中毒之人不确定何时毒发身亡一事来比喻，说明听法者曾于过去佛所听闻大乘实相之教，犹如身已染毒，至于今世听闻教法的过程中何时开发智慧、得见佛性则不确定，因此，佛说的一切法均可视为不定教相。此不定教相又分为秘密和显露两种："显露者，初转法轮，五比丘及八万诸天得法眼净。若秘密教，无量菩萨得无生法忍。此是毒至于酪，而能杀人也。"③

再从观门来看。"顿"指"圆顿观"，指的是从初发心即观实相，修四种三昧行八正道，即于道场开佛知见得无生忍，如牛食忍草即得醍醐。"渐"指"渐次观"，即从十二门禅，到六妙门、十六特胜，再到四谛观、十二因缘观，再修四弘誓愿、六波罗蜜，再从自性禅入一切禅，乃至清净净禅，

①②③《法华玄义》卷一〇上，《大正藏》第33卷，第806页。

最后能见佛性,住大涅槃,是名渐次观。"不定"指"不定观",指的是行者于过去佛所深重善根,故而能于修习禅法的任一阶次上,豁然开悟得无生忍,因为行者在修禅过程中何时开悟并不确定,故名不定观。智颛从教门、观门两个方面来说明顿、渐、不定三种教相,这种教观统一的思想,正是智颛判教说的特色所在。

关于"五时",智颛是用"五味"来比喻的。《法华玄义》卷一〇云:

> 约行人心者,说《华严》时,凡夫见思不转,故言如乳。说三藏时,断见思惑,故言如酪。至《方等》时,被挫耻伏,不言真极,故如生酥。至《般若》时,领教识法,如熟酥。至《法华》时,破无明,开佛知见,受记作佛,心已清净,故言如醍醐。行人心生,教亦未转;行人心熟,教亦随熟。[1]

在智颛看来,"五时"说法其实与修行人的根机、心境密不可分。因行人最初无法领受《华严》,故视《华严》如乳。随着行人修行日渐深入,妄想分别渐渐转薄,其心日渐清净,对法的领受能力也日渐增强,故而视三藏如酪,《方等》如生酥,《般若》如熟酥,《法华》如醍醐。正因为修行人的心在听经闻法的过程中日渐转变,对经义的领悟才有从乳至酪,再至生酥、熟酥,直至最后醍醐的不同感受。教法的纯熟是伴随着修行人的进步展开的,此即"行人心熟,教亦随熟"之意。

智颛不仅用醍醐喻《法华》,还以醍醐喻指《涅槃》。为解释两经的并列关系,他举田家先熟先收、后熟后收的例子来加以说明:

> 复言醍醐者,是众味之后也。《涅槃》称为醍醐,此经名大王膳,故知二经俱是醍醐。……譬如田家,先种先熟先收,晚种后熟后收。《法华》八千声闻、无量损生菩萨,即是前熟果实,于《法华》中收,更无所作。若五千自起,人天被移,皆是后熟,《涅槃》中收。为此义

---

①《法华玄义》卷一〇下,《大正藏》第 33 卷,第 810 页。

故，故云从《摩诃般若》出大涅槃，即后番次第也。①

在智颛看来，《法华》和《涅槃》同为佛的最后说法，"具是醍醐"。区别在于，《法华》针对的是那些根机已经纯熟之人，《涅槃》则是针对根机尚未纯熟，还需经过《般若》淘汰方可悟入之人，也就是说，《涅槃》是对那些未能于《法华》悟入者而说，是对《法华》的补充。

在《维摩经玄疏》卷六，智颛对"五时"说法的特点做了概括："诸经同明体宗用，赴缘利物而有同异者，但以禀教之徒根缘不一，时方有别。是以大圣设教名字不同，言方亦别也，故有顿渐赴机，至如《华严》广明菩萨行位，三藏偏说小乘，《方等》破小显大，《大品》历法遣荡会宗，《法华》结撮始终开权显实，《涅槃》解释众经同归佛性常住。"②在他看来，所有经典从根本上并无高下优劣之别，只因众生根机因缘不同，才有"五时"说法的不同。

经典与学人的关系，犹如药方与病人的关系，须对症下药，而不是开的药越贵重越好。对此，智颛举《华严经》为例，他说："如贵药非病治，贱药是病宜。贵药非宜，徒服无益。初说《华严》，于初心未深益，于渐机亦未转，于二缘如乳。若渐机禀三藏，能断见思，三毒稍尽，即转凡成圣。如变乳为酪，不可以用益，谓贱胜；不用益，谓贵劣。《华严》亦如是，于小如乳，于大如醍醐。"③也就是说，对初学者讲经义深广的《华严经》，就好比"贵药非宜，徒服无益"，必须待学法者熟识三藏教典，贪瞋痴三毒稍尽之后，再听讲《华严》，此时的《华严》经义方可如醍醐般助学法者转凡成圣。

在智颛确立"天台四教"这一独特说法的《四教义》里，他再次开宗明义地指出了应机设教的判教原则："夫众生机缘不一，是以教门种种不同。《经》云：自从得道夜，乃至泥洹夜，所说之法，皆实不虚。仰寻斯旨，弥有攸致。所以言之，夫道绝二途，毕竟者常乐；法唯一味，寂灭

---

①《法华玄义》卷一〇下，《大正藏》第 33 卷，第 808 页。
②《维摩经玄疏》卷六，《大正藏》第 38 卷，第 561 页。
③《法华玄义》卷一〇下，《大正藏》第 33 卷，第 810 页。

者归真。"①佛的所有教法都是真实不虚的,对毕竟者、寂灭者而言,则"道绝二途""法唯一味";对众生而言,则因众生根机因缘不同,所以才起了种种教门的分别。在明确这一宗旨后,他进一步以藏、通、别、圆四教对所有经典进行了分判:专为初学者所说的,以小乘经、律、论三藏为主的《阿含》等经,归为藏教;为声闻、缘觉、菩萨三乘所说的《般若》《方等》等大乘经典,归为通教;不共二乘人说,专为大乘菩萨所说的《维摩》等经,归为别教;为最上利根之人所说的《华严》《法华》《涅槃》等经,归为圆教,其中又以《法华》为圆教的代表,位居四教之首。四教虽有深浅的不同,然而教之深浅无非为了适应众生不同根机的需要,正所谓"佛以一音演说法,众生随类各得解。随类异解者,即是四教不同之相也"②。

可以说,判教现象反映了国人对佛陀所说各类教法日益熟悉的情况下所产生的对秩序的要求。智颢判教,无论是对佛说法的内容,还是对佛说法的方式方法的分判,都是对这一要求的具体回应。智颢的判教乃是针对此前纷乱之各家说法而为,是为了结束混乱、重建秩序。如果脱离行人根机,妄判经教高下,甚至通过判教来达到抬高自宗、贬抑他宗的目的,这样的判教,不仅远违佛陀本怀,亦非智颢本意。

第二节　天台宗的圆融哲学

"圆融三谛""一念三千"是天台宗止观学说的重要组成部分,是天台宗实相论的核心内容。而圆顿止观则是智颢秉承大乘经论所述的理论与方法,结合自身的止观体验,并整合南北朝以降传入中土的各类禅法而形成的止观修持法门。三者相互融合,构成了天台宗教观统一的止观学说体系。

---

① 《四教义》卷一,《大正藏》第 46 卷,第 721 页。
② 《四教义》卷一,《大正藏》第 46 卷,第 723—724 页。

一、"圆融三谛"说

"圆融三谛"说在天台宗的理论体系里具有举足轻重的作用,这一学说的产生,与南北朝时期佛教学者围绕龙树"二谛"义展开的讨论密不可分。从东晋开始,随着汉译《般若经》的流传,龙树的"二谛"思想引起中国僧人的极大关注,形成的看法非常多。至南北朝时期,《涅槃经》传入中国,涅槃佛性、如来藏思想广为流行,二谛是否包括涅槃佛果、二谛是指凡圣不同的境界还是佛陀教化众生的方法、二谛是否相即等问题日益凸显,各家的争论也愈发激烈。① 正是在这一背景下,智颉提出了"圆融三谛"的说法,并在此基础上,结合《法华经》的"十如是"说,开展出天台宗独具特色的实相论。

在《中论·观四谛品》里,龙树明确表达了中观哲学的"二谛"义:"诸佛依二谛,为众生说法。一以世俗谛,二第一义谛。若人不能知,分别于二谛,则于深佛法,不知真实义。"青目注释说:"世俗谛者,一切法性空,而世间颠倒,故生虚妄法,于世间是实;诸贤圣真知颠倒性,故知一切法皆空无生,于圣人是第一义谛,名为实。诸佛依是二谛而为众生说法,若人不能如实分别二谛,则于甚深佛法,不知实义。"②龙树通过"二谛"来表明,凡夫和圣人对佛教所说的"真实"有不同的理解,因此产生了"世俗谛"和"第一义谛"的差别。其中,世俗谛又简称"俗谛",是对感官所体验、所诠释的日常现象世界的庸常的、常识性的领受;第一义谛又名"真谛",指的是实相的真正内容以及对它的正确理解,而这是超越任何语言

---

① 美国学者保罗·L.史万森对5、6世纪中国佛教学者关于龙树"二谛"说的争论进行了重点考察,并指出智颉的"三谛"思想正是在回应诸家争论的基础上发展起来的。详见保罗·L.史万森《天台哲学的基础:二谛论在中国佛教中的成熟》,史文、罗同兵译,上海:上海古籍出版社,2009。李四龙也曾撰文追溯南北朝的"二谛"义之争,并从中抽绎了智颉"圆融三谛"思想的理论源起。详见李四龙《智颉"三谛圆融"的学术分析》,《宗教学研究》2001年第2期,第74—83页。

② 《中论》卷四,《大正藏》第30卷,第32页。

和名相思维的。①

智顗在龙树"二谛"义的基础上,对《中论·观四谛品》中一段著名的"三是偈"进行了独特的阐释,进而把龙树的"二谛"说发展成为"圆融三谛"说。《中论·观四谛品》云:"众因缘生法,我说即是无(空),亦为是假名,亦是中道义。"②龙树的这一偈强调了因缘所生诸法的本性是空性,一切因缘聚合不过是假有其名的现象,并无任何实体性可言,不执着于空性的实体性,也不执着于指称现象的假名的实体性,便是中道。龙树的"三是偈"重在以遮诠的方式来显示实相。③ 智顗对"三是偈"作出了新解。他在《法华玄义》中说:"《中论》云:因缘所生法,即空、即假、即中。因缘所生法即空者,此非断无也;即假者,不二也;即中者,不异也。因缘所生法者,即遍一切处也。"④智顗从"三是偈"中特别把"即空、即假、即中"三者提出来,并以之作为实相的三个面向,因三者皆真实不虚,所以又叫"三谛"。分而言之,"空谛"又叫"无谛"或"真谛",讲因缘聚合的一切现象都不是实有的,一切现象的非实体性乃是真实不虚的;"假谛"又叫"有谛"或"俗谛",讲一切现象虽非实有,但也不是绝对的无,仍可以通过名称(假名)来进行指称;"中谛"又叫"中道第一义谛",讲不执着于绝对的无,也不执着于绝对的有,离有无二边,即是中道。这三谛在真实性上并无深浅之别,而是平等的互即互融的关系。智顗说:"虽三而一,虽一而三,不相妨碍。三种皆空者,言思道断故;三种皆假者,但有名字故;三种皆中者,即是实相故。但以空为名,即具假、中;悟空,即悟假、中。

---

① 关于"二谛"的解释,参见保罗·L.史万森《天台哲学的基础:二谛论在中国佛教中的成熟》,第2页。

② 《中论》卷四,《大正藏》第30卷,第33页。

③ 参见冯达文、郭齐勇主编《新编中国哲学史》(上册),第342页,北京:人民出版社,2004。遮诠,即以否定的方式来表达最高的真理,或觉悟的境界。《宗镜录》卷三四云:"遮,谓遣其所非;表,谓显其所是。又遮者,拣却诸余;表者,直示当体。如诸经所说真如妙性,每云'不生不灭,不垢不净,无因无果,无相无为,非凡非圣,非性非相'等,皆是遮诠;遣非荡迹,绝想祛情,若云'知见觉照,灵鉴光明,朗朗昭昭,堂堂寂寂'等,皆是表诠。"(《大正藏》第48卷,第616页)遮诠为否定之判断,表诠为肯定之判断;遮诠可不包含表诠,表诠则一定包含遮诠。

④ 《法华玄义》卷一上,《大正藏》第33卷,第682页。

余亦如是。"①也就是说,就"空"而言,三种谛所展示的世界都不具有实体性,超越任何语言或名相思维;就"假"而言,三种谛虽无与之相应的任何实体,却可用不同的名字来指称;就"中"而言,空、假、中三者皆为实相。如能领悟其一,也就明白了另外二者的含义。也就是说,一空一切空,一假一切假,一中一切中,三谛互即互融,圆融无碍。此即智颛著名的"圆融三谛"说。

智颛将龙树重于遮诠的教理系统,开展为重于表诠的教理系统,进而在即空、即假、即中"三谛圆融"的基础上,结合《法华经》的"十如是"说,开显出一个绝妙的实相境界。天台宗自慧思起,就以《法华经·方便品》列举的十个"如是"作为诸法实相的具体说明。《法华经·方便品》云:"佛所成就第一希有难解之法,唯佛与佛乃能究尽诸法实相。所谓诸法如是相、如是性、如是体、如是力、如是作、如是因、如是缘、如是果、如是报、如是本末究竟等。"②此指诸法实相皆具有如是十种侧面或属性。智颛在慧思说法的基础上,将"十如是"与"圆融三谛"相结合,进一步用"圆融三谛"来开显实相。为了阐明"十如是"与"圆融三谛"之间统一互融的关系,智颛对"十如是"的经文句读做了不同处理,而有"十如三转"之说:

> 今经用十法摄一切法,所谓诸法如是相、如是性、如是体、如是力、如是作、如是因、如是缘、如是果、如是报、如是本末究竟等。南岳师读此文皆云如,故呼为十如也。天台师云:依义读文,凡有三转。一云:是相如,是性如,乃至是报如;二云:如是相、如是性,乃至如是报;三云:相如是,性如是,乃至报如是。若皆称如者,如名不异,即空义也。若作如是相、如是性者,点空相性,名字施设,迤逦不同,即假义也。若作相如是者,如于中道实相之是,即中义也。分别令易解故,明空、假、中,得意为言,空即假、中。约"如"明"空",一空

①《摩诃止观》卷一,《大正藏》第46卷,第7页。
②《法华经》卷一,《大正藏》第9卷,第5页。

一切空；点"如"明"相"，一假一切假；就"是"论"中"，一中一切中。非一二三而一二三，不纵不横，名为实相。唯佛与佛究竟此法。[1]

第一转，强调"如名不异"，阐明一切法毕竟相同，即是空谛；第二转，就种种差别表象立论，即是假谛；第三转，强调离空有而即空有的中道实相之"是"，是为中谛。以三转对应三谛的方式来解读经文，仅仅是一种方便，即"分别令易解故"；若从究竟论之，则"十如是"与"三谛"纯粹共融、相互统一，一空一切空，一假一切假，一中一切中，非一二三，而一二三，不纵不横，名为实相。也就是说，以"三谛圆融"之理来把握"十如是"所标志的世界之存在及其一切现象之间的普遍联系，所展现出的那样一种异而不异、不异而异、圆融无碍的境界，名为实相。此法高妙难解，非言思所能及，故云"唯佛与佛究竟此法"。

二、"一念三千"说

智𫖮不仅以"圆融三谛"来诠释"十如是"，还以"圆融三谛"来展现其所觉悟到的"十界互具"和"一念三千"的不可思议境界。"一念三千"是天台宗的中心思想，是智𫖮晚年止观学说发展的最高成就。从思想的发展上看，"一念三千"的学说渊源，可上溯至南岳慧思和北齐慧文，间接地说，可上溯至高祖龙树。[2]

（一）"一念三千"说的提出

隋开皇十四年（594年）夏，智𫖮在荆州玉泉寺讲《摩诃止观》，弟子灌顶记录。《摩诃止观》是智𫖮晚年最为成熟的止观著作，也是架构天台哲

---

[1]《法华玄义》卷二上，《大正藏》第33卷，第693页。

[2] 吕澂在《中国佛学源流略讲》中指出，慧文研习龙树的《大智度论》《中论》，将《大智度论》中三智（道种智、一切智、一切种智）"一心中得"的说法，与龙树的"三是偈"相结合，得出三谛"一心中观"，即"一心三观"的说法。慧思在"一心三观"的基础上，结合《法华经·方便品》列举的十个"如是"，以之作为诸法实相的具体说明，进一步发展出诸法有"十如是"之说。智𫖮则继承慧思的学说，把"一心三观"发展成为"圆融三谛"，同时更根据慧思的"十如是"思想，配之以十法界、三世间，发展出了十界互具、百界千如、一念三千的思想。详见吕澂《中国佛学源流略讲》，第325—329页。

学体系的主要著作。在《摩诃止观》卷五，智顗说到"十乘观法"的"第一观不思议境"时，正式提出并完整表述了"一念三千"的思想：

> 夫一心具十法界，一法界又具十法界、百法界。一界具三十种世间，百法界即具三千种世间，此三千在一念心。若无心而已，介尔有心，即具三千。亦不言一心在前，一切法在后；亦不言一切法在前，一心在后。例如八相迁物，物在相前，物不被迁；相在物前，亦不被迁。前亦不可，后亦不可，只物论相迁，只相迁论物。今心亦如是。若从一心生一切法者，此则是纵；若心一时含一切法者，此即是横。纵亦不可，横亦不可，只心是一切法，一切法是心，故非纵非横，非一非异，玄妙深绝，非识所识，非言所言，所以称为不可思议境，意在于此。①

这里说的"此三千在一念心"就是"一念三千"说的最初形式。"三千"的说法仅见于《摩诃止观》，《法华玄义》《法华文句》及《四念处》等，虽论及"十界互具""百界千如"的思想，但均未提及"三千"法数。比如，《法华文句》用了一千二百的法数："一心中具十法界，一一界皆有十如，即成一百。一根通取六尘，即有六百。约定慧二庄严，即是一千二百。根根悉用，定慧庄严等千二百也。"②《法华玄义》则用了一千的法数："此一法界具十如是，十法界具百如是，又一法界具九法界，则有百法界、千如是。"③又云："游心法界者，观根尘相对，一念心起，于十界中必属一界，若属一界，即具百界千法，于一念中，悉皆备足。"④

　　湛然于智顗其他著作中遍寻"三千"法数未果，最后得出结论，认为这是智顗晚年的成熟思想，是其"终穷究竟极说"："大师于《觉意三昧》《观心食法》及《诵经法》《小止观》等诸心观文，但以自他等观推于三假，

①《摩诃止观》卷五，《大正藏》第 46 卷，第 54 页。
②《法华文句》卷一〇，《大正藏》第 34 卷，第 139 页。
③《法华玄义》卷二上，《大正藏》第 33 卷，第 693 页。
④《法华玄义》卷二上，《大正藏》第 33 卷，第 696 页。

并未云一念三千具足;乃至《观心论》中亦只以三十六问责于四心,亦不涉于一念三千,唯《四念处》中略云观心十界而已。故至《止观》,正明观法,并以三千而为指南,乃是终穷究竟极说。"①

宋代曾有学者对"三千"说提出过怀疑。据北峰宗印(1148—1213年)的《北峰教义》载:"祖师三大部,唯于《止观》正修结示三千之名,《妙玄》《文句》并未涉言。英法师问:三千妙境出自《法华》,《妙玄》《文句》释经不说,莫有隐经之过否?"针对这一疑问,宗印答道:"今依四明荆溪,则约教释经略明千法,明观立行广说三千,名目虽然,义理齐等。故四明云然。复应知今明千法即是三千,以约三种释世间故,故千法、三千,但广略尔。"②根据宗印的说法,约文,则"三千"唯是《止观》之独说;约义,"一念三千"则是"天台三大部"共通之所说。从《法华玄义》里的"一念一千",到《摩诃止观》的"一念三千",不过是法数的广略不同罢了。③

(二)"三千"的构成

学者们通常认为,"一念三千"中的"三千"法数,是由《华严经》的"十法界"及其互具因而有百界、《法华经》的"十如是"和《大智度论》的"三世间"三者相乘而得,同时,这些学说的背景都可以归结为实相原理,所以,"一念三千"的三千世间(三千诸法,指全部宇宙万有),其本质也只是一实相。从世俗角度看,三千诸法普遍联系、纵横交错,属于客体世界部分,与此相应的"一念"则属于主体部分,"一念"与"三千"存在着鸿沟,绝

---

① 《止观辅行传弘决》卷五之三,《大正藏》第46卷,第296页。
② 《北峰教义》,《卍续藏经》第57卷,第458页。
③ 佐藤哲英对"三千"说出自智颉仍持怀疑态度。他指出,"一念三千"的说法仅见于智颉晚年的《摩诃止观》,在他的前期著作中全不见提及,而在可以视为智颉遗著的《观心论》中也不见提及。另外,智颉在讲说《摩诃止观》后,更撰有《净名玄义》10卷,又说《维摩经玄疏》6卷,在这些著作中,也不曾有片言只字提到"一念三千"说。因此佐藤怀疑智颉的"一念三千"说可能是灌顶在整理智颉的止观讲稿时,把《法华玄义》的"一念一千"说发展成"一念三千"说,然后再加上去的。(佐藤哲英『続·天台大师の研究』)在我们看来,佐藤怀疑的理由并不充分。首先,从《法华玄义》和《法华文句》的说法中,完全可见"一念三千"说的思想脉络和雏形;其次,智颉在《摩诃止观》外没有提及"三千"之名,并不等于他便没有这说法;最后,"一念三千"的说法最重要的也不是"三千"这一法数,而是一念具足诸法的这层含义。

无相融之理。智𫖮则从绝对平等的实相原理出发,提出"一念"即具"三千"、"三千"即"一念"的绝妙说法。

下面对"三千"的构成分三个层次加以说明:

第一层次是"十界互具",即"一法界又具十法界"。据《华严经·十地品》的说法,整个世间可以分为"十法界",按迷悟相之差别,即无明与法性之消长,分为十种生命类型:地狱、饿鬼、畜生、阿修罗、人、天、声闻、缘觉、菩萨、佛。前六种称"六道",处于不断轮回中,充满迷惑、痛苦,故又叫"六凡"。后四种已步入觉悟解脱,故称"四圣"。有别于传统佛教关于凡圣隔绝不通的说法,智𫖮认为十界中之任一界,皆相互具有其他九界,称之为"十界互具"。十法界互含互融、随缘升沉。地狱亦具有佛性,佛亦具有畜生性,一一平等。"十界互具"的思想,表现了天台宗"圆融"的实相观,即:一切的现象,皆是法性的体现;而法性的本质,又是一多相即、一异相入的。就"法界"的意义而言,如果从空谛的角度看,则法界是因缘所生,皆无自性;从假谛的角度看,法界呈现出各种不同的差别相;从中道第一义谛的角度看,则法界差别、平等不二。

第二层次是"百界千如"。法界十十互具,总成百界;各法界具十如是,即成"千如是"。"十如是"取自《法华经·方便品》所列举的十个"如是",即如是相、如是性、如是体、如是力、如是作、如是因、如是缘、如是果、如是报、如是本末究竟等。[1]关于"十如是"的内涵,智𫖮在《法华玄义》卷二上和《摩诃止观》卷五上中均有解释。依其《法华玄义》云:"通解者,相以据外,览而可别,名为相;性以据内,自分不改,名为性;主质名为体;功能为力;构造为作;习因为因;助因为缘;习果为果;报果为报;初相为本,后报为末,所归趣处为究竟等。"[2]此指诸法实相皆具如是十种侧面或属性,智𫖮引入以释法界。"十如是"与"百界"合起来,即有一千种法,即是"百界千如"。

---

① 《法华经》卷一,《大正藏》第 9 卷,第 5 页。
② 《法华玄义》卷二上,《大正藏》第 33 卷,第 694 页。

第三层次是"三千世间"。智𫖮将"三种世间"与"千如"配合,便成三千法界。"三种世间"的说法出自《大智度论·释佛母品》:"世间有三种:一者,五众世间;二者,众生世间;三者,国土世间。"①五众世间,又名"五蕴世间"。"五蕴",指构成人存在的色、受、想、行、识五种要素,其中,色为物质现象,受、想、行、识为心法,即精神现象。众生世间,指众生自身之境域,又名"有情世间"。国土世间,指众生所栖居之环境,又名"器世间"。

因此,"一念三千"的"三千",是一套由"十界互具""百界千如""三千世间"依次组合而形成的概念,内涵十分丰富。三千之数乃是理论上用以组织和说明的概念,天台九祖荆溪湛然曾经说过:"三千者无尽之异名也。"也就是说,三千之数乃是用来表示"无尽"差别相的一种象征性的解释法而已。② 而且,"三千"也并不仅仅是"一念"所观照的外境、对象,而是与"一念"相融相即、互有互存的世界,这个世界总括了物质和精神的所有领域。

需要注意的是,"一念三千"的"三千"不同于"三千大千世界"中的"三千"。智𫖮在《摩诃止观》中论及"一念三千"时,或称"三千种世间""三千法",或简称"三千",从未出现"三千世界"一词。尽管"三千世界"也常略为"三千",但两种"三千"含义各别。"三千世界"通常是作为"三千大千世界"的简称。佛教认为,一日一月绕一须弥山,照四天下,为一世界。一千个这样的世界为小千世界;一千小千世界为中千世界;一千中千世界为大千世界。"三千大千世界"的"三千世界"与"一念三千"之"三千世间"是两个不同的概念,两者的内涵相去甚远,不可混淆。

(三)"心即实相"

以上叙述了"三千世间"的构成,实际上,"三千世间"只是方便立名,归根到底,还是在于对"一念"的理解。"一念"在智𫖮的表述中,又被称

---

① 《大智度论》卷七〇,《大正藏》第 25 卷,第 546 页。

② 参见圣严法师《天台思想的一念三千》,《天台思想论集》,张曼涛主编《现代佛教学术丛刊》第 57 册,第 215 页,台北:大乘文化出版社,1979。

为"心""一念心""一心"。理解"一念"的关键就在于理解智顗所说的"心"。

智顗在诠释《法华经》的经题时，开宗明义地表明了他对"心"的理解。《法华玄义》卷一上云：

> 心如幻焰，但有名字，名之为心。适言其有，不见色质；适言其无，复起虑想。不可以有无思度故，故名心为"妙"；妙心可轨，称之为"法"；心法非因非果，能如理观，即办因果，是名"莲华"；由一心成观，亦转教余心，名之为"经"，释名竟。心本无名，亦无无名。心名不生，亦复不灭。心即实相。①

"心"本无名，亦无无名。若言其有，则无形无相；若言其无，又有思虑意想的作用。如幻焰般但有名字的"心"，可以诠释一切，因为"心即实相"。此"心"还可从总、别两方面做进一步说明。智顗在《法华玄义》中继续说道："观心开合者，心是诸法之本心，即总也。别说有三种心：烦恼心是三支，苦果心是七支，业心是二支。苦心即法身，是心体；烦恼心即般若，是心宗；业心即解脱，是心用。即开心为三也。"②总的来说，"心"是诸法之本心；分开来说，"心"即是烦恼心、苦果心和业心，同时也是般若、法身和解脱。

"心"之所以可以用来诠释一切，是与"心"即空即假即中的实相性格密不可分的。在智顗的理论构建当中，实相借"十如是"来展开，"十如是"借"三谛圆融"来说明，因此，智顗说"心即实相"，也就与"圆融三谛"紧密结合起来。《摩诃止观》卷一下云：

> 一念心起即空即假即中者，若根若尘，并是法界，并是毕竟空，并是如来藏，并是中道。云何即空？并从缘生，缘生即无主，无主即空。云何即假？无主而生即是假。云何即中？不出法性并皆即中。

---

①《法华玄义》卷一上，《大正藏》第 33 卷，第 685 页。
②《法华玄义》卷一上，《大正藏》第 33 卷，第 685—686 页。

当知一念即空即假即中，并毕竟空，并如来藏，并实相。非三而三，三而不三。非合非散，而合而散，非非合非非散，不可一异而一异。譬如明镜，明喻即空，像喻即假，镜喻即中，不合不散，合散宛然，不一二三，二三无妨。此一念心，不纵不横，不可思议。非但己尔，佛及众生亦复如是。①

此"心"从因缘所生，无实体性，所以即空；虽无实体性，却又毕竟生起种种分别，所以即假；一念心起，不出空假二边，所以即中。正因为此一念心即空即假即中，所以可以用种种名言来指称它，可称之为法界、毕竟空、如来藏、中道、实相。如《摩诃止观》卷一下，智𫖮说道："一念心即如来藏理。如故即空，藏故即假，理故即中。三智一心中具，不可思议。"②又云："眼色一念心起，即是法界，具一切法，即空即假即中。"③而且，此"一念"与"一切法"是相即互融的，若以心"生"一切法，即为"纵"；以心"含"一切法，则为"横"。心与一切法不可以纵横而论，所以智𫖮说："此一念心，不纵不横，不可思议"；"纵亦不可，横亦不可，只心是一切法，一切法是心，故非纵非横，非一非异"。④ "心是一切法，一切法是心"，换句话说，就是指"一念"即"三千"、"三千"即"一念"，这是一种"一念"与"三千"互即互融、不可思议的实相境界。"非但己尔，佛及众生亦复如是"，不仅自己当下的一念心是如此，佛与众生也是如此。

智𫖮还从微观角度对"刹那"和"一念"进行了类比。《仁王经》云："九十刹那为一念，一念中一刹那经九百生灭。"⑤智𫖮的《摩诃止观》则说："介尔心起必藉根尘，无有一法不从缘生，从缘生者悉皆无常。或言：一念心六十刹那。或言：三百亿刹那。刹那不住，念念无常。"⑥也就是

---

① 《摩诃止观》卷一，《大正藏》第46卷，第8—9页。
② 《摩诃止观》卷一，《大正藏》第46卷，第10页。
③ 《摩诃止观》卷七，《大正藏》第46卷，第100页。
④ 《摩诃止观》卷五，《大正藏》第46卷，第54页。
⑤ 《佛说仁王般若波罗蜜经》卷上，《大正藏》第8卷，第826页。
⑥ 《摩诃止观》卷三，《大正藏》第46卷，第32页。

说,一念三千,即念念三千。三千缘生,三千无常,念念缘生,念念无常。与三千世间圆妙之境互具互融的心念,正是处于这样一种无常不住的状态中。

至此,烦恼与菩提,生死与涅槃,无明与法性,心、佛与众生,一切所能想见的差别隔碍,涣然消解,一个圆融无碍、自在流转的不可思议境界呈现出来。《摩诃止观》卷五云:"心与缘合,则三种世间。三千相性,皆从心起。一性虽少而不无,无明虽多而不有。指一为多,多非多;指多为一,一非少。故名此心为不可思议境也。若解一心一切心,一切心一心,非一非一切……遍历一切,皆是不可思议境。"①这种境界超越了一切时间、一切空间的量度,超越了一与多、一心与三千性相、无明与法性的分别,不可思议。

三、圆顿止观

如何通达此"不可思议境",正是天台宗止观法门要解决的问题。止观是天台宗重要的修持法门。止,梵文Śamatha,音译"奢摩他",意译"停止、止息";观,梵文Vipaśya-ñā,音译"毗婆舍那",意译"观照、觉观"。合而言之,即止息一切外境与妄念,贯注于谛理而不动,生起智慧灭除烦恼,观智通达,契会实相。② 由于"止观"所强调的是实修实证的宗教体验,具有较多的个人体认特征和神秘色彩,因而它常常被排斥在学术研究与思辨分析之外,甚至成为哲学讨论所回避的对象。而事实上,天台佛学作为一种重实证、重实践之学,其本质实为"止观"经验之逻辑化、理

---

① 《摩诃止观》卷五,《大正藏》第46卷,第55页。

② 智颛对"止观"二字分别从三方面来阐释。他指出"止""观"各有三义。"止"之三义分别是息义、停义、对不止止义。息义是指诸恶觉观、妄念思想寂然休息。停义是指缘心谛理,系念现前,停住不动。对不止止义是说,习惯上称无明为不止、法性为止,事实上无明即法性、法性即无明,无明亦非止非不止,法性亦非止非不止,无明与法性不过是相待而言的称谓罢了。"观"之三义分别是贯穿义、观达义、对不观观义。贯穿义就所观立名,指智慧利用,穿灭烦恼。观达义就能观立名,指观智通达,契会真如。对不观观义是指,通常称无明为不观,法性为观,事实上无明即法性,法性即无明,无明非观非不观,法性亦非观非不观,二者也是相待言之。参见《摩诃止观》卷三,《大正藏》第46卷,第21页。

论化的说明,天台宗严密的教理系统与止观的禅修实践如鸟之双翼,密不可分。

智颙关于止观学说的著作有四部,分别是《修习止观坐禅法要》(又名《小止观》或《童蒙止观》)、《释禅波罗蜜次第法门》(又名《次第禅门》)、《六妙法门》、《摩诃止观》。关于这四部著作,宋代释元照在《修习止观坐禅法要》序中写道:

> 天台止观有四本:一曰圆顿止观,大师于荆州玉泉寺说,章安记为十卷;二曰渐次止观,在瓦官寺说,弟子法慎记,本三十卷,章安治定为十卷,今《禅波罗蜜》是;三曰不定止观,即陈尚书令毛喜请大师出,有一卷,今《六妙门》是;四曰小止观,即今文是,大师为俗兄陈鍼出,寔大部之梗概,入道之枢机,曰止观、曰定慧、曰寂照、曰明静,皆同出而异名也。若夫穷万法之源底,考诸佛之修证,莫若止观。天台大师灵山亲承,承止观也;大苏妙悟,悟止观也;三昧所修,修止观也;纵辩而说,说止观也。故曰:说己心中所行法门。则知台教宗部虽繁,要归不出止观。舍止观不足以明天台道,不足以议天台教,故入道者不可不学,学者不可不修。[1]

止观是入道者不可不学、不可不修的法门。与顿、渐、不定三种教相判释相应,智颙的止观法门也分为圆顿、渐次、不定三种,分别说于《摩诃止观》《次第禅门》《六妙法门》。此外,《小止观》作为《摩诃止观》的节本,因其简明扼要、清晰易解,便于初学者修学,所以被誉为“大部之梗概,入道之枢机”。止观是智颙承绪、妙悟、修习、辩说的依止处,也是全部天台佛学的核心。

在《次第禅门》中,智颙重点讲述了渐次止观。渐次止观即由浅入深、渐次修行的观法,此法犹如登梯之由低至高,从持守五戒、修十善,到修习禅定、无漏、慈悲等,进而修实相观,达常住道。对此,智颙在《摩诃

---

[1]《修习止观坐禅法要》,《大正藏》第46卷,第462页。

止观》卷一云:"渐初亦知实相,实相难解,渐次易行。先修归戒,翻邪向正,止火血刀,达三善道。次修禅定,止欲散网,达色、无色定道。次修无漏,止三界狱,达涅槃道。次修慈悲,止于自证,达菩萨道。后修实相,止二边偏,达常住道。是为初浅后深,渐次止观相。"[1]

《六妙法门》是智𫖮讲说不定止观的代表作。六妙,指数、随、止、观、还、净六种实修禅法。不定,指修习禅定无固定的次序或形式,修持者随自身根性和需求进行修习,无论修何法,过去宿习所发,豁然开悟,而证实相。对此,《法华玄义》卷一〇总结道:"不定观者,从过去佛深种善根,今修证十二门,豁然开悟,得无生忍,即是毒在乳中,即能杀人也;若坐证不净观、九想十想背舍胜处有作四圣谛观等,因此禅定,豁然心开意解,得无生忍,即是毒至酪中杀人也;若有人发四私誓愿,修于六度,体假入空,无生四谛观,豁然悟解,得无生忍,即是毒至生酥杀人也;若人修行六度,修从空出假,修无量四谛观,豁然心悟,得无生忍,是毒至熟酥而杀人也;若有坐禅,修中道自性等禅正观,学无作四圣谛,行法华般舟等四种三昧,豁然心悟,得无生忍,即是醍醐行中杀人也。"[2]

《小止观》和《摩诃止观》同为智𫖮讲述圆顿止观的重要著作,区别在于,前者是为初学者所写,没有做详细的论述发挥,简明易解;后者是智𫖮57岁时在荆州玉泉寺向僧众所讲,代表了他晚年最成熟的思想。"圆顿止观"法门是智𫖮秉承大乘经论所述的理论与方法,依据"解行相应"的佛教传统及自身的止观体验,整合南北朝以降传入中土的各类禅法而形成的止观修持体系。关于圆顿止观,《摩诃止观》卷一云:

> 圆顿者,初缘实相,造境即中,无不真实。系缘法界,一念法界,一色一香,无非中道。己界及佛界,众生界亦然。阴入皆如,无苦可舍;无明尘劳即是菩提,无集可断;边邪皆中正,无道可修;生死即涅槃,无灭可证。无苦无集,故无世间;无道无灭,故无出世间。纯一

---

[1]《摩诃止观》卷一,《大正藏》第46卷,第1页。
[2]《法华玄义》卷一〇上,《大正藏》第33卷,第806页。

> 实相,实相外更无别法。法性寂然名止,寂而常照名观。虽言初后,无二无别,是名圆顿止观。①

圆顿止观融实相论和止观实践为一体,从实相出发,又归结为实相,即所谓初缘实相、纯一实相,实相外更无别法。众生根性有利钝之别,悟入实相有疾迟不等,利根者可顿超直入,无须阶次,也就是说,圆顿止观一旦发起,即由初心不历渐次直接契入实相,而此实相即由"圆融三谛"开显的互即互入、圆融无碍的"不可思议境"。

《摩诃止观》的旨趣在于圆顿,圆顿本身是泯除一切对待、一切次第、一切言诠、一切心行的究竟真实,而修道之人根性利钝不同,钝根人需多种方便随缘对治可悟入实相,为了向不同根机之人说明圆顿思想,则必须借相待、次第、言诠、心行来烘衬圆顿的特质。为此,智颛在《摩诃止观》中安设了顿渐涵容、利钝普沾的十种观行法门,称为"十乘观法"。"十乘观法"是智颛从大小乘经论所论及观修法中"撮取正要",再加以建构所成的观行体系。"十乘"顺次为:(1)观不思议境;(2)发真正菩提心;(3)善巧安心;(4)破法遍;(5)识通塞;(6)道品调适;(7)对治助开;(8)知次位;(9)能安忍;(10)离法爱。

"十乘"之第一乘主要针对上上利根之人,强调直观"不思议境",当下顿契诸法实相。此顿法,无须止观调心、安心,不必寻伺、推度、依教观心等等方便,"言发即悟",不须迂曲,一念决定而得相应。若无法顿悟实相,则可继续用余下诸乘渐次观修。第二乘"发真正菩提心"是从能观的角度再论"不思议境"。智颛称真正菩提心"与不可思议境智,非前非后,同时俱起";"不杂毒、不偏邪、无依倚、离二边,名发菩提心。此心发时,豁然得悟,如快马见鞭影,即到正路"。②

离此二乘若还不能直契顿悟,则可巧用方便,令心得安,是为第三乘"善巧安心"。智颛在《摩诃止观》中共举出 128 种止观安心方法,他指出

---

① 《摩诃止观》卷一,《大正藏》第 46 卷,第 1—2 页。
② 《摩诃止观》卷九,《大正藏》第 46 卷,第 131 页。

法界实相是心所安处,心思唯实相、系念法性而不动,以"无所得"息心攀缘,息心则众妄皆静,妄想不生,此是以"止"安心;不起名言概念的分别,以平等心观一切法无碍、无异,以无分别心证入实相一相,此是以"观"安心。若仍然不能心安实相,则须以三观为观行方法,遍破我、法二执,是为第四乘"破法遍"。三观,就是"从假入空观""从空入假观""中道第一义谛观",或作"空观""假观""中道观"。智颉根据"三是偈"解释"一心三观",他说:

> 若一法一切法,即是因缘所生法,是为假名,假观也;若一切法即一法,我说即是空,空观也;若非一非一切者,即是中道观。一空一切空,无假中而不空,总空观也;一假一切假,无空中而不假,总假观也;一中一切中,无空假而不中,总中观也。即《中论》所说不可思议一心三观。[①]

三观"破法"还不能入道,则应以三观遍寻得失,照破无明滞碍,培养空慧,行察通达、塞碍,是为第五乘"识通塞"。以圆教"无作道谛",对"三十七道品"一一加以简别、抉择,展转调适,契机而修,是为第六乘"道品调适"。若悭贪忽起,用布施对治;破戒心起,用持戒对治;瞋恚勃发,用忍辱对治;放逸纵荡,用精进对治;散乱不定,用禅定对治;愚痴迷惑,用智慧对治,是为第七乘"对治助开"。以上三乘的功用,在于帮助"破法遍"不能成就者,转用种种方便助开观门,故可视为"依教观心"的方便助行。

若不知修行功行位次,行人易生增上慢心,"未得谓得,未证谓证",以凡滥圣,朱紫不分,故修第八乘"知次位"。若得除障开慧,入证品位,易外招名利,内动宿障,废损自行,故须第九乘"能安忍"。行人若修至圆教十信相似位,生"法爱",虽十信不退,但也不得入初住位,故又设"离法爱",鞭策行人精进。以上三乘虽非正、助观法,但与观行阶位有关,所以

---

① 《摩诃止观》卷五,《大正藏》第46卷,第55页。

智颉将它们归在十乘中。

观机设教、方便随顺是天台宗止观教学奉行的宗旨。"十乘观法"是即次第而超越次第的修持法门，不拘泥于某种僵化的程式，不教条地因循同一系列步骤，这是圆顿止观修道次第的总体特征。无论是入证止观双运的路径、次第，止与观的调和运用，还是十乘的观修，智颉都一再强调不拘一法、不简次第、调和随顺，或随众生欲乐，或随便宜生善，或随对治断恶，或随第一义直契中道，随顺各自根性、喜好，对渐顿、理事、深浅、俗真、止观善巧择修，灵活运用，不拘守某种固定程式，任修一法都可与他法更相迴换，只要精勤不辍，终能豁然开悟，契证实相。可以说，整部《摩诃止观》其实就是借即次第而超越次第的止观思想来彰显最终极的圆顿境界。

《摩诃止观》以"一念三千"来表述实相，以圆顿止观来彻悟实相，教观双美，是禅与哲学的统一，确乎表现了智颉超拔的独创精神，同时也充分体现了天台教学的"圆顿"之旨。

第三节　天台宗的"性恶"说

"性具善恶"是天台宗最殊特的教法之一。一般而言，佛教言"性"或"理"都视其为超越善恶对立的缘起法，因此既不说"性善"，更不说"性恶"。天台宗言"性"，则视其通于善、恶。从思想的发展来看，此说发端于慧思的"性具染净"说，智颉结合中道实相观对此说进行发挥，提出"性具善恶"的说法；湛然在智颉说法的基础上，发展出"无情有性"说；宋初山家派的知礼对以上诸说进行综合创新，提出了"理毒性恶"说。这一说法是天台宗力图将中道实相与如来藏思想于"一念心"层面上合一的结果。

一、智颉对"性恶"的看法

慧思在《大乘止观法门》卷一中，提出"性具染净"的说法：

　　一一众生心体，一一诸佛心体，本具二性，而无差别之相，一昧
平等，古今不坏。但以染业熏染性故，即生死相显矣；净业熏净性
故，即涅槃之用现矣。然此一一众生心体依熏作生死时，而不妨体
有净性之能；一一诸佛心体依熏作涅槃时，而不妨体有染性之用。
以是义故，一一众生一一诸佛，悉具染净二性。[①]

慧思从体、性、相、用四方面，对众生心与佛心进行了比较。从本质上看，
无论是众生心还是诸佛心都本具染、净二性，两者没有差别之相，完全平
等，古今不坏。从表象上看，染性受染业所熏，即显生死相，不妨体有净
性之能；净性受净业所熏，即显涅槃相，不妨体有染性之用。也就是说，
相有生死、涅槃的不同，心体的染净二性和染净之用却无差别。

　　慧思强调，众生心体、诸佛心体"本具二性"，他所说的"具"是具有、
包含的意思。慧思又将这种本具二性的心体称为"如来藏"，并对此如来
藏从染、净两方面做了区分："如来之藏，从本已来，俱时具有染净二性。
以具染性故，能现一切众生等染事，故以此藏为在障。本住法身，亦名佛
性；复具净性故，能现一切诸佛等净德，故以此藏为出障法身，亦名性净
法身，亦名性净涅槃也。"[②]在慧思看来，如来藏即是法身，本具染、净二
性，能起染、净二用，所以世间才会显现一切众生染事和一切诸佛净德等
种种差别相。

　　智顗在慧思"性具染净"说的基础上，进一步提出"无明即法性"。他
说："凡心一念，即皆具十法界。一一界悉有烦恼性相、恶业性相、苦道性
相。若有无明烦恼性相，即是智慧观照性相。何者？以迷明，故起无明。
若解无明，即是于明。大经云：无明转，即变为明。净名云：无明即是明。
当知不离无明，而有于明。如冰是水，如水是冰。"[③]智顗从缘起中道实相的
角度，发展出"圆融三谛"说，并以此说来诠释心体、法性、无明、涅槃、如来

①《大乘止观法门》卷一，《大正藏》第 46 卷，第 646 页。
②《大乘止观法门》卷二，《大正藏》第 46 卷，第 647 页。
③《法华玄义》卷五下，《大正藏》第 33 卷，第 743 页。

藏、佛性等等名言以及它们间的相互关系。在智𫖮看来，一念具十法界，不是指心生或心含十法界，而是说心即十法界、十法界即心，而此心并非"古今不坏"，而是即空即假即中。与慧思不同，智𫖮所强调的不是"具"义，而是"即"义。同时，无明与法性之间，以及心与无明、法性之间，也是互即互融的关系，如《四念处》云："无明、法性、十法界，即是不可思议一心，具一切因缘所生法，一句名为一念无明法性心。若广说四句成一偈，即因缘所生心，即空即假即中。"①一念心与三千诸法逻辑上的主客关系在本质上并不存在，心之一念与三千染净诸法在理想境界上圆融无碍。

无明与法性的关系一直是困扰学人的一个难题。针对学人对"一念无明法性心"的不解，智𫖮在《摩诃止观》中说："问：无明即法性，法性即无明。无明破时，法性破不？法性显时，无明显不？答：然。理实无明，对无明称法性。法性显，则无明转变为明。无明破，则无无明，对谁复论法性耶？问：无明即法性，无复无明，与谁相即？答：如为不识冰人，指水是冰，指冰是水。但有名字，宁复有二物相即耶？如一珠，向月生水，向日生火；不向则无水火。一物未曾二，而有水火之珠耳。"②究竟言之，我们不能离无明以求明，离明以求无明，二者互即不二，如冰与水。

智𫖮同样把这种互即不二的实相观运用到善恶问题上，于是有"恶性相，即善性相"的明确提法。他在《法华玄义》中说：

> 凡夫一念心即具十界，悉有恶业性相，只恶性相即善性相。由恶有善，离恶无善，翻于诸恶，即善资成。如竹中有火性，未即是火事，故有而不烧，遇缘事成，即能烧物。恶即善性，未即是事，遇缘成事，即能翻恶。如竹有火，火出还烧竹。恶中有善，善成还破恶。故即恶性相是善性相也。③

显然，智𫖮是从理、事两方面来看善、恶的。就理上言，恶性相即善性相，

①《四念处》卷四，《大正藏》第 46 卷，第 578 页。
②《摩诃止观》卷六，《大正藏》第 46 卷，第 82—83 页。
③《法华玄义》卷五下，《大正藏》第 33 卷，第 743—744 页。

善性恶性相即互融,非谓离善有恶,离恶有善,如竹中有火性,未遇火缘时,火性与竹相融无碍。从事上言,有善有恶,恶成则善灭,善成还破恶,如火出烧竹。

在智颛看来,由于小乘人与大乘观心者的境界不同,所以有了理上的善恶分别,他说:

> 若小乘明恶中无善,善中无恶,事理亦然。此则恶心非经,则无多含之义,隘路不受二人并行。若大乘观心者,观恶心非恶心,亦即恶而善,亦即非恶非善。观善心非善心,亦即善而恶,亦非善非恶。①

他指出,小乘人无论是从理上还是事上,都把善恶划分得泾渭分明,而大乘观心者则明白,理上并无善恶之分别,善恶互即,二者圆融无碍。

除上述观点外,通常研究天台思想的学者,都以《观音玄义》作为智颛明确提出"性具善恶"说的出处。② 其原文如下:

> 问:"缘、了既有性德善,亦有性德恶否?"答:"具。"
>
> 问:"阐提与佛,断何等善恶?"答:"阐提断修善尽,但性善在;佛断修恶尽,但性恶在。"
>
> 问:"性德善恶何不可断?"答:"性之善恶但是善恶之法门,性不可改,历三世无谁能毁,复不可断坏。譬如魔虽烧经,何能令性善法门尽? 纵令佛烧恶谱,亦不能令恶法门尽。如秦焚典坑儒,岂能令善恶断尽耶?"
>
> 问:"阐提不断性善,还能令修善起;佛不断性恶,还令修恶起耶?"答:"阐提既不达性善,以不达故,还为善所染,修善得起,广治诸恶。佛虽不断性恶,而能达于恶。以达恶故,于恶自在,故不为恶

---

① 《法华玄义》卷八上,《大正藏》第 33 卷,第 778 页。

② 佐藤哲英在《天台大师之研究:特以著作的考证研究为中心》一书中考察了《观音玄义》等文献的成立年代,提出首倡"性恶"说的人是灌顶法师,而非智者大师。参见[日]佐藤哲英《天台大师之研究:特以著作的考证研究为中心》,第 4 篇第 4 章第 6 节"观音经疏的成立年代与流传"及第 7 节"性恶说的创唱者",第 595—600 页。

所染。修恶不得起故，佛永无复恶。以自在故，广用诸恶法门，化度众生，终日用之，终日不染，不染故不起，那得以阐提为例耶？若阐提能达此善恶，则不复名为一阐提也。"①

"缘"指缘因佛性，"了"指了因佛性，再加上正因佛性，即智𫖮据北本《大般涅槃经》卷二八所立的"三因佛性"。正因佛性为中道实相之理体，正即中正，中必双照，离于边邪，照空照假，非空非假，三谛具足，此为众生成佛之正因。了因佛性是指由正因佛性发出的般若智慧，了即照了，由前正因，发此照了之智，智与理相应，是为成佛之了因。缘因佛性是指资助了因、开发正因的一切功德善行，缘即助缘，是为成佛的缘因。一阐提，是梵语 Icchantika 的音译，原意是指"正有欲求之人"，意译指无种姓、信不具足、极欲、大贪、断善根、不能成佛的众生。东晋时竺道生主张"阐提成佛"，为守旧僧徒所摈弃，后来《大般涅槃经》出，此说乃渐被接受。在智𫖮看来，一切众生，包括一阐提在内，无不具此三因佛性，不过有隐显不同，九法界众生的善恶高下可据此分判，及至成佛，正因佛性方得圆满显现。

在这段话中，智𫖮指出，从缘、了二因来看，众生与佛皆具性德恶以及性德善。阐提不断性善，所以才有遇缘生善的可能；佛不断性恶，乃得以自在力，广用诸恶法门化度众生。性之善恶不可断，指的是种种善恶法门不可断，对于佛而言，正是化度众生的一种方便。针对弟子提出佛是否还会作恶的问题，智𫖮从智慧通达与否的角度做了分判。阐提尚未通达善恶之理，所以能够为善熏染而离恶向善，直至成佛；佛能以自在圆满的智慧通达于诸善恶法门，故而能以诸恶法门化度众生而不为恶所染。

可以说，智𫖮在性善性恶的问题上，出现了两种看似矛盾实则圆融无碍的说法，也就是说，若是从缘起中道实相的层面看，性善性恶皆无自性，恶性相即善性相，二者相即，无有分别；若是从缘因、了因的层面来

①《观音玄义》卷一，《大正藏》第 34 卷，第 882 页。

看,则下至阐提上至诸佛,皆具足善恶,性善性恶皆不可断,阐提若是能通达此善恶之理,亦不复名为一阐提也。

智𫖮在谈论性善性恶问题时,"即""具"两种说法常常交替出现,这为天台思想至唐宋时的开展埋下了伏笔。

二、湛然论"性具善恶"与"无情有性"

唐代,佛教各宗兴起,尤其是禅宗、华严宗、唯识宗的兴起对天台宗的弘传造成了较大冲击。为重振天台教观,智𫖮五传弟子湛然以中兴天台为己任,在理论上做出了新的尝试。经过湛然的毕生努力,天台教观重兴于世,湛然也因此成为天台宗历史上的杰出人物。

湛然,俗姓戚,原常州(今属江苏)人。唐睿宗景云二年(711年)生,幼有超俗之志。年十七,游学浙东,寻师访道。年二十余,从左溪玄朗(673—754年)修习天台教观,深得器重。此后,以处士身份传道。天宝七载(748年),于宜兴净乐寺正式出家。后往越州,从昙一律师学律,又于吴郡开元寺宣讲止观。玄朗圆寂后,湛然潜心撰述几十万言,继而于东南各地盛弘天台教法。天宝末至大历初(756—766年),玄宗、肃宗、代宗先后下诏连征,湛然托疾固辞,一意开创天台佛学的新局面。湛然晚年迁天台国清寺,以身诲人,耆年不倦。德宗建中三年(782年),示寂于天台山佛陇道场,天台宗人尊为第九祖。主要著作有《法华玄义释签》20卷、《法华文句记》10卷、《止观辅行传弘诀》40卷等。

湛然在《止观辅行传弘诀》卷五专门讨论了性德善恶的问题。除摘录《观音玄义》中讨论"性恶"问题的那段文字外,湛然还在所录文字前增加了下面这段问答:

> 问:"凡夫心中具有诸佛菩萨等性,容可俱观。中心、后心界如渐减,乃至成佛唯一佛界,如何后心犹具三千?"答:"一家圆义,言法界者,须云十界即空、假、中,初后不二,方异诸教。若见《观音玄》文意者,则事理、凡圣、自他、始终、修性等意,一切可见。彼文料简缘、

了,中云:如来不断性恶,阐提不断性善。点此一意,众滞自销。以不断性善故,缘因本有。彼文云:了是显了智慧庄严,缘是资助福德庄严,由二为因,佛具二果。元此因果,本是性德;性德缘了,本自有之。今三千即空,性了因也;三千即假,性缘因也;三千即中,性正因也。是故他解唯知阐提不断正因,不知不断性德缘、了。故知善恶不出三千。"①

"初心"指凡夫心,"后心"指佛心。从问话可知,问者认为成佛乃是一个从最低法界上升至最高佛界的次第增减的过程,佛界与九界隔历,须断除九界修恶,方能成佛,故而对天台宗主张无论凡夫心还是佛心同为"心具三千"的说法感到困惑不解。湛然的回答一方面秉承了智𫖮"圆融三谛"的教法,他指出,根据天台圆教教义,谈论法界须从即空假中这一层面来理解,十法界本无分别,佛心与凡夫心亦无分别,并强调这样的教法永异他宗;另一方面,他也继承了智𫖮从缘、了两个层面来谈论性德善恶的做法,他指出,"善恶不出三千",因为三千即空,是了因佛性;三千即假,是缘因佛性;三千即中,是正因佛性。其他宗派只知从正因的层面来谈善恶问题,不知从缘、了二因的层面来谈,若是从缘、了二因来看,则阐提不断性善,佛亦不断性恶。"善恶不出三千"就是在三因佛性与空假中三谛结合的意义上说的。

针对性善性恶与修善修恶的问题,湛然在《十不二门》中提出了"修性不二"的观点。他指出:"修性不二门者,性德只是界如一念,此内界如三法具足,性虽本尔,藉智起修,由修照性,由性发修,存性则全修成性,起修则全性成修,性无所移、修常宛尔。"性德善恶不出一念,一念不出空假中三法,修由性发,性由修照。若迷,则有修性之别;如悟,则"达无修性、唯一妙乘,无所分别,法界洞朗"。②

针对慧思"性具染净"的说法,湛然在《十不二门》中提出"染净不二"

---

① 《止观辅行传弘决》卷五之三,《大正藏》第46卷,第296页。
② 《十不二门》,《大正藏》第46卷,第703页。

的观点。他指出："染净不二门者，若识无始，即法性为无明，故可了今即无明为法性。法性之与无明遍造诸法，名之为染；无明之与法性遍应众缘，号之为净。……三千因果俱名缘起，迷悟缘起不离刹那，刹那性常，缘起理一。一理之内而分净秽，别则六秽四净，通则十通净秽，故知刹那染体悉净。"[①]通常视无明为染，法性为净，湛然则从缘起的角度指出，染、净虽然相状不同，却都是刹那一念之缘起，染净同属一理，是一理的两种表现，在本质上是不二的。因此，只有做到染净双亡而不是去染留净，才能真正进入佛的境界。"故须初心而遮而照，照故三千恒具，遮故法尔空中，终日双亡，终日双照，不动此念遍应无方，随感而施净秽斯泯。亡净秽故，以空以中，仍由空、中转染为净，由了染净，空、中自亡。"[②]湛然在这里是用天台宗的空、假、中"三谛圆融"之理来解释染净双亡。破法归空为"遮"，存法立有为"照"，通过对染净的遮照，认识到染净皆是亦空亦假亦中，染不碍净，净不碍染，染净双亡。

可以说，在"性具善恶"的问题上，湛然和智𫖮都秉承了缘起中道实相的教法，所不同的是，智𫖮一方面从遮诠来谈，故云"恶性相即善性相"，另一方面从表诠指出，就缘、了二因而言"阐提不断性善，佛亦不断性恶"；湛然则更加侧重从表诠的一面来谈，为了凸显天台宗的圆教特质，以及进一步开显"三千"无所不包的特性，湛然在智𫖮思想的基础上强调了"善恶不出三千"、理具善恶、理具染净的说法，同时又以"修性不二""染净不二"的实相观把善恶、染净这类差别法成功纳入到天台圆教体系当中。

除了以性德善恶来开显"三千"，湛然还提出"无情有性"说，进一步充实了天台圆教的内涵，推进了天台义学的发展。"无情"是指山川大地、草木瓦石等无意识之物。佛教在传统上一向认为，只有有情众生（如人和动物）才有佛性，才能成佛。湛然却认为，除了有情众生，无情之物也有佛性，也能成佛。

---

①②《十不二门》，《大正藏》第 46 卷，第 703 页。

湛然在《金刚錍》中通过一个梦境，假立宾主，通过主客间的问答阐述了他对"无情有性"的看法。湛然的论证是从解读《涅槃经》开始的。《涅槃经·迦叶菩萨品》云："众生佛性，犹如虚空……虚空无故，非内非外；佛性常故，非内非外。故说佛性犹如虚空……善男子，为非涅槃，名为涅槃；为非如来，名为如来；为非佛性，名为佛性。云何名为非涅槃耶？所谓一切烦恼有为之法；为破如是有为烦恼，是名涅槃。非如来者，谓一阐提至辟支佛；为破如是一阐提等至辟支佛，是名如来。非佛性者，所谓一切墙壁瓦石无情之物；离如是等无情之物，是名佛性。善男子，一切世间，无非虚空对于虚空。"[1]湛然对这段文字中的"非佛性者，所谓一切墙壁瓦石无情之物；离如是等无情之物，是名佛性"一句进行解读，认为这句话从上下文来看不是在表达"无情无性"，而是在表达"无情有性"。他解释道：

> 为非涅槃说为涅槃，非涅槃者，谓有为烦恼；为非如来说为如来，非如来者，谓阐提二乘；为非佛性说为佛性，非佛性者，谓墙壁瓦砾。今问：若瓦石永非，二乘烦恼亦永非耶？故知，经文寄方便教说三对治，暂说三有，以斥三非，故此文后便即结云："一切世间，无非虚空对于虚空。"佛意以瓦石等三，以为所对，故云对于虚空，是则一切无非如来等三。[2]

涅槃、如来、佛性是"三有"，有为烦恼、阐提二乘、墙壁瓦砾是"三非"，《涅槃经》之所以要将"三有"与"三非"相对，乃是为了教化的方便而"暂说三有，以斥三非"，也就是说，为破有为烦恼而说涅槃，为破阐提二乘而说如来，为区别墙壁瓦砾等无情之物而说佛性。然而，就其究竟而言，"一切世间，无非虚空对于虚空"。"三有"是虚空，"三非"也是虚空，因为同样都是虚空，所以，有为烦恼即是涅槃，阐提二乘即是如来，墙壁瓦砾即是佛性，这就是"无情有性"。

---

① 《大般涅槃经》卷三七，《大正藏》第12卷，第580—581页。
② 《金刚錍》，《大正藏》第46卷，第781页。

在《金刚錍》中,湛然还从真如缘起的角度继续论证"无情有性"。他说:"万法是真如,由不变故;真如是万法,由缘起故。子信无情无佛性者,岂非万法无真如耶? 故万法之称宁隔于纤尘? 真如之体何专于彼我?"①是草木纤尘皆有真如体性,因为真如体性遍及一切,故而不隔于纤尘,也非彼我专有。他接着解释了何谓真如随缘:"真如随缘即佛性随缘,佛之一字即法佛也,故法佛与真如体一名异。故《佛性论》第一云:佛性者,即人法二空所显真如。当知真如即佛性异名。"②真如乃佛性之异名,无情有真如体性,即无情有佛性。

为进一步破除对"无情有性"这一说法的疑惑,湛然特设四十六问,并借宾客之口对这些疑问进行了回答。他从遮那果德、身心依正的角度对"无情有性"进行了说明:

> 即知我心、彼彼众生,一一刹那,无不与彼遮那果德、身心依正,自他互融,互入齐等。我及众生皆有此性,故名佛性。其性遍造、遍变、遍摄。世人不了大教之体,唯云无情,不云有性,是故须云无情有性。了性遍已,则识佛果具自他之因性,我心具诸佛之果德。果上以佛眼佛智观之,则唯佛无生;因中若实慧实眼冥符,亦全生是佛,无别果佛,故生外无佛。③

"遮那"即"毗卢遮那"(Vairocana)之略语,为佛之报身或法身,意译为"遍一切处、光明遍照、广博严净"。就因上言,我与众生、有情与无情,一切皆有遮那佛性;就果上言,一人成佛,连带草木瓦砾、山河大地也都成佛,也就是依正二报同时成佛,全一佛果,无复生佛之分别。湛然的"无情有性"说,突破了以往佛教只承认有情众生才有佛性的旧说,在当时产生了较大的影响。

---

① 《金刚錍》,《大正藏》第 46 卷,第 782 页。
② 《金刚錍》,《大正藏》第 46 册,第 783 页。
③ 《金刚錍》,《大正藏》第 46 卷,第 784 页。

三、知礼和智圆在"性恶"说上的分歧

宋朝初年,天台宗的代表人物知礼和智圆在"性恶"问题的理解上出现了较大分歧。

知礼(960—1028 年),四明(今浙江宁波鄞州区)人,俗姓金,字约言,宋朝初年天台宗教观并进的高僧之一,天台宗人尊为"中兴教主",又称"法智大师""四明尊者"。7 岁依太平兴国寺洪选出家,15 岁受具足戒,探究律部要义,20 岁从宝云义通学天台教观,3 年后即代师开讲说法。曾以其与钱塘系天台僧人(即后世称为山外派的庆昭、智圆等人)的义学之争轰动江浙,又曾因结十僧修忏,期满拟焚身的事件而震动朝野,其毕生经营的南湖延庆院亦成为弘传天台教观的重要道场。

智圆(976—1022 年),钱塘(今浙江杭州)人,俗姓徐,字无外,号潜夫,又号中庸子,因其隐居钱塘孤山,世称孤山智圆。8 岁于钱塘龙兴寺出家,曾习儒学,能诗文,后依奉先寺源清习天台教观。源清示寂后,离群索居,研考经论,探索义观,并与同门庆昭、晤恩等阐述天台学说,与四明知礼展开论辩。然一般以知礼之说为天台正统,称"山家派",智圆等钱塘诸师则被贬称为"山外派"。

知礼和智圆在性恶问题上的分歧主要是围绕智颐的《请观音经疏》来展开的。《请观音经疏》是智颐为阐释《请观世音菩萨消伏毒害陀罗尼咒经》而作,这部经典讲说了观世音菩萨因怜悯救护一切众生而诵神咒为众生消伏毒害的愿心和功德。在疏解此经的《请观音经疏》中,智颐特别阐发了他对观音神咒三种力用的理解:"用即为三:一事,二行,三理。事者,虎狼刀剑等也。行者,五住烦恼也。理者,法界无阂,无染而染,即理性之毒也。"[1]如何理解观音神咒之消伏三用与"性恶"之间的关系,成

---

[1]《请观音经疏》,《大正藏》第 39 卷,第 968 页。

为双方分歧的焦点。①

　　智圆作《请观音经疏阐义钞》，对此三用多所发明。知礼则认为智圆的阐释于天台教观大旨偏离太远，故作《对阐义钞辩三用一十九问》，以十九条问难批评智圆的《请观音经疏阐义钞》，又作《释请观音疏中消伏三用》一文，进一步阐明自己的主张。在《消伏三用》的序中，知礼交待了撰文的因由："消伏神咒，修行要道，功用难思。吾祖发挥，今人受赐。疏文既简，读者多迷。惟冠摄一经，实消伏三用。傥释之不当，修者何依？今附本宗，略评此义。敢言益物？聊轨自心。"②可以说，对于特重天台忏法并领众修行的知礼而言，如何体解观音神咒的消伏三用，是他迫切需要解答的问题。

　　事实上，知礼和智圆在观音神咒的事用、行用两方面的理解上并无不同，二者的分歧主要集中在对理用的理解上。针对智颛的"理者，法界无阂，无染而染，即理性之毒"这句话，智圆首先解的是何为"理性之毒"，然后是"如何消伏"，所以他的说法是："理非能所，但由惑具，即是'无染而染'，名为毒害。惑即法性，即是染而无染，名为消伏。"③在智圆看来，"惑"与"法性"相即不二，若不明白这一道理，也就是"无染而染"，可称为"理性之毒"（简称"理毒"），只要当下体悟"惑"与"法性"相即不二的道理，也就于当下消伏了"理性之毒"。可以说，智圆是从实相无相、圆融不二的"即"义上来理解观音神咒的理用。

　　与智圆不同，知礼对这句话的解读强调的不是"理性之毒"而是"即理性之毒"。他在《消伏三用》中强调："法界是所迷之理，无碍是受熏之德，所迷本净故无染，受熏变造故而染，全三德而成三障，故曰：即理性之毒。……若所迷法界本具三障，染故现于三障，此则惑染依他，毒害无

---

① 有关知礼和智圆争论的分析，参见［美］任博克《善与恶：天台佛教思想中的遍中整体论、交互主体性与价值吊诡》，吴忠伟译，第295—305页，上海：上海古籍出版社，2006。
②《释请观音疏中消伏三用》，《四明尊者教行录》卷二，《大正藏》第46卷，第872页。
③《请观音经疏阐义钞》卷一，《大正藏》第39卷，第978页。

作。以复本时,染毒宛然,方成即义,是故名为'即理性之毒',的属圆教也。"①在知礼看来,法界本具之三德因迷染而成三障,是为"即理性之毒",而此"即理性之毒"乃是法界本具,故此毒不可破,以复本时,染毒宛然,如此方才符合圆教消伏理毒之义。知礼认为,三障为法界本具,若视"理消伏"为"破三障",则有违天台宗"理具性恶"之说,属于别教,而非天台圆教的主张,他说:"若不谈具,乃名别教。是知由性恶故,方论'即理之毒'也。"②可以说,知礼是从"具"的意义上来理解观音神咒的理用。在知礼看来,只有从"理具性恶"的角度出发,才能正确理解"即理性之毒"。

对于为性本具的理毒如何消伏的问题,知礼在《消伏三用》中继续说道:"欲明理消之用,要知性恶之功。何者?以初心人皆用见思王数为发观之始,前之三教不谈性恶,故此王数不能即性,既不即性,故须别缘真中二理破此王数。……若圆顿教,既诠性恶,则见思王数乃即性之毒,毒既即性,故只以此毒为能消伏,既以毒为能消,则当处绝待。"③知礼的解释是,见思王数就是"即性之毒",因其既是所消,同时又是能消,以见思王数消伏"即性之毒",也就是以毒消毒,如此则"当处绝待"。至于如何以毒消毒,知礼在此并未做进一步的说明。

此后,在《十不二门指要钞》中,知礼针对智圆的"即"义,进一步提出了自己的看法。他说:

> 应知今家明"即",永异诸师,以非二物相合,及非背面相翻,直须当体全是,方名为"即"。何者?烦恼生死既是修恶,全体即是性恶法门,故不须断除及翻转也。诸家不明性恶,遂须翻恶为善、断恶证善,故极顿者仍云本无恶元是善,既不能全恶是恶,故皆即义不成。④

在知礼看来,天台圆教所说的"即"并非指善恶相即不二,而是指性恶不

---

① ② ③ 《释请观音疏中消伏三用》,《四明尊者教行录》卷二,《大正藏》第 46 卷,第 872 页。
④ 《十不二门指要钞》,《大正藏》第 46 卷,第 707 页。

可断、全恶是恶,这才是天台圆教的"即"义。知礼理解的"即"义,无疑是在湛然"理具"思想影响下,对天台圆教教义的一种新的开展。

可以说,智颉思想的实质在于缘起中道实相,因此,他所说的观音神咒之消伏三用也是从菩萨化度众生之缘起中道实相的意义上来阐发的。到了唐代,湛然侧重于从"理具"的角度来开显"三千",强调相对于佛界而言,其余九界(地狱界、饿鬼界、畜生界、阿修罗界、人界、天界、声闻界、缘觉界、菩萨界)亦为性本具。受湛然"理具"思想的影响,知礼在《观音玄义记》中明确表达了他对"性恶"的看法:

> 只一具字,弥显今宗。以性具善,诸师亦知;具恶缘了,他皆莫测。……夫一切法不出善恶,皆性本具,非适今有。故云:法住法位,世间相常。若因修有,安得常住? ……以皆本具,故得名为性善、性恶。复以性具染净因缘,起作修中染净因缘,乃有所生世、出世法。若具言者,本具三千,为性善恶;缘起三千,为修善恶。修既善恶,乃论染净逆顺之事。阐提是染逆之极,故云断修善尽;佛是净顺之极,故云断修恶尽。若其性具三千善恶,阐提与佛莫断纤毫。[1]

知礼对"性恶"的阐释一方面是从"性本具"的角度出发,强调"本具三千,为性善恶",正因性本具三千,善、恶不出三千,所以才有性恶本具不可破之说法成立的可能;另一方面,更重要的是从实际修行的角度出发,强调"缘起三千,为修善恶",从修而论,则有善恶、染净、逆顺种种差别。

至南宋,天台宗高僧柏庭善月完成了对天台山家山外之争的总结。柏庭善月(1149—1241 年),四明定海(今浙江镇海)人,俗姓方,字光远,号柏庭,善月为其法名。善月著述宏富,其中尤以《山家绪余集》最具义

---

[1] 《观音玄义记》卷二,《大正藏》第 34 卷,第 905 页。

学色彩。① 关于天台宗内部在"性恶"问题上的分歧,善月在《山家绪余集》中说道:

> 性恶者,一家之极说。"即""具"者,圆宗之大旨。然以其旨而明其说,则知所谓性恶者,所以彰"即""具"而显性德也,而犹未见所以"即""具"相成,具性具相之旨。故更论其大略。如《观音玄义》,正约具义以明性恶,而即义则略。至于《指要》,明性恶乃以即义成之,故曰"今家明即,永异诸师"等,而具义则略。通言莫非"即""具"相成,彼此互显,亦由文旨各有所自故。②

在善月看来,智颙的《观音玄义》主要是从"具"的一面来阐述性恶问题,"即"义则略;知礼的《十不二门指要钞》是从"即"的一面来阐述性恶问题,"具"义则略。总而言之,即、具相辅相成,只是由于文旨的需要而在表述上有所不同罢了。善月的思想不同于山外派,也不完全同于以知礼为代表的山家派。可以说,通过对"即""具"辩证关系的把握,善月试图协调知礼与智颙、山家与山外的分歧,在天台宗内部重建新的平衡,善月之学的意义也正在于此。

---

① 关于柏庭善月《山家绪余集》的思想分析,参见吴忠伟《体一智异——柏庭善月与南宋天台对山家山外之争的总结》,杭州佛学院编《吴越佛教》(第七卷),第 517—525 页,北京:九州出版社,2012。
②《山家绪余集》卷中,《卍续藏经》第 57 卷,第 214 页。

第三章 三论宗的哲学思想

三论宗乃因其所依经典为印度中观学派著作《中论》《十二门论》《百论》而得名。这三部论,再加上《大智度论》,构成中观学派完整的义理系统。僧叡《中论序》中对此"四论"有一个概括的评价:"《百论》治外以闲邪,斯文[指《中论》]祛内以流滞,《大智》释论之渊博,《十二门》观之精诣。"①此外,三论宗又称空宗、无相宗(无相大乘宗)、中观宗、般若宗、嘉祥宗,这些异名或偏重其思想渊源、立论主旨,或依创始人所居寺院而定名。该宗远推印度龙树、提婆为初期祖师,实仅有思想上的继承关系。而其所推中土祖师有鸠摩罗什(344—413 年)及其门下僧肇、道生、僧叡,全为姚秦、东晋时期弘扬般若中观学的名家,与南朝后期兴起的摄山三论学,亦缺少史料来证明其宗派谱系上的继承关系。实际上,三论宗的中土祖师主要有摄山僧朗(生卒年不详)、止观僧诠(生卒年不详)、兴皇法朗(507—? 年)、嘉祥吉藏(549—623 年),吉藏是三论宗的实际创始人。吉藏的主要活动年代在南朝陈至唐初时期,他继承了佛教般若学性空精神,以中观学派"中道""二谛"为立说依据,以"破邪显正"为佛学方法论,将罗什一门致力阐发的三论学发扬光大,并在摄山一脉三论祖师

---

① 《中论》卷一,《大正藏》第 30 卷,第 1 页。

的基础上,创建了一个颇为精深和复杂的佛学思辨体系,为隋唐佛学的兴盛做出了贡献。吉藏所阐发的三论宗思想,后来又传播至高丽和日本,在东亚佛学中别具特色。

第一节 "三论"的译传与吉藏

吉藏的著述常提及"关河"之学,这是将三论宗起源追溯到鸠摩罗什及其门下所弘扬的中观学派思想。鸠摩罗什,祖辈本系天竺贵族阶层(婆罗门种姓),其父鸠摩罗炎始东渡葱岭,投止龟兹,后与龟兹王妹耆婆成婚,遂生罗什。罗什自小就受到龟兹流行的小乘佛教思想的熏染,后又在沙勒(疏勒)遇到莎车大乘名僧,尽弃所学,转归大乘中观学。此时中原地区逐次为十六国所占领,其中羌族建立的姚秦(后秦)代苻秦(前秦)而据关中四十余年。姚秦文桓皇帝姚兴崇佛,鸠摩罗什遂于文桓皇帝弘始三年(401年),经凉州至长安。罗什在长安十二载,在姚兴(394—416年在位)的支持下,大兴中观思想。罗什非但以译经知名,且注重讲授所译经典,并亲加注解,其法门龙象迭出,唱道南北。罗什译经中最重要、影响最深的是印度般若中观学的根本经论,如《摩诃般若波罗蜜经》《金刚经》《维摩诘所说经》《大智度论》《中论》《百论》《十二门论》。罗什门下号称"三千学士",其中尤以弘中观学者人数最多、影响最大,如僧肇、道融、道生、僧叡、慧严、慧观、慧叡等人,前四人被称为"关中四圣"。关河之学,一时极盛。但是罗什的去世使得长安佛界一时无主,而刘裕于东晋安帝义熙十三年(417年)攻克长安,姚秦覆灭。次年,赫连勃勃又趁乱袭取长安,致使关中一带民众颠沛流离,众僧星散,义学南趋,关中三论学一时颓废。此外,由于中土佛学兴趣的转移,这些星散的罗什门下,其传承虽不绝如缕,却大多转而治《涅槃》《成实》,故而三论学在宋、齐二代黯而不彰,以至齐竟陵王萧子良感叹佛学界"弃本逐末",周颙于永明七年(489年)惋惜"《大品》精义,师匠盖疏"①。

---

① 周颙:《抄成实论序》,〔梁〕释僧祐撰,苏晋仁、萧鍊子点校:《出三藏记集》卷一一,第 405 页,北京:中华书局,1995。

周颙、梁武帝萧衍看到三论学不彰,遂转而提倡三论义理,武帝撰《注解大品序》、周颙撰《三宗论》,对般若学和中观二谛的研讨起到推动作用。但是真正以三论为重心,对精研般若中观经论的学风起到奠基作用的则是僧朗。

梁武帝时,高句丽辽东城人僧朗于齐梁之际南下建康,在摄山(栖霞山)依止禅师法度,大宏三论,为梁陈以后三论学复兴奠定了基础。僧朗最初确定弘扬三论思想,与当时的一场辩论有关系。据湛然记载:"自宋朝已来三论相承,其师非一并禀罗什,但年代淹久,文疏零落,至齐朝已来,玄纲殆绝。江南盛弘成实,河北偏尚毗昙。于时高丽朗公至齐建武来至江南,难成实师,结舌无对。因兹朗公自弘三论。至梁武帝敕十人止观诠等令学三论,九人但为儿戏,唯止观诠习学成就……故知南宗初弘成实后尚三论。"①

据史料记载,僧朗"《华严》、三论最所命家"②。吉藏则追叙道:"摄山大师唯讲三论及《摩诃般若》,不开《涅槃》《法华》。"③值得注意的是,吉藏明言僧朗三论学得自关中:"从北地学三论,远习什师之义。"④又言:"大朗法师关内得此义[即僧肇不真空义],授周氏[即周颙]。"⑤此外,日僧安澄《中论疏记》卷一言:"高丽国辽东大朗法师,远去敦煌郡昙庆师所,受学三论。齐末梁始,来入摄岭山也。"⑥据此,僧朗之学不仅来自关中,且他还奔波至敦煌从昙庆学习三论,而昙庆此人,史无记载。⑦ 因此,关于僧朗三论学的师承问题,尚未彻底解决。

①《法华玄义释签》卷一九,《大正藏》第33卷,第951页。
②〔梁〕释慧皎撰,汤用彤校注,汤一玄整理:《高僧传》卷八,"法度传",第331页,北京:中华书局,1992。
③《涅槃经游意》,《大正藏》第38卷,第230页。
④《二谛义》卷下,《大正藏》第45卷,第108页。
⑤《中观论疏》卷二末,《大正藏》第42卷,第29页。
⑥《中论疏记》卷一,《大正藏》第65卷,第22页。
⑦ 僧朗三论学与"关河旧说"的关系,不仅牵涉到三论宗的宗派系谱的构建,而且与"成实"和"三论"之间的纷争有复杂关系。此外,后人曾将僧朗与河西道朗相混淆。参见汤用彤《汉魏两晋南北朝佛教史》,第531页,北京:中华书局,1983。

止观僧诠继承了僧朗三论之学:"初,摄山僧诠受业朗公,玄旨所明,惟存中观。遁迹幽林,禅味相得。"①由此可见,僧诠和僧朗一样,以三论学为重心,同时也继承了僧朗不交接王侯的隐逸风格。只是僧诠不再参与公开佛学辩论,似乎更倾向于内敛。据吉藏追叙:"昔山中大师云:出讲堂不许人语。意正在此,恐闻之而起疑谤故也。"②僧诠学说以"二谛"和"中道"为核心,对三论学有进一步的发展,被赞"大乘海岳,声誉远闻"③。

止观僧诠弟子中,以兴皇寺法朗最弘三论学。据《续高僧传·法朗传》记载,法朗俗姓周,徐州沛郡(今江苏沛县)沛人,后依止观僧诠习三论学:"飡受《智度》《中》《百》《十二门论》,并《华严》《大品》等经,于即弥纶藏部,探赜幽微,义吐精新,词含华冠,专门强学,课笃形心。"④吉藏追叙道:"是故三论玄旨,派流于九坏,龙树宗传,实什公之方也,虽复译在关河,然盛传于江表,则兴皇朗之功也。"⑤法朗一改僧朗、僧诠不事辩论的传统,走向公开说法:"奉敕入京,住兴皇寺,镇讲相续,所以《华严》《大品》四论,文言往哲所未谈,后进所损略,朗皆指摘义理,征发词致,故能言气挺畅,清穆易晓,常众千余,福慧弥广,所以听侣云会,挥汗屈膝,法衣千领,积散恒结。每一上座,辄易一衣,阐前经论,各二十余遍,二十五载流润不绝。其间兴树四部,两宫法轮之华,当时莫偶。"⑥法朗的教学风格和宗旨是以般若扫相、心无所得为主,吉藏言道:"家师朗和上,每登高座,诲彼门人,常云:'言以不住为端,心以无得为主。故深经高匠,启悟群生,令心无所著。'"⑦法朗佛学思想大部分为吉藏所继承,包括"破邪显正"的论述方法和"中道""二谛"的思想。

吉藏,俗姓安,安息人。据《续高僧传·吉藏传》,吉藏祖世因避仇移

①④⑥〔唐〕道宣撰,郭绍林点校:《续高僧传》卷七,"法朗传",第225页,北京:中华书局,2014。
②《百论疏》卷下,《大正藏》第42卷,第302页。
③〔唐〕道宣撰,郭绍林点校:《续高僧传》卷七,"慧布传",第238页。
⑤《十二门论宗致义记》卷上,《大正藏》第42卷,第218—219页。
⑦《胜鬘宝窟》卷上之本,《大正藏》第37卷,第5页。

居南海郡（今广州）所在地域，安家于交广之间。其后，吉藏之父迁居金陵（今江苏南京），吉藏即出生于金陵，并以此为研究佛学的重要阵地。吉藏祖辈历世虔诚敬奉佛门，其父出家后法名道凉，父引之见于梁陈之际著名的译师真谛，遂得名"吉藏"。吉藏因其家族"历世奉佛"，从小就确立了佛教信仰，其父多次带其旁听兴皇寺法朗讲授佛法。吉藏表现出极高的领悟能力，"随闻领解悟若天真"①，7 岁时遂从法朗出家。据吉藏所撰《百论序疏》，他年十四即习《百论》，法朗劝他经常阅读僧肇的《百论序》，因其"言巧意玄，妙符论旨"，故吉藏"亲睹时事，所以禀承……登乎弱冠，于寺覆述"。② 吉藏领纳了中观学派"善辩"的长处，"精辩锋游，酬接时彦，绰有余美"③。他受具足戒后，声名远播，得到南朝陈世祖文帝陈蒨第十三子桂阳王陈伯谋的赏识。在隋朝由北向南取江南、定百越，统一中国后，吉藏乘机离开金陵，东游吴越地区，止泊于会稽秦望山的嘉祥寺。在此游方过程中，吉藏率徒不停地搜集因陈隋更替、道俗逃亡而流散的寺院文疏，在佛教目录学、佛教文献整理方面做出了贡献，并借此熟稔天竺大乘中观学派，以及中国汉末至南北朝佛教的历代典籍和各派佛学思想，"注引宏广咸由此焉"④。吉藏于嘉祥寺讲经说法垂十五年，吸引了大量信众："禹穴成市，问道千余。志存传灯，法轮相继。"⑤吉藏在嘉祥寺曾开讲《法华经》，并撰成《大品经义疏》《法华玄论》等重要著作。此时吉藏名声大起，"结肆独擅浙东"⑥，他却不自满，自忖对于《法华经》义理尚有疑惑，遂致书天台山国清寺智顗法师，请其讲《法华》，智顗因病未能赴会，不久辞世，吉藏又从智顗弟子灌顶学《法华》义理。⑦文帝末年，时为太子的杨广建立四个道场：扬州慧日寺，长安清禅寺、日严寺、香台寺。吉藏先奉命住扬州慧日寺，并于此著《三论玄义》。此后又受杨广延

---

①③⑤〔唐〕道宣撰，郭绍林点校：《续高僧传》卷一一，"吉藏传"，第 392 页。

②《百论疏》卷上，《大正藏》第 42 卷，第 232 页。

④〔唐〕道宣撰，郭绍林点校：《续高僧传》卷一一，"吉藏传"，第 395 页。

⑥⑦〔唐〕道宣撰，郭绍林点校：《续高僧传》卷一九，"灌顶传"，第 717 页。

请,转至京师日严寺,①在此撰关于"三论"的注疏。此时,随着国家统一,南北学僧齐聚京师,吉藏声望非常高:"既初登京辇,道俗云奔。见其状则傲岸出群,听其言则钟鼓雷动。"吉藏表现出极高的辩经才华,居住在京师期间,吉藏和当时另一位法师僧粲曾就佛法辩难,"往还抗叙四十余翻",僧粲终于"合席变情赧然而退"。② 吉藏在京师又"游诸名肆,薄示言踪,皆掩口杜辞,鲜能其对"③,成为隋朝继智顗之后又一位名动帝京、著述繁富的佛学家。

吉藏"威名相架,文藻横逸",被誉为"四海标领三乘明匠"。④ 吉藏留下了一连串展现自己辩才无碍的记录。例如文献独孤皇后崩,"承明内殿连时行道",吉藏于殿内讲《净名经》,"词锋奋发,掩盖玄儒。道俗翕然,莫不倾首"。⑤ 隋炀帝子齐王𬀩曾举办法会,因吉藏神辩飞玄,望重当世,故每怀摧削,将倾折之,以大业五年(609年)于西京本第盛引论士三十余人,"令藏登座咸承群难,时众以为荣会也"⑥。唐高祖武德年间屡建法筵,在延兴寺,百座讲《仁王经》,王公卿士并从盛集,吉藏"爱竖论宗,声辩天临,贵贱倾目"⑦。

吉藏的佛学撰述非常丰富,共38部(现存27部)、百余卷,论说类有《三论玄义》《大乘玄论》《法华玄论》,经疏类有《中论疏》《百论疏》《十二门论疏》《法华义疏》。此外,吉藏还撰有关于《华严经》《涅槃经》《金光明经》《弥勒经》《维摩诘经》《大品般若经》等大乘佛教经典的解释文字,即"游意""科文"。

吉藏的著述风格带有明显的时代特征,大多系"注疏体",这是受到

---

① 参见王亚荣《日严寺考——兼论隋代南方佛教义学的北传》,《中华佛学学报》第12期,1999年7月,第197页。
② 〔唐〕道宣撰,郭绍林点校:《续高僧传》卷一一,"吉藏传",第394页。
③ 〔唐〕道宣撰,郭绍林点校:《续高僧传》卷一一,"吉藏传",第393页。
④ 〔唐〕道宣撰,郭绍林点校:《续高僧传》卷一四,"智拔传",第500页。
⑤ 〔唐〕道宣撰,郭绍林点校:《续高僧传》卷九,"智脱传",第323页。
⑥ 〔唐〕道宣撰,郭绍林点校:《续高僧传》卷九,"僧粲传",第331页。
⑦ 〔唐〕道宣撰,郭绍林点校:《续高僧传》卷三,"慧赜传",第69页。

儒家经学撰述的影响。陈寅恪先生说："南北朝后期及隋唐之僧徒亦渐染儒生之习,诠释内典,袭用儒家正义义疏之体裁,与天竺诂解佛经之方法殊异,如禅学及禅宗最有关之三论宗大师吉藏、天台宗大师智颛等之著述与贾公彦、孔颖达诸儒之书其体制适相冥会。"[1]这是很有见地的观点。

第二节 "破邪显正"基础上的判教论

三论宗与印度中观学派一样,以"破"为始,主张"破邪"以"显正"。吉藏提到,龙树、提婆撰述"三论"的背景是佛教内外的异说异见阻碍佛教发展:"九十六术栖火宅为净道;五百异部萦见网为泥洹,遂使鹿苑丘墟,鹫山荆棘。"所以他们才根据《维摩诘经·法供养品》中提出的"四依"(义、智、了义经、法)的精神写成"三论"。但是,"论虽有三,义唯二辙"。[2]"二辙",就是"破邪"和"显正",吉藏认为这也是"三论"的根本旨趣。

三论主要针对四种错误见解:"摧外道""折毗昙""排成实""呵大执"。

"摧外道"主要面向"天竺异执"和"震旦众师"。"天竺异执"乃指印度各派哲学对"因果"或"因缘"的错误理解,这是印度中观学派固有议题之一,此不赘述。值得注意的是吉藏对中国"震旦众师"的批评。[3]自魏晋南北朝以来,中国思想界盛行玄学清谈之风,名士、名僧竞论攀谈《老》《庄》《易》三部典籍,号称"三玄"。吉藏引罗什、僧肇语,认同他们关于老庄之书都是"凡夫之智""孟浪之言"、不足以"栖神冥累"的说法。他接着从六个方面比较佛教与中国本土玄学的优劣:玄学家只能思考此生此世,"辨乎一形",而佛教则洞达过去世、现在世、未来世的业感缘起,"朗鉴三世";玄学家不明眼耳鼻舌身五根的体用,"五情未达",佛教则畅言

---

① 陈寅恪:《论韩愈》,《金明馆丛稿初编》,第 287 页,上海:上海古籍出版社,1980。
②《三论玄义》,《大正藏》第 45 卷,第 1 页。
③《三论玄义》,《大正藏》第 45 卷,第 2 页。

六神通,穷极宇宙和三世,"六通穷微";中土清谈诸哲销万物为空无,以无为本,"即万有而为太虚",佛教则敷演中道实相的道理,"说不坏假名而演实相";玄学家一味谈无,不能从理论上安立世间各种制度的合理性,"未能即无为而游万有",而佛教则能在般若空的基础上重新审视世间的合理性,"说不动真际建立诸法";玄学家患得患失,在隐遁和入世之间踟蹰难取,"存得失之门",佛教则以绝四句的方式沟通涅槃世间的真际,"冥二际于绝句之理";在义理的究极之处,玄学家对于实相境和正观智都无法正确认识,自然无法彻底破除,而佛教则认识到这两者仅系假名施设,最终能够达到"缘观俱寂"。面对玄学中的佛道调和派主张"伯阳之道,道曰太虚;牟尼之道,道称无相。理源既一,则万流并同"的说法,吉藏说:"伯阳之道道指虚无,牟尼之道道超四句。浅深既悬,体何由一? 盖是子佞于道,非余谄佛。"梁武帝新义中"用佛经以真空为道体"有援佛释道的倾向,吉藏也批评道:"牟尼之道道为真谛,而体绝百非。伯阳之道道曰杳冥,理超四句。弥验体一,奚有浅深?"又评论玄学派虽然"九流统摄,七略该含",却"唯辨有无,未明绝四",因此,"若言老教,亦辨双非。盖以砂糅金,同盗牛之论"。[1]

"折毗昙"是对南北朝流行的有部学的批判。本来,印度佛教中观学派兴起的背景即是部派佛学中的说一切有部的盛行违背了释迦牟尼创教本旨,而南北朝时期中国佛学中亦兴起了毗昙学。自安世高译《阿毗昙五法行经》后,东晋十六国时期的道安、慧远、僧伽提婆均支持研习毗昙,《阿毗昙心论》、《阿毗昙八犍度论》(即《发智论》)、《杂阿毗昙心论》也陆续译出。毗昙学的研习代有其人。毗昙学认为构成一切法均为实有,对"因缘"问题分析比较细密。于是吉藏批评它们违背中道实相,体绝百非,理超四句,不能用语言、理性,不属有无范畴,如何能用"有"来概括? 此外,过于执着于对"有"的分析,容易产生各种邪见。

---

[1]《三论玄义》,《大正藏》第45卷,第2页。

"排成实"的对象是南北朝时期因宣扬《成实论》而著名的成实师。《成实论》系生于3、4世纪之间的诃梨跋摩(师子铠)不满说一切有部执着于繁琐名相分析而作,其主要内容是审辨四谛所涵诸法,应该说是对佛教基本概念的一次清理。《成实论》思想与印度部派佛教中的经部前身譬喻师说法相近,正所谓"偏斥毗昙,专同譬喻"①。鸠摩罗什看到修习《成实论》对理解《大智度论》很有益处,遂在译完《大智度论》之后随即翻译《成实论》。因为《成实论》以"我法二空"对治有部"我空法有",以分析名相始,以破除名相终,因此在南北朝时期被看做大乘佛学的一部分,再加上其"思精言巧"的论述特色,使得南北朝义学僧人竞趋治成实学,肇始者正是鸠摩罗什门下昙影、僧叡、僧导和僧嵩。南北朝成实学从晋宋之际开始发展,到了齐梁时代,遂出现智藏、僧旻、法云三大家。成实师的势力一时弥漫佛学界。它于有部毗昙"我空法有"的说法以外,别明人、法二空。以故一时期的佛教学者,特别是梁代的智藏、僧旻、法云三大法师,都将它看做大乘论来讲授,而与《中》《百》《十二门》三论等共弘,一些专治本论的学者,当其时也曾有"成论大乘师"之称。这大概和本论别明法空,援引菩萨藏文有关。罗什之译传本论,原取其立说比较进步,接近般若,有导向大乘的作用。可是当他听到有人说本论和大乘一般,早就慨叹为无深识了。

"呵大执"是针对大乘佛教内部的不同观点。主要包括南北朝时代盛行的地论师、摄论师,以及同时兴起的天台宗。吉藏认为这些学派、宗派"多杂伪实,须淘汰之"②,这部分内容将在下文讨论。

吉藏在"破邪"时,除了因袭印度中观学派论述方法,还有他自己独创的方式。他继承了龙树的"四句"义,同时又创造了"单复四句"。龙树在建构"中观"的论证方法时穷思极虑,为了保证遣除各种执着的有效性和论证"真实"的严密性,创造了"四句"法:一切实、一切非实、一切亦实

---

① 《三论玄义》,《大正藏》第45卷,第3页。
② 《三论玄义》,《大正藏》第45卷,第5页。

亦非实、一切非实非非实。他认为这四句可以完整而无缺漏地说明中道实相。现将龙树"四句"和吉藏"单复四句"列表如下①：

句式	龙树四句	吉藏单四句	单四句学派	吉藏复四句	吉藏重复四句	吉藏竖深四句
肯定	一切实	有	萨婆多(有部)及犊子部	有有,有无,名之为有	复四句皆名为有,有此四句,故"有"	初阶绝单四句,次门绝复四句,第三绝重复四句。然惑者终谓有妙理存,则名为有
否定	一切非实	无	方广道人	无有,无无,名之为无	无此四句	无此妙理,则名为无
既肯定又否定	一切亦实亦非实	亦有亦无	地论师、摄论师	亦有有、有无,亦无有、无无,为亦有亦无	亦有亦无四句	亦有此理,亦无此理,名为亦有亦无
既不肯定亦不否定	一切非实非非实	非有非无	三论宗中的中假师	非有有、有无,非无有、无无,名非有非无	非有非无四句	非有此理,非无此理,为非有非无

吉藏"单四句"都是有针对性的：萨婆多(有部)及犊子部均喜谈"有"，符合肯定句，方广道人耽于"无"，属于否定句；地论师、摄论师谈三性，其中遍计所执自性、依他起自性属于"有"，圆成实自性属于"无"，属于既肯定又否定句；最后，三论宗中的中假师倡"非有非无"，属于既不肯定亦不否定句("非有非无假说有无。此是中假义也")。再看吉藏的对治方法：萨婆多(有部)及犊子部执"有"，可以用"无"来对治；方广道人恶取"空"(无)，可以用"亦有亦无"来对治；地论师、摄论师主张"亦有亦无"(三性三无性)，可以用"非有非无"来对治；而对于三论宗中的中假师，则可用"忘言绝虑"、销尽一切名相来对治。

吉藏在《净名玄论》卷一中又提出了"复四句"。"复四句"名义上也

---

① 参见《净名玄论》卷一，《大正藏》第38卷，第857—859页。

是谈有无,实际上是在更高的、纯语言的名言概念层面上破除对"有""无""亦有亦无""非有非无"的执着。因为依据三论宗的观点,所有谈论有无的概念、句式(例如单四句)都无法直接肯认为中道。为了说明这一点,吉藏又提出了"重复四句"。这个后设的"重复四句"其实是要破除对"复四句"的执着认识。那么如果对"重复四句"又产生了执着的认识怎么办呢?吉藏又提出了"竖深四句"。在吉藏看来,这些句式的增设是完全必要的,它有助于理解三论宗"重重否定"的精神。

吉藏于自己的"破邪显正"的主张,看上去是"有破无立",这其实是种误解。在吉藏看来,"破邪"所以"显正",邪执若尽,正义当然会完全显露。所以三论宗不主张"破外有立",但对于"邪""正"的区别极其严格。这种将佛教理境"归于无得"的方法是继承了印度中观学派的主张的。①

但是从另外一个视角来审视,在佛教义理的简择方面,吉藏并非全无所立。他和南北朝诸论师(以及之后的隋唐诸宗派)一样热衷判教,对流入中土的不同性质的经、论展开批评,对它们的类型流派、说时先后、佛理深浅、是否究竟等教相问题进行煞费苦心的安排,这也是树宗立派的重要行动。

在印度大乘经论中,曾有过类似判教的主张,例如《楞伽经》(宋译本卷一、北魏译本卷二、唐译本卷三)主张"净除一切众生自心现流,为顿为渐",主张修行有顿、渐的不同方法;《华严经·宝王如来性起品》以太阳顺序照耀高山、幽谷和平地这"三照"来说明佛教教法的次第;《涅槃经·圣行品》(北本)以"五味"(乳味、酪味、生酥味、熟酥味、醍醐味)比喻十二部经、修多罗、方等、般若、大涅槃等经论从不究竟到究竟的次第;《解深密经·无自性相品》以"三时"立三教,即鹿园初转法轮所立"缘生定说实有"而堕"有边"之教、宣扬"诸法自性皆空"而堕"空边"的般若中观和宣扬"三性三无性"的瑜伽行派;《法华经·譬喻品》则以"四车"(羊车、鹿

---

① 参见吕澂《中国佛学源流略讲》附之《三论宗》,《吕澂佛学论著选集》第 5 卷,第 2910 页,济南:齐鲁书社,1991。

车、牛车和大白牛)比喻声闻、缘觉、菩萨及佛乘。上面这些大致涵括了佛经中关于佛教教法次序、等级的认识,但并非严格意义上的判教。印度中观学派历史上曾有过判教的主张。据法藏《十二门论宗致义记》转述中天竺三藏法师地婆诃罗(汉译"日照")的说法,几乎与吉藏同时的印度那烂陀寺两大师戒贤和智光曾就此展开辩论。

中国佛教的判教主张来源,有其理论需求。南北朝之后,随着佛教经典翻译的数量不断增加,其性质也愈趋复杂。因为这些典籍并非一人一时所作,其思想内容、论证方法和概念意涵都在不断发生变化。中国佛学界也认识到佛经丛集的这种性质,知道佛学不仅分大、小乘,而且大、小乘中又分许多类别,形成不同的部派和学派。基于此,他们就需要为各种佛教学说寻找到由此达彼的义学桥梁,因此产生了"通方"的思路。名为"通方",其实是探究经典丛集的内在差异和理论的不同层面。此外,南北朝佛教义学如儒家经学一样,讲究师承、师说,一经传授,不再更改,因此师说往往成为定论。这又导致了不同师说之间颟顸不通,理论上需要进行再次调整。因此南北朝之后也就产生了全盘安排佛经及其义理次第的"判教"说。

第一位主张判教的正是鸠摩罗什的弟子道场寺慧观法师。吉藏言道:"宋道场寺慧观法师著涅槃序明教有二种:一、顿教,即华严之流;二、渐教,谓五时之说。后人更加其一,复有无方教也。三大法师并皆用之。爰至北土还影五教制于四宗。"[1]慧观将所有佛说分为两类:渐教和顿教。顿教为《华严》所宣讲,复又在渐教中立"五时"。关于"五时教"的名称,吉藏在《三论玄义》和《大品经游意》里说法不一,但大致相同,分别为:三乘别教(又名有相教,以小乘《阿含经》为主)、般若通教(又名三乘通教,以《般若经》类为主)、抑扬教(又名贬教,指将大小乘进行分类的经典,如《维摩诘经》)、同归教(明三乘归于一乘的教义,指《法华经》)、常住教(宣讲涅槃常住的经典,主要指《涅槃经》)。后人在慧观的顿、渐二教外又加

---

[1]《法华玄论》卷三,《大正藏》第 34 卷,第 382 页。

上了"不定教"(无方教),合慧观所析共"三教五时"。至于不定教,据智颤的表述,其内容是"别有一经,非顿渐摄而明佛性常住,胜鬘、光明等是也,此名偏方不定教"①。上面说的是"五教",南北朝诸师教判还引入了"四宗"概念,据《法华玄义》,这四宗为:因缘宗、假名宗、诳相宗、常宗。其中,因缘宗又名立性宗,系说明六因、四缘之义,且宣说诸法各有体性之教。即小乘中之浅教,相当于毗昙等所说。假名宗又名破性宗,乃谓诸法悉皆虚假,而否定其实在性之教。即小乘中之深教,相当于《成实论》所说。诳相宗又名破相宗或不真宗,谓诸法如幻即空,假名之相亦无所有之教。即大乘中之浅教,相当于《大品般若》、三论等所说。常宗又名显实宗或真宗,谓诸法的本体具有永远不灭的佛性真如,而为或迷或悟的根源。即大乘中之深教,相当于《华严经》《涅槃经》等所说。

吉藏认为"但应立大小二教,不应制于五时"②。他依据大乘佛教兴起时的传统说法,将整个佛教判为大乘藏和小乘藏两种。关于这两种对峙的佛教教法,吉藏在多个文本里有不同的称呼:或第一法轮和第二法轮,或小法轮和大法轮,或声闻藏和菩萨藏,或半字教和满字教,或简言之大小乘。吉藏对这些称呼的区别是:"二藏义有三双:一、声闻藏、菩萨藏,此从人立名。二、大乘藏、小乘藏,从法为称。三、半字、满字,就义为目。此三犹一义耳。"③吉藏《法华游意》(第四《辩教意门》)又说:"佛教虽复尘沙,今以二义往收则事无不尽。一者赴小机说名曰小乘,二者赴大机说称为大乘。而佛灭度后结集法藏人摄佛一切时说小乘名声闻藏,一切时说大乘者名菩萨藏,即大小义分,浅深教判也。"④

在教判方面,吉藏除提出"二教"判摄外,还提出了"三轮"判摄,这就是根本法轮、枝末法轮和摄末归本法轮。根本法轮指一乘教,吉藏认为佛教所言三世诸佛之所以出现于世,为一"大事因缘",故说"一乘"之道,

①《华严经疏钞玄谈》卷四,《卍续藏经》第 5 卷,第 739 页。
②《三论玄义》,《大正藏》第 45 卷,第 5 页。
③《净名玄论》卷七,《大正藏》第 38 卷,第 900 页。
④《法华游意》,《大正藏》第 34 卷,第 644 页。

使"菩萨"得究竟圆满之果。此根本法轮尤指《华严经》,因为"佛初成道,花严之会纯为菩萨开一因一果法门,谓根本之教也"①。其次是枝末法轮。由于根机的差别,劣根者不能体会一乘教的妙旨,因此需要再开三乘教。因此,枝末法轮系"于一说三",此法轮以一乘教为本,以三乘教为末。《华严经》《法华经》之外的佛教典籍都属于枝末法轮的三乘教。最后是摄末归本法轮,它的意思是"摄三归一":"四十余年说三乘之教陶练其心。至今《法花》始得会彼三乘归于一道。即摄末归本教也。"②摄末归本法轮指《法华经》《涅槃经》,因为该经体现了"会三归一"的精神。

我们可以看出,吉藏判教理论在具体内容上的独创性并不大。无论是判佛藏为"大小二乘"还是《华严》"一乘之道"、《法华》"会三归一",在佛经中屡次出现,在其他各宗派判教理论中亦不罕见。但是吉藏判教旨趣显示出其卓越的方面:吉藏认为佛教经律论本身无高下浅深区别,所区别者在于众生根机的利钝,不同的教法是为了适应不同根机的众生而已。此外,与其他宗派教判论专注于抬高自宗和所依经地位不同,吉藏主张各种大乘经论的教义都是究竟佛法,义理方面互相补充。吉藏并不独尊自宗的《般若》,对《法华》《华严》《涅槃》等经予以平等的尊重,这在其他宗派判教理论中是找不到的。

第三节　"八不"基础上的中道观

印度中观学派的旨趣是要在"般若扫相"的基础上揭示出"中道实相"的道理。中道观是其根本理论,而"八不"则是龙树最重要的著作《中论》中最为著名的"颂",是理解"中道"的重要思维方法。为什么"八不"和"中道"对于中观学派有如此重要的意义呢?这要联系印度佛教缘起理论的发展过程来考察。释迦牟尼提出业感缘起说以后,缘起主要局限在人生现象范围内。随着部派佛学的兴起,对法的分析有必要从人生现

---

① ②《法华游意》,《大正藏》第 34 卷,第 634 页。

象扩展到宇宙万事万物。于是先后产生两种对立的看法：一种是有部说，将法之体视为实有；另一种说法（从大众系到大乘佛教）是万法自性空。这两种偏执的见解不仅混淆了佛教缘起理论的真义，甚至引起修行观上的混乱。龙树著《中论》主要是针对这两种错误看法的，其论证的方法主要是奠基在"八不"基础上的"中道"观。

"八不"出于《中论·观因缘品》："不生亦不灭，不常亦不断，不一亦不异，不来亦不出。"①龙树用"八不"概括一切虚妄见解。据吕澂先生研究，这八种否定都是有所为而发，其中八种错误见解分别指部派佛学（生）、外道（灭）、婆罗门（常）、顺世论（断）、数论（一）、胜论（异）、自在天观念（来）、梵我观念（去）。② 龙树认为这八种见解都属"戏论"。"中道"是印度中观学派的思想宗旨，其最著名的表述是《中论·观四谛品》中的"众因缘生法，我说即是无，亦为是假名，亦是中道义"③。这可以说是《中论》的文眼所在。对于这个"中道"的定义，此颂文后青目释为："众缘具足和合而物生，是物属众因缘故无自性。无自性故空，空亦复空。但为引导众生故，以假名说。离有无二边，故名为中道。"④龙树中道观来自《宝积经》下列文句："若说有边则无有中，若说有中则无有边，所言中者，非有非无。"⑤这句话是针对《般若经》中的空观而言。因为如果执着于空，在大乘看来就是"恶取空"，所以为了补正那种对《般若经》空的错误理解，《宝积经》才说空，目的是要佛教徒离开"有边"，真正做到认识上的"非有非无"。《宝积经》的"中道"是侧重"有无"而立，龙树则将其上升到方法论的地步，当做根本性的批判武器。

"八不"和"中道"有紧密的关联，印度中观学派如此，三论宗自然也将其提升到非常重要的地位。吉藏在《中观论疏》中表示"八不"为"众经

---

①《中论》卷一，《大正藏》第30卷，第1页。
② 吕澂：《印度佛学源流略讲》，《吕澂佛学论著选集》第4卷，第2075页。
③④《中论》卷四，《大正藏》第30卷，第33页。
⑤《大宝积经》，《大正藏》第11卷，第29页。

大意、此论宗旨"①,又在《大乘玄论》中表示其"竖贯众经,横通诸论"②,且认为其为"正观之旨归、方等之心骨,定佛法之偏正、示得失之根原,迷之即八万法藏冥若夜游,悟之即十二部经如对白日"③。在吉藏看来,"八不"是理解中观学派二谛、缘起、中道、毕竟空、实相的根本途径,自然应大加演述。④"八不言约义丰,意深理远,总摄一切大乘经论甚深秘密义。"⑤"八不"反映了哪些佛教经典的甚深秘密义呢? 特列下表:

"八不"所明 佛教观点	吉藏以"八不"证明佛教观点	"八不"所涉及 经典依据
明"十二因缘" 不生不灭	以十二因缘不生不灭能生观智,故即境界佛性,能发无生灭观,即是观智佛性。观智明了谓菩提果性,断常诸边毕竟寂灭,即大涅槃果果佛性。然十二因缘未曾境智,亦非因非果,即中道正性。	《涅槃经》
明"诸行无常" 不生不灭	此偈上半即无生灭生灭义,下半偈谓生灭无生灭。八不不性实生灭,始得显无生灭生灭,故成上半偈意。八不明无假生灭,故是生灭不生灭,即下半偈意。	《涅槃经》雪山全如意珠偈:诸行无常是生灭法,生灭灭已寂灭为乐。
明"三世有无" 不生不灭	偈上明"无三世""三世",即"无生灭"生灭义。偈下明"三世无""三世",即"生灭无"生灭义。	《涅槃经》本有今无偈:偈云。本有今无,本无今有,三世有法,无有是处。
明实相、观照、 文字般若	以观十二因缘不生不灭能生观智,所观十二不生不灭即实相般若。生于观智谓观照般若……以得如此悟为众生说法,故称为论,即文字般若。	《大品般若经》般若无尽品云。菩萨坐道场时。观十二因缘如虚空不可尽。

①③《中观论疏》卷二本,《大正藏》第 42 卷,第 20 页。
②《大乘玄论》卷二,《大正藏》第 45 卷,第 25 页。
④ 参见韩廷杰《三论宗通论》,第 219 页,台北:文津出版社,1997。
⑤《中观论疏》卷二末,《大正藏》第 42 卷,第 29 页。

"八不"所明 佛教观点	吉藏以"八不"证明佛教观点	"八不"所涉及 经典依据
明"入不二法门"即中观	不二法门即是八不:生灭为二,法本自不生,今亦无灭。得此无生法忍者,是为入不二法门。然此入不二法门即是中观论三字,不二法门故名为中,能生观智,所以称入。诸菩萨说入不二,即是论也。	《维摩诘经》
明《妙法莲华经》名义	道超四句理绝百非,故名为妙。妙体可轨,目之为法。不为一切诸边所染,毕竟清净喻之莲华。问:以万善为乘?乘名妙法,妙法喻若莲华。	《妙法莲华经》
明因果中道显示正法	《华严经》虽有七处八会大宗为明正法,故云正法性远离一切言语道,一切趣非趣悉皆寂灭性。正法为《华严》之本,故收前能化所化因果,归非因非果正法,从正法非果非因,更出生因果等用,故正法为本。正法即是中道,中道即是不生不灭不断不常,故八不若成正法即显,正法显故因果便立。	《华严经》
明"八不中道"为真应二身	大经云:中道之法名之为佛,故八不明中道,即是明佛义也……既见佛身不生,即见己身本来不生,故即是法身……观身实相观佛亦然。既悟己身生灭无生灭名为法身,即悟己身无生灭生灭名为应身……无相之相有相身,众生身相相亦然。既见己身具真应二身,即见十方诸佛真应二身。	《涅槃经》《无量义经》
明"八不"具足佛法僧三宝	既称悟法不生诸佛现前。当知法即是佛。此法佛未曾相乖,名之为僧。故知无生一句具足三宝,以具足三宝标在论初,即是归敬三宝。三宝是归宗之地。不识八不,岂识归宗地耶?又大经云:我亦不说三宝无有异相,但说常义无差别耳,以三宝同不生不灭故名为常,常故三宝一体。即此无生灭觉义为佛,轨义为法,和义为僧。净名经云:三实同无相,亦是同无生灭也。	《维摩诘经》
明"八不一切大小内外"	有所得人心之所行口之所说,皆堕在八事中。今破此八事即破一切大小内外有所得人,故明八不。	法朗之言

吉藏进而指明,三论宗对"八不"的重视并非自己独创,而是渊源自其师法朗,"自摄岭兴皇随经傍论破病显道,释此八不变文易体方言甚多"①。并引法朗之言:

> 师云:标此八不,摄一切大小内外有所得人,心之所行口之所说皆堕在八事中。今破此八事,即破一切大小内外有所得人,故明八不。所以然者,一切有所得人,生心动念,即是生;欲灭烦恼,即是灭。谓己身无常为断,有常住可求为常。真谛无相为一,世谛万像不同为异。从无明流来为来,返本还原出去为出。裁起一念心,即具此八种颠倒。今一一历心,观此无从,令一切有所得心,毕竟清净,故云不生不灭乃至不来不出也。师常多作此意,所以然者,为三论未出之前,若毗昙、成实有所得大乘,及禅师律师行道苦节。如此之人皆是有所得生灭断常,障中道正观。既障中道正观,亦障假名因缘无方大用。故一向破洗,令毕竟无,遗即悟实相。既悟实相之体,即解假名因缘无方大用也。②

这里的意思是说,中观学派之所以独树"八不",目的是消除那些执着于"有法"的部分佛教派别(即后文所言毗昙、成实及有所得大乘)的错误见解,这些"有所得人"无时不处在对于"生"(生心动念)、"灭"(欲灭烦恼)、"断"(谓己身无常)、"常"(有常住可求)、"一"(谓真谛无相)、"异"(万像不同)、"来"(无明流来)、"去"(返本还原)等佛教概念的执着念想中,自然违反了般若性空的精神。因为在中观学派看来,空不仅针对"一般"的事物,更针对语言文字所凝结的静态的"名言",所以要使他们明白"有所得"的诸佛教名相自身亦属"假名因缘",在到达对"中道实相"的正确认识过程中亦须将其"破洗"无遗。

吉藏自然继承了其师法朗的见解,他曾言:"欲洗净一切有所得心。有得之徒无不堕此八计中,如小乘人言,谓有解之可生惑之可灭,乃至众

---

①《中观论疏》卷一本,《大正藏》第42卷,第10页。
②《中观论疏》卷二末,《大正藏》第42卷,第31页。

生从无明流来,反本还源故去。今八不横破八迷,竖穷五句,以求彼生灭不得故。"①同样提到了"八不"乃是针对"有得之徒"而破斥,要洗净他们的"有所得心"。问题是,为何中观学派和吉藏将错误的见解列举为"八"?吉藏解释道:"问众计非一何故止列八计?答:有五义。一者,虽有九十六种略说八计,如部虽有二十略明五部;二者,此八计是众计中大,列大则小可知;三者,八计之中前二计人,后六执法,举法人则总摄一切;四者,前计二天所说,后六计人所说,人天该罗众异;五者,八计之中七为有因,一为无因。有因无因具摄收万执。"②

法朗在此并没有详细列举"有所得人"的成分,吉藏在《中观论疏》中则一一着实:"僧佉计因中有果故生,即是常义。……卫世师执因中无果,故名为断。……内萨婆多明三世有,即是本果性在未来,从未来至现在,从现在谢过去,三世常有,故名为常。僧祇部二世无义,以本无今有,已有还无,故是断灭。"③

《中论·观四谛品》云:"众因缘生法,我说即是无(空),亦为是假名,亦是中道义。"④这段话,再结合青目释文,一般被称为"三是偈"。对于"三是偈",有两种理解途径:其一,侧重于从"理境"的角度来理解无(空)、假名和中道,在这种理解方式下,无(空)和假名都是用来诠解"法"的本质,无说的是法无自性,假名说的是"法"因缘而有,因此对待万法的认识,要看到这两个方面。其二,侧重于认识角度的理解。理解"三是偈",最为关键的是对"假名"的理解。因为龙树在说这段话的时候,目的在于批判部派佛教(尤其是说一切有部)将佛教的名相概念执着为实体,不承认其为假名的做法。龙树认为,因缘所生法本无自性,因此是"空"。但是"空"本身也仅仅是语言文字的施设而已,同样也是"假名",因此也

---

①《大乘玄论》卷一,《大正藏》第 45 卷,第 19 页。

②《中观论疏》卷一末,《大正藏》第 42 卷,第 15 页。

③《中观论疏》卷二末,《大正藏》第 42 卷,第 23—24 页。

④《中论》卷四,《大正藏》第 30 卷,第 33 页。

不能执着于"空"。①

"三是偈"在中国佛学思想史上意义非凡,它不仅为天台宗所关注,它所宗趣的"中道"也是三论宗的主旨。在吉藏看来,"中道"又可转化为观行的方法,亦名"中观"。那么,什么是"中道"或"中观"呢?《净名玄论》中有如下言语:"不动真际建立诸法,虽曰真际,宛然诸法,以真际宛然诸法故。不滞于无,诸法宛然实相,即不累于有,不累于有故不常。不滞于无故非断,即中道也。"②在吉藏看来,中道是超越有无、常断的"真际",是在"八不"基础上显现出来的真理。中道与中观有紧密的联系,关于"中观",吉藏说:"不累于有故常著冰消,不滞于无故断无见灭,寂此诸边故名中观。"③由此看来,"中道"是侧重于"实相","中观"是侧重于"认识",前者为"境",后者为"智",吉藏说:"故境称于智,智称于境,境名智境,智名境智也。"④

理解吉藏的中道观,首先要理解何谓"中"。在吉藏看来,"中"可以从名、理、互相、无方四个视角来理解:

> 一依名释义,二就理教释义,三就互相释义,四无方释义也。依名释义者,中以实为义,中以正为义。……理教释义者,中以不中为义,所以然者,诸法实相非中非不中,无名相法为众生故强名相说。欲令因此名以悟无名,是故说中为显不中。……互相释义者,中以偏为义,偏以中为义。所以然者,中偏是因缘之义,故说偏令悟中,说中令识偏。……四无方释义者,中以色为义,中以心为义。⑤

可以看出,从名的角度看,中是实、正的意思,中可以反映出实相和远离偏执;从理的角度看,中蕴含着不中,因为诸法实相非中非不中,故说中是为了显不中,从对立的角度明白"强名相说"的道理;从互相的角度审

---

① 参见吕澂《印度佛学源流略讲》,《吕澂佛学论著选集》第 4 卷,第 2068 页。
②④《净名玄论》卷五,《大正藏》第 38 卷,第 883 页。
③《大乘玄论》卷四,《大正藏》第 45 卷,第 55 页。
⑤《三论玄义》,《大正藏》第 45 卷,第 14 页。

视,中和偏对立,二者却互为因缘,说中是为了认识偏,说偏则是为了认识中,正如同说俗谛是为了认识真谛,说真谛是为了认识俗谛一样;从无方的角度审视,把中解释为色、心甚至一切诸法,是为了明白中贯穿于一切法,一切法里亦含具中,即"一中解无量。无量中解一。故一法得以一切法为义,一切法得以一法为义"①。

吉藏提出了三种中道观,这是在批判继承成实师、三论宗止观僧诠基础上提出来的,后二者也盛谈三种中道。现将其内容列表如下:

成实师三种中道	僧诠三种中道	吉藏三种中道
世谛中道	生灭合世谛中道	不生不灭世谛中道
真谛中道	不生不灭合真谛中道	非不生非不灭真谛中道
二谛合明中道(非真非俗中道)	生灭 不生灭合二谛合明中道	非生灭非不生灭二谛合明中道

吉藏对成实师三种中道做出了反驳:(1)成实师所谓的世谛中道不出三假,因三假明中道。三假即因成假(有为法是因缘所成,不一不异,故假)、相续假(众生心识念念相续无有实体,不常不断,故假)、相待假(一切对待之法本无实体,不真不虚,故假)。吉藏认为,成实师的"世谛中道"虽然也论及了不一不异、不常不断、不生不灭(不真不虚),却是分别指实谈论,不是真正意义上的中道。(2)成实师所说"真谛中道"含义为:"真不生不灭、无相无名,所以寄名名真,无而非无,有而非有,寄名名中道也。"成实师认为"真"是不生不灭、非有非无、既有既无。吉藏反驳道:"若言真无名寄名名真为中者,有能寄有所寄,以不。若有所寄即有所名物,若无所寄非能非所者,则无真理,则同邪见也。"(3)成实师所言"二谛合明中道"含义为:"如俗谛言有,有非实有,真谛名无,无非定无,非有非无名为两合中道也。"吉藏反驳道:"既言两舍,何名中道。又非无则是有世谛,非有只是真谛无,两名两处,两名两处不同,何得名中

---

①《三论玄义》卷一,《大正藏》第45卷,第14页。

道耶。"①

关于僧诠三种中道,吉藏介绍道:

> 今大乘无所得义,约'八不'明三种中道,言方新旧不同,而意无异趣也。山中师对寂正作之:语待不语、不语待语,语、不语并是相待假名,故假语不名语,假不语不名不语,不名不语不为无,不名语不为有,即是不有不无世谛中道。但相待假故,可有,说生。可无,说灭。故以生灭合为世谛也。真谛亦然,假不语不名不语,假非不语不名非不语,不名非不语,不为非不无,不名不语,不为非不有,则是非不有非不无真谛中道也。相待假故,可有说不灭,可无说不生,即是不生不灭故合为真谛也。二谛合明中道者,假语不名语,假不语不名不语,非语非不语,即是非有非不有非无非不无二谛合明中道也,生灭不生灭合明,类此可寻也。②

吉藏认为,僧诠认识到名相概念都只是假名施设,无论是"语"还是"不语"都具有自反的性质,因此既非有亦非无,但是因为相待而假的缘故,所以可说生灭合为世谛中道;真谛中道也是如此,所以说不生不灭合真谛中道;上面两个方面综合起来考察,就是"非语非不语",就是生灭不生灭合二谛合明中道。可见,僧诠主要是针对名相概念的语言学辨析角度来论证三种中道的。

吉藏随即提出自己的三种中道观。关于"不生不灭世谛中道",吉藏说道:

> 今明必须对他故起,他有有可有,则有生可生,有灭可灭。有生可生,生是定生。有灭可灭,灭是定灭。生是定生,生在灭外。灭是定灭,灭在生外。生在灭外,生不待灭。灭在生外,灭不待生。生不待灭,生则独存。灭不待生,灭则孤立。如斯生灭,皆是自性,非因

---

① 《大乘玄论》卷二,《大正藏》第45卷,第26—27页。
② 《大乘玄论》卷二,《大正藏》第45卷,第27页。

缘义宗也。今则不尔。无有可有，以空故有，无生可生，亦无灭可灭，但以世谛故，假名说生灭，假生生非定生，假灭灭非定灭。生非定生灭外无生，灭非定灭生外无灭。灭外无生由灭故生，生外无灭由生故灭。由灭故生，生不独存。由生故灭，灭不孤立。此之生灭，皆是因缘假名，因缘生生而不起，所以不生。因缘灭灭而不失，所以不灭。故不生不灭名为世谛中道也。①

在此处，吉藏是从生灭角度来谈论"不生不灭名为世谛中道"的。在他看来，生灭问题上的错误看法是执着于有，遂执着于定生、定灭，生灭不具有因缘关系，灭不待生、生不待灭。生灭都具有自性。这里所批评的是成实师的说法。吉藏随即提出自己的批驳，无和有本性皆为空，所以只是假说生灭有无，它们都是因缘而起、因缘而灭，因缘而生，却生而不起，因缘而灭，却灭而不失，所以名"不生不灭世谛中道"。

关于"非不生非不灭真谛中道"，吉藏说道：

次明，对世谛有生灭故，名真谛不生不灭。所以空有为世谛，假生假灭。有空为真谛，假不生假不灭。此不生不灭，非自不生不灭，待世谛假生灭，明真谛假不生灭，世谛假生灭，既非生灭。真谛假不生灭，亦非不生灭，故非不生非不灭为真谛中道也。②

阐明了世谛生灭的道理，却要防止人们执着于生灭，所以还要接着讲不生不灭。而真谛的不生不灭，也不是确实存在的不生不灭，不过是为了防止人们的执着而施设的名相而已。所以要远离不生不灭二边，因此要提出"非不生非不灭真谛中道"。

关于第三个"非生灭非不生灭二谛合中道"，吉藏说道：

次明二谛合中道者，有为世谛有生有灭，空为真谛不生不灭。此不生灭，即是生灭不生灭。此生灭，即是不生灭生灭。不生灭生灭，是则非生灭。生灭不生灭，是即非不生灭。故非生灭非不生灭

---

①②《大乘玄论》卷二，《大正藏》第 45 卷，第 27 页。

是二谛合明中道也。①

这第三种中道是看到了生、灭、不生、不灭之间的自反性质,它综合了不生不灭世谛中道、非不生非不灭真谛中道两方面的内涵。

上述三种中道仅就生、灭二义而言,吉藏说道:"生灭既尔,余句应例可解也。"②中道观可以运用到所有对佛法的分析上面去。

第四节　三论宗的"二谛"说

在佛教哲学里,"谛"指真实不虚之理,"二谛"指"真谛"和"俗谛"。真谛又名为胜义谛、第一义谛,俗谛又名为世俗谛、世谛。三论宗和吉藏对"二谛"分外看重,誉之为"言教之通诠,相待之假称,虚寂之妙实,穷中道之极号"③。在论《中论》旨归时,吉藏说:"《中论》以二谛为宗,所以用二谛为宗者,二谛是佛法根本。如来自行、化他皆由二谛。"④"自行""化他"是指菩萨道的自利利他精神。就"自行"而言,以二谛为根本,是说"二谛能生佛",其中世俗谛能生"权智"(亦名方便智),"真谛"能生"实智",以此二谛是"佛母",使如来"自得圆满"。就"化他"而言,如来常依二谛说法,如《中论》所言。由此,二谛不仅是"佛"的根本,也是"众生"的根本。

"二谛"在印度佛学中依流派和文本差异有不同的内涵,自《阿含经》、部派佛教至大乘佛教文献中均谈论到"二谛"。中观学派提出自己的真俗二谛观,其经典文献正是《中论 · 观四谛品》:"诸佛依二谛,为众生说法。一以世俗谛,二第一义谛。若人不能知,分别于二谛,则于深佛法,不知真实义。若不依俗谛,不得第一义。不得第一义,则不得涅槃。"⑤在此,"谛"义为"不变真理"。龙树用"二谛"来调和其思想中"究竟

①②《大乘玄论》卷二,《大正藏》第45卷,第27页。
③《大乘玄论》卷一,《大正藏》第45卷,第15页。
④《三论玄义》,《大正藏》第45卷,第11页。
⑤《中论》卷四,《大正藏》第30卷,第32—33页。

真理"和"世俗真理"之间的对立。因为就中观学的立场,"知一切法皆空、无生"(青目释),所有事物都是无自性、毕竟空。上述都是中观学派的一般理解。而在龙树之后,诃梨跋摩著《成实论》,对"二谛"有了进一步的解释。他首先遵循一般说法,认为世谛言"有""常""不空",第一义谛言"无""断""空"。更为重要的是,《成实论》说"二谛"的目的在于灭三心(假名心、法心、空心),所以提出了"二重二谛"的观点。第一重二谛是"假实二谛":"佛说二谛真谛俗谛。真谛谓色等法及泥洹,俗谛谓但假名无有自体,如色等因缘成瓶,五阴因缘成人。"①在"假实二谛"的视角下,《成实论》认为色、香、味、触、心、无表色、涅槃这七种法是"有",这等同于有部的小乘观点。但是《成实论》又提出"我法二空"的类似于般若中观学"真妄二谛"的观点:"五阴实无以世谛故有,所以者何?佛说诸行尽皆如幻如化,以世谛故有,非实有也。又经中说第一义空,此义以第一义谛故空,非世谛故空。第一义者,所谓色空无所有,乃至识空无所有。是故若人观色等法空,是名见第一义空。问曰:若五阴以世谛故有,何故说色等法是真谛耶。答曰:为众生故说,有人于五阴中生真实想,为是故说五阴以第一义故空。"②在此,面对他人的质疑,《成实论》又宣说色、香、味、触、心、无表色、涅槃等法为"空"。这又改变了自己的立场。因此在"二谛"问题上,《成实论》表现出游移的态度,最终陷入自相矛盾。③ 此外,该论认为俗谛、真谛的区别是说法先后问题:"世间众生受用世谛……诸佛贤圣欲令世间离假名,故以世谛说……先知分别诸法,然后当知泥洹。行者先知诸法是假名有是真实有,然后能证灭谛。"④肯定世谛在修证上的意义,是《成实论》的一大贡献,但是认为世谛乃至布施持戒是佛法的根本,这就违反了大乘中观学派的理论彻底的精神了。之所以在此重点介绍《中论》和《成实论》的"二谛"观点,是因为这两个文本中的"二谛"观是南北朝佛教二谛争论的文献依据,吉藏也是依据《中论》而反对《成实

---

①④《成实论》卷一一,《大正藏》第 32 卷,第 327 页。
②《成实论》卷一二,《大正藏》第 32 卷,第 333 页。
③ 参见印顺《性空学探源》,第 94—95 页,北京:中华书局,2011。

论》及成实师的"二谛"说的。

由于《成实论》在大小承经论中性质的模糊，更由于其对于"二谛"解说的模棱两可的态度，在《成实论》最为流行的齐梁时期，佛学义僧及崇佛居士对"二谛"的理解斑驳，歧义并出。昭明太子萧统在《令旨解二谛义》中就承认"二谛理实深玄，自非虚怀，无以通其弘远"。在这篇《令旨解二谛义》中，有 22 人表达了自己对"二谛"的看法，但他们在很多问题上并无一致观点。①

在批评南北朝诸种关于"二谛"的理解基础上，吉藏提出了自己关于"二谛"的独特理解。他首先肯认"二谛"在佛学思想中的基础性地位，引其师法朗言道："此四论虽复名部不同，统其大归，并为申乎二谛显不二之道。若了于二谛，四论则焕然可领。若于二谛不了，四论则便不明。为是因缘，须识二谛也。若解二谛，非但四论可明，亦众经皆了。"②吉藏的"二谛"思想继承了其师法朗的教诲，不过法朗说"二谛"，多依《大品般若》和《中论》，吉藏则主要依据《中论》的观点加以解说。

关于吉藏《二谛章》的理论构架，兹引周叔迦撰《续修四库全书总目提要·二谛章》以见其大要：

> 此章凡有七段：第一明二谛大意，第二释二谛名，第三明二谛相即义，第四明二谛体，第五明二谛绝名，第六明二谛摄法义，第七明二谛同异义。考藏公所著《大乘玄论》中亦有二谛义，文字与此章有相同处而较略，亦有此章所未及者；考其文句，当作在此章之先。又《大乘玄论》教迹门，初述兴皇大师讲《中论》形势不同，略有十条。其三云：先盛解二谛竟，即释论文，明佛说二谛以表正道。今论以二谛为宗，推功有在也。藏公传称讲三论一百余遍，是故此章应是藏公讲《中论》时，所述以为悬谈者也。明大意中，依《中论》说谓诸佛依二谛为圣凡说空有法，及其得失利益。立三种二谛，第一有为世

---

① 《广弘明集》卷二一，《大正藏》第 52 卷，第 247—252 页。
② 《二谛义》卷上，《大正藏》第 45 卷，第 78 页。

谛、无为真谛；第二有无二为世谛、非有非无为真谛；第三二与不二
为世谛、非二非不二为真谛。释名中，明二种二谛，（一）教二谛，
（二）于二谛，以随名释、因缘释、显道释、无方释四种解之。明相即
中，引《涅槃》《大品》《净名》三经，明二谛相即义，并破诸家之解。
明体中，略破三家，谓二谛一体异体及中道为体义，而正以非真非俗
为二谛体。明绝名中，有四句例。明摄法中，破开善摄法尽，庄严摄
法不尽义，谓是方便之说，不可执也。明同异中，先约《涅槃》《大
品》明同异，次明诸家释同异。实相理教，最为难明，文字般若，此章
为极矣。①

吉藏《二谛章》和《大乘玄论》中有很多内容是批驳南北朝各种二谛义
观点的，文繁不述。考吉藏所立"二谛"义，最重要的观点有两个：其一
是分"二谛"为"于谛"和"教谛"两种，其二是提出"四重二谛"说的佛学
理论。

首先来看"于谛"和"教谛"的内涵。"于谛"和"教谛"这两个概念是
吉藏归纳龙树和青目的观点得来的，是吉藏独有的概念。在上文所引
《中论·观四谛品》中，龙树颂文为："诸佛依二谛，为众生说法。一以
世俗谛，二第一义谛。若人不能知，分别于二谛，则于深佛法，不知真
实义。若不依俗谛，不得第一义。不得第一义，则不得涅槃。"青目的
释文为："世俗谛者，一切法性空，而世间颠倒，故生虚妄法，于世间是
实；诸贤圣真知颠倒性，故知一切法皆空无生，于圣人是第一义谛，名为
实。"②本来青目释文中并没有提出"于谛"的意图，其所言的"于"是"对
于"或"视"的含义。"于谛"这个概念是吉藏通过细读青目文意引申出
来的。按照吉藏的理解方式，青目释文应翻译为：世间众人以万法为
实有，不了解诸法性空的道理，反认为诸法实有，这就是俗谛；理解大
乘空观的"圣人"则不然，他们体会到诸法性空的道理，这种性空对于

---

① 《续修四库全书总目提要稿本》第6册，第622页，济南：齐鲁书社，1996。
② 《中论》卷四，《大正藏》第30卷，第32—33页。

"圣人"而言亦是真实的,所以称之为"真谛"。合二者而言,就存在两种"真实",这两种真实,就是"于谛"。所谓于谛,简单来说,就是于众生为"真实",于"圣人"亦为"真实"。佛陀为众生说法之时,要依靠这两种真实来进行:"云何是二于谛……答所依即是二于谛。以于凡圣皆是实,故称二于谛。亦是于二谛谓色未曾空有,于二解是实,故云二于谛。"①

何谓"教谛"?它和"于谛"之间是什么关系?吉藏又言:"答谛有二种:一于谛二教谛。于谛者,色等未曾有无,而于凡是有名俗谛,约圣是空名真谛。于凡是有名俗谛故,万法不失。于圣是空名真谛故,有佛无佛性相常住。教谛者,诸佛菩萨了色未曾有无,为化众生故说有无,为二谛教,欲令因此有无悟不有无故,有无是教。"②吉藏认为于谛是所依,教谛是能依。"能依即是教谛,佛依此二谛为物说法,皆是诚谛之言,故称为实也。"③可见,"教谛"乃是"佛"为了更好地教化众生而设,虽然他已知"色未曾有无"的道理,还是必须依据众生知"有无"的实际情况,使之最终悟得"未曾有无"。"教谛"是一种权假方便。

在吉藏看来,不仅"教谛"是一种权假方便,甚至"二谛"说本质上也是一种教法,即:二谛是教,不关理境。二谛不是"客观"之"境",不是佛教修行中所观察、理解和领悟的对象,也不是"常住不变"的"实有"之"理"。二谛只是佛教为了使众生解脱而设立的方便说辞。"真俗二谛是诸佛教门,譬若众流皆归大海,凡欲悟入,莫不因此教门。"④"二谛教门只是众生病药,既无有病则无有药。且又汝信二谛教门,欲表诸法是有,欲表诸法非有。汝既信二谛教门,有表不有,无表不无。显诸法无所有,即是显诸法无所立,那闻二谛教门即合有立也。故知非但论主无立,佛亦无立。次更明非但无立,亦复无破。人以复疑,佛与论主破众生病,那得无破。今问:汝言破,何所破?破只是破执耳,有执故名破,执无故无破。

---

① ③《中观论疏》卷一○本,《大正藏》第42卷,第150页。
②《大乘玄论》卷一,《大正藏》第45卷,第23页。
④《大乘玄论》卷五,《大正藏》第45卷,第69页。

论主既无执,故论主无破也。"①

　　吉藏立"四重二谛"说,其前三重二谛系"山门相承",很大程度上是其师法朗的观点,最后一重是他自己的独创。在《二谛章》中,吉藏说道:"所以山门相承兴皇祖述,明三种二谛。第一明说有为世谛,于无为真谛。第二明说有说无二并世谛,说非有非无不二为真谛……我今更为汝说第三节二谛义。此二谛者,有无二,非有无不二。说二说不二为世谛,说非二非不二为真谛。以二谛有此三种,是故说法必依二谛,凡所发言不出此三种也。"②至于第四重二谛,吉藏则说:"四者此三种二谛皆是教门。说此三门,为令悟不三,无所依得始名为理也。"③

　　再者,三论宗和吉藏之所以重重设置真俗二谛,并非一种文字游戏,而是有所对治。《大乘玄论》有如下一段话:

　　　　问何故作此四重二谛耶? 答:对毗昙事理二谛,明第一重空有二谛;二者,对成论师空有二谛。汝空有二谛是我俗谛,非空非有方是真谛,故有第二重二谛也;三者对大乘师'依他'、'分别'二为俗谛,'依他无生分别无相不二真实性'为真谛。今明若二若不二,皆是我家俗谛,非二非不二方是真谛,故有第三重二谛;四者大乘师复言,三性是俗,三无性非安立谛为真谛。故今明汝依他、分别二,真实不二是安立谛。非二非不二,三无性非安立谛,皆是我俗谛,言忘虑绝方是真谛。④

　　为了使吉藏的论证看起来更为简明,特依据《二谛章》《大乘玄论》中相关内容,制作如下表格:

---

①《大乘玄论》卷五,《大正藏》第45卷,第73页。
②《二谛义》卷上,《大正藏》第45卷,第90页。
③《中观论疏》卷二末,《大正藏》第42卷,第28页。
④《大乘玄论》卷一,《大正藏》第45卷,第15页。

二谛类型	对治根机	学派	所破二谛	所立二谛
一重二谛	凡夫	毗昙师	事理	有空
二重二谛	二乘	成实师	空有	空有是俗,非空非有是真
三重二谛	有得菩萨	地论师 摄论师	"依他""分别"二为俗谛,"圆成实性"(即"依他无生分别无相不二真实性")为真谛	二与不二(三性)俱为俗谛,非二非不二为真谛
四重二谛	有得菩萨	地论师 摄论师	三性为俗谛,三无性为真谛	三性(依他、分别二、真实不二)及三无性(非二非不二、三无性)皆是俗谛,言忘虑绝方是真谛

概而言之,在第一重二谛中,有为俗谛,空为真谛。第一重二谛是为了破除作为"凡夫"的毗昙师执着于"法有"的事理二谛而设置,揭明诸法性空的真谛。在第二重二谛中,空有是俗谛,非空非有是真谛。第二重二谛是为了破除二乘的成实师执着于有无二边的空有二谛而设置,揭明有无、常断、生死涅槃并是二边之见,以超越二边为宗趣。即以空有为俗谛,非空非有为真谛。在第三重二谛中,二与不二(三性)俱为俗谛,非二非不二为真谛。第三重二谛是为了破除以"有得菩萨"为追求的地论师、摄论师的三性说而设置。在吉藏看来,上述两者喜谈"二与不二"(即唯识学的三性说),以"依他""分别"二为俗谛,"圆成实性"(即"依他无生分别无相不二真实性")为真谛,他们不知道此"二与不二"均非究竟。故说"二与不二"(三性)俱为俗谛,"非二非不二"才是真谛。在第四重二谛中,三性(依他、分别二、真实不二)及三无性(非二非不二、三无性)皆是俗谛,言忘虑绝方是真谛。这种说法是为了破除地论师、摄论师以三性为俗谛、三无性为真谛的错误见解而设置。在吉藏看来,他们所说的三性、三无性同样陷入了对名言概念的执着,不得解脱,所以要用中观"言忘虑绝"的精神来进行彻底排遣,"无所依得"才是最终的真理。

在进行四重二谛的解说时,吉藏遵守了中观学派"以分析名相始,以排遣名相终"的"无所得"精神，对他所认为的不彻底的观点进行了重重破执。

第五节　三论宗的"佛性"说

"佛性"是大乘佛教的奠基性概念。因为大乘佛教是以众生成就佛果为修行的最终追求，因此众生成佛的超越（"佛性"）就是一个充分条件。在大乘佛教经典中，影响最大的"佛性"讨论来自公元 3 世纪后（佛灭七百年）出现的《涅槃经》。这部经典认为佛身是"常"，是"我"，又认为"佛性"是"法性"亦即"胜义空"，从而把认识意义上的"智"和理境意义上的"所"统一起来。《涅槃经》并认为"佛性"是"如来藏"，立为成佛之因。[①]《涅槃经》及与之同类型的《胜鬘经》《法鼓经》《宝性论》等构成了印度佛教中的佛性—如来藏—自性清净心的义学传统，与般若中观学、法相唯识学传统鼎足为三。与印度佛教不同的是，在佛教东传过程中，佛性—如来藏—自性清净心的义学传统在东晋以后成为佛学讨论的主流。"佛性"问题成为中国佛学的中心问题。

吉藏及其所属的三论宗完整地继承了中观学的理论，但是考虑到南北朝以来成为佛学主潮的涅槃佛性论，三论宗不能不在理论构建上有所回应。这样做的结果是，一方面开拓了传统三论学的问题域，修正了三论宗给人们留下的多言"空"、少谈"有"、"只破不立"的印象；另一方面，吉藏著作中保存了南北朝时期诸多关于"佛性"的观点，从史料角度丰富了中国佛性论讨论，由于给予了"佛性"新的解释，他也对中国"佛性"思想的繁荣做出了自己的贡献。

"佛性"讨论的史料学贡献主要是《大乘玄论》卷三。该文本首列了当时讨论"正因佛性"的十一家大义，这十一家分别以众生、六法（五阴及假人）、心、冥传不朽、避苦求乐、真神、阿梨耶识、当果、得佛之理、真谛、

---

① 参见吕澂《印度佛学源流略讲》，《吕澂佛学论著选集》第 4 卷，第 2078 页。

第一义空为正因佛性。关于这十一家的代表人物,吉藏并没有说明:"十一师皆有名字,今不复据列,直出其义耳。"①根据其他文本可以推论出他们大都是南朝梁陈时期的各学派人物。② 为什么主要针对"正因佛性"呢? 这要联系《涅槃经》来讲。南北朝时期《涅槃经》最受重视,而"大涅槃经,处处皆明佛性,是故时人解佛性者,尽引涅槃为证"③。因为《涅槃经》在讨论佛性时就是分正因、生因、缘因、了因这四种概念的,其中,正因佛性又是最重要的,它指的是"成佛主体"。吉藏将此十一家划分为三种正因佛性类型,分别是假实(第一、二两家)、心识(第三至七家)、理(第八至十一家)为正因。吉藏认为,这三种类型的正因佛性说或与经文相悖,或与佛理相违,或逻辑上说不通。它们的共同点在于均是将"得佛之理"作为佛性。接着,吉藏从"有无""三时""即离"三重视角来破"得佛之理"。④

既已破南北朝诸家正因佛性说,那么什么是吉藏理解的"佛性"呢?

吉藏说:"既识佛性,应须遍读众经。"⑤他从《阿含经》《金光明经》《华严经》《涅槃经》等经文中寻绎出对佛性的解释。如《阿含经》中言:"一切众生悉有声闻性,悉有辟支佛性,悉有佛性。"《金光明经》中言:"若了义说是身,即是大乘,即如来藏,即如来性也。"《华严经》中说佛性有因有果,而"具足明佛性义,即如《涅槃》中所辨"。《涅槃经》中所言佛性为"中道佛性":

> 佛性者名第一义空,第一义空名为智慧。斯则一往第一义空以为佛性。又言第一义空名为智慧,岂不异由来义耶。今只说境为智,说智为境。复云所言空者,不见空与不空。对此为言,亦应云,

①《大乘玄论》卷三,《大正藏》第45卷,第35页。
② 参见廖明活《嘉祥吉藏学说》,第317—333页,台北:台湾学生书局有限公司,1985;汤用彤《汉魏两晋南北朝佛教史》,第486—489页。
③《大乘玄论》卷三,《大正藏》第45卷,第36页。
④ 详见华方田《吉藏评传》,第168—169页,北京:京华出版社,1995。
⑤《大乘玄论》卷三,《大正藏》第45卷,第37页。

所言智者,不见智与不智,即不见空除空。不见不空除不空,除智又除不智,远离二边名圣中道。又言如是二见不名中道,无常无断乃名中道。此岂非以中道为佛性耶。是以除不空则离常边,又除于空即离断边。不见智与不智义亦如是。故以中道为佛性。是以文云佛性者,即是三菩提中道种子也。是故今明第一义空名为佛性,不见空与不空,不见智与不智,无常无断名为中道。只以此为中道佛性也。若以此足前十一师,则成第十二解。然若识正道知道无有一,岂复有二释于其间哉。而言第一义空为佛性者,非是由来所辨第一义空。彼明第一义空但境而非智,斯是偏道。今言智慧,亦非由来所明之智慧。彼明智慧但智而非境,斯亦是偏道义,非谓中道也。……非中非边不住中边,中边平等假名为中,若了如是中道,则识佛性。若了今之佛性,亦识彼之中道。若了中道,即了第一义空。若了第一义空,即了智慧。了智慧即了金光明诸佛行处。若了金光明诸佛行处,则此经云光明者名为智慧,若了智慧即了佛性,若了佛性即了涅槃也。[1]

由上可知,《涅槃经》中曾经提到"佛性"是"第一义空",但又言"第一义空"是"智慧"。这并不奇怪,因为《涅槃经》事实上是"说境为智"以及"说智为境",即境智不二。但是如何来认识"空"(境)和"智"呢?《涅槃经》方法和南北朝十一家论师的讲法不同,后者仅以"第一义空"为"境",而对之以执着的认识。对于"智慧",他们也仅仅从认识角度来审视,因此他们所言的"智慧"不包含"境",是"偏道"。《涅槃经》实际上采取的是"远离二边"的做法,不执着于"空"来认识"不空",不执着于"智"来认识"不智",反之亦然。吉藏认为《涅槃经》的上述论证方法就是"中道"的方法。用"中道"来认识"第一义空"的佛性,就不会执着于"空有""境智"这类偏见。因此与上述南北朝十一家论师相反,虽然《涅槃经》说过佛性为第一义空,但在认识上不执着于此第一义空,这就是中观的方法,以此,

---

① 《大乘玄论》卷三,《大正藏》第45卷,第37页。

以"第一义空"为"佛性"本质上是以"中道"为"佛性"。

吉藏以"中道"来诠解佛性,这一观点的确不同于他所批评的诸家论师。吉藏既然释"佛性"为"中道佛性",也就超越了当时众说纷纭的关于佛性的"本有"和"始有"说。因为在吉藏看来,"本有"和"始有"的争论都陷入将佛性视为实体的倾向,这正是般若中观学所要破除的内容,正所谓:"若执本有则非始有,若执始有则非本有,各执一文,不得会通经意。是非诤竟,作灭佛法轮,不可具陈。"①吉藏所撰《大乘玄论》和《涅槃经游意》中保留了当时关于佛性和众生关系的三种说法。《大乘玄论》卷三中说道:"一师云:'众生佛性本来自有,理性真神阿梨耶识故。涅槃亦有二种,性净涅槃本来清净,方便净涅槃从修始成也。'第二解云:'经既说佛果从妙因而生,何容食中已有不净,故知佛性始有。'复有人言:'本有于当故名本有。'问:'若尔便是本有耶。'答:'复有始有义。'又问:'若始有应是无常。'答:'我复有本有义。'此何异二人作劫、张王互答耶。彼若如本有。应如如来藏经诸喻。若言始有。应是无常。而言本有于当。此是何语。"②吉藏认为有价值的只有两种,即"佛性本有"说和"佛性始有"说。至于"佛性本有于当"说,则存在语言逻辑上的问题,不是独立的观点。

吉藏对待上述两种观点的立场很明确,还是运用中观学派的精神来破除。吉藏认为,本有、始有的争执双方都没有认识到佛经中的两个概念只具有有限的意义。本有和始有只能在语言和教法的层面来理解,既不能将它们看成众生中实有是物,也不是众生中实有之理。吉藏因之提出了三论宗的立场:

> 今一家相传明佛性义,非有非无、非本非始,亦非当现。故经云:但以世俗文字数,故说有三世,非谓菩提有去来今。以非本非始故,有因缘故,亦可得说故,如涅槃性品明。佛性本有,如贫女宝藏。而诸众生执教成病,故下文即明始有。故知佛性非本非始,但为众

①②《大乘玄论》卷三,《大正藏》第45卷,第39页。

生说言本始也。问若言佛性非本始者，以何义故说本始？答：至论佛性理，实非本始，但如来方便，为破众生无常病故，说言一切众生佛性本来自有，以是因缘得成佛道。但众生无方便故，执言佛性性现相常乐。是故如来为破众生现相病故，隐本明始。至论佛性，不但非是本始，亦非是非本非始。为破本始故，假言非本非始。若能得悟本始非本始，是非平等始可得名正因佛性。[1]

上文概述了三论宗几个方面的哲学思想。三论宗的论述风格可以用重重无尽、徘徊往复来形容，在吉藏看来，这些一开始并非语言游戏，都是有针对、有所为而发，其批判的指向是南北朝流行的各种学派思想。但是从最终的落脚处看来，这些论述又何尝不是语言游戏？因为无论设置多少名言概念，它们终究会丧失其价值。所以三论宗以"不执着"为方法，最后落实到"一无所得"的宗趣。再者，三论宗也并非恶取空论者，它的各种理论、各种名言和分析终究是为了修行服务的，无论是"中道"和"二谛"，还是"八不"和"佛性"，其最终目的都指向修证的最高目标：涅槃。吉藏在《中观论疏》中有一句话可以概括三论宗的旨趣：

> 横绝百非，竖起四句，名为诸法实相，即是中道。亦名涅槃者，以超四句、绝百非，即是累无不寂，德无不圆。累无不寂，不可为有。德无不圆，不可为无。非有非无则是中道，中道之法名为涅槃。又德无不圆名为不空，累无不寂称之为空。即是智见空及以不空，亦名佛性。以众生横起百非，竖生四见，隐覆实相，故名为佛性。若知百非本空，四句常寂，即佛性显称为法身。[2]

在吉藏看来，以百种"否定"、四种句式来穷尽佛法真谛，破除邪迷执着，但是佛法的究竟义亦非"四句百非"所能阐发，它们自身也应该被否定，才能见诸法"实相"，而见诸法"实相"亦即见"中道"，连称"中道实相"。

---

①《大乘玄论》卷三，《大正藏》第 45 卷，第 39 页。
②《中观论疏》卷一〇末，《大正藏》第 42 卷，第 160 页。

从众生的角度言之，由于受到邪迷所惑，故而"横起百非，竖生四见"，产生种种错误的看法，这些错误见解"隐覆"了诸法的实相，可以用种种破执的方法来排遣这些偏见，使事物的本质显现出来，亦即使"中道佛性"显现出来。进而，"实相"观和"中道"观能够使修行者最终破除迷执，即达到"累无不寂，德无不圆"，这就是涅槃的境界。追求"涅槃"，这是三论宗哲学的最终目的。

第四章　法相唯识宗的哲学思想

法相唯识宗是唐代创立的第一个佛教宗派。史载:"奘师为瑜伽唯识开创之祖,基乃守文述作之宗。"[①]此宗创基于玄奘而实大成于窥基。由于玄奘与窥基都曾长期驻锡于唐都长安大慈恩寺,故是宗亦被称为慈恩宗。

第一节　玄奘的生平与著述

玄奘是中国历史上独步千古的佛门大师,鲁迅先生誉之为"中国的脊梁",其"乘危远迈,杖策孤征"的惊人业绩通过小说、影视等的艺术加工亦在民间广为流传。法相唯识宗的创立,与玄奘的求法、译经活动是密不可分的。

一、西行求法

玄奘俗姓陈,名祎,玄奘是其法名,门人则多尊称其为"三藏法师",

---

① 《宋高僧传》卷四,《大正藏》第 50 卷,第 726 页。

洛阳缑氏（今河南偃师缑氏镇）人。玄奘生于隋文帝仁寿二年（602
年）①，少年早慧，后因父母双亡、无以为生，遂随其早先出家之二兄长捷
法师入住东都洛阳之净土寺，13岁时于该寺正式出家。隋朝末年，兵灾
交替，海内鼎沸，为避战乱，玄奘与其兄长捷法师经长安入蜀游学。武德
五年（622年），玄奘年满20岁，于成都受具足戒。在蜀中滞留修学五年
之后，为进一步探究佛法奥旨，玄奘独自沿江东下，至荆州（今湖北荆
州），复北上相州（今河南安阳）、赵州（今河北赵县），从名师受学，于武德
八年（625年）又重新回到长安，是时其已声名大振，被誉为"释门千里之
驹"。通过这一次国内的游历，在增广见闻的同时，玄奘深感其时诸家异
说，"各擅宗涂，验之圣典，亦隐显有异，莫知适从"②，因而逐渐坚定了西
行求法的决心。

从玄奘在国内的游历及所学来看，他在西行前基本已遍摄了原本盛
行于北地的佛教义学。南北朝至隋初，以弘传一经一论为主的诸家师说
竞相并起，特别是在佛性的当、现二常问题上颇兴诤论。《法华玄义释
签》云："陈梁已前，弘地论师二处不同：相州北道计阿黎耶以为依持，相
州南道计于真如以为依持。此二论师俱禀天亲，而所计各异，同于水火。
加复《摄大乘》兴，亦计黎耶，以助北道。"③地论北道主染净缘起依于黎耶
染识，佛性就未来之果性说，需修行始有，故曰当常；南道主染净缘起依
于真如或黎耶净识，佛性就现在之因性说，修行之功，在于开显本有之佛
性，故曰现常。《摄论》北传，以其说大同于地论北道，故北道渐合入摄论
师，而南道亦进一步通过融摄《摄论》来佐其"现常"之说，这就使得当、现
二常之争呈现出更为复杂的样态。对此，玄奘在《启谢高昌王表》中曾有
特别提及："但远人来译，音训不同；去圣时遥，义类差舛。遂使双林一味

---

① 自梁任公先生以来，对玄奘之生年、世寿及西行首途之年代颇多争议，今姑取玄奘世寿六十
   三（生于隋文帝仁寿二年即602年）、贞观元年（627年）首途之说，具体之论证参见傅新毅《玄
   奘评传》，第5—11、24—32页，南京：南京大学出版社，2006。
② 《大唐故三藏玄奘法师行状》，《大正藏》第50卷，第214页；《大唐大慈恩寺三藏法师传》卷一，
   《大正藏》第50卷，第222页。
③ 《法华玄义释签》卷一八，《大正藏》第33卷，第942页。

之旨,分成当、现二常;大乘不二之宗,析为南、北两道。纷纭诤论,凡数百年。率土怀疑,莫有匠决。"①归国后,在忆及其"决志出一生之域,投身入万死之地"的缘由时,玄奘也说:"信夫汉梦西感,正教东传,道阻且长,未能委悉。故有专门竞执,多滞二常之宗;党同嫉异,致乖一味之旨。遂令后学相顾,靡识所归。"②由此可见,玄奘矢志西游的主要动机之一,就是企图解决当、现二常这一佛教义学的症结性难题。

不过,正如《慈恩传》所指出的,其时"先贤之所不决、今哲之所共疑"而玄奘"亦踟蹰此文、怏怏斯旨"的问题远非仅此,其中广摄"三藏四含之盘根,大小两宗之钳键",共"百有余科",③因而对玄奘西行的动机,应当有一个更为全面的理解。由于客观上佛教义学本身就有一个发展、演化的过程,主观上又受到翻译传承者文化背景、固有视域乃至语言能力的限制,其时汉地佛教义学所遭遇到的混乱是普遍性的。作为一个虔信的佛教徒,玄奘看到的主要还是翻译传承者所造成的人为障碍,因此他矢志踵武法显等前贤,西行求法、直探其源,实际上更怀抱有统一全体佛法的信念与宏愿。而通过外来者的介绍,其时玄奘可能已知道西土有全本的《十七地论》(即《瑜伽师地论》),这是一部普摄三乘、通贯全体佛法的论书,这使其有了具体的西行目标,从而更坚定了其决心。

贞观元年(627年),玄奘上表请求出国,有诏不许,秋八月,因"关东及河南、陇右沿边诸州霜害秋稼","关中饥,至有鬻男女者",④朝廷下敕,允许道俗四出就食,玄奘利用这一机会,"冒越宪章,私往天竺"⑤,开始了他的西行之旅。经秦州(今甘肃天水)、兰州(今甘肃兰州)、凉州(治今甘肃武威)而至瓜州(今甘肃安西),过玉门关(在瓜州晋昌县境),孤身一人穿越八百里莫贺延碛(一名"流沙河"),玄奘九死一生,到达第一个西域

---

① 《大唐大慈恩寺三藏法师传》卷一,《大正藏》第50卷,第225页。
② 《大唐大慈恩寺三藏法师传》卷七,《大正藏》第50卷,第261页。
③ 《大唐大慈恩寺三藏法师传》卷一〇,《大正藏》第50卷,第278页。
④ 《旧唐书》卷二,"太宗纪上",第32—33页。
⑤ 《大唐大慈恩寺三藏法师传》卷五,《大正藏》第50卷,第251页。

小国伊吾(今新疆哈密)。高昌(今新疆吐鲁番盆地一带)王麹文泰闻之,遣使迎入高昌,并企图长留之,软硬兼施,玄奘皆不为所动,并以绝食相抗争。绝食三天之后,玄奘气息渐微,文泰终为其坚贞之志所折服,放弃了原初的打算。文泰为玄奘准备了丰厚的行装,修书并附送厚礼至西域诸国及西突厥统叶护可汗,请予以关照,正如汤用彤先生所指出的,"此乃师能达印度最要之一著"①。玄奘深为感动,写下了著名的《启谢高昌王表》,洒泪而别。由高昌经阿耆尼国(即焉耆,今新疆焉耆回族自治县)、屈支国(即龟兹,今新疆库车)、跋禄迦国(即姑墨,今新疆阿克苏),过凌山(一般认为即今新疆温宿、伊犁间的天山隘口,俗称冰达坂),进入天山以北。至素叶城(即碎叶城,今吉尔吉斯斯坦之托克马克附近),得遇其时称霸西域的西突厥统叶护可汗。在统叶护的庇护下,玄奘顺利地通过中亚昭武九姓七国一带,逾铁门(今乌兹别克斯坦之沙赫里萨布兹以南 90 公里,为帕米尔高原上的险要隘口)至睹货罗(旧译"吐火罗",今阿富汗北部兴都库什山与阿姆河上游之间),于号称"小王舍城"的缚喝国(今阿富汗之巴尔赫)瞻礼圣迹,并与磔迦国(今印度之旁遮普地区)小乘三藏慧性共研《毗婆沙论》月余后,复穿越大雪山(今兴都库什山),终于在贞观二年(628 年)夏末秋初进入北印度境。

东行至迦湿弥罗国(今克什米尔一带),玄奘受到了国王的热情接待,并就彼国僧称(《行状》《续传》作"僧胜")法师学《俱舍》、《顺正理》、因明、声明约半年。在磔迦国东境的大庵罗林里,玄奘遇一自称为龙树弟子的老婆罗门,从之学《经百论》《广百论》一月。复东入至那仆底国(一说即今印度旁遮普邦之菲罗兹布尔),就调伏光学《对法论》(即《杂集论》)、《显宗论》与《理门论》等计四月。更至阇烂达那国(今印度旁遮普邦之贾朗达尔),从月胄学《众事分毗婆沙》四月。从此进入中印度,于窣禄勤那国(一说在今印度哈里亚纳邦之杰加特里附近)住一冬半春,从阇

---

① 汤用彤:《玄奘法师(讲演提纲)》,《汤用彤全集》(第二卷),第 425 页,石家庄:河北人民出版社,2000。

耶毱多就听经部《毗婆沙》。入秫底补罗国（今印度北方邦之赫尔德瓦尔附近），从德光弟子蜜多斯那学有部《辩真论》及《随发智论》等，历时半春一夏。复至羯若鞠阇国都曲女城（今印度北方邦之根瑙杰），时戒日王在位，国力强盛，称霸印度北方。玄奘依毗离耶犀那三藏学佛使《毗婆沙》、日胄《毗婆沙》约三月。随后，在佛教的开元圣地室罗伐悉底国（旧译"舍卫"，在今印度北方邦贡达与巴赫赖奇二县之边界上，拉布蒂河南岸）、劫比罗伐窣堵国（旧译"迦毗罗卫"，现倾向于认为其地在今印度北方邦之伯斯蒂县）、拘尸那揭罗国（今印度北方邦之戈勒克布尔以东）、婆罗疤斯国（旧译"波罗奈"，今印度北方邦之瓦拉纳西）、吠舍厘国（旧译"毗舍离"，今印度比哈尔邦之穆扎法尔布尔）、摩揭陀国（今印度比哈尔邦南部之巴特那与格雅一带）——巡礼之后，玄奘于贞观五年（631年）秋末冬初到达其西行的目的地、全印最高学府——摩揭陀国的那烂陀寺。

玄奘在那烂陀寺共留学了五年。据说其时寺中凡通经论二十部者，有一千余人，通三十部者，五百余人，通五十部者，合玄奘共有十人，唯有护法弟子戒贤一人博闻强识，穷达一切内外诸书，已年逾百岁，德秀年耆，为众宗匠，人咸不斥其名，而尊称为"正法藏"。玄奘师事之，请为开讲《瑜伽师地论》，同听者另有数千学僧。如是听受《瑜伽》三遍，《顺正理》《显扬》《对法》各一遍，《因明》《声明》《集量论》等各二遍，《中》《百》二论各三遍，其余《俱舍》《婆沙》《六足》《阿毗昙》等，前此曾于迦湿弥罗等国受学，复予研读决疑。又兼学婆罗门书，对语言文字学（即悉昙学）如《声明记论》等亦着力研修。

贞观十年（636年），在那烂陀寺留学五年之后，玄奘向戒贤辞行，欲进而游历五印。此次游学，大致路线是至东印、转南印、折向西印、复归中印。至伊烂拏钵伐多国（今印度比哈尔邦之蒙吉尔），玄奘从有部如来密、师子忍二法师就读《毗婆沙》《顺正理》等一年。在南印度之南憍萨罗国（今印度马哈拉施特拉邦之那格浦尔以南）停留月余，从某善解因明之婆罗门读《集量论》。入驮那羯磔加国（今印度克里希纳河河口两岸地区），停留数月，就苏部底、苏利耶二师学大众部《根本阿毗达磨》等论，二师亦依玄奘学大乘诸论。更至达罗毗荼国(今印度安得拉邦南部、泰米尔纳德邦北部地区)都城建志补罗(今印度泰米尔纳德邦之马德拉斯西南),玄奘本拟由此渡海去僧伽罗国(今斯里兰卡),会彼国国王死,国内饥乱,该国大德三百余人来投印度,相谈之下,其论《瑜伽》,亦不出戒贤之解,遂不果行,乃与僧伽罗国僧七十余人,绕道西印,返归中印。途经北印度之钵伐多国(今巴基斯坦旁遮普省萨希瓦尔县之哈拉帕),从二三大德学正量部《根本阿毗达磨》及《摄正法论》《教实论》等。从此复东南行,于贞观十三年(639 年)重还摩揭陀国那烂陀寺。寺西之低罗择迦寺有大德般若跋陀罗,善有部三藏及声明、因明等,玄奘遂就之咨决所疑,凡二月。复往杖林山,从胜军论师学《唯识抉择论》《意义理论》(《续传》作"《意义论》")《成无畏论》《不住涅槃论》《十二因缘论》《庄严经论》(此等诸论多有不详者),并问《瑜伽》、因明等疑。

从胜军处返回那烂陀寺,已是贞观十四年(640 年),戒贤遣其为僧众开讲《摄大乘论》《唯识抉择论》。寺内有大德师子光,其人或为清辨门徒,依中观义破瑜伽之旨,谓一切无所得,故就胜义谛言,依他起、圆成实二性皆须除遣。玄奘则以为:"圣人立教,各随一意,不相违妨。惑者不能会通,谓为乖反。此乃失在传人,岂关于法也?"[1]故瑜伽、中观,相辅相成,《中》《百》唯破遍计所执,不破依他、圆成二性,本斯旨而作《会宗论》三千颂,论成,众皆称善。戒日王在征战途中,闻知南印度王灌顶师、正量部学者般若毱多造有《破大乘论》七百颂,影响甚巨,遂命戒贤遣人前往论辩。会玄奘论破一顺世论者,其曾听《破大乘论》五遍,玄奘不耻请问,遂尽得论旨。寻其错谬之处,以大乘义破之,成《制恶见论》一千六百颂,众皆折服。在顺世论者的举荐下,玄奘又被邀往东印度之迦摩缕波国(今印度阿萨姆邦西部),停留月余,为其国王拘摩罗造《三身论》三百颂,阐扬佛之功德。随后,在拘摩罗王大军的护卫下,玄奘与戒日王会于羯朱嗢祇罗国(今印度比哈尔邦之拉杰默哈尔),玄奘盛言唐太宗之神武,戒日王倾慕不已,乃遣使通好。

---

[1]《大唐大慈恩寺三藏法师传》卷四,《大正藏》第 50 卷,第 244 页。

戒日王为玄奘的《制恶见论》深所折服,遂决定于曲女城召开论辩大会,集五印义解之徒,以观玄奘之论。岁末抵达会场,与会者有十八国王、大小乘僧三千余人、婆罗门及诸外道二千余人,那烂陀寺亦有千余僧到,可谓盛况空前。大会在贞观十五年(641 年)正式召开。玄奘为论主,登座称扬大乘,讲述《制恶见论》之要旨,复请那烂陀寺僧明贤法师当众宣读论文,另抄写一本悬挂于会场门外,依其时论辩的惯例,若有能难破一字者,即斩首相谢。如是经过十八天,虽往返辩难,终无能破《制恶见论》者,大会最终以玄奘的胜利而告结束。众人为玄奘各立美名,大乘众称之为"大乘天"、小乘众称之为"解脱天",由此声振五印,获得了极高的荣誉。会后,玄奘又从戒日王等随喜五年一次、于钵罗耶伽国(今印度北方邦之安拉阿巴德)大施场举办的无遮大会,经七十五日,普施与会僧俗五十余万人。施毕,玄奘谢绝了戒日王等的一再挽留,毅然踏上了归国之路。

因为有各国国王一路遣人护送,归程相对来说就比较顺利。玄奘经南道,于贞观十九年(645 年)正月二十五日回到长安,共携回佛典 520 夹、657 部,并有大量佛舍利及佛像等。唐太宗在洛阳接见了玄奘,并同意于长安弘福寺组建译场。译梵为华、阐扬佛门遗法,成为玄奘后半生不懈的追求。

二、玄奘的译经事业

在太宗、高宗父子的先后支持下,玄奘自贞观十九年(645 年)、时四十四岁开场译经,至麟德元年(664 年)、年六十三岁辞世,合十九年,数易其地,共出梵典 75 部、1335 卷,遍摄内外二学、大小二乘、显密二教,无论是就数量还是质量言,在中国译经史上均无出其右者,可谓千古一人。玄奘的译经事业所具有的划时代意义,使之成为一般所说"旧译"与"新译"的分水岭。

首先,借助官方物力、人力上的支持,玄奘得以组建起一个人才荟萃、分工精密、运作高效的译场,这是其译经事业制度上的保证。宋代赞宁及天息灾均曾描述过其时译场的规制:在译主的主持下,证义、证文、书手、笔受、缀文、润文等各司其职、分工合作。^① 这一译场制度的完善即始自玄奘。虽然就规模言，玄奘译场或无法与号称有"三千学士"的罗什译场相较，然分工之精密、运作之高效，当远胜于彼，如证文、缀文等各有专职，皆不见于罗什译场。不过，值得指出的是，在玄奘译场中，还没有梵呗（负责讽诵咏唱一职），《宋高僧传》明确指出，"唐永泰中方闻此位"^②，"永泰"即代宗李豫年号（765—766 年）。

其次，由于玄奘"唐梵二方，言词明达"^③，故而他能充分地将自己的译经理念贯彻到整个译场中，即"今所翻传都由奘旨，意思独断，出语成章，词人随写，即可披玩"^④。对旧有的名相、法数，玄奘大多予以审订重译，有些梵文词汇实在无法对译为汉文，或者另有别种原因，则宁存音译，这就是著名的"五不翻"原则。^⑤ 由于梵、汉两种语言的结构性差异，直译与意译（即翻译的文质问题）一直都使译家颇感困扰，玄奘翻译的天才之处在于，他能从梵、汉两种语言的内在性出发，创造性地通过发挥汉语的语法功能来体现梵语的文法结构乃至"钩锁联类、重沓布在"^⑥的文风，有效地避免了纯粹直译或纯粹意译可能造成的弊端，从而在汉语语境中建构起一套全新的语言，其文句繁复凝重又不失音律之美，并使汉语的哲学表现力达到了其最大的可能。凡此种种，事实上都表明了玄奘重建佛家话语系统的努力。

最后，是玄奘译经的计划性。大致说来，玄奘近 20 年的译经事业可区分为三个阶段（当然其间并没有泾渭分明的绝对界限）：第一阶段，是从贞观十九年（645 年）到永徽元年（650 年）的六年，玄奘以《瑜伽师地论》为中心，集中翻译了一批包括《解深密经》《摄大乘论》在内的法相唯识学的经典。玄奘西行的直接目的，就是为了求取《瑜伽师地论》，故首

---

① 参见《宋高僧传》卷三，《大正藏》第 50 卷，第 724—725 页；《佛祖统纪》卷四三，《大正藏》第 49 卷，第 398 页。
②《宋高僧传》卷三，《大正藏》第 50 卷，第 724 页。
③《大唐故三藏玄奘法师行状》，《大正藏》第 50 卷，第 220 页。
④⑥《续高僧传》卷四，"玄奘传"，《大正藏》第 50 卷，第 455 页。
⑤ 参见《翻译名义序》，《大正藏》第 54 卷，第 1055 页。

先将《瑜伽》及相关诸经论译出,以示其为学重心所在,同时出《因明》二论,则立破的工具亦备,显庆四年(659年)《成唯识论》的糅译,实际上具有这一系统之翻译的总结性质。第二阶段,是从永徽二年(651年)到显庆四年(659年)的九年,其翻译的重点则为阿毗达磨,其中一是以《大毗婆沙论》为中心,旁及"一身六足"(玄奘已译出六部,其未及翻译的《施设足论》后于宋代有法护等的节译本《施设论》7卷);二是以《俱舍论》为中心,旁及《顺正理》《显宗论》等,前者为阿毗达磨发展、成熟期的作品,后者则是阿毗达磨的最后总结。玄奘通过自己的翻译,将系统的阿毗达磨学说传入了汉地,故陈寅恪先生曾指出:"玄奘之译阿毗昙于学术有功,不在传法相宗之下。"[1]第三阶段,是显庆五年(660年)起的最后五年,玄奘以老迈多病之躯,在其生命的最后数年,全心致力于《大般若经》600卷的翻译。这一译经进程实际上清楚地表明了玄奘试图统一全体佛法的毕生宏愿,这种统一的纲领即是,以阿毗达磨为基础,以法相唯识学为主干,最后上贯于般若。当然,事实上是否可能统一,则是另一个问题了。

三、《大唐西域记》

玄奘的后半生,主要从事梵典的翻译,著述则甚少,除了现存的大量表启,最重要的无过于《大唐西域记》12卷。该书乃奉敕而撰,"沙门辩机,亲受时事,连缀前后"[2]。贞观二十年(646年)七月,书成表进,故陈垣先生谓:"《西域记》所以与他经论异者,他经论系照本翻译,《西域记》则玄奘自述,辩机为撰文;又他经论虽称奉诏译,实奘所自请,经帝准许,《西域记》则系帝所特属。"[3]此说最得其实。辩机于玄奘初开译场于弘福

---

① 陈寅恪:《读书札记三集》,第41页,北京:生活·读书·新知三联书店,2001。
② 《续高僧传》卷四,"玄奘传",《大正藏》第50卷,第455页。
③ 陈垣:《〈大唐西域记〉撰人辩机》,《陈垣集》,第47页,北京:中国社会科学出版社,1995。

寺时即被征为缀文大德之一①,本为玄奘早期杰出弟子,后因与高阳公主(太宗十七女,下嫁房玄龄次子遗爱)私通事发,而被处腰斩极刑,②故僧史不为立传,其事多有不详。《西域记》基本按照玄奘西行的路线,逐次记载了其沿途所经诸国的地理形势、气候物产、风俗语言、宗教文化等方面的具体情况,"亲践者一百一十国,传闻者二十八国"③。该书所具有的史地、考古学价值已为国内外学者所公认,时贤对此也有诸多论述,这里就不具体展开了。

麟德元年(664年)二月五日夜半,玄奘寂于坊州宜君县(今陕西宜君)玉华寺。四月十四日,葬于浐河东岸白鹿原。总章二年(669年)四月八日,复迁葬于樊川北原,起塔供养,因塔建寺。中宗神龙元年(705年),被追谥为"大遍觉"。

第二节 法相唯识宗的传承与典籍

玄奘于那烂陀寺受学于戒贤大师,深得护法一系唯识学之真传。由无著、世亲所开创的瑜伽行派,在其发展过程中曾先后形成两支不同的路向。"其一是比较偏于保守的,注意保持世亲学的原来精神,甚至连文字上也尽量保持原貌,由于他们与另一系比较起来,偏于重视旧说,所以一般称之为唯识古学"④,代表人物有难陀与安慧,中土元魏时菩提留支,特别是梁、陈之际真谛所传入的旧译唯识学,基本就属于这一系统。另外一支则"态度比较自由、进取,在不丧失无著、世亲学说基本精神的范围内,对其学说,大加发挥,甚至对他们的著作,在文字上也做了一些改

---

① 参见《大唐大慈恩寺三藏法师传》卷六,《大正藏》第50卷,第253页。据《续高僧传》卷四(《大正藏》第50卷,第455页),则以辩机为"录文",即笔受。
② 参见《新唐书》卷八三,第3648页;《新唐书》卷九六,第3858页;《资治通鉴》(北京:中华书局,1956)卷一九九,第6279页。
③ 《大唐西域记序》,《大正藏》第51卷,第867页。
④ 吕澂:《印度佛学源流略讲》,《吕澂佛学论著选集》第4卷,第2220页。

动。这比之难陀、安慧等古派来说，是一个新派，所以可称之为唯识今学"①。唯识古、今学的范式性变革，其契机在于陈那新因明的导入所引发的知识论转向，而玄奘通过戒贤所传承的护法学说，则代表了唯识今学发展的成熟形态。

　　虽然玄奘将护法系的唯识今学传入汉地，然其一生主要致力于求法与译经，法相唯识宗的实际创立者，乃是其弟子窥基。窥基（632—682年），又称"大乘基"或单称"基"，世号"慈恩法师"，俗姓尉迟，字洪道，京兆长安（今陕西西安）人。宗出鲜卑拓跋魏之尉迟部，家世以武功建业，父敬宗，为唐左金吾将军、松州都督，封江由县开国公，其伯父即唐初名将、开国功臣鄂国公尉迟敬德。贞观二十二年（648年），窥基17岁，受度为玄奘弟子。据传先是玄奘遇之于路上，见其眉秀目朗、举措疏略，赞曰："将家之种，不谬也哉！"遂有意剃度其出家，窥基力拒之，谓须得许以三事方可："不断情欲、荤血、过中食"。玄奘欲因之而引其渐入佛智，遂佯肯之，故窥基行驾必以三车，"前乘经论箱帙，中乘自御，后乘家妓、女仆、食馔"，关辅一带称之为"三车和尚"。此殆为谣传，赞宁即已指出："三车之说，乃厚诬也。"②盖所谓三车者，原本当指"三乘"，此典出《法华经·譬喻品》，窥基所撰《法华玄赞》中即有"名为三乘，亦名三车"③之谓，然于中窥基力主一乘方便、三乘真实，与汉地台宗诸家异辙，或因之而被讥为"三车和尚"，乃至进而又附会出上述谣传。玄奘入主大慈恩寺，窥基亦随之，并从学梵语、释典。显庆元年（656年），窥基25岁，应诏参与玄奘译场。显庆四年（659年），在窥基的提议、协助下，玄奘糅译《成唯识论》10卷，为法相唯识宗的创立奠定了理论基础。参译之余，窥基又将玄奘于翻译时所宣讲的口义记录下来，加上自己的理解，对论本予以疏释，撰为述记。于此窥基用力至勤，玄奘卒后，译场解散，其返归大慈恩寺，更以撰述为务。故窥基号为"百部疏主"，论著宏富，其知名者48部，现

---

① 吕澂：《印度佛学源流略讲》，《吕澂佛学论著选集》第4卷，第2227页。
② 《宋高僧传》卷四，《大正藏》第50卷，第725—726页。
③ 《法华玄赞》第七本，《大正藏》第34卷，第783页。

存者 28 部,其中 4 部伪作,故实际知名者 44 部,现存者 24 部,[1]主要有《法华经玄赞》10 卷、《说无垢称经疏》6 卷、《瑜伽师地论略纂》16 卷、《成唯识论述记》10 卷、《成唯识论掌中枢要》2 卷、《唯识二十论述记》2 卷、《辩中边论述记》3 卷、《阿毗达磨杂集论述记》10 卷、《因明入正理论疏》3 卷、《大乘法苑义林章》7 卷、《异部宗轮论述记》1 卷等。高宗永淳元年(682 年)十一月十三日,窥基卒于大慈恩寺,年五十一。

传窥基衣钵者有慧沼。慧沼(650—714 年),俗姓刘,名玄,自其曾祖起迁居淄州淄川(今山东淄川),故世号"淄州大师"。年十五,适逢高宗八子睿宗旦降诞,有制度僧,遂因之出家。高宗咸亨三年(672 年),从窥基、普光受学。后行化各地,敷演群经凡二十余年,时称"河南照天下"(唐时淄州隶河南道),同时撰作诸论,盛行于世。晚年曾入菩提流志、义净译场充任证义,于讹言舛义多所刊正。其著述知名者 19 种,现存者 11 种,[2]其中尤以《成唯识论了义灯》7 卷、《能显中边慧日论》4 卷为要。

慧沼弟子有义忠、智周、道邑、道献等。义忠,俗姓尹,潞府襄垣(今山西襄垣)人,初从慧沼出家,后师徒共往长安,受学于窥基,著述多种。其中,"《百法论疏》最为要当。移解二无我归后,是以掩慈恩之繁。于今盛行,勿过忠本"[3],此疏现有金陵刻经处本等。智周(678—733),世号"濮阳大师",撰述颇丰,其所著《成唯识论演秘》7 卷,与窥基《掌中枢要》、慧沼《了义灯》并称"唯识三疏"。道邑则撰有《成唯识论义蕴》5 卷。此外有如理者,传为慧沼或智周弟子,撰有《成唯识论疏义演》26 卷。以上所述,即为玄奘门下慈恩一系。

奘门之下,另有异军突起的西明圆测一系。圆测(613—696 年),名文雅,新罗国王孙。3 岁出家,贞观元年(627 年),年十五,受学于法常、僧辩(玄奘西游前亦曾从常、辩二师学,则圆测与玄奘本为同门)。后住长安玄法寺,广览《毗昙》《成实》《俱舍》《婆沙》等论及古今章疏。贞观十

---

① 参见汤用彤《隋唐佛教史稿》,《汤用彤全集》(第二卷),第 155—157 页。
② 参见汤用彤《隋唐佛教史稿》,《汤用彤全集》(第二卷),第 162—163 页。
③《宋高僧传》卷四,《大正藏》第 50 卷,第 729 页。

九年(645年)玄奘归国,即从之学。后长期驻锡于西明寺弘法,又曾一度往居终南山。晚年复入地婆诃罗、提云般若、菩提流志、实叉难陀等译场,充任证义。其著述,知名者14部①,现存《佛说般若波罗蜜多心经赞》1卷、《仁王经疏》3卷、《解深密经疏》10卷(汉译本原佚最后一卷,现已由观空法师从藏译本还译,金陵刻经处有全本,析为40卷)共3部,此外,其所撰《成唯识论疏》亦有辑本行世。圆测卒于武后万岁通天元年(696年)七月二十二日,年八十四。圆测弟子有道证、胜庄等。

　　慈恩与西明二系之争,当始自其徒。如慧沼著《了义灯》,即多有破斥圆测、道证之说,《宋高僧传》所谓圆测"盗听"之事,恐亦因之而起之谣传,此汤用彤先生已力辨之,兹不赘叙。② 需要指出的是,论者每谓圆测之学多取真谛旧说,特别是在一性、五性的问题上与窥基相左,故而有双方之争,此殆为讹传。虽然圆测原本间接受学于真谛传人,其著述亦多存真谛旧说,然似无一处明言其赞同"一性皆成"之主张,相反,《论记》中反倒明确记载,他曾广引旧译,来证明"有人依《涅槃经》说'一切众生皆有佛性'等文证,谤新翻经论非是正说,此即不可"③。而另一方面,慧沼之《了义灯》对西明系之破斥可谓吹毛求疵,已极为苛细,然亦不能见出在一性、五性的问题上有根本性的分歧。事实上,奘门之下,持"一性皆成"说者前有灵润,后有法宝,故先后有神泰、慧沼之辩驳,灵润本地论南道慧远再传,虽曾入玄奘译场,实不能算做及门弟子,法宝"臮然颉颃于奘之门"④,近乎异端。至于圆测,其学则是直承玄奘,在某些问题上,甚至比窥基一系更多地保持了玄奘的原意。总体上可以这么说,两系只是在玄奘所传之学的基础上向不同层面的发展,圆测系倾向于融通,窥基系倾向于精严,故而其间的分歧,都是一些很具体的问题,并非一个一性、五性的"宏大叙事"所能概括的。

① 参见汤用彤《隋唐佛教史稿》,《汤用彤全集》(第二卷),第158—159页。
② 参见汤用彤《隋唐佛教史稿》,《汤用彤全集》(第二卷),第157—158页。
③《瑜伽论记》卷九下,《大正藏》第42卷,第520—521页。
④《宋高僧传》卷四,《大正藏》第50卷,第727页。

除窥基、圆测外，玄奘门下较著者首推普光。普光（627—683），又名大乘光，玄奘译经二十载，其始终追随之，依《开元释教录》，由其任笔受者，达28部，为数最多。普光之学，主在《俱舍》，相传玄奘将西方有部师之口义多授予普光，普光即因之而撰《俱舍论记》30卷，世称《光记》，为俱舍学的权威之作。此外，法宝、神泰亦分别撰有《俱舍论疏》，前者30卷现存，后者现残存7卷，是谓"《俱舍》三疏"。其他若神昉、嘉尚、慧立、靖迈等，并知名当时，这里就不一一介绍了。

玄奘独步千古的译经事业，为法相唯识宗的创立提供了丰富的理论资源，据窥基所述，《成唯识论》所援引的经典就有"六经十一论"之多，慧沼则以《瑜伽师地论》为中心，将相关论典组织为"一本十支"。[①] 不过，严格说来，这些还不能视做法相唯识宗的创宗依据。"六经十一论"仅是作为"教证"而被《成唯识论》所援引，并不意味着它们对法相唯识宗的理论建构具有同等程度的决定性意义，比如《华严经》除了《十地品》中"三界虚妄，但是一心作"可被引申为唯识说的圣教依据，实际上并未受到特别的关注，相反，一些极为重要的典籍，比如详述转识成智之佛果问题、为《成唯识论》之转依说所本承的《佛地经论》，却并未列入"六经十一论"中。至若仿有部"一身六足"而组织成的"一本十支"，主要是为了凸显《瑜伽师地论》在全体唯识论典中的基础性地位，因为据汉传，该论乃作为未来佛的弥勒菩萨所说，故可视同佛经而为其余论书从不同层面予以诠解、弘传。论者或谓，法相唯识宗的创宗依据实际上是"一经二论"，"一经"即《解深密经》，"二论"即《瑜伽师地论》《成唯识论》，此说亦有待商榷。从瑜伽行派历史演进的全体来看，《瑜伽师地论》与《解深密经》无疑具有导乎先路的标志性意义，不过，与之具有同等重要程度的至少还有《摄大乘论》及其所宗依的已然散佚了的《阿毗达磨大乘经》。就汉地的法相唯识宗言，其创宗的依据实际上乃是《成唯识论》。

---

① 分别参见《成唯识论述记》第一本，《大正藏》第43卷，第229—230页；《成唯识论了义灯》第一本，《大正藏》第43卷，第666页。

《成唯识论》系糅译（其实也就是编译）而成。据奘门相传，世亲晚年造《唯识三十颂》，被誉为"万象含于一字，千训备于一言"①，惜其未及作释即便示灭，后有亲胜、火辨、难陀、德慧、安慧、净月、护法、胜友、胜子、智月等十大论师相续作释，此十家释本共有四千五百颂，②玄奘于印度搜罗齐备，本拟在神昉、嘉尚、普光、窥基四人的协助下一一译出，然稍后窥基建议说："不立功于参糅，可谓失时者也。况群圣制作，各驰誉于五天，虽文具传于贝叶，而义不备于一本，情见各异，禀者无依。况时渐人浇，命促惠舛，讨支离而颇究，揽初旨而难宣。请错综群言，以为一本，揩定真谬，权衡盛则。"③玄奘许之，遂留窥基一人为笔受，以护法释为主，糅译十家之说而成此一本，"商搉华梵，征诠轻重，陶甄诸义之差，有叶一师之制"④，实际上也就是根据自己的理解，对唯识学理做了系统的总结。唯其如此，奘门学者才赢得了自身的话语权，从而确立了法相唯识宗作为汉地佛教宗派的地位，而非如常途所说仅仅只是印度佛教的简单翻版。

第三节　"万法唯识"说与三时判教

"万法唯识"一般被视做法相唯识宗的核心命题，就其字面言，这是说一切事物无非都是心识的变现。虽如此解读并无大碍，然若要准确把握其含义，尚需一些具体的分疏。

一、五位百法与唯识略义

先述"法"。在原始佛典中，"法"诚然可以泛指一切事物，比如十二处中作为意根之对象的法处，即是指意识到的一切事物，不过，唯识学接续的乃是阿毗达磨的学统，在阿毗达磨中，"法"通常被释以"轨""持"二

---

① ③《成唯识论掌中枢要》卷上本，《大正藏》第 43 卷，第 608 页。
② 参见《成唯识论后序》，《大正藏》第 31 卷，第 59 页。
④《成唯识论述记》第一本，《大正藏》第 43 卷，第 229 页。

义。"持"即任持,意即"法"能任持独立不变的自性。"轨"即"轨范",意即以此不变的自性作为"轨范",而使人对此物事产生相应的理解,这一意义上的"法"是指那些从复杂的缘起之流中分析出来的具有单一固定本质内涵的实体,它与一般所说的事物还是有所区别的。比如,桌子就不是"法",构成桌子的诸如颜色、形状、硬度等等才是"法",后者作为"法"本身"三世实有",在一定的因缘条件下,这些住于未来位的"法"刹那起用,入于现在位,就产生了桌子这一现象,此作用刹那即灭,桌子的现象消失,而那些不变的"法"则落入过去位。虽然唯识学者并不承认"法"的绝对真实性,亦即它不是有部所说的"胜义有",但在"世俗有"的意义上还是批判性地接纳了"法"的界说及其分类体系。如此,"法"的数目是有限的,因为一切事物通过分析都可以被还原到那些有限量的"法"上来予以说明,也就是说,其实并没有万法,唯识学者只认可百法,此百法分为五类,是即"五位百法"。

五位百法的第一、二类是心法、心所法。在阿毗达磨传统中,全部的心理作用被予以机械地分割,其中抽象意义上的主体被称为"心法"或曰"心王",这在有部就是眼等六识,在唯识学中就是八识,而其余具体的心理状态或心理属性则被称为"心所",如《成唯识论》云:"恒依心起、与心相应、系属于心,故名心所。如属我物,立我所名。"①心所系属于心王,其生起要依于心王而不能独自发生作用,另一方面,心王虽是抽象意义上的主体,然要表现为各种具体的心理状态,也必须和若干心所共同发挥作用,这种心与心所的交互共生关系,即被称为"相应"。心法共八种,即眼等八识,心所法则有五十一种,又可分为六位:一、遍行心所,指的是周遍于一切心法而与之相应俱起的心所,任一心法都必与此类心所相应方能生起,这包括触、作意、受、想、思五种。二、别境心所,指的是只有当缘于各自相应的事境时才能生起的心所,比如唯有对于所乐之境,才能有希求之心即"欲"这一心所的生起,而非于一切所缘境均欲求之,这包括

---

① 《成唯识论》卷五,《大正藏》第31卷,第26页。

欲、胜解、念、定、慧五种。三、善心所，指的是其性善、唯与善心俱起的心所，这包括信、惭、愧、无贪、无瞋、无痴、勤、轻安、不放逸、行舍、不害十一种。四、烦恼心所，"烦是扰义，恼是乱义。扰乱有情，故名烦恼"①，此类心所为一切烦恼根本，故亦名"本惑"，包括贪、瞋、痴、慢、疑、恶见六种，其中恶见又可进一步开立为萨迦耶见（即身见）、边执见、见取、戒禁取、邪见等五见。五、随烦恼心所，此类心所皆随烦恼心所而起，为根本烦恼之分位或等流，故亦名"随惑"，共二十种，分为三类。一是小随烦恼，行相粗猛，互不相应，唯各别生起，这包括忿、恨、覆、恼、嫉、悭、诳、谄、害、憍十种，按《成唯识论》，此小随烦恼唯与第六意识相应；二是中随烦恼，能遍于一切不善心中生起，这包括无惭、无愧二种；三是大随烦恼，能遍于一切染心、即一切不善心与有覆无记心中生起，这包括掉举、惛沉、不信、懈怠、放逸、失念、散乱、不正知八种。六、不定心所，此类心所善、染性等皆不决定，故曰"不定"，这包括悔（或作"恶作"）、睡眠、寻、伺四种。

　　五位百法的第三类是色法。色者，质碍之义，即其占有一定的空间，也就是一般所说的物质性存在。色法包括前五识所依之五根、所缘之五境，另外加上第六意识所缘之法处所摄色，共十一种。

　　第四类是心不相应行法。五蕴中以行蕴所摄范围最广，除受、想外其余心所皆属行蕴，不过，这是行蕴中与心相应的一分，正所谓"心相应行"，此外还有与心不相应者，它们是色心诸位的分位，如时间、空间、数量等。于五位百法中，前者已被摄入心所法中，后者则需另开一类，是即"心不相应行法"。这具体包括得、命根、众同分、异生性、无想定、灭尽定、无想报、名身、句身、文身、生、住、老、无常、流转、定异、相应、势速、次第、时、方、数、和合性、不和合性，共二十四种。值得一提的是，唯识学者认为心不相应行法仅是色心诸法上的分位假法，并非离色心诸法外别有实自体存在，这与有部是截然不同的。

---

① 《成唯识论述记》第一本，《大正藏》第 43 卷，第 235 页。

以上心法八、心所法五十一、色法十一、心不相应行法二十四，总计九十四法，皆是有为法，第五类则是无为法，共六种，即虚空无为、择灭无为、非择灭无为、不动无为、想受灭无为、真如无为。此中实则唯有一真如无为，前五无为皆依真如无为而假立。

关于五位百法的具体内涵，唯识诸论均有详尽探讨，限于篇幅，这里就不再展开了。需要指出的是，时人每每指责唯识学之法相过于繁琐，这实际上是由于这一话语/分类体系无法为我们先入为主的常识所兼容。或者应当如此来理解语言与世界的同构性，即，正是语言作用于世界从而赋予世界以秩序。因此我们对于世界的分类、对于其相似性与差异性的认知，只是我们自身语言结构的映射，并不具有我们自以为是的合法性。就此而言，佛家的话语系统恰恰是从根本上摧毁了我们习常用来把握事物之种种秩序的当然场基，给出了对事物予以归并与区分的另一种可能。

次述"唯识"。唯识的梵文为 Vijñaptimātratā（毗若底摩怛剌多），vijñapti（毗若底）是由 vi-√jña（分别而知）的使役式 vijñapayati（使知）的过去被动分词 vijñapta（使被知的）转换成的名词，[①]因而其本义应是"使被知道"（making known），它与一般所说心意识之"识"，即同样出自 vi-√jña 再加上表作用的词尾-ana 所成之名词 vijñana（毗若南）是有所区别的，如何来诠解 vijñapti 之语义，从根本上牵涉到对唯识古、今学的整体理论定位，此处不拟展开。[②] 玄奘则是将 vijñapti 译为"了别"，即心识（vijñana）的认知作用，这体现了奘门学者对"唯识"的一种独特理解。基于佛家缘起论的基本立场，心识固然不能被视做一自体自足的心灵实体，它只是具体存在于对境相的认知作用中，不过，即便是如此理解"唯识"，其唯心色彩还是非常强烈的，也就是说，它实际上还是在能所二分的架构下指认了能识相对于所识（或者说心识相对于境相）的根源性地

---

① 参见［日］高崎直道等《唯识思想》，李世杰译，第 124 页，台北：华宇出版社，1985。
② 对此问题的分析可参见傅新毅《玄奘评传》第 4 章第 1 节第二部分。

位,因此窥基对"唯识"的解读就是:"唯谓简别,遮无外境;识谓能了,诠有内心。"①

　　经过上述分疏,我们最后再来看"万法唯识"。近代学者曾就法相与唯识的分宗问题有过激烈争论,印顺法师"从全体佛教的立场"指出:"凡唯识必是法相的,法相却不必是唯识。"②此说或最为的当。所谓法相,即法的自相、共相等,对此的探究乃是阿毗达磨的主题,因此法相不必归结为唯识,如有部者是,反之,唯识必基于法相,是就法相进一步掘发其存在的依据,从而最终以心识来统摄一切法相。由此可见,要成立万法唯识,实际上无非是将五位百法摄归心识,因为如上述,唯识学者批判性地接续了阿毗达磨的学统,认为经过分析,五位百法即可穷尽宇宙万有。职是之故,《成唯识论》有云:

　　　　故唯识言有深意趣。识言总显一切有情各有八识、六位心所、所变相见、分位差别及彼空理所显真如。识自相故,识相应故,二所变故,三分位故,四实性故,如是诸法皆不离识,总立识名。唯言但遮愚夫所执定离诸识实有色等。③

五位百法中,心法是识之自相,心所法是识之相应,色法是心、心所法所变之相分,心不相应行法是前三者之分位,无为法是前四类有为法之真如实性,因此心所法、色法、心不相应行法、无为法虽不即是识,然都不离识而存在,就此而言,可称之为"唯识"。"唯识"所要遮破的,是凡夫等妄执五位百法可以离识而独存。可见,"唯识"之"唯",乃不离之义,"唯言为遮离识实物,非不离识心心所法等"④,万法唯识,其确切的含义则是,能赅摄宇宙万有的五位百法皆不离能了之识,这是法相唯识宗对唯识的一个独特理解。

────────────

① 《成唯识论述记》第一本,《大正藏》第43卷,第229页。
② 印顺:《辨法相与唯识》,《华雨集》(四),第240页,台北:正闻出版社,1998。
③ 《成唯识论》卷七,《大正藏》第31卷,第39页。
④ 《成唯识论》卷七,《大正藏》第31卷,第38页。

二、三时与八宗

以判教的方式来安排佛陀一代时教，汤用彤先生所说"时味说教，自夸承续道统"①，是宗派成立的必要条件之一，此点法相唯识宗亦概莫能外。与天台、华严诸家不同，唯识宗的判教相对而言较少发挥，主要是依据《解深密经·无自性相品》②，以三时判教：第一时有教，谓佛陀于鹿野苑等处为发趣声闻乘者转四谛法轮，说《阿含》等经，令其明法有我无，破于我执；第二时空教，谓佛陀于灵鹫山等处为发趣修大乘者说《般若》等经，密义言诸法皆空，令其破于法执，回小向大；第三时非空非有之中道教，初时说有，尚未明言何者为有，第二时说空，亦尚未明言何者为空，是皆为隐密说，故为不了义教，第三时则普为发趣一切乘者显了说有、显了说空，有为、无为名之为有，我及我所名之为空，有者依他、圆成二性，空者遍计所执性，如此显了开示空有之真实，令离或有或无之边执，故为中道了义之教，是即《华严》《深密》《法华》等经。

这里需要指出的有两点。其一，依唯识学者之见，"诸教本无差别，由机不同，遂分大小、顿渐之教"③，就教法本身言，如一雨普润，实则无别，只是针对众生根机的不同，才有或隐或显的差异，即，或隐空显有，或隐有显空，或空有双显，遂成三时。由于众生有五种种姓，实际上亦只是针对回小向大而渐次入道的不定姓人，即所谓渐悟菩萨（此顿、渐之别非禅宗所言者）才成立三时，若是唯具菩萨种姓的顿悟菩萨，大不由小起，无须如前者先除人执、次除法执，随闻何教，皆能悟得人、法二空之理，双遣人、法二执，故唯有一时。至于决定声闻无回小向大之可能，自然亦无三时可言。

---

① 汤用彤：《隋唐佛教史稿》，《汤用彤全集》（第二卷），第111页。
② 参见《解深密经》卷二，《大正藏》第16卷，第697页。
③ 《法华玄赞》第一本，《大正藏》第34卷，第657页。

其二，关于三时之"时"，"此有二义，一约前后，二约义类"①。"约前后"是指依佛陀说法的时间顺序来划分三时，据奘门相传，真谛在《解节经疏》中即如是判三时，其谓佛陀初成道至成道后七年说第一时有教，成道后八年至三十八年说第二时空教，成道后三十九年至临涅槃说第三时非空非有教。② 在奘门学者看来，这种对三时的机械配置必然带来诸多问题，如佛陀成道后第二七日即说《华严》，《华严》岂是第一时？临涅槃方说《遗教经》，《遗教经》又岂是第三时？因此三时乃就义理而言，一代时教中凡隐空说有的，皆属第一时有教；凡隐有说空的，皆属第二时空教；凡双显空有的，皆属第三时非空非有中道教。如《华严》虽在初说，以其义同第三时，故为第三时摄；《遗教经》虽在后说，以其义同第一时，故仍为第一时摄。概言之，"言三时所说教者，约义浅深广略义说，非约年岁日月前后说三时也"③，若真谛"将教就时"则非，当以"将时就教"为正。④

约众生根机不同，教法有三时之别，若就诸家所宗浅深为次，则宗乃有八：一、我法俱有宗，谓犊子部及由其分化之正量等四部，说我法二种俱有；二、有法无我宗，谓有部等，说法体三世实有，补特伽罗我实无；三、法无去来宗，谓大众部及法藏部、饮光部、化地部本计等，说有现在及无为法，过去、未来，体用皆无；四、现通假实宗，谓说假部等，说无过去、未来法，现在世诸法，亦唯蕴为实，界、处皆假；五、俗妄真实宗，谓说出世部，说世间法皆假，以虚妄故，唯出世法实，非虚妄故；六、诸法但名宗，谓一说部，说一切世、出世法，但是假名，都无体故；七、胜义皆空宗，谓《般若》等经及《中》《百》等论，以二谛立教，说一切法世俗谛可有，胜义谛皆空，清辨等以之为了义；八、应理圆实宗，谓《华严》《深密》等经及唯识教，

①《成唯识论了义灯》第一本，《大正藏》第 43 卷，第 660 页。
② 参见《阿弥陀经通赞疏序》，《大正藏》第 37 卷，第 330 页；〔唐〕圆测《解深密经疏》卷一八，第 4—5 页，南京：金陵刻经处，1922。
③〔唐〕圆测：《解深密经疏》卷一，第 26 页。
④《阿弥陀经通赞疏序》，《大正藏》第 37 卷，第 330 页。

说一切法非空非有,得会中道,故此宗圆妙无阙,最为殊胜。上述八宗中,前六宗摄小乘二十部派,而以对空、有之解执的浅深次第分列为六,后二宗即大乘空、有二宗,故八宗实际上是从学理开展的逻辑层面对全体佛法的判释。其后贤首更立十宗,即基于慈恩八宗而推演之,特别是前六宗,基本就是照搬慈恩的说法。

第四节　奘传唯识新学

如前所述,奘传唯识学主要是传承护法一系的唯识今学,指认心识作为主体的根源性地位,是其有别于唯识古学的基本特征,因此奘传唯识学的全部理论,是以八识说特别是其中的阿赖耶识说为中心的。

一、八识与种习

奘传唯识学在传统所说粗浅的眼、耳、鼻、舌、身、意等六识之外,另掘发出末那、阿赖耶两种微细识,从而明确地开展出心识的隐显双重构造。这无疑可视为唯识学发展成熟的标志。

（一）阿赖耶识的语义及其构造

阿赖耶识即第八识。"阿赖耶"为梵文ālaya之音译。ālaya一词出自a-√li,词头a-有"靠近、接近"之义,而动词词根√li则具如下二义:① 凭依、居住、隐藏;② 黏附、执着。因此整个词的意思就是:① 房屋、住处、隐居处;② 爱著、执着、渴爱。奘传唯识学则主要是从前一义解之,故曰:"阿赖耶者,此翻为藏。"①具体说来,此"藏"有"能藏""所藏""执藏"三义,据窥基的解释,"能藏"是指阿赖耶识能摄藏种子,故阿赖耶识为能藏,种子为所藏;"所藏"是指阿赖耶识为前七识的所熏、所依处,故阿赖耶识为所藏,前七识为能藏;"执藏"是指阿赖耶识无始来被第七末那识执以为自内我。简言之,"能藏"即第八识的持种义,"所藏"即第八识的受熏义,

---

① 《成唯识论述记》第二末,《大正藏》第43卷,第301页。

"执藏"则指认了第八识为根源性我执的对象,具此三义故,第八识名"阿赖耶"。

基于上述语义,阿赖耶识得以成立自、果、因三相。果相主要着眼于阿赖耶识作为异熟识的定位。所言"异熟",梵文为 Vipaka(毗播迦),即旧译为"果报"者,玄奘将其改译为"异熟",是为了表明该词有"变异而熟""异时而熟""异类而熟"三义,于中唯识学者正取第三义"异类而熟",即,业因或善或恶,果报则为非善非恶的无记性,两者在性类上并不一致。异熟有二种。一是作为总果报体的真异熟,它必须具备三个条件:"一、业果;二、不断;三、遍三界。"①第七识非是业果,前六识有间断,前五识且不遍三界,以色界二禅以上即无前五识故,作为恒无间断的总果报体,所谓真异熟只能是指第八识。二是异熟生,即由第八真异熟所引生的前六识之别报果,第八真异熟是由强盛业因所招感的总果报体,而其他报体方面的具体差异则体现在前六识中,以之而进一步酬满其余微弱业因、圆满果报。由此可见,谓阿赖耶识之果相为业感真异熟,实际上无非是指由于前七识的熏习,阿赖耶识能有一期生命的转变,即,当有支、名言两种熏习成熟时,阿赖耶识作为总果报体结生相续,从而由此世轮转到下世。所谓因相,是指阿赖耶识乃一切种识,即,其所摄持的种子能为前七识现前的能生因。简言之,果相即是第八识的受熏义,因相即是第八识的持种义,这正分别对应于三藏义中的所藏、能藏。最后,所谓自相,即具三藏义的阿赖耶识,它是总摄因相、果相而说的,此即,自相作为总体表现为持种、受熏两个侧面,即依之而分别说为因相、果相;因、果相依于总体的自相而存在,离自相外无别因、果相可言。因相的持种义即能藏义,果相的受熏义即所藏义,自相中除具此二义外,更能表明其特性的乃是第三执藏义。因为名之为"阿赖耶识",是必须三藏义俱备的,而从修证的位次来看,八地以上菩萨、二乘无学已无我执现行,此时三藏

---

① 《成唯识论掌中枢要》卷上末,《大正藏》第 43 卷,第 629 页。

义中即缺执藏义而唯余二义，"三名阙一，即不得名"①，此时之第八识就不能再被称为"阿赖耶识"了。

阿赖耶识既然是"识"，也应该相类于其他转识，具有能、所二分结构，即有其所缘与行相。所缘境有三：一是种子，在四分说的构架下，阿赖耶识之自证分为所受熏处，故熏习而成的种子即依止于此，阿赖耶识之见分虽不能缘此自证分，却能缘于自证分上的差别功能亦即种子，因此就依止言，种子依于自证分，就为其见分所缘言，种子由相分摄。当然，这里所说的种子，仅是指有漏种，至于无漏种，在阿赖耶识之有漏位虽依附于此识，然因为种、识之间存在无漏与有漏的性质差异，故无漏种非是有漏位的阿赖耶识之所缘。二是根身，即五色根及其扶根尘，扶根尘是为五色根所依的感觉器官中可见的肉团部分，如通常所说的眼球、外耳之类，其本身并无发识取境的功能，能够发识取境的五色根即所谓胜义根则是不可见的，只是从发识取境的现象而推知其存在。我们对他者的认识之所以可能，即是由于能以他者之扶根尘为缘，进而在自身心识上变影缘之，至于他者的胜义根则无法进入我的认识域，因为阿赖耶识唯是缘于属己的胜义根。三是器界，即我们共在的生存世界，这并不是说在素朴实在论的意义上有一个外在于自身心识的实有的世界可为一切众生共同生存的处所，恰恰相反，每一众生都只是生存在由自身心识所变现的世界中，然而，众生所造的业因有共、不共的区别，由于共业的作用，相关众生所各各变现的世界互相相似，不相妨碍地存在于同一空间，因此看起来好像就唯有一个世界。这就如同一室中点有众多明灯，虽然每一明灯都各发自己的光明，然每一灯的光明都能遍照全室，光光相似，相互摄入而不相妨碍，因此看起来似乎就唯有一光。

此三境中，种子与根身被称为"所执受"，意即阿赖耶识与根身等互依共感，是将根身等"摄为自体，持令不坏，安危共同而领受之"②，而器界

---

① 《成唯识论述记》第二末，《大正藏》第 43 卷，第 301 页。
② 《成唯识论述记》第三本，《大正藏》第 43 卷，第 315 页。

"非是相近,不执为自体故,与识相远,不为依故,故非执受"①。然无论是内执受境还是外器境,它们均是由阿赖耶识之果能变之所变现。以所变现的三境为对象,阿赖耶识复生起"了别"的认识作用,认识对象即相分,了别的认识作用则被称为阿赖耶识的"行相"。所言"行相"者,依窥基的解释乃"行于境相"之谓,此即是见分,由此,阿赖耶识与前七转识一样,也成立了能、所二分的认识论构架。

所缘与行相是从能所的角度来说明阿赖耶识之构造,在主属的意义上,则阿赖耶识作为心王,伴有相应俱起之心所。于六位五十一心所中,能与有漏位之阿赖耶识相应俱起者,唯是五遍行心所,即触、作意、受、想、思。

阿赖耶识是由善恶业感、任运而起的真异熟果,故而必然一类相续、恒无间断,且其性为无覆无记。"记",有"记别""招引""标志"之义,是指善与不善能分别招感可爱与不可爱之异熟果,其业因与果均可予以记别,故曰"记";反之,非善非恶者无感果功能,故曰"无记"。无记分有覆、无覆二种,"覆"者,义为能覆障圣道或覆蔽自心,阿赖耶识则为无覆无记。这是因为,阿赖耶识作为总果报体,由前世善、恶业所感得,无论是感得人天乐果还是恶趣苦果,其有效性亦仅限于此世;善、恶则不同,它们不仅在此世发挥效用,还能使其影响力及于下世。正因为阿赖耶识本身并没有以宿命论的方式决定下世的命运,才赋予了此世的善、恶行为以积极的意义。

(二) 末那识与前六识

末那识为第七识。"末那"为梵文 Manas 的音译,意译作"意",为了区别于第六意识,故以音译名之。"意"是"思量"义,"思谓思虑,量谓量度"②。然而这并非指纯粹认识论意义上的知性范畴。首先,此"思量"有独特的对象与功用,它"思量第八度为我"③,即以第八赖耶识为对象,而

①《成唯识论述记》第三本,《大正藏》第 43 卷,第 316 页。
②③《成唯识论述记》第一本,《大正藏》第 43 卷,第 238 页。

将其计执为常一不变的主体。其次,此"思量"还有不共第八识与前六识的"恒""审"二特征。"恒"即恒起,指此识能与第八识一样相续不断。"审"即审察,指此识具有明晰的分别作用。"此说恒言简第六识,意识虽审思而非是恒,有间断故;次审思言,复简第八,第八虽恒,非审思故;恒、审思量,双简五识,彼非恒起,非审思故。"①第八识之了别作用暗昧不明,故恒而非审,第六识则审而非恒,前五识非恒非审,故"思量"义不同于以积集义显胜而名之为"心"的第八识、以了别义显胜而名之为"识"的前六识,离二者之外别有其体。

末那识与阿赖耶识恒时相依共转。一方面,末那识以阿赖耶识为所依方得生起,此谓"所依"有二义:其一,阿赖耶识摄藏有一切诸法的种子,末那识即以其所摄藏的自类种子为亲因缘,故种子赖耶为末那识的因缘依或曰种子依;其二,如眼识依于眼根而起,末那识亦以阿赖耶现识为俱有所依根,故现行赖耶为末那识的增上缘依或曰俱有依。另一方面,末那识又缘取阿赖耶识而执以为自内我,由于阿赖耶识自身有能、所的二分构架,有心王、心所的主属分别,故而末那识究竟缘取其中何者,唯识学者是有不同看法的,据《成唯识论》,末那识缘取的是阿赖耶识的见分,因为见分一类相续故似常似一,而相分有所间断,如色法即不遍无色界,心所则有多法且无自在义,此等皆无似常一主体之相,故阿赖耶识唯缘于似常一的第八见分而执以为自内我。

末那识既为我执之根本,必与烦恼心所相应俱起,此烦恼心所为我痴、我见、我慢、我爱。"我痴"指对无我之理的愚昧无知,也就是通常所说的无明,严格说来,与末那识相应者为恒行不共无明,"恒行"是指此无明遍于一切善、染等三性心中恒无间断,能障碍无漏真智的生起,此作用唯与末那相应者有之,它识则无,故而又称之为"不共"。"我见"指将非我之五蕴计执为我的妄见,此为五种"恶见"中"萨迦耶见"(即身见)的一分,"萨迦耶见"包括我见与我所见,由于末那识唯与其中的我见相应,故

---

① 《成唯识论述记》第二末,《大正藏》第 43 卷,第 298 页。

唯有我执,并不能此外另起我所执。"我慢"为七种"慢"之一,指倚恃所执之我而傲慢自负、轻视他人。"我爱"即是我贪,指对所执之我的贪爱。

除上述四根本烦恼外,《成唯识论》认为与有漏位之末那识相应者还有五遍行、八大随烦恼及别境心所中的"慧",合四根本烦恼共十八心所。此四根本烦恼等与末那识相应,使末那识亦恒为染污。所谓染污,包括不善与有覆无记,反之,善及无覆无记则称之为不染污。不善与有覆无记的区别在于,后者只是其性染污,而并没有造恶业感苦果的功能,末那识即为此类。由于末那识遍于一切三性心中微细随逐、任运而转,虽覆障圣道然不能造恶业感苦果,故仍为无记性。

前六识可分为两类,其中眼等前五识俱依色根,俱缘色境,在三世的时间分位中俱唯缘现在,在现、比、非三量中俱唯现量,俱有间断,有此五事相同,故种类相似而合称为前五识。前五识的作用仅在于对纯粹感性材料如其所是地被动接受,比如就眼识言,即是使青、黄等色当下性地呈现于眼识之中,因此前五识本身并无错觉可言。

第六意识是与前五识不同的另一类识,其生起并无所依之色根,而以第七末那为不共俱有依,依第七意之识,故名之为意识。其所缘境则遍于一切色心诸法乃至无为法,因此大体说来,这相当于一种综合前五识之感知的心理统觉。除了无想天、无想定、灭尽定、极重的睡眠及闷绝(即俗称为"昏迷"者)此五位能障碍其生起,第六意识通常总能现起。

按其是否与前五识俱时而起,第六意识可分为两类。与前五识同时俱起者为"五俱意识",以其能明了取所缘境故,亦名"明了意识"。具体说来,此谓"明了"应有二义:一者,前五识缘取相应之色境,并不能有清晰细致的认识,唯因五俱意识亦同时缘取此境,才能分别出明晰的形象,所以五俱意识乃前五识的"分别依";二者,五俱意识因与前五识俱起、同缘现境,故而非如下面所说不与五俱的独散意识,具有认知的生动性与明晰性。简言之,"意虽由五而得明了,五亦由六能明了取"①,此即"明

①《成唯识论了义灯》第四末,《大正藏》第43卷,第741页。

了"之义。不仅如此,前五识事实上还为五俱意识所引生,并因此而具有了善恶等三性,否则,前五识只是纯粹的感觉,就无所谓善恶的分别。总之,明了取境、助五令起,此二种作用缺一即非五俱意识。① 不与前五识同时俱起者为"独头意识",这又包括三种:一、独散意识,"独"意即不与前五识俱起,"散"意即非处禅定中,此即是指通常那种独自生起、散乱纷杂的意识,其或追忆过去,或筹划将来,或比较推度、种种构画分别;二、定中意识,即处于禅定中,缘于定境之意识,未得自在者于定中不能起前五识,故定中意识虽有明了取境的作用,然以其不能助五令起故非是五俱意识;三、梦中意识,即睡梦中缘于梦境之意识,如前述,因赢弱、疲倦等原因而引生的极重睡眠,前六识俱不现行,是为"无心睡眠",而在通常情况下,唯前五识不现行,第六意识则与不定心所中的"睡眠"心所相应俱起,职是之故,与定中意识不同,梦中意识不能明了取境,其所缘之梦境暗昧不明,克实而论,此亦为独散意识,唯因其寤、寐有异,故别立之。②

（三）种子与熏习

大致而论,上述八识可分为两类,一是阿赖耶识,二是前七转识,此中"阿赖耶识与诸转识作二缘性,一为彼种子故,二为彼所依故"③,阿赖耶识本身由于执受五色根等而为转识生起的所依,阿赖耶识所摄藏的种子则是诸转识生起的亲因缘。就后者言,缘起的诸法所以有各各不同的自体,乃是根源于在阿赖耶识中有各各不同的种子,反过来,此各各不同的种子,亦能因无始来各各诸法的熏习而有,这种种现相生的回互关系被称为"分别自性缘起"。在唯识学者看来,这是一种最为基础的缘起,传统所说的业感缘起,即"分别爱、非爱缘起",亦可以被统一到"分别自性缘起"中来说明。

种习理论并非唯识学者的首创。部派时代,为了在"过未无体"的前

---

① 参见《成唯识论述记》第七本,《大正藏》第 43 卷,第 485 页。

② "四种意识"之说影响甚巨,唯其似不见于玄奘师门之著述。论者所说,或得之于《宗镜录》,见该论卷三六、卷四九,《大正藏》第 48 卷,第 623、704 页。此当为后来者之总结,今姑从之。

③《瑜伽师地论》卷五一,《大正藏》第 30 卷,第 580 页。

提下解决业力的存续、烦恼的潜存等问题，经量部即已发展出这一理论。唯识学者同样也接受了"过未无体"的时间观，即认为在时间的三维中，唯有现在刹那为有，过去、未来乃就其与现在的因果关联而假立，如说："现在世是能施设去、来世相。所以者何？依止现在假立去、来故，约当得位假立未来，约曾得位假立过去。"①因此已落入过去的无体之因必须以一种潜在力的方式进入有体的现在，否则就不能在现在刹那实现其生果的功能，这种潜在的因性即被形象地称为"种子"。

　　严格说来，种子作为一种基础性的因性必须满足六个条件，是为"种子六义"。其一，"刹那灭"，此谓种子非如无为法常住不变，唯因其体生即谢灭的转变，方能有生果的殊胜功能。其二，"果俱有"，强调的是作为因性的种子与由其所生起的现行果法在同一有情身中的"俱时现有"。种子虽"刹那灭"，然其生果并非在已灭之后，而是正当其生即谢灭的转变之际。所以然者，"现在时可有因用，未生、已灭无自体故"②。说过去已灭之因亦能生果，如同说死鸡还能啼鸣一样荒谬。③　其三，"恒随转"，意指直至对治位一类相续、恒无间断的种子瀑流。盖种子生果有俱时、不俱时两类，前述"果俱有"表征的是种现俱时的共时性向度，此处"恒随转"则是指种子作为一种潜在的因性，能由前念无间隔地引生后念，自类相生，因此表征的是异时因果的历时性向度。其四，"性决定"，指因果之间在善恶等性质上的一致性，亦即，随前能熏现行的善、恶、无记性，所熏成的种子能各各保持此种性质不变，从而也就决定了由其所生之果法的善恶性质。其五，"待众缘"，指种子生果必得借助相应的条件与一定的时机。其六，"引自果"，指因果之间在体性上的一致性，比如，色法唯由色法种子所引生，心法亦唯由心法种子所引生，两者不相杂乱。

　　据此六义，《成唯识论》提出了一个"种子"的标准定义，谓其为"本识

---

① 《大乘阿毗达磨杂集论》卷三，《大正藏》第31卷，第708页。
② 《成唯识论》卷二，《大正藏》第31卷，第9页。
③ 参见《摄大乘论释》卷二，《大正藏》第31卷，第389页。

中亲生自果功能差别"①。"本识中"指示种子存在之处所,它依于第八识体而为其相分;"亲生自果"强调的是种、果关联的直接性与一致性,凸显了种子在全部因缘关系中的奠基性意义;"功能差别"则使种子与现行区别开来,表明种子只是作为一种生果的潜在势能而存在。

由此可见,种子作为一种基础性的因性是以"亲生自果"为基本特质的,此中关键之处不仅在于"亲",即作为果法生起的最直接因,更在于"自",即先在地决定了所生起果法的质性与体性,或者毋宁说,恰恰就是这种决定论特征成就了种子之为最直接因,所以种现缘起才被称为"分别自性缘起","以能分别种种自性为缘性故"②。为了依传统的"四缘"架构来定位此类奠基性的因果关系,唯识学者特别以其中的"因缘"配属之,这样,"因缘"也就被严格地限定为"有为法亲办自果"③。

问题是,如果说种子是一种奠基性的因性,而因果之间在质性与体性上的一致性是其不可或缺的内在特质,那么我们又如何能将由善、恶之业因引生无记之果报的业果关系亦统一到种现关系上来予以说明呢?为此唯识学者做出了"名言种"与"业种"的区分。

名言种或曰"名言习气""等流习气","谓有为法各别亲种。名言有二:一、表义名言,即能诠义音声差别;二、显境名言,即能了境心、心所法。随二名言所熏成种,作有为法各别因缘"④。所谓名言,大体可包括二十四种不相应行法中的"名身""句身""文身"三者,"名言进退,摄句、字故"⑤。名言以音声为体,音声自身并不能熏成种子,然当第六意识缘于名言时,以此名言为依据,通过对该名言的思惟分别即能变现与之相应的影相,由此所熏成种,就是"表义名言种"。"显境名言"则是指具有了别自境功能的前七识心、心所法,除第六识外,它们均无语言能力,之

---

① 《成唯识论》卷二,《大正藏》第31卷,第8页。
② 《摄大乘论本》卷上,《大正藏》第31卷,第135页。
③ 《成唯识论》卷七,《大正藏》第31卷,第40页。
④ 《成唯识论》卷八,《大正藏》第31卷,第43页。
⑤ 《成唯识论述记》第八本,《大正藏》第43卷,第517页。

所以亦称其为"名言",是因为心识了境可类比名言诠义。前七识缘自境时,一方面能熏习成前七识的见分等后三分种子,以见、自证、证自证三分同一种故,另一方面,如青、黄等色法为眼识所缘而为其相分,因此依仗眼识的缘取之力,它们亦能熏习成青、黄等色法的种子,包括自识的影像种与第八识的本质种,前者称为"见分熏",后者称为"相分熏"。虽然相分本身并非"显境名言",然因为"相分熏"依仗于能缘识的了别作用,所以包括色法种子在内的一切种子都是"显境名言种"。

无论是"表义名言种"还是"显境名言种",它们均能维系因果之间同类相似的特征,所以又被称为"等流习气"。可见,一切种子实际上都是名言种,因为只有名言种才能满足"种子六义"与"本识中亲生自果功能差别"的界定,于四缘中由因缘摄。如此就异熟果言,无论是作为总果报体的第八真异熟,还是由第八真异熟所引生的前六识之别报果,也都是以其自类名言种为亲因缘,不过,此名言种乃异熟无记种,本身并没有足够的力能独自生果,而必须依仗善恶思种所具之强盛势能,方得有果报实际生起的可能。盖依唯识学者之见,能发业者实为与第六意识相应之思心所,由此思心所之现行,即熏习成思种子相续不断,此思种具二功能:一是作为因缘于后时引生与之同类相似的思现行,就此而言,思种与其他种子并无区别,它是名言种;二是作为增上缘扶助其他赢劣无记种生起无记的果报,就此而言,本来为名言种之一的思种即得名"业种",亦被称为"异熟习气"或"有支习气"。由此可见,业种只是就思种的独特功用所安立的名称,并非离本质上依然是名言种的思种外别有其体,所以说,凡为"异熟必是等流,自有等流不名异熟"①。

种子又名"习气","言习气者,是现气分,熏习所成,故名习气"②。也就是说,种子是已然处于实现状态的诸法即"现行"通过熏习作用而存留的转化为潜在状态的气分或余习,因此它是与"熏习"的观念紧密相关

---

① 《成唯识论演秘》第二末,《大正藏》第 43 卷,第 857 页。
② 《成唯识论述记》第二末,《大正藏》第 43 卷,第 298 页。

的。按照《成唯识论》的见解，要成立熏习，具体还有一些较为严格的简别，正所谓"所熏、能熏各具四义，令种生长，故名熏习"①。

所熏四义者，其一，"坚住性"，谓该法须自无始以来一类相续，从而能无改转、无间断地执持习气。如前七转识与色法等或有三性转易或有时间间断，故皆无受熏持种之用。其二，"无记性"，谓该法须于善、恶平等，从而能不相妨碍地兼容善、恶两者的习气。如善法势力强盛，既与恶法相违故不受恶熏，且亦不能更受善熏，恶法者亦复如是。其三，"可熏性"，谓该法须体性自在、虚疏而能存留习气。如心所法无自在义，无为法凝然常住、体性坚密，故皆非所熏。其四，"与能熏共和合性"，谓该法须与能熏者俱时共在、同处一有情身，方可受熏。由此四义之简别，则唯第八异熟识具足之，故唯有此识能成立为所熏。

能熏四义者，其一，"有生灭"，此谓须是无常生灭法方得有能熏之用，故无为法非是能熏。其二，"有胜用"，此谓须有强盛的势用方可起于熏习，故羸劣的异熟无记法非是能熏。其三，"有增减"，此谓须有或增或减的改转方为能熏，故佛果四智心品终极圆满，即不再熏种，如佛果亦能熏增新种，则前后佛果便有优劣差等。其四，"与所熏和合"，此即"所熏"第四义之反转，谓能、所熏须一者俱时而有，二者同处一身。由此四义之简别，则唯前七转识心、心所法中有胜势能、可增减者为能熏。

那么，是否一切种子皆由熏习而成呢？这涉及种子的起源问题，有三说。一者本有，认为除种姓上的差异外，一切有情都先天性地具足其余全部种子，熏习的作用在于使本有种子有功能上的增长，而非引起种子体的新生，据《述记》，持此说者为护月，实则早期瑜伽师多有此意，如《瑜伽论·声闻地》即是明确的"种子本有"说。二者新熏，认为一切种子，无论其有漏、无漏，皆由熏习而成，据《述记》，持此说者为难陀，实则如《瑜伽论·摄抉择分》所说的"真如所缘缘种子"、《摄大乘论》中详述的"正闻熏习"皆有"种子新熏"说的意味。在《成唯识论》看来，此二说除与

---

① 《成唯识论》卷二，《大正藏》第31卷，第9页。

部分经论相违外，均有一定的理论困难，唯“本有”说认为前七转识不能新熏成种子，种现之间的互为因缘性即无法成立，唯“新熏”说则会产生无漏无因的难题，即见道位最初一念无漏，如何可能由有漏闻熏生起？“有漏不应为无漏种，勿无漏种生有漏故。”①因此应当综合本有、新熏二说，承认“种子各有二类：一者、本有，谓无始来异熟识中法尔而有、生蕴处界功能差别……此即名为本性住种；二者、始起，谓无始来数数现行熏习而有……此即名为习所成种”②。这就是为法相唯识宗所接受的第三“本新并建”说。

二、四分与识变

唯识今学又被称为“有相唯识”，与之相对，唯识古学则是“无相唯识”，这涉及二家对境相实在性问题的不同理解。在仅有八颂的短论《观所缘缘论》中，陈那通过对“所缘缘”的反思性考察，认定境相必得在主体性的识（Vijñāna）的内部而为其中的一分，这一依他起性的作为相分的内境有别于遍计所执性的离识的外境，从而引发了从无相唯识到有相唯识的范式性变革。

（一）所缘缘的成立与挟带说

“所缘缘”（Ālambana-pratyaya）是阿毗达磨学统中所建立的“四缘”（即因缘、等无间缘、所缘缘、增上缘）之一。心、心所的生起必具“四缘”，其中“所缘缘”是心、心所攀附缘虑的对象，故名“所缘”（Ālambana），此对象是引发心、心所生起的原因之一，故名“缘”（Pratyaya）。陈那对此提出了一个极为巧妙的界说。他认为要成为所缘缘，必具二义：一、“能缘识带彼相起”③，这是说认知对象必得有可被虑知的形相，此形相出现在心识上，由心识带之而起，如是方能为“所缘”。认为对象之被认知即是心识带相，乃得之于经部的“带相”说，由此有部说外境为极微而为心识的

---

①②《成唯识论》卷二，《大正藏》第 31 卷，第 8 页。
③《观所缘缘论》，《大正藏》第 31 卷，第 888 页。

所缘缘即不能成立,因为极微并没有形相出现在心识上,它不能被认知。二、"有实体,令能缘识托彼而生"①,这是说认知对象必得是有体的实法,如是方能为"缘"引生心识。认为无者不能为因,这是有部的观点,由此经部说外境为极微的和合而为心识的所缘缘亦不能成立,因为极微的和合乃是无体的假法。概言之,通过对有部、经部说的整合,"缘"与"所缘"都获得了其特有的意义,此如后来窥基所说:"夫识缘法,法必有体,能生识故,是缘义,无法即非缘;识上必有似境之相,是所缘义。"②由此"所缘""缘"二义之简别,无论是极微还是极微的和合都不能成为心识的所缘缘,所谓离识独存的外境是不存在的,唯有心识转变而成的内境,它存在于有体的心识的内部,其实只是心识的一分,却犹如外境般显现罢了。

《成唯识论》对"所缘缘"的界定"谓若有法,是带己相心或相应所虑、所托"③,大致就是从陈那之说而出,此即,一者所缘缘是有体之法,能为心、心所生起的"所托",二者所缘缘之相由心、心所带起,而能为其"所虑"。"虑者,缘虑义。"④故如镜或水等虽能现起外物之影像,以其不能缘虑故,外物于镜或水等即不成其为所缘缘。概言之,"所托"即"缘"义,"所虑"即"所缘"义,以此二义之简别,任一心、心所的所缘缘均唯是其内分。然则,每一个体皆有八识之别,推而广之,于自身八识外还有他者之八识,其各各之所缘缘并非了不相关,而是处于一种互依互缘的增上关系之中。为此,《成唯识论》进一步将所缘缘区分为亲、疏二种。"亲所缘缘",是指与能缘见分等互不相离的所缘缘,即,非为他者八识所变亦非自身八识中余识所变者。这无非是说,为每一心识所各各变起的相分均是其各各心识自身的所缘缘,此外,如真如等虽非为心识所变故非是相分,然能缘之正智能挟带其体相而起,故亦属"亲所缘缘"。"疏所缘缘",

---

① 《观所缘缘论》,《大正藏》第31卷,第888页。
② 《成唯识论述记》第二本,《大正藏》第43卷,第269页。
③ 《成唯识论》卷七,《大正藏》第31卷,第40页。
④ 《成唯识论述记》第七末,《大正藏》第43卷,第501页。

则与能缘见分等相互分离，即，其为他者八识所变或为自身八识中余识所变者，相对于各自的能变识，它们其实亦是"亲所缘缘"，成为"疏所缘缘"只是相对于他识而言，即，其虽与他识之能缘见分等相互分离，然正是借此为缘，以此为所依仗之"本质"，他识自身之相分作为此"本质"之"影像"方能被带起。故而"疏所缘缘"亦被称为"本质相分"，由其所带起的他识自身之相分，即他识之"亲所缘缘"，则被称为"影像相分"。盖以亲、疏别之者，亲者直接为能缘见分等的所虑、所托，疏者与能缘见分等有亲者相隔，其直接所起者为亲所缘缘，唯有通过亲所缘缘，方得间接而为能缘见分等的所虑、所托。比如，前五识就必得以第八识所缘之器界为"疏所缘缘"，方能在自身心识上变现出相应的色、声等影像即"亲所缘缘"。如此，以有"疏所缘缘"故，自身八识，乃至与他者八识之各各所缘缘间，亦建立起了展转增上的依缘关系。需要指出的是，心识的生起并不一定要依仗"疏所缘缘"，比如第六意识缘于龟毛兔角等假法，即无"疏所缘缘"，以第八识所缘之器界中并无此等假法故。"亲所缘缘"则凡为能缘者必定皆有，心识必以之为内所虑、内所托方得生起故，如无分别智亲缘真如，即以真如为"亲所缘缘"，其他情况下，则能缘之心识必有其相分，此相分即是其"亲所缘缘"。

陈那将经部的"带相"说导入到唯识学中，认为对对象的认知是在心识上带起境相，此说虽可就通常情况下无外境而有认识发生作出说明，然当入于"见道"位，无分别智生起而亲证真如，此时并非变现为真如之相缘之，"带相"说不免出现了困难。相传正量部师般若毱多，造《破大乘论》七百颂，于中即提出了这一责难："无分别智不似真如相起，应非所缘缘。"[1]据《宗镜录》，其后十二年中，唯识学者竟无人能解此难。[2]

般若毱多依正量部之见，认为心识能直取外境，故巧妙地利用正智缘如这一特例来论破"带相"说，对此，玄奘在《制恶见论》中一方面成立

[1]《成唯识论述记》第七末，《大正藏》第 43 卷，第 500 页。

[2] 参见《宗镜录》卷七〇，《大正藏》第 48 卷，第 810 页。

"真唯识量",从因明学的角度来论证"境不离识",另一方面对"带相"说本身做了改进,提出了"挟带"与"变带"的著名区分:"汝不解我义。带者是挟带义,相者体相,非相状义。谓正智等生时,挟带真如之体相起,与真如不一不异,非相非非相。"①

依照玄奘及其后学的解释,就一般认识而言,正如陈那等所说,"带相"是指能缘心识上带有所缘境的"相状",此为"变带",或曰"带似",②犹如日常所说的脸上带火,这是指脸上带有类似于火的颜色等"相状"。然而,"带"不仅有"变带",还有"挟带","相"不仅指"相状",亦可指"体相",正智缘如恰属后一种情形,般若趜多只知其一,不知其二,故其论破并不能成立。"挟带"者,乃"逼附之义"③,即能缘逼近、亲附所缘之境,虽有能、所缘之别而互不相离,犹如日常所说的身上佩带刀剑。另者,真如虽无遍计所执相,故曰"非相",然亦有"无相之相",如佛经中常说,诸法皆同一相,所谓无相,故曰"非非相",此"无相之相"虽非"相状"然是"体相"。见道位无分别智亲证真如,虽不"变带"真如之"相状"而缘之,然能"挟带"真如之"体相"起,二者不一不异,即,能缘之正智与所缘之真如虽非一体无别,故曰"不一",然二者互不相离、冥合若一,故曰"不异"。如此真如是有体法,得具"缘"义,真如之"体相"即"无相之相",能为无分别智所证知,即,无分别智于时即作"无相"之行解,故亦得具"所缘"义,合此二义,为无分别智所"挟带"之真如能成为其亲所缘缘。

（二）自证理论与识体四分

既然见道位无分别智"挟带"真如之"体相"起而不取真如之"相状",故此时无有相分,其余一切心、心所法,包括后得智在内,则均有相、见二分。相分即其亲所缘缘,"相"者相状,即能缘心所带起之境相,"分"者分

①《成唯识论述记》第七末,《大正藏》第43卷,第500页。
② 严格说来,将与"挟带"相对者名之为"变带"实出自《宗镜录》,如该论卷七〇(《大正藏》第48卷,第810页),《成唯识论演秘》第六本(《大正藏》第43卷,第937页)则谓之"带似"。唯"变带"一语为后来者所习用,今姑取之。
③《成唯识论述记》第二本,《大正藏》第43卷,第271页。

限、区域之义，意即此为心识中境相的部分，故名"相分"。心识不仅能带起所认知的境相，同时亦能显现自身，将自身表象为与境相相对的能认知者，是即作为心识之另一分的"见分"。"见"者，照知之义也。心识将自身显现为"见分"，同样并非将其对象化为遍计所执性的主体，而只是对之有一种如其所是的觉知，就此而言，这一心识的自体即是"自证分"。

"自证"云者，即自己证知之谓，意即，心识在认识境相的同时，亦能对这种认识自身有一种觉知，比如当见到青色时，见的行为也同时能被意识到。"自证"理论本出经部，亦由陈那导入到唯识学中。《正理门论》即已提及有无分别的"自证"现量①，而在《集量论》之《现量品》中，陈那从知识论即"量论"的角度，对此做了进一步的展开。所云"量"者，量度、楷定之义，即获得正确知识的方法与途径，由此所获得的知识本身亦可称为"量"。所认知的对象为"所量"，能认知的心识为"能量"，"能量"之心量度"所量"之境而对此有所了知，从而成就或现或比的知识，则是"量果"。这就比如用尺秤等丈量绢布等物，物是"所量"，尺秤等是"能量"，能了知丈量结果的心识，则为"量果"。陈那以前，一般都认为，此三者是各各分离的，陈那则将三者全都落实在心识上，由心识将其统一起来。此即，一者，心识必带境相起，是为相分，此相分即是所量，境相之出现在心识上即表明心识认知了境相，故心识自体其实既是能量亦是量果，能量是就其能量度境相而言，量果是就其了知境相而言，这就是"即智为果"。二者，心识不仅显现所认知的境相，同时又将自身显现为能认知的见分，故而相对于所量之相分，不妨将见分称为能量。三者，心识将自身显现为见分，这表明心识同时又认知了自身，证知了自身对于境相的认识，故作为量果的心识自体即是所谓的自证分。概言之，这里实际上无非就是同时显现为境相、自相的心识，虽然就其义涵而言可区分出所量、能量、果，依次对应于相分、见分、自证分，然其体唯是一，此

---

① 参见《因明正理门论本》，《大正藏》第 32 卷，第 3 页。

即《集量论》中所说的"似境相所量，能取相、自证，即能量及果，此三体无别"①。

在陈那三分说的基础上，护法进而建立了第四分即证自证分。这是因为，其一，自证分对见分的认知同样需要有进一步的证知，故而必得有第四证自证分来证知自证分；其二，能量必有量果，当自证分认知见分时，以见分为所量，自证分为能量，其量果不能说就是见分，见分唯向外缘相分，通于现、比、非三量，而对自证分的证知是心识自体的内证，唯是现量，故而必得有第四证自证分以为其量果。那么，如此是否会导致无穷回退呢？即，是否还需第五分来证知第四分呢？这里护法一系采纳了类似于有部的展转论法来解决这一问题。比如，有部以为，生、住、异、灭四有位相为不相应行法，皆有实自性，一法之生除因缘外主要还在于此一法体与"生"法俱时而起，而为保证"生"法之生，则另需有"生生"一法，"生生"之生，反过来又依托于"生"，正因为"生"与"生生"能交互为因，所以就不会导致无穷回退。② 护法一系亦以类似的方法来建立自证、证自证二分的互证，即，能量之自证分缘所量之见分，以证自证分为量果，能量之证自证分缘所量之自证分，还以自证分为量果，能量之证自证分缘所量之证自证分，又以证自证分为量果。也就是说，四分中，唯有相分纯属所缘，其余三分则皆通能、所缘，见分能缘相分而又为自证分所缘，自证分能缘见分、证自证分而又为证自证分所缘，证自证分能缘自证分而又为自证分所缘。这里见分缘相分可通现、比、非三量，其余自证分缘见分以及自证分与证自证分的互缘，均属心识的内缘、内证，故皆为现量。这样，建立心识四分，既避免了无穷回退的过失，又确保了唯识学理的周延完备，故此说得到了奘门学者的推许。

（三）识能变与三类境

有相唯识将境相安立在心识的内部而成为依他起的相分，必然会引

①《成唯识论》卷二，《大正藏》第 31 卷，第 10 页。
②参见《阿毗达磨大毗婆沙论》卷三九，《大正藏》第 27 卷，第 200—201 页。

发唯识学中"识转变"(Vijñāna-parinama)说的全面重构。既然显现的境
相并非就是遍计所执的无体法,那么就识转变言,心识需要转变出此一
内在的境相即相分,此外,心识既以显现自身的方式而认知自身,则同时
需要转变出内在的自相即见分。正因为心识能将自身转变为相、见二
分,才能依之而将其进一步计执为主客对立的世界。概言之,心识是能
变,相、见二分是所变,主客对立的世界才是基于所变而来的遍计所执的
无体法。如此识转变便取得了能所二分的形式,即一切所变乃至进而的
一切主客计执都可以被还原到与之相对的能变识(Vijñāna)上来予以说
明,识转变由此成了识能变。能变识可分为三类,即第八异熟识、第七末
那识、前六了别境识,此三类识能各各变现为见、相二分,所以合之而有
三能变。于因、果二变中,此为"果能变"。所言"果"者,即由等流、异熟
二因习气所生之现行果法,于心识诸分中,此唯取其自体即自证分;"变"
者,变现义或改转义,即此自证分复能变现或改转为相、见二分,故名"果
能变"。心识即以其果能变所变现的相分为自所缘,故果能变亦被称为
"缘变"。至于"因能变",则是指"第八识中等流、异熟二因习气"[1],乃就
能变因种之生起所果法而言。种子生果有二类,一是种子生现行的同
时因果,二是种子生种子的异时因果,此二者皆属因能变。与果能变不
同,这里所说的"变"是转变义而非变现义,"谓因果、生熟差别"[2],作为诸
法因性的种子能转变而生现行或种子之果,故名"因能变"。与果能变又
被称为"缘变"相对,因能变则是"生变"。概言之,因是指种子,果是指现
行,因能变是指种子能转变生起现行或种子,果能变则是指由因能变所
生起的现行复能变现为见、相二分。这一对因、果二变的定位与唯识古
学是全然不同的。

　　如果说一切境相皆由心识所变现,那么何以其中有实有假呢? 为此
《成唯识论》又区分了二种识变,一是"因缘变",二是"分别变"。依窥基

①《成唯识论》卷二,《大正藏》第31卷,第7页。
②《成唯识论述记》第三本,《大正藏》第43卷,第317页。

所解，"因缘者，是诸法真实有用种子"①，"因缘变"即是指以名言种为因缘，业种为增上缘，而有诸心、心所变现为境。具体说来，从能缘心方面说，其非作意筹度而起，唯是任运缘境；从所缘境方面说，以由实种所生故，所变境相必有实用，如第八识心王所变根有发识用，所变色有质碍用，等等。其中以后者即境由实种生更为其必要条件，因为任运心并非皆属因缘变，比如，第八识心、心所俱为任运心，所变境相相似，皆为根身等三境，然其心王所变根有发识用，与其相应之触等五遍行心所所变者则并无此用，否则于同一有情身，即有第八心王所变一、五遍行心所所变五共合六眼根而为眼识生起之俱有依，因此只有第八心王属因缘变，触等五心所虽任运起，却为分别变。属于因缘变者，包括第八识心王、前五识心心所、五俱意识及部分定中意识，此外所变境无实作用者皆为"分别变"。"分别"即心、心所之总名，随心、心所的强分别力而变现为境，故称之为"分别变"。分别变者只是因众生的迷情而当下显现为境，不从实种所生，未必有实作用，比如，前五识如眼识所缘之色境有质碍用，故为因缘变，而当后起之独散意识分别推度此色境时，其唯是作为境相显现，而不再有质碍用，故为分别变。概言之，窥基是以境相的有实作用来区分因缘、分别二变，此所谓有实作用是指，境相有与其自相相应的功能，比如色的质碍用、根的发识用，而境相的是否有实作用，归根到底则在于其是否由实种子所生，亦即，在生起心识的种子外是否另有生起境相的种子，或者说，相、见二分是否由同一种子所生。若相分与见分非同一生，于见分种外另有其自种子，即是因缘变；反之，若相分与见分同种、无别自相种，唯当见分种生起见分时，随能缘见分的分别力而变现为境，则为分别变。值得一提的是，圆测一系对此的看法却大相径庭，限于篇幅，这里就不具体展开了。

由此可见，所谓因缘、分别二变，根本上与相、见同别种的问题紧密相关，于此唯识学者聚讼纷纭，直到近代还曾起过激烈的争论。为了进

---

① 《成唯识论述记》第三本，《大正藏》第 43 卷，第 326 页。

一步对相、见同别种的问题做出明晰的说明,窺门之下将一切境相区分为三类,即性境、独影境与带质境,总摄其意而有著名的"三类境颂":

性境不随心,独影唯从[或作"随"]见,带质通情、本,性、种等随应。①

颂文第一句"性境不随心",是说"性境"。所云"性"者,《宗镜录》释之以"体""实"二义②,即所缘境相有实体性,窥基所述"色是真色,心是实心"③,故名"性境"。具体说来,凡为"性境"者,必"从实种生,有实体用,能缘之心得彼自相"④:"从实种生,有实体用",虽似有二义,实则如上述乃是一因果关系,即,若境相于见分外别有种生,则此境相必有实作用,如色的质碍用、根的发识用等;"能缘之心得彼自相",是指此境相乃是现量所证的自相。自相境并非皆"从实种生,有实体用",如第八识触等五遍行心所所缘之根身等三境,故并非即是性境,反之,凡是性境,则必为自相境,也就是说,性境根本还在于相别有种,于因缘、分别二变中,此属因缘变。属于性境者,主要包括前五识及五俱意识现量所缘之色、声等境,第八识心王所缘之根身等三境,等等。此外,如见道位无分别智缘真如起,真如虽是无为法,不从种生,然其既为诸法实性,且为无分别智所亲证,故亦为性境。正因为性境是别有种生的实境,而非纯属心识分别构画的产物,故而它在多重意义上都不随同于心,是即"不随心"。在《枢要》中,这被总结为"三不随":一、性不随,谓相分不随见分同善、染、无记性,比如前五识所缘色等五境唯是无记性,不随能缘五识通善、染、无记三性;二、界系不随,谓相分不随见分同一界系,比如第八识唯系属于其所生处之一界,而其所缘之种子可共通于欲、色、无色三界;三、种不随,

---

① 《成唯识论掌中枢要》卷上末,《大正藏》第 43 卷,第 620 页;《大乘法苑义林章》卷四、五,《大正藏》第 45 卷,第 330、343 页等处。

② 参见《宗镜录》卷六八,《大正藏》第 48 卷,第 797、798 页。

③ 《成唯识论掌中枢要》卷上末,《大正藏》第 43 卷,第 620 页。

④ 《成唯识论了义灯》第一末,《大正藏》第 43 卷,第 678 页。

谓相分不随见分同一种生。① 《了义灯》中更增:四、异熟不随,谓相分不随见分同为异熟或非异熟性,如第八识为异熟性,而其所缘之种子非全为异熟性。② 至《宗镜录》,复增"三科不随"而为"五不随",谓于蕴、处、界三科分别中,相分不随见分摄属于同一种类。③ 此类"不随",若广分别,或仍可增之,唯是中当以《枢要》所说"三不随"为要。

颂文第二句"独影唯从见",是说"独影境"。"影"者,影像相分;"独"者,相对于本质而言,意即其无有本质,或虽有本质然影像实际上并不带有本质,也就是说,此影像全然是由心识的分别力所独自变现出来的假境,故名"独影"。独影境正与性境相反,它与见分同一种生,亦不能熏成自相种,唯是由见分势力带彼相分同熏成一见分种,是即"带同熏种",故独影境无实作用,于因缘、分别二变中,此属分别变。独影境既纯粹是由心识的分别力所变现,则必然在多重意义上都随从于心,是即"唯从见"。与性境相对,这亦被总结为"三从见"或"四从见":一、相分随从见分同为善、染、无记性;二、相分随从见分同一界系;三、相分随从见分同一种生;四、相分随从见分同为异熟或非异熟性。

颂文第三句"带质通情、本",是说"带质境"。此境相虽带有实本质,然由于能缘之心的分别作用,其所变起的这一境相却并不与本质的自相完全相符。就带质境带有实本质而言,它不是"唯从见"的独影境,就其因心识的分别作用而歪曲了本质之自相而言,它也不是"不随心"的性境,可以说,这是一种真实性介于性境与独影境的中间存在。唯其如此,带质境在三性、界系、种子等多重意义上也都共通于能缘见分与所带本质二者,是即"通情、本","情"者情见,即能缘见分,"本"者即所带之本质也。比如,第七识以第八识见分为本质而变影缘之,本质即第八识见分具缘虑作用,第七识所变现之影像虽带此本质而起,却为似常似一的似我相,不具缘虑用,与本质不完全相符,故为带质境。就三性言,此带质

① 《成唯识论掌中枢要》卷上末,《大正藏》第 43 卷,第 620 页。
② 《成唯识论了义灯》第一末,《大正藏》第 43 卷,第 678 页。
③ 《宗镜录》卷六八,《大正藏》第 48 卷,第 798 页。

境即第七识相分既可说是随同于本质即第八识见分而为无覆无记,亦可说是随同于第七识见分而为有覆无记。就界系言,虽然此处七、八二识必同界系,然第七识相分原则上同样既可说是随同于本质亦可说是随同于见分,而非仅是随同于其中之一方也。再就其种子言,常途或谓带质境如第七识相分无别自种,一半是从本质种生,一半是从见分种生,此说恐误,实际上,《演秘》曾明确指出,"许第七相别有种"①,因此说第七识相分之种通情、本,乃是约义为言,即,就其随同于见分而言,可谓与见同种,就其随同于本质可言,可谓与本同种,克实而论,第七识相分乃是别有自种。这在唯识学东传日本后,被进一步明确为"义通情本"而非"实通情本"。② 正因为带质境如第七识相分别有自种,故从其是由自种所生的一面看,可通于因缘变,从其是为心识所变现之相分心、不具缘虑作用的一面看,又可通于分别变,此如《掌中枢要》所云:"然带质境可通因缘、分别二门,从种及见二门摄故。"③

　　八识的所缘境实际上还存在着各种复杂的情况,并非可简单地归属于三类境中的一类,因此颂文最后一句才特别指出:"性、种等随应","随应是不定义",④即,对三类境,当随其所应来具体判定其性、种、界等,不可一概而论。这大别有三类境的随应与性种界的随应两方面,于此唯识学者有诸多极为繁琐的分别,这里就不去一一探讨了。

三、三性与转依

　　何者为有,何者为无? 如何而有,如何而无? 这是佛家的根本问题,于此中观学者成立二谛之说,唯识学者则以三性、三无性来分别之。三性即遍计所执性、依他起性、圆成实性,与之相应的三无性即相无性、生无性、胜义无性。随着唯识学理的发展,有关三性与三无性的定位与具

① 《成唯识论演秘》第一末,《大正藏》第 43 卷,第 825 页。
② 参见《唯识论同学钞》卷一〇(一之十),《大正藏》第 66 卷,第 93 页。
③ 《成唯识论掌中枢要》卷上末,《大正藏》第 43 卷,第 633 页。
④ 《成唯识论掌中枢要》卷上末,《大正藏》第 43 卷,第 620 页。

体内涵,乃至两者的相互关系,亦存在着有实质性差异的多种见解。大略言之,《成唯识论》主要还是远承《瑜伽师地论》的界说,从情、事、理门来分别三性。①

（一）三性、三无性与四重二谛

三性中,依他起性无疑具有枢纽的地位,依他起意即依他众缘而得起,故凡为缘生诸法,若心、心所及彼所变相、见分等,皆属依他起性。依他起性有假、实之分,心、心所等从缘所生,故为实法,假法则依于实法而施设,为实法之聚集、相续或分位。依他起性复有有漏、无漏之别,无漏者即净分依他,亦可摄属于圆成实性,比如根本、后得二智。

于依他起性上妄执实我、实法等,即为遍计所执性。"遍"者,周遍义,"计"者,计度义,周遍于一切所缘境而计度之,故曰"遍计"。可见,能遍计者当满足两个条件:一、于自性、随念、计度三种分别中,须能计度分别者,此属当有漏之六、七识;二、此计度分别能周遍于一切所缘境,是则唯有漏之第六识。因此严格说来,只有第六意识才是能遍计,第七末那是此类故,虽计而非遍,亦名遍计,其余诸识,则无论其有漏、无漏,皆非能遍计。所遍计者亦是依他起性的境相,唯其如此,方为有体之法而得成能遍计心、心所的所缘缘。虽然能遍计的有漏之六、七识及所遍计的境相皆属有体的依他起性,然而由于能遍计对所遍计的计度分别,成就的却是情有理无的遍计所执性。

于依他起性上除遣遍计所执性即对实我、实法等的计执,由此我、法二空所显之真如,即为圆成实性。"圆"者,圆满义,意即其体遍一切处;"成"者,成就义,意即其为无生灭之常法;"实"者,非虚谬义,意即其为诸法实性。需要指出的是,此圆成实性是指我、法二空所显之真如,而非我、法二空本身,窥基曾在多处强调:"梵云瞬若,此说为空;云瞬若多,此名空性。如名空性,不名为空。故依空门而显此性,即圆成实是空所显。

① 参见《瑜伽论记》卷一九下,《大正藏》第 42 卷,第 758—759 页。

此即约表诠显圆成实。"①"瞬若"(Śūnya)与"瞬若多"(Śūnyatā)原本只是形容词与抽象名词的区别,认为"多(-tā)此翻是性义"②,实际上只是法相唯识宗之别解,这清楚表明,法相唯识宗所理解的真如,并非仅是就缘起诸法之无自性为言,乃是指实有其体的缘起诸法之实性,所以其对真如的界说乃是:"真谓真实,显非虚妄;如谓如常,表无变易。谓此真实于一切位常如其性,故曰真如。即是湛然不虚妄义。"③

圆成实性既为缘起诸法即依他起性之实性,故二者乃法与法性、世俗与胜义的关系,彼此不即不离、非一非异。盖二者若即若一,则真如应同依他亦有生灭,或依他应同真如亦无生灭,二者若离若异,则真如即非依他之实性。事实上,虽然无始来一切众生之心、心所法皆是缘于依他之相、见分等,然由于我、法二执恒行,从未如实了知依他,只有在见道位无分别智通达遍计所执性空、亲证真如后,方能在后得智中如实了知依他之幻有。

即依上述三性,相应成立三无性。三性中,其实只有遍计所执性无体,依他、圆成,其体非无,然众生多于依他、圆成上起增益执,妄执有实我、实法等,为除遣此遍计所执性,故世尊于三性密意说三无性,既为密意说,可知三无性非是了义。具体说来,此中依遍计所执性成立相无性,意即遍计所执性之体相毕竟非有,如同空华。依依他起性成立生无性,意即依他起性依托众缘而生,如同幻事,非如妄执所谓自然生者,此"自然生"是指无因自然生或不平等因自然生(如数论外道的"自性"转变为世界、道家的道生万物等)等,就其非自然生言,谓之生无性,非谓依他起性亦无。依圆成实性成立胜义无性,所云"胜义"者,意即胜之义,"胜"者,胜智,指无漏智若根本、后得二智等,"义"者,境也,真如为无漏智等所行之义境,故曰"胜义",此作为胜义的真如乃由我、法二空所显,就其无如所计执之我、法性言,谓之胜义无性,非谓圆成实性亦无。

---

① 《成唯识论述记》第九本,《大正藏》第 43 卷,第 546 页。
② 《辩中边论述记》卷上,《大正藏》第 44 卷,第 2 页。
③ 《成唯识论》卷九,《大正藏》第 31 卷,第 48 页。

胜义不仅可解为胜之义(于六合释中,此为依主释),指真如,还有胜即义(此为持业释)、胜为义(此为有财释)等义,前者指涅槃,后者指圣道,故胜义可区分为多重层次。相应于《瑜伽师地论》所提出的四种世俗,《成唯识论》成立四种胜义,[1]由此四真四俗,合为四重二谛,分别为名事二谛、事理二谛、浅深二谛、诠旨二谛。[2]

第一重名事二谛即世间世俗谛(或称有名无实谛)与世间胜义谛(或称体用显现谛)。前者是指瓶盆军林、我有情等,都无实体,但情执为有,隐覆真理,堕虚伪中,故名世间,依情执之名言而假说安立,故名世俗;后者是指蕴处界等,事相粗显,犹可破坏,故名世间,有实体性,能为圣者后得智所知,超过第一世俗,故名胜义。第二重事理二谛即道理世俗谛(或称随事差别谛)与道理胜义谛(或称因果差别谛)。前者约体言即与第一重胜义谛即世间胜义谛相同,为蕴处界等,随不同的事相或义理建立蕴处界等种种不同的法门,故名道理,事相显现,差别易知,故名世俗;后者指四谛,四谛安立知苦、断集、证灭、修道之因果差别,故名道理,此为无漏智境,超过第二世俗,故名胜义。第三重浅深二谛即证得世俗谛(或称方便安立谛)与证得胜义谛(或称依门显实谛)。前者约体言即与第二重胜义谛即道理胜义谛相同,为四谛,四谛施设染净因果之差别,令行者趣入,故名证得,有相可知,故名世俗;后者指我、法二空真如,依二空门显真如理,故名证得,非凡夫、二乘所知,超过第三世俗,故名胜义。第四重诠旨二谛即胜义世俗谛(或称假名非安立谛)与胜义胜义谛(或称废诠谈旨谛)。前者约体言即与第三重胜义谛即证得胜义谛相同,为二空真如,妙出诸法,唯圣者所知,故名胜义,真如但自内证,不可言说,此则依二空门而假名施设,故名世俗;后者即一真法界,体妙离言,迥超诸法,名为胜义,唯圣智内证,超过第四世俗,复名胜义。对此四重二谛,唯识学者是颇为看重的,如窥基说:"真俗二谛,今古所明,各为四重,曾未闻有。可

---

[1] 分别参见《瑜伽师地论》卷六四,《大正藏》第 30 卷,第 653 页;《成唯识论》卷九,《大正藏》第 31 卷,第 48 页。
[2]《大乘法苑义林章》卷二,《大正藏》第 45 卷,第 287 页。

谓理高百代、义光千载者欤!"①

无论是三性、三无性还是四重二谛,实际上都是为了表明法相唯识宗的中道观,此可以一言蔽之:"我、法非有,空、识非无。离有离无,故契中道。"②遍计所执性的若我若法等其体非有,依他起性的心、心所等以及圆成实性的二空所显之真如则非无,如此离有无二边,契会中道。这里要害在于,依他起性及圆成实性自体不空,空遣的只是依他起性上的遍计所执性,因此与中观学认为缘起诸法自体空即所谓自空相较,法相唯识宗是一种典型的"他空见"。试图会通空有,可能在学理上存在着不可克服的困难。

(二)二转依与五种姓

如上所述,圆成实性不仅是指属于无为法的真如,而且可兼摄净分依他即无漏有为的根本、后得二智等。后者之为圆成实性亦具三义:体非染故,远离颠倒,是实义;体是无漏,能断诸惑,与有漏法相较,乃究竟故,是成义;胜用周遍,谓其能普断一切染法、普缘诸境、缘遍真如,是圆义。此二者中,真如无为,灭谛摄,为性,正智有为,道谛摄,为相;真如仅可为所缘,正智则是能缘。如此以阿毗达磨的方式严格厘定二者的区分,这就是法相唯识宗颇具特色的"性相别论",此一特色集中体现在其有关解脱的学说即转依理论中。

"转依"有两种界说:其一,"依"指一切染净法之所依即依他起性,特别是依他起性中摄持有一切染净法之种子的阿赖耶识,染即遍计所执性,净即圆成实性,"转"有转舍、转得二义,因此"转依"是指通过数数修习无分别智,断灭阿赖耶识中烦恼、所知二障种子,从而能转舍依他起性上的遍计所执性、转得依他起性上的圆成实性,由转烦恼障证得大般涅槃,转所知障生得无上菩提。其二,"依"指作为生死、涅槃之所依的真如实性,凡夫沦于生死、圣者证得涅槃,概在于对真如有迷悟之别,因此"转

①《成唯识论述记》第一本,《大正藏》第 43 卷,第 244 页。
②《成唯识论》卷七,《大正藏》第 31 卷,第 39 页。

依”是指通过数数修习无分别智，断灭阿赖耶识中烦恼、所知二障种子，从而能转灭依于真如之生死、转证依于真如之涅槃，如此“转依”其实也就是真如离染之谓，盖真如虽本性净，唯无始来众生颠倒、迷此真如，故相杂染，圣者离倒、悟此真如，故就真如离染而假说新净，称为涅槃。大体而论，此二说仅是侧重点有所不同，前者侧重于“能”，即主要就转识成智为言，后者侧重于“所”，即主要就所证真如之离染为言，实际上，“转依”乃是能、所两方面的结合，即，一方面，转所知障而于“能”方面生得菩提，另一方面，转烦恼障而于“所”方面证得涅槃，是为“二转依”。

具体说来，《成唯识论》认为“转依”当有四义：一、能转道，此有能伏道、能断道二种，能伏道是指如加行智等有漏智或根本、后得等无漏智能伏二障种子令其不起二障现行；能断道是指根本、后得等无漏智能永断二障种子。二、所转依，此有持种依与迷悟依二种，持种依即能摄持一切染净法之种子的阿赖耶识；迷悟依即真如实性，此为迷悟根本，染净诸法依之得生。三、所转舍，此有所断舍与所弃舍二种，所断舍即二障种子，于真无间道现在前位，此二障种得对治故，即便断灭；所弃舍即其余有漏种或劣无漏种，于金刚无间道（即金刚喻定）次刹那之解脱道起即佛果位，第八净识不再摄持之，故彼等种为所弃舍。盖断惑证灭之过程可分为加行、无间、解脱、胜进四道，“加行有伏烦恼之能，无间有正断惑之用，解脱能证所得灭，胜进能有进断余功”[1]，此中无间道正断二障种，解脱道舍二障种所余之习气即所谓二障粗重或曰无堪任性，并证该品择灭无为。四、所转得，此有所显得与所生得二种，所显得即大涅槃，此由自性本净之真如离障所显；所生得即大菩提，所谓四智相应心品，此由无漏种子生起，尽未来际无间无断。

四智相应心品之所以为所生得，乃是因为与所显得的大涅槃为无为法不同，它是由无漏种子所生起的有为法，此无漏种子即是所谓种姓。

---

[1]《成唯识论了义灯》第七末，《大正藏》第43卷，第807页。

"种姓名类义、族义"①,在法相唯识宗看来,声闻、缘觉、菩萨三乘族类的差别,根源于其生起之因性即无漏种子的不同,所以种姓是以无漏种子为体(无种则以所依有漏五蕴或二障种子为体)。法相唯识宗成立有五种姓:一、声闻种姓;二、缘觉种姓;三、菩萨种姓;四、不定种姓,此即身中具有三乘种姓,可随缘悟入,得果不定者;五、无种姓,"谓即身中无有三乘种子,唯有有漏善等法种,于善恶轮趣受生,名无种姓也"②。需要指出的是,有关五种姓,法相唯识宗实际上还有一些极为具体的分别,比如,就声闻言,据世亲《法华经论》③,声闻有四种:一、决定声闻即趣寂声闻,得声闻果定入无余涅槃,灰身灭智;二、增上慢声闻,凡夫得第四禅,自谓是阿罗汉;三、退菩提心声闻,昔曾求大,退趣小果,退已还发大菩提心;四、应化声闻,实非声闻,乃佛菩萨化现。此四种声闻中,只有第一种决定声闻才属声闻种姓,其余三种皆非是,如第三种退菩提心声闻即为不定种姓摄。④ 再比如,就无种姓言,此亦有三种:一名一阐底迦(Icchantika),二名阿阐底迦(Anicchantika),三名阿颠底迦(Ātyantika)。一阐底迦是乐欲义,乐生死故,阿阐底迦是不乐欲义,不乐涅槃故,此二种均可通断善阐提及大悲阐提,前者虽焚烧一切善根,然若值遇如来威力,善根可断已还续,因而是果成因不成,后者即誓愿度尽一切众生之大悲菩萨,以众生无尽故,成佛无期,因而是因成果不成,此二皆是有性阐提,久之毕当成佛。⑤ 第三"阿颠底迦名为毕竟,毕竟无涅槃性故"⑥,唯此毕竟无性才因果俱不成,永无出离三界之可能。故慧沼曾总结说:"有性复有定、不定殊,无性复有暂、毕竟别,以此声闻说有多类,阐提复演数没。"⑦

---

① 〔唐〕窥基:《成唯识论别钞》卷一,第1页,南京:金陵刻经处,1920。

② 〔唐〕窥基:《成唯识论别钞》卷一,第2页。

③ 参见《妙法莲华经忧波提舍》卷下,《大正藏》第26卷,第9页。

④ 最澄《法华秀句》曾引神昉《种性集》中卷谓,三藏法师玄奘解决定声闻亦有二,一者本性决定,二者方便决定,后者乃为不定性摄。参见《法华秀句》卷上末,《日本大藏经》第44卷,第525页下,东京:日本大藏经编纂会,1920。恐繁不述。

⑤ 大悲阐提是否有成佛义,其实是有争议的,为避繁琐,此姑不述。

⑥ 《成唯识论掌中枢要》卷上本,《大正藏》第43卷,第610页。

⑦ 《能显中边慧日论》卷一,《大正藏》第45卷,第408页。

为会通《涅槃经》等"一切众生悉有佛性"之说，法相唯识宗将佛性区分为理佛性、行佛性二种。理性即是人、法二空所显真如，真如周遍万有，就此可言一切众生包括无性阐提悉有佛性，不过，能否成佛并不取决于理性，因为理性乃无为法，非因非果，唯有行性才是可修因以克果的有为法。所谓行性，"通有漏、无漏一切万行"①，无漏者望佛果三身为正因，此中望法身为了因，望余为生因，盖法身由真如离障所显，非生得故，有漏者仅为缘因，非正佛性，但是假名。就行性言，则众生佛性或有或无，即，只有菩萨种姓及不定种姓方具行性有成佛义，余若定性声闻、毕竟无性等皆无之。

由于法相唯识宗认可种子有本有、新熏二类，故而此行性就因言，即大乘二种种姓："一、本性住种姓，谓无始来依附本识、法尔所得无漏法因；二、习所成种姓，谓闻法界等流法已，闻所成等熏习所成。"②此行性就果言，则为四智相应心品，即：一、大圆镜智相应心品，由转第八识聚而得，此心品离诸分别，所缘、行相微细难知，明察一切境相而不愚迷、不忘失，清净无染，能持无漏功德种，为一切纯净圆满的现行功德之所依，如大圆镜，能现、能生自受用身土及余三智之影像等一切境相，无间无断尽未来际；二、平等性智相应心品，由转第七识聚而得，第七识聚在因位有我执故，自他差别，此心品反是，由缘平等性真如理故，观一切诸法、自他有情悉皆平等，此真如所显即为无住处涅槃，故该心品与悲智恒共相应，随十地菩萨所宜示现他受用身土，为妙观察智不共所依，无转易无间断尽未来际；三、妙观察智相应心品，由转第六识聚而得，此心品善观诸法自相、共相等，皆无障碍，能摄藏、观察无量总持门（即陀罗尼门）、定门及六度、三十七道品等法，于大法会现通说法，皆得自在，转大法轮，断一切疑，普利众生；四、成所作智相应心品，由转前五识聚而得，此心品为欲方便利乐地前菩萨及二乘、凡夫等诸有情故，普于十方示现种种变化三业，

---

① 《能显中边慧日论》卷四，《大正藏》第45卷，第439页。
② 《成唯识论》卷九，《大正藏》第31卷，第48页。

成办本愿力所应作之事如八相成道等。此四智相应心品,摄佛地一切有为功德,是即"转八识成四智"。需要指出的是,这并非如通途望文生义所认为的,是转灭八识而转得四智,似乎在佛地已无八识唯有四智,盖所云智者,"决断、了达之义"①,乃以别境心所中的慧心所为体,它同样须与八识心王互依共转,所以称之为四智相应心品,相应心品云者,一聚心、心所法之谓,具体说来,四智相应心品各有二十二法,即心王一、遍行心所五、别境心所五、善心所十一,只是"智虽非识而依识转,识为主故说转识得。又有漏位智劣识强,无漏位中智强识劣,为劝有情依智舍识,故说转八识而得此四智"②。

与四智相应心品即大菩提由无漏种子所生得不同,大涅槃是非因非果的无为法,系由真如离障所显得。涅槃约义不同,乃有四种:一、本来自性清净涅槃,即作为诸法实相之真如,虽有客尘所染而其性本净,凝寂湛然,无生无灭,非名言所诠,唯圣者内证;二、有余依涅槃,谓真如出烦恼障,虽已尽苦因然未尽苦果,微苦所依之身犹在;三、无余依涅槃,谓真如出生死苦,由烦恼尽,苦果亦不生,其所依之身永尽;四、无住处涅槃,谓真如出所知障,缘证此真如故,兴悲智之大用,由大智故,不住生死,由大悲故,不住涅槃,利乐有情尽未来际。此四涅槃中,第一本来自性清净涅槃为一切有情平等共有,后三涅槃则为离障所显得。

综上所述,可知在佛果位共有五法,即所生得的作为能缘的四智相应心品及所显得的作为所缘的清净法界,前者是有生有灭的有为法,后者是无生无灭的无为法,后者无生灭、无变异故,为自性常,前者只是就其所依真如常故称之为所依常,或者就其无有间断故称之为不断常,就其无有尽绝故称之为相续常,而非是自性常。论者或有评云,法相唯识宗反对真如受熏生万法,以无为法不能生有为法故,然认为出世间法由无漏种子生起,则陷入了有为法生无为法的矛盾。类似批评

---

① 《成唯识论述记》第一〇末,《大正藏》第 43 卷,第 599 页。
② 《成唯识论》卷一〇,《大正藏》第 31 卷,第 56 页。

全然不得要领,法相唯识宗既不承认无为法可生有为法,也不认为如转依是从有为法生无为法,其真正的问题在于,在佛果位依然是有五法,其中能所未泯、性相未融,这一问题在法相唯识宗的理论框架内是无法得到解决的,因为其深层的根源乃在于法相唯识宗所本承的阿毗达磨学统。

四智相应心品与清净法界此五法可摄佛果三身。身者,"体性义,依止义,众德聚义,具三义故,名为身故"[1]。三身,即:一、自性身,即如来所证清净法界,为一切有为、无为功德法之所依止,故亦名法身。自性身依自性土,自性身、土,实者体无差别,即是真如,约义而分,则以佛之义相为身,以法性为土。二、受用身,此复有二,一者自受用身,谓如来三无数劫修集无量胜因所起无边真实功德及圆满清净之常遍色身,恒自受用广大法乐,尽未来际无有间断。自受用身依自受用土,自受用身之常遍色身及自受用土皆由大圆镜智相应心品生现。二者他受用身,谓如来为地上菩萨随宜现通说法、令彼受用法乐所示现之清净功德身,他受用身依纯净的他受用土,二者皆由平等性智相应心品变现。三、变化身,谓如来为地前菩萨及二乘凡夫随宜现通说法、令彼各获利乐所示现之无量随类化身,变化身依或净或秽的变化土,二者皆由成所作智相应心品变现。如此以五法摄三身,自性身由清净法界摄,自受用身由大圆镜智相应心品所起之常遍色身摄,此外,由于自受用身总摄佛果一切不共有为实德,故四智相应心品本身皆属自受用,也就是说,自受用身包括四智相应心品及大圆镜智相应心品所起之常遍色身,他受用身由平等性智相应心品所示现之佛身摄,变化身由成所作智相应心品所示现之随类种种身相摄,他受用身及变化身既为随宜示现,故皆无实色实心,于他受用、变化二土现通说法,则由妙观察智相应心品,故该心品可分别摄于他受用、变化二身中。当然,以上只是就胜为言,实际上,四智相应心品各各皆能变

---

[1]《成唯识论述记》第一〇末,《大正藏》第 43 卷,第 603 页。

现除自性身、土外的余三身、三土。①

（三）五重唯识观与唯识五位

具有本性住、习所成二种种姓，是获得清净转依的必要条件，在此基础上，尚需经三阿僧祇劫的广修万行，方能最终克果，生得大菩提，显得大涅槃。故最后述所观、能观及其次第。

所观唯识者，为一切有为、无为法，从粗至细，此所观唯识总有五重，是即"五重唯识观"：一、遣虚存实识，观遍计所执性唯虚妄起，都无体用，情有理无故，应正除遣，观圆成实性为理、依他起性为事，皆有实体性，分别为根本、后得二智境界，理有情无故，应正存有，此中除遣者空观，对破有执，存有者有观，对破空执，为欲证入离言法性，方便以空、有对破有、空二执；二、舍滥留纯识，虽已观依他、圆成二性皆不离识，然识亦有四分，相对于见等后三分，相分为内境，境可通于外，故内境虽有，恐滥外故舍而不称唯境，识唯内有，纯故留而称唯识；三、摄末归本识，不仅是相分，而且包括见分都是依心识自体即自证分而起，离自证分，相、见二分必无，故相、见二分为末，自证分为本，摄末而归本；四、隐劣显胜识，虽然心与心所之自证分俱能变现相、见二分，然心所须依心王起，心所劣，心王胜，隐劣心所不彰，唯显胜心王，所以说唯心而不说唯心所；五、遣相证性识，心王亦有事有理，事者依他起之相用，理者圆成实之性体，相用遣而不取，性体应求作证。"如是所说空有、境心、用体、所王、事理五种，从粗至细展转相推唯识妙理，总摄一切。"②

能观唯识者，以别境心所中的慧心所为体，因位有漏故，通闻、思、修所成三慧，果位无漏故，唯修所成慧。

上述能、所观唯识，须历五位之入道次第，是即"唯识五位"：一、资粮

---

① 关于以五法摄三身，异说颇多，如《成唯识论》卷一〇（《大正藏》第 31 卷，第 58 页）有二说，《大乘法苑义林章》卷七（《大正藏》第 45 卷，第 359—360 页）更出以六说，论者或取《成唯识论》初说，此于《义林章》中即为第三说，是被明确否定的，因此法相唯识宗视为正义者，应为《成唯识论》后说，即《义林章》之第四说（通于《义林章》之第六说）。

② 《般若波罗蜜多心经幽赞》卷上，《大正藏》第 33 卷，第 527 页。

位。资粮义即资益己身之粮,于此位中,为求无上菩提,修集种种福德、智慧以为助道资粮,故名资粮位。亦名顺解脱分,解脱指涅槃,顺者不违之义,分者因义、支义,此位之修行为趋向涅槃之因,故名顺解脱分。从初发大菩提心直至顺决择分前,皆为此位摄,约菩萨四十一阶位言,[1]则此为十住、十行、十回向初三十心位。此位菩萨,虽于唯识义已深信解,然未能了达能所二取皆空,多住散心修福、智二行,止观力微,故仅能伏分别起二障现行中的粗分令其不起,其细分乃至二障种子,皆未能伏灭。盖烦恼、所知二障均有俱生、分别二种,所谓俱生障,是指与生俱来、任运而起的先天性的烦恼、所知二障,反之,后天因由邪教说或自己的邪思维而生起者,则被称为分别障。俱生障为修道所断,故由修所断摄,分别障为见道所断,故由见所断摄。这里所说分别起二障现行中的粗分,是指分别障中因邪教说而生起者,分别障中因自己的邪思维而生起者,则为其细分。二、加行位。菩萨于第一阿僧祇劫修集福智资粮圆满已,为入见道位证唯识实性,于初劫满心,复修加行伏除能所二取,此即暖、顶、忍、世第一法之四善根位。亦名顺决择分,决择分即七觉支中的择法觉支,此在见道位,暖等四法顺趣见道,故名顺决择分。菩萨于此位中,修四寻思、四如实智观,暖位观所取空,顶位复观所取空,忍位印可前所取空,顺观并印可能取空,世第一法位双印能、所取二空,从此无间则入见道。由于尚属有漏观心,于中观能、所取空皆是带相而观,有所得故,非亲证唯识实性。此位中,分别起二取现行无论其粗细皆已伏灭,俱生二取现行未能全伏,至于俱生、分别二取种子,则全未能断灭。三、通达位。世第一法无间入十地中初极喜地,此入地初心为通达位,通达者,体会义,于时无分别智生起而亲证真如,如智冥合,俱离能取、所取相,故曰通达,以初照真如理故,亦名见道。自此位起,即入第二阿僧祇劫。见道位是由凡入圣的转折点,所以见道前一刹那被称为世第一法,意即于世间

---

[1] 窥基一系唯立四十一阶位,十信于初住即发心住中修,不别立,等觉位即十地满心,亦不别立。圆测一系另有异说,恐繁不述。

有漏法中彼为最胜者。见道有二，一为真见道，即上述无分别智起而亲证真如，于中无间道断分别起二障种，解脱道舍分别起二障粗重即分别起二障种所余之习气，并证该品择灭无为，二为相见道，真见道后起后得智，仿似真见道观二空真如（非安立谛）、四谛（安立谛）等境，这仅是对真见道的模拟，实际上并无断惑证灭的功能，具体说来，这有观非安立谛的三心相见道与观安立谛的十六心相见道二类，后者复有二，或依观所（谛理）、能（缘理之智）取立，或依观下、上地立，恐繁不述。四、修道位。出相见道后，自十地中初极喜地之住心位直至第十地法云地满心即金刚无间道，历第二、第三阿僧祇劫，皆为此位摄。此十地之修行，地地于无间道分断俱生所知障种，于解脱道分断俱生二障粗重，俱生烦恼障种则留而不断，以助悲愿受生，故不同二乘速趣涅槃。于第十地满心金刚无间道起，一切俱生烦恼障种一时顿断，一切俱生所知障种亦断尽无余，由此于次刹那解脱道中，即证得二种转依，成就佛果。五、究竟位。此即证得二种转依的佛果位，于四智相应心品中，平等性智相应心品、妙观察智相应心品见道位即可初起，而大圆镜智相应心品、成所作智相应心品须在此究竟位方能起现。

第五章　华严宗的哲学思想

华严宗是中国佛教思想在隋唐时期发展到成熟阶段而形成的佛教宗派之一，它是佛教多种思想流派融合贯通的产物，也是佛教自身社会力量壮大、思想趋于精密、追求体系、包罗诸说的结果。华严宗立足于《华严经》和相近经典的主要译传思想，经过杜顺、智俨、法藏、李通玄、澄观、宗密等佛教思想家的阐发弘扬，以"法界缘起"为宗趣，建立了独立的判教体系，展现了"六相圆融""十玄无碍"等独特理论，确立了其在中国佛教思想史上的独特地位。

第一节　华严宗的创立与哲学主题

一、华严宗的创立与法脉传承

《华严经》的全称是《大方广佛华严经》，相传为佛陀初转法轮所演之法，依《大智度论》所说，结集后位列大乘经之首，被誉为"经中之王"。此经于东晋时传到中土，由东晋的佛驮跋陀罗（359—429 年）首次翻译成中文，亦称"晋经"或"旧经"。它是汉译《华严经》最为古老的版本形态，是唐代华严宗阐发华严思想的主要依托。一般被统称为《华严经》的，有以下几种：一、上述佛驮跋陀罗于 420 年译出的《大方广佛华严经》，计有三万六千偈,共 34 品,60 卷,即"六十华严";二、唐代实叉难陀(652—710年)于 699 年奉诏译出的《大方广佛华严经》,共 39 品,80 卷,即"八十华严",相比"六十华严"更为详尽完备;三、般若法师(734—? 年)于 798 年译出 40 卷,又称为"贞元经",实为上述唐译《华严经·入法界品》的异译。由梵译汉,加之译传的年代久远,使得《华严经》文本斑驳复杂。除上述几种译本外,还有大量华严分支经,即以独立经名单独流行,但实为《华严经》某些品目的别译。

在此,有必要将《华严经》与"华严经类"做出区别。"华严经类"是《华严经》及其分支经之外包含有《华严经》思想的其他各种相关经论。[①]它们是研究华严宗思想源流的重要依据。

《华严经》译成中文之后,对《华严经》的研究也陆续开始。南北朝时期,南北学者的有关研究兴盛,出现了许多著名的华严专家。鸠摩罗什曾与佛陀耶舍共同译出《十地经》,东晋的法业曾亲任佛驮跋陀罗译出《华严经》的笔受,并曾撰《旨归》两卷见行于世。此《旨归》可能是最早的《华严经》研究著作。[②] 到了隋代,在长安南郊的终南山至相寺聚居了对《华严》有研究的佛教学者数十人,华严宗的先驱杜顺、智正、智俨等,都长期活动在这里,使这个地区成为华严宗的发祥地。

杜顺(557—640 年),法号法顺,因俗姓杜,故史称杜顺和尚。雍州万年(今陕西西安)人。18 岁出家,依因圣寺僧道珍。先是修习禅定,后学《华严》,并在终南山宣传《华严》教义。杜顺有很多神异事迹流传,曾因"感通幽显,声闻朝野"而引起唐太宗注意,受到隆礼崇敬,这可能是之后其师徒在皇家中地位显赫的先导。相传杜顺著有《华严五教止观》和《华严法界观门》各一卷。在《华严五教止观》中,杜顺根据佛教各种经论的不同教义,把"止观"分为五类,并将《华严》置于大乘圆教的最高地位。这一分类思想被后来的智俨和法藏继承,并进一步发展成了华严宗独特

---

① 参见[日]木村清孝《中国华严思想史》,李惠英译,第 1 页,台北:东大图书公司,2011。
② 参见[日]木村清孝《中国华严思想史》,第 36 页。

的判教说。在《华严法界观门》中,他把《华严经》的主要思想概括为真空观、理事无碍观、周遍含容观等三个方面,这一思想,后经过智俨、法藏等的补充发展,构成了华严宗著名的"四法界"理论。也因此,杜顺被追尊为华严宗的第一代祖师。杜顺在历史上的形象有多面性[①],这也是他被推为华严一宗之祖的重要因素。

智俨(602—668 年),俗姓赵,天水(今属甘肃)人。因曾住至相寺,号至相大师。又因其晚年居云华寺,故世称"云华尊者"。12 岁时随杜顺在终南山至相寺出家。他遍学各种经论,曾从梵僧学习梵文,从摄论学派的法常习《摄大乘论》。[②] 后又随至相寺的智正研习《华严经》,并从地论师慧光的《华严疏》中得到启发,领会了《华严经》"别教一乘无尽缘起"的思想,从而得以阐发"六相""十玄门"等义理。华严思想至于智俨,教义渐趋完备,可以说是智俨奠定了华严宗的主要理论基础,也因此,他被后来的华严宗人追尊为二祖。智俨著有《华严一乘十玄门》《华严五十要问答》《华严搜玄记》《华严孔目章》等。其弟子主要有法藏、义湘等。其中义湘(625—702 年)是新罗人,于唐龙朔(661—663 年)年中来华从智俨学习《华严》,回国后大弘《华严》,有"海东华严初祖"之称。智俨大半生从事研究著述,到晚年开始闻名于世。其主要思想贡献是把"法界缘起"作为《华严经》的宗旨并开创"十玄门"之说。

真正使华严宗成为教义完善、信徒众多、影响深远的一大佛教宗派的重要人物是法藏。法藏(643—712 年),生在长安,祖籍西域康居,故又称康法藏或康藏法师。16 岁起参访、问学,17 岁时随智俨学习《华严经》一类经典,前后九年,深得真传。智俨去世后二年,即唐高宗咸亨元年(670 年),武则天生母荣国夫人死,武则天施宅为太原寺,并度僧以树福田。法藏于是接受披剃,得受沙弥戒,被任命为太原寺的住持,并奉诏在

---

① 详见赖永海主编《中国佛教通史》第七卷,第 10 页,南京:江苏人民出版社,2010。

② 有观点认为,智俨的学说在思想的历史脉络上,可看做地论学、摄论学的延伸,同样,法藏后期思想也呈现出向地论学回归的倾向。参见[日]冲本克己、菅野博史编《新亚洲佛教史 07 中国 Ⅱ 隋唐:兴盛开展的佛教》,第 188 页。

太原寺、云华寺开讲《华严经》(晋译本)。据说,武则天还赐予法藏"贤首"之号,故其又称"贤首国师"或"贤首大师"。自此以后,法藏传译佛经,著书立说,收徒传法,阐释《华严》义旨并提出判教主张,最后终于创立了独具特色的佛教宗派——华严宗。法藏与武则天关系密切,曾参与了不少宫廷政治斗争。可以说,是武则天的支持,促成了法藏的辉煌的成就。武则天晚年多病,法藏又灵活应变,转而支持中宗,获得奖赏。

695年,法藏参加实叉难陀主持的译场,担任笔受,重新翻译《华严经》。历时五年,译出80卷,世称"八十华严"。同年,在洛阳佛授记寺宣讲。法藏还为武则天专门讲解《华严》义理,其内容后整理成书,名为《华严金师子章》。法藏门下"从学如云",其中知名的弟子有宏观、文超、智光、宗一、慧苑、慧英六人。法藏著述宏富,现存和佚失的合近50种。其中,有关《华严》的著作主要有《华严金师子章》、《华严探玄记》、《华严经旨归》、《华严策林》、《华严一乘教义分齐章》(又称《华严五教章》)、《华严经问答》、《华严义海百门》、《修华严奥旨妄尽还源观》、《华严游心法界记》、《华严经文义纲目》、《华严三昧章》等。以上这一系列著述,构成了华严宗系统的教观学说,在判教、义理、观行等各方面都做了独特的发挥,为华严宗的创立奠定了理论基础。

李通玄,世称李长者,又称枣柏大士,是唐代的华严学者,北京(今山西太原)人,传说为李唐王室后裔,其生年不确,卒于开元十八年(730年)三月。青年时钻研易学,到四十余岁后,专攻佛典,倾心于《华严》。当时正值"八十华严"译成,他携带新译《华严经》到太原盂县西南隐居,经过五年,撰成《新华严经论》40卷,继而又作《略释新华严经修行次第决疑论》4卷。他的著述除上述两种外,还有《华严经中卷大意略叙》(即《华严经大意》)、《解迷显智成悲十明论》等。如志宁在《华严经合论序》中说:"其论所明,与诸家疏义稍有差别。"[①]李通玄自己也说,他的分宗立教和先德所立有少许不同。他以"十处十会"理解《华严经》的结构,并力图连

---

① 《华严经合论序》,《卍续藏经》第4卷,第3页。

通华严思想与中国本有思想。但他对华严教学的批评综合，大体仍不出"法界圆融"的义旨。

法藏殁后，华严宗势力有所减弱，其弟子文超、慧苑对华严思想的丰富有所贡献。至于对当时佛教界产生了较大影响的则是被推为华严四祖的澄观。

澄观(738—839 年)，俗姓夏侯，越州山阴(今浙江绍兴)人。11 岁从宝林寺体真和尚出家，唐肃宗至德二年(757 年)从妙善寺常照受具足戒。后遍游名山，从高僧名师学相部律、南山律、关河三论。又在瓦官寺听受《大乘起信论》和《涅槃经》，之后到钱塘天竺寺法铣处学习《华严经》。大历十年(775 年)，往苏州从天台九祖荆溪湛然习天台止观及《法华》《维摩》等经。继而又谒牛头慧忠、径山道钦等禅师咨决南宗禅法，又从慧云禅师探求北宗禅理。与此同时，他对佛教以外的其他学问也深加研究。大历十一年(776 年)，历游五台、峨眉诸山，后长住于五台山大华严寺，专行方等忏法，应寺主之请主讲《华严经》。他有感于《华严经》的旧疏文繁义约，便发愿撰写新的《华严经疏》，从唐德宗兴元元年(784 年)到贞元三年(787 年)，历时四年撰成《华严经疏》20 卷，此即现行的《大方广佛华严经疏》。后又对此疏作了数十卷的演义，即《大方广佛华严经随疏演义钞》。后世将两书合刻流通，称为《华严经疏钞》，澄观因此而有"华严疏主"之称。贞元十二年(796 年)，澄观应诏入长安，参与《华严经》后分梵本和《守护国界主陀罗尼经》的翻译，同时讲经、疏文，一时为朝廷和大臣所重。传说德宗曾赐其号"清凉"，故澄观亦称"清凉国师"。

澄观早年广泛参学禅教各家，对《大乘起信论》也领契颇深，他虽以振兴华严为己任，但把禅宗、天台及《大乘起信论》的思想引入华严教法，而提倡融会诸宗、禅教一致。这一点体现了中唐以后诸宗相互交融互渗的大趋向。他在《华严经随疏演义钞》中明确表示，他的宗旨是"会南北二宗之禅门，摄台、衡三观之玄趣"①。值得一提的是，他力破法藏弟子慧

---

① 《华严经随疏演义钞》卷二，《大正藏》第 36 卷，第 17 页。

苑的异说,而恢复法藏"十玄"说的正统地位,彰显法藏的华严宗旨,从而成为法藏之后振兴华严的重要人物。澄观著述颇丰,相传达四百余卷,其中现存的有《华严经疏》《华严经随疏演义钞》《华严行愿品疏》《华严法界玄镜》《华严经纲要》《华严经略策》《华严经七处九会颂释章》《答顺宗心要法门》《三圣圆融观门》《五蕴观》《十二因缘观》等。澄观门徒众多,其中宗密、僧睿、法印和寂光,被称为"门下四哲"。其中继承其法统的是圭峰宗密。

宗密(780—841 年),俗姓何,果州西充(今属四川)人。其"家本豪盛,少通儒书"①,唐宪宗元和二年(807 年),应举时偶遇遂州道圆禅师,问法契心,披剃出家。同年从拯律师受具足戒。偶得《圆觉经》,读后豁然有悟,得到道圆印可,并从受《华严法界观门》。元和五年(810 年),游学至襄汉,在恢觉寺遇澄观弟子灵峰,并得澄观所著《华严经疏》《华严经随疏演义钞》,昼夜研读,深受启发。不久即赴长安拜谒澄观,礼其为师,亲受其教。元和十一年(816 年),在终南山智炬寺阅藏三年,之后往来于终南山与长安之间,后居终南山草堂寺南的圭峰兰若,诵经修禅,世称"圭峰禅师"。曾应文宗诏,被赐号"大德"。武宗会昌元年(841 年)正月,在兴福塔院圆寂。公元 847 年,唐宣宗追谥"定慧禅师",被华严宗人尊为五祖。

宗密著述多达 200 余卷,据内容大致可分三类:一类是弘扬《华严》思想的,如《华严经行愿品疏钞》《注华严法界观门》《华严原人论》等;另一类是关于禅学的,如《禅源诸诠集都序》《禅门师资承袭图》等;第三类是发挥《圆觉经》思想的,如《圆觉经大疏》《圆觉经大疏释义钞》《圆觉经略疏》《圆觉经略疏之钞》等。此外,还有对《金刚经》《盂兰盆经》《大乘起信论》等经论的疏注。

公元 755 年发生的安史之乱使唐王朝由盛而衰。中央朝纲不振,地方藩镇割据,社会持续动荡,这使得佛教义学各流派失去了稳定富足的

---

① 《宋高僧传》卷六,《大正藏》第 50 卷,第 741 页。

经济基础,佛教教团的生存空间日趋紧张。另一方面,从佛教内部看,密教的发展也在一定程度上削弱了佛教义学的影响。而禅学的渐据主流进一步分流了僧团和信众数量。① 就华严宗的具体处境而言,宗密死后四年,华严宗和其他佛教宗派一样,受到会昌法难的沉重打击,作为兴盛一时的思想流派的历史基本终结。

二、华严思想的哲学主题

从智俨以"法界缘起"概括《华严经》的宗旨后,这一思想即成为华严宗的核心理论。法藏的"六相圆融"说则是"法界缘起"的进一步说明和阐发,二者成为贯穿唐代华严思想的始终的主题。

"法界缘起"是华严宗用来解释宇宙发生和世间万象存在样态的基本理论。"法界"在华严宗理论中指真如、实相,或曰意识的对象即存在世界本身。"缘起"即诸法之根源、宇宙万法存在的缘由。为了进一步说明法界的圆融无碍,华严宗还建立了"四法界"说和"一真法界"。"四法界"说到澄观而达完善,具体指的是事法界、理法界、理事无碍法界、事事无碍法界。在"四法界"的基础上,华严宗又提出了"一真法界"的概念来统合四法界。"一真法界",如宗密《圆觉经略疏》所说即是"未明理事,不说空有,直指本觉灵源"②,涵盖有为法和无为法。宗密认为,它具有"缘起"和"性起"两种功能。"缘起"侧重于从宇宙论方面讨论万物如何生起,法界具有缘起万法的功能,没有一法不由一真法界生起。"性起"即"称性而起",侧重于从本体论角度说明法界与万法的体用关系,法界虽为万法的本体,称性而起万法,却不碍自性空寂。性起万法意味着在真性之外,别无一法真实存在,因而佛与众生融通,净土与秽土交涉,这充分体现了华严宗哲学的圆融特色。因此,华严宗也别称为"法界宗"。

---

① 参见魏道儒《中国华严宗通史》,第 183 页,南京:江苏古籍出版社,2001。
②《圆觉经略疏》卷上之二,《大正藏》第 39 卷,第 542 页。

"六相圆融"说主要是从六个方面来说明缘起各种现象之间的圆融关系。所谓六相,指总相、别相、同相、异相、成相、坏相。"六相"之说本源自地论师,相传世亲在撰《十地经论》时,曾发现《华严经》的"十句式"有一个特点,即"一切所说十句中,皆有六种差别相门"[①],于是世亲引入了"六相"的模式来说明十句的关系,即以第一句为总相、为同相、为成相,以后九句为从第一句分出来的别相、异相与坏相。净影寺慧远将此思想进一步发展到——事相皆有无量之六相门。[②] 立足于此,智俨始说"六相圆融",法藏则继承智俨的思想,再加以生发。概括地说,"六相"说是在说明事物的全体与部分、同一性与差别性的问题,法藏的阐释是把立足点放在取消个体性和调和差异性之上,其目的在于论证一真法界或曰真如本体的绝对性。

"十玄无碍",又叫做"十玄缘起",是华严宗法界缘起理论的又一重要内容。"十玄无碍"理论本质上是"六相圆融"理论的展开。

"五教十宗"作为华严宗的判教理论也颇具特色。"五教"说是华严宗依天台宗的化法四教(即藏、通、别、圆)建立的,具体表现为改"藏"为小,改"通、别"为始、终,并吸收了化仪四教中的顿教,保留了圆教,目的是推崇自宗、贬抑他宗。虽然天台与华严都属圆教,但圆教又可分为"同教一乘"与"别教一乘"。《法华经》所说的"会三归一"是"同教一乘",而《华严经》所说的"一乘圆教",阐扬了三乘都未曾讲过的道理,独立于三乘之外,所以称"别教一乘"。"十宗"是法藏依教法宗旨和理趣对全部佛法做出的一种分判,包括我法俱有、法有我无、法无去来、现通假实、俗妄真实、诸法但名、一切皆空、真德不空、相想俱绝、圆明具德等十宗。

华严宗的理论主题对于佛教哲学的主要贡献,是自觉地、广泛地运用了理/事、体/用、总/别、一/多等范畴,对事物个别与一般的关系问题做了深刻的解说。个别与一般的关系,几乎是所有宗教神学都要涉及的问题,

---

① 《十地经论》卷一,《大正藏》第 26 卷,第 124 页。
② 参见《大乘义章》卷三,《大正藏》第 44 卷,第 524 页。

也是哲学史上的重大问题,佛教大乘各派哲学也普遍有所触及,但只有到了中国华严宗,才如此明确和详尽深入地做出专门论述,从而成为这一宗派的主要理论特色。华严宗的佛教哲学思想在中国哲学史上居于重要地位,对后世特别是对程朱理学有很大的影响,程朱理学的形成和主要论题的提出,甚至一些思维方式的形成,都从华严宗思想获益良多。

第二节　法藏的缘起理论与教相判释

一、华严宗及法藏的缘起理论

　　"法界缘起"说是华严宗的基本理论,是对法界起源的说明,也是对解脱之根据的解说和论证。杜顺和智俨都可以"法界缘起"概括其理论,法藏则重点发挥其"性起"学说。性起说与缘起说,乃华严宗所立二种密切相关又不尽相同的思想。"性起"即从性而起,是从佛果之境言事物生起;"缘起"是从事相的因为看,凡事依缘而起。

　　法界缘起亦称"一乘缘起""法界无尽缘起""法性缘起"等。此观仍在"缘起"之范围内,但华严宗思想强调其法性缘起一面,因此也可称为"性起"。智俨在《华严搜玄记》中将法界缘起分为"染法缘起"和"净法缘起"。法藏则是染净合说。从相上看,"性"即理性、行性和果性,《华严探玄记》说:"起亦有三,谓理性得、了因显、现名起。二行性,由待闻熏资发生果名起。三果性起者,谓此果性更无别体,即彼理行兼具修生,至果位时合为果性,应机化用名之为起。是故三位各性各起,故云性起。"[①]"理性"即万事万物的真实本性,本有的能力。"行性"指闻教而能起行,成就佛果。"果性"则是佛果的完成。世间和出世间的一切存在物,都可统摄于性起法门。所谓性起者,体性现起义,谓不待他缘,依自性本具之性德生起,即性起者,在如来果上,真如法性,顺自性起为世出世间一切诸法。诸法由如来藏自性清净心在一定条件下生起,离开"一心",就没有任何

---

①《华严经探玄记》卷一六,《大正藏》第 35 卷,第 405 页。

事物生成和存在。在此意义上，法界缘起也可叫做"性起缘起"。法界缘起的另一层意义是，由于如来藏自性清净心的作用，由"一心"产生的万法，无不处于多重的普遍联系之中，各种事物之间相互区别，又互为存在条件。任何一种现象之中，也都能发现该现象自身，如"因陀罗网"之喻。法藏还利用"三性同异""因门六义""六相圆融""十玄无碍"等义理进一步系统而全面地阐发法界缘起论。其中，"三性同异"和"因门六义"是法界缘起说的理论基础，"六相圆融"和"十玄无碍"是法界缘起说的主要内容。

"三性同异"的"三性"，是指遍计所执性、依他起性和圆成实性，这是印度佛教瑜伽行派和中国佛教唯识宗的基本理论。三性属性各异，又通过依他起性而紧密联系在一起。法藏继承了"三性同异"之说并进一步加以发挥，作为构建其法界缘起论的理论基础之一。

法藏在《华严一乘教义分齐章》中又提出了"三性六义"的学说，认为三性各有二义：圆成实性有不变和随缘二义，依他起性有似有和无性二义，遍计所执性有情有和理无二义。每一性的二义都相反相成、不一不二，既相互对立，又相互依存。如依他起性的似有和无性二义，是因为事物是因缘和合而成，所以其有是似有、假有。事物既是因缘和合而成，因而可说使没有自性，即无性。如《华严一乘教义分齐章》所说："由无自性，得成似有；由成似有，是故无性。"[1]

如果说法藏的"三性同异"说阐明了宇宙万物的真妄之间、性相之间的圆融无碍，那么其"因门六义"说则进一步展开论述了因缘生起的各个事物的构造及其之间相互依存、相互交融的关系。"因门六义"是指生起宇宙万物的原因，可分为六种情况：（1）念念灭、刹那灭义：因体空、有力、不待缘。因没有自性，是为体空；因灭而果生，因具有产生结果能力，故说有力；因能够自己产生结果，不需要借助外缘，是为不待缘。（2）俱有义：因体空、有力、待缘。即指因自体性空，具有产生结果的能力，但因与

---

① 《华严一乘教义分齐章》卷四，《大正藏》第 45 卷，第 499 页。

果并存,因独自生成果的能力不够,需要一定外部条件相助,称为待缘。(3)待众缘义:因体空、无力、有待。指因自体性空,没有产生结果的能力,需依靠其他外部条件才能生果,是为有待。(4)决定义:因体有、有力、不待。指因的空无体性不改变,也具有保持自身性质而产生结果的能力,能够自己引生结果,不依靠外缘。(5)引自果义:因体有、有力、待缘。因的体性不变,具有产生结果的能力,但亦需借助他力,故称有力、待缘。(6)恒随转义:因体有、无力、待缘。指因体虽有,但没有产生结果的能力,需等待外缘的力量,是为无力、有待。法藏认为任何现象的产生都有其原因,但引起某一具体现象的原因与结果的关系,对结果的作用和影响都是不同的。因门六义就是从因和缘的关系中对因进行辨析的。

法藏的"因门六义"说是吸收唯识思想对佛教因果说的理论开展,为说明缘起现象间圆融无碍的关系奠定了基础。"三性同异"说和"因门六义"说是法藏法界缘起论的理论基石,通过这两种缘起的理论,法藏论述了事物的本体和现象间及现象和现象间的圆融关系,凸显了华严宗作为"无碍"哲学的特点。

二、"五教十宗"的判教说

判教理论是华严宗佛学体系的重要组成部分,也是华严宗成为独立的佛教宗派的重要标志。早在南北朝时,我国佛教界就出现了多种判教形式,隋唐以来,又有天台宗的"五时八教"、三论宗的"二藏三轮"、法相唯识宗的"三教八宗"等新的判教理论。为了树立华严宗的思想体系,确定《华严经》在整个佛教经典中的地位,法藏在总结前人判教学说的基础上,提出了自己"五教十宗"的判教新说。《华严经探玄记》提出:"以义分教。教类有五。此就义分,非约时事。"[①]这为法藏提出新的判教理论提供了空间。

法藏所谓五教,即小乘教、大乘始教、大乘终教、一乘顿教和一乘圆

---

①《华严经探玄记》卷一,《大正藏》第 35 卷,第 115 页。

教。五教之分，早在杜顺的《华严五教止观》即已提出，但称谓变化不定，也缺少教相判释，直到法藏才得以明确和完善。

小乘教，又称愚法二乘教，包括原始佛教和部派佛教。所谓愚法，是指此教派为小乘根基，唯论空我执，对"法空"之理尚愚昧无知；所谓二乘，是指声闻乘和缘觉乘。小乘教的代表经典是《四阿含》等经，《僧祇律》《四分律》《十诵律》等律，以及《发智》《六足》《婆沙》《俱舍》等论。上述经典大多只讲人无我，而不讲法无我，是处于五教中较低层次的经论。

大乘始教，简称始教，是指小乘始入大乘，是大乘的初级教法，针对根性未熟的大乘众生所说，故亦称初教。始教又分为空始教和相始教两种。前者明一切法空，破除对事物的执着，但未尽大乘之理。后者依赖耶缘起，偏重生灭事法，广谈法相，少明法性。

大乘终教，简称终教，亦称实教。所依经典有《楞伽经》《如来藏经》《胜鬘经》《大乘起信论》《法界无差别论》等。其核心义理是真如缘起论或如来藏缘起论，主张一切众生都是随缘而立、平等无差别的，强调一切众生通过修习皆可成就佛果。相比始教，终教能够究尽大乘教理，性相融通，可谓大乘的终极法门。但始教和终教都是依于经教言说，主张通过渐修而成就佛果，因此都是渐教。

一乘顿教，简称顿教。代表经典有《楞伽经》《维摩经》《思益经》等。主张众生与佛在根本上平等无别，不立阶位，顿修顿悟，顿显真如妙理。

一乘圆教，简称圆教，是指能够统摄前四教，圆满究极、圆融无碍之教，代表经典即《华严经》。主张万事万物都是一个整体，相互联系，相互依存，一即一切，一切即一，圆融无碍。众生一旦发愿即能真正觉悟，圆满具足一切行位。

五教说是法藏就教法的深浅阶位而做的判释，而从教法的宗旨和理趣方面，他将佛法判为十宗。"十宗"说具体如下：1. 我法俱有宗，指人天乘和小乘犊子部的学说，主张"人我"和"法我"均真实存在。2. 法有我无宗，指小乘佛教说一切有部、雪山部、多闻部等部派的教义，主张"法体恒有"，而"人我"非有。3. 法无去来宗，指小乘佛教中的大众部、鸡胤部、制多山部、西山住部、北山住部、法藏部、饮光部等的学说，主张诸法过去、未来无实体，而现在有实体。4. 现通假实宗，指小乘佛教中的说假部、经部和《成实论》的学说，诸法过去、未来无实体，现在只有五蕴为实体，十二处、十八界均非实有。5. 俗妄真实宗，指小乘佛教中的说出世部等的教义，认为出世法真实，世间法不实。6. 诸法但名宗，指小乘佛教中的一说部的教义，认为一切皆为假名而无实体。7. 一切皆空宗，指《般若经》和《中论》《百论》《十二门论》等的学说，相当于五教中的大乘始教的空始教，认为一切诸法虚幻不实。8. 真德不空宗，指《胜鬘经》《如来藏经》《楞伽经》《大乘起信论》《宝性论》《佛性论》等经论所表述的教义，相当于五教中的大乘终教，认为一切法为真如所显。9. 相想俱绝宗，指《维摩经》《思益经》《圆觉经》等的学说，绝言绝相，相当于五教中的顿教。10. 圆明具德宗，指《华严经》的学说，相当于五教中的一乘圆教。十宗之中，前六宗属小乘教，后四宗属大乘教。

此外，为了提高《华严经》的地位，法藏还对《法华经》和《华严经》做了判释，提出了"同教一乘"和"别教一乘"的说法。他认为《法华经》的"会三归一"说就是同教一乘，表示一乘与三乘相互含摄、相互融合，最终由三乘教法导入一乘教法，而《华严经》的圆融无碍属于别教一乘，别教一乘优于同教一乘。这无疑是要抬高《华严》义理的地位。法藏在《华严一乘教义分齐章》中提出了本、末二教之说，认为《华严经》是佛所说究极之理，直接显示了佛自证境界，是其他一切法门的根源，是本教，称"称性本教""称法本教"，而其他所有佛教经典都是方便教法，是从本教派生出来的枝末之教，故名末教。法藏的"十宗"说袭自窥基的"八宗"说，相比天台的"五时八教"，乃至与华严宗的其他重要思想相比，其判教理论缺少新见。[①]

第三节 "六相圆融"与"十玄无碍"说

法界缘起论是华严宗佛教思想的独特义理，其中心内容是"六相圆

[①] 参见魏道儒《中国华严宗通史》，第 160 页。

融"和"十玄无碍"说。

一、"六相圆融"说

　　"六相圆融"说基于前述"因门六义"而建立。这一思想以具体的现象为对象，从整体与部分及部分与部分等的关系方面，论述现象世界的圆融无碍。所谓六相，是指宇宙万物所具有的六种相状，就是总相、别相、同相、异相、成相、坏相。"总相者，一舍多德故。别相者，多德非一故。别依比总，满彼总故。同相者，多义不相违，同成一总故。异相者，多义相望，各各异故。成相者，由此诸缘起成故。坏相者，诸义各住自法，不移动故。"①其中，总相与别相是六相的基础。

　　法藏在《华严金师子章·括六相第八》和《华严一乘教义分齐章·义理分第十》中，分别以金狮子和屋舍为喻，对六相的意义做了明了具体详尽的阐释。以金狮子来说，作为因缘而起的事物，金狮子的整体就是总相；组成金狮子的各个部分，如眼、耳、鼻、舌、身等，各有不同，即是别相；狮子的眼、耳等各部分作为狮子的一部分，共同组成金狮子，就其具有共性而言，是为同相；而狮子各个部分各有特点，历然不乱，就是异相；眼、耳等各个部分互相配合，一同构成狮子，即是成相；各个部分各住其本位，不构成狮子整体的一面，是为坏相。同样，以由椽、瓦等构成的房屋来说，房屋整体就是总相；构成房屋的椽、瓦等各种构件与房屋有区别，就是别相；椽、瓦等构件虽形状、功能各异而不相冲突，相互勾连共同构成房屋，具有共同的特性，是为同相；椽、瓦等材料彼此之间各各相异，互不相同，是为异相；由椽、瓦等诸缘和合共同构成房屋，房屋构成之后，椽、瓦等才能称为房屋的组成部分，椽、瓦等部分与房屋相辅相成，是为成相；椽、瓦等虽共同构成房屋，但各个部分均保持自身独立的特性，椽、瓦等自身并没有变成房屋，就是坏相。法藏认为，现象世界的一切事物皆具有六相，由诸要素或部分组成的事物整体是总相；构成某一事物的

---

① 《华严一乘教义分齐章》卷四，《大正藏》第 45 卷，第 507 页。

诸要素是别相。事物由众因缘和合而成,构成事物的各要素虽形相不一,但共同和合而成为一体,是同相;构成事物的诸要素虽同成一体,但各要素形态、功能各异,是异相。事物的各种要素相互和合,共同作用,共同成就事物,是成相;各种要素各自保持自身的独立状态,是坏相。

"六相圆融"是指六相间的互融互摄、相即相入,互不相碍。离总相,无别相。离同相,无异相。离成相,无坏相。总与别无异,同与异合一,成与坏无别。这一理论是法藏在继承印度世亲及华严二祖智俨的"六相"说的基础上发展而来的,他把世亲主要用来解释《华严经》十句经文的"六相"说进一步理论化,并引申为对整个宇宙现象的描述,认为宇宙间的万事万物都具足六相,用此六相就可以解说一切缘起现象,正因六相圆融之故,诸法即一真法界无尽缘起。①

法藏的"六相圆融"说,通过对缘起现象各具总、别、同、异、成、坏六种相状及其相互关系的阐述,论述了法界缘起的内容,以及缘起现象间相互依存、相融相摄的圆融关系。"六相圆融"说强调说明了事物所具有的六相间的对立统一关系,尤其侧重其统一的一面,以此昭示一切现象的相即相摄、圆融无碍。"一切缘起法,不成则已,成则相即镕融,无碍自在,圆极难思。"②法藏认为,六相圆融是佛教一乘教义的根本特色,这种义理不是靠一般的经验认识所能达到的,它是"圆极难思"的,这充分显示了华严境界的高超,也体现出宗教神学的超验特性。

二、"十玄无碍"说

"十玄无碍"说是华严宗法界缘起说的又一主要内容。"十玄无碍"的全称是"十玄缘起无碍法门",又称"十玄缘起""华严一乘十玄门""十玄门""无尽缘起法门"等,简称"十玄"。华严二祖智俨在其所著《华严一乘十玄门》中首次提出了"十玄"学说,后来法藏继承了这一学说,并加以

---

① 参见黄忏华《佛教各宗大义》,第455页,台北:佛陀教育基金会,1988。
②《华严一乘教义分齐章》卷四,《大正藏》第45卷,第508页。

调整和完善,在《五教章》标举为"古十玄"。后澄观再述其义,称为"新十玄"而终于定型。① "十玄"也就是十个法门,依澄观《华严经疏》为:同时具足相应门、广狭自在无碍门、一多相容不同门、诸法相即自在门、秘密隐显俱成门、微细相容安立门、因陀罗网境界门、托事显法生解门、十世隔法异成门、主伴圆明具德门。这十个法门因为有借助圆数"十"以显重重无尽、各自无碍的意味,所以也称为"十玄无尽"或"十玄无碍"。"十玄"说是在"六相"说的基础上发展而来的。"六相"说是就每一个具体的事物来言,而"十玄"说则是就整个宇宙世界的万事万物全体及其相互间关系而言。法藏在《华严经探玄记》中说:"此十门同一缘起,无碍圆融,随有一门,即具一切。"②由十玄门的圆融无碍而及于现实世界一切事物的圆融无碍,宇宙间的一切事物都具足这十玄,因此,根据此一学说,无论从何而言,事物之间都是圆融无碍的。同时,事物之间虽有相即相入、圆融无碍这一层关系,但也并没有泯除差别,也即"不坏本相"。这就是法藏对缘起世界万物的总体描述。

　　"十玄"说是华严宗义理中较难理解的一部分内容,因其也是法藏《华严金师子章》重点部分,以下即借此著所述加以解说。③

　　(1) 同时具足相应门。"同时",就是时间上没有先后之分;"具足",就是完全具备,无所遗漏;"相应",就是彼此相互呼应,不相违背。此门说的是因缘和合而起的宇宙间的一切事物和现象,在时间上没有前后,在内容上无所缺漏,互为因果,彼此相应,一与多互为一体。这一门是整个十玄门的总体概说,其余九门都是对这一门的具体阐述。《金师子章》表述为:"金与师子,同时成立,圆满具足。"金体与狮子相互对应而成一缘起,同时显现为金狮子,金体与狮子,并无先后。即本体随缘而显事

---

① 也有学者称智俨的"十玄门"为"古十玄",法藏为"新十玄"。参见魏道儒《中国华严宗通史》,第 154 页。

② 《华严经探玄记》卷一,《大正藏》第 35 卷,第 123 页。

③ 《华严金师子章》,见《大正藏》第 45 卷,第 667—670 页。以下解说多处参考刘立夫《〈华严金师子章〉简析》,载于《闽南佛学》1999 年第 2 期,特此说明。

相,同时事相借幻色以明其本体。过去、现在、未来,同时具足,共为一体而缘起显现,金狮子犹如"大海一滴,具百川之味"。就全体性而言,体之与相,完满俱足。

(2) 广狭自在无碍门。"广"即广大,"狭"即狭小。此门是说宇宙间的一切事物虽然有大小、广狭的区别,但互为缘起,大小交融,空间的阻隔也并不存在了。就某一事物而言,既有缘起、含藏其他事物的无限广大的一面,亦有保持其自身特性的狭小的一面,二者同时成立,不相妨碍,所以称为"自在无碍"。在《金师子章》中,用金狮子的眼去包摄整个狮子相,则整个狮子纯粹都是眼,用金狮子的耳去包摄整个狮子相,则整个狮子纯粹都是耳。其他各根如鼻、舌、身也是如此。因为眼、耳、鼻、舌、身各根互有不同,所以是"一一皆杂"的。但眼、耳、鼻、舌、身各根又都可以包摄整个狮子相,所以又是"一一皆纯"的。既杂又纯,互具功德而圆满自足。

(3) 一多相容不同门。这里的"一"和"多"均各有两重意思:一、"一"指总相、全体,"多"指别相、个体,一切事物的真如本体都是"一",随缘显现的万事万物即是"多";二、宇宙间的一切事物任何一物是"一",其他一切事物则是"多"。"相容"即相互包容、相互含摄,一与多互相容纳,一中有多,多中有一。"不同"即一与多虽相互容摄,但又互不相混同。这一门是说宇宙间事物的本体与现象及现象与现象间,既相互含摄又相互区别的关系。《金师子章》中,金子如理,理是一。师子是事,事即多。理与事既"一多无碍",又"各住自位"。即是说,一方面狮子外在表现为金子,金子与狮子二者相容成立,一多无碍;另一方面,狮子即狮子,金子是金子,各住于相应的地位而互不相同。虽自在无碍,而其体仍不同。

(4) 诸法相即自在门。此门是说宇宙中的一切事物和现象,就本体而言,都是相即相入、自在无碍的。一法即一切法,一切法即一法。金狮子的眼、耳、鼻等各根和每一毫毛,都是由金子做成的,所以诸根、毛都能因金体而包容收取整个狮子相。可以说,每一根一毛都遍布整个狮子。金狮子的眼就是金子的耳,金狮子的耳就是金狮子的鼻,其余依次成立。金狮子的诸根各毛既"自在成立"，保持其自相，又"无障无碍"，互相等同。

（5）秘密隐显俱成门。指一切事物皆具有隐和显两个方面，二者相辅相依，同时并存。《金师子章》说："若看师子，唯师子无金，即师子显金隐；若看金，唯金无师子，即金显师子隐。若两处看，俱隐俱显。"人们因观察维度不同，会产生不同的观照结果。事物在被观察时就会显现，不被观察时就会隐没。万物都是同时具备隐和显两种形相，而这两种形相始终都离不开人的观照。以金与狮子的关系为例，如果只专注于狮子的形相，就会只看到师子而看不到金之体，如果只专注于金体，就会只看到金体而不见狮子相。如果对狮子的形相和金体两层都加以注意，二者就会同时显现或者同时隐没。其表其里，隐显一体。

（6）微细相容安立门。此门是说一切事物，无论是大如须弥山，还是小如微尘，都能相互含容，以小入大，而又各守自位，大小不乱，不坏本相。不仅大能容小，而且小也同样能容大，以至含容一切事物，所含之多，不改其多，所含之大，不坏其大。无论大小微细，都安然并存，不相妨碍。如金与狮子，虽然有显隐、一多、纯杂等种种差别，但"即此即彼，主伴交辉，理事齐观，皆悉相容，不碍安立"。

（7）因陀罗网境界门。"因陀罗"指帝释天，是佛教护法神十二天之一。"因陀罗网"是帝释天宫里的一张缀满无数珍珠的大网。法藏以因陀罗网珠光闪耀、珠影交映为喻，说明现象世界众每一具体事物都包含着其外一切事物，森然万象，相互交涉，相即相入，互相显发，无穷无尽，以此说明法界缘起重重包藏，绵延无尽之理。金狮子的眼、耳和四肢关节、其身体各处乃至无数根毛中，都包含金狮子，无数根毛中金狮子，同时还入一根毛之中。这无数狮子互相含摄包容，犹如帝释天宫殿里面装饰的珠网，错落交接，珠光互映，层叠无尽。以此说明了诸法与诸法之间辗转反复、重重无尽的道理。《金师子章》所引《显钞》有释曰："华叶一一微尘中，皆现无边刹那海。刹海复有微尘，微尘复有刹海，重重无尽。"

（8）托事显法生解门。"托事"，即随举一事加以寄托；"显法"，即彰显道理;"生解",即产生解悟。此门是说一切事物皆是互为缘起的,即使任一浅显事物,都能显现出圆融的道理来,事物的实体与表象相融无碍,这使众生悟解事事无碍的真谛。《金师子章》中说,狮子是幻相,执着于此幻相,即为无明;金体本无生灭,是真如本体。通过生灭把握无生灭,可由无明转为正觉。本体也必须假托现象才能显现,这叫托事显法。

(9)十世隔法异成门。十世,是指过去、现在、未来三世各有过去、现在、未来三际,合为九世;九世相互摄入,又不出当前一念,此一念就是总相,九世就是别相,总别相合,即为十世。隔法异成,是指存在于不同时间(即十世)的相互有别的事物。此门是说存在于十世中的事物和现象虽然互有区别、前后相隔,但又于一念之中具足显现,互为连通,相即相入,超越时间,融通无碍。以金狮子为例,狮子是有为之法,流动不居,念念生灭,在每一刹那之间都分为过去、现在、未来三际,过去、现在、未来三际又各有过去、现在、未来三际,共成九世,诸法都受九世时间规律的支配。如法藏对时间的看法:"一切事法,依心而现,念即无碍,法亦随融。是故一念即见三世,一切事物显然。"[1]所以,一念即千劫,千劫即一念;虽有九世,各不相同,但又相互成立,融通无碍,同为一念。九世和一念共为十世。这样,十世的时移世异是相隔,而每一世又能遍十世而同时成就,虽异而成。"若一夕之梦,翱翔百年。"[2]十世古今,始终不离于当下一念。

(10)主伴圆明具德门。此门是说因缘而起的一切事物,都是相互依存的,无论以哪一种事物为主,其余诸法皆为其伴,而主伴是相对的、变化的、相辅相成的。任一事物,当它缘起作为主时,其他事物必然作为伴而随之生起。如此,相互依存的万事万物就构成了一种互为主伴、彼此交织、重重无尽的圆融关系。《金师子章》中,金与狮子,或隐或显,或一或多,各无自性,由心回转;说事说理,有成有立。无论是实相还是诸法,

---

[1]《华严经义海百门》,《大正藏》第 45 卷,第 630 页。
[2]《金师子章云间类解》,《大正藏》第 45 卷,第 666 页。

无论是理还是事，一切均由一心变现，一念而起。法藏说："此圆教法理无孤起，必眷属随生。……一方为主，十方为伴，余方亦尔，是故主主伴伴各不相见，主伴伴主圆明俱德。"[1]这里，法藏去掉智俨的"唯心回转善成门"，代之以"主伴圆明具德门"，这可以理解为，法藏早期由于受到过法相宗思想的影响，也曾主张"万法唯心"，但中年之后，意识到唯识思想毕竟不合于圆教理事无碍的宗旨，因此加以排除。[2]

　　法藏的"十玄"说确实如帝释天的因陀罗网，交错辉映，互为含容，代表了华严宗对万事万物的根本看法。总括十门，揭示的是实相与诸法、诸法与诸法、诸法与心体的关系。就实相与诸法的关系来说，诸法是实相的外显，实相体现为诸法，无诸法不足以显实相。就诸法与诸法的之间的关系来说，诸法一一皆杂，又一一皆纯，万象纷然，参而不杂，相即自在，历然不乱。至于心体与诸法的关系，则在主要托事显法生解、十世隔法异成和唯心回转善成三个法门论及，《金师子章》的唯心回转善成门有唯识思想，但总体仍归于华严宗旨。"十玄"说发挥无碍缘起观，而实际也指向十种不同的观法，显示十种成佛境界。它与六相圆融之说相互会通，共同构成华严宗的根本教理。

第四节　澄观的"四法界"与"三圣圆融"说

一、"四法界"说

　　"四法界"是华严宗的重要思想之一，它既是一种哲学世界观，也具有作为宗教修行的观法之意义。就后一意义而言，观法就是观想真理的方法，是一种佛教的实践行为。它是华严宗独具理论特色的观法，是区别于其他教派的独特教法之一。如《大华严经略策》所示："法者，轨持为

────────────────

[1]《华严经探玄记》卷一，《大正藏》第35卷，第124页。
[2] 参见[日]冲本克己、菅野博史编《新亚洲佛教史07　中国Ⅱ　隋唐：兴盛开展的佛教》，第203页。

义。界者,有二义。一约事说界即分义,随事分别故。二者性义约理法界,为诸法性不变易故。此二交络成理事无碍法界。事揽理成,理由事显。二互相夺,即事理两亡。若互相成,则常事常理。四事事无碍法界,谓由以理融彼事故。"[1]理法界和事法界为同一事物的两个层面,俱存共生。法藏曾在《华严发菩提心章》中提出了真空观、理事无碍观和周遍含容观三观,以此作为法界观的主要内容。法界观在澄观那里被确定为事法界、理法界、理事无碍法界和事事无碍法界四种观法,这就是著名的"四法界"说。宗密在《注华严法界观门》中说:"统唯一真法界谓总该万有,即是一心。然心融万有,便成四种法界。"[2]这"一真法界"在万有中表现出来的四种法界,反映着佛教修持者对理事关系的认识过程,构成禅观的内容。

澄观的"四法界"具体如下:

一、事法界,是说宇宙万有的事相,千差万别的现象界,反映的是事物的个性和差别性。

二、理法界,是指宇宙万物虽千差万别,作为真如之理则平等无二。或理解为事物的共性和普遍本质。

三、理事无碍法界,即"理彻于事""事遍于理",是指事物的本体和现象同时并存,交相融合,圆融无碍。

四、事事无碍法界,是指现象界的一切事物,因以同一的真如理体为共同的本性,所以事与事之间称性融通,相即相入,一多无碍,重重无尽。

依澄观所言:"理四句者,一无分限,以遍一切故。二非无分,以一法中无不具故。三具分无分,谓分无分一味,以全体在一法而一切处恒满故,如观一尘中见一切处法界。四俱非分无分,以自体绝待故、圆融故。二义一相,非二门故。事四句者,一有分,以随自事相有分齐故。二无分,以全体即理故。大品云'如色,前际不可得,后际不可得',此即无分

---

①《大华严经略策》,《大正藏》第 36 卷,第 707 页。
②《注华严法界观门》,《大正藏》第 45 卷,第 684 页。

也。三俱，以前二义无碍，是故具此二义，方是事故。四俱非，以二义融故、平等故、二相绝故。"①与此相应，法藏在《华严发菩提心章》中说："事无别事，全理为事"；"谓诸事法，与理非异，故事随理而圆遍，遂令一尘普遍法界；法界全体遍诸法时，此一微尘亦如理性，全在一切法中"。② 就是说，事相相碍，大小不同，其性各异；但事理则包遍一切，如空无碍，以理融事，全事如理。由于诸事含容一理，所以万有之间就构成"相即相入"、圆融无碍的关系。由此可见，澄观的"事事无碍法界"是在法藏思想上进一步强调由"理"的无碍而达事的"无"碍，与法藏所解的理事圆融已有所不同，这一点已有学者指出。③

二、"三圣圆融"说

"三圣圆融"说也是华严宗特有的观法，成为华严宗重要的修持实践理论。华严三圣，虽三实一，圆融相即，故称三圣圆融观。李通玄在《新华严经论》中已经有通过"三圣"来把握华严思想的意图："说此一部经之问答体用，所乘之宗大意总相，具德有三。一佛、二文殊、三普贤。"④综合来看，李通玄以三宝、三智、三方面因果来说明三者的关系。⑤ 而明确提出这一理论、使之更趋思辨化的则是澄观。此观法具体表述出自澄观的《三圣圆融观门》：

> 三圣者，本师毗卢遮那如来，普贤、文殊二大菩萨是也。大觉应世，辅翼尘沙，而《华严经》中，独标二圣为上首者。托以表法，不徒然也。今略显二门。一相对明表，二相融显圆。且初门中，三圣之内，二圣为因，如来为果。果起言想。且说二因。若悟二因之玄微，则知果海之深妙。然二圣法门略为三对。一以能信所信相对。谓

---

① 《华严经随疏演义钞》卷二四，《大正藏》第 36 卷，第 181 页。
② 《华严发菩提心章》，《大正藏》第 45 卷，第 653 页。
③ 参见［日］木村清孝《中国华严思想史》，第 198 页。
④ 《新华严经论》卷三，《大正藏》第 36 卷，第 739 页。
⑤ 参见魏道儒《中国华严宗通史》，第 177 页。

> 普贤表所信之法界,即在缠如来藏,故《理趣般若》云"一切众生皆如
> 来藏",普贤菩萨自体遍故。初会即入如来藏身三昧者,意在此也。
> 文殊表能信之心。《佛名经》云"一切诸佛皆因文殊而发心"者,表依
> 信发故。①

华严三圣各有所象征,如来为佛果,菩萨为信因,修因而得果。而普贤、文殊二大菩萨又分别代表修行中相对的两种内容:文殊表能信之心、能起之解、能证之智;普贤表所信之法界、所起之行、所证之理。这与《华严》的法界缘起中的理性、行性、果性分别对应。三圣圆融观即是说明这些不同特性本是相圆融的。

圆融的第一重意义是二圣法门各自圆融,即文殊所代表的信、解、智是前后相贯、相融相即的;普贤所代表的法界、行、理同样具有依理起行、由行证理,理外无行、由理显行的相融相即关系。第二重意义是二圣法门互相圆融,即"能信"与"所信"的相互对应。文殊、普贤各自所代表的能信所信不二、解行不二、理智不二。"以文殊二智,证普贤体用。"②因此文殊的信、解、智三事相融即普贤的法界、行、理三事相融。最后,如能达二圣法门相圆融,即是"普贤因满,离相绝言"③,是名毗卢遮那如来。

在这三重对应关系中,普贤菩萨表示所信的法界,即生死烦恼缠缚之中的如来藏,正是一切众生本自具足的。而文殊菩萨代表众生的能信之心,正与如来藏互相印证。文殊、普贤二圣所表示"解"与"行"的相应,恰似中国传统思想所述的"知行合一",由深知而力行,由力行而得真知。在"理"与"智"的相互对应中,普贤表示修行者所证得的法界如实之理,也即众生从生死缠缚中解脱后的清净无染的如来藏;文殊表示修行者能证清净如来藏的大智,也正是佛之所以为佛的理之所在。④

三圣圆融观中含有的因果相融、能所相融、解行相融以致终极圆满思想,是华严思想圆融特性的最后完成。澄观所言:"然上理智等,并不

---

① ② ③《三圣圆融观门》,《大正藏》第 45 卷,第 671 页。
④ 参见韩焕忠《清凉澄观的三圣圆融观》,《五台山研究》2007 年第 1 期,第 30 页。

离心。心、佛、众生无差别故。若于心能了，则念念因圆，念念果满。"①如果从佛教思想脉络看，这里华严宗的思想与禅宗的"即心即佛"、当下解脱，已经只是毫厘之差了。

从李通玄到澄观，"三圣圆融"说得到完善和发挥，在宗教社会学意义上促进了文殊等宗教崇拜形象的树立，而在宗教实践角度则具有促进禅观修习的作用。在教理开展方面它成为表达华严圆教的论说方式，同时使《华严》思想的思辨性更趋精细高超，进一步奠定了华严宗一乘圆教的地位。

第五节 宗密的"绝对真心"论与禅化华严学

澄观弟子众多，而能够得其深意者寥寥，这方面，宗密堪称佼佼者。宗密的主要思想是从法藏、澄观继承来的法界缘起论。但在判教等问题上，则加入了大量南宗禅思想，尤其受荷泽禅法影响颇深，这使他的思想呈现出了禅教一致论的特点。他将华严、禅合而为一，同归之为一乘显教，认为"经是佛语，禅是佛意，诸佛心口必不相违"，历来祖师"未有讲者毁禅，禅者毁讲"，②主张以三教配禅之三宗，并进而得出结论："三教三宗是一味法，故须先约三种佛教证三宗禅心，然后禅教双忘，心佛俱寂。俱寂即念念皆佛，无一念而非佛心；双忘即句句皆禅，无一句而非禅教。"③宗密还把佛教内部诸宗的统一推广到儒释道三教的互相调和，认为佛儒一源，在《华严原人论》中说："孔老释迦，皆是至圣。随时应物，设教殊途。内外相资，共利群庶。策勤万行，明因果始终。推究万法，彰生起本末。"④宗密倡导会通儒、道各家思想，受其影响，调和佛教内外各种思想渐成日后华严宗的宗风。

---

① 《三圣圆融观门》，《大正藏》第 45 卷，第 671—672 页。
② 《禅源诸诠集都序》卷上之一，《大正藏》第 48 卷，第 400 页。
③ 《禅源诸诠集都序》卷下之一，《大正藏》第 48 卷，第 407 页。
④ 《华严原人论序》，《大正藏》第 45 卷，第 708 页。

宗密早年出身禅门，又深解《圆觉经》奥义，这使其华严思想带有深厚的禅学色彩，其"绝对真心"论思想便是如此。宗密在《注华严法界观门》中说："统唯一真法界，谓总该万有，即是一心，然心融万有，便成四种法界。"①这里宗密从本体之"心"与万有之"现象"的关系角度论说四法界的思路，归四法界为一真法界所摄，又将四法界完全建立在一心基础上。②

宗密认为，"全收者，染净诸法，无不是心"，心迷则妄起惑业，心悟则从体起用。"既是此心现起诸法，诸法全即真心。"③在《圆觉经略疏》中，宗密曾直接将一真法界与本觉真心、圆觉妙心联系，认为"一真者，未明理事，不说有空，直指本觉灵源"④。又言："初一心源，即此经圆觉妙心。"⑤宗密在《圆觉经略疏》中引《大乘起信论》"所言觉义者，谓心体离念，离念相者，等虚空界……"之后说："此是释如来藏心生灭门中本觉之文也。故知此觉非离凡局圣，非离境局心，心境、凡圣本空，唯是灵觉，故言圆也。"⑥由此看出，宗密的"真心"思想源自《大乘起信论》的"一心二门"之"众生心"，而且正等同于"圆觉"，本觉真心即圆觉妙心。后世赞宁曾如此评论宗密的思想："皆本一心而贯诸法，显真体而融事理，超群有于对待，冥物我而独运矣。"⑦

从法界缘起到成就佛果，"真心"既是内在的可能性，又是本然所具。由此，绝对真心论成为他的禅教一致乃至三教一致思想的出发点。

为会通禅教，宗密对禅和教分别给予自己的界定："教也者，诸佛菩萨所留经论也；禅也者，诸善知识所述句偈也。"⑧他认为，"教"，是指佛的

---

①《注华严法界观门》，《大正藏》第45卷，第684页。

② 参见魏道儒《中国华严宗通史》，第200页。

③《禅源诸诠集都序》卷上之二，《大正藏》第48卷，第405页。

④《圆觉经略疏》卷上之二，《大正藏》第39卷，第542页。

⑤《圆觉经略疏》卷上之一，《大正藏》第39卷，第526页。

⑥《圆觉经略疏》卷上之一，《大正藏》第39卷，第527页。

⑦《宋高僧传》卷六，《大正藏》第50卷，第742页。

⑧《禅源诸诠集都序》卷上之一，《大正藏》第48卷，第399页。

教导；"禅"，即指佛的心意。一部《大藏经》所说无非三种教：密意依性说相教（《华严原人论》中的人天教、小乘教、大乘法相教）、密意破相显性教（《华严原人论》中的大乘破相教）、显示真心即性教（《华严原人论》中的一乘显性教）。此三教分别对应于禅门的三宗：息妄修心宗、泯绝无寄宗、直显心性宗。所谓息妄修心宗，是说佛性为众生本具，但为无名所覆而不得开显，沉沦生死轮回。另一方面，如能心灭烦恼妄念，则能悟入佛境，远离生死。这是指北宗禅立场。所谓泯绝无寄宗，是说诸法如梦如幻，本来空寂，都无所有。"心既不有，谁言法界？无修不修，无佛不佛"，因此，"凡有所作，皆是迷妄……本来无事，心无所寄，方免颠倒，始名解脱"。① 禅门的主要代表是牛头法融和石头希迁。所谓直显心性宗，"一切诸法，若有若空，皆唯真性。真性无相无为，体非一切，谓非凡非圣，非因非果，非善非恶等。然即体之用而能造作种种，谓能凡能圣，现色现相等"②，指禅门中的洪州宗和荷泽宗。宗密认为，禅教会通有层次之别，其中最高层次就是华严教与荷泽禅的融合。③

对于会通禅教，宗密如此作结："三教三宗是一味法，故须先约三种佛教证三宗禅心，然后禅教双忘，心佛俱寂。俱寂即念念皆佛，无一念而非佛心；双忘即句句皆禅，无一句而非禅教。"④

宗密的禅教一致论，既是华严圆融思想的进一步推进，也具有警示当时禅学离教无学倾向的作用，具有一定的针对性。

依禅教一致思想继续外展，宗密推出三教会通论：

> 孔老释迦，皆是至圣。随时应物，设教殊途。内外相资，共利群庶。策勤万行，明因果始终。推究万法，彰生起本末。虽皆圣意，而有实有权。二教唯权，佛兼权实。策万行，惩恶劝善，同归于治，则

---

① ②《禅源诸诠集都序》卷上之二，《大正藏》第48卷，第402页。
③ 参见潘桂明《宗密的禅教会通论》，http://blog.sina.com.cn/s/blog_6025ebd50102ecj9.html。
④《禅源诸诠集都序》卷下之一，《大正藏》第48卷，第406页。

三教皆可遵行。推万法,穷理尽性,至于本源,则佛教方为决了。①

显然,宗密会通三教仍是以佛教为本位的,孔、老"唯权",佛教则是更高层次上的"兼权实"。

在佛教史上,宗密是一位颇具争议的人物。无论其生平行踪还是佛学思想,都呈现出"教"与"禅"的双重特征。宗密后来被尊为华严五祖,这不仅因为他曾受学于澄观,而且在于他对华严思想学说有新的开展。他同时还是禅宗荷泽神会一派的传人,与禅门有着具体深刻的联系。

宗密所处时代,禅宗地位上升,渐成佛学主流,而教家各派理论已经圆熟,难以有更大开展空间。宗密对禅宗的理解,与禅宗旨趣并不完全一致,他的禅教一致的论证,本质上仍是发挥经论的阐释空间来融禅宗于华严,因此可看做禅化华严学。究其实质而言,他的禅教会通思想是对佛教新潮流和新动向的因应,而不是接纳与变革,这也许不免呈现出保守的色彩。

总之,宗密作为唐代华严宗最后一位祖师,学识渊博,思想深密,格局阔大。其佛学思想对禅宗思想的发展和后世宋明理学都产生了深远影响。

---

① 《华严原人论序》,《大正藏》第45卷,第708页。

第六章　禅宗的哲学思想

在隋唐中国佛教哲学的发展中，禅宗可以说是最具中国特色的一支。禅发源于印度佛教，而在中国发扬光大。从北魏菩提达摩传来印度禅法，经过二祖慧可、三祖僧璨的弘化，到四祖道信、五祖弘忍开创东山法门，中国禅宗才脱离了游移不定的状态而相对确定下来，中国禅宗的思想也因此有了较为系统的表述。而慧能、神秀时代，禅宗南北分流，中国禅进入了成熟的形态，以慧能《坛经》为中心的禅学思想更是把中国禅推到了一个高峰。唐代禅宗的思想历史大抵可以划分为三个阶段：从菩提达摩经过东山法门，到南能北秀的分宗，这一时期被学术界称为初期禅或早期禅的时代。这一时期还有一些重要的禅宗支流分头发展，重要的有以慧能弟子荷泽神会为代表的荷泽宗，从四祖道信门下分出的以牛头法融为代表的牛头宗，以及从五祖门下向四川发展出的以无相为代表的净众宗和以保唐无住为代表的保唐宗。初期禅宗发展史上，北宗因神秀与他的弟子普寂一系的传承获得唐王朝的大力支持，曾一度大行其道。北宗禅在极盛时代也受到荷泽宗神会的严厉挑战，从而才使得中国禅学史上所谓南顿北渐的思想分歧明朗化。8世纪安史之乱以后，曾经出现过一段北宗、南宗（荷泽宗）、牛头宗三宗鼎立的局面，随后由慧能一系的弟子南岳怀让传马祖道一而形成洪州宗，由慧能另外一系的传人青原行思传石头希迁而形成石头宗,这两系作为南宗禅的代表,成为唐代禅宗中期最有影响力的流派。特别是洪州一系提倡"平常心是道""即心即佛"与"无修无证"的禅风,使禅宗在回到日常生活化的同时也更加具有中国化的思想色彩。等到唐末五代时期,南宗禅逐渐独盛天下,形成了以沩仰、临济、曹洞、云门和法眼为代表的五家分流,而各呈不同的思想特色。这些南宗各家的思想源流,皆是对慧能禅学思想所做的不同发挥,以至于出现了"天下凡言禅,皆本曹溪[指慧能禅]"的局面。禅宗一直以宗门自称,而与天台、唯识及华严等教门或义学显示出不同的风格,虽然禅宗没有系统化的哲学论述,但其独特的思想观念与方法,对于包括宋明理学在内的中国哲学思想的发展产生了重要的影响,因而成为我们书写隋唐哲学史时不可忽略的一部分。限于篇幅,本章并非就隋唐禅宗思想各家做系统的论述,也没有简单沿袭时下一般禅宗史的议题,而是就其中若干专题做出哲学思想史上的阐析。

第一节 从"印度禅"到"中国禅"

禅宗历来被认为是印度佛教传入中国后最具有中国化特色的一系,隋唐时期由印度传来的禅法更进一步完成了向中国式禅法的演变,形成了学术史上所谓中国禅。有关"印度禅"与"中国禅"的分判,是近代以来禅宗学者们非常关注的一个议题,围绕这一论题,学者们也展开了各自不同的论说。

在 20 世纪 20 年代,胡适就提出禅分印度禅、中国禅的主张,并大致勾画出从印度禅到中国禅的变化轨迹。1928 年胡适给汤用彤的一封信中说:

> 禅有印度禅,有中国禅。自《安般经》以至于达摩多罗《禅经》,皆是印度之禅。天台一派,《续僧传》传入"习禅"一门,其人皆承袭印度禅,而略加修正……达摩一宗亦是一种过渡时期的禅。此项半中半印的禅盛行于陈、隋之间,隋时尤盛行。至唐之慧能、道一,才

可说是中国禅。中国禅之中，道家自然主义成分最多，道一是最好的代表。①

这一说法虽过于简略，但有两项值得注意的意见：一、印度禅到中国禅是逐渐演变的过程，隋唐是禅学中国化的关键时期，而只有到唐代慧能之后，中国禅的思想才得以完成；二、中国禅是通过道家化的形态表现出来。

到了1934年，胡适对自己早年的提纲又做了修正和进一步的补充。在《中国禅学的发展》一文中，他对印度禅和中国禅的不同做了两项更为具体的说明。首先是印度禅重定学，而中国禅重慧学。胡适说："在中国禅宗，'慧'包括'定'，'慧'的成分多，并且还包括'戒'；在印度，则'定'包括'慧'，'定'的成分多。"其次，印度禅法讲渐修，中国禅法重顿悟。他以早期安世高等一系所译传的禅法为范例，说其静坐、调息，乃至四禅五通等，都是渐修的法门，而中国禅则力求把这一切简单化。②

为此，胡适把中国禅的成立上推到5世纪的中国佛教学僧道生，认为道生提出"顿悟成佛论"的"革命的教义"，推翻了印度禅的渐修而成为"反抗印度禅的第一声"，并开启了南方顿宗的革命宗派。依胡适的看法，道生的思想明显受到了庄子学派"得鱼忘筌""得意忘言"的深刻影响。③

关于隋唐时期的禅宗思想，胡适仍然坚持以顿、渐分判中、印禅的基本立场，并结合《楞伽经》中"渐净非顿"的说法，提出：由达摩至神秀，都是正统的楞伽宗，老实地主张渐修的方法；而慧能、神会一系则大胆以

---

① 胡适：《胡适答汤用彤教授书》，《胡适学术文集·中国佛学史》，第35—36页，北京：中华书局，1997。
② 胡适：《中国禅学的发展》，《胡适学术文集·中国佛学史》，第64、69、77页。
③ 胡适：《中国禅学的发展》，《胡适学术文集·中国佛学史》，第74、77页。又，胡适于1953年发表的《禅宗史的一个新看法》一文，也基本坚持了这一立场。在该文中，他提出中国禅的革命就表现为佛教的简单化、简易化，并认为道生"顿悟"学说的提出，恰恰是以浓厚的道家思想为背景（《胡适学术文集·中国佛学史》，第144、146页）。

《金刚经》来革楞伽宗的命,在修法上完全提倡顿悟。① 这样推断,则楞伽宗显然表示了印度禅,而慧能、神会的思想,则以《金刚》"般若"思想为主,而高举顿悟旗帜,成为中国禅的主流。

胡适这些关于中、印禅学的说法虽然有相当的影响力②,但是学理上面的处理则显得过于简单。如庄子的"得意忘言"是否就代表了顿见一类的意见,实在值得商榷;而以渐修来统括《楞伽经》、达摩以至神秀一系的禅法,也大有可疑之处。③ 不过,胡适却引出许多耐人寻味的哲学思想史问题。

针对胡适的观点,近代日本著名禅学者铃木大拙提出的批评是值得注意的。在20世纪50年代所发表的《禅:敬答胡适博士》一文中,铃木认为胡适并未了解"顿悟"在禅宗历史中的真正意义。他认为顿悟并非道生的发明,而是佛教的根本教义和各派的共法。究其渊源而言,佛陀的证悟就是一种顿悟。④ 尽管铃木并没有对此做出详细的历史知识学上的阐明,但他显然反对以顿、渐来判释中、印禅学的不同。

铃木坚持慧能才是中国禅宗的初祖,慧能所传扬的富有中国禅宗特色的思想是"定慧合一""定慧不二"。铃木认为,慧能之前的禅学是把定、慧分开来讲,结果往往是轻"慧"而重"禅"。⑤ 这一看法大致可说与胡适的观点没有特别的不同。不过铃木提出,慧能的禅学革命,乃是针对

---

① 胡适:《楞伽宗考》,《胡适学术文集·中国佛学史》,第127—129页。

② 胡适的《楞伽宗考》对中日两国初期禅宗史的研究有着决定性的影响,连宇井伯寿的《禅宗思想史》、铃木大拙的《禅宗思想史研究第二》和关口真大的《达摩大师之研究》都为胡适之说所笼罩。参见[日]柳田圣山《胡适博士与中国初期禅宗史之研究》,《胡适禅学案》,第18页,台北:正中书局,1990。

③ 戴密微(Paul Demieville)所著"The Mirror of the Mind"一文就认为,《庄子》中的"镜喻"恰恰通于神秀的"尘镜"观念,如此,则庄子会通的是渐教的一流。载格里高瑞(Peter N. Gregory)主编 Sudden and Gradual:Approaches to Enlightenment in Chinese Thought,Honolulu:University of Hawaii Press,1987。如禅宗所依《楞伽经》卷一中,就主张顿渐两立的说法。其不仅提到"渐净非顿",还提到"顿见无相""顿为显示"的修法。敦煌发现的神秀的著作,如《大乘无生方便门》,也说到"一念净心,顿超佛地"的思想。

④ [日]铃木大拙:《禅:敬答胡适博士》,张文达、张莉编《禅宗历史与文化》,第52页,哈尔滨:黑龙江教育出版社,1998。

⑤ [日]铃木大拙:《禅:敬答胡适博士》,张文达、张莉编《禅宗历史与文化》,第53页。

将佛陀无上妙悟作纯粹静态诠释的一种死板教义的革新,它所要复活的,恰恰是"佛陀证悟的精神"。① 从这一意味上来说,则慧能革命的意义并不在于开创了与印度禅不同的中国禅风,而是从更为形上的层面回到印度禅学的原始精神。于是,慧能及其创立的南宗禅门,就不仅有了历史系谱的合法性(如传统禅宗的说法),更获得了一种哲学上的阐明。

铃木发现,中国禅的思想具体说是从四祖道信以来逐渐成熟的,从道信开始,中国禅不仅在表达上,而且在思想内容上都发生了中国化的质变。他说:

> 菩提达摩对"无心"的论辩仍保持了印度式的思考方式,道信则或多或少地融摄了道家的思想。……这样只有到慧能和他的继承者那里,禅才开始无论在表达还是解释方面都鲜明地中国化了。②

铃木还以"无念"与"无心"两个不同范畴来展开说明这一变化。他认为达摩禅法的核心观念"无心",逐渐为慧能的"无念"所取代。而"无念"是一个非常中国式的观念,是以道家"无为"思想解释般若观念的结果。"无心"和"无念"的区别在于,"无心"是中观学意义上"空"的延伸,它意味着空的、明净的、深不可测的;而"无念",从字面上看是"遗忘",但在慧能的用法中,它并不是一个简单的心理学的概念,而是包含了空、无相、无愿三解脱在内的宗教观念,它的深刻意义即在于念而无念,即见闻觉知,不染万境而常自在。显然,这不同于达摩所传"无心"禅法的重于离念清净,而是于念的当下的觉解。因此,铃木认为,"无念"的观念是与"顿悟"说相关联的。统括而言,"顿悟"是对"般若"的中国式读解,而"无念"则是对中观学说中"空"和"无生"观念的中国式诠释,这些都是老子"无为"观念对于禅的深刻影响。③

---

① [日]铃木大拙:《禅:敬答胡适博士》,张文达、张莉编《禅宗历史与文化》,第53页。

② D. T. Suzuki, *Essays in Zen Buddhism*(*Third Series*), London: Luzac and Company, 1934, p. 14.

③ D. T. Suzuki, *Essays in Zen Buddhism*(*Third Series*), pp. 14-19.

近代著名中国佛教史家吕澂对于禅宗思想的中国化提出了完全不同的看法。吕澂于印度禅、中国禅的判释是依禅宗"方便通经"的经论分析出发的。他把早期所传中国禅判为三系：以慧可、僧璨为代表的一系为"楞伽禅"，依四卷《楞伽》和《胜鬘经》为典据，大抵反映了印度南天竺一乘宗的思想；道信、弘忍一系的东山法门，则受到中土伪论《起信论》的影响，以本觉为宗，重于离念的渐修渐证；慧能为又一系，其学之源，在无著所著《金刚经七句义释论》，表现了瑜伽行派的般若立场，于禅法上不拘于坐禅，重于无住、自相本然和顿修顿悟等，同时又于东山法门的本觉思想有所弘传。①

照吕澂的解释，中国禅区别于印度禅的最重要标志，就是以《起信论》为代表的本觉学说的流行。而慧可对《楞伽》的误读，就早已开启了这一错误的路线。② 20世纪50年代以后，吕氏对中国禅的疏解，基本坚持其原先的立场，只是对某些问题做了细节上的补充。如他仍认为从慧可到慧能，中国禅大体经历了由《楞伽》到《起信》，再到《金刚经》（包括《金刚经论》）的转变。同时他注意到中国的玄学思想，特别是道家思想对于禅宗的渗透。至于中国禅的基本取向，他认为完全是一种中国化的"创作"，而显然有别于印度佛学。这种中国禅的基本架构即是"始终以《起信论》一类的'本觉'思想贯串着，又显然是凭借中国思想来丰富它的内容的"。另外，他也指出，慧能以后中国分灯禅的共同趋势，不期然地表现出重智轻悲、偏向接引上机的倾向。③

近代著名佛教学者印顺法师在其于20世纪70年代所写的《中国禅宗史》的序言中，对于印度禅到中国禅的演化，做了饶有新意的解说。照他的看法，南天竺一乘宗，或称如来禅，是达摩门下一贯的作风。从达摩到慧能，乃至荷泽、洪州二系，虽多少发生一些变化，但"还是印度禅者的

---

① 吕澂：《禅学述源》，《吕澂佛学论著选集》第1卷，第396—409页。
② 《禅学述源》中说，慧可误认如来藏藏识为本觉之说，并引其《答问居士颂》中"豁然自觉为真珠"加以说明。
③ 吕澂：《中国佛学源流略讲》之附录，《禅宗：唐代佛家六宗学说略述之三》，第383页。

方便",保持了印度如来禅的特性。印顺认为,印度禅的中国化主要是通过牛头禅的老庄、玄学化而逐步实现的。牛头禅的"道本虚空""无心为道"融摄了老庄、玄学的思想而表现出与东山法门相对立的中国禅,后又与曹溪门下石头一系结合,进一步表现为石头宗对(分别)知识的绝对诃毁,形成不用造作、专注自利、轻视利他事行的中国禅宗。[①] 虽然议及中国禅都不免从老庄或道家化的面向来加以论述,但以牛头而不是慧能以来的经典禅作为中国禅的代表,这一看法确实是印顺于禅学思想史研究中最重要的一项发明。如果印顺的看法能够成立,那么禅宗史学界所一向奉行的慧能革命的意义就有重新加以检视的必要。

对于印度禅与中国禅的话题,印度佛教学者卡鲁帕哈纳(David J. Kalupahana)的意见非常有参考性。他认为中国禅是印度中观和瑜伽二系学说的综合。如"教外别传""不立文字"是中观思想的开展,而"直指人心""见性成佛"则是瑜伽观念的体现。他同时又指出,中国禅的"本土化"也与印度禅的精神表现出不同倾向,这可从以下几条来看:(1)中国禅更加具有反智主义的意向。"不立文字"意味着对一切言说经教的反对,而中观学说虽然认为文字和经教不能充分显示出实在的意义,但其以俗谛(Saṃvṛti-satya)作为方便,并未彻底拒斥经教。(2)与此相关,中国禅于经典的抉择也不同于印度禅。中国禅不重视巴利—阿含中的典据,而把原始经典中的佛陀言教与小乘教简单地混为一谈。因此,他们只重视《楞伽》《法华》这样具有大乘佛典性质的经典传统。(3)受道家化的影响,中国禅不仅轻教,而且把印度禅中重于定的倾向也加以消解了。(4)与此关联的经典史的分析可以发现,在中国《阿含经》的内容中,原始佛教中几乎所有斥教和有关批判禅定局限性的文字都被特别保留下来。[②]

这些不同的研究表明,从印度禅到中国禅的演变是一个复杂的历史

---

① 印顺:《中国禅宗史:从印度禅到中华禅》,序,第 7—8 页,南昌:江西人民出版社,1990。

② David J. Kalupahana，*Buddhist Philosophy:A Historical Analysis*，Honolulu：University of Hawaii Press，1967，pp. 167 - 174.

过程,各家对于禅学及其相关思想的解读不甚相同,这影响到他们对于由印度禅到中国禅转向的具体阐析。但有一点可以肯定,中国禅的思想是在唐代的佛教运动中,特别是四祖道信之后,通过慧能系的创作和吸收道家观念,才得以发展并完成的。[①]

第二节　禅宗思想中的"方便通经"

近代学界对于中国禅的判定,大多认为中国禅宗具有反智主义倾向。实际上,对于禅学所谓智或慧的观念,学界存在完全不同的理解,因而有必要做进一步的分析。学者们所说禅的反智主义概念,通常是指禅对于经教和文字的诃毁。从认识论的意义上说,则指禅对于概念性的知识和逻辑规则的反叛。铃木大拙反复强调禅智非知性化的一面和非逻辑的立场,即是出于这一考虑。[②] 德国禅宗学者杜默林(Heinrich Dumoulin)也说,以公案为代表的中国禅的最富特征性的表示,就是其"非逻辑的或荒谬的行为与言说……公案是对一切逻辑规则的极大反讽"[③]。无论是从宗教还是从认识论的意义来审理禅的反智主义传统,都可以归结到对于"分别智"的看法上来。

"分别智"从对待性关系和方便(俗谛)的意味上肯定语词、经教或概念性的知识对于认识真理的意义。印度禅给予这种分别智以比较充分的重视。印度佛教论典《俱舍论》《瑜伽师地论》在解释修禅的目的时,就专门说到"得分别慧"。如真谛译《阿毗达磨俱舍释论》卷二一"分别三摩

---

① 如柳田圣山就认为,中国禅的真正形成大约在道一死后的9世纪。参见[日]柳田圣山《禅与中国》,毛丹青译,第198—199页,北京:生活·读书·新知三联书店,1988。又,柳田圣山在《初期的禅史2——历代法宝记》中提出,中国,乃至东亚禅的传统,都是由道一的学派开始建立的。参见其《〈历代法宝记〉与禅的顿悟学说》一文之英译,载黎华伦(Whalen Lai)和兰卡斯特(Lewis R. Lancaster)主编之 *Early Ch'an in China and Tibet*,Berkely:Asian Humanities Press,1983,pp. 14 - 15.

② 参见[日]铃木大拙《铃木大拙禅学入门》,林宏涛译,第4章"不合逻辑的禅",第47—60页,海口:海南出版社,2012。

③ Heinrich Dumoulin, *A History of Zen Buddhism*,London:Faber and Faber,1963,p. 130.

跋提品第八"讲"知见三摩提修"时,提到"第三三摩提修,为得差别慧三摩提修"①。玄奘译《阿毗达磨俱舍论本颂》中,则更明确地说"为得分别慧,修诸加行善"②。

天台宗对早期禅门的批评也可以说是从另外一方面反映了当时禅宗对知识和经教的态度。智颛提倡的"闻慧兼修,义观双举"③,一般被看做对达摩斥教倾向的批评。在智颛看来,无分别的"智慧"必须结合到分别知的多闻熏习或经论研究中,才不至于变成空慧,这即是"闻慧兼修"。所以他说:

> 有慧无多闻,是不知实相,譬如大暗中,有目无所见;多闻无智慧,亦不知实相,譬如大明中,有灯而无照;多闻利智慧,是所说应受。④

从知识与修证(观)的方面看,学而不观,则无从治心,"增见长非";反过来,观而不学,则又属暗证,"堕增上慢"。所以智颛主张要同时兼顾研寻经论和返照观心两个方面,这就是"义观双举"。值得注意的是,"义观双举"与天台宗一向奉行的"止观双修"意义不同。"义"在这里更明确地指向了知识意义上的分别智,即对于佛教经典思想与知识的理解。这可以看成是对当时中国禅学中的反智主义的一次自觉的扶正。

实际上,中国禅宗对于经教或经典的知识也并非全盘反对,他们强调的是在心法与经教之间存在着一种主次关系,即注重以心悟为主,而经教的知识相对于心法而言,只能是扶翼性的作用。就是说,对于经教的理解最终还是必须融会到心的体悟上来加以消融,这就是禅宗思想史上著名的"方便通经"。禅师们推重的"观心释",即通过主体的自我了悟,以我注六经的方式来会通经教,并不重在读者—文本(经

---

① 《阿毗达磨俱舍释论》卷二一,《大正藏》第 29 卷,第 301 页。
② 《阿毗达磨俱舍论本颂》,《大正藏》第 29 卷,第 324 页。
③④ 《法华玄义》卷一上,《大正藏》第 33 卷,第 686 页。

典)之间的理解脉络中细密考究,而是指一种知识对于生命所达成的效用。禅师的通经不同于注经传统,所以,单就解释学的方式来理解禅师的通经是不够的,而应该融合到"行事的"(performative)方面来了解禅宗所谓知识的性质。① 禅师们声称,通过"观心"而成就的知识,即"无为心中学得者"才是有受用价值的"真学",心法可以统括融会一切经义,甚至就是一切经义的根本。这里假定心法具有知识的某种优先性(priority),即必须先获得这样一种内在的直接性经验,才有可能取得精确的对象(经典)知识,穿透经典中的奥义。从初期禅宗思想史来看,禅师们并没有一味地摒弃经典,而是把他们的禅法会通了《楞伽经》《大乘起信论》《维摩经》等许多大乘佛教经论。我们这里以初期禅宗会通《楞伽经》与《大乘起信论》为例来阐明。

一、初期禅宗与《楞伽经》

自达摩以四卷《楞伽》传授禅法以来,楞伽禅的传承,大抵是不容怀疑的事实。② 《楞伽经》所传的法门,虽重于"圣智自觉所得"③,而于教的言说方便和分别智的建立,也给予了必要的重视。如关于经说,有重于"不因语辩义而以语入义"④;对于教法,也不一概地说离于文字,而指示出"广说经法""莫著言说"和"依于义不依文字"的"随宜方便"⑤。对于分别智,《楞伽经》也提示出两种觉:以"观察觉"讲觉性自性的本来空寂、无有分别;而以"妄想相摄受计著建立觉",讲取相分别的智相和"差别三昧"。⑥ 即是说,《楞伽》于"宗通"和"说通"、"自性智"和"分别智"都有相

---

① Bernard Faure, *Ch'an Insights and Oversights: An Epistemological Critique of the Chan Tradition*, Princeton: Princeton University Press, 1993, pp. 147, 149.
② 有关楞伽禅的传承,参见印顺《中国禅宗史:从印度禅到中华禅》,第12—13页;沈曾植撰,钱仲联辑《海日楼札丛》卷五,"楞伽宗",第188—189页,沈阳:辽宁教育出版社,1998。
③《楞伽经》卷二,《大正藏》第16卷,第490页。
④《楞伽经》卷三,《大正藏》第16卷,第500页。
⑤《楞伽经》卷四,《大正藏》第16卷,第506页。
⑥《楞伽经》卷二,《大正藏》第16卷,第495页。

当的兼顾,较能体现印度禅法的特点。

达摩出身于南印度婆罗门种姓,于南朝宋代(420—479 年)从海路来到中国弘传禅宗思想。关于达摩的著作,学界有不同的看法,有的认为,现存的"二入四行"部分记录了达摩的禅法观念。但也有人认为,达摩禅法的核心并不反映在"二入四行"中,而是别有传承。我们这里仅根据早期的僧传资料,就达摩一系如何对待经教略做阐明。达摩以来的楞伽禅对于《楞伽》的抉择并未重视说通和分别智的一面,而倾向于"心法默契"和"离言会宗"的弘传。《续高僧传·法冲传》中,说达摩、慧可传授的楞伽禅"专唯念惠,不在话言",以"忘言忘念,无得正观为宗",①并说这一宗风受到当时文学之士(包括经论师)的批评。这一概括大抵是准确的。智颛的《法华玄义》卷一○中也说,达摩门下的禅法,以《楞伽》等经为依而重于"真法无诠次"的"无相"大乘②,也可从这一意味上来加以了解。

早期的灯史和僧传说达摩的禅法是"藉教悟宗"(理人)而又离言内证的③,这从形式上看,是非常接近于《楞伽》的说、宗二通的。但"藉教悟宗",起初是从谛理的意义上"深信"大乘教法的神圣至当,先立乎其大,而不是如后世禅者所理解的那样,依于经教文字而从善巧的意味上来言说圣理,由教说方便而承言会宗("说通")。④ 早期禅宗史书《楞伽师资记》中载达摩禅思想中的"理人"一义时说:"理人者,谓藉教悟宗,深信含生,凡圣同一真性,但为客尘妄覆……"又谓:"更不随于言教,此即与真理冥状,无有分别,寂然无名。"⑤

---

① 《续高僧传》卷二五,"法冲传",《大正藏》第 50 卷,第 666 页。

② 《法华玄义》卷一○上,《大正藏》第 33 卷,第 801 页。

③ 分别参见《楞伽师资记》,《大正藏》第 85 卷,第 1285 页;〔唐〕杜朏《传法宝纪》,杨曾文校写《敦煌新本六祖坛经》,附编(一),第 162 页,上海:上海古籍出版社,1993。

④ 关于达摩的"藉教悟宗"的"理人",汤用彤先生解释为"以无所得心,悟人实相",显然也没有说达摩是承言会宗的。参见其《理学·佛学·玄学》,第 265 页,北京:北京大学出版社,1991。而依《传法宝纪》的说法,达摩禅法重于息言默照,"然后读诸经论,得最上句",此义则是说,达摩是悟后通经,即以经作为参验而不是会宗的手段。但在中国禅的传承中,"藉教悟宗"也确有被看成依教通宗或承言会流的。

⑤ 《楞伽师资记》,《大正藏》第 85 卷,第 1285 页。

可以说,达摩"方便开发",传授《楞伽经》的密意,其实就是"息其言语,离其经论"而"顿令其心直入法界"的。① 据《楞伽师资记》所录昙琳序和《续高僧传·达摩传》所记,达摩"冥心虚寂"而受到"盛弘讲授""取相存见"的佛教经论师们的"讥谤",这一情形也透露出他对经典所具有的不同于经论师的倾向。应该说,达摩在传授《楞伽》的过程中,为了区别于名相分别的楞伽经师,有意识地引申《楞伽》宗通的思想而表示了重宗略教的反智主义倾向。

由达摩禅的"领宗得意"②,到 7、8 世纪道信(580—651 年)、弘忍(602—675 年)东山法门的开展,"本无文字""别有宗明"的意趣才被更加明确地提示出来。道信的禅法主要保存在敦煌禅宗文献《楞伽师资记》有关道信的部分,即《入道安心要方便法门》中。从该材料来看,道信很重视经教对于禅修的指导意义,特别强调其禅法依据了《楞伽经》与《文殊说般若经》等大乘经典中的思想。弘忍的禅法风格是"口说玄理,默授与人"③,与《楞伽》的传授多少有些关联。《楞伽师资记》就说他"与神秀论《楞伽经》,玄理通快,必多利益",而他对于《楞伽》的抉择,又是采取了"此经唯心证了知,非文疏能解"的立场,④ 这显然暗示了弘忍的通经也是不重于知解而倾向于默契的一流。

弘忍门下的分头弘化,虽宗要已有所不同,但仍可以看到楞伽禅的传承。特别是在北宗的传承中,《楞伽经》仍然起到了重要的作用。如神秀"持奉《楞伽》,递为心要"⑤,玄赜、净觉也分别作《楞伽入法志》《楞伽师资记》,叙述达摩以来的师承法要,而可以看做楞伽禅的传承。甚至于慧能及再传道一的法门,也多少还是部分保留了《楞伽》的如来禅。⑥ 弘忍门下的南北传承,对于《楞伽经》的应用,仍是重于"佛语心为宗"的,而并

没有引申说通的意义。这一点，我们只要对几部初期灯史做简要分析，就可见一斑。

《楞伽师资记》及可能与神秀一系有关的《传法宝纪》的序文中，都引述了《楞伽经》的文段。值得注意的是，这些引述的文义，都表示了"离诸化佛言说传乎文字""而得证入"的精神。① 如《楞伽师资记》序引《楞伽》"但自无心，则无名相，故曰正智如如"来说"独守净心""空自无言""绝解绝知"的"证者之自知"。② 而《传法宝纪序》则比《楞伽师资记》表现出更明确的反智主义倾向。其援引《楞伽》"宗通"所述"缘自得胜道，远离言说文字妄想"来显示"非义说所入"的自觉圣智，根本不曾提到"说通"。③

属曹溪系统保唐门下的《历代法宝记》，虽批评净觉以《楞伽》叙述达摩以来师承传授的说法，有悖于达摩"不将一字教来，默传心印"的传统，但也广引《楞伽经》以明宗义，其引述的文义，也多是离言离相而默契心证的一流。④ 从这里可以看出，初期禅的引证经教，一方面依于经教来会通心法，另一方面与传统经论师的注疏经典不同，重于宗通心解，显示了禅门对于经教所特有的方式与旨趣。

二、《大乘起信论》与南宗禅

《大乘起信论》是中国佛教思想中非常有代表性的一部论著，该论对于中国化的佛教思想产生了深远的影响。对于中国禅宗的思想与哲学来讲，《起信论》提供了一些重要的思想构架。初期禅的思想发展虽然以依《楞伽经》为标志，但《起信论》对于包括弘忍、神秀在内的东山法门的思想发展还是产生过影响。我们这里只就《起信论》对于慧能及其南宗禅的思想影响做一些说明。

虽然在现有史料中很难发现慧能直接引述《起信论》文句的内容，但

① 〔唐〕杜朏：《传法宝纪》，杨曾文校写《敦煌新本六祖坛经》，附编（一），第 162 页。
② 《楞伽师资记》，《大正藏》第 85 卷，第 1283 页。
③ 《传法宝纪序》，《大正藏》第 85 卷，第 1291 页。
④ 《历代法宝记》中多处引《楞伽经》的文段，文繁不具引。可参见《大正藏》第 51 卷，第 180 页。

结合《起信论》在当时禅门的广泛流通以及对《坛经》文本的义理解读来分析①,不难发现《起信论》的深入影响。我们可以从以下几方面来看:

1. "自性起"。性空实相论和唯识论在成立染净因果时,不许法性能起、能生,从不将心与性混在一起来作为缘生一切法的根本。《起信论》在讲一心开二门的同时,指出如来藏清净心具有两种功能,即"能摄一切法"和"能生一切法"。后来天台宗学人借"摄一切法"来讲"性具",华严宗则以"生一切法"而着重讲"性起"。慧能禅学基本把本性的能摄与能生两个方面都保留下来,既讲性含万法,又讲性起万法。《坛经》一方面说"世人性本自净,万法在自性"②,"如是一切法尽在自性"③,"自性含万法"④;另一方面又主张"自性变化甚多"⑤,自性清净心由思量的无明妄念而现起一切境,说"法性起六识"⑥,"不思量,性即空寂;思量即是自化"⑦。值得注意的是,《坛经》中讲法性起,是结合了唯识学说即第八阿赖耶识为中介缘起的。《坛经》中说:"自性含万法,名为含藏识。思量即转识。生六识,出六门,六尘,是三六十八。由自性邪,起十八邪……"⑧这种结合八识来讲自性起的观念,与《起信论》之如来藏缘起论是同出一辙的。

这类自性起的观念可以从两方面来理解。从凡夫的日常见闻觉知说,尽管含有妄念的作用,然而在性起一切法的意趣上,这也是"性在作用",可以说后来的洪州宗就是延伸和绝对化了这一思想。洪州宗禅学所强调的全体大用、"触目而真"和"即事即理,都无所碍"⑨,就是要在自性起的意义上彻底贯彻"性在作用"的原则,把本心与念虑间的任何横隔一概拆除,直约事相或心上体会性体,甚至迷妄也是佛性的作用。如洪州宗一系的学人黄檗就以为,凡、圣的区分还是教法上的方便,不是究竟

---

① 《坛经》版本非常复杂,下文所引主要为郭朋校释的敦煌本《坛经》。
②③ 〔唐〕慧能著,郭朋校释:《坛经校释》,第47页,北京:中华书局,2020。
④⑥⑧ 〔唐〕慧能著,郭朋校释:《坛经校释》,第110页。
⑤⑦ 〔唐〕慧能著,郭朋校释:《坛经校释》,第48页。
⑨ 〔南唐〕释静、释筠编撰,吴福祥、顾之川点校:《祖堂集》卷一四,第304页,长沙:岳麓书社,1996。

之义。他说：

> 如言前念是凡，后念是圣，如手翻覆一般，此是三乘教之极也。
> 据我禅宗中，前念且不是凡，后念且不是圣；前念不是佛，后念不是
> 众生。所以一切色是佛色，一切声是佛声。举着一理，一切理皆
> 然。……一切处无不是道。①

这样的表示难免会叫人以为真妄不分而引起批评了。洪州禅虽然对于
教相很有诃毁，但是思想的宗趣上仍然联系了经典的背景。照宗密的解
释，洪洲的"触类是道"、任心而为，是意准《楞伽经》的"如来藏是善不善
因"和"佛语心"的说法。②　又，《景德传灯录》卷六"马祖传"也载，他开示
"此心即是佛心"时，专门引述《楞伽》"佛语心为宗，无门为法门"作为经
证。③　不过，由于《景德传灯录》卷二八所收道一语录中，关于心法有"心
生灭义，心真如义。心真如者，譬如明镜照像。……因缘即是生灭义，不
取诸法即是真如义"④等文句，近来又有学者发现，洪州的禅法其实是受
到了《起信论》的影响。如日本禅学史家冲本克已就指出，马祖禅一面与
四川禅系的《历代法宝记》系统有关，一面也有如来藏的思想倾向，特别
是其"心生灭"和"心真如"等意义的提出，都明显受到《起信论》的影响。
尽管洪州宗在经论的引证上并没有明确地指示来源，然而《起信论》的影
响看来已经是难以否认的事情了。

　　2."本觉性"。心性"本觉"，并以觉与不觉来讲心体之流转还灭，是
《起信论》独创的一套心性论说法。慧能对自性有过规定，就是"本觉"。
《坛经》中说：

> 有智惠者，自取本性般若之知。⑤

①〔宋〕赜藏主编集，萧萐父、吕有祥点校：《古尊宿语录》卷三，第47页，北京：中华书局，1994。
②《圆觉经大疏钞》卷三之下，《卍续藏经》第9卷，第33页。
③《景德传灯录》卷六，"马祖传"，《大正藏》第51卷，第246页。
④《景德传灯录》卷二八，"马祖传"，《大正藏》第51卷，第440页。
⑤〔唐〕慧能著，郭朋校释：《坛经校释》，第11页。

又云：

> 善知识！菩提般若之知，世人本自有之，即缘心迷，不能自悟，须求大善知识示道见性。善知识！遇悟即成智。①

这里"知"或"智"即是本觉的意思。传说六祖所作的《金刚经口诀》（此书作者有争议，一般认为是南宗荷泽宗一系学僧所造）在解释"无净三昧"时，也提到"惟有本觉常照"②。如果结合其中一段解释"自性自度"的话，意义就更清楚："何名自性自度？自色身中，邪见烦恼，愚痴迷妄，自有本觉性……"③关于般若实相，《坛经》也不停留在只以无相、性空来解，而是羼入了自性觉的内涵。如《坛经》中说"般若无形相，智惠性即是"④，又谓"解义（即觉义）离生灭，著境生灭起"⑤。故王维《六祖能禅师碑铭》说慧能定慧是依于"本觉超于三世"的说法⑥，若从《起信论》来论究这些思想，就可以肯定他们之间的思想联系了。

再来看神会。从形式上看，神会开创的荷泽宗拥《金刚经》以自重，圭峰宗密在《中华传心地禅门师资承袭图》中谓其是曹溪正脉，"无别教旨"。这一说法虽有法统的气息，但说其思想"备于一藏大乘，而《起信》《圆觉》《华严》是其宗也"⑦，这一点把神会的思想来源明确地指示出来了。要论究神会禅学的精神，不能离开《起信论》。可以从以下几方面来看：

1. "本心"与"本觉之智"。神会以"本心"来说明如来藏清净心，并套用《起信论》一心真如门具有体相用、空不空之义加以演绎。《神会禅师语录》云：

---

① 〔唐〕慧能著，郭朋校释：《坛经校释》，第28页。
② 《金刚经如是经义》卷一，《卍续藏经》第25卷，第719页。
③ 〔唐〕慧能著，郭朋校释：《坛经校释》，第52页。
④⑤ 〔唐〕慧能著，郭朋校释：《坛经校释》，第62页。
⑥ 〔唐〕王维：《六祖能禅师碑铭》，《全唐书》卷三二七。
⑦ 《中华传心地禅门师资承袭图》，《卍续藏经》第63卷，第35页。

真如之体，以是本心。①

真如之体，以是本心……我心本空寂，不觉妄念起。②

在这里，"本心"显然是就心的真如方面给予界定的。《起信论》所树立的一心真如门中该摄了体用二义，"真如门内亦摄体用因果"③，而体用又分别以空、不空来显示。"空"，或"如实空"，是指真如自体远离妄染的方面，熄灭一切言说戏论，故可以说是消极的说明；"真如不空"，或谓"如实不空"，是指真如自体具有无量妙用功德的方面，故可以说是积极的说明。禅家后来以"本来无一物"讲明空之义，又说"无一物处无尽藏"，大体均沿用此义。

神会讲"真心"即真如时也提到体用，即如实空与如实不空两个方面。《语录》云：

真如之体不可得，名之空，以能见不可得见体。湛然常寂，而有恒沙之用，故言不空。④

神会"本心"说照着《起信论》的进路而做的最重要的发明，便是赋心体以灵知的意义。神会以"知"来说本觉，"本心"就是寂知之体，自性之上自有本智。"知""本觉""本智"皆是异名同实。《语录》中反复申诉此义：

但莫作意，心自无物。即无物心，自性空寂。空寂体上，自有本智，谓知以为照用。无住体上，自有本智能知，常令本智而生其心。⑤

从文字上看，"知"似乎只是寂体之妙用，尚不具有本体论的意义。实际上，当神会使用"知"字时，他的含义也指涉灵明本源的"本觉之智"。⑥ 在

---

① ②《神会和尚语录的第三个敦煌写本：南阳和尚问答杂征义（刘澄集）》，《大藏经补编》第25册，第236页。

③《起信论一心二门大意》，《卍续藏经》第45卷，第152页。

④ 杨曾文编校：《神会和尚禅话录》，第82页，北京：中华书局，1996。

⑤ 杨曾文编校：《神会和尚禅话录》，第119页。

⑥ 圭峰在《禅源诸诠集都序》中，对"智"与"知"做了区分，认为"智"局于理体、圣境，而"知"则"该于理智，通于凡圣"，从性体意义上说，二者可谓一体二名；但从化用的层面看，"知通智局"，即"知"把体用、迷语二界打通。所以从本体上说"知""智"不二，从作用上说"知"字广大。《禅源诸诠集都序》卷下之一，《大正藏》第48卷，第406页。

其《坛语》中,有这样的说明:"今推心到无住处便立知,知心空寂,即是用处。"①无住处便是体,此体已不复是般若实相说的性空,而是灵知。这里似乎空寂反倒成了灵知发明后的一种境界。关于这点,宗密非常明确地指出:"空寂之心,灵知不昧"②;"知之一字,众妙之源"③。又说:"空者,空却诸相,犹是遮遣之言。……知是当体表显义,不同分别也,唯此方为真心本体。"④

2. "无念"。神会非常重视"无念",认为"见无念者,名为实相。见无念者,中道第一义谛"⑤。结合"唯念真如"来讲"无念",其实是《起信论》的思想发明。仔细检核神会《语录》,其言"无念"之义,无论是用语还是义理,都有《起信论》的明显痕迹。如《起信论》讲随顺真如时说:"若如是义者,诸众生等云何随顺而能得入? 答曰:若知一切法虽说,无有能说可说,虽念,亦无能念可念,是名随顺。若离于念,名为得入。"⑥又如,《起信论》曾引述《楞伽经》中"若有众生能观无念者,则为向佛智故"来讲离念⑦,神会《语录》亦说:"见无念者,得向佛智。"⑧

《起信论》的"本觉"说在性体上立乎其大,为顿悟的学说提供了形而上学的根据。在行门的方面,通观《起信论》,确实详说本觉自身还流背习的离念次第,好像也重视渐修离念的过程。不过,《起信论》中有多处讲到"无念",而不只是离念分证的。文本对于"无念"的规定不太一样。有说离念而后得的无念,如《论》在说明觉性还灭的次第后,接着就引经

---

① 杨曾文编校:《神会和尚禅话录》,第 9 页。
② 《禅源诸诠集都序》卷上之二,《大正藏》第 48 卷,第 402 页。
③ 《中华传心地禅门师资承袭图》,《卍续藏经》第 63 卷,第 33 页。
④ 《中华传心地禅门师资承袭图》,《卍续藏经》第 63 卷,第 437 页。
⑤ 杨曾文编校:《神会和尚禅话录》,第 39 页。
⑥⑦ 《大乘起信论》,《大正藏》第 32 卷,第 576 页。
⑧ 石井修道比较神会《坛语》所引《起信论》中关于"无念"的文句,发现神会引《起信论》"能观无念者,则为向佛智"句时,将原文中的"向"字省略掉了。石井认为,这造成神会顿悟思想与《起信论》观念的重要区别。即《起信论》突出"向"字,表示佛智是需要经过由始觉为起点而逐渐与本觉合一的过程,可是神会把"向"字抽掉,将"无念"等同于佛智,这样《起信论》的意思就被再一次地做了发挥。见《南宗禅顿悟思想的展开》,《禅文化研究所纪要》20 号,京都:日本花园大学禅文化研究所,2003。

证(《楞伽》)说"若有众生能观无念者,则为向佛智故"。这句话,如果结合《起信论》讲的"心体离念""以离念境界,唯证相应故"①的背景来了解,显然还是由渐修而后顿悟一流的思想。但是,《起信论》也从"不二"的理趣中提示过另一流"无念"的观念。这最明显地表现在从"生灭门"当下直入"真如门",即经验心而直觉到觉性的一类观心方法。《论》云:

> 复次,显示从生灭门即入真如门。所谓推求五阴,色之与心,六尘境界,毕竟无念。以心无形相,十方求之终不可得。……若能观察,知心无念,即得随顺入真如门故。②

这里说的"无念",是就自心本来无念而不假次第离念的一类。《起信论》的注疏者昙延在《起信论义疏》中解释得非常明确:"此无念者,知念无自相,名为无念,非谓离念之法名为无念。"③明代的德清在《起信论直解》中也有类似的说明:"念念攀缘而此心体恒常,本自无念,即念处无念,故说不变。"④可见,南宗的顿教,特别是神会,提倡"一念相应"的观念,这恰恰就是《起信论》"无念"思想的延续。

神会的"无念",当然有《起信论》的启发,这是文、理二证都可以表明的。⑤ 不过,问题要复杂些。神会对于《起信论》的理解其实还有他自己的抉择和发挥。如他曾把"无念"与"一念相应"结合起来,表示悟理必顿,非由阶渐的意趣。《南阳和尚问答杂征义》中有这样的说法:

> ——众生心中,具足贪爱无明宛然者,但遇真正善知识,一念相应,便成正觉。
>
> 唯在一念相应,实更不由阶渐。相应义者,谓见无念。见无念

---

①《大乘起信论》,《大正藏》第32卷,第576页。
②《大乘起信论》,《大正藏》第32卷,第579页。
③《起信论义疏》,《卍续藏经》第45卷,第161页。
④《起信论直解》,《卍续藏经》第45卷,第497页。
⑤ 石井修道《南宗禅顿悟思想的展开》一文,亦为本论增加了有力的旁证。石井详细对照了神会话语与《起信》中的相关文句,认为神会的顿悟说与《起信论》有密切的关系。

者,谓了自性。了自性者,谓无所得。以其无所得,即如来禅。[1]

"一念相应",《起信论》早已明言之,所不同者在于,《起信论》中的"一念相应"还是经由离念功行而渐趣无念的,正如上文所说,它是一种渐顿。在神会这里,"一念相应"不需要历经修位,恰恰就是指学地无念和初发心住的证得,所以神会说:"出世间不思议者,十信初发心,一念相应便成正觉,于理相应,有何可怪? 此明顿悟不思议。"[2]神会的这种"一念相应",照他的说法,是取自《法华经》龙女顿发菩提观念的启发[3],而实际也抉择了《起信论》,特别是"知心无念",由生灭门而直悟真如门一类的入路。关于这一点,神会在《坛语》中,就专门指出其"无念顿教"的来历在于《起信论》:

> 但不作意,心无有起,是真无念。——若作心不起,是识定,亦名法见心自性定。马鸣云:若有众生观无念者,则为佛智。故今所说般若波罗密,从生灭门顿入真如门。更无前照后照,远看近看,都无此心。乃至七地以前菩萨,都总蓦过。唯指佛心,即心是佛。[4]

可以说,《起信论》的"无念"经过一番曲折的改造,终于在神会的顿教系统中得到了很有些戏剧性的反映。

三、从"初期禅"到"经典禅"的转向

9世纪中叶,由唐武宗发动的会昌毁佛运动给唐代佛教带来很大的打击,大量佛教经典、寺院被毁,而不以经教为中心的禅宗,反倒没有因为这次的灭佛事件而湮灭,并进行了新的改革运动,获得较大的发展。中国禅宗到了南宗最有代表性的宗派洪州宗出现后,则更进行了教义上较为彻底的革命,表现在对于经教的方面,就是以"语录"为中心,而讲求日常生活与禅悟的统一。国际禅学史界把马祖道一为代表的洪州宗的出现,视为中国

---

[1] 杨曾文编校:《神会和尚禅话录》,第80、81页。
[2] 杨曾文编校:《神会和尚禅话录》,第118页。
[3] 杨曾文编校:《神会和尚禅话录》,第80页。
[4] 杨曾文编校:《神会和尚禅话录》,第12页。

禅宗思想史上的一次"典范转移",即标志着"经典禅"的出现。

宗密在《禅源诸诠集都序》中指出:"荷泽洪州,参商之隙。"[1]表现在对于经教的态度上,就是说在慧能之后,南宗禅的不同法流对于经教的态度已经发生了鲜明的对立。神会为代表的荷泽宗与道一为代表的洪州宗在对待经教方面就表示了鲜明不同的立场,即"尊教"与"慢教"二流。荷泽宗虽然讲求顿悟,但主张在以心宗为先的条件下不废方便通经,正所谓"若心得通,一切经义无不通者",于是,荷泽一系对于经教仍然坚持"须广读大乘经典""大乘经可以正心,第一莫疑"的立场。[2] 洪州门下发展出的"教外别传",对于教相的破斥,可能是有意识地针对荷泽门下知解主义的批判。权德舆所作《唐故洪州开元寺石门道一禅师塔铭》中,所记马祖道一的禅学宗趣是"即心而证","触境皆如,岂在多歧,以泥学者"。[3] 这显然表示了洪州门下对于经学一流的批评。从洪州宗门的黄檗所说"不曾教人求知求解""第一不得作知解"[4]来看,对知解的批评体现了道一所传洪州系的一贯门风。

道一及其门下的斥教有不少发明,特别是百丈把传统的依经归纳为"三语句"而进行深入批判,非常具有启发意义。这些,学者们都有了讨论,恕不在此详引和论究。[5] 笔者想特别指出的,是洪州宗如何着意引申和发挥初期禅门对于经教的行事主义倾向。《祖堂集》卷一四的"马祖传"似乎刻意制造道一与经师("唱导之师")之间的紧张关系,禅师对于经师的批判在这里得到了充分的释放。这类有意识地强化洪州宗与佛教经师的对立的言论,最具体的表现为,"贪讲经论"不仅与修行无关,还会造成"错传佛教,诳諕凡情","增长一切恶",简直就是障道因缘,"言语说诸法,不能现实相"。如亮座主虽曾讲得六十本经论,终还是被道一呵

---

[1]《禅源诸诠集都序》卷上之一,《大正藏》第 48 卷,第 401 页。
[2] 杨曾文编校:《神会和尚禅话录》,第 14 页。
[3]〔唐〕权德舆:《唐故洪州开元寺石门道一禅师塔铭》,《全唐文》卷五〇一。
[4]《古尊宿语录》卷二,《卍续藏经》第 68 卷,第 14 页。
[5] 印顺对此有很好的解释,参见其《中国禅宗史》,第 286—293 页。

斥为"心如工技儿,意如和技者"一流的"未解"之徒。而汾州和尚讲四十二本经论,经过道一的勘验,才悟到讲经不过是枉费功夫,"空过一生"。[1]这里有明显的暗示,即经师之学无法达成解脱的效应,是禅门实践中必须加以克服和对治的障碍。经教师重视的是如何在阅读和圣典的意义关系中取得一致;禅师关心的,不是经典所指涉的意义,而是如何用经典去"做事",即圣典如何达成一种奥斯丁(J. L. Austin)所称的行事(performative)和实践的效用。[2] 这种"取其实用"的经教观,到了百丈则有了明确的表示。百丈说:

> 贪瞋痴等是毒,十二分教是药。毒未销,药不得除。无病吃药,药变成病。病去药不消,不生不灭,是无常义。

> 但是一切言教只如治病,为病不同,药亦不同。所以有时说有佛,有时说无佛。实语治病,病若得瘥,个个是实语。治病若不瘥,个个是虚妄语。……佛出世度众生,是九部教语,是不了义教语。瞋及喜,病及药,总是自己,更无两人。[3]

洪州宗倾向于一切天真自然,敷体性与随缘为一致,故不免轻教。宗密批评其"但得遣教之意,真空之义,唯成其体,失于显教之意,妙有之义,缺其用也"[4],应该说还是切中了问题。洪州宗的诃毁教相,从中国禅宗思想的内在理路看,可以说是延续了东山门下法如、杜胐的"以意相传,本无文教"的法流,并把曹溪所传的某些倾向加以延伸。西方现代禅学史家马克瑞(John R. McRae)就指出,作为"经典禅"(classical ch'an)典范的洪州宗,与"初期禅"的理念之间存在着深刻的"断裂"。最明显的标志是"经典禅"创造的"机缘问答"(encounter dialogue)形式,重视师徒之间自然而无人为构造性的机锋巧辩。"初期禅"还倾向于传统佛教的

---

[1] 以上均见〔南唐〕释静、释筠编撰,吴福祥、顾之川点校:《祖堂集》卷一四,第304—309页。

[2] 关于此,参考 Bernard Faure 的 *Ch'an Insights and Oversights:An Epistemological Critique of the Ch'an Tradition*,p. 149.

[3] 《古尊宿语录》卷二,《卍续藏经》第68卷,第12页。

[4] 《中华传心地禅门师资承袭图》,《卍续藏经》第63卷,第35页。

学说和实践，只不过，禅师们要根据自己的经验，为这些传统注入新的意义和精神。比较而言，"经典禅"则更倾向反对或简单忽视一切传统的形式。① 法裔美国禅学史名家佛尔（Bernard Faure）的分析为我们提供了更深刻的历史和解释洞见。他指出，中国禅由"初期禅"到"经典禅"的发展，同时意味着不断开放和解构圣典的过程。"初期禅"重视的是用精神而不是文字来会通经教，为了为其思想的合法性辩护，甚至不惜以伪经作"合法性的标志"，这表明他们多少保留了文字和经典的意义。8世纪以后，中国禅获得了正统性的地位，开始出现了中国人自己的圣典（即《坛经》），在这种意义上，"教外别传"可理解为对于印度经典和早期伪经的脱离。而"经典禅"的出现，又进一步把经典置于新的语言游戏中，即把经典变成"事件"，根据自己的需要随意发挥。佛尔认为，"经典禅"创造的"语录"以更加口语化和"反经典化的格局"确立了自己的合法性。而颇有吊诡性的是，"经典禅"在把佛教拉回到地面的同时，又把"语录"圣典化为一种新的"禅宗经典"。② 其实，柳田圣山在对禅宗语录的研究中，也发表了类似的看法。在《中国禅佛教的语录》一文中，柳田圣山认为，马祖禅创造了"语录"的新形式，标志传统的书写性的经典地位受到动摇。口语化的"语录"注重的是个体化的事实和事件，对于"意识形态化"了的经教系统完全没有兴趣。对于传统的言教，"语录"倾向于只视为具有历史的价值，而不再作为"宗教立场的逻辑基础"。③ 不妨说，洪州禅的诞生，意味着在"初期禅"那里还是伏流的离教内证倾向已经充分地明朗化和公开化了，中国禅由此走向了一个新的时代和境界。

① John R. McRae, "Shen-hui and the Teaching of Sudden Enlightenment in Early Ch'an Buddhism," in *Sudden and Gradual: Approaches to Enlightenment in Chinese Thought and Traditions of Meditation in Chinese Buddhism*, ed. Peter N. Gregory, Honolulu: University of Hawaii Press, 1987.

② Bernard Faure, *Ch'an Insights and Oversights: An Epistemological Critique of the Ch'an Tradition*, pp. 238. 239.

③ Yanagida Seizan, "The 'Record Sayings' Texts of Chinese Ch'an Buddhism," *Early Ch'an in China and Tibet*, No. 20(1983):185 - 205.

中国禅的"方便通经",融会了《楞伽经》《起信论》而又有偏向地引入到不立文字、传乎心地的反智主义立场,从而与印度禅显示了不同的意趣。这里面也许有着更为深刻的文化背景和意义结构值得去发掘。但我们同时也应该注意到,反智主义并非中国禅的唯一形式,中国禅宗所提倡的"方便通经",毕竟在第二义或方便的意义上为后世禅者会通经教或文字的合理性提供了空间。虽"知解为宗"没有成为中国禅重要的一流,但从印度禅到中国禅,断裂式的发展背后仍然有着某种意义的延续,南宗门下所发展出的石头宗主张"承言会宗",荷泽圭峰的"以教照心,以心解教",法眼的"句意合机""强显其言"等,都可以看做中国禅门中不废经教的法流。

第三节　中国禅门中的顿与渐

顿悟与渐修的问题是禅宗思想史上一个核心的问题,过去学界普遍地接受一种"南顿北渐"的说法,以为禅宗的南北分流即是在思想和修学方法上的顿渐之别。随着新文献,特别是敦煌禅文献的发现,近来学者们发现,不能简单以南顿北渐作为标准来区分南、北宗的思想分歧,对于顿渐观念需要做更深入与具体的哲学史分析。在这一节,我们无意介绍一般禅史或哲学史著中所谓南顿北渐的成见,而重点介绍近来学界研究的新成果,特别是从达摩禅到东山法门,再到神秀为中心的北宗禅思想中的顿渐观念,以期修正传统有关禅宗思想之南顿北渐观念中过于简单化的论述。

我们从初期禅宗史的材料来重新审查禅宗哲学史上的顿渐观念。关于达摩禅法中的顿渐问题,依据现有的材料还无法做出明确的判断,我们只能从后人评论的只言片语中得见一些消息。早期有关达摩禅法的记录,大多把达摩禅的作风视为顿悟的法流。[①] 如道宣的《续高僧传·

---

① 被关口真大认为是达摩作品的敦煌出土文献《达摩禅师论》中,有明确的顿悟思想。该《论》以一切众生"皆是如来藏佛故"作为前提而指出"顿生净土"的可能,如其云:"以常用一清净心故,以常乘一理而行故,即是顿入一乘。"参见[日]关口真大『達摩大師の研究』,付编,464頁,東京:春秋社,1969。

达摩传》中，就表示达摩的宗风是倾向于顿的。道宣说："五住久倾，十地将满，法性早见，佛智已明。"[1]不过，这一说法还过于简略。后世禅宗文献对于达摩禅中顿教的说法则有不同的记录，多少渗透了编撰者的立场。如代表北宗一系思想的禅史文献，杜朏的《传法宝纪》论到达摩的禅风，即说"始密以方便开发"[2]。就是说，达摩禅是经由方便的积累功行，而后于理才能有所顿入的，这明显是渐顿的一流。荷泽一系的说法，仔细分辨起来则有些不同。宗密就把达摩禅的顿教置于与南岳天台禅法的比较中加以显示。宗密认为，达摩禅法重视不假方便而"顿同佛体""疾证菩提"的意义。[3] 按照宗密的解释，达摩禅及其所开示出的宗风恰恰是顿悟而后资于渐修的。这与杜朏的说法完全不同。从思想史的角度看，这些有关达摩禅法的不同记录，都无法真实地再现达摩禅的精神，而更多表达了他们自己对于达摩禅的理解与解释，并不能一概看做历史上的达摩禅。[4]

学术界一般都认定，关于历史的达摩禅法的可靠记录，只有从现存的"二入四行"中去了解。在《续高僧传·达摩传》与《楞伽师资记》所录"二入四行"的文段中，我们还是无从发现有关顿渐的明确说法，只能进行一些推断性的分析。先说"理入"，这里关键的有两点：首先，作为顿教基础的先验佛性的规定，依达摩的说法，"深信含生同一真性"，"凡圣同一真性，但为客尘妄覆，不能显了，——"，一切众生，无论觉悟与迷情，都先验地本具佛性。所谓圣凡之别，不是就存在或本体论意义而言，而只表示了后天认识意义上的不同。这一构成中国禅宗顿教的形而上学原则，为后来南北禅所共同奉行。其次，"理入"同时也包含了实践上的意义，就是说，达摩的"理入"本身包含了见道与修道、理与行的两门，这是学者们不曾注意的。"理"

---

①《续高僧传》卷二〇，《大正藏》第 50 卷，第 597 页。

②《传法宝纪序》，《大正藏》第 85 卷，第 1291 页。

③《禅源诸诠集都序》卷上之一，《大正藏》第 48 卷，第 399 页。

④ 関口真大「達摩大師の研究」一书，就把达摩分为历史人物达摩和作为祖师、悟性象征的达摩两类，并认为除了《达摩大师四行论》与《达摩禅师论》两篇作品能够代表真实达摩的禅法，其他有关达摩的说法，都是禅史上不断被制造出来的，不能够作为研究达摩思想的资料。

是理境,意指一切现象背后的"终极实在"或"先验原则";"人"则是对于作为绝对"理"的进入,这里有行动的意味。此"理入"的具体表现为"舍妄归真"的"壁观"。那么,这种悟入谛理的"壁观"作为实践的意趣独立列出,与"四行"的区别在哪里呢?困难在于,"壁观"的真正性质我们还是无法详细说明。从昙琳序中,我们略知它是一种"安心"的方便,但单从《续高僧传》这些较早的记录中,无法详悉"壁观"更深入的意义。于是,有学者试图从后出禅宗文献"灯录"中去理解这一观念的意义。[①] 我们大抵可以说,"壁观"缘于理境,专注在形而上的绝对观念上,而"四行"则是于事行上的融冶,针对消除习气而言。[②] 即把"四行"看成是不同于"壁观"的,在日常生活的行动中去体会圣道的方便。[③]

达摩禅法的顿渐性质同样是令人难解的。有学者以《楞伽》中"顿现无所有清净境界"的顿入见道来解释"理入",又以《楞伽》中"净除一切众生自心现流"的渐修讲行入的四门,并指出达摩的"四行"是本着悟入见地以后的消除习气。[④]这似乎与宗密的意见相近,赋予达摩禅一种顿悟之后起行渐修的意义。日本著名禅史学家柳田圣山则认为,目前还无法确定达摩禅法与后世所称"最高大乘禅"中顿悟思想的直接关联。[⑤] 我们只能说,达摩为早期禅的顿悟学说预立了一先验的哲学原则,等到中国禅宗四祖道信和五祖弘忍所代表的东山法门出现,中国禅的顿渐观念才逐渐明朗。

道信被看做中国禅宗史上一位承前启后式的人物,而关于他禅法的性质,学界却有完全不同的意见。如吕澂就提出,道信的禅法是依《起

---

① D. T. Suzuki, *Essays in Zen Buddhism*(*First Series*), New York: Grove Press, Inc. , 1949, pp. 153 - 188. 铃木甚至认为,达摩的"二入四行"受到《金刚三昧经》的影响,而"壁观"又和该经中的"觉观"有所不同。另外,水野弘元在《菩提达摩的"二入四行"说与〈金刚三昧经〉》一文中则提出不同的看法。他认为,"二入四行"要早于《金刚三昧经》而出,该经是仿照达摩思想而作。文载《佛光文选·一九七九年佛学研究论文集》,高雄:佛光出版社,1994 年。

②④ 参见印顺《中国禅宗史:从印度禅到中华禅》,第 10 页。

③ John R. McRae, *The Northern School and the Formation of Early Ch'an Buddhism*, Honolulu: University of Hawaii Press, 1986, p. 108.

⑤ [日]柳田聖山:『初期禅宗史書の研究』,14 頁,東京:法藏館,1966。

信》本觉为宗,专讲"渐修渐证"的。① 夏贝尔(David W. Chappell)则通过比较道信"入道安心"的"方便"与求那跋陀罗所传的禅法,指出道信的禅法并不重视印度禅中阶位次第的观念,这好像在表明道信是倾向于顿的。② 从源流上看,道信是接续了达摩禅的传统,还是为禅宗开辟了一个新的传统? 有些学者认为,由于道信接触过天台一系的人物,所以他的禅法很可能受到天台的影响而不完全是达摩以来的传统。③ 如有学者比较强调道信禅与达摩禅之间不同的一面,认为达摩禅具有不可妥协的顿教性质,而道信为了接机初学,广泛开展了各种"方便",即引入渐修方法。道信禅法中这种顿渐二元论的立场,使道信禅拥有更大的包容性,同时也导致了其禅法在某种程度上的妥协性,而道信之后南北禅在方法上的紧张,恰恰就根源于对道信禅法中各种"方便"的不同态度。④ 从《楞伽师资记》所录道信"入道安心"的"方便"来判断,道信确曾根据众生"根缘不同"而分别提示了顿、渐两种入路。如针对根性利落的,有"不念佛""不捉心""不看心""不计心""不思惟""不观行"而"直任运"的顿入;对于根基浅的,则又有假借时段,透过观心看净而逐渐悟解的一路。因此,"入道安心方便"中所提出的"取悟不同",实际表示了顿渐二门的分别应用。《宋高僧传·弘忍传》中说"信每以顿渐之旨,日省月试之"⑤,可见,道信本人就根据情况的不同,分别用过顿、渐的方式教导弟子。这一点,在他的后学中是有所传承的。《坛经》说顿渐就有依人利钝而发的。《坛

---

① 吕澂:《禅学述源》,《吕澂佛学论著选集》第 1 卷,第 404 页。

② David W. Chappell,"The Teachings of the Fourth Ch'an Patriarch Tao-hsin(580 - 651),"in *Early Ch'an in China and Tibet*,ed. Whalen Lai, Lewis R. Lancaster.

③ 道信与天台的关系,参见[日]柳田圣山『初期の禅史Ⅰ:楞伽師資記・伝法宝紀』,東京:筑摩書房,1979,320,231 頁;[日]田中良昭『敦煌禅宗文献の研究』,東京:大東出版社,1983,第 1 章第 1 节下之"道信禅与天台法门"。关于此问题,印顺的《中国禅宗史》也有详细考察,参见该书第 42 页。

④ Bernard Faure,*The Will to Orthodoxy:A Critical Genealogy of Northern Ch'an Buddhism*,California:Stanford University Press,1997,p. 154.

⑤《宋高僧传》卷八,《大正藏》第 50 卷,第 754 页。

经》敦煌本中有这样的记载："法无顿渐,人有利钝。迷即渐契,悟人顿修⋯⋯"①而北宗重于拂尘看净的,也可以理解为道信禅法中"或可谛看,心即得明净,心如明镜"②的法流。道信有关顿渐的不同说法似乎包含了其后禅宗内部南北分化的可能,这在学者中大抵有比较一致的意见。

弘忍所开创的东山法门在早期禅的思想中具有卓越的地位。有学者认为,弘忍与道信归属一期,皆以《起信论》为宗旨,而不同于禅宗初期由达摩所传的《楞伽经》传统,③因为《起信论》是重于渐修成道的思想,这就暗示了弘忍的禅法是重于渐观的一类。另外一类研究则强调了达摩、道信、弘忍一脉相传的连续性。印顺就认为,弘忍的东山法门承续了达摩、道信以来"顿入"传心的法流,并重视《楞伽》传统中的"观心"。④ 而北美禅宗学者马克瑞的看法很有意味。他注意到弘忍与达摩旧传的关联,同时又指出,东山法门的"守心"继承了达摩"二入四行"中"理入"的方面,倾向于"壁观"式的守静、知体和止灭,而于日常生活中化用的"四行"却没有重视。他认为,"四行"的方面恰恰由神秀为中心的禅法所延续。⑤

可以肯定,东山法门绝不是横空出世而单方面主张"渐修渐证"一路的。弘忍的《修心要论》开宗明义地表示了达摩禅的传统所奉持的自性清净和妄念所覆的思想图式;于实践上,也提示了"不索束修"而顿入的观念。⑥ 不过,从现有《要论》的各种文本进行分析,弘忍反复说明的"守心"要义,还是倾向于讲渐进伏灭的。"守心",依弘忍的解释,就是守本

---

① 〔唐〕慧能著,郭朋校释:《坛经校释》,第37页。

② 《楞伽师资记》,《大正藏》第85卷,第1287页。

③ 参见吕澂《禅学述源》,《吕澂佛学论著选集》第1卷,第402—404页。

④ 印顺:《中国禅宗史:从印度禅到中华禅》,第63—64页。夏贝尔对于从达摩到道信、弘忍思想之间的连续性有很谨慎的看法。他认为,从达摩的《楞伽》传统到道信、弘忍的发展,有一些共同的主题把他们关联起来,但道信开始,对于早期禅的一些基本观念也有重要的修正。详见"The Teachings of the Fourth Ch'an Patriarch Tao-hsin(580 – 651)"。

⑤ John R. McRae, *The Northern School and the Formation of Early Ch'an Buddhism*, pp. 247 – 250. 吕澂也指出,神秀禅法境界在于把动定打成一体,强调了体用互即的方面,即在生活中体会禅意。参见其《中国佛学源流略讲》,第216页。

⑥ 《修心要论》,马克瑞校本,此文收录于 *The Northern School and the Formation of Early Ch'an Buddhism*.

真心,令妄念不生,此亦可名为"正念"。《论》中说:

> 凝然守本净心,妄念不生,我所心灭,自然证解。
>
> 我心既真,妄想即断,妄想断故,即其正念。

在这里,"守心"虽是以理(真如门)为所缘之境,但功夫上并没有特别强调直下悟入,还是要经历一番"念念磨练"的过程。具体说,就是经由"缓缓静心""稳熟看心"和"返覆融消"的次第,去"灭十地菩萨中障",到"妄念云尽"时,自然与佛平等,惠日朗现。所以,《楞伽师资记》中才说弘忍的"守心"是"自有次第"的。照延寿《宗镜录》卷九七的说法,弘忍的"但守一心即心真如门",可以在《起信》思想的脉络中加以观察,[①]而弘忍着意要引申的,正是《起信》中"离念"自觉的法流。因此,东山法门不废顿悟,却究竟偏向了渐入的方便。

以神秀为中心的所谓北宗禅法,在过去的哲学思想史研究中都被简单地看做渐修的代表,而这一看法随着新文献的发现,早应该给予修正。在国内有关中国禅学思想的研究中,由于各种原因,神秀为代表的禅学思想还没有被充分阐释。因此下面将结合国外相关新研究的成果来做些补充。

神秀(? —706 年)早年即通内外经典,出家后成为五祖弘忍门下的大弟子。他的禅学思想倾向于"锐志律仪,渐修定慧"[②],是一位重视渐修入道的禅师。从顿渐的思想方面来论究神秀禅法的性质,也是一个复杂的问题。一般的研究较多依据宗密和传统禅宗灯史的说法,把神秀的禅法放置在与南宗对立的架构内,过于简单地把神秀的禅法诠释为渐修的一路。其实宗密对于神秀禅法的记录本身就有变化。如其在《禅源诸诠集都序》卷二和《中华传心地禅门师资承袭图》中都把神秀的禅归为"息妄修心"的渐教一类。《都序》说其宗风是"背境观心,息灭妄念"[③],《承袭

---

① 《宗镜录》卷九七,《大正藏》第 48 卷,第 940 页。
② 〔唐〕杜朏:《传法宝纪》,杨曾文校写《敦煌新本六祖坛经》,附编(一),第 168 页。
③ 《禅源诸诠集都序》卷上之一,《大正藏》第 48 卷,第 402 页。

图》也载"此但是染净缘起之相,反流背习之门,而不觉妄念本空,心性本净……",甚至说"北宗但是渐修,全无顿悟"。① 但在《圆觉经大疏钞》卷三之上,又说北宗"虽渐调伏",而"不住名言"的倾向也是"不出顿教"的一流。② 卷三之下则把神秀之北宗归于天台一路的观法,在性质上属于"渐修顿悟",即"从初便渐",而后"顿绝诸缘,顿伏烦恼"。③ 这应该说是渐顿的类型。

马克瑞对于神秀的禅法分析似乎有意识地在挑战传统禅史观念。他对于《坛经》中所记神秀"观心偈"④的重新解释很有意味。在他看来,这首偈并不必然地像传统理解的那样,只能做渐修的读解。他指出,"拂尘"只不过表示北宗对不间断的精神训练的一向的重视。这种修治既可以在悟前,也可以在悟后。实际上,这首偈的重点不在时时拂尘的方面,而在如何保持镜子不断照明的功能。⑤ 就是说,拂尘并不在于不断趣向悟解的获得,而在于保任本有的悟解。这颇类似于悟后起修的意思。马克瑞的意图很清楚,他想颠覆传统意义上南北禅的区分,故他对于北宗禅的再诠释,特别针对宗密批评北宗渐教的基础在"不觉妄念本空"的方面,而旨在表明北宗禅的哲学前提恰恰是"妄念本空"的。他试图以此种先验设定的本性清净来为神秀的顿教立场辩护。

实际上,早就有为神秀渐教论鸣不平者。如宋代慧洪的《林间录》卷上就提出,要注意神秀禅法中主张渐修方便的良苦用心。这段文句不妨引述如下:

> 至如北秀之道,顿渐之理,三尺童子知之,所论当论其用心。秀公为黄梅上首,顿宗直指,纵曰机器不逮,然亦饫闻饱参矣,岂自甘

① 《中华传心地禅门师资承袭图》,《卍续藏经》第 63 卷,第 35 页。
② 《圆卷经大疏钞》卷三之上,《卍续藏经》第 9 卷,第 518 页。
③ 《圆卷经大疏钞》卷三之下,《卍续藏经》第 9 卷,第 535 页。
④ 神秀的观心偈为:身是菩提树,心如明镜台,时时勤拂拭,莫使有尘埃。见〔唐〕慧能著,郭朋校释:《坛经校释》,第 14 页。
⑤ John R. McRae, *The Northern School and the Formation of Early Ch'an Buddhism*, pp. 235 - 236.

为渐宗徒耶？盖祖道于时疑信半天下，不有渐，何以显顿哉？至于纷争者，皆两宗之徒，非秀心也。便谓其道止如是，恐非通论。[①]

应该承认，神秀禅法中同时含蕴了顿渐思想，问题在于顿与渐的关系究竟怎样？我们认为渐进后顿的类型比较符合神秀为中心的北宗禅思想。从神秀的著作《大乘无生方便门》看，其中有说到"一念净心，顿超佛地"[②]的。学界通常根据这一文句而说神秀的禅法也有主于顿悟的。但这种过于草率的判断实际并无助于对神秀禅法的深入了解。"一念净心"的顿悟可以有两解：一是《起信》说的历经修习，菩萨地尽而后才有的一念相应，这是渐顿的路线；神会说的从初心地就一念相应的顿，则完全是另外一种法流。神秀的"顿超佛地"可以肯定是《起信》、弘忍以来离念而后得的。从他的《大乘无生方便门》的文本脉络看，讲完"一念净心"，紧接着就详细说明通过"长时无断"的"看心若净"方式，逐渐达到"身心得离念"，"六根离障，一切无碍即解脱"的境界。同时，在经证的方面，恰恰引到《起信》中"心体离念"的一段文义，这与宗密所记神秀"五方便"之第一方便门的说法是完全一致的，表示神秀的顿悟确实是经由净心离念的渐入而后得，不是悟后的保任。从张说《大通禅师碑铭》的记录中也可以找到类似的说法。《碑铭》提到神秀的法流有"一念而顿受佛身"的，而在进路上又延续了《楞伽》以来"慧念以息想，极力以摄心"的方便，就是说，顿悟之前要经过"定水内澄""禅灯默照"的"渐修定慧"，这正是《碑铭》所说："趣定之前，万缘尽闭；发慧之后，一切皆如。"[③]

神秀禅法由渐而顿的倾向大抵可以理解为北宗禅的一般图式。如法如一系有"众皆屈申臂顷，便得本心"[④]，杜朏也说法如的禅法是"发大

---

① 《林间录》卷上，《卍续藏经》第 87 卷，第 249 页。
② 《大乘无生方便门》，《大正藏》第 85 卷，第 1273 页。
③ 《唐玉泉寺大通禅师碑铭》，《全唐文》卷二三一。
④ 《唐中岳沙门释法如禅师行状》，〔清〕陆耀遹《金石续编》卷六，上海：上海古籍出版社，2020。

方便,令心直至"①。如果说这些讲法在顿渐关系上还不太明确的话,那么杜朏在《传法宝纪》的序中,引申《起信》离念自觉,发挥从"净心地"到究竟觉"离见妄想,上上升进"的观念来解释"自觉圣智",就明显是渐顿的法流。② 玄赜的弟子净觉在理则上也是主张"真如妙体,不离生死之中;圣道玄微,还在色身之内"的染净"不二"和般若"得无所得"之义,而于行门上仍表示了经由历劫修因而顿成佛道的意见:"身虽为之本,识见还有浅深。深见者,是历劫清净薰修之因,一发道心,乃至成佛。"③神秀一系的普寂教宗《楞伽》《起信》等经论,在禅法上倾向于方便开发而顿通实相,李邕的《大照禅师塔铭》中载:

> 其始也,摄心于一处,息虑万缘,或刹那便通,或岁月渐证,总明佛能开方便门,示直宝相。④

被认为代表北宗思想的敦煌文书《导凡趣圣心决》所记禅法,也是明确主张"先从外观","缘虚妄理,住心得久"的调炼功夫而"渐入深胜之处"的。⑤ 可见,北宗禅法理论并非一般所谓渐修的一类,而是融合了顿渐,主张渐修顿入的。

第四节 慧能与《坛经》诸问题

一、慧能生平的相关文献

与慧能生平传记有关的文献现存至少有 18 种之多,主要为《光孝寺瘗发塔记》(676 年)、唐代王维(701—761 年)《六祖能禅师碑铭》、荷泽神会(686—760 年)《神会语录》、《历代法宝记》(774 年)、敦煌本《坛经》

---

① 〔唐〕杜朏:《传法宝纪》,杨曾文校写《敦煌新本六祖坛经》,附编(一),第 164 页。
② 《传法宝纪序》,《大正藏》第 85 卷,第 1291 页。
③ 《楞伽师资记》,《大正藏》第 85 卷,第 1283 页。
④ 〔唐〕李邕:《大照禅师塔铭》,《全唐文》卷二六二。
⑤ 转引自冉云华《敦煌卷子中的两份北宗禅书》,《中国禅学研究论集》,台北:东初出版社,1990。

(781—801 年)、唐代柳宗元《曹溪第六祖赐谥大鉴禅师碑并序》(816年)、唐代刘禹锡《曹溪六祖大鉴禅师第二碑并序》(819 年)、圭峰宗密《圆觉经大疏钞》(823—841 年)、《祖堂集》(952 年)、永明延寿《宗镜录》(961年)、赞宁《宋高僧传》(988 年)、道原《景德传灯录》(1004 年)、佛日契嵩《传法正宗记》(1061 年)、大乘寺本《坛经》(源于 1116 年宋刊本)、兴圣寺本《坛经》(源于 1153 年宋刊本)、宗宝本《坛经》(1291 年改编本)、《六祖大师缘起外纪》(时间不详)。

　　上述文献材料时间跨度很大,最早的一部《光孝寺瘗发塔记》据载写在慧能于制旨寺(今广州光孝寺)披剃受戒的那年,其余都是慧能去世后几十年甚至几百年的作品。这些文献存在大量分歧信息。我们可以试着从中找到一些慧能生活的印记,但或许永远无法还原出一个完整的、真实的慧能生平。因为慧能在禅宗乃至中国佛教中的地位太特殊了,他的生平才被后世一再讲述,每次讲述都会阐释性地加入大量或许可以称为合理化想像的内容,使得慧能成为禅宗精义高度浓缩出的宗教典范形象。

二、慧能的生平

　　慧能(638—713 年),又作惠能,俗姓卢,原籍范阳(治今河北涿州)。其父卢行瑫因故贬官至新州(今广东新兴),后以平民身份定居。唐贞观十二年(638 年)二月初八于新州出生,3 岁时父亲去世,由母亲抚养长大,成年后卖柴为生。

　　各版本《坛经》都记载,慧能一日送柴去客栈,听到住客读诵佛经,甚有所悟,请教客人得知诵读的是在黄梅(今湖北黄梅县西北)东冯茂山弘忍禅师处习得的《金刚经》,又得知弘忍在黄梅传授禅法,门徒众多,于是发愿北上投师,学习佛法。住客随喜慧能发心,奉上十两纹银(《祖堂集》记载百两纹银)供慧能安置母亲生活。慧能随即北上,中途没有耽搁停留,直达黄梅。

　　几乎与敦煌本《坛经》同时代的《曹溪大师传》(8 世纪)则没有客栈听

经的记载,而是提到慧能在母亲亡故后,大约 30 岁时离开新州,北上投师。途经韶州曹溪(今广东韶关)与村民刘至(或作"志")略结识,兄弟相待,白天一起劳作,晚上一起听刘至略姑姑、山涧寺比丘尼无尽藏诵读《涅槃经》。慧能虽不识文字,但听闻经文就可领会,常常向无尽藏等解说经义。无尽藏十分赞叹惊讶,慧能提出:"佛性之理,非关文字;能解,今不识文字何怪?"①慧能的声名由此传开,为当地佛教徒所敬重,并被请入始建于梁朝(502—557 年)的宝林寺学法,修道三年。后又曾到乐昌县(今广东韶关乐昌)西石窟向智远禅师学习坐禅。他又跟随惠纪禅师诵《投陀经》,慨叹:"经意如此,今我空坐何为?"于是在惠纪提点下,慧能决定赴黄梅弘忍禅师处学禅。

关于慧能在黄梅的经历,文献记载相对一致。慧能到达黄梅县冯茂山弘忍门下。新来的修行者,照例要接受住持和尚的问话。而南宗大量禅宗僧传、语录等文本都非常看重师徒之间初次会面的问答。这种风气之始,或许可以回溯到菩提达摩与慧可的问答,后世禅宗往往会将师徒初次会面相互试探对方境界的机锋问答记录下来,作为公案。据敦煌本《坛经》记载:

> 弘忍和尚问惠能曰:"汝何方人?来此山礼拜吾,汝今向吾边复求何物?"惠能答曰:"弟子是岭南人,新州百姓,今故远来礼拜和尚。不求余物,唯求作佛。"大师遂责惠能曰:"汝是岭南人,又是獦獠,若为堪作佛!"惠能答曰:"人即有南北,佛性即无南北;獦獠身与和尚不同,佛性有何差别!"②

初次会面,慧能还是未披剃受戒的在家人,但是佛学见地很高,居然直截了当地指出一切众生皆有佛性,无二无别。这让弘忍非常赏识。敦煌本《坛经》记载弘忍怕四众嫉妒排挤,因此安排慧能去碓房舂米。慧能被安排去碓房的确切原因无从旁证,但是在家人入寺做净人,原本就是要做

---

① 《曹溪大师别传》(失撰人)、〔唐〕慧能著,郭朋校释《坛经校释》,第 146 页。
② 〔唐〕慧能著,郭朋校释:《坛经校释》,第 9 页。

杂役的,不可能马上接受剃度,也不可能被安排去重要的岗位司职。《历代法宝记》记载慧能在碓房工作了八个月。在此期间,弘忍曾到碓房与他问答说法。王维的《六祖能禅师碑铭》记载慧能在弘忍说法时也曾"默然受教"。

某日,弘忍召集寺众,要求大家把各自的佛法见解以偈子的形式呈上,以作遴选法嗣的依据。众人都膺服首座神秀,以之为不二人选。神秀自写一偈于廊下中间壁上:

　　　　身是菩提树,心如明镜台,时时勤拂拭,莫使有尘埃。①

弘忍认为并没有达到明见心性的境界,但指出,依此偈修行可以免堕恶道,嘱咐大家抄写背诵。

慧能在碓房听到他人背诵,不能苟同,因此作了两偈,请人代写。第一首:

　　　　菩提本无树,明镜亦非台,佛性常清净,何处有尘埃!②

又一偈:

　　　　心是菩提树,身为明镜台,明镜本清净,何处染尘埃。③

弘忍对众人表示,这偈子"亦未得了"④,却暗示慧能夜半三更来自己房间,向他讲授《金刚经》要旨。慧能一闻,言下便悟,一切万法,不离自性。弘忍把袈裟授给慧能,作为嗣法的信物,并连夜亲自送慧能到九江驿,嘱咐慧能"努力将法向南"⑤,三年不要对外弘法,等灾祸过去了,再宣说此法。

敦煌本《坛经》记载,慧能走到大庾岭,被数百人追夺法衣。绝大多数人追到半路就放弃折返了,唯独一名叫惠顺(宗宝本等余本《坛经》记

---

① 〔唐〕慧能著,郭朋校释:《坛经校释》,第14页。
② 〔唐〕慧能著,郭朋校释:《坛经校释》,第18页。
③④ 〔唐〕慧能著,郭朋校释:《坛经校释》,第19页。
⑤ 〔唐〕慧能著,郭朋校释:《坛经校释》,第24页。

作"惠明")的僧人紧追不舍。惠顺追上慧能,表示是为法而来,不是为取法衣,于是得到慧能指导,言下心开。

慧能回到岭南,在新州、四会、怀集等地隐遁三年(又有文献记载五年),经常与猎人在一起,并为他们宣说佛教的道理。

上元三年(676 年)初,慧能来到法性寺(今广州光孝寺),此时精于戒律的印宗法师(627—712 年)正在此开讲《涅槃经》。《曹溪大师传》记载,慧能在法性寺听到僧人们在辩论,一个认为寺院悬幡飘动是风动,无情之幡是因风而动;另一僧困惑风幡都是无情,如何能动;第三个给出解释,认为因缘和合所以动;第四个认为幡不动,是风自己在动。众僧议论不止。慧能道:"幡无如余种动。所言动者,人者心自动耳。"[①]敦煌本和惠昕本《坛经》没有这段记载,兴圣寺等本有这段内容。印宗听到慧能的解说赞叹不已,得知慧能受衣法于弘忍门下将东山法门流传到岭南,更加礼敬有加。印宗于是为慧能剃发,并授以具足戒。

慧能在法性寺短暂停留并为大众说法,继而在印宗的帮助下住持曹溪宝林寺。慧能住持宝林寺期间,曾应韶州刺史韦琚之请到韶州治所曲江县内大梵寺向僧俗说法,信众颇多。他在岭南弘化,名声逐渐传开,引起中原皇室的尊重。王维《六祖能禅师碑铭》记载武则天和唐中宗诏谕慧能进京讲法,慧能辞不奉召。柳宗元《大鉴禅师碑》记述唐中宗遣使迎请慧能入京,慧能辞不奉召。《历代法宝记》记载武则天在长寿元年(692年)、万岁通天元年(696 年)两次遣使者张昌期迎请慧能。《曹溪大师传》记载唐中宗于神龙元年(705 年)遣中使薛简迎请慧能进京,慧能以病辞,并为薛简说法。神龙三年(707 年),中宗诏修宝林寺并赐摩纳袈裟一领,绢五百匹。上述年月、人物等细节纷乱,不过慧能受到皇室礼请、接受皇室供养、奉召建寺等实质并无改变。

先天二年(713 年),慧能在家乡新州的国恩寺圆寂,瑞相迭出。同年遗体被迎回曹溪供奉。

---

① 《曹溪大师别传》(失撰人),〔唐〕慧能著,郭朋校释《坛经校释》,第 149 页。

慧能自咸亨五年(674 年)从弘忍受法至圆寂共 40 年。从其受法弟子,据惠昕本《坛经》记载,有千人之多。知名者有法海、志诚、法达、智常、志彻、志道、法珍、法如、神会以及青原行思、南岳怀让、南阳慧忠等。

慧能在世时,禅宗并非中国的主流佛教宗派。禅宗一跃成为中国第一大佛教宗派是在北宋时期。慧能在世时,他所教授的南派禅宗也并非禅宗中影响力最大的流派。神秀及其弟子在以东、西两京为中心的北方地区传播禅法,对皇家颇具影响力。相较之下,慧能及其南派的影响主要在岭南地区,晚年声名才得闻于北方。唐中宗虽曾遣使赐衣,但是慧能去世时并未赐予谥号。又因唐中宗本可称是唐代皇帝中最崇信佛教的一位,因此佛教高僧广受恩泽,其给予慧能的关注并不算非常之突出。慧能弟子神会在慧能去世后赴两京进行了艰苦努力,才使得慧能在禅宗中的六祖地位得以确立。唐宪宗更是在元和十一年(816 年)下诏追赐慧能为"大鉴禅师",自此南宗更见兴盛。

三、《坛经》及其哲学思想

以哲学的方式来探讨禅宗的思想是有难度的。禅宗的精神被后世灯录总结为"教外别传,不立文字,直指人心,见性成佛",语句虽是后世提炼,但其基本的精神确实贯彻始终。这里的"不立文字"中,"立"字最有深意。佛教思想中的"立"是"建立"的"立"。一方面佛教各个教派都需要建立名相,辅助思维,剖析教理,指导观修;另一方面又要设立本教派所依的根本经典。而禅宗的"不立文字"就是在这两方面一反以往教派传统,不建立本宗的名相和理论系统,也不设立所依的根本经典。后人往往曲解了"不立文字"的意思,简单认为这是一个对待所有语言文字的态度,因其难以贯彻,于是在宋代有了"文字禅"等语言使用上的转向;又,考证禅宗早期并不排斥佛经,《楞伽》《金刚经》《涅槃经》等在其历史中都曾占据很重要的地位,因此"不立文字"成了空口主张。但若明白"立"字的意思,所有现象就不再矛盾。禅宗表达的不是对语言或经典的排斥,而是反对建立一个坚固的对象并依之起修。这个对象是佛教名相也好,经典也罢,禅宗都是反对的。必须让思维"不着一处",无所安立,才契合了禅宗修持入门的气质。南宋以降,禅宗常采用"参话头"的方式禅修,常说"参活句不参死句"也是这个意思。"死句"就是可以产生意义引申的句子、使人能产生第二个念头的句子,如此,意识追随语义飘动,就起不到生疑情而参修的作用;"念佛是谁""父母未生前的本来面目是什么""拖死尸的是谁"这类使思维四面碰壁、无处攀缘的句子才可以用做话头来参。正因为"不立文字"的主张,禅宗没有自己独特的概念名相,也没有本宗的理论系统和根本经典,因此在哲学思想之宇宙论上并没有贡献,只在实践修行上有很多讨论。

以哲学的方式讨论慧能思想也是有难度的。除了上述讨论禅宗哲学所面对的共性困难,还需面对缺少直接著述的问题。慧能没有亲自撰述①,他的生平和教言是在他去世后被弟子辑录成册的,后世称为《六祖坛经》。《坛经》在流传过程中曾多次被修改增删,这些抄本,有的早已佚失,有的保存至今。现存版本中,我们无法确定最早的版本是否即是最接近原本的版本,也无法确定其中哪一个本子是最符合慧能原意的版本。因此对慧能思想的讨论,更准确的表述应当是对《坛经》当中所记录的慧能禅法思想的讨论。

(一)《坛经》的版本

记述着慧能生平事迹、语录的《六祖坛经》,是中国佛教著作中唯一被奉为"经"的文本,也是禅宗修持所依据的重要经典。《坛经》如其他佛经一样,都非说法者亲自撰写的文本,都是弟子对先师教言的回忆和再叙述。但印度佛经是采用集结的方式,众僧大会,一人背诵宣说,众人没有疑义则形成文本。《坛经》初成文本的时候,慧能的弟子恐怕并没有尊之为经的野心,也没有采用集结的方式,而是由弟子法海自行成书,后进行修辞加工,仿照佛经对白措辞,在漫长的流传过程中,又在阅读过程中

---

① 《金刚般若波罗蜜经解义》《金刚般若波罗蜜经口诀》署名为"慧能",但看其思想,颇多疑点,应是托名作品。

被数次增删、润色和调整结构。

按其时间顺序介绍主要版本如下：

1.《坛经》祖本（或称法海原本），由法海集记而成。成书时间当在慧能去世的唐先天二年（713年）至神会在滑台与北宗僧人辩论禅门宗旨的开元二十年（732年）左右。该本早已佚失。

2. 敦煌本，为现存《坛经》的最古本。当成书于开元二十一年（733年）至贞元十七年（801年）智炬（或作"慧炬"）编撰《宝林传》之前。现在发现五种敦煌本《坛经》的写本或残片：敦煌本（又称斯本，S5475号，现藏伦敦英国图书馆，首位完整，中间有数行脱字，字迹拙朴，错漏多）、北京本（北京图书馆藏"冈"字48号，胶卷号8024，只有全本1/3的文字）、旅顺关东厅博物馆旧藏本（有45叶，是敦煌本中唯一有明确纪年的本子，抄于公元959年）、敦博本（甘肃省敦煌市博物馆藏077号，首尾完整，字迹清晰娟秀，现存版本中品相最好）、北京国家图书馆藏"有"字79号残片（仅存四行半文字），此外还有西夏文本，从格式和内容字句来看，它们源自于同一种《坛经》，是最接近《坛经》祖本的版本。1923年，日本学者矢吹庆辉在伦敦大英博物馆，从斯坦因掠来的敦煌文献中发现此一新的《坛经》写本（斯本），加以校勘，收入《大正藏》，对佛学研究界的震撼与启发巨大。敦煌本的文字表述已经开始模拟佛经的问答格式、对白措辞。

3. 惠昕本，是北宋乾德五年（967年）惠昕的改编本。据惠昕的序，他认为"古本文繁，披览之徒，初忻后厌"，为便于世人阅读，他将《坛经》分为两卷十一门。此刻本后流传日本，20世纪30年代在日本京都兴圣寺发现，世称兴圣寺本。兴圣寺本是现存较敦煌本稍晚的第二古本。此本在日本昭和八年（1933年）安宅弥吉影印，有铃木大拙解说，共印250部。铃木曾赠送胡适一部，胡特为此本专有考证。

4. 契嵩本，成书于北宋至和三年（1056年）。北宋工部侍郎郎简《六祖法宝记叙》中讲述当时流通的《坛经》"为时俗所增损，而文字鄙俚繁杂，殆不可考"，看到契嵩撰写《坛经赞》，便希望资助契嵩将《坛经》加以订正、刊印。两年后契嵩得到"曹溪古本"用以校勘，编为三卷，此即所谓的契嵩本。

郎简批评的《坛经》当为惠昕原本,而契嵩得到的用以校勘的"曹溪古本",大概是《曹溪大师传》,契嵩据此在《坛经》中补入慧能在韶州遇到刘志略,从其姑听读《涅槃经》的典故、慧能死后"七十年"的预言及与印宗论佛性等情节。契嵩本后为元代的德异本、宗宝本《坛经》所继承。

5. 德异本,刊印于元至元二十七年(1290 年)。德异认为他那个时代流行的《坛经》(或为敦煌本,或为宋以后十分流行的惠昕本)"为后人节略太多,不见六祖大全之旨",又说自己幼年曾见过一种"古本"(当即契嵩本),后经过三十多年的努力,终于在一位"通上人"处找到此古本"全文",于是在吴中的"休休庵"将此本照原样加以重刊。此即所谓德异本。德异本可看做契嵩本的再刊本。

6. 宗宝本,成书于元至元二十八年(1291 年)。是明以后最通行的《坛经》版本。明永乐《南藏》(密)、《北藏》(扶)、《嘉兴藏》(扶)、房山石经(万历四十八年刻石)等都收有此本,流通的单刻本也多属此本。宗宝自言因有感于契嵩的《坛经赞》,开始留心《坛经》,出家后"续见三本不同,互有得失,其板亦已漫灭。因取其本校雠,讹者正之,略者详之,复增入弟子请益机缘,庶几学者得尽曹溪之旨"。与德异本相比,宗宝本没有重大变动。

7. 曹溪原本。此当即契嵩本的再刊本。现存明成化七年(1471 年)刊印的《坛经》的编排、内容与朝鲜流行的德异本《坛经》完全相同。它的正文虽与德异本同,但没有德异的序,附记又不同,特别是没有仁宗、神宗追赐慧能谥号的记述,故很可能就是编于仁宗至和三年(1056 年)的契嵩本。此本《坛经》多次刊印。据清顺治九年(1652 年)刊本《坛经》的跋文,明成化本刻于曹溪,被称为"曹溪原本",从明至清刻印过四次,是有意不用"宗宝改本"而刊印流通的。据此,契嵩本、德异本与曹溪原本可看做同一系统,出入不大。

(二)《坛经》中的哲学思想

《坛经》内容主要由三部分组成:首先是慧能在大梵寺为韶州刺史韦璩等授三皈无相戒、讲摩诃般若波罗蜜法整个仪式过程的文本记录,然后是慧能有针对性地对门下几位弟子的引导教授,最后是慧能入灭前召集主要弟子教导他们今后如何说法和指导门人的内容。宗宝本等版本中多出一段专门向皇家使者解释本宗禅法特点的内容,也很重要。《坛经》没有系统地呈现慧能的禅法思想,而是以慧能讲述禅法的语句集记的形式保留了大量慧能思想的信息。

慧能将其禅法即其解脱论称为摩诃般若之法。有学者认为其解脱论的理论基础有两大体系的支撑,一是大乘般若中观学说,二是大乘涅槃佛性学说,因为慧能在讲法过程中援引的经典有大乘中观之《摩诃般若经》《金刚般若经》《维摩经》,还有大乘涅槃佛性学说之《涅槃经》;也有学者直接认为慧能解脱论的基础就是佛性论。其实以上说法都有待商榷,我们或许应当专文对这样的结论进行"知识考古",认真清算日本禅学研究等近代研究对相关论述的影响。慧能确在讲法中援引了大乘中观的经典,有过讲解《涅槃经》的记载,但也使用了唯识学的名相,如"大圆镜智性清净,平等性智心无病"等,有时更倾向于从如来藏的角度对佛法进行阐释。《坛经》对六祖生平进行详细记载,并不只是为圣人立传,而是强调:慧能的禅法不是从某一种佛教经典或某一教派思想体系中产生,他并非在对经典或大乘佛教三大理论系统的学习中建立了自己的知识结构,相反,他是用自己的知识结构,或者更确切地说是解脱实践心得来解读各教派的经典。禅宗之所以声称是教外别传,并非说离开佛教固有理论,而是指禅宗不着力阐扬某一家佛教派别的理论,非中观,非唯识,非如来藏;禅宗也不建立自己的名相和教论体系,即"不立文字",必要时可以运用大乘佛教三大派别的思想资源来阐扬宗门的解脱论主张:

> 若悟自性,亦不立菩提涅槃,亦不立解脱知见。无一法可得,才能建立万法;若解此意,亦名菩提涅槃,名解脱知见。见性之人,立亦得,不立亦得,去来自由,无滞无碍;应用随作,应语随答;普见化身,不离自性,即得自在神通,游戏三昧;是名见性。(宗宝本)①

----

① 江泓、夏志前点校:《坛经四古本》,第60页,广州:羊城晚报出版社,2011。

这段文字非常清晰地表明了慧能对于禅宗解脱论理论建设的方法与态度，也侧面阐释了其禅学与其他佛学理论之间的关系。

从慧能对解脱论理论基础（即所知之法的本基）、禅法特点（即能知的修行道路）、阐扬的实践目标（即禅宗修行所求的结果）三方面考察《坛经》中的关键词汇，我们可一窥其思想概貌。

1."摩诃般若"

慧能解释"摩诃般若"之法：

> 何名"摩诃"？"摩诃"者，是"大"。心量广大，犹如虚空，若空心生，即落无记空。虚空能含日月星辰、大地山河，一切草木、恶人善人、恶法善法、天堂地狱，尽在空中；世人性空，亦复如是。①

> 性含万法是大，万法尽是自性。见一切人及非人，恶之与善，恶法善法，尽皆不舍，不可染著，由如虚空，名之为大。此是摩诃。②

"摩诃"是广大，无所不包其中，包含却不起分别，不生染著，是空性意义上的广大。保持这样的见解，就是摩诃行。

> 何名般若？般若是智慧。一切时中，念念不愚，常行智惠，即名般若行。③

"般若"是智慧，念念不间断地保持智慧，不妄不愚，就是般若行。

> 般若常在，不离自性。悟此法者，即是无念、无忆、无著，莫起诳妄，即是真如性。用智惠观照，于一切法不取不舍，即见性成佛道。④

又：

> 一切万法，尽在自身中。何不从于自心顿现真如本性。⑤

---

① 〔唐〕慧能著，郭朋校释：《坛经校释》，第59页。
② 〔唐〕慧能著，郭朋校释：《坛经校释》，第61页。
③ 〔唐〕慧能著，郭朋校释：《坛经校释》，第62页。
④ 〔唐〕慧能著，郭朋校释：《坛经校释》，第65页。
⑤ 〔唐〕慧能著，郭朋校释：《坛经校释》，第71页。

由上也可以看出，慧能在阐述摩诃般若波罗蜜时明显带有如来藏思想的色彩，其谈论空性是从"一心二门"的角度，而并非从般若学不落两边的角度进行阐发。而谈到解脱论的实践部分又体现出中观的影子。

　　慧能提出般若行不能仅仅是口头上的一个观念，必须不间断地做实践上的锻炼，能保持念念不间断，就是真有智慧。众生不修持就是凡夫状态，修持开悟就是般若智慧，所以在这个意义上说"烦恼即菩提"，二者是不一不异的。人人都具有佛性，但是妄念掩覆障蔽，自性光明不得显现，即为凡夫。觉悟并不是人通过修持而外在地得到般若智慧，般若智慧人人本自具足的。通过明心的锻炼，以空性观照不落二边，念念保持清明，智慧菩提就会自然显现，迷人即成为智人，众生即成为佛。因此，"一悟即知佛地""言下大悟，顿见真如本性"①从理论上得以可能。这也是后世禅宗称慧能禅法为顿法的原因。

　　慧能讲述了顿悟的道理，但同时也表示，佛法本身没有顿渐的区别，只是修持的人有领悟力的利钝分别，因此"迷即渐契，悟人顿修"②，各就实际，循次勉力。这里的顿渐是事实描述，并没有褒贬的意味。慧能在世时，同为弘忍弟子的神秀及门人普寂等在以长安、洛阳为中心的北方广大地区弘传禅法，颇具影响。人们以"南能北秀""南顿北渐"等来描述两家禅法，对此慧能并不完全赞同：

> 法即一宗，人有南北，因此便立南北。何以渐顿？法即一种，见有迟疾，见迟即渐，见疾即顿。法无渐顿，人有利钝，故名渐顿。③

慧能反对把神秀与自己的禅法划分为两家，对立起来，认为从本质上说，他们传承的都是弘忍的禅法，都是一宗。但是人的见解有所差别，因为见解的差别而带来了修持方法上的差别，才有了顿渐的现象。神秀认为善恶、净染是二，因此众生应当护持善行，"时时勤拂拭，莫使有尘埃"。

---

① 〔唐〕慧能著，郭朋校释：《坛经校释》，第73页。
② 〔唐〕慧能著，郭朋校释：《坛经校释》，第37页。
③ 〔唐〕慧能著，郭朋校释：《坛经校释》，第93页。

这样的修行理路,逻辑上就是需要一点点去妄存真,做长期功夫。慧能认为众生的本心即是摩诃般若本身,从因缘所生法角度说是空性的,从如来藏角度说般若智慧是众生本自具足的,因此修持的功夫就是使妄念不再障蔽自性的光明,因此逻辑上说,狂心顿歇则菩提显现,因此顿悟成为可能。

2."无念为宗,无相为体,无住为本"

慧能概述本宗禅法时说:"我此法门,从上已来,顿渐皆立无念为宗,无相为体,无住为本。"①并逐一进行解释:

> 无念者,于念而不念。②

又:

> 于一切境上不染,名为无念;于自念上离境,不于法上生念。若百物不思,念尽除却,一念断即死,别处受生。……即缘迷人于境上有念,念上便起邪见,一切尘劳妄念,从此而生。③

又:

> 世人离见,不起于念,若无有念,无念亦不立。无者无何事? 念者念何物? 无者,离二相诸尘劳;真如是念之体,念是真如之用。自性起念,虽即见闻觉知,不染万境,而常自在。④

又:

> 无相者,于相而离相。⑤

又:

> 但离一切相,是无相;但能离相,性体清净。⑥

又:

---

① ② ③ ⑤ ⑥〔唐〕慧能著,郭朋校释:《坛经校释》,第39页。
④〔唐〕慧能著,郭朋校释:《坛经校释》,第39—40页。

> 无住者,为人本性,念念不住,前念、今念、后念,念念相续,无有
> 断绝;若一念断绝,法身即离色身。念念时中,于一切法上无住,一
> 念无住,念念即住,名系缚;于一切上,念念不住,即无缚也。①

从上述文字可以看出,慧能是从指导实践的角度讲述其法门特点的,抓
住自性本自清净、本自自足,佛性光明本自具有的根本观点而讲述其法
门修持的要点。

（1）"无念为宗"

慧能讲述其法门要以无念作为修持的核心,即禅宗解脱论阐扬的实
践目标。无念不是"百物不思,念尽除却",用后世的禅宗语言说,就是不
能"向黑窟窿里坐";无念是自性观照万法而不染著,不落两边的状态。
践行达到并保持这种状态,是慧能所提倡禅法的修持核心。

（2）"无相为体"和"一相三昧"

无相,从解脱论理论基础即所知之法的本基角度说,是佛性本自清
净;从修持即能知的修行道路角度说,就是自性观照到相,但是明了其空
性,因此不染著于相的功夫,又称为离相。既能观照到相,又能不被相牵
引住著,就是做到了离相,就能保持自性性体的清净。

慧能在最后教授法海等付法弟子时提出:"若欲成就种智,须达一相
三昧,一行三昧。"其中,"若于一切处而不住相,于彼相中不生憎爱,亦无
取舍,不念利益成坏等事,安闲恬静,虚融澹泊,此名一相三昧"。（宗宝
本）②这里的"一相三昧"与"无相为体"中的"无相"是一种主张的两种
表达。

（3）"无住为本"和"一行三昧"

人认识世界的方式即是"住"。能知之心分别所知之境,念头即住著
在对象上,形成经验。凡人念念都起这样的分别,不断形成经验。而明

---

① 〔唐〕慧能著,郭朋校释:《坛经校释》,第 39 页。
② 《六祖大师法宝坛经》,《大正藏》第 48 卷,第 361 页。

了万法的空性,于妄相不执取、不住著,"心不住法即通流,住即被缚"①。从修持即能知的修行道路角度说,无住是达到无念的根本前提和行持功夫。

慧能对付法弟子解释"一行三昧"时说:"若于一切处行住坐卧,纯一直心,不动道场,其成净土,此名一行三昧。"(宗宝本)②于一切时中,保持"行直心"的状态,念念相续中不做取舍,不生执着,即是保持念念不住。做到了一行三昧,即是达到了无住的要求。一行三昧也是对无住功夫的阐释。

(4)三者之间的关系

慧能"若欲成就种智,须达一相三昧,一行三昧"语即表达了"三无"之间的关系。达到"无念"境界,种智即会成就,而需要达到"无念"的结果,就要以"无相"作为指导修持的知见根本。一念离相不是最终目的,修持必须做到念念离相。这样念念离相保持下去就是"无住"的状态,念念无住就是"无念"的境界,自性就达到了"无缚",即可明心见性。

慧能还补充说明,要修持他的法门,不单上座禅修才是修持,在一天从早到晚的行住坐卧所有生活时段中都要保持无念的锻炼,这样才是不间断地进行禅宗的修持。

3."戒定慧"

传统佛教将佛学表达为戒、定、慧三学,三者之间有机联系。但慧能站在觉悟自性者的角度说,三者是不异的,都是自性的显现,只是叙述角度不同所以赋予不同指称罢了。《坛经》借神秀弟子之口讲述了传统对三学的认识,也讲述了慧能的独特见解:

> 大师谓志诚曰:"吾闻汝禅师教人,唯传戒定惠,汝和尚教人戒
> 定惠如何? 当为吾说。"志诚曰:"秀和尚言戒定惠:诸恶莫作名为
> 戒,诸善奉行名为惠,自净其意名为定。此即名为戒定惠。彼作如

---

① 〔唐〕慧能著,郭朋校释:《坛经校释》,第33页。
② 《六祖大师法宝坛经》,《大正藏》第48卷,第361页。

是说，不知和尚所见如何？"惠能和尚答曰："此说不可思议，惠能所
见又别。"志诚问："何以别？"惠能答曰："见有迟疾。"志诚请和尚说
所见戒定惠。大师言："汝听吾说，看吾所见处：心地无非自性戒，心
地无乱自性定，心地无痴自性惠。"大师言："汝师戒定惠，劝小根智
人；吾戒定惠，劝上人。得悟自性，亦不立戒定惠。"志诚言："请大师
说，不立如何？"大师言："自性无非、无乱、无痴，念念般若观照，常离
法相，有何可立？自性顿修，立有渐次，契亦不立。"①

神秀认为诸恶莫作是"戒"，诸善奉行是"慧"，自净其意是"定"，认为戒定
慧是三方面开展的修行，善恶、净染、迷悟有别，当奉善去恶，离染护净，
由迷转悟。慧能认为这是把善恶、净染、迷悟打为两边。世间万法都是
心之开显，而戒定慧也不是心外另开出了一个戒定慧，戒就是心地无非
的状态，是"自性戒"；定就是心地无乱的状态，是"自性定"；慧就是心地
无痴的状态，是"自性定"。它们不存在于人的心性之外，而是自性本
有的。人们在达到觉悟之前，迷妄而不自知，但若升起般若智慧观照，
戒定慧就在人之自性中，念念保持这样的观照，就是处于戒定慧圆满
的状态中，不需要"立"一个有对待的外在的戒定慧概念。这也是神秀
"身是菩提树，心如明镜台，时时勤拂拭，莫使有尘埃"一偈与慧能"菩
提本无树，明镜亦非台，佛性常清净，何处有尘埃"一偈在知见上的
区别。

4."无相戒"

僧人为在家人举行三归依并授以相应的戒律是中国佛教长久以来
的传统。传统为在家人授的三归依是归依佛法僧三宝，授戒是授菩萨
戒。但慧能授予众人的是"无相三归依戒"：

佛者，觉也；法者，正也；僧者，净也。自心归依觉，邪迷不生，少
欲知足，离财离色，名两足尊。自心归依正，念念无邪故，即无爱著，

①〔唐〕慧能著，郭朋校释：《坛经校释》，第 96 页。

> 以无爱著,名离欲尊。自心归依净,一切尘劳妄念,虽在自性,自性
> 不染著,名众中尊。①

慧能将传统的对外的信仰归依转变为对自己自性的信仰归依。"经中只
即言自归依佛,不言归依他佛;自性不归,无所依处。"②慧能认为归依自
性才是归依佛。

戒律是僧俗信徒都应遵守的规约,于个人防非止恶,于团体协调内
外、维护团结。僧人依其教法传统而选取大小乘某戒律为大众授戒。唐
代最流行的大乘戒律是《梵网菩萨戒经》(又称《梵网经》或《菩萨戒经》)。
当中规定十重戒和四十八轻戒,其中十重戒是:不杀、不盗、不淫、不妄
语、不酤酒、不说四众过、不自赞毁他、不悭惜、不瞋、不谤三宝。但慧能
为众人授三归依后,称为大众授无相戒,这就与通常从行为上进行规范
的戒律不同,不只规约外在表相动作,而进一步要收摄人的心念。慧能
认为,佛性每人自性本有,本自具足,因此自心佛性就是戒之体,发明戒
体,护持本性,使本性光明显现就是最彻底地持守戒律。

5. "三十六对法"

无念为宗、无相为体、无住为本可以作为参学的纲领,而"三十六对
法"则是慧能传授给付法弟子的关于教学方法的原则和经验总结,即禅
宗独特的"师法"传承。

佛教中"教家"观修证理是以经典为依托的,为师者所起到的只是辅
助和增益的作用。"师"的作用并非必不可少。禅宗的实践则不同,其解
脱路径被称为"以心传心、见性成佛",即通过师徒间宗教经验的直接传
递来进行("以证量接人""以本分事接人"),所以只求真实的宗教经验
(证量)之如实获得,不须依傍教义。这一宗教实践活动的完成,靠学子
单方面的努力是不够的,必须有具真实证量(明心见性)的老师参与进
来,"内加威神,外加妙用",时时刻刻对修习者进行提持和观察,在学子
自身条件成熟之时,将宗教经验传递、提示给学人,或是予以勘印。这样

---

① ② 〔唐〕慧能著,郭朋校释:《坛经校释》,第 56 页。

"啐啄同时",才能体认分明,得契宗旨。在禅宗修持过程中,为师者还要时时点拨、纠正走入歧途或身陷困逆(遭遇"禅病")的学人,这就需要接引学人的巧妙方法。因此,在禅宗的修行实践中,虽然学子的实修是成败的根本,但得遇"知宗用妙"——明心见性并且教学方法巧妙——的老师,实际上是实践成功不可缺少的必要条件。

慧能在去世前,对法海等弟子嘱托说:

> 汝等不同余人,吾灭度后,各为一方师。吾今教汝说法,不失本宗。先须举三科法门,动用三十六对,出没即离两边,说一切法莫离自性。忽有人问汝法,出语尽双,皆取对法,来去相因,究竟三法尽除,更无去处。(宗宝本)①

慧能嘱咐付法弟子,向后人讲法时,要先说五阴、十二入、十八界的法理。讲这些法理是为了强调,自性是万法的根本,外界善恶全由自性起用,"一心二门",不对万法起善恶、净染分别,在自性上用功才是禅宗修持的关键。慧能又提出"三十六对法",以此"解用通一切经,出入即离两边"②。

> 对法外境,无情五对:天与地对,日与月对,明与暗对,阴与阳对,水与火对,此是五对也。法相语言十二对:语与法对,有与无对,有色与无色对,有相与无相对,有漏与无漏对,色与空对,动与静对,清与浊对,凡与圣对,僧与俗对,老与少对,大与小对,此是十二对也。自性起用十九对:长与短对,邪与正对,痴与惠对,愚与智对,乱与定对,慈与毒对,戒与非对,直与曲对,实与虚对,险与平对,烦恼与菩提对,常与无常对,悲与害对,喜与瞋对,舍与悭对,进与退对,生与灭对,法身与色身对,化身与报身对,此是十九对也。③

---

① 江泓、夏志前点校:《坛经四古本》,第 63 页。
② 〔唐〕慧能著,郭朋校释:《坛经校释》,第 114 页。
③ 江泓、夏志前点校:《坛经四古本》,第 92—93 页。

三十六对法,是调整自性的原则。其原则性的意义超越了其具体内容的重要性。"如何自性起用三十六对? 共人言语,出外,于相离相;入内,于空离空。"①这三十六对法既可作为自身锻炼自性的原则,也可作为与人交流时的致思原则。慧能指出,只要善用此法传法就能"不失本宗"。

慧能的禅学思想,就其思想来源说,并不拘于大乘佛教原有三大派别的任何一派,也不曾完全遵循某一家的思想逻辑,强调一切皆能为我所用。他也反对建立自己的义理体系,反对建立本宗的名相和理论系统,不设立所依的根本经典。因此后人解读他思想的时候,可以发现不同比重的大乘佛教三大派别的名相和义理主张,但是用这些思想碎片拼凑不出一个非常系统化的禅宗哲学体系,我们发现的更多是一个实践手册式的思想著述。

---

① 〔唐〕慧能著,郭朋校释:《坛经校释》,第 114 页。

第七章　禅宗有关"坐禅"思想的中国化

　　顾名思义,禅宗与传统佛教史上的"坐禅"当然有着深刻的历史和思想关联,在中国禅宗的发展史中,对于禅坐的观念也可谓经历了相当复杂的中国化过程,形成了不同类型的"坐禅"观念。学界有一种意见,认为从达摩到东山法门,再传续到北宗,都是一脉相承的重于禅坐入道的传统,而南宗则被论述为这一禅坐传统的对立面。实际上,这一过于简单的判断遮蔽了唐代禅宗思想史一些重要的面向。在唐代禅宗思想史中,"一行三昧""游戏三昧"是与"坐禅"观念关系非常密切的两个关键词,特别有必要进行哲学与思想的阐明。

第一节　初期禅宗史中的"一行三昧"

　　日本与西方学者对"一行三昧"的概念做过深入的讨论[1],不过尚可在此基础上做进一步的分析。"一行三昧"在六朝佛典系统中有不同的

---

[1] 可以参考小林圆照『禅における一行三昧の意义』(印仏研 9 - 1,1961);平井俊荣『一行三昧と空観思想』(曹洞宗纪要 3,1971)。而最重要的研究是佛尔(Bernard Faure)所作"The Concept of One-Practice Samadhi in Early Ch'an"一文,文载 Peter N. Gregory 主编之 *Traditions of Meditation in Chinese Buddhism*,Honolulu:University of Hawaii Press,1986,pp. 99 - 128.

内涵,后来又经过天台、净土和禅宗的不同发挥,意义变得更为复杂多样。因此对这一概念不能够简单地做一种本质主义的理解,而应该从"家族类似"的角度去理解其多重意义。如曼陀罗仙所译《文殊师利所说摩诃般若波罗蜜经》卷二中之"一行三昧"虽然在理境上面讲无二相,在实践的层面却是注重"系心一佛,专称名字"的。在这里,念佛并不是口念而已,而是结合了"系心"禅坐。"舍诸乱意""端身正向"等①,讲的其实就是一种念佛禅。《起信论》也提到"一行三昧",其思想与《文殊般若经》略有不同。《起信论》虽然在理境上也是讲"法界一相"的无二境界,行门上却没有提到念佛禅的方便,反而是重视真如为体("当知真如是三昧根本,若人修行,渐渐能生无量三昧")和"当念唯心"("当念唯心,境界则灭,终不为恼"),在实践处强调无住而无相的一面("真如三昧者,不住见相、不住得相")。② 可以说,在六朝汉文佛典的经论中,对"一行三昧"就有不同的解释方向,稍后天台、净土的文献中讲"一行三昧"时,又从各自的教义做了发挥。我们只限于讨论禅宗与"一行三昧"的关系。

"一行三昧"最初与"坐禅"有密切的关系。在初期禅宗史上,据传四祖道信的"坐禅"法门与此有关。根据北宗《楞伽师资记》"道信"章所记,道信讲"一行三昧"时援引了《文殊般若经》中的念佛方便。而实际上,道信对"一行三昧"的理解和发挥并没有严格照《文殊般若经》念佛禅的方式来开展,而同时也融合了《起信论》当念唯心的思想。从他为《文殊般若经》的念佛所做的"念佛即是念心,求心即是求佛"以及"佛无相貌"即是安心的解释来看,就不难理解这点。③ "一行三昧"作为东山门下的传承,虽然在弘忍的禅法记录中没有直接的表示,但其念佛禅坐的方便仍然可以看做道信禅法的发展。

---

① 《文殊师利所说摩诃般若波罗蜜经》卷下,《大正藏》第 8 卷,第 731 页。又,佛尔认为《文殊般若经》的"一行三昧"重于形上学和本体论方面的说明,而不是修行方法,这一看法值得商榷,见"The Concept of One-Practice Samadhi in Early Ch'an"一文。

② 《大乘起信论》,《大正藏》第 32 卷,第 582 页。

③ 《楞伽师资记》,《大正藏》第 85 卷,第 1287 页。关于道信"一行三昧"与《起信论》的关联,从道信阐释"一行三昧"时提到"本觉"这一概念来看,就更能够证明这一点。

"一行三昧"在北宗禅的传承中是得到明确承认的。关于神秀的禅法传承,《楞伽师资记》中有这样的记载:"则天大圣皇后问神秀禅师曰:所传之法,谁家宗旨? 答曰:禀蕲州东山法门。问:依何典诰? 答曰:依《文殊说般若经》一行三昧。"①神秀也把"一行三昧"与念佛方便结合起来,这一点可以说是东山门下的一贯作风。可以想见,"一行三昧"在初期禅史的流传中有着非常重要的意义。

南宗当然不会忽略这个问题,从敦煌本《坛经》和有关神会的文献中都可以看到他们对"一行三昧"的运用和解释。不过,正是通过"一行三昧"这一观念,他们做了与东山法门和北宗完全不同的发挥。《坛经》中的"一行三昧"显然就是针对北宗门下的所传进行的批判。"一行三昧"在初期禅宗传统,特别是在道信那里是被作为禅坐的一种方便而保留下来的。而《坛经》(敦煌本)所说"一行三昧"则特别强调三昧并不限于坐,而是表现在不同的日常活动当中,而且慧能还对寂静主义的"一行三昧"观念进行了批判:"一行三昧者,于一切时中,行、住、坐、卧,常行直心是。"接着又引《维摩经》"直心是道场"的观念来解说"一行三昧",其重点仍然是讲要于活动,而不是"坐禅"寂静的单一形式里去体会三昧的意义。正所谓:"但行直心,于一切法,无有执著,名一行三昧。迷人著法相,执一行三昧,直言坐不动,除妄不起心,即是一行三昧。若如是,此法同无情,却是障道因缘。道须通流,何以却滞?"②

荷泽一系的神会对"一行三昧"所做的解释,也是朝他自己禅学观念所做的延伸。他不仅于东山门下"一行三昧"与禅坐的方便完全不顾,甚至源出于《文殊般若经》的"一行三昧"也被他说成是《金刚经》中的思想:"若欲得了达甚深法界者,直入一行三昧。若入此三昧者,先须诵持《金刚般若波罗蜜多经》。"③对于"一行三昧"的法义,神会也不是从念佛方便和无二一相去做理解,而完全成为他自己禅法思想上的"无念"了。他这

---

① 《楞伽师资记》,《大正藏》第 85 卷,第 1290 页。
② 〔唐〕慧能著,郭朋校释:《坛经校释》,第 33 页。
③ 杨曾文编校:《神会和尚禅话录》,第 73 页。

样解释:"是(无念)者,即是般若波罗蜜。般若波罗蜜者,即是一行三昧。"①经过南宗的不同解释,"一行三昧"已经明显不再是东山法门的思想法流了。一直到南宗灯史的写作,还是沿用敦煌本《坛经》以来的说法,对"一行三昧"的解释也是坚持以《维摩经》中"直心"观念发挥。②

第二节 "一行三昧"与"念佛""守一"

在东山门下,"一行三昧"的修持是结合了念佛净心的方便,这是当时流传的一种"坐禅"。在达摩禅的时代,念佛与禅坐似乎还被认为是不相容的两种方法,到了东山法门的传承中,这两种看似极端对峙的方法却广泛地融会起来。③ 杜胐的《传法宝纪》就谈到,到了弘忍门下禅宗开"念佛"方便,以自净其心,成为公开、广泛的法门:"及忍、如、大通之世,则法门大启。根机不择,齐速念佛名,令净心,密来自呈,当理于法,犹递为秘重,曾不昌言。"④

其实,作为"坐禅"方便的念佛方法结合着"一行三昧",在道信时就已经开展出来了。从《楞伽师资记》所录道信"入道安心要方便法门"中所引《文殊般若》的文句看,道信重视的是该经中由念佛而入"一行三昧"的法门。不过,念佛的方便在道信修行方式中都引向了禅门心法,即念佛是导源于自心而又归向于自心清净的"一行三昧"。这与净土的念佛法门有根本意趣的不同。可以说,道信念佛三昧的特点是实相(无相)而唯心的,这一点构成中国禅宗念佛法门的基本图式。如后来《坛经》和神秀的《观心论》都是在自心清净的意义上来化解西方净土的观念,因此念佛被赋予了一种"精神冥想"(spiritual contemplation)的形式。⑤

---

① 杨曾文编校:《神会和尚禅话录》,第73页。
② 参见〔南唐〕释静、释筠编撰,吴福祥、顾之川点校《祖堂集》卷二,第60页。
③ 参见[日]宇井伯壽『第二禅宗史研究』,193、194頁,東京:岩波書店,1966。
④ 〔唐〕杜胐:《传法宝纪》,杨曾文校写《敦煌新本六祖坛经》,附编(一),第169页。
⑤ Bernard Faure, *The Will to Orthodoxy: A Critical Genealogy of Northern Ch'an Buddhism*, p. 55.

　　从道信到弘忍,他们对念佛坐禅也略有不同的发挥。道信曾经援引
《观无量寿经》,其重于念佛心是佛,即内在心性论方面的引申。传为弘
忍所述的《最上乘论》也引述了《观经》,但是侧重于实践上的观想念佛法
门。从《最上乘论》的文句上看,弘忍认为这只是对于"初心学作禅者"的
方便法门,并特别强调说,对于"坐禅"时出现的一切境界,如各种三昧、
光明、如来身相等,都应看成是"妄想而见",而主张"摄心莫著",以空观
谴之。应该说,弘忍重视观心胜于念佛,但念佛作为一种方便,毕竟在他
的禅法系统中保留了下来,尽管是从相当消极的意味上保存的。有意味
的是,念佛法门在东山门下的分头弘化中仍然保持了下来,而且显示出
不同的法流。①

　　神秀意在传承东山门下的"一行三昧",而传说与神秀相关的敦煌文
献《观心论》《大乘无生方便门》中也有说到念佛净心的,特别是《观心
论》,对于唯心念佛有重要的发挥。这里提到念佛即证觉的思想:"佛者
觉也,所为觉察心源,勿念起恶;念者忆也,谓坚持戒行不忘精勤。了如
来义,名为正念。"②重要的是,把念佛解释为证自心觉,这恰恰是《大乘无
生方便门》讲的第一方便,即"离念门"的离念自觉。敦煌本《大乘无生
方便门》中说到"念佛"法门是"一念净心,顿超佛地",接着又"方便通经",
引《起信论》中本觉、究竟觉等一段文句来解说念佛净心的离念方便。③
由《文殊般若经》的念佛三昧联系到《起信论》的思想,虽在道信的禅法中
隐约可见,而究竟在神秀的"五方便"中明确地表示出来。而且,神秀离
念方便门说到"看心若净",也引禅师们经常援引的《金刚经》中"凡所有

---

① 有关东山门下的禅法与念佛问题,日本学者有些研究值得注意。他们不仅考察了东山门下
　　的禅法与念佛的关系,还提出了一些新的问题点。如关口真大特别注意到五祖门下牛头宗
　　法持与《达摩禅师观门》中的"念佛禅"研究,分别见『禅宗思想史』『達摩大師の研究』中相关
　　章节。田中良昭也分别在『敦煌仏典と禅』『敦煌禅宗文献の研究』中,考察东山门下的念佛
　　禅以及敦煌禅宗文献《达摩禅师观门》中的念佛思想。这些课题,在汉语禅学史的研究中还没
　　有充分的反映。
② 《观心论》,《大正藏》第 85 卷,第 1273 页。
③ 《大乘无生方便门》,《大正藏》第 85 卷,第 1273 页。

相皆是虚妄"的说法作为经证。① 说到念佛,他明确反对"口诵"而主张"摄心内照,觉观常明"的"心念",并以著相和离相作为判释二种念佛区别的依据。接着同样还是引述《金刚经》加以说明。神秀把念佛明确引向观心的一流,这体现了初期禅门的念佛特色,也正可以说是东山法门的所传。

念佛在东山门下南山念佛门得到了发展。这一系的禅法,主要保存在宗密《圆觉经大疏钞》卷三之下。依宗密的说法,这一系的做派主要是"藉传香而存佛",说明南山一系已经对念佛的法门做了仪式化的发展。"传香",是与授戒有关的仪轨。② 而"存佛",《大疏钞》中有这样的记载:"言存佛者,正授法时,先说法门道理,修行意趣,然后令一字念佛。初引声由念,后渐渐没声、微声,乃至无声。送佛至意,意念犹粗。又送至心,念念存想,有佛恒在心中,乃至无想盍得道。"③这是说,由口念息意,转又以观想伏心,最后以成就无想得道。这与《文殊般若经》、道信禅法的念佛以净心是非常接近的。如果再结合神秀的说法,似乎可以表明,东山门下的分头弘化,除慧能一系之外,大抵仍沿袭了《文殊般若经》和道信以来教人念佛坐禅以为接引的方便。

道信的"一行三昧"除了念佛禅坐的方便,还特别提到了另外一种禅坐的形式,即"守一不移"。道信说这是从傅大师那里传承下来的禅坐法门。这里有几条值得注意:其一,"守一"并不局限于静门,而是"动静常住",这一点与后来南宗禅所主张的动静一如是一致的。其二,"守一"包含了两层观法,一是"修身审观",即以般若空观的方式照见身识皆空;另外一层就是摄心内观,方法上则是专意看一物,正所谓"守一不移者,以此净眼,眼住意看一物。无问昼夜时,专精常不动"④。

弘忍"守本真心"的观心主张很可能就受到道信"守一"方法的深刻

---

①《大乘无生方便门》,《大正藏》第 85 卷,第 1273 页。

② 参见印顺《中国禅宗史:从印度禅到中华禅》,第 133 页。

③《圆觉经大疏钞》卷三之下,《卍续藏经》第 9 卷,第 535 页。

④《楞伽师资记》,《大正藏》第 85 卷,第 1288 页。

影响。根据敦煌本《最上乘论》的说法来分析,则弘忍对于念佛与观心有更进一层的发挥。最明显的是,弘忍并不重视《文殊般若经》的念佛三昧,而把《起信论》的观心与《金刚经》的破相观念结合起来,强调了守本真心对于念佛优越的一面。在道信的禅法中,念佛虽是净心的方便,却毕竟是一种主要的方便。弘忍则更重于守本真心,而于念佛则作为次一级的方便。《最上乘论》中说:"但于行知法要,守心第一。"又云:"夫修道之本体,须识当身;心本来清净,不生不灭无有分别,自性圆满,清净之心,此是本师,乃胜念十方诸佛。"①尤有意味的是,《最上乘论》还专就守心如何胜念彼佛做了解释,这里明确表示禅门念佛是重于观心的法流。

又,《楞伽师资记》说弘忍的禅风是"萧然净坐",这里没有提到念佛,却提到"远看一字"的禅坐方法。这种摄心看物的方法与弘忍大师"守本真心"所提到的"尽空际远看一字"是非常接近的一类方便。② 我们还无从详知看字净心的具体意义,但这显然与念佛净心有些不同。可以肯定的是,由道信到弘忍,念佛作为方便的意味更加突出了。③ 或者说,念佛和看字,作为不同的方便,是兼收并蓄地共存于东山的禅法中。

第三节 从"一行三昧"到"游戏三昧"

初期禅的"一行三昧"重于坐禅入道,可以说是静禅。南宗门下有意识地批判了北宗"一行三昧"的说法,偏向于在一切施为活动中去寻求安心,从而把禅引向了日常生活,"于一切时中,行、住、坐、卧,常行直心"。这类禅法更具有一种动禅的性质,后来禅宗更倾向于用"游戏三昧"的说法来表示。

我们从早期汉译论典和注经传统中也发现了有关游戏概念的各种

---

① 《最上乘论》,《大正藏》第 48 卷,第 377 页。
② 《楞伽师资记》,《大正藏》第 85 卷,第 1289 页。
③ 据宇井伯寿的考证,弘忍的许多弟子是修行念佛法门的。参见其『禅宗史研究』,第 4 章 "五祖門下の念佛禅",東京:岩波書店,1942。

说明。"游戏三昧"的概念在六朝《法华经》的传统中就已经常出现,但在初期,"游戏三昧"的观念主要还是与神通变化的思想联系起来的,如《悲华经》卷一就这样说:"所有诸佛入于师子游戏三昧,示现种种神足变化。"而到了罗什译本的《法华经》卷七则更用"神通游戏三昧"来表示。应该说,只有到了中国禅,特别是慧能及其所影响下的南中国禅的运动中,"游戏三昧"的观念才获得了更为精神性和祛魅化的展开,表示出一种见道的内在精神状态。敦煌本《坛经》重在讲"一行三昧"和"般若三昧",还不曾出现"游戏三昧"的说法,而后出的《坛经》本子就明确提到"游戏三昧"。如宗宝本《坛经》"顿渐品第八"就说:"游戏三昧,是名见性。"[1]这表示在禅宗的发展中,从"一行三昧"到"游戏三昧"有一个逐步变化的过程。

中国哲学在本体与现象的关系上有一倾向,是把本体与事相融为一片,即活动即存有。中国禅与印度禅之间存在很大的不同,就是中国禅倾向于把禅定的境界从离世的寂灭引向到活泼的生活当中。中国禅认为,最高的禅境不是静禅,而恰恰是动中禅。特别是慧能所开创的南宗禅法,进入到五家分宗之后,其思想的法流更是强调与活动的生命融为一体,形成了中国禅所特有的"游戏三昧"。

从源流上分析,中国禅的"游戏"可能与印度佛教原始法流中的"乐道"观念相关。有学者曾批评西方学者以强烈的伦理性和逻辑性来读解原始佛教的偏向,指出原始佛教的实践,本是"乐道生活"的冥想与精神的统一,并认为中国禅僧只视思想和哲学为游戏的做法,也间接地由此而来。[2] 在印度传统中,存在着各种可称之为"游戏"的活动,关于这一点,已有学者从梵文语言学的解析中,发现梵文中"游戏"概念的多重含义。[3] 我们从早期汉译论典和注经传统中,也发现了有关游戏概念的各

---

① 《六祖大师法宝坛经》,《大正藏》第 48 卷,第 358 页。

② 参见[日]柳田圣山《禅与中国》,第 15 页。

③ 参见[荷兰]胡伊青加《人:游戏者——对文化中游戏因素的研究》,成穷译,王作虹、陈维政校,第 38—39 页,贵阳:贵州人民出版社,1998。

种说明。如《大智度论》卷七说："戏名自在,如师子在鹿中自在无畏,故名为戏。"[①]这还是一般意义上的游戏观念。《维摩诘经》中提到的"游戏神通"和"禅悦为味",僧肇也特别从"自娱"和"因戏止戏"的说法加以诠解。[②] 应该说,只有到了中国禅,特别是慧能及其所影响下的南中国禅的运动中,"游戏"才取得了更为充分的展开和异常丰富的面向。

中国禅师们更乐意用"游戏三昧"的说法来表示入道之后的生命所呈现出的不受一切法的拘束、自由自在的意境。"游戏"是活动,而"三昧"指入定,这一动一静融为一体,正是南宗对禅意高致的一种表示。它表明能够在活动中凝练精神,专注而又自由,这种活动中的三昧其实有更大的难度,需要非常强大的内在定力。这可以说是一种本真的"三昧"。敦煌本《坛经》是用这样的融入动静来解释"一行三昧"的,一直到洪州宗的黄檗门下,重视的都还是"语默动静,一切声色,尽是佛事"[③],如临济禅师说"心法无形,通贯十方,目前现用"[④],这些都旨在彻底拆解乐道与生活世界之间的横隔。于是,禅的精神就不只在宁静的冥想中去体认,而"举措施为,不亏实相"的一举一动,甚至放喝棒打、指手画脚、呵祖骂佛,无不是三昧的表现,指示学人"即今日前孤明历历"地迥独根尘,透脱罗笼。[⑤] 照中国禅师们的意见,"游戏"并非特指某种有规则的活动,而是我们对于这种活动所秉持的一种态度和看法。就是说,只要心无所住,不在意识中做活计,专注于高度的内在面向上的自觉和深秘经验,就无处不生活在禅的三昧与喜悦之中。

从表面上看,中国禅的"游戏三昧"颇有些不自拘于小节,未始藏其狂言,甚至在风格上表现为慢教慢戒的倾向。在这类乍看不拘教行的放

---

① 《大智度论》卷七,《大正藏》第 25 卷,第 110 页。
② 〔后秦〕僧肇等注:《注维摩诘所说经》,第 29、94 页,上海:上海古籍出版社,1990。
③ 《古尊宿语录》卷三,"黄檗(希运)断际禅师宛陵录",《卍续藏经》第 68 卷,第 18 页。
④ 《古尊宿语录》卷四,"镇州临济(义玄)慧照禅师语录",《卍续藏经》第 68 卷,第 24 页。
⑤ 分别见《景德传灯录》卷七,《大正藏》第 51 卷,第 252 页;《镇州临济慧照禅师语录》,《大正藏》第 47 卷,第 498 页。

狂自得中,存在着"作为解脱而被感受到的"①另一种秩序,"一种活跃的精神,亦即毫无痕迹的绝对肯定的精神"②。"游戏三昧"非有一番深度动静功夫的历练才可以成就,如《无门关》中所说,只有在参破祖师关,得大自在后,才可以"向六道四生中,游戏三昧"③。中国禅的"游戏三昧"所蕴藏的玄机,与其简单地从放任行为中去解释,毋宁说是旨在拆解传统形成的程序化或公式化了的系统法则,回到自性的悟解上面来。《景德传灯录》卷八所说普愿禅师就是这样,他经历了戒法和经教的陶练,而最后还是要在超越和放下这一切形式规范之后才得到自在:"池州南泉普愿禅师者,郑州新郑人也,姓王氏。唐至德二年依大隗山大慧禅师受业。三十诣嵩岳受戒。初习相部旧章,究毗尼篇聚。次游诸讲肆,历听《楞伽》《华严》,入中百门观,精练玄义。后扣大寂之室,顿然忘筌,得游戏三昧。"④

可以说,"游戏三昧"的背后存在着可能严肃得多的精神规则。美国著名禅宗学者佛尔对禅风中的"疯狂"(madness)进行过深入考察,他指出禅者的"疯狂"并不只是一种方便,而是有本体论的根源。就是说,它被看做佛性的自发性表达和对于"虚假"(佯)的反叛。⑤

我们习惯于把"游戏"与严肃理解为绝对对立,其实,游戏活动本身存在一种独特的甚而是"神圣的严肃"。当游戏者全神贯注于他正在从事的游戏活动本身,使得游戏完全"只是一种游戏",而不为其他的活动和目的所扰乱,这就是"在游戏时的严肃"。⑥ 当禅师们要求在日常生活

---

① [德]汉斯-格奥尔格·加达默尔:《真理与方法——哲学诠释学的基本特征》(上卷),洪汉鼎译,第134页,上海:上海译文出版社,1999。加达默尔在该书第一部分"Ⅱ"中,专门就作为本体论的游戏概念做了深入的分析,可资参考。

② [日]铃木大拙:《禅学入门》,谢思炜译,第46页,北京:生活·读书·新知三联书店,1988。

③《无门关》,《大正藏》第48卷,第293页。

④《景德传灯录》卷八,《大正藏》第51卷,第257页。

⑤ Bernard Faure, *The Rhetoric of Immediacy—A Cultural Critique of Ch'an/Zen Buddhism*, Princeton:Princeton University Press,1991,pp. 115 - 116. 123.

⑥ [德]汉斯-格奥尔格·加达默尔:《真理与方法——哲学诠释学的基本特征》(上卷),洪汉鼎译,第131页。

的一切活动中,都保持高度入神而又极为单纯的意识状态,把活动只是当做一种活动本身,而不含有别的目的或作为对象那样去对待时,他就存在于"游戏三昧"之中了。大珠慧海与源律师的一段对机,最能说明这个问题:

> 源律师问:"和尚修道,还用功否?"师曰:"用功。"曰:"如何用功?"师曰:"饥来吃饭,困来即眠。"曰:"一切人总如是,同师用功否?"师曰:"不同。"曰:"何故不同?"师曰:"他吃饭时不肯吃饭,百种须索;睡时不肯睡,千般计较。所以不同也。"①

中国禅的"游戏三昧"直承了传统佛教中"乐道"和"游戏神通"的法流,而毕竟表示了不同的意趣。我们从两个方面略加辨析。

第一,"乐道"在印度禅的传统中,主要指乐于禅的静谧与法喜之中,它是由专一于禅定而带来的寂灭之乐。如《经集》第二品第一章中有如下的记载:

> 镇静安定的释迦车尼达到灭寂、无欲和永恒,这种正法无与伦比。在正法中,能找到这种珍宝。但愿凭借这一真理,获得幸福。
>
> 无上的佛陀赞美纯洁。人们说那是无间禅定。这种禅定无与伦比。——
>
> 他们屏弃爱欲,专心致志,遵行乔达摩的教诲,达到至高目的,进入永恒,享受寂静之乐。②

这类寂静的乐道主题,可能源于印度佛教中"心性本寂"的观念。性寂的观念,照吕澂先生的解释,是重在"离染转依",就所知因性染位而言,深究于"离染去妄之功行"。③ 即是说,寂灭之乐,旨在远离一切意识和生活世界,把法的欢愉与日常的行事隔绝开来。中国禅者所说的"游

---

① 《五灯会元》卷三,"大珠慧海禅师",《卍续藏经》第80卷,第79页。
② 郭良鋆译:《经集——巴利语佛教经典》,第31—32页,北京:中国社会科学出版社,1990。
③ 吕澂:《辩佛学根本问题》,《中国哲学》第11辑,第169—199页,北京:人民出版社,1984。

戏三昧",则有点不同,其唯恐把禅的修道与生活分成两片,而恰恰倾向于把禅的体验和喜悦在日常生活中来加以表现。在西方传统中,"游戏"与"工作"的概念是严格分割而无法相容的两部分,[1]但是禅不主张分解生活与工作,它力图把印度佛教中"否定世界"(world-denying)的倾向转到"肯定世界"(world-affirming)的面向上,[2]这是一种本真的"游戏三昧",它如慧能所说,"于一切时中,行、住、坐、卧,常行直心",它不是"除妄不起心"的"看心看净"和"言坐不动",而是要在日常生活的一切行事中去体会"道须通流"的活泼意趣。

在生活中"随处任真""守分随时"[3],即随缘而不离禅的意趣,从存在论的基础上说,必须肯定"性在作用""遍周沙界"这一理论前提。只有承认道的遍在通流,才有可能说明当下圆明,"借事明心,附物显理"[4]。即肯定道的流衍畅达以及道与一切生命空间的通融无碍,才能为在日常生活的各种法则之内去优游于禅悦、任运自在和通透忘机提供开展的余地。中国禅宗史书所"创造"出的祖师达摩禅的传统就很有这样的观念。据说,早在达摩的弟子波罗提与国王论法时,就提出"性在作用""遍周沙界"的思想。[5]无论这一传说是否属实,由"性在作用"开启的、于平常活泼的行事中去直指心要,都在中国禅的运动中显示出来。如唐代天台德韶禅师就说:

> 良由法界无边,心亦无际。无事不彰,无言不显。如是会得,唤作般若现前,理同真际,一切山河大地,森罗万象,墙壁瓦砾,并无丝毫可得亏缺。[6]

---

① 在西方传统中,游戏概念通常是与工作、劳动严格区分的。如亚里士多德就把游戏视为劳作后的休息与消遣,康德也特别把游戏与"手工艺"或"一种劳动"作为对照性概念。参见朱光潜《西方美学史》下册,第 383 页,北京:人民文学出版社,2002。

② Bernard Faure, *The Rhetoric of Immediacy-A Cultural of Ch'an/Zen Buddhism*, p. 117.

③ 分别见《五灯会元》卷七"保福从展禅师"、卷一〇"清凉院文益禅师",《卍续藏经》第 80 卷,第 154、198 页。

④《五灯会元》卷四,"甘贽行者",《卍续藏经》第 80 卷,第 98 页。

⑤《景德传灯录》卷三,《大正藏》第 51 卷,第 218 页。

⑥《五灯会元》卷一〇,"天台山德韶国师",《卍续藏经》第 80 卷,第 201 页。

至于唐代禅师黄檗门下讲"语默动静,一切声色,尽是佛事"①,临济说"心法无形,通贯十方,目前现用"②等,更是要彻底消解乐道与生活世界之间的横隔。吕澂在谈到禅宗"保任功夫"时,有深刻的观察。他认为禅家一门深入而透彻全体,并不是动辄凝滞,由此便有了"直心","一切时中视听寻常,更无委曲"。这说明禅的生活原是严肃、谨慎,并无放任的意思。于心地自肯之后,还要逐事去体验以净尽习气。③

中国禅的"游戏三昧"不同于印度佛教中念寂的"乐道"倾向,从形式上看,还是在日常行事中有为、有作的活动,却是指向和顺于解脱自在的。"三昧"本是禅定的别名,中国禅所谓禅的"游戏"是以"三昧"为基础的,但一味讲"三昧"会偏于静和枯寂,必须把这一静中所涵养出的力量表现出来,发挥到日常生活的一切行为举止当中,实现动静一如,才是禅者的理想。④ 日本京都学派哲学家西谷启治把禅的"游戏三昧"说成是"脱落身心"的实践。他指出,禅的这种"游戏三昧"只有在目的论与末世论、"人中心主义"与"理体中心主义"全盘瓦解之后的"空之场"中,才能出现。西谷特别强调,这"空之场"是"绝对的此岸"的日常生活世界,禅的"游戏三昧"即不离世间法,是"游戏"与"工作"的完美和解。在日常生活里,一切无心无为,法尔自然即是"空手还乡,任运延时"的三昧。⑤ 我们可以引无住禅师的话来概括:"真心者,念生亦不顺生,念灭亦不依寂。……无为无相活泼泼,平常自在。"⑥

再从中国哲学史的脉络来更深一层地观察。禅宗"游戏三昧"的任性活泼、不离世间与儒家的"成于乐""游于艺",道家的"至乐""天乐"和"逍遥游"之间,是否如有的学者所认定的那样,存在一种简单的类比关

---

① 《古尊宿语录》卷三,"黄檗(希运)断际禅师宛陵录",《卍续藏经》第68卷,第18页。
② 《古尊宿语录》卷四,"镇州临济(义玄)慧照禅师语录",《卍续藏经》第68卷,第24页。
③ 吕澂:《中国佛学源流略讲》,第378页。
④ 参见吴汝钧《游戏三昧:禅的实践与终极关怀》,第164页,台北:学生书局,1993。
⑤ 转引自林镇国《空性与现代性:从京都学派、新儒家到多音的佛教诠释学》,第59页,台北:立绪文化事业有限公司,1999。
⑥ 《五灯会元》卷二,"保唐无住禅师",《卍续藏经》第80卷,第55页。

系呢？正如禅的游戏和一切游戏概念之间存在一种"家族类似"一样，禅的"游戏三昧"与儒、道传统的"游戏"间当然有不少可以会通的地方。这里要说明的，主要是它们之间的异质性。

从儒家的立场看，儒家赋予"游戏"以强烈伦理性的目的，故其"成乐"与"游艺"，都沛然表示出成仁成德的关切，可称之为一种"教化的游戏"。邢昺解释《论语》的"依于仁，游于艺"时说："艺，六艺也，不足据依，故曰游。游习者，道德仁义也。"又说："劣于道德与仁故，不足依据，故但曰游。"①显然，"游戏"在这里是次于道德而又辅承于道德的，它无从脱离成德的期望而为一自为自在的存在。禅的有为有作，并不限于道德的行事。对于有经验的禅师来说，一个平常的举动，甚至一个看似无意谓的话头，也都藏有"无内容但有意蕴"的机锋，指示着某种深刻的悟解。从风格上看，禅的"游戏"也没有儒家"游于艺"中的那种形式上和技术上的要求。禅师们总是喜欢用一些不合常规的手段去表示大机大用和格外提持，试图把礼乐引归到自性中去加以完成，取得慧能说的"自性心地"的"内外明彻"②。禅宗对于传统既定礼法，如诵经、念佛、打坐等仪式的批判，都必须切合到这种内在性中，才能得到确当的理解。

同样，禅宗"游戏"这种不离日用常行的作风，也有别于庄子那种超然物外，"入无穷之门，以游无极之野"（《庄子·在宥》）的高远意趣。庄子的"独往独来""以游无端"（《庄子·在宥》），具有遗世独立和远行高蹈的性格。庄子的"逍遥"含有一层否定的意味，他不仅意在远离日常有作之苦，与自然俱游，还要"极乎无亲"地兼忘一切道义的负担。对庄子的游，成玄英的疏解很有意味。他说："逍者，销也；遥者，远也。销尽有为累，远见无为理，以斯而游，故曰逍遥。"③这是"徒处无为，而物自化"（《庄

---

① 何晏集解、邢昺疏《论语》"述而第七"，《十三经注疏》下册，第2481、2482页，北京：中华书局，1980。
② 〔唐〕慧能著，郭朋校释：《坛经校释》，第48页。
③ 〔唐〕成玄英：《南华真经疏序》，〔晋〕郭象注，〔唐〕成玄英疏《南华真经注疏》，"在宥第十一"，第223页，北京：中华书局，1998。

子·在宥》)的一流。从禅的游戏角度看,庄子的"游"过于独守"无为",还未能贯彻到"绝对的此岸"中加以消化。唐代保唐系的无住禅师就曾批评老庄之学如声闻乘,只住于无相、清净的一面,他说:"庄子、老子尽说无为无相、说一、说净、说自然;佛即不如此说,因缘、自然俱为戏论……"他认为,禅的行法是"不住无为,不住无相"而"常在世间""不染世法"的。① 禅的"游戏",是不断烦恼而入涅槃的,它不是空间上的遗世远行,也不需要到外面去寻找"自然"的山林,"自然"被内在化为一种心念上的静谧和平常,表示为"于自念上离境""于一切境上不染"②。因此,禅的功夫重在从内在向度上彻底远离"二相诸尘劳",做到"于一切法上无住","不染万境而常自在"。③ 比较而说,禅宗的"游戏"化解了庄子道境中生活世界与修道之间的紧张,把"出入六合,游乎九州"(《庄子·在宥》)的高远,引向了更为平常和方便的日用生活中。

　　第二,"游戏"在印度佛教论典中,通常是关联于某种神通变化。印度早期佛教对于"神通"(Abhijna)的态度还非常暧昧,但不少学者认为,它几乎成为佛教的基础之一。他们不同意单纯以理智主义的倾向,即以佛教"哲学"的名义去否定佛教中有"神通"的观念。尽管大乘佛教具有解消神通的一面,如"空"的逻辑有可能把一切神通变化都归于妄念所生。但大乘佛教在消解的同时,仍然包含了神通的因素。④ 如《维摩经》中就多次提到"游戏神通"的说法。这里的"游戏"概念并没有突出平常心的自在,而强调了"游通化人"所特有的"五通""六通"等化用和"自在无碍"。罗什解释说:"因神通广其化功,亦以神通力证其辩才。"⑤从中国早期传承的印度禅法、论典和中国学僧的解释性著作中,我们仍然可以随处发现这种神通为大的意见。所以梁代慧皎在评论早期禅法时,曾以

---

① 《历代法宝记》,《大正藏》第 51 卷,第 194 页。
② 〔唐〕慧能著,郭朋校释:《坛经校释》,第 39 页。
③ 〔唐〕慧能著,郭朋校释:《坛经校释》,第 40 页。
④ Bernard Faure, *The Rhetoric of Immediacy-A Cultural Critique of Ch'an/Zen Buddhism*, pp. 103 - 105.
⑤ 〔后秦〕僧肇等注:《注维摩诘所说经》,第 27、94 页。

"四等六通,由禅而起;八除十入,藉定方成。故禅定为用大矣哉"以及"禅用为显,属在神通"来概述。[①]

不管怎么说,早期中国禅法活动中重视神通自在的倾向,多少为唐代中国禅学中偏中于慧学的趋势所抑制。中国禅门则更倾向于以"游戏三昧"来代替"游戏神通"的说法,这其实已有了很深入的意义。中国禅宗的门风,对于神通可以说是非反对,却有所不取的。佛尔就发现中国禅不同于印度禅的一个重要特征,在于中国禅宗传统有"祛魅化"(demythologizing)的倾向,具体表现为重视对"基本理则"(basical principles)的沉思,而不断批判奇异之术、神通之论。如净觉禅师所作的《楞伽师资记》,其"求那跋陀罗传"中就批判了各种神异禅法。[②] 神会的"无念"、保唐的"无忆"也有解消神通的意趣。而在临济的禅法系统中,神通被重新解释,成为一种身心自由的精神性的隐喻。从唐代道宣的《续高僧传》到《楞伽师资记》和《传法宝纪》,我们从这些唐代中国禅宗史书有关禅师神通记录的变化中,可以发现唐代时期的中国禅有不断从神通向学理转化的趋势。这表明禅宗在对付道教和本土化的各种方术之后,力图接近儒家和趋向中国式意识形态。[③]

敦煌本《坛经》重在讲"一行三昧"和"般若三昧",它的意趣大抵都是不离随缘而"常行直心""常净自性"。敦煌本还不曾以"游戏三昧"的说法来加以解释,而后出的《坛经》本子,就已有明确提到"游戏三昧"的。如宗宝本《坛经》中就说:

> 见性之人,立亦得,不立亦得。去来自由,无滞无碍。应用随作,应语随答,普见化身,不离自性,即得自在神通,游戏三昧,是名见性。[④]

---

① 〔梁〕释慧皎撰,汤用彤校注,汤一玄整理:《高僧传》卷一,第 426、427 页。

② Bernard Faure, *The Will to Orthodoxy: A Critical Genealogy of Northern Ch'an Buddhism*, p. 10.

③ Bernard Faure, *The Rhetoric of Immediacy-A Cultural Critique of Ch'an/Zen Buddhism*, pp. 105 – 125.

④ 《六祖大师法宝坛经》,《大正藏》第 48 卷,第 358 页。

尽管这里还出现"自在神通""普见化身"一类字眼，但毕竟是随缘而禅、不离自性的"一行三昧"或"般若三昧"。如果我们结合禅宗灯录中所记载的各类禅师们对于神通变化的诃毁，就更容易了解禅宗法流中这种"游戏三昧"的特殊性。我们仅以灯录所记唐代禅师的宗风为例，略加阐明：

如《五灯会元》卷四"黄檗希运禅师"中载：

> 后游天台逢一僧，与之言笑，如旧相识。熟视之，目光射人，乃偕行。属涧水暴涨，捐笠植杖而止。其僧率师同渡，师曰："兄要渡自渡。"彼即褰衣蹑波，若履平地，回顾曰："渡来！渡来！"师曰："咄！这自了汉。吾早知当斫汝胫。"其僧叹曰："真大乘法器，我所不及。"言讫不见。①

又，《五灯会元》卷九"仰山慧寂通智禅师"所记一段对参，更能说明禅的"游戏"对于神通的解消：

> 有梵师从空而至，师曰："近离甚处？"曰："西天。"师曰："几时离彼？"曰："今早。"师曰："何太迟生！"曰："游山玩水。"师曰："神通游戏则不无，这里佛法须还老僧始得。"②

从"游戏神通"到"游戏三昧"的思想变化，表示了唐代中国禅的意趣在臻于平常心和生活世界的场所。一个开悟的禅师入圣之后，仍然必须经过一个平凡人的生活，做平常人所做的事，而不是到处施展他的神迹。但这种平常的行为已经有了新的意义，等到深入而真的体会，那就不只是平常和屑屑细行，而有了灼然朗照的深秘。这就是百丈禅师所说的"不异旧时人，只异旧时行履处"③。

---

① 《五灯会元》卷四，"黄檗希运禅师"，《卍续藏经》第 80 卷，第 88 页。
② 《五灯会元》卷九，"仰山慧寂禅师"，《卍续藏经》第 80 卷，第 189 页。
③ 《古尊宿语录》卷一，"大鉴下三世(百丈怀海大智禅师)"，《卍续藏经》第 68 卷，第 8 页。

第四节 "游戏三昧"与戒相

印度禅的传统特别强调戒、定、慧三学之间的次第关系，即对于坐禅提出了严格持戒的前提条件。但是有关戒与禅的关系，在中国禅宗思想，特别是南宗禅的思想中得到了新的解读与发展。对于中国禅门来讲，"坐禅"是否需要持戒这一前提条件呢？如果需要持戒，禅宗，特别是南宗传统又是如何理解戒律与禅坐的关系？早期汉传大、小乘禅法都特别提到戒的规范和作用。安世高最早译出禅经，同时首译律典方面的作品，①可见他对戒律相当重视。他译的《大安般守意经》卷上就说："守意为道，守者为禁，亦谓不犯戒。"②西晋竺法护译《修行地道经》卷一也提到"奉戒清净""戒净志乐无我想"，并说："假使行者毁戒伤教，不至寂观，唐捐功夫。"③从罗什辑译的《坐禅三昧经》、佛陀跋陀罗传译的《达摩多罗禅经》中，也都可以发现早期传禅与戒法之间的密切关联。如《坐禅三昧经》卷一一上来就提到，禅师们对弟子的择选，首先就要考察其持戒的程度，而后才决定是否传法。④《达摩多罗禅经》卷下亦谓："净戒为梯，能升慧堂。戒为庄严具，亦为善成卫。戒能将人至于涅槃……戒香流出，一切普熏。"⑤由此可见，早期禅法的传承对于戒法相当重视。不过，从这些戒法内容，以及康僧会、道安、慧远、僧叡、慧观等为这些禅籍所作的序文来分析，还没有明确从自心或自性的意义上来强调戒禅的融会。⑥

中国禅宗传统是重于戒相，而不随意毁废的。北宗禅就非常重视戒禅合一，即使像神会这样对北宗禅坐有过激烈批评的人，对持戒的前提

---

① 安世高为中国最早译律者，此说见《大宋僧史略》卷上，《卍续藏经》第 86 卷。

② 《大安般守意经》卷上，《大正藏》第 15 卷，第 163 页。

③ 《修行地道经》卷一，《大正藏》第 15 卷，第 182 页。

④ 《坐禅三昧经》卷一，《大正藏》第 15 卷，第 270 页。

⑤ 《达摩多罗禅经》卷下，《大正藏》第 15 卷，第 322 页。

⑥ 道安对戒法非常重视，曾经亲自"制僧尼轨范，佛法宪章"，即为僧团制定律制。但从他所制定的"三例"来看，其律制基本都还是一般行仪上的要求。见《高僧传》卷五，"道安传"，《大正藏》第 50 卷，第 353 页。

也还是有明确肯定。他说:"若不持斋戒,一切善法终不能生。""学无上菩提,不净三业,不持斋戒,言其得者,无有是处。"非常有趣的是,在禅法上面,神会倡导的是无念和不作意,但对于戒法,他甚至提出要通过"有作戒"来逐步完成"无作戒"。① 可见,他认为持戒对禅修来讲,是不可轻易放过的功夫。

问题在于,中国禅对戒相的看法并不会流于戒本上那些有形的规定。特别是南宗禅到了石头、洪州门下,他们对戒法有自己深一层的认识。依禅师们的意见,规矩本来是根源于自性而又顺于自性的,这就是神会所说"无作戒",也就是自性戒的意味。自性戒的概念在早期汉译佛典中已经出现,不过意思与后来禅门所说略有不同。如《菩萨地持经》卷四中对自性戒的解释,很明显还是从一般戒相,而不是从自性的意味上来解说的。②

禅宗所讲自性戒不是这样,而是重视从心地的体性来说戒法,正所谓"实际理地不受一尘"③。如慧能就说:"戒本源自性清净"④,"得悟自性,亦不立戒、定、慧"⑤。这表明中国禅重视的是戒律与自性的合一,其宗旨本是要在内在化的精神层面作自我要求,而不重在外相形式中去加以表现。因此,尊戒与慢戒的区别就不在形式上的行为合辙与否,而在自心对于戒法的觉解和持犯程度。这一点,洞山良价说得很清楚:"拟心是犯戒,得味是破斋。"⑥日本禅宗学者铃木哲雄对于唐五代禅宗的研究也表明,禅门于戒律的处理不能简单地看做轻视戒律,其中可能隐含了

---

① 杨曾文编校:《神会和尚禅话录》,第 6 页。
② 《菩萨地持经》卷四中对自性戒的四种解释是这样的:"云何自性戒? 略说四德成就,是名自性戒。云何为四? 一者从他正受。二者善净心受。三者犯已即悔。四者专精念住,坚持不犯。从他正受者,外顾他于犯,愧心生。善净心受者,内自顾于犯,惭心生。犯已即悔,专精不犯,如是不犯戒。"见《大正藏》第 30 卷,第 910 页。
③ 《景德传灯录》卷九,《大正藏》第 51 卷,第 265 页。
④ 〔唐〕慧能著,郭朋校释:《坛经校释》,第 78 页。
⑤ 〔唐〕慧能著,郭朋校释:《坛经校释》,第 79 页。
⑥ 《筠州洞山悟本禅师语录》,《大正藏》第 47 卷,第 510 页。

对戒律的形式主义批评,背后有更深刻的意义值得重视。①

根据印顺的研究,道信禅法因受南方天台学的影响,重视了戒禅合一的风格。由于道信"菩萨戒法"没有传下来,我们无从详知其中的消息,但他相信,弘忍门下的禅风,禅与菩萨戒的结合原来是秉承了道信的门风。② 问题是,这一门风是否表示了戒法取向必须本源于自性清净。从神秀所传的戒法看,敦煌本、宗宝本等《坛经》都把其所说的"诸恶莫作名为戒"与慧能主张的"心地无非自性戒"对照起来讲,似乎暗示神秀还没有意识到自性戒的高度。这有可能是南宗禅一系的学僧为了贬斥神秀系统而编造出来的说法。从敦煌文献《大乘无生方便门》所记神秀"坐持禁戒"的"菩萨戒"法来看,神秀主张的乃是"护持心不起,即顺佛性"的"持心戒"和"佛性为戒"。③ 北宗对戒法的态度,可能还要做进一步的研究。④ 关于神秀为中心的北宗与戒律的关系,西方禅学史家佛尔认为,北宗对于戒的应用有超越传统古典律学的形式主义而引向内在化和观心实践的倾向。但《坛经》为代表的南宗则把这种内在化的观念推到更为彻底的程度,主要表现在"自性戒"的提出。⑤ 可以肯定,把戒法销归到自性上来强调本性清净、无须外铄的主张,是经由慧能的提炼而一时成为通则的。《坛经》中说的"心平何劳持戒,行直何用修禅"⑥的原则,在曹溪的后学中可以说是发扬光大了。

---

① [日]铃木哲雄:『唐五代禅宗史』,465、466頁,東京:山喜房佛書林,1985。
② 印顺:《中国禅宗史:从印度禅到中华禅》,第45—46页。
③《大乘无生方便门》,《大正藏》第85卷,第1273页。椎名宏雄就认为,北宗是主张禅戒结合的,而且其提倡的佛性为戒强调了戒律的精神性方面。参考其文『唐代劍南禅宗における戒律の問題』(印仏研18—2,1970)。
④ 北宗对于戒行相当重视,但从现有的记录看,其多讲以律扶禅,似乎并没有特别暗示从自性上来了解。如王维说净觉禅师"律仪细行,周密护持""戒生忍草,定长禅枝"(《大唐大安国寺故大德净觉师塔铭》,《全唐文》卷三二七)。郭湜的《唐少林寺同光禅师塔铭》中说:"以修行之本,莫大于律仪,究竟之心,须终于禅寂。律禅之道,其在斯乎。"(《全唐文》卷四四一)李邕的《大照禅师塔铭》也提到普寂"以正戒为墙,智常为座","尸波罗蜜是汝之师,摩他门是汝依处"(《全唐文》卷二六二)。
⑤ Bernard Faure, *The Will to Orthodoxy: A Critical Genealogy of Northern Ch'an Buddhism*, pp. 107 - 118.
⑥《六祖大师法宝坛经》,《大正藏》第48卷,第352页。

对戒的理解有内外重点的不同,难免发生许多分歧。南宗系统的很多灯史文献,就多有反映禅律相争的情况。像《历代法宝记》就引经云:大乘持"开通戒",而小乘"持尽遮戒尽护戒"。又记无住禅师斥律师为"细步徐行、见是见非","并是灭佛法,非沙门行"。① 对于这些说法,我们都要从禅门所理解自性戒的高度去解释,而不要陷于文字上的意思,因为南宗对律学的批评就误以为南宗不究律法。荷泽神会的《坛语》与敦煌本《坛经》在戒律的观念上虽然还存在明显的差异,但仍然保留了慧能重于心地上说戒的思想。如《坛语》中说:"妄心不起名为戒。"②

石头、洪州门下也很少提到戒法的传授,不过,这些都应看做对戒法形式或外在礼法拘执的诃毁,而不是对自性戒法的否定。如石头门风就有这样的作略。石头的任运所行,不听律,不念戒,这表示了其门风是不重形式的戒法。《祖堂集》卷四本传中载:"师受戒后,思和尚问:你已是受戒了也,还听律也无? 对曰:不用听律。思曰:还念戒也无? 对曰:亦不用念戒。"这是行仪上的"不拘小节",而其宗要还是要归于自性上的自律,故《祖堂集》又谓其"略探律部,见得失纷然,乃曰:自性清净,谓之戒体。诸佛无作,何有生也"。又如石头下的药山也讲"离法自净"而不"屑事于细行",然结合他答石室高沙弥关于受戒之义云"不受戒而远生死",又批评口说戒行("犹挂着唇齿在")的观念看,他只是反对对戒律做形式化的理解。③ 洪州宗的禅风一面讲行持的自由和生活化,一面又主张自心的检束。百丈制定丛林清规虽还有整肃风气、创立法式的意味④,然终究趋于自性无染、无取舍的一流。他对"有罪""无罪"的解释,就是从这

---

① 《历代法宝记》,《大正藏》第51卷,第183、194页。又,椎名宏雄「唐代剣南禅宗における戒律の問題」一文,也讨论了无住禅师对盛行于四川的律师所采取的敌对态度,可以参考。

② 杨曾文编校:《神会和尚禅话录》,第6页。

③ 〔南唐〕释静、释筠编撰,吴福祥、顾之川点校:《祖堂集》卷四,第103、109页。

④ 阿部肇一认为,百丈一改传统"律制"而创立了一种新的"律禅",详见其《中国禅宗史——南宗禅成立以后的政治社会史的考证》,关世谦译,第37—38页,台北:东大图书公司,1988。

层意义上说的。① 洪州宗的门下，对自性戒也有清楚的认识。如道一弟子惟宽，就强调了戒规与心法的不二。《景德传灯录》卷七载其回答白居易问法时说："无上菩提者，被于身为律，说于口为法，行于心为禅，应用者三，其致一也。譬如江河淮汉在处立名，名虽不一，水性无二。律即是法，法不离禅，云何于中妄起分别？"②显然，他是要把律行化约到心法中，而于自性上确认戒法的合法性。

第五节　南宗对"坐禅"批判的意味

中国禅宗史上对"坐禅"的批判主要都保留在南宗有关的资料中。南宗禅经常表现出对"坐禅"的批判，这给人一种印象，好像南宗禅要彻底否定"坐禅"的传统，把"坐禅"与悟道完全对立起来。著名的例子就是《祖堂集》《景德传灯录》在"怀让传"中都记载了的磨砖不能成镜的故事，其中提到"坐禅岂得成佛""汝若坐佛，却是杀佛"及"不假修道坐禅，不修不坐，即是如来清净禅"的看法，这完全否定了禅坐的意义。③ 胡适、柳田圣山等学者都是根据这些说法而认定，洪州一系对禅坐传统一概加以否定。这种意见对禅史研究产生了相当深远的影响。我们需要对此问题做进一步的分析。南宗对"坐禅"，特别是北宗禅坐传统的批判究竟要传达什么？我们并不能泛泛把他们对"坐禅"的批判简单解读为对"坐禅"的全盘否弃。

---

① 《古尊宿语录》卷一，"大鉴下三世（百丈怀海大智禅师）"，《卍续藏经》第 68 卷，第 325 页。百丈制定"清规"，原本就是为了禅门的需要而刻意与律宗分开，这一点，在赞宁的《大宋僧史略》和《景德传灯录》卷六上都有说明。如《灯录》上说："百丈大智禅师，以禅宗肇自少室，至曹溪以来，多居律寺，虽别院，然于说法住持未合规度故，常尔介怀。"（《大正藏》第 51 卷，第 250 页）《宋高僧传》卷一〇的"百丈怀海传"也说他"立制出意方便"，乃"简易之业"（《大正藏》第 50 卷，第 771 页）。这些都意在表明百丈的重视戒规并不严格因循一般律制，而是为了做禅方面的延伸，有自己的发明。当然，从现有的资料和研究中，我们还无从判断"清规"的精神与自性之间的关系。

② 《景德传灯录》卷七，《大正藏》第 51 卷，第 255 页。

③ 分别参见〔南唐〕释静、释筠编撰，吴福祥、顾之川点校《祖堂集》卷三，第 87 页；《景德传灯录》卷二八，《大正藏》第 51 卷，第 440 页。

首先,南宗对"坐禅"的批判多少含有宗派主义的意味。就是说,南宗门下对于"坐禅"的批判,多是有所针对地指向北宗禅法的传统,这里有禅法思想的分歧,也有争正统的意味。特别是当南宗门下将论"坐禅"与法系传承和对北宗修法的评论联系起来的时候。从敦煌本《坛经》到神会论禅坐,都明显是在与北宗相区隔的脉络里来讲的。如《坛经》重新定义其禅定的概念,正是在批判北宗禅法"看心看净"的前提下进行的。[①]神会对"看心看净"的批判,更是锋芒毕露地表示了对北宗合法性的质疑。神会之所以被一些学者称为南禅的"布道家"(evangelist)[②],而不是一般意义上的禅师,就在于他的禅学论述中充满了宗教派系的修辞。他书写"菩提达摩南宗定是非论"本来就是一场有策略地针对北宗而做的批判行动。从思想上来说,他最重要的批判对象就是北宗的"坐禅"观念,这些都明显充满了争正统的意味。[③] 如他批评秀禅师门下二十余人"说禅教人,并无传授付嘱,得说只没说"[④],就在表明,北宗的传承不在正统谱系的安排之中,于是其所传一切禅坐的教导也都是不合法的。

我们必须意识到,南宗对于北宗禅坐传统的批判显然包含了派系之间的权力斗争。佛尔在分析初期禅宗内部对"一行三昧"的不同解释时,也特别阐明了禅宗不同派系之间是如何围绕着对"一行三昧"观念的解释,进行追求"正统性"的斗争和教理"交换"的。他发现,作为禅宗内部的冲突场域,其中每一个派系都试图在其追求正统性和权力的全面斗争中胜过其他派系。[⑤] 美国禅史学家普斯基(Mario Poceski)与日本禅学史家椎名宏雄也注意到,从牛头宗到慧能、神会对"坐禅"思想的批判中,都

---

① 〔唐〕慧能著,郭朋校释:《坛经校释》,第43页。又,慧能谓志诚一段关于戒、定、慧的说法,也公开表示了与神秀思想的不同法流。具体可以参看同书第96页。

② John R. McRae, *Seeing Through Zen: Encounter, Transformation, and Genealogy in Chinese Ch'an Buddhism*, Berkeley, CA: University of California Press, 2003, p. 55.

③ 分别参见〔日〕椎名宏雄『北宗灯史の成立』、〔日〕鈴木哲雄『南宗灯史の主張』、〔日〕篠原壽雄、田中良昭編『講座敦煌8;敦煌仏典と禅』,75、92頁,東京:大東出版社,1980。

④ 杨曾文编校:《神会和尚禅话录》,第28页。

⑤ Bernard Faure, "The Concept of One-Practice Samadhi in Early Ch'an", *Traditions of Meditation in Chinese Buddhism*, ed. Peter N. Gregory, pp. 99-128.

包含了刻意与北宗相区分而建立自宗宗教身份（religious identity）的企图。① 于是，对南宗禅史的论述，特别是有关牛头、神会、洪州禅所表现出来的批判"坐禅"的说辞，都有必要进行谱系学的考察，以照查其中所蕴含的对抗北宗的策略。如牛头宗对禅坐的批判表面看是在讲高卧放任，反对一切形式的"坐禅"，而实际上牛头的修证观也还是重视山居坐禅的。② 又如洪州门风都被南宗灯史塑造为无证无修的一类，对"坐禅"也有极端的批评。而实际上，洪州宗也并不一味地反对禅坐，他们对禅坐的批判乃是有针对性地指向形式主义和寂静主义的一流。有学者研究发现，洪州门下有关"坐禅"入定的记录也不少，作为入道的方便，他们对"坐禅"是给予肯定的。③

另外，北宗灯史所记东山门下的禅坐也不只有寂静主义的一流，如道信的"一行三昧"显然是重于禅坐的方便，但《楞伽师资记》并没有把他的禅法叙述单一地局限在静坐的形式里，而意识到禅要体现在日常生活的施为运作之间。《楞伽师资记》记录他的"一行三昧"时就提到："举足下足，常在道场；施为举动，皆是菩提。"④这表示北宗门下对于道信"一行三昧"的认识，已经超出了"常坐三昧"范畴，走向涵盖生活中的所有行为。⑤ 这一点，弘忍的《修心要论》也讲得很清楚，他一面主张"坐禅"对初入道学的必要性，一面也提到"守心"并不限于"坐禅"，而是要"但于行住坐卧，恒常凝然守本净心"。他甚至说到真心的证入是"不索束修"的。⑥

---

① 分别参见椎名宏雄「南宗の坐禅観とその特色」，宗学研究 13，1971；Mario Poceski, *Ordinary Mind as the Way：The Hongzhou School and the Grouth of Ch'an Buddhism*, pp. 135. 136, Oxford：Oxford University Press，2007.

② 参见椎名宏雄「南宗の坐禅観とその特色」，宗学研究 13，1971。

③ 分别参见印顺《中国禅宗史：从印度禅到中华禅》，第 297—299 页；Mario Poceski, *Ordinary Mind as the Way：The Hongzhou School and the Grouth of Ch'an Buddhism*, pp. 136 - 139.

④《楞伽师资记》，《大正藏》第 85 卷，第 1287 页。

⑤ Bernard Faure, "The Concept of One-Practice Samadhi in Early Ch'an," in *Traditions of Meditation in Chinese Buddhism*, ed. Peter N. Gregory. pp. 99 - 128.

⑥ 弘忍：《修心要论》，见马克瑞《北宗与初期禅佛教之形成》附录所收该论版本。John R. McRae, *The Northern School and the Formation of Early Ch'an Buddhism*.

这些思想都是后来南宗禅所特别加以提倡和发挥的方面。

其次,法统的斗争是一种分析禅史的有力工具,但也不能完全代替南北禅在"坐禅"观念上的思想分歧。我们必须承认,从禅宗思想传统的内部来看,南宗对"坐禅"的批判究竟表示了他们与北宗不同的意见。很可能东山法门的禅法是在神秀门下才对这一初入道的方便做了过度引申,以至于把"坐禅"理解为禅法之全体,一味求静,隔绝了与日常行为的关联,才引起南宗门下的激烈反抗。

慧能以来南宗禅对北宗禅所说"坐禅"方式的批判,并不能够简单理解为对禅坐的否定,而应在把禅坐从对外相的注意或形式主义的执着引向到心法上面来理解。他们认为只拘泥于坐的形式来论究禅法,乃是一种小禅小定。正如宋代禅史学家契嵩所说,《坛经》之定乃"尊大定也"。①

"大定"包含两个方面内容。一是对禅定作心法上的定义。就是说,禅定的意义并不局限在形式上的"坐禅"入定,而是指内在心念上的道境。敦煌本《坛经》对"坐禅"的解释就非常明确地指明了这点:"外于一切境界上念不起为坐,见本性不乱为禅。何名为禅定? 外离相曰禅,内不乱为定。外若著相,内心即乱,外若离相,内性不乱。"②同样,神会"说禅不教人坐"也并不是一味反对"坐禅",只是他对大定"宴坐"有这样的解说:"坐者,念不起为坐;今言禅者,见本性为禅。所以不教人坐身住心入定。"③

另一方面,"大定"也表示禅定不限于"坐"的形式,而是要融入日常生活的一切施为运作当中,去保持不起念。这其实是一种更高难度的"坐禅"。敦煌本《坛经》有一段专门批评北宗"看心看净"一流的禅坐方式,其中就特别提到坐禅"亦不言不动"④,后来南宗的门徒都有从这一面来理解慧能禅坐的。《祖堂集》卷三"智策和尚传"中就把六祖禅解释为

---

① 〔宋〕契嵩:《六祖大师法宝坛经赞》,〔唐〕慧能著,郭朋校释《坛经校释》,第176—177页。
② 〔唐〕慧能著,郭朋校释:《坛经校释》,第45页。
③ 杨曾文编校:《神会和尚禅话录》,第31页。
④ 〔唐〕慧能著,郭朋校释:《坛经校释》,第43页。

"禅性无住,离诸禅寂"①。《景德传灯录》卷五"慧能传"中也说到"居禅定而不寂"②。神会对北宗禅的批判更有意味。对戒、定、慧三学来说,他认为戒、慧两学尚可有所方便,即"要藉有作戒、有作慧,显无作戒、慧"。在这里他承认有某种有作和次第的存在。但对于禅定的部分,他完全否认有这样一种方便。他指出有作定即是有念,"看心看净"就属于这样刻意的一流。所以"若修有作定,即是人天因果,不与无上菩提相应"。北宗的"住心看净"就是有作意的"凝心入定",神会认为这种一味重于静寂的禅定不仅把静与动分成两橛,而且坐定的时候也不是真定,而是"堕无记空";"出定以后"就"起心分别一切世间有为",陷于妄心。神会提出,真正大乘佛教所说的"宴坐"是"但一切时中见无念,不见身相,名为正定"。③ 这显然是要把动禅的观念带进来。

这些都反映了南宗灯史对禅坐一流偏于寂静主义的批判。南宗学人担心,如果禅坐只限于身体上的寂然不动,那还并不是禅的高远意境。可以说,南宗对于"坐禅"的批判,旨在把印度禅坐传统中一味强调的静禅引向动禅——一种活泼泼的生活禅,这也正是禅宗思想中国化的一种重要的象征。

---

① 〔南唐〕释静、释筠编撰,吴福祥、顾之川点校:《祖堂集》卷三,第 80 页。
② 《景德传灯录》卷五,《大正藏》第 51 卷,第 236 页。
③ 杨曾文编校:《神会和尚禅话录》,第 6、9、82 页。

第八章　成玄英与李荣的哲学思想

　　一般认为,唐代道教传统的重要转变之一,就是在佛教中观思想影响之下的道教重玄思想的勃兴,而着力阐发重玄思想的是唐代初年的成玄英和李荣。成玄英通过对《老子》和《庄子》的注疏,从动静、有无、本迹、体用等视角,阐释了玄之又玄的重玄之道,提出了"重玄三一"说,最终落实于生命与心性之关系的人生哲学。李荣则通过对《老子》及《西升经》的注解,运用佛教三论宗的中观方法阐发了"双非双遣"的重玄思想。

第一节　成玄英与李荣的生平与著述

一、成玄英的生平与著述

　　成玄英(生卒年不详),字子实,陕州(治今河南三门峡市陕县老城)人。隐居东海。唐太宗贞观五年(631年),召至京师,加号"西华法师"。高宗永徽(650—655年)中,流郁州。在流放期间注疏《老》《庄》及撰述其他著作。[①] 今《正统道藏》存郭象、成玄英《南华真经注疏》35卷,此注疏

---

① 参见《新唐书》卷五九,"艺文志三",第1517页。

又收入清人郭庆藩《庄子集释》一书。① 成玄英的《老子》疏已散佚,散见于《道藏》本强思齐《道德真经玄德纂疏》和顾欢《道德真经注疏》之中。现有其《老子》疏的三个辑校本:蒙文通《老子成玄英疏》6卷、严灵峰《道德经开题序诀义疏》5卷、日本藤原高男《辑校赞道德经义疏》。② 其中蒙本成书最早,严本次之,藤原本晚出,并对蒙、严二本有所辩难。另外,成玄英曾注释灵宝派经典《度人经》,收入宋人陈景元《元始无量度人上品妙经四注》。

二、李荣的生平

李荣(生卒年不详),道号任真子,绵州巴西(今四川绵阳)人,唐代道教重玄学派的代表人物之一,活动于唐高宗(649—683年在位)时,与成玄英为同时代人,近世学者蒙文通先生疑其为成玄英的弟子。③ 李荣之地望有这样几条材料可资佐证:一是他自称蜀人。《集古今佛道论衡》卷丁《上以西明寺成召僧道士入内论义》载李荣说:“荣在蜀日,已闻师名。”又,《大慈恩寺沙门灵辩与道士对论》载李荣自称:“道门英秀,蜀郡李荣。”二是佛教徒斥其为:“区区蜀地老,窃号道门英。”④三是《绵阳县志》卷七引旧志云,唐驸马蒋曜有《登富乐山别李道士荣》诗。此诗又收入《全唐诗》卷八八二,作者薛曜,题名“登绵州富乐山别李道士策”。⑤ 似乎二者各有笔误,前者“蒋”当作“薛”,后者“策”当作“荣”。四是《全唐诗》卷八六九李荣《咏兴善寺佛殿灾》有注云:“荣,巴西人也。”⑥据《元和郡县

---

① 参见中华书局1961年出版的《新编诸子集成(第一辑)》。本章以下所引成玄英《庄子疏》均据此本并只注篇名。
② 蒙文通本见1946年四川省立图书馆石印本。严灵峰本见其《无求备斋老子集成初编》(3),台北:台湾艺文印书馆,1965。藤原高男本见《高松工业高等专门学校研究纪要》第2号,1967。本章以下所引成玄英《老子注》均据严灵峰本并只注卷数、页码。
③ 参见蒙文通《古学甄微》,第347页,成都:巴蜀书社,1987。
④ 《集古今佛道论衡》卷丁,《大正藏》第52卷,第389、394页。
⑤ 〔唐〕蒋曜:《登绵州富乐山别李道士策》,《全唐诗》卷八八二,第2148页,上海:上海古籍出版社,1986。
⑥ 〔唐〕李荣:《咏兴善寺佛殿灾》,《全唐诗》卷八六九,第2128页。

图志》卷三三,富乐山在巴西县东五里。[①] 以上可证李荣为绵州巴西人。

李荣出身于有名的道教世家,为李特、李流之后。据唐代王维《大荐福寺大德道光禅师塔铭》载:"禅师讳道光,本姓李,绵州巴西人。其先有特有流,若实有蜀,盖子孙为民。大父怀节,隐峨眉山,行无辙迹。其季父荣,为道士,有文知名。"[②]所说正与李荣特征相符合。由此可知,李荣与道光禅师为叔侄关系,同为李特后人。按《晋书·李特载记》所说,李特,"字玄休,巴西宕渠人,其先廪君之苗裔也",人"谓之賨人"。"汉末,张鲁居汉中,以鬼道教百姓,賨人敬信巫觋,多往奉之。值天下大乱,自巴西之宕渠迁于汉中杨车坂,抄掠行旅,百姓患之,号为杨车巴。魏武帝克汉中,特祖将五百余家归之,魏武帝拜为将军,迁于略阳,北土复号之为巴氏。"后来李特随流民入蜀,组织了流民起义。李特死后,其子李雄攻占成都,建立了成汉政权,拜巴蜀地区天师道首领范长生为相。[③] 从上述记载看,李特祖辈皆系天师道的信奉者,为巴蜀一个大的奉道世家;成汉政权得以建立也与其得到巴蜀地区道教徒的大力支持有关。[④] 据此,则李荣出自西蜀少数民族"巴氏",为世世代代的奉道之家,有深厚的道教传统。自李雄称帝之后,李氏家族"子孙为民",至李荣时,除保持奉道之传统外,族中又有信佛者,而李荣对佛教也颇有研究,并将其融会贯通到道教中去。

至于李荣一生行状,史料阙如,只能做些推测。李荣少时即好慕神仙,学道炼丹,经苦修,丹术日趋精深,成为蜀中道教名流。"自言少小慕幽玄,只言容易得神仙。……漫道烧丹止七飞,空传化石曾三转"[⑤],就是他向人透露的早年学道生活点滴。随着名声日增,李荣受到唐高宗的征召。大约此时,在蜀中与他有过交往的卢照邻以诗相赠,送其赴诏:"锦

---

① 〔唐〕李吉甫撰,贺次君点校:《元和郡县图志》卷三三,第 849 页,北京:中华书局,1983。
② 〔唐〕王维撰,〔清〕赵殿成笺注:《王右丞集笺注》卷二五,第 459 页,上海:上海古籍出版社,1984。
③ 《晋书》卷一二〇,"李特载记",第 3021—3030 页,北京:中华书局,1974。
④ 参见卿希泰主编《中国道教史》第 1 卷,第 260—261 页,成都:四川人民出版社,1988。
⑤ 〔唐〕骆宾王:《代女道士王灵妃赠道士李荣》,《全唐诗》卷七七,第 200 页。

节衔天使，琼仙驾羽君。投金翠山曲，奠璧清江濆。圆洞开丹鼎，方坛聚绛云。宝觌幽难识，空歌迥易分。风摇十洲影，日乱九江文。敷诚归上帝，应诏佐明君。"①诗中赞扬了李荣的道术与文采。

进京以后，李荣活动于长安和洛阳两地，主要是同佛教徒论辩，成为"老宗魁首"。显庆三年（658 年）四月，敕召僧道各七人入内论义，李荣为其中之一，时荣"立道生万物义"，与大慈恩寺僧人慧立争辩；同年六月，就"六洞"问题，李荣又与慧立发生论争；同年十一月，李荣与大慈恩寺僧人义褒就"本际"问题进行了辩争。② 显庆五年（660 年）八月，敕召僧人静泰与李荣于洛阳宫中就《老子化胡经》进行辩论，荣辩败。李荣在与佛教徒的论战中，曾"屡遭勍敌，仍参胜席"，不料败于静泰，"由是失盾，令还梓州。形色摧恶，声誉顿折。道士之望，唯指于荣，既其对论失言，举宗落采"。③

贬回蜀地后，李荣可能收到了骆宾王代女道士王灵妃写的情诗。荣在长安时，与灵妃"台前镜影伴仙娥，楼上箫声随凤史。……双童绰约时游陕，三鸟联翩报消息。尽言真侣出遨游，传道风光无限极"。遭贬后，他"不能京兆画蛾眉，翻向成都骋骖引"。年去年来，灵妃"春来春更思"，恰逢骆宾王自姚州平叛回到长安，便托骆写了这首缠绵悱恻的长歌寄给李荣。④ 在蜀中待了几年，到龙朔三年（663 年）五月，他再度奉敕入长安，这次据说是戴着枷锁入京的。六月十二日，敕于蓬莱殿论义，李荣与僧人灵辩同奉见。李荣以《升玄经》立题云："道玄，不可以言象诠。"以他惯用的中观方法答辩："玄道实绝言，假言以诠玄。玄道或有说，玄道或无说。微妙至道中，无说无不说。"⑤到总章（668—670 年）中，李荣尚住在东明观，在长安颇有声名，后不知所终。

---

① 〔唐〕卢照邻：《赠李荣道士》，《卢照邻集》卷一，第 10 页，北京：中华书局，1980。
② 《集古今佛道论衡》卷丁，《大正藏》第 52 卷，第 387—390 页。
③ 《集古今佛道论衡》卷丁，《大正藏》第 52 卷，第 392—393 页。
④ 〔唐〕骆宾王：《代女道士王灵妃赠道士李荣》，《全唐诗》卷七七，第 200 页。
⑤ 《集古今佛道论衡》卷丁，《大正藏》第 52 卷，第 394 页。

李荣颇富文人气质,有诗才,喜与骚人墨客交游,性格诙谐,好与人辩。《大唐新语》卷一三记载:"京城流俗,僧、道常争二教优劣,递相非斥。总章中兴善寺为火灾所焚,尊像荡尽。东明观道士李荣因咏之曰:'道善何曾善,云兴遂不兴。如来烧亦尽,唯有一群僧。'时人虽赏荣诗,然声称从此而减。"①《太平广记》卷二四八引《启颜录》云:"唐有僧法轨,形容短小,于寺开讲,李荣往共论议,往复数番。僧有旧作诗咏荣,于高座上诵之云:'姓李应须李,言荣又不荣。'此僧未及得道下句,李荣应声接曰:'身长三尺半,头毛犹未生。'四座欢喜,伏其辩捷。"②李荣此两诗收入《全唐诗》卷八六九、八七一。③ 这里的"辩捷"与释氏笔下李荣那种迟钝呆板的形象又不同。李荣还常与儒学博士一起讲论。《旧唐书·罗道琮传》云:道琮在"高宗末,官至太学博士。每与太学助教康国安、道士李荣等讲论,为时所称"④。李荣是当时道教中理论上领袖群伦的人物之一。

第二节　论"玄"与"玄之又玄"

一、成玄英的"玄"与"又玄"说

何谓"玄"? 成玄英说:

> 玄者,深远之义,亦是不滞之名。有无二心,微妙两观,源于一道,同出异名。异名一道,谓之深远。深远之玄,理归无滞。既不滞有,亦不滞无,二俱不滞,故谓之玄也。⑤

从语义学上解释,"玄"为"深远",此与《说文》释"玄"为"幽远"一致,故成

---

① 〔唐〕刘肃撰,许德楠、李鼎霞点校:《大唐新语》卷一三,第 190 页,北京:中华书局,1984。
② 《太平广记》卷二四八,第 1925 页,北京:中华书局,1981。
③ 见《全唐诗》第 2128,2133 页。
④ 《旧唐书》卷一八九,"罗道琮传",第 4957 页。
⑤ 〔唐〕成玄英:《老子注》卷一,第 4 页。

玄英又常称"深玄"。成玄英在《庄子·大宗师疏》中也释:"玄者,深远之名也。"可见他认为从语词上说,"玄"的含义是深远。从义理上讲,"玄"指的是"无滞",即不执着,持坚决否定的态度。不执着什么呢?"既不滞有,亦不滞无。"亦即其所说的"非有非无",对"有"与"无"都予以否定,这就是"玄"的内涵。《老子》亦从"有无"出发而归结于"玄":"常无,欲以观其妙;常有,欲以观其徼。此两者同出而异名,同谓之元(玄)。"(第1章)故成玄英对老子的"玄"是顺其精蕴加以诠释的,不同者在于老子是肯定式思维,肯定了有与无,而成玄英因受佛教中道观影响,持一种否定的思维方式,通过对有无的否定来阐释"玄"。这与道教的传统也是不同的。如《抱朴子·畅玄篇》即说:"玄者,自然之始祖……因兆类而为有,托潜寂而为无。"肯定了"有无",与老子同。成玄英则以"非有非无,不断不常"来证明"玄"的特性,这就在思维方式和论证方法上都有别于道教传统,而同于佛教中观哲学。所以我们说成玄英及其所代表的重玄学派是道教内部的反传统派,具有强烈的吸取外来文化的欲望和创新意识。这样解释"玄"对唐代道教、老学很有影响,如杜光庭《道德真经广圣义》卷三即袭用此说:"玄,深妙也,亦不滞也。"[1]

何谓"又玄"(即"重玄")?成玄英的看法是:

> 有欲之人,唯滞于有;无欲之士,又滞于无。故说一玄,以遣双执。又恐学者滞于此玄,今说又玄,更祛后病。既而非但不滞,亦乃不滞于不滞。此则遣之又遣,故曰玄之又玄。[2]

"玄"虽然否定了有无,但还不够,还有所"滞",还必须彻底否定"玄"自身,方能彰明重玄之理。如果说"玄"是"非有非无",那么"重玄"就是"非非有非无",也就是"非玄",经过这样双遣双非的双重否定,才会获重玄道果。这种观点同样见于其《庄子疏》中。其《庄子·齐物论疏》说:"群生愚迷,滞是滞非。今论乃欲反彼世情,破兹迷执,故假且说无是无非,

---

[1]《道德真经广圣义》卷三,"释御疏序上",《道藏》第14册,第325页。
[2]〔唐〕成玄英:《老子注》卷一,第4页。

则用为真道。是故复言相与为类,此则遣于无是无非也。既而遣之又遣,方至重玄也。"对是非遣之又遣,无情否定,才能到达重玄。《庄子·大宗师疏》也讲:"一者绝有,二者绝无,三者非有非无,故谓之三绝也。夫玄冥之境,虽妙未极,故至乎三绝,方造重玄也。""夫道,超此四句,离彼百非,名言道断,心知处灭,虽复三绝,未穷其妙。而三绝之外,道之根本,所谓重玄之域,众妙之门。"这里表述的思想稍显混乱,先说"至乎三绝,方造重玄",接着又说重玄在于"三绝之外",看来其本来的意思还是在于否定"三绝",亦即"非非有非无"。说"三绝之外"的"重玄之域",表明成玄英也把"重玄"作为一种境界来对待。其《庄子·齐物论疏》将之称为"重玄至道之乡",存在于天地之外:"六合者,谓天地四方也。六合之外,谓众生性分之表,重玄至道之乡也。"这种超越天地四方的重玄境界是种"空寂"之态,无是非,无分别,如果硬要分别是非有无,那便是"倒置""妄执","万物云云,悉归空寂,倒置之类,妄执是非,于重玄道中,横起分别"①即指此种情况。庄子哲学本重境界,成玄英顺此而建构了一个理想的重玄妙境,并多了一层佛家空空如也的色彩。

要到达这种空明寂静的重玄境界,除了双遣有无,还须境智双遣,忘言遣教。成玄英说:

> 道契重玄,境智双绝。既两忘乎物我,亦一观乎亲疏。②

此所谓境智,指外在的环境与内在的心智,即认识对象与认识主体;所谓双绝,指对境智二者的否定,套用其话来说就是非境非智,进入境空心空的状态。"两忘乎物我"的含义也是如此,否定物我,物我俱幻,即"物我皆空,不见有我身相"③,"体知六尘虚幻,根亦不真"④。在成玄英眼中,境智、物我、客体与主体都为虚幻,故不应执着,而当排遣绝忘。这在其

---

① 〔唐〕成玄英:《庄子·德充符疏》。
② 〔唐〕成玄英:《老子注》卷四,第29页。
③ 〔唐〕成玄英:《老子注》卷二,第12页。
④ 〔唐〕成玄英:《老子注》卷四,第18页。

《庄子疏》中更充分地表露出来。其《庄子·齐物论疏》称赞:"玄悟之人,鉴达空有,知万境虚幻,无一可贪,物我俱空,何所逊让。"《庄子·养生主疏》亦颂扬体道之士"服道日久,智照渐明,所见尘境,无非虚幻","运至忘之妙智,游虚空之物境,是以安排造适,间暇有余,境智相冥,不一不异"。《庄子·则阳疏》讴歌:"达道圣人,超然悬解,体知物境空幻,岂为尘网所羁。"这是通过对得道之士的描绘来宣讲境智物我空幻的道理。有时他则直接陈述:"心境两空,物我双幻"[①];"自他并空,物我俱幻"[②];"心既虚寂,万境皆空,是以天下地上,悉皆非有也"[③]。既然境智物我皆为虚幻,自然认不得真,都当排遣洞忘。《庄子·齐物论疏》称"子綦境智两忘,物我双绝",并劝人们:"岂独不知我,亦乃不知物。唯物与我,内外都忘。"《庄子·德充符疏》则告诫人们:"物我双遣,形德两忘,故放任乎变化之场,遨游于至虚之域也。"意即只有遣忘物我,方能在至虚的重玄妙域中作逍遥游。《庄子·大宗师疏》说:"境既生灭不定,知亦待夺无常。唯当境知两忘,能所双绝者,方能无可无不可,然后无患也已。""无患"就标志着契合于重玄妙道。成玄英反复吟咏着:"物我双遣,妙得其宜"[④];"人天双遣,物我两忘"[⑤];"唯当忘怀物我,适可全身远害"[⑥];"物我两忘,亦何须物来感己"[⑦]。在他看来,遣忘境智物我是进入重玄境域的前提条件之一。

由此观之,遣与忘实乃把握重玄之道的重要方法论,一切都当遣忘。如果忘不掉,排遣不开,说明对主体和外界环境都有所执着,只要有哪怕一丁点执着,都不能妙契重玄之境。只有运用遣和忘的体验方法,才能直探重玄妙境,由纷纷扰扰、令人痛苦不堪的现实世界进入安宁祥和、一

---

① 〔唐〕成玄英:《庄子·齐物论疏》。
② 〔唐〕成玄英:《庄子·寓言疏》。
③ 〔唐〕成玄英:《庄子·大宗师疏》。
④ 〔唐〕成玄英:《庄子·庚桑楚疏》。
⑤ 〔唐〕成玄英:《庄子·则阳疏》。
⑥ 〔唐〕成玄英:《庄子·外物疏》。
⑦ 〔唐〕成玄英:《庄子·列御寇疏》。

片净土的彼岸世界。现代心理学告诉我们,遗忘是合理的、必要的、自然的过程,遗忘在人们的生活中具有一定的积极作用,人若不具备遗忘的能力,大脑就会因信息太多而负担过重;遗忘使人从信息垃圾中摆脱出来,尤其是那些烦扰人的信息。然而,在现实生活中,有些事件如痛苦的经历、烦恼的欲望却在我们脑中顽强地、牢固地保存下来,虽欲遗忘而不可得,使人深受其害,不但精神苦恼,身体健康亦受影响。从心理学角度分析成玄英"境智两忘""物我两忘""形德两忘"等,可以发现他是要人们有意识、有目的地主动去遗忘现存世界与自我本身,这种遗忘是一种修行的功夫,它不是部分的而是完全彻底的,不是短时间的而是长期的,这样就能"全身远害",就能够进入彼岸的美妙境界:"重玄"。他所说的"遣"就是种有意识的、主动的遗忘,从而加速修道者对物我的忘怀。心理学研究表明,遗忘进程受多种因素制约,最先遗忘的总是那些对人的活动意义不大的内容;不能引起主体兴趣,不符合其需求、动机和目的的材料,也遗忘得很快。照此说来,对修道者活动意义不大的那些世俗内容,引不起修道者兴趣、不符合他们修道目的和需求的世俗欲望及人事纠纷,当首先在遗忘之列,这样才能很快进入重玄妙境。这正是成玄英对修习重玄之道者的要求。只要修道者的兴趣、动机、目的和需求与一般人的价值取向不同,那么世俗的那一套自然首先就在其修道过程中得到遗忘,进而连自我也忘掉,物我忘得干干净净,于是有对"重玄"之体悟。

这套遗忘的方法显然渊源于《庄子》之"坐忘""丧我"。什么是庄子式的"坐忘"?《庄子·大宗师》说:"堕肢体,黜聪明,离形去知,同于大通,此谓坐忘。"郭象注称:"夫坐忘者,奚所不忘哉! 既忘其迹,又忘其所以迹者,内不觉其一身,外不识有天地,然后旷然与变化为体而无不通也。"[1]成玄英所说"物我两忘"即与此义相同,就是要忘怀一切,然后与"重玄"接通。什么是庄子式的"丧我"?《庄子·齐物论》借南郭子綦之

---

[1] 〔晋〕郭象:《庄子·大宗师注》,郭庆藩《庄子集释》第 1 册,第 284—285 页。

口说:"今者吾丧我,汝知之乎?"郭象注云:"吾丧我,我自忘矣;我自忘矣,天下有何物足识哉!故都忘外内,然后超然俱得。"①据此,则庄子式"丧我"就是要修道者忘我,由忘我而忘物,物我都忘,然后可以得道。这种庄子式的"丧我"显然被成玄英注入了其"道契重玄"的方法论中,他劝导人们通过这条体验的途径走向重玄大道。"重玄"境界取之于老子,而进入重玄之境的体证方法则采之于庄子,这正体现了重玄学派援庄入老的特色。

要到达重玄境域,对语言概念也必须遣忘。为什么呢?"自然者,重玄之极道也。欲明至道绝言,言即乖理,唯当忘言遣教,适可契会虚玄也。"②"知道之人,达于妙理。知理无言说,所以不言。"③"彼至圣之人,忘言得理,故无所论说;若论说之,则不至于道。""夫大辩饰词,去真远矣;忘言静默,玄道近焉。"④在成玄英看来,语言只是一种工具和手段,重玄的道理要借助这种工具来说明,然而要契会重玄之理不能靠"言说",而是必须"忘言",方可"达于妙理",接近重玄之道。魏晋玄学家王弼在《周易略例·明象》中曾提出"得意在忘象,得象在忘言"⑤的命题,以说明言、象、意三者关系,认为圣人著书立说,无非是以语言寄寓思想。魏晋人多主张"言不尽意"。《三国志·魏书·管辂传》注引《辂别传》述管辂的主张说:"精者神之所合,妙者智之所遇,合之几微,可以性通,难以言论。是故鲁班不能说其手,离朱不能说其目,非言之难。孔子曰'书不尽言',言之细也,'言不尽意',意之微也。斯皆神妙之谓也。"⑥明确赞成"言不尽意"。陶渊明《饮酒二十首》之五说:"此中有真意,欲辨已忘言。"⑦也讲言不尽

---

① 〔晋〕郭象:《庄子·齐物论注》,郭庆藩《庄子集释》第1册,第45页。
② 〔唐〕成玄英:《老子注》卷二,第13页。
③ 〔唐〕成玄英:《老子注》卷四,第27页。
④ 〔唐〕成玄英:《庄子·知北游疏》。
⑤ 〔魏〕王弼:《周易略例·明象》,〔明〕程荣纂辑《汉魏丛书》,第16页,长春:吉林大学出版社,1992。
⑥ 《三国志》卷二九,"魏书·管辂传",第822页,北京:中华书局,1959。
⑦ 王瑶编注:《陶渊明集》,第51页,北京:人民文学出版社,1956。

意,要人得意忘言。"言不尽意"为魏晋玄学的基本命题之一,其所说的"意"非一般所说的意义、意思等,而是指形而上之"道"或"理",属本体论。"得意忘言"是玄学家提倡的得"道"途径和方法,这方法要人超越语言而直探玄奥之本体。成玄英的"至道绝言""忘言得理",就继承了这套方法,以超言绝象的直觉体悟去获得重玄之道,去认识世界本体。

现代西方分析哲学的精神教父奥地利哲学家维特根斯坦(Ludwig Josef Johann Wittgenstein)说,全部哲学就是语言批判,哲学就是为了不让语言迷惑我们的理智而进行的一场斗争,是对语言的批判性考察。他认为,形而上学是无意义(即不可说)的语言结构,是语言之外的不可言说者;逻辑结构不能用语言描述,只能由自身显示出来。他要求对不能用语言谈的事情保持沉默,但该"事情"是存在的。① 成玄英的"重玄"就是这样一种不能用语言谈的"事情",是用语言逻辑和理性思维无法认识的神秘实在,只能求助于非理性的体验和直觉去洞察。重玄既然不可用语言描述,是不可言说的领域,那么成玄英为何又使用语言来解说它呢?在成玄英看来,这不过是让人妙契重玄的方便法门,最终还是要丢掉语言,遣去言说。《大乘起信论》讲,佛教的"真如","从本以来,离言说相","不可说不可念",因为"一切言说假名无实",故"言真如"不过是"因言遣言"。② 成玄英的"重玄"亦是如此,借助语言,无非是要"因言遣言",从而显示重玄实相。从运用语言的技巧看,成玄英不说重玄是什么,只说重玄不是什么,那么重玄妙境到底如何,就留给读者自己去体悟,这样也达到了让"重玄"自身显现出来的目的。他这种运用语言的技巧与其否定式思维方式是一致的。

我们知道,成玄英用双遣双非的双重否定证成重玄,其思维方式是否定的。这种否定的思维方法是"四句否定",其基本模式是正、反、合、离,如:有—无—亦有亦无—非有非无。成玄英的重玄之道亦即运用四

---

① 参见刘放桐等编著《现代西方哲学(修订本)》,第 11、12 章,北京:人民出版社,1990。
② 《大乘起信论》,苏渊雷、高振农选辑《佛藏要籍选刊》第 9 册,第 68 页,上海:上海古籍出版社,1994。

句否定法证成,通过否定概念的实体性,借"玄"否定"有无",再借"又玄"否定"玄",达到至虚至寂的重玄妙境。为进一步阐明重玄,成玄英又仿照佛教,用比喻方式建立了一个较通俗的思想模型——"病药模型"。他说:"前以一中之玄,遣二偏之执,二偏之病既除,一中之药还遣。于是唯药与病一时俱消,此乃妙极精微,穷理尽性。"①药用于治病,病愈则药无所用,故药也当遣去,这就是重玄之理。只有如此彻底地否定,不执着任何一物,才能契合重玄之道。其《庄子·则阳疏》亦说:"唯当索之于四句之外,而后造于众妙之门也。"《寓言疏》称:"闻道日久,学心渐著,故能超四句,绝百非,义极重玄,理穷众妙。"这些说法均受三论宗影响。吉藏《三论玄义》讲:"若论涅槃,体绝百非,理超四句。"②"理超四句"的"涅槃",在成玄英这里转换为超四句的"重玄"。

总之,所谓重玄就是非非有非无,非境智,非言教,非物我,就是否定一切,以入于至虚至空之境界,这是修道的终极状态。

二、李荣的重玄思想

李荣的重玄思想,受到佛教中观学的影响。特别是初唐盛行的佛教三论宗,给其重玄思想以理论上的启发良多。在《老子注》里,李荣阐述了他的重玄思想。他说:

> 道德杳冥,理超于言象;真宗虚湛,事绝于有无。寄言象之外,论有无之表,以通幽路,故曰玄之。犹恐迷方者胶柱,失理者守株,即滞此玄以为真道,故极言之非有无之表,定名曰玄。借玄以遣有无,有无既遣,玄亦自丧,故曰又玄。又玄者,三翻不足言其极,四句未可致其源,寥廓无端,虚通不碍,总万象之枢要,开百灵之户牖。达斯趣者,众妙之门。③

---

① 〔唐〕成玄英:《老子注》卷一,第5页。
② 〔隋〕吉藏著,韩廷杰校释:《三论玄义校释》,第115页,北京:中华书局,1987。
③ 〔唐〕李荣:《老子注》卷上,第3页。本章以下所引李荣《老子注》主要据严灵峰本,并参以蒙文通本,以下所引李荣《老子注》只注卷数、页码。

对"玄"和"又玄"做了定义。这样定义是借用佛教中观方法。所谓中观就是不偏不倚,如三论宗吉藏所说:"不偏在二边,故称中道。"①中道是从现象界直探本体界,破空破假破执中,以证本体实相,其中"有"和"无"是中观思想最主要的对立二边、最经常讨论的一对范畴。事物的实相(真相)既不在"有",也不在"无",这叫"不落二边",只有不执二边,才能显现"中道实相",亦即"非有非无称为中道"。② 李荣的"借玄以遣有无"说同样是从有无这对对立的范畴入手,首先否定有与无,进一步连非有、非无也否定,通过这样的双遣双非,证成至虚至空的"重玄"。其思维架构如下:

有	非有非无	非非有非无
无	(玄)	(又玄)

这是种否定的思维进程,"玄"否定了有无,而"又玄"(即"重玄")又否定了"玄",经过这样的双重否定,遣去有无二边,偏去中忘,便进入了所谓重玄妙境。这是个"都无所有""杳冥虚湛""寥廓无端,虚通不碍,总万象之枢要,开百灵之户牖"的境界,它通过"破邪显正"显现出来。我们把三论宗的"三种二谛"框架与李荣的思维架构做个比较,愈可看出二者的类同。"三种二谛"如图:

	一	二	三
俗谛	有	有空	非有非空
真谛	空	非有非空	非非有非空

由此可见,二者都取否证、证伪的方法,思维进程和方式也一致。其实,三论宗的真理观本来就和老子"道可道,非常道"有某种相通,其最上乘的真谛是不可思量、不可用语言符号表达即"不可道"的,既不可道,所申说、所建立者就一定不是"真谛",故"只破不立",由"破邪"来"显正"。李荣援用三论宗思想方法注老,自然很容易便将二者融会贯通。故他说:

---

① 《中观论疏》卷二本,《大正藏》第42卷,第24页。
② 《中观论疏》卷二末,《大正藏》第42卷,第32页。

> 至道不曒不昧,不可以明暗名;非色非声,不可以视听得。希夷之理既寂,三一之致亦空,以超群有,故曰归无。无,无所有,何所归? 复须知无物,无物亦无。此则玄之又玄,遣之又遣。①

这是老子哲学和中道哲学的绝妙结合。我们再引吉藏的几段话与李荣所说比较一下。吉藏讲:"无有可有即无无可无。无有可有由无故有,无无可无由有故无。……有不自有,故非有;无不自无,故非无。非有非无假说有无。"②这是中观学典型的四句否定法。吉藏解说关内影师的旧二谛中道义为:"真故有无,俗故无无。真故有无虽无而有,俗故无无虽有而无。虽无而有不滞于无,虽有而无不累于有。不滞于无,故不断;不累于有,故不常。即是不有不无、不断不常中道。"③这些话可说是给李荣"非有非无"的重玄之道做了个详细的注解。

李荣的重玄思想中浸透着中道精神。他解释老子"道冲而用之或盈"时说:"冲,中也;盈,满也。道非偏物,用必在中。天道恶盈,满必招损,故曰不盈。盈必有亏,无必有有。中和之道,不盈不亏,非有非无。有无既非,盈亏亦非。借彼中道之药,以破两边之病,病除药遣,偏去中忘,都无所有,此亦不盈之义。"④阐明了什么是"中和之道",认为"偏去中忘,都无所有"才是老子"不盈"的真实内涵。"用必在中",是儒家传统的"执其中而用之"的思想;"偏去中忘",是三论中道学说。李荣将二者糅合在一起。中观与儒学中庸之道本有合拍处,虽然前者是种思维方法,后者是讲处世之道,但二者都着眼于"执中",故中观能融合进中国传统文化并广为流传。像天台宗"即空、即假、即中"的"圆融"的"中",三论宗"非有非空"的"中道实相",儒家的"惟精惟一,允执厥中",落脚点都在于"执其中而用之",都在一个"中"字上。这些都成为李荣的思想源泉,由此亦可见其思想成分中儒释道三教都具备。李荣

---

① 〔唐〕李荣:《老子注》卷上,第19—20页。
② 《中观论疏》卷二末,《大正藏》第42卷,第28页。
③ 《中观论疏》卷二本,《大正藏》第42卷,第26页。
④ 〔唐〕李荣:《老子注》卷上,第8页。

以药治病的比喻,亦取之于佛教。吉藏说:"一切众生皆是病人,佛为良医,法为妙药,僧看病人。"①李荣也称:"借彼中道之药,以破两边之病。"②更进一层,吉藏主张:"在病既除,教药亦尽。"③李荣也强调:"但以起有之心者都是病,以圣人将无名之朴为药,药本除病,病去药忘"④;"病除药遣"⑤。这个以药治病、病除药遣的比喻本是方便说,是破邪后的显正,表明三论宗广破一切、否定一切、不立一法的方法论。如果病除了药还留着,这就破犹未尽,非但不能申明真理,且连破斥谬误也不可能。故当病除药遣,破字当头,只破不立。李荣使用这个比喻的内涵与三论宗一致。

第三节　论"玄道"

一、成玄英的道性论

(一)"道"为虚通

在成玄英看来,"道"的第一要义为"虚通",这同他对"重玄"的解释是一致的。他在《老子注》中反复阐明"道"是虚通之理。他说:"道以虚通为义"⑥;"道者,虚通之妙理,众生之正性也"⑦;"夫至道虚通,妙绝分别,在假不假,居真不真"⑧。其《庄子疏》也诠释"道"为虚通。《天下疏》说:"道,达也,通也。"《大宗师疏》称:"虚通至道,无始无终。"《知北游疏》讲:"至道玄通,寂寞无为,随迎不测,无终无始。"《则阳疏》说:"既乖虚通之道,故尽是滞碍之物。"《齐物论疏》说:"虚通至道,非真非伪。"可见,成玄英是把"虚通"作为"道"的本质特性,甚至干脆将"虚通"与"道"相提并

---

①《百论疏》卷上,《大正藏》第 42 卷,第 241 页。
②⑤〔唐〕李荣:《老子注》卷上。
③《大乘玄论》卷五,《大正藏》第 45 卷,第 69—70 页。
④〔唐〕李荣:《老子注》卷下,第 63 页。
⑥〔唐〕成玄英:《老子注》卷一,第 1 页。
⑦〔唐〕成玄英:《老子注》卷四,第 41 页。
⑧〔唐〕成玄英:《老子注》卷四,第 20 页。

论,称之为"虚通至道"。"虚通",相当于"虚空","通"者,空也,道的运行也就在虚空之中。《庄子·外物疏》曰:"虚空,故自然之道游其中。"这种虚空又称"真空""环中",诚如《则阳疏》所说:"环,中之空也。言古之圣王,得真空之道,体环中之妙。"故"虚通至道"又称为"环中之道":"执于环中之道以应是非,用于独化之心以成其意,故能冥其虚通之理,转变无穷者也。"①在这里,环中之道即等于虚通至道。虚通至道无所不在,正如《渔父疏》所指出的:"夫道无不在,所在皆通。"为什么说"道"是"通"或者"大通"呢?《大宗师疏》回答说:"大通,犹大道也。道能通生万物,故谓道为大通也。"原来,道具有"通生万物"的生成性,所以称之为"大通"。《知北游疏》的答案是:"夫以不来为来者,虽来而无踪迹;不往为往者,虽往亦无崖际。是以出入无门户,来往无边傍,故能弘达四方,大通万物也。"不来不去为佛教三论宗"八不中道"的内容,成玄英借此说明道的出入来去无遮无碍,所以能"通生万物"。

自然万物有赖于道而大通,那么虚通的重玄之道与人有何关系呢?《知北游疏》说,人的"精智神识之心,生于重玄之道"。《齐物论疏》认为,圣人的智慧,"照物无情,不将不迎,无生无灭,固不以攀缘之心行乎虚通至道者也",人的那颗自然无为的本心产生于虚通至道,其活动也应在虚通至道的引导下进行,圣人认识到这点,所以不用攀缘有为之心"行乎虚通至道"。虚通至道守一不二,一旦违背则心乱,心乱则有忧患生起。正如《人间世疏》所讲:"夫灵通之道,唯在纯粹。必其喧杂则事绪繁多,事多则中心扰乱,心中扰乱则忧患斯起。"可见人心当顺从虚通至道,可守一不乱,没有忧患。人的行为也应与虚通至道相符:"夫修饰小行,矜持言说,以求高名令闻者,必不能大通于至道。"②经世治事要像道那样虚通豁透,因为"人间世道,夷险不常,自非怀豁虚通,未可以治乱"③。古代帝王得虚通至道,所以符合天地,混同万物。比如:"浠韦氏,文字已前远

---

① 〔唐〕成玄英:《庄子·盗跖疏》。
②③ 〔唐〕成玄英:《庄子·外物疏》。

古帝王号也。得灵通之道,故能驱驭群品,提挈二仪。"①又如:"古之圣王,得真空之道,体环中之妙,故道顺群生,混成庶品。"②虚通至道能消除人间的你争我夺,正如《则阳疏》所指出的:"夫道清虚淡漠,物我兼忘,故劝求之,庶其寡欲,必能履道,争夺自消。"看来,人类心性的修养、行为的规范、社会的治理等等,都离不开成玄英所说的"虚通至道",因为它是社会人生的最高准则。

成玄英将"道"诠释为"虚通"是有其思想渊源的。《庄子·齐物论》说"道通为一",《庚桑楚》也讲"道通"。扬雄《法言·问道》说:"道也者,通也,无不通也。"《淮南子·诠言训》说:"反性之本在于去载,去载则虚,虚则平。平者,道之素也;虚者,道之舍也。"《管子·心术上》说:"天之道,虚其无形,虚则不屈";"虚者,万物之始也";"虚者,无藏也";"唯圣人得虚道"。《吕氏春秋·不二》说:"子列子贵虚。"张湛《列子序》称《列子》一书"明群有以至虚为宗"③,其注《列子》则贯穿贵虚论,以"至虚"代替"无",作为本体论范畴。这些思想无疑对成玄英的"虚通至道"说有一定影响。另外,成玄英还受到来自佛教三论宗的影响。《三论玄义》卷上说过:"夫至妙虚通,目之为道。"④成玄英所讲与此完全一致,颇有三论说"空"的意蕴。合而论之,成玄英把"道"定性为"虚通",既继承了传统道家思想,又吸收了外来佛教的观念。

正因为道自性虚通,所以它能涵盖一切,作为宇宙万物之源,化生万物。成玄英解释《老子》"道生之"时说:"至道虚玄,通生万物……故云道生之。"⑤《庄子·渔父疏》则称:"夫道生万物,则谓之道,故知众庶从道而生。是以顺而得者则生而成,逆而失者则死而败,物无贵贱,道在则尊。"万物皆从道而生,逆道而死;万物只要符合道就是尊贵的。道是天地万

---

① 〔唐〕成玄英:《庄子·大宗师疏》。
② 〔唐〕成玄英:《庄子·则阳疏》。
③ 〔先秦〕列御寇著,张湛注:《列子》,序,第1页,上海:上海古籍出版社,1989。
④ 〔隋〕吉藏著,韩廷杰校释:《三论玄义校释》,第13页。
⑤ 〔唐〕成玄英:《老子注》卷四,第14页。

物的本源："万象之前,先有此道……虽复天覆地载,而以道为源。"①道是宇宙的本根,在暗中支持着宇宙万物的生长发育和运行:"亭毒群生,畜养万物,而玄功潜被,日用不知,此之真力,是至道一根本也。""能达理通玄,识根知本者,可谓观自然之至道也。"②道的功用是什么呢?《庄子·知北游疏》说:"二仪赖虚通而高广,三光资玄道以运行,庶物得之以昌盛,斯大道之功用也。故《老经》云,天得一以清,地得一以宁,万物得一以生,是之谓也。"这种功用是由"道"的虚通性所决定的。《庄子·齐物论疏》也说:"大道旷荡,亭毒含灵,周行万物,无不成就。""大道旷荡"也就是指其虚通性,正因其虚通,故能发挥成就万物的功用。从道与万物的关系来说,道涵盖包容万物,万物离不开道。《庄子·天下疏》说:"天覆地载,各有所能,大道包容。"万物在"道"的旗帜下获得同一:"万物不同,禀性各异,以此教彼,良非至极,若率至玄道,则物皆自得而无遗失矣。"万物离开了道就失去自己的本根:"包罗庶物,囊括宇内,未尝离道,何处归根。"道的这种包罗万物、囊括宇宙的包容性和涵盖性是由其最根本的特性——"虚通"所决定的。正因为道是无限的虚空,所以能产生、涵盖、包容宇宙万物。另一方面,他又以双遣双非的方法否定了道的生成性,其《老子注》说:"虽复能生万物,实无物之可生。……故即生而不有,有既有而不有,生亦不生而生,此遣道生之也。"③这就是成玄英与传统道教及唐代道教其他宗派的观点不同之处,循此他证明了"道"这一最高本体的虚通性。

佛教三论宗有"八不中道",即不生、不灭、不常、不断、不一、不异、不来、不去。这"八不"分为四对,不生不灭是一对,其他不常不断、不一不异、不来不去各是一对。依中观学说,生、常、一、来是一边,灭、断、异、去是一边,超越这二边即为中道。龙树《大智度论·释集散品》说:"常是一边,断灭是一边——离是二边行中道,是为般若波罗蜜。""诸法有是一

---

① 〔唐〕成玄英:《庄子·大宗师疏》。
② 〔唐〕成玄英:《庄子·知北游疏》。
③ 〔唐〕成玄英:《老子注》卷四,第15页。

边，诸法无是一边——离是二边行中道，是为般若波罗蜜。"①中道由双遮二边而显示，这就是般若学的智慧。成玄英论说重玄之"道"就运用了"八不中道"的智慧。其《老子注》说："至道深玄，不可涯量，非无非有，不断不常。"②"道"既然离开常、断二边，修道者也应以此为"术"："若言神空，则是断见；若言神有，则是常见。前说神空，故得不死，仍恐学者心滞此空。今言若存，即治于断也；又恐学人心溺于有，故继似字以治于常也。即用此非无非有之行，不常不断之心，而为修道之要术。"③常见、断见都是学道者的偏执之见，只有遣离二见，才合乎不常不断之道。关于不一不异，他说："道物不一不异，而一而异。不一而一，而物而道；一而不一，非道非物。非物，故一不一；而物，故不一一也。"④从道与物的关系去论证"道"的不一不异。谈到不生不灭，他解释老子"道乃久，没身不殆"说："心冥至道，不灭不生"，"本无生灭，故言不殆"。⑤又解释老子"死而不亡者寿"说："行愿俱足，内外道圆，理当不死不生，无夭无寿。"⑥这显然已远离老子原意，而赋予其"八不中道"的新内涵。关于不来不去，他的看法是："道无去无来，而知始知终"；"时乃有古有今，而道竟无来无去。既名不去，足显不来"；"至道虽复无来无去，亦而去而来，故能览古察今，应夫终始"。⑦这样描述道的无始无终与道教中其他解老者不同，是运用中观哲学证明"道"为超越时间的本体。上述内容表明，成玄英从一/异、常/断、生/灭、来/去等成对矛盾范畴去说明道的超越时空性，不脱佛教"八不中道"的藩篱。

值得注意的是，三论宗有关"一中道""中道""中"的讨论，也给成玄英以很大影响，其解老子之"道"就借用了这些观点。《三论玄义》卷下专

①《大智度论》卷四三，《大正藏》第 25 卷，第 370 页。
②〔唐〕成玄英：《老子注》卷一，第 3 页。
③〔唐〕成玄英：《老子注》卷一，第 15 页。
④〔唐〕成玄英：《老子注》卷二，第 9 页。
⑤〔唐〕成玄英：《老子注》卷一，第 34 页。
⑥〔唐〕成玄英：《老子注》卷三，第 4 页。
⑦〔唐〕成玄英：《老子注》卷二，第 8、10 页。

门就"中""中道""一中道"做了解释，认为"理实不偏，故理名为'中'"；若依名释义，"中以实为义，中以正为义"，"此之正法，即是中道，离偏曰中"；若就理教释义，"中以不中为义。所以然者，诸法实相，非中非不中……是故说中，为显不中"。并指出："偏病若尽，则名为中"；"本对偏病，是故有中。偏病既除，中亦不立。非中非偏，为出处众生，强名为中，谓绝待中"；"非有非无为中"。又引《大般涅槃经》卷二七《师子吼菩萨品》说："众生起见，凡有二种：一断，二常。如是二见，不名中道。无常无断，乃名中道。"①三论宗的这种所谓中道实相，为成玄英所吸取，其《老子注》多处谈到"一中之道"，要人"处中而忘中"②，以中为用而遣中。其注老子"道冲，而用之又不盈"时说："冲，中也。言圣人施化为用多端，切当而言，莫先中道，故云冲而用之，此明以中为用也。而言又不盈者，盈，满也。向以一中之道，破二偏之执，既除，一中还遣。今恐执教之人，在于中一，自为满盈，言不盈者，即是遣中之义。"③经成玄英这样一解释，老子思想与佛教中观思想完全对上了号，我们似乎不是在读《老子》，而是在看佛教中观哲学。又其注解《老子》"保此道者不欲盈"也说："一中道者，不欲住中而盈满也，此遣中也。"④"一中之道"就是讲"遣中"。遣中的功用是什么呢？成玄英的看法是："独此遣中，圣人于有为弊浊之内，复能慈救苍生，成大功德。""人欲得虚玄极妙之果者，须静心守一中之道，则可得也。"⑤圣人懂得此一中之道的妙用，以之作为群生的法则，所以成为天下修学之士的楷模："圣人持此一中之道，轨范群生，故为天下修学之楷模也。"⑥

在成玄英那里，"一中之道"与"一中"是两个不同的概念，其区别就在于，前者遣中忘中，而后者则执中迷中未得中道实相。其解老子"少则

① 〔隋〕吉藏著，韩廷杰校释：《三论玄义校释》，第248—249、255、261页。
② 〔唐〕成玄英：《老子注》卷五，第20页。
③ 〔唐〕成玄英：《老子注》卷一，第11页。
④ 〔唐〕成玄英：《老子注》卷一，第31页。
⑤ 〔唐〕成玄英：《老子注》卷一，第32页。
⑥ 〔唐〕成玄英：《老子注》卷二，第12页。

得，多则惑"曰："少者，谓前曲全等。行不见高下，处一中也。多，谓滞于
违顺等，法不离二偏也。体一中则滞二偏，故迷惑也。"①执着"一中"就会
"滞二偏"，就产生"迷惑"，所以他主张："有无还息，不欲既除，一中斯泯。
此则遣之又遣，玄之又玄。"②泯灭"一中"才符合重玄之道、一中之道。
"一中之道"就是不执着二偏，超越二边。比如，以道家传统的"无为"来
说，成玄英强调："为学之人执于有欲，为道之士又滞无为，虽复深浅不
同，而一俱有患。今欲治此两执，故有再损之文。既而前损损有，后损损
无，二偏双遣，以至于一中之无为。"③"体兹中一，离彼两偏，故无为之可
取，亦无有为之可舍。"④在成玄英笔下，道家传统的"无为"思想被纳入双
遣二偏的一中之道框架里。成玄英讲一中之道，其目的之一，就是劝修
道之人"处中而忘中"。修道之人得一中之道，就可以获养生之妙，外顺
人伦，内尽天命。诚如其《庄子·养生主疏》所讲："善恶两忘，刑名双遣，
故能顺一中之道，处真常之德，虚夷任物，与世推迁。养生之妙，在乎兹
矣。""夫惟妙舍二偏而处于中一者，故能保守身形，全其生道。外可以孝
养父母，大顺人伦，内可以摄卫生灵，尽其天命。"由此亦可看出，成玄英
论道与其修道论是密不可分的。

（二）"道"的种种特性

成玄英论道还阐述了"道"的自然性、运动变化性、普遍性、纯真性和
绝对性等特性。

他认为，道是自然存在的，人与万物都难逃自然之道的法则。《庄
子·大宗师疏》所说"夫物不得豚者，自然也，孰能逃于自然之道乎！"就
是阐明这个道理。在他眼中，道的本性为自然，老子讲"道法自然"就是
因为"道性自然，更无所法，体绝修学"⑤。道的自然性与其虚通性是同一

① 〔唐〕成玄英：《老子注》卷二，第 11 页。
② 〔唐〕成玄英：《老子注》卷三，第 11 页。
③ 〔唐〕成玄英：《老子注》卷四，第 7 页。
④ 〔唐〕成玄英：《老子注》卷五，第 14 页。
⑤ 〔唐〕成玄英：《老子注》卷二，第 19 页。

的,如《庄子·外物疏》所云:"虚空,故自然之道游其中。"人对自然之道的认识应该采取何种方法呢? 他在解老子"不窥牖,见天道"时主张:"牖,根窍也,天道自然之理也。堕体坐忘,不窥根窍,而真心内朗,睹见自然之道,此以智照真也。"①不用眼观,而是用人之心智去观照道的自然本性,这就是他教人认识自然之道的方法。他还告诉人们,人生的行持进退也应效法自然之道,应守分知足,才能全身远害。他解老子"功成名遂身退,天之道"时即告诫世人,尤其是那些命运的宠儿、人生的成功者:"天者,自然之谓也。夫日中则昃,月满则亏,亏必盈。极则反,数其然也。所以佐世之功成,富贵之名遂者,必须守分知足,谦柔静退,处不竞之地,远害全身。能如是者,深合天真之道也。功成名遂者,谓退身隐行,行自然也。"②物极必反,这是自然之道的法则,人应当充分认识这一法则,自觉地以这一法则来指导人生,就能避免成功给人带来的祸害,保全自己。对于名利,人应当"既不逐利,又不殉名",如此方能"率性归根,合于自然之道"。总之,人生就该"无问枉直,顺自然之道,观照四方,随四时而消息"。③ 人生就当游心于自然之道,因为"自然之道,不游其心,则六根逆,不顺于理"④。道性自然,人生应当符合和顺从自然之道。这样,他就将其宇宙本体论与人生哲学相沟通,人生在宇宙本体之处找到了安全的立足点。这是他关于"道"的自然性的观点。

他指出,道是静寂的,但又是运动变化的。道的变化从根本上说处于一种"独化"状态,正如其《庄子·齐物论疏》所形容的:"夫绝待独化,道之本始。"这显然有郭象"独化"说的影子在其中。道的变化具有"日新"的特征。《庄子·秋水疏》描绘说:"夫阴消阳息,夏盈冬虚,气序循环,终而复始;混成之道,变化日新,循理直前,无劳措意也。"阴阳四时之变的特征是周而复始的"循环",而道的变化日新又日新,一往直前,绝不

---

① 〔唐〕成玄英:《老子注》卷四,第5页。
② 〔唐〕成玄英:《老子注》卷一,第18—19页。
③ 〔唐〕成玄英:《庄子·盗跖疏》。
④ 〔唐〕成玄英:《庄子·外物疏》。

守旧。《庄子·山木疏》也说:"夫道通生万物,变化群方,运转不停,新新变易,日用不知,故莫觉其代谢者也。既日新而变,何始卒之有耶!"道的变化每天都呈现出新鲜活泼的面目,从这一点上说,道的变化既说不上始也说不上终。大道"周行万物",万物无论大小,都逃不出"变化之道"。其《庄子·大宗师疏》谓:"藏舟于壑,藏山于泽,此藏大也;藏人于室,藏物于器,此藏小也。然小大虽异而藏皆得宜,犹念念迁流,新新移改。是知变化之道,无处可逃也。"就是阐明这一道理。这是他关于"道"的运动变化性的看法。

他问人们:什么是大道?他的看法为:"虚无之系,造化之根,神明之本,天生之源。其大无外,其微无内;浩旷无端,杳冥无对。至幽靡察而大明垂光,至静无心而品物有方。混漠无形,寂寥无声;万象以之生,五音以之成。生者有极,成者必亏。生生成成,今古不移。此之谓道者也。"①无形无声却能生成形形色色、喧喧闹闹世界的"大道",在空间上是无限的,"其大无外,其微无内",无论宏观世界还是微观世界,"道"都是无限延伸的。在时间上,大道也是无限的,无始无终,"今古不移"。道在时空上的无限性,决定了它无所不在、无所不包、无所不生,道普遍地存在于宇宙当中。《庄子·齐物论疏》称:"夫道无不在,所在皆无,荡然无际,有何封域也。"为什么说道无所不在却又"所在皆无"呢?《庄子·大宗师疏》给出了答案:"道在五气之上,不为高远;在六合之下,不为深邃;先天地生,不为长久;长于夐古,不为耆艾。言非高非深,非久非老,故道无不在而所在皆无者也。"宇宙间无处没有"道",但"道体窈冥,形声斯绝"②,故表面看起来"所在皆无"。一般百姓每天都要接触运用道,但因为"淳朴之道,其自细微",虽然"能开化阴阳,亭毒群品",百姓们却"日用而不知"。③"皆无""不知"并不能表明道不存在,而恰好显示出道之存

---

① 〔唐〕成玄英:《老子注》卷一,第1页。
② 〔唐〕成玄英:《老子注》卷二,第17页。
③ 〔唐〕成玄英:《老子注》卷三,第1页。

在与众不同。它的存在非人类感官所能感知，"不可以眼识求"，"绝视绝听"，①只能用心去直觉体悟其"无所不在"。《庄子·知北游》载东郭子问庄子："所谓道，恶乎在？"庄子说"无所不在"，并进一步指出，道在蝼蚁，在稊稗，在瓦甓，在屎溺。于是"东郭子不应"。据此，成玄英疏解说："大道无不在，所在皆无，故处处有之，不简秽贱。东郭未达斯趣，谓道卓尔清高，在瓦甓已嫌卑甚，又闻屎溺，故瞋而不应也。"东郭子未达大道无所不在、不逃于物的道理，把道看做"卓尔清高"的东西，故一听说道在蝼蚁便感到吃惊。成玄英则对庄子的这一思想深表赞同，并顺着其思路予以阐发。其《老子注》中也运用了庄子这一思想："一切诸法，无非正真；稊稗瓦甓，悉皆至道。"②

万物有道，道无所不在，道体无限，由此又推出道无所不包的思想。其解老子"域中有四大"时说："道大无不包。""庄云，夫道未始有封。而此言域中者，欲明不域而域，虽域不域。不域而域，义说域中；虽域不域，包罗无外也。"③"道大无不包""包罗无外"的具体含义是什么呢？其解老子"道者万物之奥"时说得很清楚："奥，深密也，亦藏府也。言道能生成万有，囊括百灵，大无不包，故为此府藏也。"④道就像一个无限巨大的仓库，包容万象，没有什么东西不被道所包罗。这一思想在其《庄子·天下疏》中也能发现："夫天覆地载，各有所能，大道包容，未尝辩说。""万物不同，禀性各异，以此教彼，良非至极，若率至玄道，则物皆自得而无遗失矣。""包罗庶物，囊括宇内，未尝离道，何处归根。"包容宇宙万物，此即"道大无不包"的含义。道无所不在，无所不包，正反映出道的普遍性。成玄英解老子"大道泛兮，其可左右"即讲："泛泛，无系也，亦普遍之名。言大道虚玄，泛然无著，慈悲普遍，感而遂通，虽复非阴非阳，而应乎左

---

① 〔唐〕成玄英：《老子注》卷三，第7、8页。
② 〔唐〕成玄英：《老子注》卷三，第11页。
③ 〔唐〕成玄英：《老子注》卷二，第19页。
④ 〔唐〕成玄英：《老子注》卷四，第41页。

右。欲明方圆任物，罄无不宜。"①这是他关于"道"的普遍性的阐释。

他主张："贵用于真道"②；"法效自然，宝贵真道"③。他批评对道"信根不足"之人"贵重世俗浮伪之言，故不知至道真实之教，是以迷惑日大，罪障滋深"④，又批评"躁竞之夫""心非怀道，不能任真守素"⑤。他赞扬"圣人""体道无为，故无堕败；虚妄不执，故不丧其真"⑥。他的"真道""至道真实之教"旨在说明道是真理，故《庄子·知北游疏》称："遇于道而会于真理。"什么不是真道呢？《庄子·齐物论疏》说："明己功名，炫耀于物，此乃淫伪，不是真道。"《庄子·天下疏》说："意在雄俊，超世过人，既不谦柔，故无真道。"进一步，他又运用其双非双遣的中观方法，声明"真道"是"非真非伪"的。《庄子·齐物论疏》就说："虚通至道，非真非伪，于何逃匿而真伪生焉？""陶铸生灵，周行不殆，道无不遍，于何不在乎！所以在伪在真而非真非伪也。"这是他关于"道"的纯真性的说明。

他告诉人们："夫能达理通玄，识根知本者，可谓观自然之至道也。"⑦为什么他把"道"称为"至道"？因为在他看来，道是至高无上的，道是至尊，道具有绝对的权威性。他从不同侧面去描写道的这种绝对权威性。他说："至道深玄，不可涯量"；"至道微妙"，"不色而色，不声而声，不形而形"；"至道幽微，非愚非智，升三清之上不益其明，堕九幽之下不加其暗，所谓不增不减"；⑧"至道之为物也，不有而有，虽有不有；不无而无，虽无不无。有无不定，故言恍惚"；"道虽窈冥恍惚，而甚有精灵，智照无方，神功不测"；"至道虽复无来无去，亦而去而来，故能览古察今，应夫终始也"；⑨"至道虚通，妙绝分别。……入九幽而不昧，出三界而不明，履危险

---

① 〔唐〕成玄英:《老子注》卷三,第5页。
② 〔唐〕成玄英:《老子注》卷二,第8页。
③ 〔唐〕成玄英:《庄子·渔父疏》。
④ 〔唐〕成玄英:《老子注》卷二,第2页。
⑤ 〔唐〕成玄英:《老子注》卷二,第15页。
⑥ 〔唐〕成玄英:《老子注》卷五,第3页。
⑦ 〔唐〕成玄英:《庄子·知北游疏》。
⑧ 〔唐〕成玄英:《老子注》卷一,第3、27页。
⑨ 〔唐〕成玄英:《老子注》卷二,第9—10页。

而常安,临大难而无惧,故无畏也"①。"至道"的这些深玄、微妙、幽微、恍惚、非愚非智、不增不减、神功不测、览古察今、妙绝分别、无惧无畏等特征,决定了它具有绝对的权威性,使它能主宰宇宙万物。尤其是"至道"生养万物,拯救众生,宇宙万物皆有赖于它而存在,更显示出它的绝对权威性。"至道运转天地,陶铸生灵,而视听莫寻,故不可名。"②"亭毒群生,畜养万物,而玄功潜被,日用不知,此之真力,是至道一根本也。"③"独此无名之道,有大慈悲,故能俯救众生,借其善力,亭毒群品,生化三才,种种方便,趣令成就也。"④"至道"追求的是"无名",故其运转天地、畜养万物、拯救众生等功德都不为人的视听所知觉,这叫"玄功潜被,日用不知"。尽管天地人神日日用道而不知,但对道的依赖和运用是不可或缺的,一旦不能用道,则必起灾变,一旦丧道,则必死无疑。这就是:"天不能用道清虚,则日月勃蚀,星辰失度,灾变屡彰";"地不能用道宁静,则恐有崩沦之灾";"神不依道,则智用愚殆,既无灵验,恐将废歇";"一切万物,得一而生,若丧道乖真,则死灭俄顷"。⑤ 天地万物对道的这种依赖正透示出道的绝对权威性,离开了道,一切都会乱套,这就从反面证明,宇宙万物必须依赖于道,绝对离不得道。

道的绝对权威性又赋予万物以平等,使得"物无贵贱,道在则尊"⑥,万物在道的面前获得了平等的尊贵。就人类社会来说,得道者,无论其社会经济地位如何卑下,但由于有道,他是尊贵的;失道者,即使其贵为帝王,也是卑贱的。为什么呢?据成玄英说,这是由道的绝对权威性所决定的。在政治上,道也展示了它绝对权威的风采:"君王若能修守至道,殊方异域,自来宾伏而归化也";"万乘之主,五等之君,若能守持此道

---

① 〔唐〕成玄英:《老子注》卷四,第20页。
② 〔唐〕成玄英:《老子注》卷一,第28页。
③ 〔唐〕成玄英:《庄子·知北游疏》。
④ 〔唐〕成玄英:《老子注》卷三,第23页。
⑤ 〔唐〕成玄英:《老子注》卷三,第16—17页。
⑥ 〔唐〕成玄英:《老子注》卷三,第1页。

者，八荒万国，自然从化"。① 修守至道，不仅万国归化，而且"百姓无待教令而自太平"，这的确是"道力不可思议，守之致有此益也"。② 道的威力如此巨大，自然界与人类社会的所有一切都赖之而获益，去之而遭殃。这是他关于"道"的绝对权威性的求证。

另外，他还顺着老子思想讨论了道的柔弱性和素朴性。其解老子"守柔日强"说："能用道谦和柔弱，故其德业日日强盛也。"③这是对修道者个人来说。对于国家来说，特别是大国，若能"用道谦柔"，则收"万国归往"之效，就如江河众流归向大海一样。④ 用道谦柔，对国家和个人都是有益的，这是道的柔弱性在人事上的运用。道是柔弱的，又是素朴而反对华而不实的。但"失道之君，好行邪径，不崇朴素，唯尚华侈"⑤，没有不失败的。人类社会的政治与道德都应遵行"道"的柔弱性和素朴性，这就是成玄英所坚持的立场。

成玄英还讨论了道与德的关系。他认为道与德是种体用关系："道是德之体，德是道之用。就体言道，就用言德。"⑥他比较道与德说："夫一道虚玄，曾无涯量，而德有上下，不能周备也。本有作同字者，言德有优劣，未能同道也。"⑦道是尽善尽美、纯真不二的，德则有"优劣"，不"周备"，故二者不可同日而语。能够契合真道的"德"他释之为"玄德"，即"深玄之大德"，此即他讲的"冥真契道，谓之玄德"⑧。在有优劣之分的"德"之中，玄德最优，故其暗合于真道。

关于"道"与"空"，他没有正面阐述，在论述"道是虚通"时也没有直接点明道即是空，空即是道。当注解《老子》"上士闻道，勤而行之""中士

---

① 〔唐〕成玄英：《老子注》卷三，第 1、10 页。
② 〔唐〕成玄英：《老子注》卷三，第 2 页。
③ 〔唐〕成玄英：《老子注》卷四，第 19 页。
④ 〔唐〕成玄英：《老子注》卷四，第 39 页。
⑤ 〔唐〕成玄英：《老子注》卷四，第 21 页。
⑥ 〔唐〕成玄英：《老子注》卷二，第 14 页。
⑦ 〔唐〕成玄英：《庄子·徐无鬼疏》。
⑧ 〔唐〕成玄英：《老子注》卷五，第 6 页。

闻道,若存若亡"时,他讲得比较直截了当:"上机之士,智慧聪达,一闻至道,即悟万法皆空,所以勤苦修学,遂悟疑怠";"中机智暗,照理不明,虽复闻道,未能妙悟,若敛情归道,即时得空,心才涉世尘,即滞于有境,与夺不定,故云存亡"。① 在此,是否悟道的标准在于是否觉悟了"万法皆空"的道理。悟得"空"即悟道,此乃"上机之士",对道之"空"坚信不疑;而"中机之士"则不能坚守道空之理,一涉红尘即滞于"有境"。十分清楚,成玄英论道,是把道家道教之"道"与佛教之"空"结合起来讲的。

成玄英论述道的种种特性时,往往结合讲述其修道理论,以明宇宙本体之道与人生之道的入于不二法门,上下贯通。有的地方,他又特别阐释其修道理论,并且不惜曲解老子原意。如解释《老子》"古之善为道者,非以明民,将以愚民"时,他说:"为道犹修道之夫,实智内明,无幽不烛,外若愚昧,不曜于人,闭智塞聪,韬光晦迹也。"②这叫"六经注我",借题发挥其修道论,而外暗内明、大智若愚的思想仍取自《老子》。成玄英那一整套修道理论,是要展示"道"的体用一源的精神。

与"重玄"一样,"道"是不可言说、不可称谓的。在成玄英眼里,"道"是不能用语言符号来表达、来诠解的,一用语言就违背了"道"的真理,用他的话表述就是:"道非愚智,妙绝名言"③;"至道绝言,言即乖理"④;"有声有说,非真常凝寂之道也;常道者,不可以名言辩"⑤;"道绝名言,不可问答,故问道应道,悉皆不知","体道离言,有何问应";⑥"妙悟玄道,无法可言"⑦。为什么成玄英认为真常之道妙绝名言呢? 这与他对道自体本身的认识有关。他从直觉出发体悟到:"道之体状,妙绝形声"⑧;"至道妙

① 〔唐〕成玄英:《老子注》卷三,第19—20 页。
② 〔唐〕成玄英:《老子注》卷五,第5 页。
③ 〔唐〕成玄英:《老子注》卷一,第26 页。
④ 〔唐〕成玄英:《老子注》卷二,第13 页。
⑤ 〔唐〕成玄英:《老子注》卷一,第2 页。
⑥ 〔唐〕成玄英:《庄子·知北游疏》。
⑦ 〔唐〕成玄英:《庄子·列御寇疏》。
⑧ 〔唐〕成玄英:《老子注》卷二,第17 页。

本,幽隐窈冥,非形器之所测量,岂名言之能诠辩"①;"至道深玄,非名言
而可究。虽复三皇五帝,乃是圣人,而诠辩至理,不尽其妙,听荧至竟,疑
惑不明"②;"道无名,不可以言说,言说非道也"③;"道大无名,强名曰道,
假此名教,勤而行之也"④。显然,成玄英已经体认到道体本身是深玄窈
冥、无名无声的,所以用不着人们去用名言作诠辩,如果硬要"诠辩至
理",即使如三皇五帝那样的圣人也不能"尽其妙",最终还是"疑惑
不明"。

既然大道无名,不可言说,那么为什么又强名之为"道"呢? 这是为
了方便教化人们行道,不得不"强名"之。⑤ 而且,如果一定要说"至道之
言",那么这种"至道之言"也只能是"澹然虚远,非声非色,绝视绝听,若
镜之心,物来斯照,如谷之响,感而遂通"⑥。就是说,这是种无言之言,无
声之声,你只能通过直觉感悟去体认它的声音。因此成玄英主张:"知道
之人,达于妙理,知理无言说,所以不言。"⑦迫不得已运用语言诠解"道"
之理,那也应当本着这样的精神:"道无称谓,降迹立名,意在引物向方,
归根返本。既知寄言诠理,应须止名求实,不可滞执筌蹄,失于鱼兔。"⑧
语言只是诠释道理的工具,不可执着,一旦得到"道"的真理所在,就应忘
言去名,这叫"寄言诠理""止名求实"。如果丢掉了这样一种精神,那就
无异于呆板地死守着捕捉鱼兔的工具,却并没有捕捉到鱼兔一样。本着
此种精神,成玄英强调人们对道的认知在于直觉体悟、内心观照。

---

① 〔唐〕成玄英:《老子注》卷三,第 23 页。
② 〔唐〕成玄英:《庄子·齐物论疏》。
③ 〔唐〕成玄英:《庄子·知北游疏》。
④ 〔唐〕成玄英:《庄子·则阳疏》。
⑤ 这一点与佛教是相同的。《大乘起信论》即讲:"一切法从本以来,非色非心,非智非识,非有
　非无,毕竟不可说相。而有言说者,当知如来善巧方便,假以言说引导众生。"(苏渊雷、高振
　农选辑:《佛藏要籍选刊》第 9 册,第 72 页。)
⑥ 〔唐〕成玄英:《老子注》卷三,第 8 页。
⑦ 〔唐〕成玄英:《老子注》卷四,第 27 页。
⑧ 〔唐〕成玄英:《老子注》卷三,第 2 页。

对道的直觉体悟,用成玄英的话表述就是"不知"。《庄子·秋水疏》说:"强知者乖真,不知者会道。"《知北游疏》也说:"不知合理,故深玄而处内;知之乖道,故粗浅而疏外。"这里所说"不知"的"知"指世俗的"浅知"、假知,经验性的认识。与世俗之知相对的"不知"才是能够认知"道"的真知,亦即:"不知乃真知"①;"所知者,俗知也;所不知者,真知也"②;"不知而知,知而不知,非知而知;故不知而后知,此是真知"③。只有体认这种"不知"的真知,才能把握道,正如《庄子·知北游疏》所说:"彼无为谓妙体无知,故真是道也。"只有圣人能做到无知:"淳古圣人,运智虚妙,虽复和光混俗,而智则无知。"④流俗之人,"假学求理,运知访道,此乃浅近,岂曰深知"⑤。对于圣人来说,"圣心非不能知,为其无法可知……知之则丧其真"⑥。"丧真"即不能得道。《老子》第56章说过:"言者不知。"对此成玄英的解释是:"封滞名言,执言求理,理超言象,所以不知。"⑦《老子》第81章也讲:"知者不博,博者不知。"看来,成玄英的"不知"是从《老子》那里继承而来的,并结合《庄子》发展成为一种体认"道"的直觉方法。

"不知"反对人们役心为道,运役智虑,故《庄子·逍遥游疏》言:"宋荣子率性虚淡,任理直前,未尝运智推求,役心为道";"为道之要,要在忘心,若运役智虑,去之远矣"。《庄子·齐物论疏》主张:"无所用其知。""不知"赞成人们反照心源,用心观照,悬解妙道。因此《庄子·徐无鬼疏》指出:"心赖不知而能照。"《庄子·逍遥游疏》称赞:"尧反照心源,洞见道境。"《庄子·养生主疏》提倡:"学道之人,妙契至极,推心灵以虚照。"内心观照的活动,也就是悬解妙道的过程,"至言妙道,唯悬解者能

---

① ⑤ 〔唐〕成玄英:《庄子·知北游疏》。
② 〔唐〕成玄英:《庄子·则阳疏》。
③ 〔唐〕成玄英:《庄子·徐无鬼疏》。
④ 〔唐〕成玄英:《庄子·齐物论疏》。
⑥ 〔唐〕成玄英:《庄子·田子方疏》。
⑦ 〔唐〕成玄英:《老子注》卷四,第27页。

知"①。观照从而悬解"道",这是"不知"的具体运用,是种典型的道家式的直觉方法。

张岱年先生在《中国哲学大纲》中论及中国哲学的特色时曾说,中国哲学的特色之一就是"重了悟而不重论证":"中国哲学不注重形式上的细密论证,亦无形式上的条理系统";"中国哲学只重生活上的实证,或内心之神秘的冥证,而不注重逻辑的论证"。在论及直觉时,张先生指出:"中国哲学中,讲直觉的最多";"直觉乃一译名,中国本亦有与直觉同义的名词,即是'体认'。现在用直觉一词,乃以其较易了解。以中国哲学中的一些方法为直觉,因为中国哲学家的这些方法与西洋哲学中所谓直觉法有类似处,并非谓中国哲学中此类方法与西洋哲学中所谓直觉法完全相同"。论及道家直觉法,张先生引《庄子·人间世》"闻以有知知者矣,未闻以无知知者也"后说:"对于道之直觉的知,可以说即是以无知知。所谓'离形去知,同于大通',即是这种直觉境界。"张先生指出:"道家的直觉法,创发于老子,到庄子可以说达到成熟了。"②成玄英论"道",可以说没有形式上的条理系统、细密论证,充分体现了中国哲学那种重了悟不重论证的特色。成玄英所主张的认知"道"的思维方式与老庄的直觉方法完全一致,以"无知"来认知"道",而所谓无知,乃是"内心之神秘的冥证"。吉藏《三论玄义》卷上曾说:"夫道之为状也,体绝百非,理超四句,言之者失其真,知之者反其愚。"③所谓绝百非、超四句是佛教的东西,而所谓言者失真、知者反愚则是从道家那里袭取来的,这是佛教向道家道教学习之处。如果说成玄英论道在很多地方受到佛教影响,那么在这一点上,则是直承老庄道家而来。道家这种"不知""无知"的直觉认知方法,是人类认识世界不可或缺的方法。这是种古老而常青的方法,直到今天仍在我们的科学创造中占有十分重要的地位。科学大师爱因斯

---

① 〔唐〕成玄英:《庄子·逍遥游疏》。
② 张岱年:《中国哲学大纲》,第 8、558、535 页,北京:中国社会科学出版社,1982。
③ 〔隋〕吉藏著,韩廷杰校释:《三论玄义校释》,第 48 页。

坦就告诉人们："我相信直觉和灵感。"①直觉是创造性思维方式之一种，道家道教的直觉方法虽不免带有神秘主义色彩，但对于我们探索人的创造行为、创造心理仍有其价值意义。

道家弘道，这是人所皆知的。其实，儒家也弘道。② 只不过儒、道二家所弘之道，一为自然之道，一为政治伦常之道，而道教可以说是兼取并包儒、道二家之"道"加以弘扬。中国哲学与中国文化真可谓是"道"的天下。道的天下产生了无数弘道之士，成玄英即为其中高手之一。成玄英所弘之道以道家的形上之"道"为主，又对儒、道二家所执之"道"做了价值评判。其《庄子·齐物论疏》强调指出："小成者，谓仁义五德，小道而有所成得者，谓之小成也。世薄时浇，唯行仁义，不能行于大道，故言道隐于小成，而道不可隐也。故老君云，大道废，有仁义。"明眼人一看便知，他是以儒家为"小道"，而以道家为"大道"。一小一大，其价值立场是何等鲜明！他对道家"大道"简直赞不绝口："大道能神于鬼灵，神于天帝，开明三景，生立二仪，至无之力，有兹功用"③；"大道旷荡，亭毒含灵，周行万物，无不成就"④。他所阐释的"大道"是宇宙的终极本体，也是认识的最高真理。"大道"超越时空，法力无边，具有化生万物的创生性，包含宇宙的内在性、普遍性和绝对权威性，反映世界的统一性、无限性。这样的"道"他用否证法证成，故赋予道虚通空灵的内涵，并围绕这一内涵从多角度、多侧面去体证。这样一来，"大道"便与其双遣双非的"重玄"相印证、相契合，从而勾勒出他理想中的重玄妙境，此即其所述"重玄之道"。《庄子·大宗师疏》说过："夫道，超此四句，离彼百非，名言道断，心知处灭，虽复三绝，未穷其妙，而三绝之外，道之根本，所谓重玄之域，众妙之门。"从"玄""重玄"的展开，到"大道"的终于证成，一步一步，于是有"重玄之道"启开"众妙之门"。佛教中观主张万法自性本空，否定本体，

---

① 《爱因斯坦文集》第 1 卷，第 284 页，北京：商务印书馆，1976。
② 《中庸》有言："道也者，不可须臾离也。"
③ 〔唐〕成玄英：《庄子·大宗师疏》。
④ 〔唐〕成玄英：《庄子·齐物论疏》。

企图把"空"也空掉，以证世界之虚幻不实。受此影响，成玄英对道的解释也充满"空"的色彩，并通过对道本体的否定来证明道的生成性、绝对性、超越性和至善至美。既然道在纯粹意义上只是一"虚"的存在，那么体道者就不能执着，必须看破，通过一系列的否定式思维，体悟道之真谛，进入人天双遣、物我两忘的"重玄之道"。

二、李荣的道性论

"道"是老子哲学的最高境域，把握"道"是什么，这是每个注老者的重点所在，李荣也不例外。他释"道"为"虚寂之常道""体同虚寂""虚极之理""道本虚玄"，这与成玄英解"道"为"虚通"略有差别。他从多侧面、多角度来描述这个"虚寂"之"道"，以显现道体。他说："道者，虚极之理也。夫论虚极之理，不可以有无分其象，不可以上下格其真。是则玄玄，非前识之所识；至至，岂俗知而得知。所谓妙矣难思，深不可识也，圣人欲坦兹玄路，开以教门，借圆通之名，目虚极之理。以理可名，称之可道，故曰吾不知其名，字之曰道。"①"虚极"是道的义理，谈论虚极的道不可用空间的有无和上下来"分其象""格其真"，对道要作非有非无的中观。李荣解"道"，突出一个"理"字，强调道是种"虚极之理"。道作为宇宙本源，其本身是无形的，"道本无形，理唯虚寂"②，如果用常识的空间观念来看待它，那就大错特错了。道又是不可以时间来限量的，它无始无终，不生不灭："道则不生，而能示生，虽生而不存；不死，而能示死，虽死而不亡。不存不亡，故云寿也。但存亡既泯，寿夭亦遗〔遣〕。"③因此，"有生有死，不可言道……若能空其形神，丧于物我，出无根气，聚不以为生，入无窍气，散不以为死，不死不生，此则谷神之道也"④。

这里，值得注意的是李荣对"理"的强调。除上引外，他多次提到

---

① 〔唐〕李荣：《老子注》卷上，第 1 页。
② 〔唐〕李荣：《老子注》卷下，第 36 页。
③ 〔唐〕李荣：《老子注》卷上，第 48 页。
④ 〔唐〕李荣：《老子注》卷上，第 10 页。

"理"这个范畴。如:"理须外名利,存身神,反无为,修至道"①;"至理唯一,故言精"②;"清虚无为,运行不滞,动皆合理,法道也"③。以"理"解释"道",先秦已有。《庄子·缮性》说:"道,理也。"《韩非子·解老》说:道者,"万理之所稽也";"道,理之者也","理定而后物可得道也"。但重玄派及李荣所说"理"的内涵与庄、韩不同。"道者,理也,通也",这是重玄派的重要教义,在唐初甚为流行。李荣所讲"虚极之理""理绝名言为无""圆通"等都是对重玄派教义的进一步发挥。再者,先秦诸子尚未把"理"上升到最高哲学范畴,而重玄派及李荣却将"理"作为宇宙本体,这无疑开宋代理学家讲"理"之先河。理学家以"理"为宇宙最究竟的本根,以天理言天道,本是道家"道"的观念变形,此种变形实自重玄派已显端倪。程颢讲:"天理云者,这一个道理,更有甚穷已?不为尧存,不为桀亡,人得之者,故大行不加,穷居不损。这上头来,更怎生说得存亡加减?"④"理"是永恒无穷的,不生不灭,不增不减,这和李荣所讲的"虚极之理"没什么两样。因此,初唐的重玄学派是给后世的理学留有一笔精神遗产的。

在李荣看来,既然道本虚极,不可以时空来描述,那就应当承认:"至道玄寂,真际不动。"⑤道的特性为"静""寂然不动"。所以他说:"幽深雌静,湛然不动,玄牝之义也"⑥;"妙体无变,故言真"⑦。那么这样寂然不动的虚极之道如何化生万物呢?他认为,道自体虽是无为的,虚寂不变的,但当其应物而"虚中动气"时,便有万物之化生。他指出:"道常无为也,应物斯动,化被万方,随类见形,于何不有,种种方便,而无不为也。无为而为,则寂不常寂;为而不为,则动不常动。动不常动,息动以归寂;

---

① 〔唐〕李荣:《老子注》卷下,第12页。
②⑦ 〔唐〕李荣:《老子注》卷上,第32页。
③ 〔唐〕李荣:《老子注》卷上,第37页。
④ 〔宋〕程颢、程颐撰:《二程遗书》卷二上,第30页,上海:上海古籍出版社,1992。
⑤ 〔唐〕李荣:《老子注》卷下,第63页。
⑥ 〔唐〕李荣:《老子注》卷上,第10页。

寂不常寂,从寂而起动。"①道体不为,动则无不为,动为道之用,由此化被万物。因此宇宙生成是道"从体起用,自寂之动"②的过程,是无形到有象的过程。这个过程具体是怎样呢？李荣回答:"道之静也,无形无相,及其动也,生地生天,气象从此而出,名之曰门,天地因之得生,号之曰根也。"③"至真之道,非进非退,非明非昧,无色无声,无形无名。虽复无名,亦何名而不立？虽复无象,亦何象而不见？是故布气施化,贷生于万有;为而不恃,付之于自然。"④那么,"道"是怎样"布气施化,贷生于万有"的呢？李荣再答:"虚中动气,故曰道生。元气未分,故言一";"一,元气也,未分无二故言一也。天地虽大,所禀者元一;万物虽富,所资者冲和"。⑤道动而产生一元之气,这是第一步。第二步为"清浊分,阴阳著",即一元之气剖分清浊而成阴阳二气。然而只有阴气或只有阳气都不足以化生万物,因为"阳气热孤",只有"因大道以通之,借冲气以和之",即阴阳交感,抱冲和之气,才得以生物成形。具体讲就是"运二气,构三方"。以上化生万物的过程一言以蔽之:"非有非无之真,极玄极奥之道,剖一元而开三象,和二气而生万物。"⑥用图式表达就是:

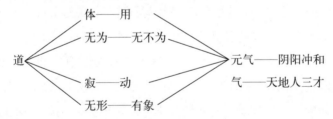

这幅宇宙生成图式既顺应着注解《老子》"道生一,一生二,二生三,三生万物"而来,又倾注了李荣的认识,即"虚中动气",阴阳二气交感中和。这就把易学和老学结合起来了,对于宋代陈抟《无极图》及理学家们

---

① 〔唐〕李荣:《老子注》卷下,第63页。
② 〔唐〕李荣:《老子注》卷上,第20页。
③ 〔唐〕李荣:《老子注》卷上,第10页。
④ 〔唐〕李荣:《老子注》卷下,第9页。
⑤ 〔唐〕李荣:《老子注》卷下,第3页。
⑥ 〔唐〕李荣:《老子注》卷上,第32页。

的宇宙生成说有开风气之先的作用。

由上述可见,在李荣那里,宇宙生成过程是"道"体运动的结果,道的创生能力是无限的,因为道的运动是无限的。道的运动表现为"气动",一元之气转化为阴阳冲和之气,从而化生万物;道自体处于以不变应万变的虚寂静态,唯其恍惚朦胧,才能化演万物,解答一切难题。尽管李荣承认了世界的运动变化和形形色色的万有,但在他那里,这些只不过是道体之用,最终还是要回归到静止不变和无差别的境界,即回归道自体,然后又是一轮新的生成—运行—回归的周而复始。世界就处于这种循环往复的圆圈中,永不止息。但不管怎样,"道"是这个圆圈的始点和终点,"道"的运动就是不断向其自身回归,即"归根返本"。

李荣认为,既然"道"是体用一源、体用兼备的,那么由"道"所化生的宇宙万物,其差别都是相对的,应当不做分别,使万有"齐一"。李荣说:"争得失则或可或否,竟是非则一彼一此。今和光则与智无分,同尘亦共愚不别,通万有而齐致,亦何法而不同也!""夫有远近则亲疏明矣,存得失则利害生矣,定上下则贵贱成矣。今解纷挫锐,和光同尘,爱憎平等,亲疏不能入;毁誉齐一,利害不能干;荣辱同忘,贵贱无由得。能行此者,可以为天下贵。"[1]因此他主张:"内无分别,绝是非"[2],"泯是非以契道"[3]。这些思想显然受庄子相对主义哲学的影响。庄子讲过:"莛与楹,厉与西施,恢诡谲怪,道通为一。其分也,成也;其成也,毁也。凡物无成与毁,复通为一。"(《庄子·齐物论》)李荣所论即此之翻版。用庄子思想解老,这是李荣《老子注》的特征之一,这一点与成玄英完全相同。在这种无差别境界里,矛盾消失了,是非、彼此、智愚、荣辱、爱憎、亲疏、贵贱、毁誉等等都"齐一"了,统一于"一元之道"的旗号下。于是老子书中相对概念彼此所蕴含的辩证法本色被扭曲,事物的相对性被夸大和绝对化,事物质的规定性被取消,走向了相对主义。

---

① 〔唐〕李荣:《老子注》卷下,第 28 页。
② 〔唐〕李荣:《老子注》卷上,第 41 页。
③ 〔唐〕李荣:《老子注》卷上,第 11 页。

在李荣看来，"道"是不可认知、不可言说的。这也与成玄英完全一致。他讲："不可以言言，言之者非道；不可以识识，识之者乖真"①；"天道者，自然之理也，不假筌蹄得鱼兔，无劳言教悟至理"②；"多言则丧道，执教则失真"，"得意忘言，悟理遗教，言者不知"。③ 因此，道"绝于称谓，故曰无名"④。"道"可否以言象诠是魏晋玄学"言意之辩"的主要论题之一。玄学家常讲得鱼忘筌，得兔忘蹄，得意忘象，得象忘言。李荣的"道"不可以言象诠的思想即承此而来，即认为"道"不能用语言和形象来表征，以此进一步证明"道"是抽象的虚寂本体。这一点，李荣与沙门灵辩对论时曾再三强调："道玄，不可以言象诠。""玄道实绝言，假言以诠玄。玄道或有说，玄道或无说。微妙至道中，无说无不说。"⑤这又体现了中道精神，或有说，或无说，"无说无不说"，不着两边。由此，认识道的真髓在于"绝言""体道忘言"。这与佛教所说的"若有所说，皆是可破，可破故空。所见既空，见主亦空，是名毕竟空"⑥一样，都是要破人类思维活动赖以实现的语言，以体证道的虚寂。既然虚极之道不能用知觉验证，也无法用语言表称，那么对道的语言诠释将会陷入说得越多离之越远的泥潭，因此对道的体认在于"得意""悟理"，即神秘的直觉。更进一层，李荣像成玄英那样，干脆劝人不去认知。他一再强调"不知""不识"，指出"圣本遗知，是以不病"；告诫人们"去大时之有识，反小日之无知"⑦，即回归婴儿的无知状态；要人们"除嗜欲，绝是非，遗万虚，存真一"⑧。"真一"，就是他津津乐道的"慧彻空有，知通真俗，知也。所照之境，触境皆空；能鉴之智，无智不寂。能所俱泯，境智同忘，不知也。照如无照，知知无知，此为

---

① 〔唐〕李荣：《老子注》卷上，第21页。
② 〔唐〕李荣：《老子注》卷下，第16页。
③ 〔唐〕李荣：《老子注》卷下，第28页。
④ 〔唐〕李荣：《老子注》卷下，第8页。
⑤ 《集古今佛道论衡》卷丁，《大正藏》第52卷，第394页。
⑥ 《大智度论》卷三一，《大正藏》第25卷，第290页。
⑦ 〔唐〕李荣：《老子注》卷上，第41页。
⑧ 〔唐〕李荣：《老子注》卷上，第7页。

上德也。不知强知,多知多失,伤身损命,是知之病"①。达到认知主体与客体都泯灭遗忘的境界,不让"知"损伤自我的"身"与"命",这样才不会染上认知之"病"。对李荣来说,"道"是不可解的未知数,要认知它的最好方法就是"不知",不知是认知"道"的唯一境域。

综上所述,在李荣那里,作为宇宙万物本源的"道"是种虚寂状态,它超越时空,超越现象界,无形无象,妙体不变,真际不动,不可言说,不可认知。这个"道"既不能说它是"有",也不能说它是"无",只能说它是"非有非无之真,极玄极奥之道"②,这才是"道"的生成性和实现性。李荣以"非有非无""有无双遣"的中道观来显现"道",正体现了重玄学派解老的特色。

第四节 论"有无"

有与无是中国哲学关于世界存在的一对重要范畴,显示了古代哲人对宇宙本原和本体问题的热切关注。最早提出这对范畴的是老子,《老子》主张有与无的统一,认为"有无相生"(第 2 章),"有之以为利,无之以为用"(第 11 章)。《老子》第 40 章又提出"天下万物生于有,有生于无"的命题。老子从本原本体论的角度对"有无"做了说明,使之上升为哲学范畴。庄子继承老子对"有无"统一性的规定,并强调二者的相对性。《庄子·庚桑楚》说:"万物出乎无有。有不能以有为有,必出乎无有,而无有一无有。"《庄子·秋水》讲:"以功观之,因其所有而有之,则万物莫不有,因其所无而无之,则万物莫不无。"都谈到了有无的相对性。庄子还提出了有待无待、有己无己等范畴,进一步发展了老子的"有无"范畴。"建之以常无有"(《庄子·天下》)可以说是老庄哲学的中心议题之一。魏晋时代,老庄道家在历史舞台上再展风姿,成为玄学骨干。魏晋玄学所讨论的重大问题之一就是有无之辨,形成贵无派和崇有派。何晏、王

---

① 〔唐〕李荣:《老子注》卷下,第 49 页。
② 〔唐〕李荣:《老子注》卷上,第 32 页。

弼是贵无派的代表。王弼在注解《老子》第40章时提出："天下之物，皆以有为生，有之所始，以无为本。"①与此针锋相对，崇有派主将裴頠在《崇有论》中主张："理之所体，所谓有也"；"至无者无以能生，故始生者自生也。自生而必体有，则有遗而生亏矣"。② 一方"以无为本"，一方则以"有"为"体"，真是旗帜鲜明，各不相让。同贵无论与崇有论的理论思路大相径庭，佛教中观学派走上了非有非无、有无不二的中道。鸠摩罗什的得意门生之一僧肇撰《不真空论》，批评佛教般若学"六家七宗"，尤其是本无宗、心无宗、即色宗，认为这三家都在有无问题上犯了偏执的毛病，而《中论》所阐明的"诸法不有不无者，第一真谛"才是有无之实相。僧肇的观点是："虽有而无，所谓非有；虽无而有，所谓非无。"③也就是非有非无的中道实相。三论宗创始人隋代吉藏在所著《三论玄义》中进一步阐发了中观非有非无的立场，认为对于"至道"来说，"有之者乖其性，无之者伤其体"，故对"道"当作非有非无观，不可执着有无，才能认识中道实相。吉藏并强调："四忘为真，会彼四忘，故有三乘贤圣。"④所谓四忘，即三论宗的四种根本否定：(1) 非有；(2) 非无；(3) 非亦有亦无；(4) 非非有非无。以上为成玄英之前从哲学上探讨"有无"范畴的大致线索。

　　成玄英讨论"有无"是从注疏老庄入手的，但他不是顺着老庄的哲学路数走下去，他也不走魏晋玄学贵无论或崇有论的老路，他选择佛教中观学派的中道去展开自己的哲思。他力求证明，老子的"道"和释迦牟尼之"道"都超越了"有、无、亦有亦无、非有非无"这四句，换句话说，他认为在"有无"问题上道释二家是一致的。《三论玄义》卷上载，有人提出这样的问题："伯阳之道，道曰太虚；牟尼之道，道称无相。理源既一，则万流并同。"吉藏反问道："伯阳之道，道指虚无；牟尼之道，道超四句。浅深既

①〔先秦〕老子著，〔魏〕王弼注：《老子》第40章，第10页，上海：上海古籍出版社，1989。
②《晋书》卷三五，"裴頠传"，第1044、1046页。
③〔东晋〕僧肇：《不真空论》，石峻、楼宇烈、方立天、许抗生、乐寿明编《中国佛教思想资料选编》第1卷，第145页，北京：中华书局，1981。
④〔隋〕吉藏著，韩廷杰校释：《三论玄义校释》，第48页。

悬,体何由一?"问者又说:"牟尼之道,道为真谛,而体绝百非;伯阳之道,道曰杳冥,理超四句。弥验体一,奚有浅深?"吉藏答称:"九流统摄,《七略》该含,唯辨有无,未明绝四。若言老教亦辨双非,盖以砂糅金,同盗牛之论。"①在这里,提问者认为老子与释迦牟尼之"道"理源同一,都"理超四句",没有高低深浅之分。这一看法与重玄学完全一样,我们姑且把它看做成玄英以前道教重玄学的观点。吉藏对此观点大加反驳,称它"佞于道",如同"盗牛之论"②,指明老子之教只辨有无,但从未讲过"有、无、亦有亦无、非有非无"这四句。成玄英论"有无",恰恰就是要证明老子之道"亦辨双非",非有非无,从而进一步申说和坚持重玄派的传统立场。

　　中国哲学的"有""无"通常是如何界定的? 一般说来,"有"的含义相当于存在,故称存有;"无"的含义相当于不存在,是存有的否定,故称为亡。中国哲学里"无"的含义似乎更为复杂。庞朴在《说"无"》一文中,将"无"划分为三个层次:(1) 有而后无;(2) 似无实有;(3) 无而绝无。他指出:最早出现的、表达有而后无的都写做"亡";随着认识发展,人们对那种同具体的实有没有关系、无力感知其存在,但又确信其为有的对象,也形成了一个观念,那就是"无",这是似无实有;最后才是无之而无,为宇宙间所本无,它绝灭了与有的对待,因而是绝对的无,即无而纯无。③ 成玄英怎样界定有与无呢? 他讲了几个意思。第一个意思,有是存,无是亡。《庄子·则阳疏》说:"存,有也。亡,无也。"《天下疏》说:"亡,无也。"他在解《老子》"绵绵若存"时也说:"存,有也。"④这是中国哲学"有""无"的一般含义:存在与非存在。第二个意思,无是本,有是物。《庄子·天下疏》说:"本,无也。物,有也。用无为妙,道为精;用有为事,物为粗。"这是以"无"为本体,以"有"为现象。第三个意思,无形无象,即有而无。《庄子·齐物论疏》说:"道无不在,所在皆无,荡然无际。""所在皆无"之

---

① 〔隋〕吉藏著,韩廷傑校释:《三论玄义校释》,第32—33页。
② "盗牛论"典出《涅槃经》卷三《长寿品》,吉藏以此说明世间善法皆从佛教那里盗取而来。
③ 庞朴:《稂莠集——中国文化与哲学论集》,第321、323、331页,上海:上海人民出版社,1988。
④ 〔唐〕成玄英:《老子注》卷一,第15页。

"无"即指人们无力感知其存在,但又确信其为有的对象。这一点他在诠释老子"大象无形"时讲得颇为清楚:"大道之象,象而无形,无形而形。无形也,离朱视之,莫见其形也。色象遍乎虚空,欲明即有而无。"①通过说明道的似无实有,向人们指点道以独特的方式存在。成玄英对有无的界定基本上与道家哲学是一致的,所不同的是他是要否定有无。

《庄子·庚桑楚疏》对于"有"大加否定:"有所出而无窍穴者,以凡观之,谓其有实,其实不有也。""方物之生,谓其有实,寻责宇中,竟无来处。宇既非矣,处岂有邪!""时节赊长,谓之今古,推求代序,竟无本末。宙既无矣,本岂有耶!""有既有矣,焉能有有? 有之未生,谁生其有? 推求斯有,竟无有也。"推导去推导来,终是非有。《老子》第 43 章说:"无有入无间。"这个"无有",成玄英将其解释为:"颠倒之流,空见为有;达观之士,即有而空,故言无有也。"即是说,"无有"的含义就是"即有而空",亦即非有非无,双遣有无。《庄子·知北游疏》对此讲得很明白:"光明照曜,其智尚浅,唯能得无丧有,未能双遣有无,故叹无有至深,谁能如此玄妙! 而言无有者,非直无有,亦乃无无,四句百非,悉皆无有。以无之一字,无所不无,言约理广,故称无也。而言何从至此者,但无有之境,穷理尽性,自非玄德之士,孰能体之! 是以浅学小智,无从而至也。""无有"的境界就是有无双遣、非有非无的境界,到达这一境界也就"穷理尽性"了。而能到达这一境界,体悟"无有"之妙的,只有"玄德之士",那些"浅学小智""颠倒之流",或见空为有,或"得无丧有",不悟双遣有无,故"无从而至"这种境界。在很多地方,成玄英直截了当讲双遣有无。如《老子注》卷五说:"遣荡有无。"《庄子·齐物论疏》说:"夫万象森罗,悉皆虚幻,故标此有,明即以有体空。此句遣有也。""假问有此无不。今明非但有即不有,亦乃无即不无。此句遣于无也。""假问有未曾未曾有无不。此句遣非非无也。而自浅入深,从粗入妙,始乎有有,终乎非无。是知离百非,超四句,明矣。"十分明显,成玄英是用佛教中观的四句百非、双遣有无来诠释

————————

① 〔唐〕成玄英:《老子注》卷三,第 23 页。

老庄的有无观,他这样做时,毫不遮掩,或许在他看来,老庄的有无论本来就当作如是观。

成玄英非有非无的理论根据是什么?根据就是"诸法空幻",连"有无"二名本身也是空的。《庄子·齐物论疏》这样说:"诸法空幻,何独名言!是知无即非无,有即非有,有无名数,当体皆寂。既不从无以适有,岂复自有以适有耶!"认知了诸法空幻的道理,自然也就知道无即是"非无",有即是"非有",有无不过名而已,其实体是空寂的。在解释老子"当其无,有车之用"时,成玄英说:"车是假名,诸缘和合而成此车,细析推寻,遍体虚幻。况一切诸法,亦复如是也。"一切诸法从本体上说都是虚幻,都是因缘和合而成,必须看破,这样才能体悟有无之非。可惜那些"肆情染滞者","适见世境之有,未体有之是空,所以不察妙理之精微"。[①]既然连"有之是空"都不能体悟,那么对更深一层的妙理"无亦是空"自不会有一丁半点领会。只有智慧到达极限才能观一切空,即有而空,从而"穷理尽性",否则都不能达于真空。无怪《庄子·庚桑楚疏》如是说:"知既造极,观中皆空,故能用诸有法,未曾有一物者也,可谓精微至极,穷理尽性,虚妙之甚,不复可加矣。其次以下,未达真空,而诸万境,用为有物也。"能即境而空,用诸有法而不曾有一物,在成玄英眼中是"精微至极""虚妙之甚"的无以复加的事情。以此观照有无,便可知:"有无二名,相因而立,推穷理性,即体而空。既知有无相生,足明万法无实。"[②]从诸法空幻推导出有无当非,反过来,又从有无二名的相生相立,明白了"万法无实"。有无问题就这样与世界的本体问题紧紧联系在一起。把有无论提升到本体论的高度加以认知,认识到有无是"即体而空"的,一些具体的理论难题便不难处理了。比如惠施提出的卵有毛、鸡三足等命题,世人颇感难以理解、难以说明,将有无本空带入去求解便是:"有无二名,咸归虚寂,俗情执见,谓卵无毛,名谓既空,有毛可也。""数之所起,自虚从

[①]〔唐〕成玄英:《老子注》卷一,第4页。
[②]〔唐〕成玄英:《老子注》卷一,第6页。

无,从无适有,三名斯立。是知二三,竟无实体,故鸡之二足可名为三。"①既然有无空幻,人们只要不执着于有无之见,那么卵有毛、鸡三足都可以讲得通,都能够成立。这就是成玄英的逻辑,这一逻辑的出发点是诸法空幻,由此推导出非有非无,并以此为指导,处理一些具体的理论问题。僧肇《不真空论》驳本无、心无二说,认为万法皆由因缘假合而存在,故万物即色而空,不能说无,也不能说有,只能是非有非无。② 成玄英的有无论即承此而来。

成玄英不仅继承了僧肇《不真空论》即万物之有而观其虚或无的观法,认定万物本无自性,不能以有无论断,而且发挥庄子那种从心上去致虚的功夫,要修道者心不滞有无。如果说僧肇的有无论基本上是从外境去说,那么成玄英不仅自境界上说,而且强调心的重要作用。在成玄英看来,肯定有与无都患上了偏执之病,其病根就是心的滞于有无,治病之方就在于令心双遣有无。《庄子·则阳疏》说:"夫情苟滞于有,则所在皆物也;情苟尚无,则所在皆虚也;是知有无在心,不在乎境。"这表明成玄英认为,有无之执起自于心而非来自外境,凡夫俗子之心偏滞有无,不能通达有无的真谛。他常常批评:"有无二执,非达者之心,疑惑之人情偏。"③又指责:"荣子舍有证无,溺在偏滞,故于无待之心,未立逍遥之趣,智尚亏也。"④修道的要术就是医治这智亏情偏,心不滞无也不滞有,此即:"若言神空,则是断见;若言神有,则是常见。前说神空,故得不死,仍恐学者心滞此空,今言若存,即治于断。又恐学人心溺于有,故继似字以治于常也。即用此非无非有之行,不常不断之心,而为修道之要术者,甚不勤苦而契真也。"⑤照这样说,心不滞无也不滞有是修道的要术、契真的捷径。修行之人"但能先遣有欲,后遣无欲者,此则双遣二边,妙体一

① 〔唐〕成玄英:《庄子·天下疏》。
② 〔东晋〕僧肇:《不真空论》,石峻等编《中国佛教思想资料选编》第 1 卷,第 144—146 页。
③ 〔唐〕成玄英:《庄子·则阳疏》。
④ 〔唐〕成玄英:《庄子·逍遥游疏》。
⑤ 〔唐〕成玄英:《老子注》卷一,第 15 页。

道"①。遣去心欲的有与无,就能体悟一中之道,于是心对有无的双遣,就关系到心对世界本体的最终体悟。可见,无论从境还是从心上去说有无,成玄英的有无论都与其本体论紧密相连。综合境与心两方面说:"妙体真宗,照不乖寂,虽涉事而有,即有体空,内则虽照而无心,外则虽涉而无事。"②无心无事,外境内心虽有而空,内外都不执着于有无,双遣有无,此即成玄英的有无论。

更深入一步,成玄英从道、重玄、元气、体用、时间、生灭去展开其有无之论。

关于道与有无,成玄英认为,以有为道是错误的,以无为道也是错误的,故其《老子注》卷一称:"前既舍欲得无欲,复恐无欲之人滞于空见,以无为道。"③既然以有无为道都是错误的,那么从道的角度看只有非有非无才是正确的,道的本身就是非有非无的。成玄英反复强调道的非有非无性。《老子注》卷二解释老子"道之为物,惟恍惟惚"说:"至道之为物也,不有而有,虽有不有,不无而无,虽无不无,有无不定,故言恍惚。"④不有不无正是非有非无的另一种说法。《庄子·大宗师疏》明确指出:"夫至道凝然,妙绝言象,非无非有。"《则阳疏》也讲得十分明白:"夫至道不绝,非有非无,故执有执无,二俱不可也。"正因为道本身就是非有非无的,所以人们既不可滞于有也不可滞于无,尤其应注意不要执着于无,否则就丧道了。这就是《庄子·天下疏》所说:"夫道非有非无,不清不浊,故暗忽似无,体非无也,静寂如清也。是已同靡清浊,和苍生之浅见也,遂以此清虚无为而为德者,斯丧道矣。"道看起来显得"暗忽似无",但如果人们这样去观察道,那就大错而特错了,就永远不会得道,因为道"体非无"。在个别地方,成玄英又将佛教中观学的非有非无和老子的有无相生结合起来论述:"理既精微,搏之不得,妙绝形色,何厚之有! 故不可

① 〔唐〕成玄英:《老子注》卷一,第11页。
② 〔唐〕成玄英:《老子注》卷四,第44页。
③ 〔唐〕成玄英:《老子注》卷一,第11页。
④ 〔唐〕成玄英:《老子注》卷二,第9页。

积而累之也。非但不有,亦乃不无,有无相生,故大千里也。"①此处所谓理即相当于道,道既非有非无,又有无相生,这是成玄英调和道释二家之处。总的看,他重点在于显示道的非有非无性。

关于重玄与有无,成玄英认为只有到达"非有非无"这个层次,才能循此而通向重玄妙境。《老子注》卷三说:"前以无名遣有,次以不欲遣无,有无还息,不欲既除,一中斯泯,此则遣之又遣,玄之又玄,所谓探幽索隐,穷理尽性者也。"②有无双遣,进入重玄,穷理尽性。《庄子·大宗师疏》提到"三绝",哪"三绝"?"一者绝有,二者绝无,三者非有非无,故谓之三绝也。"进入第三绝就到达重玄,故说:"夫玄冥之境,虽妙未极,故至乎三绝,方造重玄也。"也许成玄英对这第三绝还感到不够绝,于是他甚至这样说:"学人虽舍有无,得非有非无,和二边为中一,而犹是前玄,未体于重玄理也。"③如此说来,能够非"非有非无",才算体于重玄之理。这与其论述重玄是一致的。

关于有无与元气,他讲得不多,主要结合宇宙化生论讲:"元气,大虚之先,寂寥何有,至精感激而真一生焉,真一运神而元气自化。元气者,无中之有,有中之无,广不可量,微不可察,氤氲渐著,混茫无倪,万象之端,兆关于此。于是清通澄朗之气浮而为天,烦昧浊滞之气积而为地,平和柔顺之气结为人伦,错谬刚戾之气散为杂类。自一气之所育,播万殊而种分,既涉化机,迁变罔极,然则生天地人物之形者,元气也。"④作为化生天地人物之形的元气,其在太虚之先,寂寥无有,或者说是"无中之有,有中之无",有无互相含摄。这是沿着老子"有无相生"的路线去讲元气的化生宇宙万物,为老子的有无论保留了一席之地。

关于有无与体用,他也讲得不多,主要从体用一源、即用明体去讲:

①〔唐〕成玄英:《庄子·天下疏》。
②〔唐〕成玄英:《老子注》卷三,第11页。
③〔唐〕成玄英:《老子注》卷五,第32页。
④〔唐〕成玄英:《老子注》卷一,第1页。

"前从有无之迹入非非有无之本,今从非非有无之体出有无之用。而言俄者,明即体即用,俄尔之间,盖非赊远也。夫玄道窈冥,真宗微妙。故俄而用,则非有无而有无,用而体,则有无非有无也。是以有无不定,体用无恒,谁能决定无耶? 谁能决定有耶? 此又就有无之用明非有非无之体者也。"①这里,体是非有非无,用是有无,体用无间,即体即用,既能从体出用,又能就用明体。有无是非有非无之用,非非有无是有无之体,从体用关系上说,非有非无与有无是不能割裂的,但应分清谁是体谁是用,谁决定谁,这样才不至于颠倒二者的主次地位。从根本上说,最终是要"就有无之用明非有非无之体"。

关于有无与时间,他认为时间的存在表现为无始无终、不今不古、无昔无今。时间的此种特性是道所赋予的,故称:"道非古无始也","道非今无终也";"若知无始无终,而终而始,不今不古,而古而今,用斯古道以御今世者,可谓至道之纲纪也"。② 道之本身就是无始无终的,站在道的立场上说,时间性自然就呈现为无始无终的状态。在一般人眼里,时间当然有今昔之分,而在成玄英看来,不应把时间割裂为今昔,时间是无今无昔的。为什么他认为时间无昔无今?《庄子·天下疏》答称:"夫以今望昔,所以有今;以昔望今,所以有昔。而今自非今,何能有昔! 昔自非昔,岂有今哉!"既然今昔乃相对而言,那么分别否定今昔,"今自非今","昔自非昔",无昔无今的结论岂不是自然就得到了。关于时间的终始问题也当用这种否定的方式将之遣去,《庄子·齐物论疏》即说:"至道无始无终,此遣于始终也";"此又假问,有未曾有始终不。此遣于无始终也";"此又假问,有未曾有始也者。斯则遣于无始无终也"。通过这样的双非双遣,在时间与存在问题上,成玄英又明显表现出他坚定不移地站在中观学的中道立场上。

人的存在与不存在,用成玄英的术语讲就是生与灭。他认为生命化

---

① 〔唐〕成玄英:《庄子·齐物论疏》。
② 〔唐〕成玄英:《老子注》卷一,第28—29页。

生的一般规律就是"从无生有",人的身体也是"从无出有,实有此身";生与死,其实就是"从无出有""自有还无"的过程。这个过程显示出,人的存在之前是无,存在之后也是无,人的存在只是短暂的、相对的,人的不存在(无)则是永恒的、绝对的,因此必须把生死都看破,看到其空寂性和不二性,看到不存在的永恒性,这样才能获得大解脱,不以生为喜,不以死为悲,豁达自如,豁然醒悟。可惜一般人却做不到这个地步,他们"以生为得,以死为丧",心智迷暗,为存在与不存在所困惑,所焦虑,不能自拔。通达者的使命就是要"反于迷情",为不同于流俗,因此就须"以生为丧,以其无也;以死为反,反于空寂;虽未尽于至妙,犹齐于死生"。生是无,死也是空无,生死齐于空无,由此而达生,此乃庄子生命观加上佛教圆寂说的混合产物。能够做到这样的人,便可与庄子"狎而友朋",只不过如此之人太难得,此即:"始本无有,从无有生,俄顷之间,此生彼灭。故用无为其头,以生为其形体,以死为其尻。谁能知有无生死之不二而以此修守者,庄生狎而友朋,斯人犹难得也。"①庄子"以无有为首,以生为体,以死为尻"(《庄子·庚桑楚》),本是对生死有无采取相对主义的态度,成玄英顺着这种相对主义哲学大加阐发,使人领悟"有无生死不二"的道理。在《庄子·大宗师》中还有相同的一段话:"孰能以无为首,以生为脊,以死为尻,孰知死生存亡之一体者,吾与之友矣。"成玄英对这段话的疏解是:"夫人起自虚无,无则在先,故以无为首;从无生有,生则居次,故以生为脊;既生而死,死最居后,故以死为尻;亦故然也。尻首离别,本是一身;而死生乃异,源乎一体。能达斯趣,所遇皆适,岂有存亡欣恶于其间哉!谁能知是,我与为友也。"这一解释说得十分明白,人产生于非存在的虚无,生与死、存在与不存在虽有差异,但"源乎一体",都是相对的、不二的,谁能通达其中旨趣,就可以参透生死,随遇安适,不至于好生恶死。在这一点上,成玄英对庄子的思想把握得比较准确,并坚决地予以认同。从存有与虚无这一本体论的高度审视人的生死存亡,把对永恒

---

① 〔唐〕成玄英:《庄子·庚桑楚疏》。

的不存在所潜藏的那种深层焦虑化为轻描淡写、漫不经意的不悲不哀、不喜不乐，似乎一切都是那么自然而然，化解在生死不二之中，由此而达生，由此而听任有无生死的自行演化，由此而获终极解脱，这就是成玄英论有无与生死的旨意所在。

值得注意的是，成玄英把有无这一对范畴带入关于"无为"的讨论中，提出"非有非无之无为"这一新的说法，对老子的无为学说做出了创新解释。老子所讲"无为"主要是个政治概念，强调人主治国应遵循"无为而治"的原则，就是不妄为，不扰民，清静自然。成玄英对"无为"的诠释，既是政治论的，也是人性论的，又运用了中道观。

从政治上说，成玄英主张："有道之君，无为虚静"；"有道之君，莅于天下，干戈静息，偃武修文，宇内清夷，无为而治"。① 道是自然无为的，得道君主以无为莅临天下，即可天下太平。反过来说，能够做到无为而治的，又只能是那些"上德"之君，即："无欲无为，至虚至静，忘心遣智，尸居玄默，以斯驭世者，唯上德乎！"②这些"上德"之君，"德行虽高，功成不处，无为虚淡，故可长久"③。从天人合一的观点看，能够"上合天道，下化黎元者，无过用无为之法也"④。由此可见，成玄英完全同意老子"无为而治"的政治原则。

从人性上说，一般人执着于有为，结果深受其害，带给人生的是痛苦与失败，其根本原因就在于他们颠倒了道的无为特性。本来，"至道虚玄，无为无执"，普通人却不愿遵行，于是出现"凡情颠倒，有执有为，为即危亡"的险情。一般人"从于有为之务，执心躁竟，分别取舍，曾无远见，每欲近成，有始无卒，故多败也"。只有圣人的人生是最成功的，为什么呢？因为"圣人体道无为，故无堕败"；"圣人穷理尽性，亦无为无不为也。

---

① 〔唐〕成玄英：《老子注》卷四，第 3 页。
② 〔唐〕成玄英：《老子注》卷五，第 5 页。
③ 〔唐〕成玄英：《老子注》卷四，第 36 页。
④ 〔唐〕成玄英：《老子注》卷四，第 35 页。

今言圣人不为者,示欲辅导群生,复此自然之性,故言不敢为也"。① 众生本来禀赋自然无为之正性,但由于迷惑妄执,丧道乖真,便走上了有为的迷途,圣人的任务就是要他们迷途知返,复归自然无为的本性,以无为作为人生守则。成玄英分析说:"逃自然之理,散淳和之性,灭真实之情,失养神之道者,皆以徇逐分外,多滞有为故也。"②执滞有为,就丧失了自我真实本性,逃离了自然的道理,就会产生累患,根除累患之方在于无为,因为"无为至柔,能破有为之累"③。合乎无为可以无忧患,故成玄英要人们"绝有相之学,会无为之理",如此,"患累斯尽,故无忧"。④ 他告诉修道者:"无能遣有,是以知无为之教,大益修行之人。"⑤

　　从中道观出发,成玄英提出"一中之无为"和"非有非无之无为"两个命题,这两个命题的实质性含义是一致的。其《老子注》卷四说:"为学之人,执于有欲;为道之士,又滞无为;虽复深浅不同,而一俱有患。今欲治此两执,故有再损之文。既而前损损有,后损损无,二偏双遣,以至于一中之无为。"⑥滞于有为无为,都是偏执,都有累患,治此两偏之病的方子就是遣去这二偏,走向"一中之无为"。关于"一中之无为",其《老子注》卷五有段话对此也解释得很清楚:"境智双遣,根尘两幻,体兹中一,离彼两偏,故(无)无为之可取,亦无有为之可舍。"⑦坚守中道,脱离二偏,对有为无为都无舍取,此即"一中之无为"。这一命题在《庄子·知北游疏》中表述为:"夫修道之夫,日损华伪,既而前损有,后损无,有无双遣,以至于非有非无之无为也,寂而不动,无为故无不为也。"显然,他所说"非有非无之无为"和"一中之无为"的内涵完全相同,这叫两个命题一个意思,都是双遣双非有无二边、进入中道的无为。由此亦可见,成玄英的老学、庄

① 〔唐〕成玄英:《老子注》卷五,第3—4页。
② 〔唐〕成玄英:《庄子·则阳疏》。
③ 〔唐〕成玄英:《老子注》卷三,第25页。
④ 〔唐〕成玄英:《老子注》卷二,第5页。
⑤ 〔唐〕成玄英:《老子注》卷三,第26页。
⑥ 〔唐〕成玄英:《老子注》卷四,第7页。
⑦ 〔唐〕成玄英:《老子注》卷五,第14页。

学是互为发明、相得益彰的，故此，他在注疏老庄时，往往援庄入老、援老入庄，互为解释，揭示义旨。他的老庄之学都以阐发重玄之道为要旨，当作一体观。从他将老子"无为"与佛教中观哲学结合论述来看，亦表明其重玄学说处处充满了中观学的思辨气息，中观成为其哲学思想不可须臾离却的最重要的方法论。这样一种中道观的无为说，可以说在古今诸家对老子"无为"的解释中独树一帜，别出新意。

总之，成玄英对"有无"这对哲学范畴的认识，超越了魏晋玄学的贵无派和崇有派，他沿着僧肇所开辟的中道观路径，结合自己对老庄哲学的体认，提出双遣有无，并由此进一步证实其超越有无的"重玄之道"，深化了他对宇宙本体、世界存在的看法。在深究世界本体的同时，他思考了人的存在这一重要的哲学问题，显示出其哲学沉思中天人合一的特色。成玄英双遣双非有无的理论依据是"诸法空幻"。既然万法无实，一切皆空，那么自然就会推导出有无"即体而空"。有无既空，对有无的执滞即是病态，治病之药乃是双非有无，此药当从"心"上服下去，心不滞有也不滞无，病象自然消解。

尽管成玄英一再表示要双非有无，但在某些具体的论述之处，则流露出贵无论的倾向。比如讨论人的存在与不存在时，他认为这一问题可表述为：无—有—无。人从"无"而来，又复归于"无"，"无"是永恒的，人的存有不过是短短的一刹那，因此人的生死当同一于"无"。这明显体现出某种贵无的精神旨趣。又如谈到无为、有为时，尽管成玄英提出非有非无之无为的新解，但当涉及政治与人性这一类具体问题时，他的笔调很自然地便倒向对"无为"的强调，贵无的倾向由此而显现。可见，双非有无是成玄英总的理论原则，而这一理论原则并未完完全全贯彻到他的理论探索中，当其探索触及一些带经验性的具体问题时，他无疑又走上了贵无论的老路。不论怎样，成玄英对有无问题的求索，丰富了中国哲学关于这对范畴的内容，当我们描述中国哲学史时，当我们向世人介绍中国哲学的有无范畴时，是不可以将他和他的理论观点遗忘的，假如忘却，我们的描述和介绍将是残缺不全的。

第五节　论"动静"

　　动静也是中国哲学一对十分重要的范畴,许多思想家对此做了大量探讨。在中国哲学里,动静的内涵主要有二:一是运动和静止,二是变化和不变。先秦时,儒道两家都探求了动静问题,分别形成了自己的看法。老子提出"反者道之动""守静笃""归根曰静""静为躁君"等著名命题,描述了道的运行规律,强调动静关系中,静为本根,静为动的主宰,要人"守静""无欲以静"。《庄子·天道》赞美"昧然无不静者""圣人之心静"。它描述圣人之静说:"圣人之静也,非曰静也善,故静也;万物无足以铙心者,故静也。"圣人之心不为外物所动,故能清静无为,鉴照天地万物。很显然,庄子继承了老子那种无欲守静的精神,并特别指出"心静"的重要性。《庄子·天道》还将静与动联系起来讨论,说:"虚则静,静则动,动则得矣。静则无为,无为也则任事者责矣。"又按内圣外王的精神提出"静而圣,动而王",动静不可偏废,最终归结于"夫虚静恬淡寂寞无为者,万物之本也"。老庄的动静观表现出主静的特色。受道家思想影响的儒家著作《易传》指出,宇宙运行有其常态,动为刚毅,静则柔和,即"动静有常,刚柔断矣"。《易传》又将动静与天地的化生功能结合起来讲:"夫乾,其静也专,其动也直,是以大生焉。夫坤,其静也翕,其动也辟,是以广生焉。"(《易传·系辞上》)综观《易传》讲动静,表现出主动的特征。以上为先秦时讲动静的两大体系,一主柔静,一主刚动。

　　魏晋时,玄学家王弼提出"动起于静",认为万物之动终究"复归于虚静",静则复命,"复命则得性命之常"。并认为事物都是以"不动者制动",所以"静必为躁君"。[①] 玄学家郭象主张"动静虽殊,无心一也",要人无心于动静,实质上就是要人做到心静,"我心常静,则万物之心通矣。通则服,不通则叛"。[②] 在他看来,物我之心相通于"静",静则物我合一,

---

① 〔先秦〕老子著,〔魏〕王弼注:《老子》第16、26章,第4、6页。
② 〔晋〕郭象:《庄子·天道注》,郭庆藩《庄子集释》第2册,第464页。

动则物我相叛离。东晋佛教学者僧肇阐扬"即动而求静"之说,以说明"物不迁"的理论。他说:"寻夫不动之作,岂释动以求静?必求静于诸动。必求静于诸动,故虽动而常静。不释动以求静,故虽静而不离动。然则动静未始异,而惑者不同。"①动不离静,静不离动,动静不异,因此"必求静于诸动","不释动以求静"。这样僧肇便入于动静不二的法门。

上述表明,在成玄英之前,中国哲学关于动静范畴的讨论,已达到相当高的思辨水平,对动静之间的辩证统一关系、动静的相互依存互补已有一定认识,各家都以"动"的内涵为运动、变动,"静"的内涵为静止、不变。成玄英继承了这些思想,尤其是直接承袭了老庄和僧肇的动静观,并通过自己的阐释,进一步丰富了对动静范畴的认识。成玄英的动静观展示出下列内容。

一、动静相即,动静不二,动寂一时

中国哲学对动静的体认,一般是从自然与人生的实有出发,认定动就是动,静就是静。僧肇从佛教空观出发,在《物不迁论》中指出动静是即动而静,动静二相可不做区别,具动相者亦具静相,反之亦然。僧肇从所观之物为动者是否同时可以作静观发问,肯定动静就是即动而静,即静而动,动静一体,动静不二。成玄英的动静观继承了这一思想,明确提出"动静相即""动静不二""动寂一时"的命题。

"动静相即",就是即动求静,即静求动,动静不可割裂。其《老子注》卷一说:"妙本虽动不动。"②万物的本根乍看起来是在不停地运动,但这运动中就含有"不动",这是即动求静。古希腊爱利亚派的哲人芝诺提出"飞矢不动"的命题,并论证说,如果每一件东西占据一个与它自身相等的空间时是静止的,而飞着的东西在任何一定的霎间总是占据一个与它自身相等的空间,那么它就不能动了。在芝诺看来,箭的飞动是无数个

---

① 〔东晋〕僧肇:《物不迁论》,石峻等编《中国佛教思想资料选编》第 1 卷,第 142 页。
② 〔唐〕成玄英:《老子注》卷一,第 32 页。

静态的总和而非运动,因此只能说"飞矢不动"。① 芝诺试图否定事物的运动性,以证明静止才是唯一真实的存在。比较起来,芝诺是从一具体事物(飞矢)入手,以证明世界的静止性,论证中涉及时间空间问题。成玄英则从宇宙本根着眼,说明世界本体既动又静,静就包含在动中,运动和静止是辩证的统一。对此成玄英没有展开论证,这也正是中国古代哲人们的一个通病。"虽动不动"和"飞矢不动"这两个中西哲学史上的命题,看起来十分相似,但其内蕴实有不同,前者并未否定运动,对动静持辩证的统一观,且就宇宙本体立论,而后者由具体事物抽象出世界为静止的一般结论,分割动静,否定运动。

　　"虽动不动",此乃即动求静,另一方面,成玄英又提出即静求动。《庄子·天道疏》指出:"理虚静寂,寂而能动,斯得之矣。"这里的"理"实际上就是指"道",道本虚静,但又能应物而动,道之动推动世界的生成变化。世界从根本上说,既有即动而静的一面,又有即静而动的一面。

　　合此即动而静、即静而动两面,便是成玄英常说的"动静相即"。其《老子注》卷一谈到心的动静时说:"在染不染,心恒安静闲放而清虚也,前则虽清而能混浊,此则处浊不废清闲,明动而寂也。""虽复安静,即静而动,虽复应动,心恒闲放而生化群品也,明寂而动也。"②心处于浑浊的环境中不为外界所染,清虚安静,这是动中求静;虽然安静,却又能"应动",这是即静求动。为什么心的动静是这样一种状况呢? 正由于动静一如,"动寂不殊,故能虚会"③,"动寂相即,内外冥符,故若斯可也"④。《庄子·齐物论疏》论及人心动静也说:"动寂相即,冥应一时,端坐寰宇之中,而心游四海之外矣。"由于动静相互依存统一,所以人静坐在那里,心的活动却在无限空间中遨游。人静坐在那里,心表现为一种

---

① 北京大学哲学系外国哲学史教研室编译:《西方哲学原著选读》上卷,第34—37页,北京:商务印书馆,1981。

② 〔唐〕成玄英:《老子注》卷一,第31页。

③ 〔唐〕成玄英:《老子注》卷一,第29页。

④ 〔唐〕成玄英:《庄子·养生主疏》。

不动的状态,内心的游动却可能早已到四海之外,这正说明了动静的合一。在其他一些具体问题上,成玄英也发挥其动静不二、动静相应说。《庄子·则阳疏》在解释圣人"一闲其所施"时说:"所有施惠,与四时合叙,未尝不闲暇从容,动静不二。"《庄子·逍遥游疏》称赞:"圣人动寂相应,则空有并照,虽居廊庙,无异山林,和光同尘,在染不染。"显然,成玄英认为只有圣人的为人处世才符合"动静不二"的标准,一般人对此望尘莫及。从宇宙本体到人生世事,成玄英都热切赞颂他那个"动静相即""动静不二"。

与动静相即相关,成玄英还提出"动寂一时"的命题,将动静放在时间中,肯定了动静的同时性。对此成玄英也未展开论述,说明动静为什么"一时",怎样表现为"一时"。按我们的理解,他这个命题是说,在同一时间单位内,即动即静,动不舍静,静包含动。这一命题,是与"本迹相即"连带提出来的。《庄子·逍遥游疏》说:"斯盖即本即迹,即体即用,空有双照,动寂一时。"关于本迹与动静这层意思,其《庄子·应帝王疏》讲得更为清楚:"第一,示妙本虚凝,寂而不动;第二,示垂迹应感,动而不寂;第三,本迹相即,动寂一时。"所谓本迹,指本体和现象(下面我们将辟专节讨论),本体虚静不动,感应现象界"动而不寂",合此寂而不动、动而不寂两方面,就构成"本迹相即,动寂一时",这样,宇宙本体和宇宙现象的静与动不可分割。再进一步,成玄英又使用起双非双遣的中道观,强调"本迹两忘,动寂双遣"。双遣动静的落脚点在于回归寂静不动的本体,"此则第一妙本虚凝,寂而不动也"。看来,成玄英的动静相即说有老庄那种主静的倾向。这种主静的倾向在其"动而常寂""动不伤寂"的命题中充分流露出来。

二、动而常寂,动不伤寂,动不乖寂

"动而常寂"是从本体之道的角度得出的结论。《庄子·应帝王疏》疏解"机发于踵"时说:"踵,本也。虽复物感而动,不失时宜,而此之神机,发乎妙本,动而常寂。""妙本"即指道,道感物而动,但"动而常寂"。

《庄子·则阳疏》也说："顺于日新，与物俱化者，动而常寂，故凝寂一道，嶷然不化。"本体之道与物俱化，日与物新，但又动而常寂，凝寂不化。

拥有本体之道这种"动而常寂"特性的只有圣人、真人、至德之人和善养生者。

《庄子·大宗师疏》解释"撄宁"的含义说："撄，扰动也。宁，寂静也。夫圣人慈惠，道济苍生，妙本无名，随物立称，动而常寂，虽撄而宁者也。"圣人有道，行合妙本，虽遭干扰而不为所动，与本体之道那种"动而常寂"的特性合一。

《庄子·大宗师疏》解释"真人之息以踵"时这样讲："踵，足根也。真人心性和缓，智照凝寂，至于气息，亦复徐迟。脚踵中来，明其深静也。"又称："真人凝寂，应物无方，迫而后动，非关先唱故，不得已而应之者也。"但真人"虽复应动随世，接物逗机，而恒容与无为，作于真德，所谓动而常寂者也"。前引《庄子·应帝王疏》以"踵"比喻天之本，此以"踵"作为真人之本，二本合一于"深静"。真人和本体之道一样，应物而动，但最终归结于"动而常寂"。

《庄子·列御寇》说："彼至人者，归精神乎无始而甘冥乎无何有之乡。"成玄英诠解为："无始，妙本也。无何有之乡，道境也。至德之人，动而常寂，虽复兼济道物，而神凝无始，故能和光混俗而恒寝道乡也。"至德之人神凝于妙本，与妙本之"动而常寂"完全一样，所以能够做到和光同尘却又"恒寝道乡"。

《庄子·养生主疏》描绘："善养生人，智穷空有，和光处世，妙尽阴阳。虽复千变万化，而自新其德，参涉万境，而常湛凝然矣。"前引《庄子·则阳疏》称本体之道与物俱化，日与物新，但又动而常寂，此处说善养生者虽历千变万化，但自新其德，虽涉万境，但常凝静，亦即"动而常寂"的意思。善养生者于此与道合一。

上述圣人、真人、至人、善养生人是成玄英所理想的与宇宙本体"动而常寂"特性相符合的人，这类人"运真知而行于世，虽涉于物千变万化，而恒以自然为本,居于虚极而不丧其性,动而寂者也"①。这类人"虚心顺物,而恒守真宗,动而常寂"②。这类人"混迹人间而无滞塞,虽复通物而不丧我,动不丧寂而常守于其真"③。这类人可以说是天人合一的典型体现者,是"动而常寂"之道的担负者,也是成玄英的人生楷模,他要去追寻,他要去效仿。

成玄英这种"动而常寂"的断想,既不脱老庄哲学主静的藩篱,又直接受到僧肇《物不迁论》的影响,对此他直言不讳。《庄子·天下疏》诠解"轮不蹍地""飞鸟之景未尝动"就直接引用《物不迁论》的观点以为说明:"夫车之运动,轮转不停,前迹已过,后涂未至,除却前后,更无碾时。是以轮虽运行,竟不蹍于地也。犹《肇论》云,旋岚偃岳而常静,江河竞注而不流,野马飘鼓而不动,日月历天而不周。复何怪哉!复何怪哉!""过去已灭,未来未至,过未之外,更无飞时,唯鸟与影,嶷然不动。是知世间即体皆寂,故《肇论》云,然则四象风驰,璇玑电卷,得意豪微,虽迁不转。所谓物不迁者也。"这样引用的结果,是使其"动而常寂"的思想更加丰富,更为完善。

与"动而常寂"意思相同而提法略有不同的命题是"动不伤寂""动不乖寂"。《庄子·天道疏》提出:"动不伤寂,故无不静也。"从字面上理解,"动不伤寂"就是不要以动伤害了寂静,其含义为动不得违背静这一根本原则,所以"无不静也"。对于体验"道"的人来说,就更应遵行"动不伤寂"的守则,故《庄子·养生主疏》有言:"体道之人,虽复达彼虚幻,至于境智交涉,必须戒慎艰难,不得轻染根尘,动伤于寂者。"《庄子·应帝王疏》提出:"动不乖寂,虽纷扰而封哉。"乖者,违背也,背离也。"动不乖寂"就是动不得与静不协调,动不能背离静的原则,与"动不伤寂"是一个意思。"动不乖寂"就是要守住根本,不违背本体之道。无怪《庄子·德充符疏》解释"审乎无假而不与物迁,命物之化而守其宗"时说:"达于分

---

① 〔唐〕成玄英:《庄子·秋水疏》。
② 〔唐〕成玄英:《庄子·田子方疏》。
③ 〔唐〕成玄英:《庄子·则阳疏》。

命,冥于外物,唯命唯物,与化俱行,动不乖寂,故恒住其宗本者也。""动不乖寂"也是圣人和"知道者"的专利。"淳古圣人,运智虚妙,虽复和光混俗,而智则无知,动不乖寂,常真妙本。"①知道者"虽复混迹人间而心恒凝静,常居枢要而返本还源。所有语言,皆发乎虚极,动不乖寂,语不乖默也"②。从修持上说,"治身者摄动归寂,以成己行;从寂起动,以应苍生。动不乖寂,故无伤害"③。养生之人,摄动归寂,动不乖寂,因此不伤生。为什么?因为"静是长生之本,躁是死灭之元,以劝学之人,去躁归静"④。养生以静为准则,这点成玄英是毫不含糊的。他称主静的养生者为"重静之人",描绘说:"重静之人,动不乖寂";"重静之人,三业清净";"重静之人,结愿坚固,六根解脱"。⑤ 重静与轻躁相对,对于养生来说,轻躁浮动乃大敌,只有以静制之:"静则无为,躁则有欲;有欲生死,无为长存。静能制动,故为君也。"⑥不仅养生,治国也应奉行"重静"之道,"万乘之君,应须重静",这样方能身国同治。不幸,许多无道昏君"恣情淫勃,厚赋繁徭,禽荒色荒,轻忽宇内";"恣情放欲,轻躁日甚,外则亡国,内则危身"。⑦身国同危,根本在于走向了重静的反面——轻躁。因此,无论治身治国,只有"动不乖寂",才是"归依之方"。⑧

　　动而常寂,动不伤寂,动不乖寂,说穿了无非就是主静、重静。以静制动,静为躁君,用现代哲学的术语讲就是指静止是绝对的、运动是相对的。这正与现代人所理解的静止是相对的、运动是绝对的相反。尽管成玄英把静止看成是绝对的,但他并不否认现象界的运动变化,他对变化的论述,构成其动静观的一个组成部分。

---

① 〔唐〕成玄英:《庄子·齐物论疏》。
② 〔唐〕成玄英:《庄子·秋水疏》。
③ 〔唐〕成玄英:《老子注》卷四,第 38 页。
④ 〔唐〕成玄英:《老子注》卷四,第 2 页。
⑤⑦〔唐〕成玄英:《老子注》卷二,第 20—21 页。
⑥ 〔唐〕成玄英:《老子注》卷二,第 20 页。
⑧ 〔唐〕成玄英:《老子注》卷四,第 44 页。

三、随变任化,与化俱往,变故日新

古希腊的赫拉克利特提出一切皆流、万物皆变的学说,他有句名言:"我们不能两次踏进同一条河。"①因为踏进同一条河的人,不断遇到新的水流。用奔流不停的河水说明一切皆在流变的思想。中国哲学史上,庄子提出"万物皆化"的主张,认为现象界的"化"具有普遍性和多样性,"万化而未始有极"(《庄子·大宗师》),"臭腐复化为神奇,神奇复化为臭腐"(《庄子·知北游》),物化具有自由随机性,物化的过程又表现为"始卒若环"的循环状态,而物化的动力非由外在的他物,乃是内在之"自化","物之生也,若骤若驰,无动而不变,无时而不移。何为乎,何不为乎?夫固将自化"(《庄子·秋水》)。成玄英继承和发展了庄子这种"化"的哲学。

《庄子·天下疏》指出:"大则两仪,小则群物,精则神智,粗则形象,通六合以遨游,法四时而变化,随机运动,无所不在也。"天地万物,精神现象,都在变化运动,运动变化"无所不在",具有普遍性。一切皆在流变,时代在迁移,这种流变迁移的速度快得很,简直让人无法把握,所以一说到"动"就已发生变化,一说到"时"就已向前迁移。这也就是《庄子·秋水疏》所讲的:"夫流动变化,时代迁移,迅若交臂,骤如过隙,故未有语动而不变化,言时而不迁移也。"这就要求人们"随顺时代","能与物变化而不固执"。②

事物是变化的,变化是循环的。《庄子·寓言疏》说:"物之迁贸,譬彼循环,死去生来,终而复始。"这是对庄子"万物皆种也,以不同形相禅,始卒若环"思想的发挥。万物同种同根,故不同形的物与物之间可以自由变化。《庄子·逍遥游》讲了"北冥有鱼,其名为鲲……化而为鸟,其名为鹏"的寓言,成玄英解释说:"夫四序风驰,三光电卷,是以负山岳而舍故,扬舟壑以趋新。故化鱼为鸟,欲明变化之大理也。"肯定庄子讲物化

---

① 北京大学哲学系外国哲学史教研室编译:《西方哲学原著选读》上卷,第23页。
② 〔唐〕成玄英:《庄子·天下疏》。

就是要阐明"变化"的大道理。

从时间上说，虽然时有古今，但变化唯一。《庄子·骈拇》讲过："古今不二，不可亏也。"成玄英的理解是："夫见始终以不一者，凡情之暗惑也；睹古今之不二者，圣智之明照也。……虽复时有古今而法无亏损，千变万化，常唯一也。"懂得古今不二的道理，才是圣智明照，因为变化打破了古今的界限，抹去了古今的差异，"圣智"对此明察秋毫。《庄子·大宗师疏》解释庄子"无古今"时就说："任造物之日新，随变化而俱往，不为物境所迁，故无古今之异。"跟着"变化"走，自然就没有"古今"的差异，于是古今不二。不仅古今，就是将来，也为变化的浪潮所带走。《庄子·则阳疏》即说："无始，无过去；无终，无未来也；无几无时，无见在也。体化合变，与物俱往，故无三时也。"只要体认了"化"，与"变"相合，那么过去、现在和未来这三种时态都不存在了。这是一种主观精神上的不存在，问题在于你如何去看。看不到变化，当然就要将过去、现在和未来机械地区分开；慧眼识变化，自然就会感到"无三时也"。在变化面前，时间的相对稳定性遭到否定，成玄英的意思是借此说明现象界的运动变化是绝对的，变化过程中没有暂时的静止状态，这是按照庄子思想所得出的结论。现象界的变化是绝对的，这不仅表现为时间上的无差别性，还表现为时间上的无限性，由此成玄英有"无极之化"一说，要人"任其无极之化"，并指出"化又无极，故莫知端倪"。①

和庄子一样，成玄英认为事物变化的动因在于"自化"。《庄子·秋水疏》指出："万物纷乱，同禀天然，安而任之，必自变化，何劳措意为与不为！"纷纷扰扰的万物，自然而然地在那里自我发生变化，人们只须"安而任之"，用不着去"措意为与不为"。《庄子·在宥》借鸿蒙之口说："汝徒处无为，而物自化。"成玄英的诠释是："但处心无为而物自化。"就是劝人心处无为，听任物自化。物的自化，成玄英又称之为"独化"。《庄子·在宥疏》疏解"物固自生"说："能遣情忘名，任于独化，物得生理也。"听任事

---

① 参见其《庄子·齐物论疏》《庄子·大宗师疏》。

物独化自生,物才有"生理"。《庄子·则阳》说:"虽有大知,不能以言读其所自化,又不能以意其所将为。斯而析之,精至于无伦,大至于不可围。"成玄英对此的解释是:"假令精微之物无有伦绪,粗大之物不可围量,用此道理推而析之,未有一法非自然独化者也。"一切事物的运动变化都由"自然独化"引起,这显然受到魏晋玄学家郭象"独化"说的影响。和庄子、郭象一样,成玄英以自化、独化说明事物变化的动因,仍然建立在抽象的玄想上,没有以客观事实为依据,进行严密的逻辑论证,这也暴露了中国哲学传统上的缺陷。

在庄子"化"的哲学基础上,成玄英创造性地提出"随变任化"的命题。这一命题不是以"物化"为出发点,而是从人生论的角度提出来的。《庄子·德充符疏》有一警句:"唯当随变任化,则无往而不逍遥也。"随变任化,人生可以作逍遥游。随变任化,人生无往而不适,正如《庄子·大宗师疏》所说:"随变任化,所遇斯适。"反过来说,能适应一切境遇,就能与化同往,正如《庄子·大宗师疏》接下来又说的那样:"所在皆适,故安任推移,未始非吾,而与化俱去。如此之人,乃能入于寥廓之妙门,自然之一道也。"此种"所在皆适"是无条件的,若加上条件,便不能随变任化:"夫所至皆适,斯亦适也,其常适何及欢笑然后乐哉! 若从善事感己而后适者,此则不能随变任化,与物推移也。"对于人生的命运,应该抱一种任其自然所适的态度:"委自然而变化,随芒忽而遨游,既无情于去取,亦任命而之适。"①就是我们的身体,也要听任造化的安排,任化而往,随遇而适:"假令阴阳二气,渐而化我左右两臂为鸡为弹,弹则求于鸮鸟,鸡则夜候天时。尻无识而为轮,神有知而作马,因渐渍而变化,乘轮马以遨游,苟随任以安排,亦于何而不适者也。""偶尔为人,忽然返化。不知方外适往何道,变作何物。将汝五藏为鼠之肝,或化四支为虫之臂。任化而往,所遇皆适也。"②不管造化将我们的身体变做什么,或变为鸡,或变为马,

---

① 〔唐〕成玄英:《庄子·天下疏》。
② 〔唐〕成玄英:《庄子·大宗师疏》。

或变为鼠肝，或变为虫臂，我们都不嫌恶，随化而去，无所不适。这是成玄英对庄子思想的发挥。

对于生死大事，成玄英也教人以随变任化、与化俱往的态度对待之。《庄子·德充符疏》说："夫山舟潜遁，薪指迁流，虽复万境皆然，而死生最大。但王骀心冥造物，与变化而迁移，迹混人间，将死生而俱往，故变所不能变者也。"一切皆变，而死生为变化中最烈最大者，一般人皆为死生之剧变而惊心，像王骀这样的"圣人"却处变不惊，安之泰然，就在于其能随变任化，"出生入死，随变化而遨游"。达于生死之变的"真人"懂得："旦明夜暗，天之常道；死生来去，人之分命。天不能无昼夜，人焉能无死生。故任变随流，我将于何系哉！"然而，"流俗之徒，逆于造化，不能安时处顺，与变俱往，而欣生恶死，哀乐存怀。斯乃凡物之滞情，岂是真人之通智也"！① 一般人乐生恶死，生死面前不免哀乐存怀，就是因为他们不能随化而往，逆于变化。"真人之通智"明确地认识到："死生昼夜，人天常道，未始非我，何所系哉"②；"世间万物，相与无恒，莫不从变而生，顺化而死"③；"生死往来，皆变化耳，委之造物，何足系哉"④。于是"真人"面对生死"不悲不哀"，"能一死生，冥变化，放纵环宇之中，乘造物以遨游"。⑤

《庄子·大宗师》塑造了一个"知生死之不二"、安于生死变化的真人形象——孟孙才。据载，颜回问孔子："孟孙才，其母死，哭泣无涕，中心不戚，居丧不哀。"孔子回答："孟孙氏不知所以生，不知所以死；不知就先，不知就后；若化为物，以待其所不知之化已乎！且方将化，恶知不化哉？方将不化，恶知已化哉？"这是庄子借孔子之口描绘一位看破生死变化的真人形象，从而表达自己"化"的生死观。成玄英对这一形象十分欣赏，赞不绝口："孟孙氏穷哀乐之本，所以无乐无哀；尽生死之源，所以忘生忘死"；"夫生来死去，譬彼四时，故孟孙简择，不得其异"；"虽复有所简

①②〔唐〕成玄英：《庄子·大宗师疏》。
③④⑤〔唐〕成玄英：《庄子·知北游疏》。

择,竟不知生死之异,故能安于变化而不以哀乐概怀也";"既一于死生,故无去无就;冥于变化,故顺化为物也"。对于"方将化"云云,成玄英以为:"方今正化为人,安知过去未化之事乎!正在生日未化而死,又安知死后之事乎!俱当推理直前,与化俱往,无劳在生忧死,妄为欣恶也。"在生死问题上,成玄英对庄子"化"的哲学可以说发挥得淋漓尽致,他把生死看做"物理变化",所以人们用不着"当生虑死,妄起忧悲"。① 他尽管偶尔还在使用道教传统的"神仙长生之道"一类术语,但这类术语已被他赋予了新的内涵:"自非随日新之变,达天然之理者,谁能证长生久视之道乎!"②在这里,我们完全嗅不到道教传统的肉体长生说的气味,而是庄子式的达于自然之变化、与化同往。成玄英从对人生的思考,尤其是对生死问题的思考出发,主张人对此应随变任化、与化同往,并把生死之化归结为物化,不仅深化了庄子"化"的哲学,而且批判了道教传统的肉体成仙说,在道教生命哲学中独树一帜。成玄英这种生死随变任化之说的哲学基础,仍然是庄子式的相对主义。"生死不二""生死无异",生死之间的差别既被抹去,在生在死都一样,那么听任生死的千变万化,与化俱往,又有何妨?

依据庄子"化"的哲学,成玄英主张"变故日新""新不恋故"。成玄英认为,事物的变化表现为"新新变化,物物迁流"③"运运不停,新新流谢"④。日新又新,不停地流变,故旧是根本守不住的。用《庄子·知北游疏》的话说就是:"世间庶物,莫不浮沉,升降生死,往来不住,运之不停,新新相续,未尝守故也。"由此"念念迁流,新新移改"的不停顿运动,可以"知变化之道,无处可逃"。⑤ 人生的命运,死生存亡,穷达贫富,逃不出日新月异的变化之手。这种变化太快了,使人把握不住,不能预测:"夫命行事变,其速如驰;代谢迁流,不舍昼夜。一前一后,反复循环,虽

---

① ③〔唐〕成玄英:《庄子·齐物论疏》。
② ④〔唐〕成玄英:《庄子·寓言疏》。
⑤〔唐〕成玄英:《庄子·大宗师疏》。

有至知，不能测度。"因此人们用不着"在新恋故"。① 人生应该"与日俱新，随年变化"②，"随变任化，与物俱迁，故吾新吾，曾无系恋"③。成玄英批评那些"迷忘之徒"："役情执固。岂知新新不住，念念迁流，昨日之我，于今已尽，今日之我，更生于后耶！"④旧我新我，都不执着，因为随着时间推移，新我即刻又变为旧我，新我转瞬即逝，又何必"役情执固"。更进一步说，新旧都随物化，切勿"滞新执故"。这也就是《庄子·则阳疏》所阐明的："故变为新，以新为是；故已谢矣，以故为非。然则去年之非，于今成是；今年之是，来岁为非。是知执是执非，滞新执故者，倒置之流也。故容成氏曰，除日无岁，蓬瑗达之，故随物化也。"由于新新不住、新新流谢，以新旧划分是非已毫无意义，如若硬要执着，便成"倒置之流"，唯一可行的是任随物化。另外，成玄英还从物化的角度反对尊古卑今。《庄子·外物疏》批评尊古卑今者说："夫步骤殊时，浇淳异世，古今情事，变化不同，而乃贵古贱今，深乖远鉴，适滋为学小见，岂曰清通！"又指出尊古卑今的弊端："以玄古之风御于今代，浇淳既章，谁能不波荡而不失其性乎！斯由尊古卑今之弊也。"随变任化表现在政治上就是反对泥古不化，反对贵古贱今，主张顺应时代，"顺时而化彼"，达到天下大治。

古希腊的赫拉克利特提出没有人能两次进入同一条河流，其弟子克拉底鲁走得更远，主张人们连一次踏进同一条河流都不可能。如果说前者还承认变化过程中暂时的静止和稳定，那么后者则完全否认了事物的相对稳定性。⑤ 成玄英所主张的随变任化，与化俱往，变故日新，新新不住，可以说与克拉底鲁的看法有接近之处，相接近的地方就在于二者都否认事物的运动变化中有相对稳定和静止状态，从辩证法中得出否定的

① 〔唐〕成玄英：《庄子·德充符疏》。
② 〔唐〕成玄英：《庄子·则阳疏》。
③ 〔唐〕成玄英：《庄子·养生主疏》。
④ 〔唐〕成玄英：《庄子·知北游疏》。
⑤ 全增嘏主编：《西方哲学史》上册，第47页，上海：上海人民出版社，1983。

结论。成玄英这种变化日新、与化俱往的观点是否与其动不伤寂、动而常寂的命题自相矛盾？粗粗一看，似乎是以子之矛攻子之盾，仔细审视，即可发觉其中既矛盾又不矛盾。说不矛盾，是指他的讨论各有针对，动而常寂针对本体界，变化日新、变动不居针对现象界。本体之道应物而动，动而常寂，运动是相对的，静止是绝对的。现象界则不同，宇宙现象变化莫测，不停地流变，运动变化成为绝对的，甚至没有相对静止的地位。在个别论述中，成玄英将化与不化统一起来："顺于日新，与物俱化者，动而常寂，故凝寂一道，嶷然不化。"①化与不化的矛盾由此而解决，本体界与现象界由此沟通。说矛盾，是指从人生论出发，成玄英既要求人动而常寂，虽受扰动而保持宁静，又劝导人随任变化、与化而往，常人似乎很难做到此二者的统一，对于人生而言的确是一矛盾的难题。当然，在成玄英笔下，至人、真人是能够完成这道人生难题的，既化又不化，既动且静。

四、动静无心，率其真性，复于本命

《庄子·天下》引关尹说："其动若水，其静若镜，其应若响。"成玄英对此疏解称："动若水流，静如悬镜，其逗机也似响应声，动静无心，神用故速。""动静无心"是成玄英动静观的又一重要命题，在他看来，只有到达动静无心这一境界的人，才能够做到"其动若水，其静若镜，其应若响"。据此分析，动静无心是解决人生化与不化、动与常寂这两难境地的关键法门，因为这一法门合乎自然之道。动静无心与其心性、性命论是联系起来阐述的。《庄子·则阳疏》指出："夫静而与阴同德，动而与阳同波，故无心于动静也。故能疾雷破山而恒定，大风振海而不惊，斯率其真性者也。若矫性伪情，则有时而动矣。"将静动与阴阳联系起来加以讨论，认为合乎阴阳的静动是保证人能够做到"无心于动静"的先决条件，而做到了动静无心，才能"率其真性"。反过来说，只有充分发扬真性，才

---

① 〔唐〕成玄英：《庄子·则阳疏》。

能在修持中做到恒定不惊，否则，矫性伪情将使修持活动走向失败，即"有时而动"，动便使前功尽弃。《庄子·则阳疏》又说："反乎真根，复于本命，虽复摇动，顺物而作，动静无心，合于天地，故师于二仪也。"回归真性本命，就合乎天地，师法二仪，做到动静无心。可见动静无心与真性本命是互为条件的。动静无心使人率其真性，归根复命；反过来，真性本命保证人能到达动静无心的境界。在这里，不可刻意去追求静，避免用情，正如《庄子·天道疏》所说："夫圣人之所以虚静者，直形同槁木，心若死灰，亦不知静之故静也。若以静为善美而有情于为静者，斯则有时而动矣。"圣人的形同槁木、心若死灰，正是无心于动静的具体写照。

西方中世纪，经院哲学家利用亚里士多德的动静观，论证上帝的存在。托马斯·阿奎那利用亚里士多德"第一推动者"的观点，认为运动着的事物追到最后，必定有一个不受其他事物推动的第一推动者，这个第一推动者就是上帝。[①] 与西方中古哲人忙于寻找第一推动者不同，成玄英把运动的初始成因归结为"自化"。成玄英最为关心的不是自然界的动静，不是第一推动者的存在问题，而是修道者如何把握处理动静关系，人怎样于变化中存在。成玄英的动静观，指出本体界与现象界的动静不同，本体界动而常寂，静止是绝对的；现象界变动不居，运动是绝对的。真人、至人的人生态度就是将此相互矛盾的二者统一起来，动静一源，即动而静，即静而动，既随变任化，又动而常寂。而要将动静统一起来，就必须回归真性本命，在心性处下功夫，做到无心于动静。总之，成玄英的动静观既是认识论的，又是存在论和人性论的，故与存在论的体用和宇宙现象相联系，与人性的真善美相关，他的立足点在于为人生开出一帖既能应付这千变万化的现实世界又能获得终极安顿的妙方。他的动静观用一句话说就是：入于动静不二的法门。

---

① 北京大学哲学系外国哲学史教研室编译：《西方哲学原著选读》上卷，第 262 页。

第六节　论"三一"

中国哲学有一分为二、合二为一的两分系统,也有一分为三、三合为一的三分系统,前者为人们所熟知,后者则鲜为人知,研究不够。如果说两分法在儒家思想中得到充分运用,特别是宋明理学家对之讨论非常充分,那么三分法则在道家道教思想中获得推广,尤其是南北朝、隋唐时期的道教学者对此做了大量探讨,其中重玄学家的"重玄三一"说,更是引人注目。

"重玄三一"说的理论依据是《老子》,尤其是第 14 章:"视之不见,名曰夷,听之不闻,名曰希,搏之不得,名曰微。此三者,不可致诘,故混而为一。"这段话,给重玄学家们讲三一问题以很大启示,激发了他们思想的灵感。另外,《老子》第 42 章云:"道生一,一生二,二生三,三生万物。万物负阴而抱阳,冲气以为和。"这种一分为三,化生万物,阴阳和构成万物的思想,对道教及重玄学家也产生了十分重大的影响。

老子关于宇宙生成的三分法中包含了经验知识,可以说是以数字模型整合日常生活经验,并运用于解释世界。如此解释世界的方式,在汉代经由音律学、天文学、医学作为媒介,使当时哲学理论界建构了"三一"的模式,提出"一以三生""三而一成""函三为一"等命题。① 汉代道教受此影响,也建立起自己的三一系统。《太平经》说:"君为父,像天;臣为母,像地;民为子,像和。天之命法,凡扰扰之属,悉当三合相通,并力同心,乃共治成一事,共成一家,共成一体也,乃天使相须而行,不可无一也。"②君臣民三合为一,共成太平,其中具有总结政事的经验成分,也充满天人感应的气氛。《太平经》又有言:"欲寿者当守气而合神,精不去其形,念此三合以为一,久即彬彬自见,身中形渐轻,精益明,光益精,心中

---

① 参见金春峰《汉代思想史》,第 140—144 页,北京:中国社会科学出版社,1987。
② 王明编:《太平经合校》,第 150 页,北京:中华书局,1960。

大安,顾然若喜,太平气应矣。"①精气神三合为一,长寿有望,这是对养生经验的概括,其中也不乏天人感应的味道。《太平经》奠定了道教哲学的数字结构模式,其后道教多从守一、守三一讲修炼长生之道。

东晋葛洪说:"道起于一,其贵无偶,各居一处,以像天地人,故曰三一也。"(《抱朴子内篇·地真》)他教人"守玄一"和"守真一",以此求获长生不死。葛洪所说的"守一"和"三一",多侧重于神仙方术、具体操作,较少玄理的思辨。与此不同,南北朝重玄学者所讲"三一",则充满了哲理,而不着眼于方术。《云笈七签》卷四九《玄门大论三一诀并叙》认为重玄学者从"出体之义"讲"三一"有四家。一是大孟法师,他说:"三一之法,以妙有为体。有而未形,故谓为妙。在理以动,故言为一。""兼三为用,即一为本。"二是宋法师,其观点是:"有总有别。总体三一,即精神气也。别体者,精有三智,谓道实权;神有三宫,谓上中下;气有三别,谓玄元始。"三是徐素法师,判定:"是妙极之理,大智慧源,圆神不测,布气生长,裁成麈素,兼三为义,即一为体。"四是玄靖法师,其解释为:"妙一之本,绝乎言相,非质非空。且应且寂。"《玄门大论》依此引申其意说:"既非本非迹,非一非三,而一而三。非一之一,三一既圆,亦非本之本,非迹之迹。迹圆者,明迹不离本,故虽迹而本;亦不离迹,故虽本而迹。虽本而迹,故非迹不迹;虽迹而本,故非本不本。本迹皆圆,故同以三一为体也。"②重玄学者虽对"三一"体义的解释有所不同,但都结合宇宙本体论加以讨论,以揭示重玄三一的内在哲理,这明显与道教传统以三一讲修炼方术有重大差别。

一、成玄英的"三一"观

成玄英讲"三一"当然是直承其前辈重玄学者而来,尤其是对玄靖法师臧矜的观点予以认同。在诠解老子"搏之不得名曰微"时,成玄英说:

---

① 王明编:《太平经合校》,第 739 页。
② 《玄门大论三一诀并叙》,《云笈七签》卷四九,《道藏》第 22 册,第 342—343 页。

"搏,触也;微,妙也。言体非形质,不可搏触而得,故名微妙也。又臧公三一解所谓精神气也。精者,灵智之名;神者,不测之用;气者,形相之目。总此三法为一。圣人不见是精,不闻是神,不得是气。既不见、不闻、不得,即应云无色无形,可(何)为乃言夷希微耶?明至道虽言无色,不遂绝无,若绝无者,遂同太虚,即成断见。今明不色而色,不声而声,不形而形,故云夷希微也,所谓三一者也。"①这里所引臧矜法师的一段话,又见旧题吴郡征士顾欢述《道德真经注疏》卷二,文字略有不同。臧矜的意思,是以夷希微指精神气三一,说明至道不是绝对的"无",如果把它视为绝对之无,则成断见,失之偏颇;应当明白,至道无色而有色,无声而有声,无形而有形,这样才能把握老子以夷希微描述道的含义所在。可以说,臧矜以其精气神三一说否定了魏晋玄学贵无派的观点,强调了道是非有非无的中道观。成玄英在这里引用臧矜的话也是要提醒读老子者注意,虽道体无形质,不可搏触而感觉其存在,但道并非不存在,道的存在形态表现为夷希微。《老子》认为夷希微"三者不可致诘,故混而为一"。对此,成玄英解释说:"真而应,即散一以为三;应而真,即混三以归一。一三三一,不一不异,故不可致诘。"②一分为三,三合为一,一与三、三与一之间保持一种不同不异的关系,这就是成玄英的三一观。他注解老子对夷希微的论述,是想说明夷希微三者"不一而一,散一为三","不三而三,混三归一"。③ 在此,"不一不三"仍然是成玄英惯用的双非双遣的否定法,体现了中道精神。"三一"的内涵则是精神气、夷希微的同一性与可分性,三合为一,一分为三,可合可分。

在成玄英看来,"圣人以三一为体"④,此三一之体自然是围绕着道而言,特别是针对着道之"精"而言。《老子》第 21 章描述道体"窈兮冥兮,其中有精",成玄英注解说:"精即精智也。言道虽窈冥恍惚,而甚有精灵,智照无方,神功不测也。"《老子》又说:"其精甚真。"成玄英解称:"言

---

①② 〔唐〕成玄英:《老子注》卷一,第 27 页。

③〔唐〕成玄英:《老子注》卷一,第 26 页。

④〔唐〕成玄英:《老子注》卷二,第 9 页。

真精无杂,实非虚假。于三一之中,偏重举精者,欲明精是气色神用之本也。"①很显然,依成玄英的看法,精神气三一之中,当以"精"为重点,因为精是根本。故三一之体的核心在于"精",道之精。

成玄英讲三一,除了直承其前辈重玄学者的重玄三一说,也为传统的讲修炼方术的三一保留了地盘,这是为了修道的需要。《老子》第 10 章说:"载营魄抱一,能无离乎?"成玄英是怎样解释的呢?他从修道角度作解:"魂性雄健,好受喜怒;魄性雌柔,好受惊怖。惊怖喜怒,皆损精神。故修道之初,先须拘魂制魄,使不驰动也。'抱一能无离':抱,守也;一,三一也;离,散也。既能拘魂制魄,次须守三一之神,虚夷凝静,令不离散也。"②这是道教传统意义上的守一、守神等修炼方术,修道者首先使魂魄不动,接着便须守护三一之神,使之不分散。从修道论切入,成玄英又回到传统。

二、李荣的"重玄三一"说

和成玄英一样,李荣也阐述了"重玄三一"说,他指出:"希、微、夷三者也,俱非声色,并绝形名,有无不足诘,长短莫能议,混沌不分,寄名为一。一不自一,由三故一;三不自三,由一故三。由一故三,三是一三;由三故一,一是三一。一是三一,一不成一;三是一三,三不成三。三不成三则无三,一不成一则无一。无一无三,自叶忘言之理;执三执一,翻滞玄通之教也。"③这个"三一"命题,其元素构成也是不滞二边的"中观",运用中观的四句否定法证明,它破"执三执一"的"滞玄通之教",以显示"无一无三"的"忘言之理"。当时思想界相当注重对"三一"论题的研讨。佛学名相多有涉及"三一"者,如天台宗的"一心三观""一念三千"等,又如三论宗将三乘一乘关系解说为"无一无三"。当然,其含义各不相同。三

---

① 〔唐〕成玄英:《老子注》卷二,第 9—10 页。
② 〔唐〕成玄英:《老子注》卷一,第 19 页。
③ 兹据蒙本李荣《老子注》卷一,严本脱"一是三一"四字。

论宗讨论佛乘的三一是为着判教，吉藏《中观论疏》卷八引《大品》云："诸法如中非但无有三乘异，亦无独一菩萨乘。今欲释经无一无三，破外人定执有三一之理。"①道教受此影响，也曾加以讨论。如《玄门论》在对"太玄"释义时援用"重玄"，又将太玄配以大乘，借此提高太玄部在道经中的地位，并称："一往以二乘为方便，大乘为究竟。次以三乘为方便，一乘为究竟。穷论一之与三，并为方便，非一非三，是为究竟。"②李荣对"三一"的论述则显然没有判教的意思，纯粹是哲理的求证，其意蕴更接近吉藏的"不一不异"和"三法一体"说。吉藏云："以俗谛故非一，以真谛故不异。俗故无一虽异而一，真故无异虽一而异。虽异而一，故不滞于异；虽一而异，故不著于一。不一不异，名为中道。"③李荣"无一无三"与此"不一不异"的"中道"，都是不执二边以入于不二法门，而"入不二法门即是中观论三字"④。吉藏又云："一切成者有三种成，一者体成，二者义成，三者名成。三法互成，则是三种体成，三种义成，三种名成。则一切法体皆成一物体，一切物义皆成一物义，一切物名皆成一物名。若尔则无有万物，既无万物亦无一物，故一切物空。又，若有物有可有物空，既无物有亦无物空，如是亦有亦空，非有非空。"⑤李荣"三一之致亦空""有无不足诘"也是从"三一"展开，归结到"空寂""非有非无"的重玄之教，这是他吸取佛理之处。

李荣的"三一"说承袭了道教的传统思想，且有自己的独特之处。东晋时的道经已有三一之说，如葛洪就提到过"三一"。《抱朴子内篇·地真》说："道起于一，其贵无偶，各居一处，以像天地人，故曰三一也。"南北朝时道教"三一"多与存思服气说相联系，如《灵宝经》说："定者观三守一，思神念真。"⑥或指精气神三一，如："人法不二，亦具三一为体，即精神

---

① 《中观论疏》卷八末，《大正藏》第 42 卷，第 131 页。
② 《道教义枢》卷二，《道藏》第 24 册，第 816 页。
③ 《中观论疏》卷二本，《大正藏》第 42 卷，第 26 页。
④ 《中观论疏》卷二末，《大正藏》第 42 卷，第 30 页。
⑤ 《百论疏》卷中，《大正藏》第 42 卷，第 272 页。
⑥ 《道教义枢》卷一，《道藏》第 24 册，第 811 页。

怃三一也。"①后来，"三一"说在道教教义中逐渐发展，将精神气与老子"希微夷"结合起来阐述。如成玄英论述"三一"便是如此。李荣与成玄英不同之处，在于他撇开"精气神"，专门就"夷希微"发论。《云笈七签》卷四九列出道经的九类"三一"，其中第七类"太玄三一"注云："夷希微，出《太存图》及《道德经》。"②李荣的"三一"说当属此类。他之"无一无三"则与成玄英"不一不三"相同，都采取否证式推论，都援用佛教中观方法证成"三一"。而"三一"的证成则是"重玄"的成立，因为"三一"说是重玄学派及李荣用以支撑"重玄"的重要依据之一。

---

①《道教义枢》卷二，《道藏》第 24 册，第 812 页。
②《玄门大论三一诀并叙》，《云笈七签》卷四九，《道藏》第 22 册，第 344 页。

第九章　王玄览的哲学思想

在《玄珠录》中可以看到，王玄览受到蜀中佛教三论宗中观学说的影响，综合了佛教与道教的思辨理论，着重阐释了"道体""道物""心性""有无""坐忘"等道家哲学观念，集中讨论了道体、心性思想，进一步发展了成玄英、李荣的重玄理论。

第一节　王玄览的生平与著述

王玄览，字晖法，法名玄览。其先祖于晋末从并州太原（今属山西）移居广汉绵竹（今属四川）。玄览生于唐高祖武德九年（626 年），卒于武周神功元年（697 年），为当时四川有名的高道。他的身世略见于其弟子王太霄《玄珠录序》，《序》中说：

> 师年十五时，忽异常日，独处静室，不群希言。自是之后，数道人之死生，童儿之寿命，皆如言，时人谓之洞见。至年三十余，亦卜筮，数年云不定，弃之不为，而习弄玄性，燕反折法，捷利不可当。耽玩大乘，遇物成论。抄严子《指归》于三字，后注《老经》两卷，及乎神仙方法，丹药节度，咸心谋手试。既获其要，乃携二三乡友往造茅山，半路，觉同行人非仙才，遂却归乡里。叹长生之道无可共修，此

身既乖,须取心证,于是坐起行住,唯道是务。二教经论,悉遍披讨,究其源奥,慧发生知。……亦教人九宫六甲、阴阳术数,作《遁甲四合图》,甚省要。年四十七,益州长史李孝逸召见,深礼爱,与同游诸寺,将诸德对论空义,皆语齐四句,理统一乘,问难虽众,无能屈者,李公甚喜。时遇恩度为道士,隶籍于至真观,太霄时年两岁也。既处成都,退迩瞻仰,四方人士,钦挹风猷,贵胜追寻,谈经问道,将辞之际,多请著文。因是作《真人菩萨观门》两卷,贻诸好事。……年六十余,渐不复言灾祥,恒坐忘行心。时被他事系狱一年,于狱中沉思,作《混成奥藏图》。晚年又著《九真任证颂道德诸行门》两卷。益州谢法师、彭州杜尊师、汉州李炼师等及诸弟子,每咨论妙义,询问经教,凡所受言,各录为私记。因解洪元义,已后诸子因以号师曰洪元先生,师亦不拒焉。又请释《老经》,随口便书,记为《老经口诀》两卷,并传于世。时年七十二,则天神功元年戊戌岁〔按:应为“丁酉”〕,奉敕使张昌期就宅拜请,乘驿入都。闰十月九日,至洛州三乡驿羽化。①

由上述可知,王玄览早年偏重于道教方术,好为人卜筮吉凶,看相算命,40 岁左右开始习弄“玄性”,深入佛老,究其源奥。晚年一度入狱,60 岁后不再讲灾祥,但行坐忘修心,著书立说,传授其道教思想。

由于王玄览对佛理做过深入研究,故其道教思想中有股较浓的佛学味,特别是当时蜀中流传的佛教三论宗中观学说对他的启迪不可低估,观其与佛教大德高僧讨论“空”义,熟练运用中观“四句”范式即可明白。从这一点看,他的哲学思想特色与重玄学派的李荣颇同,二人又都是成长于蜀中,表明初唐时蜀中道教深受佛教中观学影响,具有较强的理论思辨性。可以这样说,王玄览是援佛入道、将佛教哲学与道教哲理结合起来运用得较好的道教学者,是当时蜀中道教界远近闻名的有影响的高道。王玄览曾注解《老子》,著述颇丰,可惜已亡佚,只有弟子王太霄据诸

---

① 《玄珠录序》,《道藏》第 23 册,第 619—620 页。

人听讲笔记汇集而成的《玄珠录》两卷流传至今,收入《道藏》"太玄部",为研究王玄览道教哲学思想的主要材料。

所谓玄珠,道教又称宝珠、心珠,实际上就是指人心。《元始无量度人上品妙经通义》卷一注解"元始悬一宝珠"说:"宝珠即心也。儒曰太极,释曰圆觉,盖一理也。道亦曰玄珠、心珠、黍珠,即是物也。"①准此,则"玄珠录"用现代话语来说就是"心录",也就是王玄览心路历程的记录。《玄珠录》一书收王玄览的语录 120 余则,所涉及的理论问题相当广泛,我们这里主要透视他对"道体""道物""心性""有无""坐忘"等问题的论述。

第二节 论"道体"

道自体的真实本相是什么?王玄览称:

> 道体实是空,不与空同。空但能空,不能应物;道体虽空,空能应物。(《玄珠录》卷上)②

道体的实相是"空",但又与佛教《成实论》的"空"不同,《成实论》的"空"义是"空无",不包含"有"的成分,故三论宗斥其为"无见"。道体的"空"能够应物,其含义接近三论宗的"空",盖三论宗之"空"包含"有"的意思,是即空观有,即有观空。道体的"空"也是如此,既能由空观有,又能由有观空。打个比方:"道体如镜,明不间色,亦不执色,其色变改去来,而镜体不动。"(《玄珠录》卷下)就是说,镜子照物,但又不执着于物,所照之物千变万化,而镜体自身不变,空空如也。道体的"空"即与此相类似,它能映出物相,而又不为物所累。

道体的"空"又呈现为静寂不动,正如王玄览所说的那样:"真体常寂。"他运用佛教中观的"四句"范式证明道的玄寂性:"大道师玄寂。其

---

① 《元始无量度人上品妙经通义》卷一,《道藏》第 2 册,第 297 页。
② 本章所引《玄珠录》见《道藏》第 23 册,第 620—633 页,不再加注。

有息心者,此处名为寂;其有不息者,此处名非寂。明知一处中,有寂有
不寂。其有起心者,是寂是不寂。其有不起者,无寂无不寂。如此四句,
大道在其中。"(《玄珠录》卷上)通过对"寂"与"非寂"这二边的否定,证明
道体的"玄寂"。王玄览从不同角度来构建道体的空寂圣殿:"法体本来,
体自空旷,空旷无有无见。"道体本来就是"空旷"的:"持一空符以应诸
有,有来随应,有去随亡。有若不来,还归空净。空中有分别,有分别亦
空;空中无分别,无分别亦空。"(《玄珠录》卷下)不论有分别无分别,最终
只是个"空"。就"色""空"与"名"来说:"色非是色,假名为色。明知色既
非空,亦得名空。无名强作名,名色亦名空。若也不假名,无名无色空,
亦无无色空。"(《玄珠录》卷下)这意思是说,色即空,空即色,色空都不过
是假名,抛去其假名,不但要否定有名号的"色空",而且要否定无名号的
"色空"。只有通过这种连续的、彻底的否定,才算参透了"空",这样的
"空"才是道体的实相。这是种不落二边的中道实相,既不拘泥于"有",
也不执着于"空",非空非有。正如《玄珠录》卷下所说:"空法不空,不空
法不空;有法不有,不有法不有。空法豁尔,不可言其空,若言空者,还成
有相,不空而有,有则不碍。"如此说"空"与佛教三论宗的看法十分接近。
《中论·观行品》说:"若有不空法,则应有空法。实无不空法,何得有空
法?"[1]《三论玄义》卷上也说:"本对有病,是故说无。有病若消,空药亦
废。"[2]在三论宗那里,"不空法"并不存在,"空法"也不存在。所以三论宗
不仅否定"有",而且否定"空"自身,即"空空",亦即吉藏《三论玄义》所说
的"空药亦废"。王玄览在论证道体之"空"时,就采用了三论宗的观点,
终于落入"空空"的套式中。"空空"在王玄览笔下又称"无空亦无色"。
《玄珠录》卷下说:"若住在色中,无空而可对;若住于空中,无色而可对。
既住而无对,无由辄唤空,无由辄唤色。若许辄唤者,唤空亦唤色;若也
不许唤,无空亦无色。"通过否定"空""色"二边,不仅证明"色"不能成立,

---

[1]《中论》卷二,《大正藏》第30卷,第18页。
[2]〔隋〕吉藏著,韩廷傑校释:《三论玄义校释》,第132页。

而且论证"空"亦不能成立,这仍是佛教中道观的论证方式。对道体之空就当作如是观。

道体之"空"又是无分别的,是一种没有差别的境界。《玄珠录》卷下讲:"烦恼空,故不可得。至道空,故不可得。二相俱是空,空相无分别。以其迷见故,即为烦恼;以其悟见故,即为至道。烦恼不可得,还是烦恼空;至道不可得,还是至道空。二空不同名,名异体亦异,优劣亦尔。又言:对二有二故,所以言其异;若合二以为一,其一非道一,亦非烦恼一。"大千世界,万有诸相,主体客体,其实并无差别,本质上都是"空"。烦恼空与至道空一分为二时,似乎名异体亦异,且有优劣之分,但如合二为一,作中道观,实质都一样,这就叫"空相无分别"。王玄览否定了事物之间的差异,走向相对主义,而这种不做分别的相对主义是为了证明道体是绝对的"空"。王玄览完全采用中观方法论证道自体为绝对之空(即"空空"),毫不避讳地引佛教三论宗之"空"以诠释道教之"道",在援佛入道上比与他同时的道教重玄学思想家们走得更远,这在当时道教的思想理论家中是颇为特别的。

《老子》第1章即开宗明义指出:"道可道,非常道。"据此,王玄览把道自体划分为"常道"与"可道"两大类,并阐释二者关系,要人们去追求"常道",以获永恒。他说:"常道本不可,可道则无常。不可生天地,可道生万物。有生则有死,是故可道称无常。无常生其形,常法生其实。"(《玄珠录》卷下)"常道"与"可道"的生成功能不同,常道生天地,可道生万物。天长地久,故常道常住不变;万物有生有死,故可道变动无常。无常之可道只能生成表相,真常之道才会产生实质。这就是"可道"与"常道"的根本差异所在。由此可以证明:"可道为假道,常道为真道。"(《玄珠录》卷上)作为"假道"的"可道",他又称之为"滥道"。《玄珠录》卷下说:"此道有可是滥道,此神有可是滥神,自是滥神滥道是无常,非是道实神实是无常。"所谓滥道也就是失去了真实的虚假之道,所以说它是种"无常"之道。但真道与滥道之间也并非没有转化的契机,一旦觉悟了真常之道,假滥之道便可发生转变,正如《玄珠录》卷下所说:"若也生物形,因形生滥神，所以约形生神，名则是滥，欲滥无道。若能自了于真常，滥则同不滥，生亦同不生，不生则不可。"既然可道能向常道发生转化，二者间必有一定联系。这中间的纽带是什么呢？《玄珠录》卷上给出答案："不但可道可，亦是常道可；不但常道常，亦是可道常。皆是相因生，亦是相因灭，其灭无所灭。"就是说，可道与常道互为因缘条件而相生相灭，但又非生非灭。说穿了，可道与常道的纽带是建立在中道观上的，对此也应不执着二边，双遣二边。

　　进一步，他对可道所生成的无常世界进行分析，认为现象界皆表现为虚妄。他说："十方诸法，并可言得，所言诸法，并是虚妄，其不言之法，亦对此妄。言法既妄，不言亦妄。"(《玄珠录》卷上)"法"本系佛教名词，指现实世界的物象，他借用来说明世间的事物无论可言不可言，都是虚妄不实。万物所以虚妄，在于"诸法无自性，随离合变，为相为性。观相性中，无主无我，无受生死者，虽无主我，而常为相性"(《玄珠录》卷下)。万物无自性，无相性，不能自我主宰，其所显露的相性，不过是随道自性的分离组合而演成。道自性实在是万物"相性"的真正主宰，故万物相性不过是假幻罢了。他用以下的比喻来说明这个道理："将金以作钏，将金以作铃，金无自性故。作钏复作铃，钏铃无自性；作花复作像，花像无自性。不作复还金，虽言还不还，所在不离金，何曾得有还？钏铃相异故，所以有生死；所在不离金，故得为真常。"(《玄珠录》卷下)金做成钏或铃，就表现为钏或铃的相性，但不管是钏还是铃都无自性，有形成和毁坏，故为虚幻。只有金自体，不管相性作何变化，它自身无生成毁灭之变。"真常"之道与"万法"之间就如同金与钏或铃之间的情形一般。这种以金作比的方式也借鉴自佛教。《大智度论·释嘱累品》就有这样的比喻："譬如金师，以巧方便故。以金作种种异物，虽皆是金，而各异名。"①《三论玄义》卷下引《大智度论》："譬如金为体，金上精巧为用。"②金是体，金做成

————————

① 《大智度论》卷一〇〇，《大正藏》第 25 卷，第 754 页。
② 〔隋〕吉藏著，韩廷杰校释：《三论玄义校释》，第 201 页。

的各种器物是用。用各异名,千变万化;体出一源,体自不变。王玄览借用佛教的这一比喻说明常道为万物本体,真实不变。

诸法虚妄,这在王玄览是毫无疑问的,但从认识论角度证明这个问题也必须运用不一不二、不即不离的中道观。所以他再三强调:"若也作幻,见真之与幻俱成幻;若也作真,见幻之与真俱是真。诸法实相中,无幻亦无真。""说一法亦是假,二法亦是假,乃至十方无量法,并悉是于假。假中求真亦不得,假外求真亦不得,乃至十方无量法,并悉求真无有真。明知一切假,即是一切真。若也起言者,言假复言真;若也不起言,无真亦无假。""物与言互妄,物与言互真。观言如言法,观物如物形,此是言物一时真。若也约物以观言,约言以观物,此是言物一时妄。则知言物体,非真亦非妄,是真亦是妄。我若去看乱,何曾有真妄?既得真妄寂,则入于环中,在中不见边,以是中亦遣。"不论从哪个角度考察真妄,他都始终坚持以非真非妄、不着二边的精神贯穿其间,认为只有如此才能入于中道境界。最后,他要将中亦遣去,这就是他所说的"因滥玄入重玄,此是众妙之门"。(《玄珠录》卷下)这与佛教三论宗和道教重玄学所讲的病去药除、都无所有完全一样。在他看来,只有这样才能真正了悟诸法虚妄的真理。

总之,王玄览这样反复说明世界万物相性的虚妄假幻,无非是要从这一层面反证真常之道的"空寂",现象界正是由这样一种空寂的最高本体幻化而成。这与大乘中观学派的本体论——中道缘起论学说显然十分接近。故我们认为王玄览的道体论是在老子哲学的基础上,吸取佛教中道缘起说而形成的,是融合佛老学说为一炉的产物。

第三节　论"道物"

王玄览论"道物"的中心思想是:道普遍地、绝对地存在于万物之中,道无所不在。他说:

> 万物禀道生。万物有变异,其道无变异,此则动不乖寂(如本印

字)。以物禀道,故物异道亦异,此则是道之应物(如泥印字)。将印
以印泥,泥中无数字而本印字不减(此喻道动不乖寂),本字虽不减,
复能印多泥,多泥中字与本印字同(此喻物动道亦动)。(《玄珠录》
卷上)

先从道的生成性说起,指出万物由道所化生,被化生者虽有变动,化生者
自体却是静寂不变的,这就好像本印上所刻之字一样。另一方面,正因
为万物禀于道,所以物动道也动,物异道也异,这是道的"应物",就如以
印泥印字可复制无数一样。合此两方面说,道本寂静,应物而动,但应物
而不为物累,"真体常寂"。这就好比以印印泥,泥中印无数字,但印之本
字始终不变。这是他从动静的角度来证明"道"普遍地寓于万物。

从生灭来说:"道无所不在,皆属道应。若以应处为是者,不应不来,
其应即死,若以不应处为是者,其应若来,不应处又死,何处是道? 若能
以至为是者,可与不可俱是道;若以为非者,可与不可俱非道。道在境智
中间,是道在有知无知中间,见缕推之,自得甚正,正之实性,与空合德。
空故能生能灭,不生不灭。""道能遍物,即物是道。物既生灭,道亦生灭。
为物是可,道皆是物;为道是常,物皆非常。"(《玄珠录》卷上)这就是说,
道亦生亦灭,又不生不灭。从"即物是道"这个角度看,物既然有生有灭,
道也就有生灭;但从道自性本"空"这个角度去看,道又是不生不灭的。
换句话说,当道表现为"可道"时,它有生灭;当道作为"常道"时,它又无
生灭。"生灭"是佛教《中论》"八不中道"的对立范畴之一,《中论》以生—
灭—亦生亦灭—不生不灭,即正—反—合—离这样的四句否定式来证明
中道实相的"不生不灭"。王玄览在说明"道"的亦生亦灭、不生不灭,以
论证道遍寓万物、即物是道时,便借鉴了这种否证法。另外他以"空"作
为道自体的真实本性,显然也受到中观学派说"空"的影响。这是他从生
灭角度证明万物有道,物不离道。

归结起来,道与物的关系是:"冲虚遍物,不盈于物;物得道遍,而不
盈于道。道物相依,成一虚一实。"(《玄珠录》卷下)二者相依相存,一实

一虚,缺一不可。这正显示出"道"绝对地、普遍地寓于万物之中。道遍寓万物是唐代道教的流行教义,成玄英诠释老庄,李荣注解老子,都曾讨论这一教义,当时的教义书《道教义枢》较集中地论述了这个问题。王玄览的论说具有独到之处,与其他诸说比较起来更富于思辨性。

既然万物有道,无情无识皆含道性,那么众生当然都具道性,通过修习都能得道。透过众生与道的关系,我们可在更高层次上看到其道寓万物的思想并考察其修道理论。

道与众生的关系究竟怎样呢? 王玄览讲:"道与众生,亦同亦异,亦常亦不常。"为什么这样讲? 因为"道与众生相因生,所以同;众生有生灭,其道无生灭,所以异"。因此可以说,道与众生"是同亦是异,是常是无常;忘即一时忘,非同亦非异,非常非无常。其法真实性,无疆无不疆,无常无不常"。(《玄珠录》卷上)就是说,对这个问题应当不执着同与异、常与无常二边,当作中道观。这里,他同样运用中观的四句否定法来论证。

道性和众生性都与自然相同,众生又禀道而生,那是否等于说众生即是道呢? 对此王玄览回答得直截了当:"众生禀道生,众生非是道。"正因为如此,所以众生必须修习道:"众生无常性,所以因修而得道;其道无常性,所以感应众生修。众生不自名,因道始得名;其道不自名,乃因众生而得名。若因之始得名,明知道中有众生,众生中有道。所以众生非是道,能修而得道;所以道非是众生,能应众生修。是故即道是众生,即众生是道,起即一时起,忘即一时忘,其法真实性,非起亦非忘,亦非非起忘。"(《玄珠录》卷上)道与众生互为因缘,故道中有众生,众生中有道,二者相因相成。但众生不等于道,故必通过修习才能得道。道也不等于众生,然其具有感应性,这是由道体能应物所决定的,故能感应众生修行,使他们为道所吸引。这样一来,便形成"即道是众生,即众生是道"的关系。既然道与众生互为因,那么缘起和相忘亦具同时性,对此应非起非忘,亦非"非起忘",即彻底地否定,不执着任何一物。这与重玄学派双非双遣的重玄妙境名异而实同。关于这一点,他再三强调:"诸法若起者,无一物而不起,起自众生起,道体何曾起。诸法若忘者,无一物而不忘,忘自众生忘,道体何曾忘。道之真实性,非起亦非忘。"(《玄珠录》卷上)此处所言"起"相当于"生",而所言"忘"则相当于"灭"。这是讲众生有生有灭,而道体的真实性是非生非灭的。从方法论上说,他运用的仍是中观的否证法,与重玄学完全一致,而所要证明的是众生禀道,道能感应众生,众生修习后可得道这一问题。

为了证明这一点,他从"隐显"去说:"众生与道不相离。当在众生时,道隐众生显;当在得道时,道显众生隐。只是隐显异,非是有无别。所以其道未显时,修之欲遣显;众生未隐时,舍三(之)欲遣隐。若得众生隐,大道即圆通,圆通则受乐;当其道隐时,众生具烦恼,烦恼则为苦。避苦欲求乐,所以教遣修。修之既也证,离修复离教。所在皆解脱,假号为冥真。"(《玄珠录》卷上)"道显众生隐"是得道的标志,为了达到这一目标,众生必须修道。众生经过修道,使其自身隐去,显现出圆通的大道,便可避苦求乐,一切都获得解脱。

为了证明这一点,他从"生死"去说:"道常随生死,与生死而俱。彼众生虽生,道不生;众生虽死,道不死。众生若死,其道与死合;众生若生,其道与生合。经生历死,常与道合,方可方不可。若可于死者,生方则无道;若可于生者,死方则无道。其道无可无不可。所以知道常,生死而非常;生死之外无别道,其道之外无别生死,生死与道不相舍离,亦未曾即合。常有生死故,所以不可即;不舍生死故,所以不可离。"(《玄珠录》卷上)道与生死呈不即不离之状,众生修道解脱生死也就是要升华到这种状态。

归纳上述道与众生的关系就是:"众生无常故,所以须假修;道是无常故,众生修即得。众生不自得,因道方始得;道名不自起,因众生方起。起即一时起,无一物而不起;忘即一时忘,无一物而不忘。优劣一时俱,有何道与物? 众生虽生道不生,众生虽灭道不灭。众生生时道始生,众生灭时道亦灭。"(《玄珠录》卷上)道与众生互为条件,道与物冥合为一;道非生非灭,亦生亦灭;众生须借助于修行求道,众生经修习可以得道。

总之,道与物、道与众生是同一问题的不同层面,前者外延更广,后者内蕴更深厚。王玄览对这一问题的论述,使我们看到"道"的绝对性、普遍性、感应性和超时空性,而这个理论问题最终的落实点是众生皆禀道,道应众生,众生经修习可得道的修道论。可以说,道寓万物、道寓众生的"道物论"给王玄览的修道理论奠定了一条至高无上的终极依据。

第四节 论"心性"

隋唐道教思想家多谈心性,由此去追寻人能成仙了道的内在依据,王玄览也不例外,《玄珠录》中充满了讨论心性的语录。

在心与境、心与法的关系上,即主观与客观的关系上,王玄览认为是主观决定客观,心为主宰。心的生灭决定外物现象的生灭。他说:"心之与境,常以心为主"(《玄珠录》卷下);"心生诸法生,心灭诸法灭。若证无心定,无生亦无灭"(卷上)。与此同时,他又认为,心与境是相对待而缘起的:"将心对境,心境互起。境不摇心,是心妄起。心不自起,因境而起。无心之境,境不自起;无境之心,亦不自起。"(卷上)主观与客观互相依赖而成,无主观之"心"即无客观之"境",反之亦然。既然心境都非绝待,不能脱离对方而存在,那么人的认识也是主客体相对待而发生的,甚至人的喜怒哀乐等情感亦需心境的因缘和合才能兴起。这也就是《玄珠录》卷上所讲"心中本无知,对境始生知",以及卷下所说"心中无喜怒,境中无喜怒,心境相对时,于中生喜怒。二处既各无,和合若为生"。这显然是受到佛教大乘中观学派受用缘起说的影响。此外,他的思想也受佛教业感缘起论影响,如说:"众生随起知见而生心,随造善恶而成业。不造则业灭,不知见则心亡。心亡则后念不生,业灭则因亡果尽。"(《玄珠录》卷下)在主客体关系上,他注意到了客观环境对人的主观活动有所影响,从主客观交织来分析人生诸相并扩展到宇宙现象,这中间含有辩证法因素。但在心与境这对矛盾当中,矛盾的主要方面在心,心决定境、支配境。他对主体赋予更多的关注。

以上是从心境的缘合来讲,肯定了主客体之存在。按照中观哲学的演进逻辑,他又进一步从"离"去论说,于是连主客体都否定了。他说:"空见与有见,并在一心中,此心若也无,空有诸见当何在? 一切诸心数,其义亦如是。"(《玄珠录》卷下)如果没有此心,空有诸见自然断灭,因此他主张"无心"。所谓无心,就是指心解脱尘缘,即他所说的:"心解脱即无心,无心则无知。"(《玄珠录》卷下)怎样才能使心获得解脱? 他认为,要使心解脱就必须做到"无念",也就是不起念头,一念不生自然就会"无心无识"。在他看来,无心也就意味着无法,心处无法又促使心不生知,心法俱无。如此一来,他通过对认识主体的否定,又进一步否定了认识客体,离开了主客体,最终入于中道。

王玄览论心性多从认识论角度出发,他对认识的否定,首先是否定作为认识主体的自我,让"我"转化成为不生不灭的"真常"之我,与空寂之道同一。《玄珠录》卷下说:"一本无我,合业为我。我本无心,合生为心。心本无知,合境为知。合时既无,外入有者,并悉是空。空则无我、无生、无心、无识。既无所有,谁当受生灭者哉?"人本来是无我、无心、无知的,但与业、生、境相合,便有我、有心、有知了。现在的问题是要把这些都看成是"空",一旦进入"并悉是空"的境界,人即返本,回归无我、无生、无心、无识。这里的关键是"无我",因为没有"我",其他"心""识"自然也就不存在了,此乃釜底抽薪之法。"无我"则不生不灭,这样的我才是"真常"之我,可见"无我"是对有生有灭的凡俗之我的否定,只有通过这一否定才能进入"真我"。

王玄览对人们认识的否定不仅从根本上否定了作为认识主体的自我,而且对知见、智愚、能所等都予以否定。

首先看他对知见的否定。他说:"见若属于眼,无色处能见;见若属于色,无眼处应见;见若属色复属眼,合时应当有二见。若也见时无二者,明知眼色不能见;若即于二者,应当有二见;若舍于二者,应当无一见。云何复一见? 一见色之始,始名眼;有知之时,始名心;若使无知无色时,不名于心眼。"(《玄珠录》卷下)眼为人们认识世界的感觉器官之一,眼对外界的感受也是人们认识发生的条件之一,故否定认识必然要否定眼之所见。所见者"色",当看见"色之始",始称名为"眼",若知色即是空,了悟"无色"之理,自然就"无眼",无眼当然也就"无见"。当有知时,始称名为"心",倘使"无知",也就无从称名为"心",所以"无知"就能入于"无心"。这就是王玄览的理念。《玄珠录》卷下称:"一切所有法,不过见与知。若于见知外,更无有余法。"世界上形形色色的现象,在王玄览看来,说穿了不过就是"见"与"知",在知见之外,这个现象界是不存在的。既然知见之外"无有余法",人们就不能执着于知见,就要敢于否定知见。他对知见的否定,首先着眼于对"见"的遣除,因为"见"毕竟是"知"发生的先决条件之一。《玄珠录》卷下说:"眼摇见物摇,其物实不摇;眼静见物静,其物实不静。为有二眼故,见物有动静;二眼既也无,动静亦不有。"眼动看见物在动,眼静看见物为静。因为有了动静二眼,于是看见物有动静,否定动静二眼,动静也就不存在了。这表明,他对"见"的否定表现为否定"见"的器官"眼"的活动,否定了这一认识的感觉器官的活动则否定了"见",而所见之物被否定则意味着认识之被否定。他劝诫修道者:"一切众生欲求道,当灭知见,知见灭尽,乃得道矣。"(《玄珠录》卷上)"知见灭尽"是指对知见的彻底否定,完全抛却,一旦做到这一步,即可"得道"。

其次看他对智愚的否定。他指出:"空中无正性,能生无量识,已生于识论,识竟更不识。空中之本性,能生一切识,识识皆不同,不同不异空。愚中愚相空,智中智相空,二空相既同,无愚亦无智。愚中有愚空,智中有智空,二空不同名,名异体亦异,胜劣亦尔。当在于愚时,见有智可得,既也得于智,其愚又已谢;愚亦既已谢,其智非为智。何以故?相因而得名,因谢异亦谢,亦无有愚智。未生之时若也空,复将何物出?已破之后若也灭,复将何物归?"(《玄珠录》卷下)愚智二相反映的是人们认识能力的差别,既然将愚智二相看空,当然也就"无愚亦无智"。既无愚智,也就没有认识能力的高低深浅之分。既无分别、无对待,又何来认识之发生？因此，通过对于智与愚二相之间差别的否定，王玄览也否定了人的认识，主张"不识"，从而落入其"无心"的理论路数之中。

最后看他对能所的否定。《玄珠录》卷上说："常以心道为能，境身为所。能所互用，法界圆成；能所各息，而真体常寂。"所谓能所，乃借用佛教术语，指认识的主体和客体。所谓法界，也是取自佛教，在佛教各宗派当中解说各异，这里当是十界中之"法界"，指"意识"所缘虑的对象。在此，他的本意并非要"能所互用"，主客体交织而发生认识，他的真正目的在于"能所各息"，即否定能所。这样才能进入"真体常寂"的境界，而在这种境界中是无须什么认识的。

王玄览否定认识，提倡无心无知，最终还是落实到证"道"，而得道的正确途径是"无知"。《玄珠录》卷上说："此处虽无知，会有无知见。非心则不知，非眼则不见。此知既非心，则是知无所知；此见既非眼，则知见无所见。故曰：能知无知，道之枢机。"否定了眼与心，则不产生见与知。见无所见，知无所知，就可说是懂得了"无知"，而得道的关键就在于了悟"无知"，即"能知无知，道之枢机"。这种思想显然受了僧肇《般若无知论》的影响。僧肇区分了两种智慧，即般若圣智和常人的惑智。他认为，圣智和惑智的分别与对立，就是佛的认识与世俗认识的分别与对立，靠世俗的惑智是不能认知佛教"真谛"的。认知佛教"真谛"只能通过"无知"去把握，即《般若无知论》所说："圣人以无知之般若，照彼无相之真谛。"[1]对于无相真谛来说，无知般若是"无所不知"的。故此处所说的"无知"非世俗之人讲的愚昧无知，而是认识佛教真理的最高智慧。《般若无知论》对"无知"给予极高肯定："夫有所知，则有所不知。以圣心无知，故无所不知。不知之知，乃曰一切知。故经云：圣心无所知，无所不知。"[2]僧肇《答刘遗民书》亦云："圣智无知而无所不知"；"般若于诸法，无取无舍，无知无不知"。[3] 这种"无知"没有世俗认知那种"有所不知"的局限

---

① 〔东晋〕僧肇：《般若无知论》，石峻等编《中国佛教思想资料选编》第1卷，第148页。

② 〔东晋〕僧肇：《般若无知论》，石峻等编《中国佛教思想资料选编》第1卷，第147页。

③ 〔东晋〕僧肇：《答刘遗民书》，石峻等编《中国佛教思想资料选编》第1卷，第153页。

性,它是绝对完美的终极智慧,是"无所不知"的"无知"。为什么认知"真谛"必须依赖"无知"呢?《般若无知论》的回答是:"真谛自无相,真智何由知?""真谛非所知,故真智亦非知。"①此种"无知"在方法论上实际是种直觉体悟:"圣人虚其心而实其照,终日知而未尝知也。故能默耀韬光,虚心玄鉴,闭智塞聪,而独觉冥冥者矣。"②这与老庄的认知方式完全一致,僧肇的"般若无知"说接受了老庄思想。明白了僧肇《般若无知论》的核心含义,王玄览的"能知无知,道之枢机"便不难理解了。可以说,王玄览与僧肇的思想是一脉相承的,只不过所用术语有所不同罢了。佛教的"无相真谛"在这里转换为"道",而"道"本身是"非所知"的,故认知"道"只能靠"无知",靠世俗所说的"知"是靠不住的。因此,王玄览所否定的认识是世俗的、认识现象界的认识,而此种认识是无法认知世界本体——"道"的;对于直觉体认大道的"无知",他予以坚决肯定。

无知的前提是"无心",对道的直觉体悟需要"无心"。"心"与"道"是种什么关系呢?《玄珠录》卷上以剥芭蕉皮取心来解释二者关系:"一切万物,各有四句,四句之中,各有其心。心心不异,通之为一,故名大一,亦可冥合为一。将四句以求心,得心会是皮,乃至无皮无心处,是名为大一。谕如芭蕉,剥皮欲求心,得心会成皮,剥皮乃至无皮无心处,是名为正一。故曰:逾近彼,逾远实,若得无近无彼实,是名为真一。"由中观的"四句"说及心,以四句求心终归是要"无皮无心",犹如剥芭蕉,剥皮求心,得心只会是皮,剥皮到无皮无心处,才称得上"正一"之道。就是说,一般人以为剥芭蕉皮剥而得心就达到目的了,殊不知这仍是皮相,只有连"心"也参破,不执着于心,换言之即"无心",才算真正悟道,所以"道"就在"无心"之中,"无心则无知"。

与"心"密切相关的是"性",王玄览从本体论、认识论、人性论的角度论述了"性"。

---

① 〔东晋〕僧肇:《般若无知论》,石峻等编《中国佛教思想资料选编》第1卷,第149页。
② 〔东晋〕僧肇:《般若无知论》,石峻等编《中国佛教思想资料选编》第1卷,第147页。

从本体论角度，他提出："实性本真，无生无灭。"这里的"实性"相当于佛教所说的"法性"，亦即其空寂之"道"的别名，他阐明的是法性离二边的道理。这一点从下面这段话便可见："诸法二相自性离，故带空名为法，带有名为物。"也就是要不滞空有二边，因为诸法自性为"离"，就是离两边。他又进一步说明法无自性、性如虚空之理："瞋喜无自性，回缘即乃生。生法无自性，舍遇即复灭。是故瞋喜如幻化，能了幻化空，瞋喜自然息。""何得瞋喜？非外非内，发生于冥；非冥非内外，发生于遇缘；非缘不离缘，瞋喜如幻化。虽化未尝不瞋喜，如此瞋喜与天地共，共即为大身，此并是意生身。意想如幻化，即是性生身；其性如虚空，即是无生身。无则无生身，无身则是无瞋喜，此则无物亦无道，而有幻化等，是名为自然。自然而然，不知所以然。""一法无自性，复因内外有；有复无自性，因一因内外；因又无自性，非一非内外，化生幻灭，自然而尔。"（《玄珠录》卷下）上述思想实质上是《般若》、中观学派"性空缘起"理论和老子自然之道结合的产物。他以人的喜怒为例，阐述诸法无自性，如幻化，"性如虚空"。这与佛教《大智度论》卷三一"众生空、法空终归一义，是名性空"[1]没什么不同。在说明性空后，他又以老子的"自然"义对此做进一步的解释，指出诸法幻化都是自然而然的，这就将道与佛融合起来了。以上是从本体论出发说"性空"，与其论道体之"空"是完全一致的。

从认识论角度，他提出："心之与境，共成一知。明此一知，非心非境而不离心境，其性于知于心境，自然解脱。"（《玄珠录》卷下）亦心亦境，而又非心非境，了悟此，则"性"自然从"知"与"心境"中解脱，这与其讲"无心"是吻合的。

他特别提出"正性"这一概念，说："人心之正性，能应一切法，能生一切知，能运一切用，而本性无增减。"比如："对境有喜怒，正性应之生喜怒。对境有去来，正性无去来。"他这样证明"正性应之生喜怒"："若无有正性，怒性则不生，怒虽因正生，然怒非是正；以怒非正故，怒灭正不灭；

---

[1]《大智度论》卷三一，《大正藏》第 25 卷，第 292 页。

以正不灭故,所以复至喜,若无于正性,其喜则不生。喜虽因正生,然喜非是正;以喜非正故,喜灭正不灭。若云怒独灭于前,喜独生于后者,喜怒则两心,前后不相知,云何在喜时而复能念怒?以能念怒故,喜怒同一性,故喜时即是怒灭,怒灭即是喜生。"(《玄珠录》卷下)所谓人心的"正性"也就是人心的本性,它的法力无边,能应对世间万物,能产生一切认识,而自己却没有增减的变化。比如喜怒这样的情感心理活动,虽然发生自正性,但并不等于正性,故喜怒有生灭而正性无生灭。

这样一种非生非灭、应物而不为物累的"正性",与王玄览常常挂在嘴边的"真常之道"完全契合。而心之正性与真常之道的契合,恰好显现了人的心性中与"道"有同一的种子,换句话说,就是人的心性等于道性,这就从人自身方面解决了得道的基本依据问题。故说到底,王玄览的心性论与其道体论是相通的,二者的目的是一致的。以下这段话再清楚不过地表达了道性与众生正性具有同一性:"大道应感生,此性不可见;众生愚智性,此性不可见。道性众生性,二性俱不见。以其不见故,能与至玄同;历劫无二故,所以名为同。"(《玄珠录》卷上)道性与众生正性皆"不见""历劫无二",因此二者同一于"至玄"。这充分展示出他的心性与道性同一不二的思想,从心性论为人们修道得道找到了一条内在根据。

另外,在具体的处世之道上,他认为人性的运用应当如水性一样,柔弱不争,贵行中道。《玄珠录》卷下指出:"上善若水,水性谦柔,不与物争。行者之用,处物无违于中,万施详之以遇,遇皆善也。智莫过实,财莫过足,行莫过力,则能互相优养,各得其全。若过则费而且伤,大者伤命,小者成灾,良为违天背道,法所不容。适足则已,用天之德。"人性贪得无厌,欲望无法填满,此乃违背天道。人性应当知足,这样才不会受到损伤,才是"用天之德"。水性代表着最高的善,这种最高的善是知足不争、柔弱谦下却又无坚不克的。修道者只要效法运用水性,随遇而安,"无违于中",即可得以保全,尽善尽美。这是把老子上善若水、知足常足的哲学和佛教中道观结合起来产生的性善论,是对修道者养性的总的原则要求。其中,又透出儒家《中庸》"中也者,天下之大本也;和也者,天下之达道也。致中和,天地位焉,万物育焉"的消息来。

第五节 论"有无"

《玄珠录》是本典型的融通释老之作,书中运用佛教不一不二、离四句绝百非的中观思想对《老子》所讲的"有无"加以新的诠释,从而显示道体的空寂实相。佛教中道缘起理论所要否定的种种对立的两个极端之一就是"有无",通过否定有无,以"中"的真谛指明万物缘起,并落实"中道实相"。僧肇《不真空论》引《中论》说:"诸法不有不无者,第一真谛也。"[1]王玄览对"有无"的论述,与此有异曲同工之妙。《玄珠录》卷下说:"若因有,始名无,有即在无内。有若在无内,有即自妨无,其无无由名。有若在无外,有即无由名。若无由得名有,无由亦名无。有无一时俱有,既相违,同处则不可。"这是说,如果"无"因"有"才得名,"有"应当在"无"之内,"有"如果包含在"无"之中,则妨碍"无"的成立,"无"因此不能得名。假定"有"在"无"之外,则"有"又无从得名。"有"既不能成立,那么"无"也不能称之为"无"。有与无同时存在,既然相互矛盾,那么其"同处"是不可能的。这表明,虽有而非有,虽无而非无。显然,老子那种"有无相生"的对立统一思想在这里没有得到承认,王玄览所发挥的是非有非无的中道观,既不承认"有"的成立,也不承认"无"的存在。与老子肯定"有无相生"的思维方式相反,他运用的是否定式思维,要否定"有无"。

既然否定有无,也就毫不奇怪他劝人们:"勿举心向有,勿举心向无,勿举心向有无,勿举心向无有。"(《玄珠录》卷下)这里的"有无""无有"是《庄子》中的概念。《庄子·齐物论》说:"有有也者,有无也者,有未始有无也者,有未始有夫未始有无也者。俄而有无矣,而未知有无之果孰有孰无也。"从时间上推,庄子对"有无"持一种怀疑态度。《庄子·庚桑楚》说:"天门者,无有也,万物出乎无有。有不能以有为有,必出乎无有,而

---

[1] 〔东晋〕僧肇:《不真空论》,石峻等编《中国佛教思想资料选编》第1卷,第145页。

无有一①无有。圣人藏乎是。"肯定了万物出于"无有"。王玄览的态度是对"有无""无有"都要加以否定，这是因为他吸取了佛教中观学说，要人不偏不倚，非无非有。

王玄览又把"有无"这对范畴与"生灭""常断"等联系起来讨论，说："天下无穷法，莫过有与无。一切有无中，不过生与灭。一切众生中，不过常与断。"（《玄珠录》卷上）"生灭""常断"是《中论》"八不缘起"的前两对范畴，龙树认为从因果关系出发论"有无"能推出"生灭""常断"等八个方面，但对此不能执着，尤其不能执着生灭，因为只有首先否定生灭进而否定常断等，才能显示"缘起性空"。王玄览从"有无"推论："一切有无中，不过生与灭。"这与龙树的思维进程、论证方式都一致，只不过他是要通过否定"有无"来显示道体的空寂。

王玄览还借用《中论》的四句范式论说有与无："有法，无法（相因而生），有无法（和合而成），非有法非无法（反之而名），非有无法（反合而名）。正性处之，实无所有（内外俱空而法非无）。无时无有，有无法从何名？有时无无，有有法从何生？二法不同处，云何和合成？若有有无法，可许非有非无成。有无既也破，非有非无破。二法既也破，云何和合名？出诸名相，而入真空，真空亦空，而非无也。"（《玄珠录》卷下）佛教《中论》对"有无"作否定的四句公式为：有—无—亦有亦无—非有非无。这是种正—反—合—离的思维进程。将这一公式带入上引王玄览所讲的那段话就是：有法—无法—有无法—非有非无法（或非有无法）。正命题是有法，反命题是无法，合命题是有无法（即"和合而成"），而"二法既也破，云何和合名"即是对合命题的否定，通过对和合有无的否定来证明离二边的非有非无法。由此可知王玄览论证"有无"所运作的正是中观的四句否定式，而最终的落脚点则在于"真空亦空"，一种彻底的"空"。

为此，他又将"空"与"有无"联系起来进行讨论："言空之时若有有，有不名空；言空之时若无有，有无空亦无，云何得名空？言有亦如此。有

---

① 高诱《吕氏春秋注》："一，犹乃也。"

无是相因,有有则有无(有分别空);有无是相违,无时无有有,有无无亦无(无分别空)。前后是相随,前言有分别,后说无分别。在无分别时,有分别已谢,是则前谢后亦谢(真实空)。有无相因生,有有无亦有,无有有亦有,此名横相因。各于有无中,是有是非有,是无是非无,此是竖相因。已上三法为三事,三事有分别,离此三事即是空,空即无分别。"(《玄珠录》卷下)就是说,在讨论"空"的时候,对"有""无"和"有无相因生"这"三事"做出肯定,那就不能了证"空"的道理;只有否定了这三者,也就是"离此三事",才谈得上是"空"。有与无互为因缘又互相矛盾,既表现为历时性又表现为共时性,即王玄览所说:"即有始有无,此是前后之有无;即有是于无,此是同时之有无。"(《玄珠录》卷下)当有无表现为历时性时,否定了前者随即也就否定了后者,即"前谢后亦谢",这叫"真实空"。当有无表现为共时性时,有即是无,无即是有,有无没有分别。王玄览把有无相因而成称为"横相因",把亦有亦无、亦无亦有的状况称为"竖相因",这都还是对有无的肯定,都还"有分别",说不上是"空",只有否定它们才可以进入"无分别"的"空"之境界,因为空相无分别。说到底还是"非有非无",以落实到最高本体"空"。可见,他对有无的否证,进一步证明了他的道体空寂论。

所以,"有无"与"道"也是相连的,参破"有无"关系到能否得道的大事。他说:"不一亦不二,能一亦能二;是有亦是无,无无亦无有。以其是有故,将将有以历之;以其是无故,将无以历之。弃无而入道,将将有以历之;弃有而出世[按:此处似脱漏'将无以历之'一句]。世法既生灭,弃世而入道。道性无生灭,今古现无穷。故云:廓然众垢净,洞然至太清。世界非常宅,玄都是旧京。"(《玄珠录》卷上)否定了"有无",出世入道,而"道性无生灭",永恒无穷,入道也就获得永恒,进入最纯净最空洞的太清仙境,只有这里才是"常宅"。他又以"丝"的音性有无来说明怎样才能"得长存"。《玄珠录》卷上说:"明知一丝之中,有有亦有无,其中之性,非有亦非无。若欲破于有,丝中音性非是有;若又破于无,丝中音性非是无。以非有无故,破之不可得,所以得常存。"这是比喻,表面上讲的是否定音性的"有无",故音性"得常存"，实质上是讲人的生命之有与无(即存在与不存在)应当破掉，看破了生灭，也就获得"常存"，生命问题获得圆满解决。

总之，王玄览论"有无"首先从本体论高度证明道体本空，认为只有否定"有无"即"非有非无"才能了证这种彻底的"空"。了证道体之空，是要人认知世法有生灭，劝人弃世入道，秉具无生灭的"道性"，由此"得长存"。所以王玄览论"有无"最终还是落实到人生论，落实到对人的生命的终极关怀。

王玄览的"非有非无"观受僧肇的影响很大，试引僧肇的几段话做个比较即可知。僧肇《答刘遗民书》说："不有不无，其神乃虚。……有无既废，则心无影响。""真般若者，非有非无，无起无灭，不可说示于人。何则? 言其非有者，言其非是有，非谓是非有。言其非无者，言其非是无，非谓是非无。非有非非有，非无非非无。"①又其《不真空论》讲："非有非无者，信真谛之谈也。故《道行》云:心亦不有亦不无。《中观》云:物从因缘故不有，缘起故不无。""万物果有其所以不有，有其所以不无。有其所以不有，故虽有而非有;有其所以不无，故虽无而非无。虽无而非无，无者不绝虚;虽有而非有，有者非真有。"②比较王玄览对有无的论述，可以说二者不仅得出的结论一致，而且在论证方式、运思进程上也大致相同。只不过僧肇的非有非无"真般若"在王玄览这里转换为非有非无的"真道"。和成玄英一样，王玄览的有无论深受僧肇之说的影响，是佛教中观学的产物。不同于僧肇者，王玄览更将此有无论引入其修道论、人生论，将有无与人的存在问题紧密联系起来，而僧肇的有无论则着眼于从认识论角度阐发。

第六节　论"坐忘"

人的生命存在问题之终极解决在于得道，而得道是靠修行而来的，

---

① 〔东晋〕僧肇:《答刘遗民书》,石峻等编《中国佛教思想资料选编》第1卷,第152—153页。
② 〔东晋〕僧肇:《不真空论》,石峻等编《中国佛教思想资料选编》第1卷,第145页。

故王玄览苦口婆心地劝芸芸众生修道:"众生无常故,所以须假修;道是无常故,众生修即得。"(《玄珠录》卷上)生命无常,若想求得生命之恒常存在,必须借助于修道,道与众生不相离,众生修道肯定能证道圆满。这里的关键问题在于:采取什么方法修道才能得大圆满、大自在? 王玄览的主张是坐忘修心,定慧双修。

《玄珠录》卷下说:"谷神不死。谷神上下二养:存存者坐忘养,存者随形养。形养将形仙,坐忘养舍形入真。"这是把修道分为上、下两个等级:形养是炼形,只能获得低品位的"形仙",故属修道方法的下乘;坐忘则是炼神,最终舍形入于高品位的真常之道,故属修道方法的上乘。可见他推崇的方法是坐忘。那么,如何坐忘?

首先,他主张灭知见。《玄珠录》卷上指出:"一切众生欲求道,当灭知见,知见灭尽,乃得道矣。"要坐忘得道,第一件该做的事就是关闭对外界的认知,断灭认识的感觉器官和思维器官的种种活动,无见无知。《庄子·大宗师》对"坐忘"的解释是:"堕肢体,黜聪明,离形去知,同于大通,此谓坐忘。"成玄英疏解说:"虽聪属于耳,明关于目,而聪明之用,本乎心灵。既悟一身非有,万境皆空,故能毁废四肢百体,屏黜聪明心智者也。"[1]既不用耳目去听去看,也不让心灵波动,"离形去知"。王玄览的"灭知见"的意思与此差不多,就是要"屏黜聪明心智",以使"同于大通",入于坐忘之境。

破除知见是王玄览一贯的思想,他反复宣讲:"此处虽无知,会有无知见。非心则不知,非眼则不见。此知既非心,则是知无所知;此见既非眼,则知见无所见。故曰:能知无知,道之枢机。"(《玄珠录》卷上)"众生随起知见而生心,随造善恶而成业。不造则业灭,不知见则心亡。心亡则后念不生,业灭则因亡果尽。"(《玄珠录》卷下)所谓无知、不知见的含义都是"灭知见"。与"灭知见"相连的是"非心""心亡","非心"就能不知,"心亡"则念头不生,反过来说,"不知见则心亡","灭知见"与"非

---

① 〔唐〕成玄英:《庄子·大宗师疏》,郭庆藩《庄子集释》,第 285 页。

心"是互为条件、互为因果的。心就意味着有知,故云:"有知之时,始名心。"要断灭认知就须灭心,因为"无心则诸妄不起"。(《玄珠录》卷下)道教经典《三论元旨·虚妄章》说:"安然而坐,都遣外景,内静观心,澄彼纷葩,归乎寂泊。若心想刚躁浮游,摄而不住者,即须放心远观四极之境。……如于一中觉有差起动念之心,即须澄灭,随动随灭,至于无动无灭境。"①这样一种灭心的功夫和王玄览的"心亡"说差不多,只是王氏更为彻底些,把"心"本身也要否定掉。比较一下司马承祯《坐忘论》就益可明白此点。《坐忘论》说:"所有闻见如不闻见,即是非善恶不入于心。心不受外名曰虚心,心不逐外名曰安心,心安而虚,道自来居。"②这里要人做到"心安而虚",尚且保留了心的存在,而王玄览则要人"非心",亦即破掉心的存在,此乃与司马氏不同处所在。

王玄览要修道者非心从而灭知见,正显示出佛教三论宗那种彻底否定的精神。有人提出:"众生死灭后,知见自然灭,何假苦劝修,强令灭知见?"王玄览答复:"死不自由死,死时由他死,死后知见灭,此灭并由他。后身出生时,生时会由他,知见随生起,所以身被缚,不得道矣。若使身在未灭时,自由灭知见,当至身灭时,知见先以无,至已后生时,自然不受生,无生无知见,是故得解脱。赞曰:死不自由死,死后由他生,知见由我灭,由我后不生。"(《玄珠录》卷上)这意思是说,死后知见灭乃由他力而非自力,故有来生;来世出生时,知见又随生而起,这样反复轮回,不得解脱,何遑得道。假如在现世经由主体自我刻苦修行斩灭知见,即"知见由我灭",那么就会跳出生死轮回,入于不生不灭之境,即"由我后不生"。既然能够"不生",顺理成章也就"无知见",这就达到了彻底灭知见、得大解脱的目的,于是修行圆满,终证道果。这就是王玄览坐忘修道必须彻底断灭知见的理由,这一理由中包含着佛教三世轮回的思想。由此亦可见,《玄珠录》的确是融会老释于一炉的作品。

① 《三论元旨》,《道藏》第 22 册,第 908 页。
② 《坐忘论·收心三》,《道藏》第 22 册,第 893 页。

其次,修习坐忘还必须保持自我主体的常清净。《玄珠录》卷上指出:"识体是常是清净,识用是变是众生。众生修变求不变,修用以归体,自是变用识相死,非是清净真体死。"认识主体本为常清净,变动不常不过是识体之用,众生修行就是向识自体回归,变中求不变,以求得不变之常清净。这里,王玄览引入体用范畴谈修道的动静关系,强调动中求静,由动返静。在王玄览那里,体与用是相区分的,但体用又是一源的,体用不二,此即《玄珠录》卷上所说:"体用不相是。何者? 体非用,用非体。谛而观之,动体将作用,其用会是体;息用以归体,其体会是用。"①体用互不相是,体不是用,用不是体。但从"真谛"的角度去审视,体动化作用,用即是体;用静回归体,体即是用。体用的这种统一性带给修道者的启示就是"息用以归体""修用以归体"。因为清净的识自体是不灭的,死灭的只是"变用识相",正是变用识相的斩灭才能回归清净的识自体。如果说上述断灭知见乃佛教说法,那么识体清净又是传统道教理论,王玄览把道释二家统一起来,以阐明自己的灭知见、回归清净识体的理论。这一具有可操作性的理论是坐忘的重要内容。

这种理论的可操作性表现在哪里呢? 换言之,怎样去灭知见从而回归清净识体呢? 王玄览言:"恬淡是虚心,思道是本真。归志心不移变,守一心不动散。"(《玄珠录》卷下)恬静淡泊,虚其心志,存思真道,守一不动心,这都是传统道家与道教的修行方法。要使心不移变、不动散,他认为还应当运作定慧双修。《玄珠录》卷上说:"若将寂心以至动,虽动心常寂;若将动心以至寂,虽寂而常动。常有定故破其先,常有先故破其定。违则交相隐显,合则定慧二俱。"这是教人定慧双修,不可顾此失彼。《玄珠录》卷下讲得更具体:"止见定中无边际,不见慧中无边际。止见定中有边际,不见慧中有边际。只为一有一无故,所以定慧相容入,此则寻名名不尽,寻色色无穷。定为名本,慧为定元。若将定以当世,可与不可俱在其中;若将慧以当世,定与不定俱在其中。"普通人或者只知心定无边,

---

① 《玄珠录》卷下也讲到这一条。

不识慧观也无边，或者只见心定有边，不见慧观也有边，患有二偏之病。实际上定慧二者既有边又无边，正因为如此，所以定慧不可偏废，必须同时修为，做到"定慧二俱""定慧相容入"。定慧双修中，修慧对于入定起关键作用，故称"慧为定元"；修慧恰当可以入定，否则将"不定"，故称"若将慧以当世，定与不定俱在其中"。这和司马承祯强调对慧"宝而怀之"的观点近似。司马氏《坐忘论·泰定》说："无心于定，而无所不定，故曰泰定。庄云：'宇泰定者，发乎天光。'宇则心也，天光则发慧也。心为道之器宇，虚静至极，则道居而慧生。慧出本性，非适今有，故曰天光。……慧既生已，宝而怀之，勿以多知而伤于定。"①就是说，要做到心的"泰定"，就须修"慧"，慧是人之天性，一旦本有之慧产生出来，必须"宝而怀之"，不得以"多知"而破坏了"定"。这是定慧双修的具体操作程序，王玄览的主张与此十分接近，也把修慧看做入定的关键所在。南宋吴曾《能改斋漫录》卷五"灭动心不灭照心"条引《洞玄灵宝定观经》云："惟能入定，慧发迟速，则不由人。勿令定中，急急求慧，急则伤性，性伤则无慧。若定不求慧，而慧自生，此名真慧。慧而不用，实智若愚。益资定慧，双美无极。"②以求求慧，那不是真慧，人的本慧天光不是求得来的，而是靠其自然生发。修炼中自发产生的真慧天光，宝而不用，反倒促进修炼者入定，激发更丰富的智慧之光，达到定慧双修这一"双美无极"的理想目标。这可以说是给王玄览讲定慧双修做了一个较完整的注解。王玄览的定慧双修说也受到佛教影响。天台宗智者大师在《修习止观坐禅法要》中曾说："泥洹之法，入乃多途，论其急要，不出止观二法。所以然者，止乃伏结之初门，观是断惑之正要；止则爱养心识之善资，观则策发神解之妙术；止是禅定之胜因，观是智慧之由藉。若人成就定慧二法，斯乃自利利人，法皆具足。"③佛教所谓止观，在道教中称为"定观"，"定"指

①《坐忘论·泰定六》，《道藏》第 22 册，第 896 页。
②〔宋〕吴曾：《能改斋漫录》卷五，第 132 页，上海：上海古籍出版社，1979。
③《修习止观坐禅法要》，《大正藏》第 46 卷，第 462 页。

心定，"观"指慧观，"定慧等修，故名定观"①。可见定观即定慧，这种修炼方式与佛教止观法门近似，很有可能吸取了后者的某些"法要"。王玄览讲的"定慧二俱"与智者大师"成就定慧二法"相一致，都主张定慧双修，只在具体的操作手法上略有不同。

在当时道教中，坐忘乃是一个热门的修行方式，讲之者甚多。《三洞珠囊》卷五《坐忘精思品》认为《庄子·大宗师》所说的"坐忘"也就是"精思之义"，以道教的存思法解释庄子的"坐忘"。②《三论元旨·真源章》指出"坐忘而能照性"，达性可使"妄不生"，"妄想除而为悟道之要"，"妄不除而称修道者，犹执瞖以求明"；"精思坐忘，通神悟性者，此则修神之法也"。③ 以坐忘为养性修神的重要方法，通过坐忘除去妄想，从而悟道。重玄学者也讲"坐忘"。成玄英《庄子·大宗师疏》说："虚心无著，故能端坐而忘。""外则离析于形体，一一虚假，此解堕肢体也。内则除去心识，免然无知，此解黜聪明也。既而枯木死灰，冥同大道，如此之益，谓之坐忘。"④《庄子·知北游疏》说："谈玄未终，斯人已悟，坐忘契道。"⑤强调坐忘应"虚心无著""除去心识"，这样就会契合大道。

当时对道教坐忘法做全面理论总结的，非司马承祯莫属。司马氏《坐忘论》要修道者无物无我，一念不生，内不觉其一身，外不知其宇宙，与道冥一，从而长生久视。当时道教不仅从理论上对庄子的"坐忘"做了详尽的阐释，而且发展出种种具体的坐忘修行法门，使坐忘具有了方便可行的操作性，如《云笈七签》卷三五所录《化身坐忘法》，即是教修行者如何具体实施坐忘。⑥ 王玄览所论坐忘既与他家有相同之处，又有自己的特色，其论"坐忘"着眼点在于"心"，是种心学，具体的功夫是灭知见、定慧双修，他更多地吸取了佛教的止观法门。尽管《玄珠录》中见不到像

---

① 《洞玄灵宝定观经注》，《道藏》第 6 册，第 497 页。
② 《三洞珠囊》卷五，《道藏》第 25 册，第 322 页。
③ 《三论元旨》，《道藏》第 22 册，第 911 页。
④ 〔唐〕成玄英：《庄子·大宗师疏》，郭庆藩《庄子集释》，第 284、285 页。
⑤ 〔唐〕成玄英：《庄子·知北游疏》，郭庆藩《庄子集释》，第 738 页。
⑥ 《化身坐忘法》，《云笈七签》卷三五，《道藏》第 22 册，第 248 页。

"化身坐忘法"那样非常明确具体的坐忘修行方法,但我们仍然能从其理论气息中感受到较浓郁的实证味道。王玄览的思想不完全是玄思的产物,在其玄思的外衣里面包裹着可实际应用的修道方法,充分体现了道教哲学思想那种实证性、可操作性的特征。王玄览的心思不仅是要人悟道,更重要的是教人修道证道,而坐忘即是其教人修证仙道的核心方法。我们知道,当代世界哲学思想趋向于注重应用性,相对而言,道教哲学思想的重视应用和操作便具有了前瞻性,这是我们从王玄览论坐忘中自然而然得出的一个结论。

以上我们分析了王玄览道教哲学思想的几个主要范畴,从中可以发现,其思想既有较高的理论思辨性,又有较强的应用实证性,其思想的总特征与重玄学派完全一致,在成玄英、李荣之后进一步发展了重玄理论。王玄览道教哲学思想的理论渊源,源自两大活水源头,一是《老子》,一是佛教中观学。这一点仅从其所运用的哲学术语即可一望而知。《玄珠录》中一些关键词采自《老子》,如"常道""可道""众妙之门""谷神不死""绝圣弃智"等等,并且对《老子》的思想做了新的诠释。如卷上解释"绝圣弃智"时说:"从凡至圣,此圣还对凡。当其在凡时,与凡早已谢,其凡既谢圣亦谢。凡圣两俱忘,无智亦无仁,寡欲而归道。"这是顺着《老子》第19章"绝圣弃智""绝仁弃义"的思想来阐发,但与老子的原意显然有所差别。像以"凡"对"圣"是老子原文没有的,王玄览在这里又娴熟地运用中观方法,以"凡"作为"圣"的对立一边,然后否定这二边,要人"凡圣两俱忘",从而绝智绝仁。他既继承了老子的思想观念,又吸收佛教中观的哲学方法论,对《老子》做了创新的诠释。又如《老子》第14章有云:"视之不见名曰夷。"《玄珠录》卷下的解释是:"视之是量内,不见是量外。此量内以视明不视;将量外赎量内,将不视以明视,视亦成不视。量内不可见,只使其色见。量外不可见,只使其理见。量内有色,故将色为理眼;量外有理,故将理为色眼。又视之为色法,不视为理法,可视为量内,不见为量外,故将量内色,以明量外理,复以量内理,以明量外色。量内之理既依色,量外之理亦依色。不见之理既无穷,有视之色亦无极。故约色有内外,所以有高下;约理无高下，是故名曰夷。""量"乃是引入佛教因明学术语，指知识来源、认识形式及判定知识真假的标准。① 老子原本在这里也是讲认识论，以"夷""希""微"说明"道"的不可感知性。王玄览对"夷"的解释，引入佛教因明理论，从逻辑上做了推导和论证。十分清楚，他援释入老，老释结合，既有对老子思想的继承，又有一些自己的创新见解，这种创新的理论源头主要来自佛教。

《玄珠录》中，佛教术语满纸皆是，如"空""色""法""相性""四句"等等，并按王玄览自己的理解做了阐述。比如"空"，《玄珠录》卷下说："空者，见色不住眼，对境不摇心。""出诸名相而入真空，真实亦空而非无也。""因空以立义，此是即空有；因有以立义，此是即有空。""空常顺明暗，而非是明暗。明暗之外无别虚空，虚空之外无别明暗。"卷上讲："当知三世之中，三世皆空。三世者，一半已去，一半未来，中间无余方，故皆空也。""正之实性，与空合德。空故能生能灭，不生不灭。"这样广泛地演说"空"，实不亚于佛教高僧对"空"的理解，假如我们不知《玄珠录》的作者是道士，一读此书，准以为是在看一位高僧发表对"空"的高见。

又如"色"，《玄珠录》卷下说："有色即有住，无色有何住。""色非是色，假名为色。明知色既非空，亦得名空。""色心非一故，所以心观色。色心非二故，实无能所观。""若住在色中，无空而可对；若住于空中，无色而可对。既住而无对，无由辄唤空，无由辄唤色。若许辄唤者，唤空亦唤色；若也不许唤，无空亦无色。"从本体论、认识论角度谈"色"，以明色空我空。

再如"法"，《玄珠录》卷上讲："十方诸法，并可言得。所言诸法，并是虚妄。其不言之法，亦对此妄。言法既妄，不言亦妄，此等既并是妄，何处是真？ 即妄等之法，并悉是真。"卷下说："一切色见法，俱在十方中，我

---

① 印度各派哲学对"量"的说法不一，总共约有十种量：现量、比量、圣教量、譬喻量、假设量、无体量、世传量、姿态量、外除量、内包量。王玄览所谓量内、量外似是他自己的一种创造性用法，或者因当时玄奘翻译介绍印度新因明学于中国不久，王氏对之掌握运用得还不熟练，甚至有误。

得十方身,法身无不遍。""物无本住,法合则生。生无本常,法散则灭。""合法不合,不合法不合。合法常为一,一法未曾合。不合法常二,二法岂名合。"一切法、色法、心法、法身都论及,和佛教所讨论的几乎一致。

在方法论上,王玄览不仅大量运用佛教中观哲学的四句范式,多处提到"四句",指出"大道"就在此四句之中,而且运用佛教因明法以立论,显示了他对哲学逻辑的重视。上引其对"三世皆空"的立论就是运用因明的一个典型例子,其在逻辑结构上采取因明的三支作法①,首先提出论题"三世皆空"(宗),接着以"一半已去,一半未来,中间无余方"作为小前提(因),然后以"知三世空,喻如于灯。当欲灭灯时,灭时见灯不?灭时若见灯,此时灭未来;灭时不见灯,此灯已过去。灭不灭中间,于何而住立?"作为带例证的大前提(喻),最后推出结论"故知三世空矣"(宗)②。这里完全严格按照佛教因明学的规则来立论,论证合乎规范,用因明学的话来说就叫"真能立"。

怎样看待王玄览这种对佛教思想及其理论思维方法的吸取?前人往往讥笑此为"道士窃佛",著名者如理学大家朱熹,对道教吸取佛教的东西都曾予以尖刻批评。实际上,这是种开放的思想文化心态,正是这一包容开放的心态,使道教思想的思辨能力得到较快提高,在原有道家的基础上有所创新,有所发展。道教这种学习和借鉴外来文化、哲学的方法,给予宋明理学家以积极的影响。自魏晋到理学产生前的千余年间,儒门冷落,凋零不振,中间虽经唐代韩愈努力发扬"道统",欲重振儒门雄风,但终未能达到目的。个中原因之一便是儒家故步自封、保守闭关的文化心态,其对外来的佛学采取排斥态度。而理学之所以能产生、形成,并成为中国哲学思想的最高发展形态,重要原因之一就是一改从前排斥佛老于门外的风气,转而大量吸取道教思想和佛教思想的营养以充实自己。当然,这种吸取是偷偷地进行的,表面上还不得不做做批评

① 佛教因明的宗、因、喻称为三支,其中宗略相当于形式逻辑的论题或结论,因相当于小前提,喻相当于带例证的大前提。
② 按:"宗"在为他比量(论证)中是论题,在为自比量(推理)中是结论。

释老的官样文章。可以这样说,道教思想与中国化了的佛教思想为思辨化、哲理化的宋明理学奠定了理论条件,而道教学习外来思想文化的方法(即前人所谓窃佛)给理学以极大的启示。理学家们不动声色地"窃取"佛教思想以及道教思想,用来建设自己的理论体系,这样做的结果不仅无损于儒家道统之延续,反倒增强了儒家的体魄,给其注入新鲜的生命活力,强化了儒家在中国文化中的地位,儒门从此又兴旺热闹起来。这不能不说是"窃取"道家道教那种开放包容的文化心态所带来的效应。

可见,不能简单地对文化思想上的"窃取"持一种纯粹批评的态度,以轻蔑的冷笑说一句"不过盗取他人罢了",从而不屑一顾;应该具体问题具体分析,分析这种"窃取"是否促进了原有文化思想创新发展,是否丰富了精神文明宝库,然后对其做出中肯的价值评判。道教《阴符经》主张盗取天地之机,以符合自然之运行变化,使人获得自由,化害为利,与道同游。这种"盗机"的精神应用于人文思想,就是学习外来文化的长处,消化吸收到本土文化的机体上,使自己茁壮成长,为人类文明的发展做出贡献。从这个意义上说,文化思想上的"盗机"论就值得我们提倡发扬,值得我们予以高度的赞美。王玄览对佛教思想及其逻辑思维方法的吸取就是这样一种文化上的"盗机",既有学习借鉴,又有融合创新,并非一味照抄照搬,依样画葫芦。其结果便是产生出具有较高理论思辨性的著作《玄珠录》,在唐初道教思想理论之林中占有重要的一席之地。融合释老于一炉,援释解老,固然不是王玄览的新发明,但我们从《玄珠录》中可以清晰地看到,王玄览在其前辈高道们的基础上前进了不小的一步,融会释老的效果愈加良好,思想的理论思辨味道愈加浓郁,道教哲学思想又上了一个新的台阶。

第十章　司马承祯的哲学思想

被奉为上清派第十二世宗师的司马承祯,其思想中最为显著的是道性论和道教修行炼养思想的阐发。在《太上升玄消灾护命妙经颂》中,司马承祯借鉴佛教天台宗的止观法门论证道性修持"虚心忘形""破疑悟道"的方法。在《坐忘论》《天隐子》中,司马承祯则详细阐述了坐忘得道思想和炼气成仙的修炼阶次。

第一节　司马承祯的生平与著述

一、司马承祯的生平

司马承祯(647—735 年),字子微,法号道隐,河内温县(今属河南)人。北周晋州刺史琅邪公司马权的玄孙。自幼好学,薄于仕途。年二十一时,出家为道士,师事当时著名的嵩山高道潘师正(586—684 年)。

潘师正,号体玄先生,初唐时高道。《海录碎事》卷八说:"唐高宗幸嵩山,至逍遥谷,见室中大瓠,问潘师正,字子真,答曰:'中有青餬,昔西城王君以南烛草为之,服食得道。'上乃命道士叶法善往江东造青飺饭。"①司马承祯师事潘师正时，潘已年过八旬，特相赏异司马承祯，尽传其符箓及辟谷、导引和服饵之术，并告知司马承祯："我自陶隐居［即陶弘景］传正一之法，至汝四叶矣。"由此可以看出，司马承祯得自潘师正之法，是自陶弘景以来经过三传的上清派正一之法。从陶弘景为上清派第九世宗师算起，经王远知、潘师正，司马承祯当为第十二世上清派宗师。

司马承祯师从潘师正而得正法之后，就告别师门，遍游各地名山，广寻真迹，博纳至道，传法救生，声名日显，最后止足于天台山，隐居于玉霄峰，自号白云子。司马承祯精于服饵之术，武则天闻其名，曾"累征之不起"②，后来终于召至京都，降手敕以赞美之。司马承祯辞都还山时，武则天特敕麟台监李峤在洛桥之东为其饯行。唐睿宗即位后，"深尚道教，屡加尊异"。景云二年（711 年），睿宗派遣司马承祯的兄长司马承祎亲临天台山迎请承祯至京师。司马承祯入宫之后，睿宗问及阴阳术数之事。司马承祯虽谙熟阴阳术数，但避而不谈，只是以《易》《老》思想应对。他告之："道经之旨：'为道日损，损之又损，以至于无为。'且心目所知见者，每损之尚未能已，岂复攻乎异端，而增其智虑哉！"睿宗既不能得悉阴阳术数之事，而得闻道家无为之旨，便问司马承祯："理身无为则清高矣，理国无为如何？"司马承祯回答说："国犹身也。《老子》曰：'游心于澹，合气于漠，顺物自然而无私焉，而天下理。'《易》曰：'圣人者，与天地合其德。'是知天不言而信，不为而成。无为之旨，理国之道也。"睿宗听后叹息道："广成之言，即斯是也。"③由此可见，司马承祯的政治观点，是主张治国应像修身一样，顺物之自然而无私，无为而无不为，而不能像儒家所倡导的那样，"攻乎异端，而增其智虑"，睿宗希望司马承祯能留居京师，以便随时请教。然而，司马承祯无意就俗，坚辞还山。睿宗乃赐其宝琴一张及

---

① 〔宋〕叶廷珪：《海录碎事》卷八下，《景印文渊阁四库全书》第 921 册，第 45 页，台北：台湾商务印书馆，1985。

② 〔唐〕刘肃撰，许德楠、李鼎霞点校：《大唐新语》卷一〇，第 113 页，北京：中华书局，1985。

③ 〔宋〕王钦若等辑：《册府元龟》卷八二二，《景印文渊阁四库全书》第 902 册，第 18 页。

霞文帔等物。朝中许多王公卿相、文人学士赋诗以赠,常侍徐彦伯遴其中三十余篇编成《白云记》,并制序见传于世。《太平广记》卷二一载:"时卢藏用早隐终南山,后登朝,居要官,见承祯将还天台,藏用指终南谓之曰:'此中大有佳处,何必在天台?'承祯徐对曰:'以仆所观,乃仕途之捷径耳。'藏用有惭色。"①

唐玄宗统治天下之后,深好道术,司马承祯也倍受敬重,累召到京。开元九年(721 年),玄宗遣使臣征诏司马承祯入京,"留于内殿,颇加礼敬"②,并亲受法箓。唐玄宗询问"以延年度世之事",司马承祯隐而微言,玄宗厚加赏赐。《太平广记》说,司马承祯对唐玄宗所进之微言,对于唐玄宗政权有重要意义:"由是玄宗理国四十余年,虽禄山犯关,銮舆幸蜀,及为上皇,回,又七年,方始晏驾。诚由天数,岂非道力之助延长耶?"③开元十年(722 年),司马承祯请求返回天台山,唐玄宗亲自赋诗送别。开元十五年(727 年),唐玄宗又召请司马承祯至京都,特赋诗于王屋山,"令承祯于王屋山自选形胜,置坛室以居焉"。司马承祯于是上言唐玄宗,说:"今五岳神祠,皆是山林之神,非正真之神也。五岳皆有洞府,各有上清真人降任其职,山川风雨、阴阳气序,是所理焉。冠冕章服,佐从神仙,皆有名数。请别立斋祠之所。"玄宗遵从他的建议,敕令在五岳各设置真君祠一所,其形象制度,皆令司马承祯按道经的创意而为之。④

另据《太平广记》:"初,玄宗登封太岳回,问承祯:'五岳何神主之?'对曰:'岳者,山之巨,能出云雨,潜储神仙,国之望者为之,然山林之神也,亦有仙官主之。'于是诏五岳于山顶列置仙官庙,自承祯始也。"⑤这样一来,五岳各处的真君祠就具有了国家正统神祠的地位,从而大大地扩大了道教在国家和各地方上的实际影响。

《尚书故实》谓:"司马天师,名承祯,字紫微。形状类陶隐居,玄宗谓

---

① ② 〔宋〕李昉等编:《太平广记》卷二一,《景印文渊阁四库全书》第 1043 册,第 117 页。
③ 〔宋〕李昉等编:《太平广记》卷二一,《景印文渊阁四库全书》第 1043 册,第 117—118 页。
④《旧唐书》卷一九二,"司马承祯传",第 5128 页。
⑤ 〔宋〕李昉等编:《太平广记》卷二一,《景印文渊阁四库全书》第 1043 册,第 118 页。

人曰：'承祯，弘景后身也。'天降车，上有字曰：'赐司马承祯。'尸解去日，白鹤满庭，异香郁烈。承祯号白云先生，故人谓车马为'白云车'。至文宗朝，并张骞海槎同取入内。"

司马承祯博学多能，尤擅篆隶之书，自号"金剪刀书"。唐玄宗颇看重其字，令司马承祯以三体写《老子》。司马承祯于是刊正文句，定著五千三百八十言为真本以上奏玄宗。此后不久，司马承祯请求隐居于王屋山，唐玄宗于是令其居于王屋山阳台观，亲自题写观名，并派特使送给司马承祯，另赐绢三百匹以充药饵之用。后来，唐玄宗又令玉真公主及光禄卿韦绍到司马承祯所居的阳台观修金箓斋，复加锡赉。开元二十三年（735 年），司马承祯卒于王屋山，时年八十九。唐玄宗赐赠徽章，用光丹箓，制赠银光禄大夫，谥号"贞一先生"，并御制碑文。司马承祯门徒甚众，最著名的有李含光、焦静真等。

二、司马承祯著述考略

司马承祯著述等身。据《新唐书·艺文志》《通志略》《道藏》和杜光庭《天坛王屋山圣迹记》等文献所示，计有《修真秘旨》12 篇、《修真秘旨事目历》1 卷、《服气精义论》1 卷、《坐忘论》1 卷、《修生养生诀》1 卷、《采服松叶等法》1 卷、《洞玄灵宝五岳名山朝仪经》1 卷、《上清含象剑鉴图》1 卷、《天地宫府图》《天隐子》《太上升玄经注》《太上升玄消灾护命妙经颂》1 卷、《上清侍帝晨桐柏真人图赞》1 卷，等等。

关于司马承祯一些主要著述的成书时间问题，历来为研究者所轻视，因而在具体探讨司马承祯的道教思想时，人们往往摘其所需要的著述加以阐述，并未能真切地揭示司马承祯在长达 70 年的修道生涯中所展现的思想演进之迹，也不能真正弄清《服气精义论》《太上升玄消灾护命妙经颂》与《坐忘论》及《道枢·坐忘篇》之间的内在联系与区别，从而不能够真正地揭示司马承祯道教思想的特质。有鉴于此，笔者试图对司马承祯几部主要著作的成书时间之先后问题做些考订，以期展示其道教思想流变、演进的特征。

《服气精义论》《太上升玄消灾护命妙经颂》《坐忘论》和《天隐子》序跋及《道枢·坐忘篇上》《天宫地府图》等著述虽然是反映司马承祯道教思想的主要著述,但是,切不可将它们统合而观。事实上,它们是司马承祯不同时期的著述,反映出其不同时期道教思想的不同特征。《服气精义论》大致为司马承祯前期修道时的著作,《太上升玄消灾护命妙经颂》大致为司马承祯中期修道学佛的著述,《坐忘论》、《天隐子》序跋、《道枢·坐忘篇上》大致为其后期修道的著述,《天宫地府图》则大致是其晚年移居王屋山后所著。以上六种著述,大致可以反映司马承祯在不同时期修道炼真的思想特征。

历来研究者习惯于将司马承祯的著述区分为两类,一类是养气存形方面的,以《服气精义论》为代表;另一类是坐忘主静方面的,以《天隐子》《坐忘论》等为代表。我们认为,司马承祯的道教思想并不可以简单地一分为二,而是经历了一个从早期的上清服饵(气)论到中期的佛化道性论再到后期的坐忘成仙论的演进历程。

之所以将《服气精义论》看做司马承祯早期上清服饵论思想的代表作,理由有二:

其一,司马承祯早期学道师从上清派第十一代宗师潘师正。史载潘师正"传其符箓及辟谷、导引、服饵之术",并明言承祯"我自陶隐居传正一之法,至汝四叶矣"。[1] 这说明潘师正对司马承祯所传之法为陶弘景所传的正一之法,并未见史载潘师正另传给司马承祯其得自王远知的所谓重玄之学。而《服气精义论》全书只论及潘师正所传服饵、导引等术。

其二,上清正一之法多阴阳术数之事,而重玄学派几乎不谈此事。《云笈七签》载陶弘景"尤好五行阴阳风角氛候太一遁甲星历算数……"[2],《南史》卷七六亦称"弘景妙解术数"[3]。景云二年(711 年),唐睿宗召司马承

---

① 《旧唐书》卷一九二"司马承祯传"、《王屋山贞一司马先生传》、《续仙传·司马承祯》等均有大致相同记载。

② 《华阳陶隐居先生本起录》,《云笈七签》卷一〇七,《道藏》第 22 册,第 732 页。

③ 《南史》卷七六,"陶弘景传",第 1900 页,北京:中华书局,1975。

祯入宫,即询问"阴阳术数之事"。其时,司马承祯已隐居天台山玉霄峰多年,思想旨趣已变,因而面对睿宗的提问显得答非所问,这说明司马承祯在隐居天台山之前是以"阴阳术数之事"而闻名。武则天、唐睿宗之所以召请他,亦因此而已。

之所以大致断定《太上升玄消灾护命妙经颂》为司马承祯隐居天台山之后因受天台佛学影响而作,是司马承祯中期修道思想的反映,理由有二:

其一,如上所述,唐睿宗召见司马承祯,问以"阴阳术数之事",承祯避"阴阳术数之事"而不谈,说明此时已隐居天台山多年的司马承祯思想旨趣已大变。

其二,《太上升玄消灾护命妙经颂》明显受佛教天台宗思想的影响,是用佛教天台宗的心性学说来重新阐释《太上升玄消灾护命妙经》,更确切地说,是试图以天台佛教心性之说来阐发其道性观念。这里看不到在《服气精义论》中所表述的服气养神全形思想的影子,说明司马承祯的思想旨趣已与《服气精义论》迥异。如果说《服气精义论》所体现的是纯道家思想的话,那么,《太上升玄消灾护命妙经颂》中则几乎都是佛教天台宗思想。史载司马承祯在早期修道实践中并没有从潘师正那里得到什么天台佛学,《太上升玄消灾护命妙经颂》中所体现出来的浓厚的天台心性论思想影响的痕迹表明,这只可能是他离开潘师正游历各地名山并在天台佛学胜地隐居学道多年后之作。

司马承祯之所以要游历各地名山,最后止足于天台山,与其在潘师正那里所受先师陶弘景思想与业绩的影响不无关系。史载陶弘景曾"博访远近以正"道家符图经法,"始往茅山便得杨许手书真迹","又启假东行浙越,处处寻求灵异,至会稽大洪山谒居士娄慧明,又到余姚太平山谒居士杜京产,又到始宁嵊山谒法师钟义山,又到始丰天台山谒诸僧标及诸处宿旧道士,并得真人遗迹十余卷"。[①] 司马承祯不仅从潘师正得陶弘

①《华阳陶隐居先生本起录》,《云笈七签》卷一〇七,《道藏》第22册,第732页。

景的上清正一之法,而且也仿效陶弘景遍游各地名山,寻迹访道。

《坐忘论》《道枢·坐忘篇上》和《天隐子》序跋大体可视为司马承祯后期著述,反映出了司马承祯在广寻真迹、遍访僧道、隐居天台、潜修密炼之后,试图对上清学、天台学和其他诸家学说进行融合创新。如果说,早期的《服气精义论》与中期的《太上升玄消灾护命妙经颂》多有异趣,那么,在这里,二者则熔为一炉了。"服气"论与"道性"论不再是互不相干的两种思想体系,而是同一思想体系("坐忘得道"论)的两个不同层面。早期的"服气"论讲长生只在服气、导引等,中期的"道性"论讲"空色宜双泯,不须举一隅,色空无滞碍,本性自如如",而后期的"坐忘得道"论则讲"修炼形气、养和心灵、长生久视"。因此,从早期的"服气"论到中期的"道性"论再到后期的"坐忘得道"论,是一个从分到合、从炼气到修性再到性命双修的逻辑与历史相统一的过程,表现出司马承祯的道教思想的历时性与共时性的统一。如果说,司马承祯的早期"服气"论是对师门所传正一之法的继承和发扬,其中期的"道性"论是宗仰天台佛学而对上清正一之法的偏离,其后期的"坐忘得道"论则仿佛是向早期承发上清正一修仙之法的复归。但是,这一复归并不是简单地继承和发扬上清正一之法,而是吸取了道教诸家修炼思想与方法,融合了佛教天台宗心性学说的一种创造性的回归。因此,司马承祯后期的"坐忘得道"论,不仅仅是对传统上清正一之法的自觉承继和弘扬,更是一种创造性的发展。

相比较而言,《天宫地府图》则可能是司马承祯晚年居王屋山前后所作。因为在唐玄宗令司马承祯"于王屋山自选形胜、置坛室以居之"以前,司马承祯一直隐居于远离王屋山的天台山玉霄峰,只是在唐玄宗满足了他所谓在五岳别立道教斋祠之所的愿望后才移居王屋山。此时的王屋山,无形中成为统领五岳之首,司马承祯也甘愿居此而统领全国道教,原来所隐居的天台山之地位明显地下降了。这一观念鲜明地反映在《天宫地府图》中。司马承祯在《天宫地府图》中说,太上老君所说的"十大洞天者,处大地名山之间,是上天遣群仙统治之所",而王屋山为第一大洞天,其多年隐居修炼的天台山居然被排除在十大洞天、三十六小洞天之外,只有天台山北的司马悔山被列为七十二福地中的第六十福地。如果司马承祯写作此书时仍隐居于天台山,肯定不至于如此。但是,从《天宫地府图》序言中不难看到,司马承祯的道教思想并没有在《坐忘论》和《天隐子》序跋基础上有所改变,因此,此书仍可视为其后期思想的反映。

第二节　《服气精义论》中的道性论

《服气精义论》大致可确定为司马承祯的早期著述,在这部书中,司马承祯比较集中地阐释了他早期的道教哲学和修炼思想。

一、"道气冲凝"的哲学本体论

司马承祯早期道教哲学的本体论特征,即道气论。老子曾谓:"道生一,一生二,二生三,三生万物,万物负阴而抱阳,冲气以为和。"(《老子》第42章)司马承祯则指出:

> 夫气者,道之几微也。几而动之,微而用之,乃生一焉。故混元全乎太易。夫一者,道之冲凝也,冲而化之,凝而造之,乃生二焉。故天地分乎极,是以形体立焉,万物与之同禀,精神著焉。[①]

可见,他把"道"的内核解释为"气",认为"道"之所以能产生"混元"之"一",就在于"太易"之"气"的"几"和"微"的作用结果。这个"一"是"道"中之"气"的冲凝混沌未分的状态。这个冲凝混沌未分的"道气"一旦化解,就会生成天与地之"二"。"冲"是表示分化,"凝"是表示结构。以天地为代表的有形有体之物,就是这样冲化、凝造而成,万物于是因天地而繁生,精神也随之而产生。

---

① 《服气精义论》,《云笈七签》卷五七,《道藏》第22册,第392页。

这种万物生成论,显然简化了老子的道生观。对于老子的道生观,道家学者对"道"如何"生一"、"一"又如何"生二"、"二"所生之"三"是否同属有形体之物等问题,一直存在着分歧。司马承祯以"气"释"道"虽然并不是什么独创,但是他以"气"之"几""微"的动用来阐释"一"如何生"二",以有形体之物"天地"来阐释"三",比较妥帖地解决了上述问题,避开了以往一些学者将"三才"与万物相割裂的歧途。这不能不说是对老学的一个贡献。

正是以道气论为基础,司马承祯进一步阐述了他的炼质登仙观念。司马承祯认为,人固然属于道气所冲凝而形成的万物之列,但是,由于人有优越于其他物类的特性,"在物之形,唯人为正。在象之精,唯人为灵。并乾坤居三才之位,合阴阳当五行之秀,故能通玄降圣,炼质登仙"①。

二、"炼质登仙"的修炼思想

司马承祯的早期道教修炼思想,重在"炼质登仙"。此时,他尚未受佛教心性思想的熏染,而着眼于纳气、安神和全形。"形""质"是司马承祯早期神仙观念中的重要概念。在他看来,成仙并不意味着离形去质,而是安神全形,以延和享寿。由于他的道气论强调气冲凝而生成万物之形与神,因此他很自然地以纳气而安神全形作为其早期神仙修炼思想中的中心观念。

在修炼方法上,司马承祯并不是一位唯气论者。他曾明确地指出:"隐景入虚无之心,至妙得登仙之法。所学多途,至妙之至,其归一揆,或消飞丹液,药效升腾,或斋戒存修,功成羽化。然金石之药候资费而难求,习学之功弥岁年而易远,若乃为之速效,专之克成,与虚无合其道、与神灵合其德者,其唯气乎?黄帝曰:食谷者知而夭,食气者神而寿,不食

---

①《服气精义论》,《云笈七签》卷五七,《道藏》第22册,第392页。

者不死。"①相比较而言,他更强调养气、纳气,认为养气则可以养志,以至合真登仙。所以他说:"真人曰:夫可久于其道者,养生也。常可与久游者,纳气也。气全则生存,然后能养志,养志则合真,然后能久登,生气之域可不勤之哉!"②

司马承祯所承上清宗师陶弘景的神仙学,既重金石之药,也重保气得道。史载陶弘景"既得神符秘诀,以为神丹可成,而苦无药物。帝给黄金、朱砂、曾青、雄黄等。后合飞丹,色如霜雪,服之体轻。及帝服飞丹有验,益敬重之"。并著有《集金丹黄白方》《太清诸丹集要》等多种外丹学著述。③ 同时,陶弘景又著有《养性延命录》等,主张:"形神合时,是人是物;形神若离,则是灵是鬼";"假令为仙者,以药石炼其形,以精灵莹其神,以和气濯其质"。④ 承继陶弘景上清正一之法的司马承祯,当然不会因为自己强调纳气全形而完全否定服食丹液也能登仙的传统。他不过是偏于继承和发扬陶弘景等上清派的服气学而已。这与隋唐以来外丹黄白术日渐显露出弊端,并遭到佛教和士大夫们的猛烈攻击有着不可分割的联系。

司马承祯以纳气养气保气作为安神全形的根本。他认为,人要长生成仙,必须修炼形、神,使形与神合一而不二。而修炼形与神,就必须服气养气。真气存在于五脏之中,贯通于百窍,修炼形神,就是要"吸引晨霞,餐漱风露,养精源于五脏,导荣卫于百关。既祛疾以安形,复延和而享寿,闭视听以胎息,返衰朽以童颜。远取于天,近取于己。心闲自适,体逸无为。欣邈矣于百年,全浩然于一室。就轻举之诸术,实清虚之雅致"。"若兼真之业,炼化之功,则伫云轺而促期,驰羽驾而憎远矣。"他的这部《服气精义论》就是在博览众多服气经版本,"或散在诸部,或未畅其宗,观之者以不广致疑,习之者以不究无效"的基础之上,"纂类篇目,详

①②《服气精义论》,《云笈七签》卷五七,《道藏》第 22 册,第 392 页。
③《南史》卷七六,"陶弘景传",第 1899、1900 页。
④《答朝士访仙佛两法体相书》,《华阳陶隐居集》卷上,《道藏》第 23 册,第 646 页。

精源流"而成的。① 因此,这部建立在其道气论基础之上的《服气精义论》所阐述的各种仙道修炼思想方法,并不是他的独立创造,而是他对前人服气经验与成果的梳理和综合,反映出他对初唐以前以上清派为主的诸家服气思想的独立理解和积极弘扬。

三、"养气全形"的修炼方法论

司马承祯在《服气精义论》中所阐扬的仙道修炼方法论主要有五牙论、服气论、导引论、符水论、服药论、慎忌论、五脏论、服气疗病论和病候论等,以下将依次阐述。

(一)"行五牙通五脏而安神全形"的五牙论

五牙气法早见于号称"上清诸经之首"的《大洞真经》卷一《诵经玉诀》之中,指习练者分别面向东、南、西、北、中五方叩齿念咒,以口吸引各方的精气、闭气咽津,使之充布五脏(见下图)。

方位	口吸之精	炁色	形状	下布五脏
东方	青阳之精	青炁	木星	肝脏
南方	丹灵之精	赤炁	火星	心脏
西方	金魂之精	白炁	金星	肺脏
北方	玄曜之精	黑炁	水星	肾脏
中央	高皇之精	黄炁	土星	脾脏

司马承祯认为,凡是服气,都必须先行五牙气法,以通畅五脏,然后,再行其他常见方法最好。因为:"夫形之所全者,本于脏肺也;神之所安者,质于精气也。虽禀形于五神,已具其象,而体衰气耗,乃致凋败。故须纳云牙而溉液,吸霞景以孕灵。荣卫保其纯和,容貌驻其朽谢。"如果再加以久习成妙,积感通神,便可以"与五老而齐升,并九真而列位"。②

司马承祯所阐述的五牙气法,既有灵宝五符经中法,又有上清经中

---

①②《服气精义论》,《云笈七签》卷五七,《道藏》第 22 册,第 393 页。

法。他认为,上清经中的五牙气法,"其道密秘,不可轻言"①。在此基础上,他从服五牙之气以开窍全形的观点出发,指出东方青色入通于肝,开窍于目,在形为脉;南方赤色入通于心,开窍于舌,在形为血;中央黄色入通于脾,开窍于口,在形为肉;西方白色入通于肺,开窍于鼻,在形为皮;北方黑色入通于肾,开窍于耳,在形为骨。这一阐述避免了灵宝五符经中法和上清经中法的繁琐,使服五气法更简洁明了,而且也克服了上清经中五牙气法单纯以"口"吸引五气的片面性。正如司马承祯所言,服五牙气,不仅可以开窍全形,还可以疗病医疾。"凡服五牙之气者,皆宜思入其脏,使其液宣通,各依所主,既可以周流形体,亦可以攻疗疾病。"②

(二)"保气炼形,形休命延"的服气论

司马承祯从道气生成论哲学出发,将气看做生命的元精、形体的本质。他说:"夫气者,胎之元也,形之本也。胎既诞矣,而元精已散。形既动矣,而本质渐弊。是故须纳气以凝精,保气以炼形,精满而神全,形休而命延。元本既实,可以固存耳。"③在他看来,世界上的各种事物,从来就是形与气的统一,既没有有气而无形之物,也没有有形而无气之物。"观夫万物,未有有气而无形者,未有有形而无气者,摄生之子,可不专气而致柔乎!"④因此,他认为,要想摄生延命,就必须保气炼形。

为了保气炼形,他总结前人服气经验与理论认识成果,分别阐明了服气断谷法、服六戊法、服三五七九气法、养五脏五行气法等。他特别强调指出:"人命在呼吸之间",服气当"任性调息""忘心遗形"。从这里可以看出,服气调息,应当随顺自然,任性而为,不可执着身心。"忘心遗形"并不是要贱弃身心,而是不为身心所累,任性自然。

(三)"导引以致和畅"的导引论

导引之法在中国古代历时久远。《庄子》书中即有言:"吹呴呼吸,吐故纳新,熊经鸟申,为寿而已矣。……此导引之士、养形之人,祖寿

---

① 《服气精义论》,《云笈七签》卷五七,《道藏》第22册,第393页。
②③④ 《服气精义论》,《云笈七签》卷五七,《道藏》第22册,第394页。

考者之所好也。"(《庄子・刻意》)成玄英疏谓："导引神气,以养形魂,延年之道,驻形之术。"①中国古代养生学各流派差不多都提倡导引之术,把导引术看做通络活脉的一个重要途径。陶弘景在《养性延命录》中就专门阐述过导引按摩法。司马承祯继承了前贤的导引思想传统,说:"夫肢体关节,本资于动用;经脉荣卫,实理于宣通。"如果闲居而无运役事,最容易导致气血不能通畅,从而淤积成病。因此,必须"导引以致和畅,户枢不蠹,其义信然"。②

司马承祯之所以注重"导引以致和畅",与其立足于气论而持有的性命观念有密切关系。他认为,人之所以奉生而周全其性命,就因为血气精神是构成和延续其性命的最重要因素,而经脉正是血气所流通运行的领域。"人之形体,上下相承,气之源流。升降有叙。"③如果不顺畅经脉,血气就不能运行流通。导引的作用正在于疏通经脉。他甚至还针对社会上流行的某些导引之书"文多无次第"的弊端,在前人导引成果与经验的基础之上,根据自己的切身体验,重加阐扬,为梳理和弘扬中国传统导引术做出了积极的努力。

(四)"水洁则气清,气和则形泰"的符水论

符水法也是古代比较盛行的一种带有浓厚的神秘主义色彩的服食祛病延寿方法。"符"指符文,是一种近于篆体的字。这种字是一般人不可能认识的,通常有其象征意义,在道教中被称做神意的表达,因而司马承祯称之为"神灵之书字",且"神气存焉"。人们往往以为这种符具有神气,有祛病延年的功效。"水"是指"气之津,潜阳之润也",亦即滋润万物生长的水源。司马承祯立足于气论,故称此种水源为"气之津"。正因为水是万物生长之源,凡有形的物类,都以水为生长的资源,人当然也不例外。也正因为如此,司马承祯说:"故水为气母,水洁则气清。气为形本,气和则形泰。"④

---

① 〔唐〕成玄英:《庄子・刻意疏》,郭庆藩《庄子集释》,第536页。
②③④《服气精义论》,《云笈七签》卷五七,《道藏》第22册,第397页。

司马承祯之所以将"符"与"水"之法合一而论,自然与"符"和"水"在通畅五脏方面有互助之功有关。他由此而指出:"虽身之荣卫,自有内液而腹之脏腑,亦假外滋,即可以通肠胃为益津气,又可以导符灵助祝术。"①虽然也未摆脱神秘主义的束缚,但是,他从气与水的关系着眼来阐明符水的养生学价值,仍具有朴素唯物主义的积极因素。

(五)"味归形,形归气,气归精"的服药论

陶弘景对本草学颇为重视,所著《本草集注》,可谓集六朝以前中国药学之大成。陶弘景曾指出,人生于气中,犹如鱼生在水中,"水浊则鱼瘦,气昏则人病"。因此,养气于人至为重要。然而,养气之法有许多种,服药以养气就是其中很重要的一种。司马承祯进一步从服气使五脏之气充盈有余、辟谷使六腑之味不足的观念出发,主张在进行辟谷的同时,以药代谷,通过服药,使"气味兼致脏腑而全",否则,服气和辟谷便不能起到应有的全生延命的效果。他明确指出:"夫五脏通荣卫之气,六腑资水谷之味。今既服气,则藏气之有余;又既绝谷,则腑味之不足。《素问》曰:'谷不入,半日则气衰,一日则气少。'故须诸药以代于谷,使气味兼致脏腑而全也。"②这说明司马承祯已认识到单纯的服气或辟谷不仅不能延年长生,反而因"藏气之有余"或"腑味之不足"而夭折,从而不仅批判了传统服气或辟谷法的片面性和根本缺陷,而且指明了养气必须服药的必要性和重要意义。

司马承祯还从气论出发阐述了服药论的理论依据。他说:"清阳为天,浊阴为地;清阳出上窍,浊阴出下窍;清阳发腠理,浊阴走五脏;清阳实四肢,浊阴实六腑;清阳为气,浊阴为味。味归形,形归气,气归精。精食气,形食味。气为阳,味为阴。阴胜则阳病,阳胜则阴病,和气以通之,味以实之。通之则不愈,实之则不赢矣。"③他把气与味看做阴与阳之间的辩证统一,强调阴与阳、气与味之间的互补与平衡,从而说明了服气或辟谷的同时服药的理论要求。

---

① ② ③《服气精义论》,《云笈七签》卷五七,《道藏》第 22 册,第 397 页。

（六）"惜气常如一身之先急"的慎忌论

纳气、服气固然可以安神全形，但是，如果无所顾忌，所养之气不多，所泄之气则不少。纳气之要，在于固气，而要固气，必须保全真气，爱惜真气，不可轻易泄气，否则，气泄而命不长。所以，司马承祯指出："夫气之为理也，纳而难固，吐而易竭。难固须保而使全，易竭须惜而勿泄。真人曰：学道常如忆朝餐，未有不得之者；惜气常如惜面，未有不全之也。又曰：若使惜气常如一身之先急，吾少见于枯悴矣。"①如果能像爱惜自己的容颜那样爱惜自己所纳入的真气，则气固而勿泄，自然能安神而全形。

中国传统哲学特别注重天与人的合一，强调天体与人体有个共同的最基本的构成因素，即阴阳五行，天体与人体的一切基本变化，都根源于阴阳五行的变化。如果阴阳五行未能保持必要的平衡关系，则天体否泰，人体不调，自然导致天地变化无常，人体百病丛生。司马承祯充分地认识到了这一点，他指出："夫人之为性也，与天地合体，阴阳混气，皮肤骨体脏腑荣卫呼吸进退寒暑变异，莫不均乎二仪，应乎五行也。是知天地否泰，阴阳乱焉；脏腑不调，经脉之候病焉。因外所中者，百病起于风也；因内所致者，百病生于气也。"对于人体养生来说，重要的是要"恬憺虚寂"，使真气能够安居而勿泄，"精神内守"而不迷乱，使阴阳五行保持平衡，百病便无从生起，所以"须知形神之性而全之，辨内外之疾畏而慎之"。②

由是，司马承祯特别指出，《素问》曾谓："天有宿度，地有经水，人有经脉。天地和，则经水安静；寒，则经水凝固。"人体中的经脉血气，也随着天地否泰、寒暑而变化，因此，养生之要，在于"因天时而调血气"。如果"以身之虚而逢天之虚，两虚相感，其起至骨，入则伤五脏"，所以说，"天忌不可不知也"。③既知有"天忌"，则须慎忌而爱惜真气。爱惜真气，则气固而神安形全，何愁不能延寿长生。司马承祯的"慎忌论"，指明了纳气必须惜气的必要性和重要性，告诫炼气者：若不能如惜命一样惜气，

---

①②③《服气精义论》，《云笈七签》卷五七，《道藏》第 22 册，第 398 页。

则最终养气不成，反为百病所累。

（七）"闭塞不通，养生则殆"的五脏论

五脏是人体中不可缺少且起着决定寿夭生死作用的重要部分。司马承祯甚至明确指出："夫生之成形也，必资之于五脏；形或有废，而脏不可阙。神之为性也，必禀于五脏；性或有异，而气不可亏。是天有五星，进退成其经纬；地有五岳，静镇安其方位；气有五行，混化弘其埏埴；人有五脏，生养处其精神。"①他认为五脏各有所藏，心藏神，肺藏气，肝藏血，脾藏肉，肾藏志，而"志通内连骨体"便成身形。

司马承祯认为，五脏不仅各有所藏，而且各有本和处：心为生之本、神之处，肺为气之本、魄之处，肝为罢极之本、魂之处，脾为仓廪之本、荣之处，肾为封藏之本、精之处。至于九窍施为，四肢动用，骨肉坚实，经脉宣行，莫不禀源于五脏，分流于百体，"顺寒暑以延和，保精气而享寿"。他特别强调指出，心为五脏之主，"主明则运用宣通"。因此，五脏通畅，则身心调适，然而，五脏之中，又以心脏为要，养生延年也以宣通心脏为根本，如果五脏"闭塞而不通，形乃大伤，以此养生则殆也"。②

司马承祯的五脏论，突出了五脏通畅对于养生延年的重要意义，强调了心为五脏之主的特殊地位，这种认识是具有一定科学性的。

（八）"使我之气，攻我之疾"的服气疗病论

陶弘景《养性延命录》中有《服气疗病》一篇，说："凡行气欲除百病，随所在作念之。头痛念头，足痛念足，和气往攻之，从时至时，便自消矣。"③这种以我之气攻我之病的服气疗病法，为司马承祯所自觉继承和发扬。

司马承祯认为，气的功能，既广大又神妙。天之气下降，则有寒热四时不同的变化；地之气上升，则有风云八方各异的差别。气"兼二仪而为一体"，"总形气于其人，是能存之为家，则神灵俨然；用之于禁，则功效著

---

① ②《服气精义论》，《云笈七签》卷五七，《道藏》第 22 册，第 399 页。
③《养性延命录》卷下，《道藏》第 18 册，第 481 页。

矣"。况且"以我之心,使我之气,适我之体,攻我之疾,何往而不愈焉"。① 司马承祯不仅主张服气以延年长生,也主张服气以疗病祛疾,在此基础上强调以己之气疗己之疾,突出了自养自疗的重要作用。这说明,司马承祯的早期服气论坚持了养气与疗病、外服与内疗的合一。

(九)"脏腑清休,气泰无病"的病候论

司马承祯早期的整部《服气精义论》所表达的主要理想追求,就是通过服气、炼质以登仙。可是,生、老、病、死是人生常事,炼质固然需要服气养生,同时也需要祛病疗疾。不祛病疗疾,则无以真正实现养生。而要祛病疗疾,就必须能随时掌握身体的不同表现特征,使有病能得到及时诊断,并及时进行治疗。所以,在论述"服气疗病"之后,自然探讨"病候"的问题。

司马承祯的病候论仍然是立足于气本论,并以形神、脏腑观念来展开论述。他认为,生之为命,以形与神为资本;气之所和,本于脏腑;因此,"形神贞颐,则生全而享寿;脏腑清休,则气泰而无病"。然而,世人禀精结胎的初始,各因四时之异而诞形立性,"性之本罕备五常之节"。所以,躁忧多端,嗜欲增结,或是"积疴于受生之始",或是"致疾于役身之时"。② 由此,喜怒忧伤,便自内而生疾;寒暑饮食,便自外而成病。说明形体中疾病之所以生成,有源于自身内部的精神性因素,也有源于自身外部的物质性因素。因此,诊断疾病、治疗疾病和预防疾病,都必须从内部和外部、物质性因素和精神性因素着眼。这种认识体现出了整体性、辩证性和客观性的特点,是中国古代病候论的积极成果。

既然疾病的生成源于内部的精神性因素和外部的物质性因素,养生者因此既要注重禁忌又要注重修养,若"强壮之岁,唯知犯触",而"衰谢之年,又乖修养",那么,阴阳互升,形气相违,自然诸病丛生,难以挽回。

---

① 《服气精义论》,《云笈七签》卷五七,《道藏》第 22 册,第 400 页。
② 《服气精义论》,《云笈七签》卷五七,《道藏》第 22 册,第 401 页。

司马承祯特别告诫服气养生之人,既然"谷肴已断,形体渐羸,精气未全,神魂不畅",则"或旧瘵因之以发动,新兆致之以虚邪"。[1] 所以,祛病养生延年,不可须臾疏忽修养,而应当始终如一地保持精神上的静寂无欲,物质上的寒暑饥饱适中。司马承祯的这一思想,说明防病是服气养生中的重要环节,反映出服气养生必须坚持精神上和物质上的防病与治病的统一。

司马承祯早期的养气全形的修炼方法论思想,是对以陶弘景为代表的上清正一服气修炼方法论思想和隋唐以前中国其他养生修炼方法论思想的自觉继承和总结,体现出了司马承祯对养生服气学历史遗产的积极发展与弘扬。在司马承祯早期服气论思想中,虽然也存在着在今天看来是宗教神秘主义,甚至有些主观臆测性的成分,但是,我们仍不可否认,其中确实存在着一些中国古代朴素唯物主义辩证法和医学、养生学的合理因素。

第三节 《坐忘论》中的道性思想

近代著名道教学者陈撄宁先生曾将中国古代内丹养生术区分为动功和静功两大类,并把气功归属于动功类。他指出:"气功着重在一个'气'字,那些功夫都是动的,不是静的。世间各处所传授的气功,有深呼吸法,逆呼吸法,数呼吸法,调息法,闭息法,运气法,前升后降法,后升前降法,左右轮转法,中宫直透法,等等。法门虽多,总不外乎气的动作。静功则完全是静,在气上只是顺其自然,并不用自己的意思去支配气的动作。"[2]陈撄宁还指出,唐代道教学者书中的所谓坐忘,和宋代道家学者书中的所谓止念,"有些和我所说的静功相似,惟目的不

---

[1]《服气精义论》,《云笈七签》卷五七,《道藏》第 22 册,第 401 页。
[2] 陈撄宁:《静功问答》,胡海牙、武国忠主编《陈撄宁仙学精要》(下),第 751 页,北京:宗教文化出版社,2008。

同:我们以治病为目的,他们以修养为目的"①。由此来看,司马承祯后期的修道思想中,其以《坐忘论》所反映的坐忘得道思想,则属于静功。

一、"坐忘得道"论的哲学基础:道心观念

"道""心"观念,是司马承祯后期"坐忘得道"论的哲学基础。为什么要修炼"坐忘"之法?"坐忘"之法的本质何在?"坐忘"能获得什么样的道果? 这些问题,都牵涉到"道"和"心"这两个核心观念。

《道教义枢·道德义》谓:"道者,理也;通也,导也。……言理者,谓理实虚无。……言通者,谓能通生万法,变通无碍。……言导者,谓导执令忘,引凡令圣。"②司马承祯则独阐其中的"通生万法,变通无碍"之义,主张:"夫道者,神异之物,灵而有性,虚而无象,随迎不测,影响莫求,不知所以然而,通生无匮谓之道。"③这不仅昭示"道"具有作为世界万物的本体和本源的意义,而且也说明了得"道"即可得以长生的意义。所以司马承祯指出:"道有深力,徐易形神,形随道通,与神合一,谓之神人。神性虚融,体无变灭,形与道同,故无生死。"④无生死,即是超越了生与死的障碍而长生不死。也正因为如此,人所最贵重的既然是生命的存在,则生命所最贵重的自然是大道。因而,"人之有道,若鱼之有水,涸辙之鱼,犹希斗水"⑤。这样,人是否能够获得长生而无生死,就与是否得到"大道"有着密不可分的关系。

那么,人如何才能与"大道"发生关联,从而获得"大道"呢? 司马承祯摒弃了"气"能通"道"的气功修道观念,认为人之一"心"是能否获得"大道"的关键因素。一方面,"心者,一身之主,百神之帅";另一方面,究其根源,则心体"以道为本"。⑥"心"既然以"道"为本体和根源,自然就有

---

① 陈撄宁:《静功问答》,胡海牙、武国忠主编《陈撄宁仙学精要》(下),第757页。
② 《道教义枢》卷一,《道藏》第24册,第804页。
③④ 《坐忘论·得道七》,《道藏》第22册,第896页。
⑤ 《坐忘论·叙言》,《道藏》第22册,第892页。
⑥ 《坐忘论·收心三》,《道藏》第22册,第892、893页。

与"道"相类的特性。他认为，道经中曾指出，至道之中，寂寥而无所有，神用无方，"心"体也即"夫心之为物也，即体非有，随用非无，不驰而速，不召而至"①。心体既然与大道相类，"道"自然为"心"所得，何愁人不能长生而超越生死呢？

司马承祯认为，心虽与大道相类，但毕竟道为心之本体和根源。道虽神用无方，但神性虚融，寂然长在；而心体毕竟是道所生之物，"怒则玄石饮羽，怨则朱夏殒霜，纵恶则九幽匪遥，积善则三清何远。忽来忽往，动寂不能名；时可时否，蓍龟莫能测，其为调御，岂鹿马比其难乎"②？因此，心虽以道为本，却常因动作而与道相隔。心"静则生慧，动则成昏"③。心动作而生昏，则如世俗中的弱丧之徒，"无情造道，恶生死之苦，乐生死之业，重道德之名，轻道德之行，审惟倒置，何甚如之"④！

"心"何以能动作而生昏？司马承祯认为，这是由于心识为污浊所染。"原其心体，以道为本。但为心神被染，蒙蔽渐深，流浪日久，遂与道隔。"但是，心神为污浊所染而与道隔，并不是不可挽救的，如果"净除心垢，开识神本"，"无复浪流，与道冥合，安在道中"，"守根不离"，"静定日久"，则因与道相隔所生之病渐消，生命恢复元气，"复而又续，自得知常，知则无所不明，常则永无变灭。出离生死，实由于此"。⑤ 司马承祯把以上所说的"净除心垢，开识神本"称做"修道"。《坐忘论》也正是他面对世人心识受染、无情造道而作。他自述：

> 穷而思通，迷而思复，寸阴如璧，愧叹交深，是以恭寻经旨而与
> 心法相应者，略成七条，以为修道阶次。⑥

"七条"，也就是"敬信一""断缘二""收心三""简事四""真观五""泰定六"和"得道七"。这七个"修道阶次"，既以道经之旨为根据，又与心神之法

①②《坐忘论·泰定六》，《道藏》第 22 册，第 896 页。
③《坐忘论·收心三》，《道藏》第 22 册，第 892—893 页。
④⑥《坐忘论·叙言》，《道藏》第 22 册，第 892 页。
⑤《坐忘论·收心三》，《道藏》第 22 册，第 893 页。

相对应,因此,"修道阶次"实际上是修炼心神之不同步骤,而其中心思想,则是"坐忘"。司马承祯之所以提出"坐忘得道"论,就因为要修炼心神,必须通过"敬信""断缘""收心""简事""真观""泰定"等修炼过程,逐渐达到"身与道同,则无时而不存;心与道同,则无法而不通"①的"至人"境界。

二、"敬仰尊重,决定无疑"的敬信论

宗教不同于一般的民间迷信,其区别之一就在于宗教强调"信",而迷信重在"迷"。用司马承祯的话来说,对于道德之教,必须"敬信",而且通过"敬信"破除对其他事物的迷执。他甚至把"信"看做"道之根",把"敬"看做"德之蒂",认为"根深则道可长,蒂固则德可茂"②。和氏璧虽有连城之彩,卞和因不能被楚王信任而被处以刖刑;伍子胥之言虽有保国之效,却不能取得吴王信任,吴王反而赐剑令其自杀。司马承祯认为,历史上的这些悲剧,都是"形器著而心绪迷,理事萌而情思忽"所致,更何况"超于色味"的至道、"隔于可欲"的真性,有谁能够"闻希微以悬信,听罔象而不惑"呢?③因此,无敬信,则不可以修道养德,更无从谈"坐忘得道"了。也正因为如此,他把"敬信"作为"坐忘修道"的第一个"阶次",强调"信是修道之要"④,从而突出了"敬信"是"坐忘修道"的必要前提和条件的地位。

"信"指信任、相信,肯定而无疑虑。"敬"指敬仰、尊重,崇尚而不怠慢。司马承祯认为,对于大道,只要敬仰尊重,决定而无疑惑,在此基础上"加之勤行,得道必矣"⑤。然而,对于"坐忘得道"之法,世人是否能够如同对待"大道"那样"敬信"呢? 如果不能"敬信",就不可能"坐忘"而得道了。

司马承祯的"坐忘",根源于《庄子》。《大宗师》曰:"仲尼蹴然曰:'何

---

① 《坐忘论·得道七》,《道藏》第 22 册,第 897 页。
②③④⑤ 《坐忘论·敬信一》,《道藏》第 22 册,第 892 页。

谓坐忘?'颜回曰:'堕肢体,黜聪明,离形去知,同于大通,此谓坐忘。"《天隐子》认为"坐忘"即是"因存想而得也,因存想而忘也",具体地讲,"行道而不见其行,非坐之义乎? 有见而不行其见,非忘之义乎? 何谓不行? 曰心不动故。何谓不见? 曰形都泯故",①也就是心静而形泯。司马承祯的"坐忘",是以"忘万境"为特征,强调"先定其心,则慧照内发,照见万境,虚忘而融心于寂寥,是之谓坐忘焉"②,这实际上是一种内观万境、外忘宇宙的修炼方法。司马承祯直截了当地指出:"夫坐忘者,何所不忘哉? 内不觉其一身,外不知乎宇宙,与道冥一,万虑皆遗。"③很显然,司马承祯的"坐忘",和《庄子》有着共同的特点,就是从坐忘主体之中求"道",而不是另求"道"于坐忘主体之外。既然如此,那些世俗弱丧之人,自然也就"闻而不信",因为,如此"怀宝求宝,其如之何"?④

然而,那些"闻而不信"的世俗弱丧之人哪里知道,如果"信道之心不足,乃有不信之祸及之"⑤。《老子》中早云"信不足,焉有不信"。既然不相信"坐忘"能够得"道",也就谈不上修持"坐忘"之法。不修"坐忘"之法,"何道之可望乎?""道"不可望,自然免不了灾祸,生死则与之相伴随,谈何"出离生死之境"呢?

因此,司马承祯认为,"坐忘修道",必以敬信"坐忘"为前提。敬信"坐忘",则"坐忘"之法可修。勤修坐忘之法,何道不可望呢?

三、"迹弥远俗,心弥近道"的断缘论

"缘"是与"因"相对而言的。"因"通常指内因,即事物自身的内在因素。"缘"指外缘,即事物的外部关联所引起的机缘。"因缘"本是佛教概念。道教在其形成和发展中自觉地吸取了佛教的因缘观念,并将世俗关系称为"俗缘"或"尘缘",认为这是一种与道教所追求的"在尘而出尘"的

---

① 《天隐子》,《道藏》第 21 册,第 699 页。
② 《道枢·坐忘篇下》,《道藏》第 20 册,第 616 页。
③④⑤ 《坐忘论·敬信一》,《道藏》第 22 册,第 892 页。

理想境界相对立的外部机缘。因此,道教为了维护自己的理想境界与世俗社会的不同地位,防止世俗生活方式对道教的浸染、渗入,极力主张道教徒应当超凡脱俗,断绝一切俗缘。司马承祯将此思想融汇到其"坐忘得道"论之中,并使之成为其中不可跨越的必要"阶次",显示出其"坐忘得道"论具有鲜明的超越现实社会生活的色彩。

司马承祯明确地指出,"断缘者,断有为俗事之缘也"①,也就是要断绝所有与世俗社会生活相关联的机缘,使"坐忘修道"处于一种超凡脱俗的宗教生活境界之中。他把道教的修持生活与世俗的现实生活看做两种截然不同的存在境界,认为只要摒弃世俗有为之事,身形就不会劳顿;不追求有所作为,心神自然安静平逸。"恬简日就,尘累日薄;迹弥远俗,心弥近道。至圣至神,孰不由此乎?"②"俗"与"道"是截然对立的。"迹"践尘世,则"心"染俗缘,离"道"则愈远。"迹"离尘世,"心"无俗缘之累,则心神接近于"道"。因此,是否能够断绝俗缘,最直接地关系到"心"与"道"是相隔还是相接的问题,显然也就是能否"坐忘"得"道"的一个重要问题。

司马承祯针对那些"开其兑,济其事"然而"终身不救"的所谓道教修炼者,提出了尖锐的批评。在那些终身不能获得拯救的修炼者当中,有的显现其德性是多么优越,展露其才能是多么出众,以"求人保己";有的关心世俗社会之中的红白喜事,来往奔忙于"道""俗"之间;有的假托道士之名隐逸于山林之中,却真情希图得到宰官的恩宠而升进;有的则不禁酒食,反而以酒食邀致达官贵人,"以望后恩"。诸如此类,不一而足,但都是借修道之名,"巧蕴机心,以干时利,既非顺道,深妨正业"。司马承祯认为,凡此之类,都应当禁绝不贷。在他看来,禁断俗缘的关键,在于与世俗间的一切事情不发生关联,也就是漠不关心。不与世俗间的人或事发生交谊或关系,正如庄子所云,"不将不迎","无为谋府,无为事任,无为知主",从而"无为交俗之情"。③

①②③《坐忘论·断缘二》,《道藏》第 22 册,第 892 页。

要做到"不将不迎",无为于世俗之事,就应当如老君所云:"塞其兑,闭其门,终身不勤。"这样一来,"我但不唱,彼自不和;彼虽有唱,我不和之。旧缘渐断,新缘莫结,醴交誓合,自致日疏。无事安闲,方可修道"。①当然,道教毕竟是一种社会性的宗教,道教的修持也不能完全与世俗社会相隔绝。司马承祯也很清楚这一点,所以他又说:"若事有不可废者,不得已而行之,勿遂生爱,系心为业。"②既要断绝"俗缘",又不能完全断绝"俗缘",自然使司马承祯感到十分为难,于是"不得已"才提出个"勿遂生爱,系心为业"的要求来。然而如何在"不得已而行"世俗之事的时候,真正实现"勿遂生爱,系心为业",恐怕仍需要宣扬一番"迹弥远俗,心弥近道"的道教之理。这也正反映出司马承祯的"断缘"论企图超越现实而又不能真正超越现实的一种无可奈何的思想特征,这实际上也是道教超越观念的一个基本特征。

四、"住无所有,心安道来"的收心论

正因为"俗缘"欲断而不能全断,所以修道之事任重而路远,不可一蹴而就。而修道之初,当安坐收心。正如司马承祯所言:"欣迷幻境之中,唯言实是;甘宴有为之内,谁悟虚非? 心识颠痴,良由所托之地。且卜邻而居,犹从改操;择交而友,尚能致益。况身离生死之境,心居至道之中,能不舍彼乎? 安不得此乎? 所以学道之初,要须安坐,收心离境,住无所有。因住无所有,不著一物,自入虚无,心乃合道。"③

所谓收心,就是要收藏动作之心,使心处于静定无执的"虚无"状态。"坐忘得道"论要求,静定无执,既要无执于有,也要无执于无。"若执心住空,还是有所,非谓无所。凡住有所,则令心劳。既不合理,又反成病。但心不著物,又得不动,此是真定正基。用此为定,心气调和,久益轻爽,以此为验,则邪正可知矣。"④因此,收心就是使心达到"真定"的境界。

①②《坐忘论·断缘二》,《道藏》第 22 册,第 892 页。
③④《坐忘论·收心三》,《道藏》第 22 册,第 893 页。

这种"真定"境界,并不是"心"从有所执的"颠痴"状态进到了一种"无所知""无所指归"的状态,恰恰相反,而是进到了一个"无所不知""自得真见""有所指归"的状态。具体来讲,"收心"有如下特点:

第一,"收心"不是"放心",而是"随起随制"以"安心"。"放心"指放纵心神驰骋而不制约。譬如牛马等家畜,放纵不收,犹自生鲠,不受驾驭。何况"任心所起,一无收制,则与凡夫元来不别"。而"收心"则是与"放心"相对而言的,是要收制心神,安定心体,譬如鹰鹤野鸟,为人羁绊,终日在手,则自然调熟。司马承祯指出,所谓放心,表现在现实中就是"非时非事,役思强为",其结果则毁誉四起,利害交参。有鉴于此,他主张"坐忘"修道应当"安心"而使"心不逐外"。非净非秽,使毁誉无从而生;非智非愚,使利害无由而挠。心神纵得暂安,还是可能散乱,此时当"随起随制,务令不动,久久调熟,自得安闲"。即便是心神安定之后,仍须"安养,莫有恼触,少得定分,即堪自乐",从而渐至驯狎。说得简洁些,收心、安心,就是要求"实则顺中为常,权则与时消息"。① 这样,收心、安心就不是一个死板的"随起随制"的过程,而是"实"与"权"相统一的过程。

第二,"收心"不是"灭心",而是"除病""息乱"以"虚心"。所谓灭心,是指当心神起动时,即除灭而不怠慢。司马承祯认为,灭心不能一概而论,"若心起皆灭,不简是非,则永断觉知,入于盲定",而不是"真定"。如果"息乱而不灭照,守静而不著空",则"行之有常,自得真见"。若是烦邪乱想,应当随觉则除;若是毁誉之名、善恶之事,亦应全都拨去,莫将心神领受。若心神领受,则心满,"心满则道无所居"。因此,"所有闻见,如不闻见,即是非善恶不入于心。心不受外,名曰虚心",正如道经中所云:"人能虚心无为,非欲于道,道自归之。"②

在司马承祯看来,"心法如眼"。有纤毫入眼,眼则不安。同样,小事关联着心法,心必动乱。心动则病,既病则难入定门。因此,"修道之要,

---

① ②《坐忘论·收心三》,《道藏》第 22 册,第 893 页。

急在除病。病若不除,终难得定"。好比良田中长有荆棘,荆棘不除,虽播种,禾苗也难茂盛。而"爱见思虑",正是心法中长出的荆棘,如果不能剪除,则"定慧不生"。① 由此可见,"收心"就是要剪除掉心神中滋长出来的爱欲、偏见和各种思虑,使"心"虑而定,"道"自来居。

第三,"收心"不在于徒"言心无所染",而在于"行之有常"。"言"与"行"是中国古代哲学中的一对重要范畴。无论是儒家,还是道家,都很强调"言行一致"。然而,无论是在现实的社会生活中,还是在避世的道教修炼中,都普遍存在着"言"与"行"不一致的现象。司马承祯明确地指出,那些人"或身居富贵,或学备经史,言则慈俭,行则贪残,辩足以饰非,势足以威物,得则名己,过则尤人,此病最深,虽学无益,所以然者,为自是故"。这种"自是"之病传染到道教之中,则有"遍行诸事"而徒"言心无所染者"。他们"于言甚善,于行极非",因而特劝"真学之流"宜戒于此。他强调指出:"夫法之妙用也,其在能行,不在能言。行之则斯言为当,不行则斯言如妄。"② 这种鲜明的以行验言的观点,表现出了司马承祯《坐忘论》的突出的实践性格。他甚至针对有人将"火不热,灯不照暗"称为"妙义"的言论指出,火本来以热为用,灯原本以照暗为功,今则盛谈"火不热",却"未尝一时废火,灯不照暗,必须终夜然灯",这正是"言行相违,理实无取"。然而正是这种"破相之言",反被人看做"深玄之妙",岂不怪哉!③ 司马承祯批评"言行相违",主张以行验言,正是想发挥老君"吾言甚易知,甚易行。天下莫能知,莫能行"(《老子》第 70 章)的道理,从而说明他的"收心",不是徒在其"言",更是重在其"行"。

五、"处事安闲,在物无累"的简事论

"身"与"心"是道家道教都很重视的一对范畴。"身"即形躯。"心"乃心神。无论是重炼形(质),还是重修心(性),都要涉及身与心的关系问题。因为人的生与死都要以身与心的统一体为前提。而身与心又总

---

① ② ③《坐忘论·收心三》,《道藏》第 22 册,第 893 页。

是相互影响、相互制约的。因此,司马承祯在面临"俗缘"欲断而不能全断的情况下不仅认识到"收心"以使"心安而虚,道自来居",而且还认识到"断简事物"以使"身安"而"能及道"。

人之生存,离不开衣食住行。然而,世界上可供衣食住行者难以数计,正如"巢林一枝,鸟见遗于丛泊;饮河满腹,兽不吝于洪波",为人者理当外求于物、内明于己,"知生之有分","识事之有当",而不追求"分之所无""事非所当"。司马承祯指出:"任非当则伤于智力,务过分则弊于形神。身且不安,何能及道?"所以说,凡修道之人,"莫若断简事物,知其闲要,较量轻重,识其去取,非要非重,皆应绝之"。① 由此可见,所谓简事,并不是要断绝一切事物,而是要求不"过分"地追求外物。断绝一切事物,则人将不存,无从谈"坐忘"修道。而按人赖以生存的基本准则("分")来求之于物,正是道教追求"在尘出尘"理想的基本要求。

《庄子·达生》谓:"达生之情者,不务生之所无以为。""生之所无以为",正是指"分"外之物。针对现实中许多人追求以酒肉罗绮和名位保全生命的做法,司马承祯尖锐地指出,酒肉罗绮和名位显为"分"外之物,足以害气伤人,何以借此全生呢?"于生无所要用者,并须去之;于生之用有余者,亦须舍之。"何况以名位与道德相比,则名位假而贱,道德真而贵。既然如此,就应当"不以名害身,不以位易志"。因此,对于坐忘修道之人,"若不简择,触事皆为,心劳智昏,修道事阙。若处事安闲,在物无累者,自属证成之人"。②

六、"将离境之心观境"的真观论

"坐忘"虽要"断缘",然而,"修道之身,必资衣食"③。因为"夫人事衣食者,我之船舫也。欲渡于海,事资船舫"④。所以,"事有不可废,物有不

---

① ②《坐忘论·简事四》,《道藏》第 22 册,第 894 页。
③《坐忘论·真观五》,《道藏》第 22 册,第 894 页。
④《坐忘论·真观五》,《道藏》第 22 册,第 895 页。

可弃者"①。坐忘修道之要,只在于"虽有营求之事,莫生得失之心,即有事无事,心常安泰",也就是"迹每同人,心常异俗"。② 不过,虽然通过"收心"和"简事"剪除了一些病瘼,终有难治之症困扰着心神,急需"依法观之"。同时,通过"收心"和"简事"以"日损有为,体静心闲",也正为"观妙"创造了必要的条件。

"真观"是一种特殊的认识事物的方法。司马承祯指出:"夫真观者,智士之先鉴,能人之善察,究倘来之祸福,详动静之吉凶。"具体来讲:"得见机前,因之造适,深祈卫足,窃务全生,自始至末,行无遗累,理不违此者,谓之真观。"③ 可见,"真观"是对事物的一种先在洞察和预测,从而为坐忘全生提供真切的指导思想。

在《正统道藏》中所录的署名"赵志坚"的《道德真经疏义》残篇中,也有"真观"之说。赵氏认为,"观"有多种方法,最基本的是"有观""空观"和"真观"三法。所谓有观,即"但以存亡有迹,观迹以知修与不修"。所谓空观,即"观身虚幻,无真有处",也就是一切皆空。而所谓真观,即"依此经[即《老子》]为观,当观此身因何而有,从何而来,是谁之子,四肢百体以何为质,气命精神以谁为主,寻经观理,从道流来……"可见,这里所谓的三"观",近于天台佛学的"三观之法",而"真观"正接近于"中道观"。这说明赵氏以《老子》为中正不偏之道,并以此作为认识事物的根本准则。由此对照司马承祯的"真观"义,亦似可作如是解。

司马承祯"真观"方法的特征,最具体地表现在他对"色""恶""贫""苦"和"生死"等困扰着心神的难治之症的"观"之中。

先看"色病"。司马承祯认为,色症都是由于"想"所致。"想若不生,终无色事。当知色想外空,色心内妄,妄想心空,谁为色主? 经云:色者,想尔。想悉是空,何有色也?"④ 也就是说,色都是人们在头脑中想像出来的东西,并不是真有其色。他进而指出,一些人之所以惑于妖艳美色,

①③《坐忘论·真观五》,《道藏》第 22 册,第 894 页。
②④《坐忘论·真观五》,《道藏》第 22 册,第 895 页。

乃至堕入地狱之中,是因其头脑中的邪念所致,并非真有什么让人醉生梦死的美色。不然的话,色若真的是美,为什么《庄子·齐物论》中说"鱼见之深入,鸟见之高飞",且仙人观之为秽浊,贤士喻之为刀斧呢?何况一生之命,七日不食便至于死,然而百年无色,反而免却了夭伤!由此可知,"色""非身心之要适,为性命之仇贼。何须系著,自取销毁"①?显然,司马承祯"观"色,先是以佛教的"色空"之理来否定"色"是实有的存在,认为是"想念"所致;后是以庄子和道教观点来说明"色"是性命的害敌,否定"色"的正面价值。

次看"恶病"。看到别人做恶事,自己也心生做恶事的念头,这样一来,好比看到别人在自杀,却引颈乘取别人自杀之刀来害己身。这便是见别人为恶事而不排遣,反倒以此恶来害己之病。由此推断,既见为恶而好恶,则见为善必厌善。司马承祯认为,这是"同障道故"。这实际上是从《老子》所谓天下"皆知善之为善,斯不善已"(第2章)和隋唐时期道书中较流行的"扬善遣恶"观念来批评那种见人为恶而好、见人为善而恶以"障道"害己之病。

再看"贫病"。谁给我贫?是天地,父母,还是他人及鬼神?天地平等,覆载无私。父母生子,欲令富贵。人及鬼神本身自救无暇,何能有力将贫给我?"进退寻察,无所从来,乃知我业也,乃知天命也。"②由此,他主张要消除"贫病",不可怨天尤人,而当乐天知命。"业"本是佛教观念,后为道教所吸收。《道教义枢》卷一谓"业是德行之目",卷四谓"罪福于是从由"。"天命"也不独是儒家观念。《太平经》中即云"天受人命,自有格法"③。后来《升玄经》亦云"人生受命,制在虚无"④。可见,司马承祯是从道教的先天之"命"和后天之"业"来"观""察""贫病"的,从而意识到必然与偶然、命与力的统一作用关系。不过,其所说的"既不可逃,又不可怨",唯有"乐天知命"方能消除"贫病"的药方,既是道教消极遁世思想

---

① ②《坐忘论·真观五》,《道藏》第22册,第895页。
③ 王明编:《太平经合校》,第464页。
④《稿本〈升玄经〉》7-2-166,日本东北大学文学部中国中世思想研究会,1992。

的反映,也有意或无意地为社会中贫富不均的不平等现实提供了麻醉剂,也是对"我命在我不在天"的积极的道教传统的背弃。

再看"苦病"。司马承祯指出,人之所以有"苦病",是因为有其"身"与"心"的牵累与动作。"身"是祸患之所托。"心"是妄念之所生。如果枯形灰心,则万病俱消。这显然仍是从道家道教观念来看待"苦病"的。

最后来看"生死病"。道教历来以生死为最大之事。恶死恋生,都会造成大病。司马承祯指出,恶死之人,应当反思自身是"神之舍",随着岁月的流逝,身既老病,气力衰微,如屋朽坏,不堪居止,自当舍离,别处求安,身死神逝也是如此。如果一味地恋生恶死,拒违变化,则神识错乱,失其正业,终不免病。因此,"若当生不悦,顺死不恶者,一为生死理齐,二为后身成业。若贪爱万境,一爱一病"①,举体不安,身欲长生,如何可得? 很显然,司马承祯把生与死都看做自然而然的变化,是不以人的意志为转移的客观必然。就此而言,是符合自然的唯物主义精神的,值得积极肯定。但是,其中的"后身成业"观点,则是十足的宗教观念。

从以上司马承祯对诸病的"观""察"中不难看到,其"真观"方法的基本特征是,吸取佛教中的"色空"和"造业"等思想,从道家和佛教化的道教观念出发来分析问题和解决问题。虽然司马承祯强调指出"凡有爱恶,皆是妄生,积妄不除,以妨见道",并主张"以合境之心观境,终身不觉有恶","将离境之心观境,方能了见是非",②但究其实质,其"离(合)境之心",正是有"道"③之心;其所要"见"之"道",是道家和道教之道;其所"能了见"的"是非",也是符合道家和道教原则之是非。

七、"无心于定,恬智定慧"的泰定论

通过"真观",清除了"坐忘"修道中的难治之症,下一步该是直逼至

---

① ②《坐忘论·真观五》,《道藏》第 22 册,第 895 页。
③ 即道家和佛教化道教观念。

道了。司马承祯指出,经过敬信、断缘、收心、简事和真观,身形渐如槁木,心神亦若死灰,"坐忘"修道便自然进入了"泰定"阶段,这也是"坐忘"修道的最后和最高阶段。

"定"是修持的最主要目标。不能"定",即身有所累,心有所动,则修持仍需努力。同时,"定"也是知"道"、得"道"的最基本条件。不能"定",则"慧"不能生,无法知"道",更无从得"道"。

所以司马承祯指出:"夫定者,出俗之极地,致道之初基,习静之成功,持安之毕事。"而所谓泰定,即修持至于大定,乃至"无心于定"。此时"形如槁木,心若死灰,无感无求,寂泊之至,无心于定而无所不定"。① 修持到连修持所要达到的目标都荡然不存,真可谓虚极之至,当然也就无所不定。

《庄子·庚桑楚》谓:"宇泰定者,发乎天光。"司马承祯解释说:"宇者,心也。天光者,慧也。虚静至极,则道居而慧生也。"②"心"本为大道所藏居的器宇,泰定而生慧,并不是因修持至今日而生发出新慧,实"慧出本性",所以说是天然之光。而所以要修持,正是因为有贪爱浊乱,使心神昏迷,道去慧失。因此,泰定发慧的本质,就是虚极至静,重现本心之慧。这显然是一种先天智慧观,表现出鲜明的神秘主义特色。

司马承祯认为,修持至泰定固然不易,然而能在泰定生慧之后"慧而不用"更是不易。为什么既修持而生慧,又要慧而不用呢? 他指出:"贵能不骄,富能不奢,为无俗过,故得长守富贵。定而不动,慧而不用,为无道过,故得深证真常。"③也就是说,能泰定生慧而知"道",并不等于永远能知"道"而不会迷失大道。况且,人们一旦知"道",便容易得意忘形,不免吹嘘自己知"道"。《庄子·列御寇》有言:"庄子曰:'知道易,勿言难。知而不言,所以之天也。知而言之,所以之人也。古之人,天而不人。'"因此,"慧而不用"就是要谦虚隐慧,也就是要"忘名"。"慧而不用"之所

---

① ③《坐忘论·泰定六》,《道藏》第 22 册,第 896 页。
②《道枢·坐忘篇上》,《道藏》第 20 册,第 615 页。

以较"生慧"难,就因为自古忘形生慧知"道"者众,而真正做到忘名言的人很少。也正因为"忘形者众,忘名者寡",所以历来一些人虽经过修持生慧而知"道",只因不能"慧而不用"而又迷失了"道",更谈不上"得道"了。

知"道"并不意味着"得道"。"慧能知道,非得道也。"一些人往往满足于知"道",满足于"因慧以明至理,纵辩以感物情",却不知道"得道之益"。《庄子·缮性》云:"古之治道者,以恬养智。智生而无以智为也,谓之以智养恬。智与恬交相养,而和理出其性。"人本有智,"智虽出众,弥不近道,本期逐鹿,获兔而归,所得太微,良由局小"。智多则必然伤于定,因此当恬养其智。"恬智则定慧也,和理则道德也。"①有"智"而不用以乱"定",而是安其恬,积久则自成道德。可见"泰定"也不仅仅局限于"发慧知道",同时还在于"恬智以定慧"而"得道"。这也就说明了"泰定"不仅是"坐忘"修道的最后和最高阶段,也是"坐忘"得"道"的最重要途径。

八、"神与道合,兼被于形"的得道论

"得道"是"坐忘"修道的最终目的,也是司马承祯"坐忘"论的最高理想。

一般说来,所谓得道,即"隐则形同于神,显则神同于气,所以蹈水火而无害,对日月而无影,存亡在己,出入无间"②。以今人眼光来看,这种得道显然神秘莫测,乃至荒谬。可是,在中唐道教家司马承祯看来,完全符合现实。他甚至明确地指出:"至圣得之于古,妙法传之于今,循名究理,全然有实。上士纯信,克己勤行,虚心谷神,唯道来集。"③

在司马承祯看来,得道不仅是现实的理想,而且还有深浅之不同。

---

① 《坐忘论·泰定六》,《道藏》第 22 册,第 896 页。
②③ 《坐忘论·得道七》,《道藏》第 22 册,第 896 页。

他说:"虚无之道,力有浅深,深则兼被于形,浅则唯及于心。"①得道之力浅的人,但得"慧觉"(神)而身不免于凋谢,即形死而神存。这是由于"慧"是心用,"多用则其体劳"②。初得小慧,欣悦而多辩,必致神气漏泄,无灵光润身,生遂致早终,"道"难周备。这种得道,也就是所谓尸解。而得道之力深的人,不仅得慧觉而神存,而且兼被于形而形亦长存。正如古人所描写的那样,"山有玉,草木以之不凋;人怀道,形骸以之永固",因而"大人含光藏辉,以期全备"。③ 而真正的"得道",正是凝神宝气,学道无心,神与道合。

司马承祯极称"道德"之神妙,认为"散一身为万法,混万法为一身,智照无边,形超靡极,总色空而为用,含造化以成功,真应无方,其惟道德"④。并依据《老子》中"同于道者,道亦得之"的思想,认为身同于道则无时不存,心同于道则无法不通,耳同于道则无声不闻,眼同于道则五色不见,这就是"得道"之妙。

从道教学的角度来说,司马承祯的得道论所追求的仍是历代道教徒所努力探寻的理想,不同的只是这种得道论建筑于其独特的"坐忘修道"观念的基础之上。然而,正是这种不同的修道论基础,使得其得道论具有更浓厚的神秘主义色彩。

---

① 《坐忘论·得道七》,《道藏》第 22 册,第 896 页。
② 《道枢·坐忘篇上》,《道藏》第 20 册,第 615 页。
③④ 《坐忘论·得道七》,《道藏》第 22 册,第 897 页。

第十一章　唐玄宗的哲学思想

唐玄宗在推崇道教的同时，援释入道，通过注解《道德经》阐发其道教重玄思想，着重讨论了道教重玄学的道体、道性问题，提出了"因学知道，行无行相"的道体论，特别强调了《道德经》"理身理国"的道治理念及其与社会政治的密切关联。

第一节　唐玄宗的生平与著述

一、崇道之君

唐玄宗(685—762 年)，姓李，名隆基，也称唐明皇。唐玄宗是中国历史上有名的崇道之君。他对道教的推崇，主要有三个方面的原因：其一，自唐高祖李渊开始，唐宗室为制造君权神授的舆论根据，自称是老子李耳的后裔，尊老子为"圣祖"，从而使道教成为李唐王朝的皇族家教，以致在整个李唐时代，道士常常成为帝王之师。唐玄宗作为李唐王朝中的一员，当然也不例外地崇奉道教。其二，道家以"君人南面之术"闻名于世，汉初的文景之治，与当时汉文帝、汉景帝积极采纳"黄老之术"有着密切的关系。而唐玄宗所锐意继承的唐初贞观之治，也与唐太宗的崇道政策有关。其三，道教最讲无为长生之说和各种神秘的法术，这对希望江山永固的封建帝王皆具很大的吸引力。这是唐玄宗后期"迷道"的重要原因。

唐玄宗对道教的态度大致可以划分为三个阶段。一是登基以前，即青少年时期，以继承李唐王朝尊崇道教为家族宗教的传统为主要特征。二是执政前期，以推行道教（家）无为理国之术为主要特征。三是执政后期及晚年，则以醉心道术、为道教所惑而"佞道"为主要特征。

唐玄宗曾谓其"爰自幼龄，即尚玄默"①。虽然他没有像他的两个妹妹那样出家为道，然而《旧唐书·王琚传》有王琚曾以"飞丹炼药"之技侍奉其左右的记载，说明玄宗青少年时代不仅在思想上崇道，对道术也颇有兴趣。只不过，那时武、韦两后相继专权，横行李唐王朝，他感受最深的仍是"神龙之际，邦家中否，是用愤发"②。也就是说，当时唐玄宗崇道，主要还是立志扭转武后和韦后利用佛教称帝专权之势，而恢复祖辈抑佛崇道的传统，以重振李唐王朝。

睿宗让位后，唐玄宗正式登基，开始了他着力"载弘道教，崇清静之化，畅玄元之风"③的振兴李唐王朝的历程。他一方面积极恢复遭武则天和韦后所颠倒的抑佛崇道政策，努力扶正道教作为李唐王朝宗族之教的地位，赞颂老子和道教；另一方面，还相继颁布一系列政令诏制，自觉吸取道家（教）所倡导的"见素抱朴，少思寡欲"和"无为而无不为"等思想内容来理身理国，继承和发扬唐太宗贞观之治的为政作风，使开元时期的李唐王朝很快成为中国古代封建社会的太平极盛之世。但是，到了开元末年，在太平盛世之风的掩盖之下，唐玄宗开始放松了"见素抱朴，少思寡欲"之诫。据《旧唐书·张果传》所记，唐玄宗"初即位，亲访理道及神仙方药之事，及闻变化不测而疑之"，甚至对某些人的佞道言行予以打击。他曾批评河南参军郑铣、朱阳丞郭仙舟的献诗"崇道法"而"不切事情"，罢其官度为道士。可是开元末年以后，他"高居无为"，"尚长生轻举

①②《明皇令肃宗即位诏》，《唐大诏令集》卷三，《景印文渊阁四库全书》第 426 册，第 24 页。
③《天宝元年南郊制》，《唐大诏令集》卷六七，《景印文渊阁四库全书》第 426 册，第 6 页。

之术,于大同殿立真仙之像,每中夜夙兴,焚香顶礼。天下名山,令道士、中官合炼醮祭,相继于路。投龙奠玉,造精舍,采药饵,真诀仙踪,滋于岁月"。① 这样,就从积极的"无为"走向了消极的"无为",从崇道堕入"佞道"。李唐王朝也由此而滑入了下坡路。

就唐玄宗即位后而言,其崇道的言行,主要表现在以下三个方面:

其一,极颂老子和道教,再三追敕老子,大兴道观。他指出:"我远祖元皇帝,道家所号太上老君者也,建宗于常无有,立行于不曒昧,知雄守雌,为天下豁。知白守辱,为天下谷。故能长上古而日新,雕众形而化淳,疹万物而不为戾,泽万代而不为仁。巍乎不睹其顶,深乎不测其极,复归无物,存教迹以立言。"②他不仅再三给老子加封,还给老子的父母分别加号为"先天太皇德明皇帝"和"先天太后兴圣皇帝",并分别给庄子、文子、列子、庚桑子等道家人物加封。他还号令在京城和全国各地广建道观,使各地修建道观一时蔚然成风。

其二,亲注《道德经》并颁示天下,开崇玄馆,设"道举"制度。从现有的历史文献记载来看,唐玄宗算得上是较早的一位深究老学并亲注《道德经》而真有创获的封建君王。他自述"听政之暇,常读《道德经》《文》《列》《庄子》"等书,并觉得"其书文约而义精,词高而旨元,可以理国,可以保身",因而"敦崇其教,以左右人"。③ 早在高宗时,《道德经》就已被列入科举考试的科目之中。唐玄宗让司马承祯删定《道德经》,制定真本,并亲注《道德经》颁示天下。他一方面建立经幢,并亲自在宫中讲论《道德经》,另一方面,设崇玄学馆,置崇玄博士,让生徒研习道经,每年以明经例保举,从而开启了中国历史上的"道举"制度。这说明唐玄宗是十分明确地以《道德经》等道家思想作为其主要的政治思想并颁示天下的。正如他在《敕岁初处分》中所说:

---

① 《旧唐书》卷二四,"礼仪志四",第630页。

② 〔唐〕李隆基:《庆唐观纪圣铭并序》,《全唐文》卷四一。

③ 〔唐〕李隆基:《策道德经及文列庄子问》,《全唐文》卷四〇。

我玄元皇帝著《道德经》五千文,明乎真宗,致于妙用,而有位者未之研习,不务清静,欲令所为之政教,何从而致于太和者耶? 百辟卿士,各须详读,勉存进道之诚,更图前席之议。至如计较小利,综辑烦文,邀名直行,去道弥远,违天和气,生人怨心,朕甚厌之,所不取也。各励精一,共兴玄化,俾苍生登于仁寿,天下达于淳朴。①

这或许就是唐玄宗亲注《道德经》的主要目的。

其三,崇尚长生轻举之术,迷信各方神秘之道。唐玄宗执政前期,为振兴李唐王朝,采取了一系列积极务实的政治措施,用"道"而不迷"道"。他还曾对群臣说:"仙者凭虚之论,朕所不取。"②并改集仙殿为集贤殿。然而,开元之治带来了国富民和的局面,唐玄宗于是放松了对社会治理的关切,而逐渐对各种神秘道术产生了兴趣。

二、唐玄宗的著述情况

唐玄宗一生著述较多。据《新唐书·艺文志》介绍,有《玄宗周易大衍论》3 卷、《御刊定礼记月令》1 卷、《玄宗金风乐》1 卷、《今上孝经制旨》1卷、《玄宗开元文字音义》30 卷、《玄宗韵英》5 卷、《明皇诏制录》1 卷、《玄宗注金刚般若经》1 卷、《开元御集诫子书》1 卷、《玄宗开元广济方》5 卷。《全唐文》中还收录其文赋诏制敕等 22 卷。

唐玄宗用力最多的,当属道家著述。他关于道家(教)的著述,除散见于《全唐文》外,主要有《正统道藏》中所收的《唐玄宗御注道德真经》4卷和《唐玄宗御制道德真经疏》10 卷。《正统道藏》还收录有《唐玄宗御制道德真经疏》四卷本,其中的文字内容与前两种明显不同,且不合玄宗主旨,显然是误题书名。在敦煌遗书中,也已发现唐玄宗《道德经》注疏残卷四种,即 P3725、P3592、P2823、S4365。据今人李斌城先生考订,P3725是唐玄宗本人亲注,注成年代为开元二十一年(733 年),共 2 卷。疏

---

① 〔唐〕张九龄:《敕岁初处分》,《曲江集》卷七,《景印文渊阁四库全书》第 1066 册,第 10 页。
② 《资治通鉴》卷二一二,第 6883 页。

P3592、P2823 和 S4365 三种写本源于同一底本,但非同一抄本。唐玄宗《道德真经疏》应为十卷本,撰于开元二十三年(735 年)以前。将敦煌遗书本与现存《正统道藏》本注、疏相对照,所标卷数有所不同,少数字句也不相同。①

第二节　"明道德生畜之源"说

一、"真经"之要在"明道德生畜之源"

唐玄宗曾自述其亲注《道德经》的原因:

> 昔在元圣,强著玄言。权舆真宗,启迪来裔。遗文诚在,精义颇乖。撮其指归,虽蜀严而犹病。摘其章句,自河公而或略。其余浸微,固不足数。则我玄元妙旨,岂其将坠?朕诚寡薄,尝感斯文,猥承有后之庆,恐失无为之理。每因清宴,辄叩玄关。随所意得,遂为笺注。岂成一家之说,但备遗阙之文。②

这说明他是因不满于当时比较流行的《王弼注》和《河上公章句》两个版本所存在的不足而有意亲注《道德经》的。日本学者中岛隆藏博士说:"以治身治国为主的《河上公注》和以玄谈道要为主的《王弼注》都没有受到佛教思想的影响,从当时的理论水平来看,不管说明得怎样巧妙,没有采用因果报应理论和一切皆空理论的注释,都使玄宗皇帝不满意。"③虽然笔者不认为要把唐玄宗对河上公和王弼二注的不满归咎于"没有采用因果报应理论",但唐玄宗确实不满足于河上公和王弼二注大谈什么"穷理尽性,闭缘息想,处实行权,坐忘遗照,损之又损,玄之又玄"等"不可得

---

① 参见李斌城《敦煌写本唐玄宗〈道德经〉注疏残卷研究》,《世界宗教研究》1987 年第 1 期,第 51—61 页。
②《唐玄宗御注道德真经·序》,《道藏》第 11 册,第 716 页。
③ [日]中岛隆藏:《从现存唐代〈道德经〉诸注看唐代老学思想的演变》,《宗教学研究》1992 年第 21 期,第 19—33 页。

而言传者"①,而缺乏对佛教大乘空宗的中道观念的摄取。在唐玄宗看来,整部《道德真经》不过只在"明道德生畜之源"②。

《道德经》通常分为《道经》和《德经》两大部分。20 世纪 70 年代长沙马王堆汉墓出土的帛书《道德经》是《德经》在先、《道经》在后,与唐玄宗当时所见到的《河上公章句》和《王弼注》以《道经》在先、《德经》在后正相反。唐玄宗信从"道"先"德"后。不过,他强调指出,《道德经》分为先、后两部分,并不意味着"道"与"德"两部分可以分判为二,只是"先明道而德之次也"③。在他看来,"道"与"德"之名称虽然可以分先后而言,但究其实质,"道"与"德"二者不可分开而论,因为"道"与"德"之间是"体用互陈"的关系。"道"是"德"的本体,"德"是"道"的作用。无"道"则"德"失其体,"德"便不可言说。无"德"则"道"丧其用,"道"亦不可称述。因此,"道"与"德""其出则分而为二,其同则混而为一"④。老君所说的"是谓玄德""孔德之容""德者同于德""常德不离",和"失道而后德""反者道之动""道生一""大道甚夷"等等,并不是单纯地谈"德"或论"道",而是说明"道德"之"体用互陈"而"递明精要"⑤,不必局限于"上道下德"或"道先德后"之名,当然也不必局限于"德先道后"之名,而只在明晓宇宙间万事万物的生成和流行,都不过是"道生德畜"的结果。

很显然,唐玄宗力图扬弃隋唐以前中国道家学者对《道德经》所作的"养生学"(以《河上公章句》为代表)和"玄学"(以《王弼注》为代表)这两种比较流行的诠释方式,而积极主张从"体用互陈"的角度阐发《道德经》中所含蕴的"道生德畜"之理。这既体现出他对《道德经》思想主旨的独特理解,同时也为他着意继承和发挥隋及初唐一些摄佛论道的道教学者所发展的重玄学思想传统开辟道路。

二、"从本降迹,摄迹归本"的本迹观

为了阐发《道德经》中所含蕴的"道生德畜"之理,唐玄宗直接承继初

①②③④⑤《唐玄宗御制道德真经疏·释题》,《道藏》第 11 册,第 749 页。

唐成玄英所阐述的"妙本"概念，认为老君的"有物混成，先天地生，吾不知其名，字之曰道，强为之名曰大"，正说明"大道者，虚极妙本之强名，名其通生也"。而"德，得也。言天地万变、旁通品物，皆资妙本而以生成，得生为德"，因而，老君谓"道生之，德畜之"。① 这实际上是以"道"言"虚极妙本"具有"通生"的功能，而"德"则是得此"通生"功能者。

自初唐成玄英主张以"妙本"释"道"，阐扬"道"的"虚玄"特性之后，李荣、王玄览、司马承祯、吴筠、张果等，都不以"妙本"为说。唐玄宗则自觉地直接承继成玄英的这一释"道"方法。不过，成玄英在阐述"妙本"与"道"的关系问题时，总是将"妙本"直接释"道"，使二者完全成了同一的概念，只是名称不同而已。而唐玄宗则认为，"妙本"是世界万事万物的本体，是不可名言的，然而，"道"是"虚极妙本之强名"，也就是说，"妙本"是较"道"更深层次的本体范畴。他甚至借用"体用"范畴来阐述"妙本"与"道"之间的关系。他指出，虚无之"妙本"与"道"之间是"体"与"用"的关系："道者，妙本之功用，所谓强名，无非通生，故谓之道。"②"妙本"既是不可以名言的世界本体，则只有借助所"强名"之"道"来显示其"通生"万物的本质特性。正如唐玄宗自己所言："吾不知其[指'妙本']名，但见其大通于物，将欲表其本然之德，故字之曰'道'。"③不过，在唐玄宗看来，"妙本"还不是最深层的世界本体，最深层的世界本体应是"虚无"。而此"虚无"与"妙本"之间，也是"体"与"用"的关系。他说："虚无者，妙本之体。体非有物，故曰虚无。"④"虚无"作为世界的真正本体，并非含蕴具体的事事物物，而是通过"妙本"来显现其作为世界之本体的意义。而"妙本"又通过"道"来表现其"通生"世界万物的特性。成玄英虽然认识到了"道"的"虚通"本性，甚至认为"道以虚通为义"⑤，但是，他未能明确区分"虚无"与"通生"、"虚无"与"妙本"、"妙本"与"道"之间的关系。因

---

① 《唐玄宗御制道德真经疏·释题》，《道藏》第 11 册，第 749 页。
②④ 《唐玄宗御制道德真经疏》卷三，《道藏》第 11 册，第 768 页。
③ 《唐玄宗御制道德真经疏》卷三，《道藏》第 11 册，第 767—768 页。
⑤ 〔唐〕成玄英：《老子注》卷一，严灵峰《无求备斋老子集成初编》(3)，第 1 页。

而，唐玄宗较成玄英对"妙本"的认识显然要深细得多，这不仅反映出唐玄宗具有较高的理论分析水平，也反映出他对初唐道教道体观念所做的积极理论推进。

"妙本"既以"道"显现其"通生"作用，那么，"妙本"到底如何"通生"万物呢？成玄英曾以"本"与"迹"这对范畴来揭示这种关系，唐玄宗也继承了这一思想理路。

西晋著名玄学家郭象曾将"迹"与"所以迹"作为一对哲学认识范畴来探讨，认为"迹"指已经成为历史的文化遗存，而"所以迹"指造成这些遗存的指导思想，并提出了"所以迹者，无迹也"的命题。后来南梁处士阮孝绪以"本"与"迹"对称，提出"夫至道之本，贵在无为，圣人之迹，存乎拯弊"[①]，从而推进了郭象的思想。成玄英进一步提出了"从本降迹，归于妙本"的观念，唐玄宗则更进一步地展开和深化了这一思想。

唐玄宗认为，一切可道可名、有名无名、有欲无欲和有形无形的事事物物，都禀资于"虚极妙本"，它们都是"妙本"的"通生"作用的具体体现，是"妙本"之"迹"。因而，它们均是"自本而降，随用立名"。如"有名"者，指"应用匠成有"而强名；"无名"者，是"万化未作无"而强名。因此，"有名"和"无名"都是说明作为"妙本"之功用的"道"的。但是"道"并不因"有名""无名"而有或无，而是依存于"虚极妙本"。因而，"无名有名者，圣人约用以明本迹之同异，而道不系于有名无名也"。正因为如此，就一切可道可名、有名无名、有欲无欲和有形无形的事事物物来说，"自出而论，则名异，是从本而降迹也"，亦即世间各种各样的不同事物都有着互不相同的名称，它们都是不可名言之"妙本"所降生的不同"迹"象。然而，由于这些不同的事事物物都同禀资于"妙本"，因而"自同而论，则深妙，是摄迹以归本也"。既然如此，"若住斯妙，其迹复存，与彼异名，等无差别"[②]。这实际上揭示出了"妙本"与"万物"

---

①《梁书》卷五一，"阮孝绪传"，第 741 页，北京：中华书局，1973。
②《唐玄宗御制道德真经疏》卷一，《道藏》第 11 册，第 750 页。

之间所存在着的"本"与"迹"的关系，以及由此而产生的事事物物之间所存在着的"异同"关系。

从以上看来，"妙本"是不可道的"非常道"、不可名的"非常名"。与"妙本"相比，可道之"道"、可名之"名"则与世间的事事物物一样并无本质的分别，而同属于"妙本"之"迹"。但是，可道之"道"、可名之"名"毕竟是"虚极妙本之强名"，因而，与那些具体的事事物物相比，它是"本"，而具体的事事物物是"迹"。唐玄宗指出："凡物先名而后字者，以其自小而成大；以道先字而后名者，是以从本而降迹尔。"①也就是说，"本"与"迹"这对范畴是有层次之分别的，"妙本"与"道"的本迹关系，较之"道"与事事物物之间的本迹关系要更加深妙。可见，唐玄宗从"本迹"范式出发更深层地推进了对"妙本""道"和万物之间关系的认识，较详尽地阐明了"妙本"之"道""通生"万物的思想，显示出较高的哲学思辨水平。

三、"道非生法，不有不无"的有无观

为了更进一步揭示"虚极妙本"（即"非常道"）的本质特性，唐玄宗从"有"与"无"的关系出发对此做了深入的探讨。

老子曾谓："天下之物，生于有，有生于无。"（《老子》第 40 章）唐玄宗解释说，此乃"言天下有形之物，莫不以形相禅，故云'生于有'"。然而，"穷其有体，必资于无。故列子曰：形动不能生形而生影，无动不能生无而生有。故曰，虚者，天地之根；无者，万物之源"。②《庄子·山本》有"物物而不物于物"，《庄子·知北游》又云"有先天地生者物邪？物物者非物"，显然，唐玄宗所言，正是要说明"虚无"之"妙本"是天地万物的根源，万物从它而生，依它而变化。所以，唐玄宗又指出："妙本混成，本无形质，而万化资禀，品物流形，斯可谓有无状之形状，有无物之物象，不可名

---

①《唐玄宗御制道德真经疏》卷三，《道藏》第 11 册，第 768 页。
②《唐玄宗御制道德真经疏》卷五，《道藏》第 11 册，第 780 页。

之为有,亦不可格之于无。"①为什么"妙本"不可称为"有",亦不可推究于
"无"呢？这是因为,"妙本"之"道"是"形而上者"。而有形质的事物都有
定方,显露于外的,可以明见；隐藏于内的,也有暗影。然而,"妙本"之
"道"则微妙、惚恍,既不可"以色求",也不可"以声求",更不可"以形求",
正如《庄子·知北游》所说："道不可闻,闻而非也；道不可见,见而非也；
道不可言,言而非也。知形形之不形乎？"所以唐玄宗指出,"道非色、声、
形、法",然而"乃于无色之中能应众色,无声之中能和众声,无形之中能
状众形,是无色之色,无声之声,无形之形"。老君因此而称之为"希"、为
"夷"、为"微",但是,以"希夷微"称谓"妙本"之"道",只能"明道而非道"。
因为,此三者只是用来说明"道用"的假立之名,"道"本身"非色声形等则
混为一矣"。②虽然"有之所利,利于用,用必资于无","无之所用,用于
体,体必资于有",而"有"与"无"又相互以为"利",但是,"涉有"只可"称
器","约形器以明道用",不可以"道用"之"有"(形器)等同于道体("妙
本")本身。③ 很显然,"妙本"之"道"是形而上者,而有色、声、形器者是形
而下者。形而上者通过形而下者来展现自身,说明"妙本"虽是"虚无"却
具有真实的存在性,是具体的事事物物所赖以存在的本质和根据。

当然,不可以"有"释"妙本"之"道",并不意味着可以"无"释"道"
("妙本")。唐玄宗从佛教大乘空宗的"诸法性空"观念来揭橥"有无"关
系。他批评世人往往片面地理解老君"有先于无"和"有无相生"之旨,而
实际上,"夫有不自有,因无而有"；"无不自无,因有而无"。因而,"有"与
"无"是相互因缘的关系,但不是相互生成的关系。老君之"相生",即指
"相因"。因为"诸法性空",而"有无对法,本不相生。'相生'之名,犹妄
执起,如美恶非自性生,是皆空故"。④ 这很明显是以佛教的因缘观来诠
释和改造老子的"相生"观。强调"有"与"无"之间"相因"而非"相生",实
际上也就从根本上否定了"无能生有"。然而,唐玄宗一再指出,"妙本"

---

①②《唐玄宗御制道德真经疏》卷二,《道藏》第 11 册,第 759 页。
③《道德真经广圣义》卷一一,"故有之以为利无以为用"义疏,《道藏》第 14 册,第 370—371 页。
④《唐玄宗御制道德真经疏》卷一,《道藏》第 11 册,第 751 页。

之"道"是生化万有的。这个"道"不仅能生化万有,还能生化万无。他强调一切"无名""无欲""无形"也和"有名""有欲""有形"一样,都是"妙本"之"迹",正说明了这一点。也正因为如此,"妙本不有不无","谓之有,则寂然无象";"谓之无,则湛似或存"。说"妙本"无物、生化万形,固然可以称做"自无而降有,其中兆见一切物象",然而,究其实质,不过是"从本而降迹"而已。① 因此,从"有无"关系论"妙本",无疑是对以"本迹"论"妙本"的深化。

四、"至道降炁,为物根本"的气化论

老子曾谓"妙本"之"道","不知其谁之,象帝之先"(《老子》第 4 章)。唐玄宗诠释说,老君谓"不知道所从生,明道非生法,故无父。道者似在乎帝先尔。帝者,生物之主象似也"②。也就是说,"妙本"之"道"虽然能生成世间万法(事事物物),万法禀资于大道,然而,"道"本身不是由具体事物(万法)中产生。在这里,他强调了"道生万物"的思想,突出了"妙本"之"道"为世间万物生化之根本的思想。

"妙本"固然"不有不无",但是,一切有无均由此而得以生成、流行。在阐明"妙本"之"道"的本质特征之后,唐玄宗进一步阐述了"妙本"生化万物而为万物之根本的思想。在这里,他自觉地继承和发扬了中国传统哲学中的气化观念,提出了"妙本降气,开辟天地,天地相资,以为本始"③的道炁观。

唐玄宗指出,"道以冲虚为用"。"和气冲虚",即是"道用"。"用生万物,物被其功。"④"道动出冲和之气而用生成。"⑤ 也就是说,"妙本"之"道"是通过"冲和之气"(或言"冲虚")来实现其生成万物的作用的。他发挥老子"道生一,一生二,二生三,三生万物,万物负阴而抱阳,冲气以

---

① 《唐玄宗御制道德真经疏》卷三,《道藏》第 11 册,第 764 页。
②⑤ 《唐玄宗御注道德真经》卷一,《道藏》第 11 册,第 717 页。
③ 《唐玄宗御制道德真经疏》卷一,《道藏》第 11 册,第 750 页。
④ 《唐玄宗御制道德真经疏》卷一,《道藏》第 11 册,第 753 页。

为和"(《老子》第 42 章)之理,指出"一"是"冲和之精气","道生一"是说"道动出和气,以生于物"。然而,精气不能直接产生具体的事事物物,即"应化之理,由自未足,更生阳气,积阳气以就'一',故谓之'二'也"。纯阳之气仍不能单独生化万物,于是精气又"积阴就二"而成"三"。由此,阴阳交泰,冲和化醇,从而遍生庶类。既然"道"的生化作用必有阴气与阳气交泰和合,自然万物"当须负荷阴气,怀抱阳气,爱养冲气,以为柔和"。[①] 从这里可以看出,唐玄宗有关"道"的"气化"生成模式是:

$$道→精气(冲和之气)→精气和阳气("二")$$

$$\downarrow$$

$$万物(庶类)←精气、阳气、阴气("三")$$

然而,河上公和李荣、成玄英等,都认为"道"的"气化"生成模式是:

$$道→元气或称"精气"("一")→阴气和阳气("二")$$

$$\downarrow$$

$$万物←天、地、人("三")[②]$$

由此可见,唐玄宗的"道气"生成模式是独具一格的。

唐玄宗所谓道炁,也并不是人们所认为的阴阳之气,而实际上是"与物合同,古今不二"的"精气",亦即"冲和之气"。对于《易·系辞》所说的"一阴一阳之谓道",人们习惯于将"道"等同于阴阳之气。唐玄宗认为,《易·系辞》乃"明道气在阴,与阴合一;在阳,与阳合一尔"[③]。在他看来,阴阳之气是"粗气",而"道炁"是"精气"。阴阳之气有刚有柔,而"道炁"则纯属柔和。而且,"精气"是"本","阴阳之气"是"迹"。阴阳之气是"精气"("道炁")"应化"而成的结果。

在此基础上,唐玄宗指出,"精气"应化出阳气,并不意味着"精气"已经消失或转化,同样,当阳气和阴气都先后由"精气"应化出来之后,"精气"仍没有丧失其"应化""冲和"的作用,才能真正生成具体的事事物物。

---

① 《唐玄宗御制道德真经疏》卷六,《道藏》第 11 册,第 782 页。
② 参见《道德真经玄德纂疏》卷一二,"道生一章第四十二"所引"河上公曰""荣曰"和"成疏",《道藏》第 13 册,第 457 页。
③ 《唐玄宗御制道德真经疏》卷五,《道藏》第 11 册,第 779 页。

这就明显地突出了"精气"在大道化生万物的过程之中所发挥的积极的主导作用,实际上也就突出了"妙本"之"道"与所化生的具体事物之间的更加直接的关系。同时,强调"精气"参与直接化生万物的过程,也必然增强了"妙本"之"道"之所以能够成为万物之本体和根据的理论力量。因此,唐玄宗指出:"至道降炁,为物根本,故称'妙本'。"①正因"妙本"动用,下降自然冲和之气,陶冶万物,万物才得以生成和流行。

五、"妙本生化,动运无穷"的变化观

"至道降炁,为物根本"说明了万物得以生化的根源和具体生化过程的理论模式,唐玄宗继而对"大道生化"的基本特征进行了探讨,阐发了其运动变化观念。

首先,他认为,"妙本生化"万物的运动过程是无穷无尽的。他指出:"妙本生化,运动无穷,生物之功,强名不得。物物而不物,生生而不生。寻责则妙本湛然,未曾有物",因而"复归于无物"。② 很显然,"妙本"生化万物,是一个"物物而不物,生生而不生"的运动过程。在这个运动过程当中,运动变化是没有穷尽的。"物物而不物,生生而不生"者,总是不断地"物物"和"生生"。宇宙间的事事物物也因此而处在无穷无尽的新陈代谢变化过程之中。不过,"物物""生生"者(即"妙本"之"道")虽然总是无穷无尽地生化万物,但其自身并不因此消失或转化,而是"湛然"不变的。万物由此而生化,亦不断地复归于此。因而,"妙本"生化万物,是一个循环往复以至无穷的运动变化过程。也正因此,"妙本生化,冲用莫穷,寂寥虚静,不可定其形状,先天地生,难以言其氏族"③。他甚至还指出:"物者,通该动植,有识有情,总谓之物,得冲气故";同时,由于"妙本"生化万物无穷无尽,"故能生成运动而不歇灭"。④ "妙本"生化万物运动

---

① 《唐玄宗御制道德真经疏》卷七,《道藏》第 11 册,第 788 页。
② 《唐玄宗御制道德真经疏》卷二,《道藏》第 11 册,第 759 页。
③ 《唐玄宗御制道德真经疏》卷三,《道藏》第 11 册,第 767 页。
④ 《唐玄宗御制道德真经疏》卷五,《道藏》第 11 册,第 779 页。

的"不歇灭"特性，实际上也反映出世间万物存在（生成、流行）的"不歇灭"性。这一观念，实质上隐蔽地表达了"物质不灭"的思想。

其次，他认为，"妙本"生化，是包罗万象，遍于群有，而无所局碍的。在他看来，"妙本"之"道"之所以能够成为宇宙间万事万物之本源和根据，就因为宇宙间的一切事事物物都得"妙本"之"道生德畜"作用而生成、流行。"妙本"之"道"也从不执滞于某些事物，而是"泽及群物"，无所偏私。他说："妙本生化，遍于群有。群有之物，无非匠成。万物被其茂养之德，故可以为天下母尔。"①他甚至指出，"妙本"之"道"所存在的领域是极其广袤无边和微妙莫测的，其大无外，其小无内。任何地方，都有它存在和生化万物的痕迹。只要有庶物存在的地方，无不有"道"存在于其间。只要有"道"存在的地方，莫不有其所生化的物类。他说："道包含无外，是万物资始之所。"②他明确地将"道"看做宇宙间的"至大"（"至无"）和"至小"（"至一"）者，指出"妙本"之"道"，"其包含无外，将欲定其至无之体，故强名曰大"③。并谓："夫道者何至无至一者也"，其"能鼓众类，磅礴群材，适使万殊区分，成之者一象，众窍互作。鼓之者一响，则原天下之动用，本天下之生成，未始离于至一者也"。④ 因而，"道之为物，非阴非阳，非柔非刚，汎然无系，能应众象，可左可右，无所偏名，故庄子曰：'夫道未始有封'"⑤。也正因为如此，"道无不在，所在常无"⑥。实际上，"道"无处不存在，无所不包含。它从本降迹，体现于宇宙间的一切事事物物之中，然而，其本身"五色声形"可现，寂然而常处无为之中。

第三，唐玄宗提出了"道"生化万物，然而不为万物主宰，任物自化的思想。他认为，"妙本"之"道"虽然生化万物，使万物流行，并复归于"道"，但"大道"并没有目的性，也就是说，它无意于"安排"万物的生成、

---

① 《唐玄宗御制道德真经疏》卷三，《道藏》第 11 册，第 767 页。
② 《唐玄宗御制道德真经疏》卷八，《道藏》第 11 册，第 797 页。
③ 《唐玄宗御制道德真经疏》卷三，《道藏》第 11 册，第 768 页。
④ 《唐玄宗御制道德真经疏》卷二，《道藏》第 11 册，第 757 页。
⑤ 《唐玄宗御制道德真经疏》卷四，《道藏》第 11 册，第 775 页。
⑥ 《唐玄宗御注道德真经》卷一，《道藏》第 11 册，第 717 页。

流行。即便有"精气"在整个生化万物过程中起着直接的主导作用,"道"也不对"万物"怀有"私心",而只是为万物之生成、流行提供内在根据。因此,万物的生成和流行,都是自然而然的。他说:"天地万物,皆恃赖大道通生之功,以全其生理。而大道化生,妙本无心,虽则物恃以生,而道不辞以为劳倦。"不仅如此,"道"生化万物,也不对万物实行主宰,万物并不为"道"所役使而发生被动的变化。"道生万物,爱养熟成,而不为主宰,于彼万物,常无欲心。"①"道"对"万物"仅仅是爱护、养育和熟成,并没有爱恶之心,也无为于万物。

六、"至道妙物,物感必应"的感应观

感应观念是中国古代较为流行的一种观念。古时人们由于对自然的认识水平不足,在与自然作斗争的过程中,一旦遇上奇异的自然现象,就联想到人类社会自身的某种变化,寻求某种天人感应的因缘。在道教神学中,这种天人感应观念,得到了更广泛的应用与发挥,初唐的《道教义枢》中便专设"感应"一节进行探讨。《道教义枢·感应义》曰:"感是动求为称,应是赴与为名。又云,感者凡情发动之称,应者圣道赴接之名。"②初唐成玄英则谓:"妙体虚寂,而赴感无差。"③又说:"圣智虚忘,感来则应,观机动寂,不失事宜,出处默语,不二而一。"④唐玄宗为了进一步阐发"道""物"关系,自觉承继了重玄学先贤成玄英等人所注重的"感应"认识模式,提出了"至道妙物,物感必应"的思想命题。

所谓感应,顾名思义,甲感乙应。"感"是感动,感激。"应"是承应,回应。有感必有应,有应必有所感。"感"与"应"是一对统一的互动范畴。成玄英曾指出:"道常无为而无不为,凝常之道,寂尔无为,从体起

---

① 《唐玄宗御制道德真经疏》卷四,《道藏》第 11 册,第 775 页。
② 《道教义枢》卷一〇,《道藏》第 24 册,第 835 页。
③ 〔唐〕成玄英:《道德经义疏》,蒙文通《道书辑校十种》,第 382 页,成都:巴蜀书社,2001。
④ 〔唐〕成玄英:《道德经义疏》,蒙文通《道书辑校十种》,第 392 页。

用,应物动作。"①也就是说,大道是虚寂而无为的,而万物则是运动变化的。大道"从体起用",完全是受到万物运动所感而应之以动作,亦即"道应物感"或"物感道应"。后来,王玄览也以"感应"模式论"道物"。他不仅主张"道能应物"②,而且指出"大道"有"应感"③的特性。他认为,一方面,"其道无常性,所以感应众生修","能应众生修,是故即道是众生,即众生是道";另一方面,"道若应众生,道即离所习"。④ 唐玄宗则以"至道盈虚,爱养万物"为基点,把"物感必应"看做"至道妙物"的一个重要特征。

在唐玄宗看来,"至道"之所以能够"物感必应",就是因为"道应物感"是"妙本"之"道""从本起用"而"化成天下"万物的必然要求。他说:"道性清静,妙本湛然,故常无为也。万物恃赖而生成,有感而必应,故无不为也。"⑤可见,物感道应,是至道"无为而无不为"的具体表现,即至道"应物遂通,化成天下"⑥。

唐玄宗"感应"思想的一个突出表现,就是对佛教"因缘"观念的摄入。而这在成玄英和王玄览等人那里并不明显。也就是说,成、王等人并没有明确地将佛教的"因缘"观念与道教的"感应"观念相结合。唐玄宗指出,至道从"妙本之虚无"状态化生世间的万事万物,并不是无缘无故的。"物感斯应,应必缘感。"⑦至道虽然是世间万事万物得以生化流行的主要内"因",但其真正要生化万物并使万物流行,还必须有外"缘"才能发动。这个外"缘"不是来自别处,正是来自其所生化的万事万物之中,是万事万物之中所生发的"应"。所以他说:"玄牝之用,有感必应,应

---

① 《道德真经玄德纂疏》卷一〇,《道藏》第 13 册,第 441 页。
② 《玄珠录》卷上,《道藏》第 23 册,第 625 页。
③ 《玄珠录》卷上,《道藏》第 23 册,第 623 页。
④ 《玄珠录》卷上,《道藏》第 23 册,第 621 页。
⑤ 《唐玄宗御制道德真经疏》卷五,《道藏》第 11 册,第 777 页。
⑥ 《唐玄宗御制道德真经疏》卷一,《道藏》第 11 册,第 750 页。
⑦ 《唐玄宗御制道德真经疏》卷七,《道藏》第 11 册,第 787 页。

由物出。"①这显然是以佛教的"因缘"观念来补充和诠释道教的"感应"观念,反映出唐玄宗深受佛教思想的影响。

不仅如此,唐玄宗还以"感应"模式来诠释老君"谷神不死,是谓玄牝"(《老子》第6章)的思想,认为这正是说明"物感道应"关系的。《唐玄宗御注道德真经》卷一云:"谷者,虚而能应者也;神者,妙而不测者也。死者,休息也。谷之应声,莫知所以,有感则应,其应如神。如神之应,曾不休息。欲明至道虚而生物,妙用难名。"②《唐玄宗御制道德真经疏》卷一也指出,"谷神"是说明"谷之应声,似道之应物,有感即应,其应如神";而"谷神不死",正说明"谷神之应,深妙难名,万物由其茂养,故云'是谓玄牝'"。③这种"物感道应"的诠释,虽然阐述了"道生万物"是永无终结的过程,但又将此种思想笼罩上一层神秘主义的外衣。

唐玄宗认为,"物感道应"有两个基本特征:其一,只要有物所"感",至道便必有所"应"。他指出:"应用不穷,唯感所适,道之常也。"④"妙本"之"道"的这种受"感"动的"应用"是无所局限的。道"常在应用,其应非一"⑤,且"物来必应,无不含容"⑥,遍及所有庶类。故而,"至道妙物,既本非假,杂变化至精,故其精甚真,生成之功,遍被群有,物感必应,曾不差违"⑦。况且,大道"汎然无系,能应众象,可左可右,无所偏名"⑧,"能状众形"⑨,亦因其"法音广被"而"能应众音"⑩。其二,大道"应"物所"感",是"无私无心"的。这实际上也是它之所以能够"遍于群有"的一个原因。他说:"寂寥虚静,妙本湛然,故独立而不移改,物感必应,应用无心,遍于群有。"⑪"应用无心",也就是"应"物所"感"时没有爱恶和局碍之

---

① ③《唐玄宗御制道德真经疏》卷一,《道藏》第 11 册,第 754 页。
②《唐玄宗御注道德真经》卷一,《道藏》第 11 册,第 718 页。
④ ⑤《唐玄宗御制道德真经疏》卷四,《道藏》第 11 册,第 774 页。
⑥《唐玄宗御制道德真经疏》卷二,《道藏》第 11 册,第 761 页。
⑦《唐玄宗御制道德真经疏》卷三,《道藏》第 11 册,第 765 页。
⑧《唐玄宗御制道德真经疏》卷四,《道藏》第 11 册,第 775 页。
⑨《唐玄宗御制道德真经疏》卷二,《道藏》第 11 册,第 759 页。
⑩《唐玄宗御制道德真经疏》卷六,《道藏》第 11 册,第 782 页。
⑪《唐玄宗御制道德真经疏》卷三,《道藏》第 11 册,第 767 页。

心。而且，"虚牝之用，应物无私"①，"感既不一，故应无常心"②。"应物无私"，也就是"应用"万物而无所偏私。即便是因各种不同的事事物物产生不同的"感"动，大道也不会总是以一种姿态来回"应"不同之"感"，而是会依照不同事物所产生的不同"感"动而适当地给予回"应"。

"道应物感"的这两个基本特征，充分反映出："道"与"物"之间是相互依持的互动关系，"物"对"道"并不是完全被动的化生，而是"感"动"道"发生"应用"而化生；"道"对"物"也不是完全主动的化生，而是在有"物"感之"缘"的前提下才能发生化生。这里进一步强调了"道""物"之间相互依持的关系。

第三节 "道性清静"说

道性论是隋唐道教哲学中的一个突出问题，也是儒释道三教交融的一个重要表征。从逻辑上讲，道性问题也是道体问题的逻辑必然推演。因为道体论主要探讨宇宙本体和万物生化问题，然而，"妙本"生化万物之后，万物又如何能够体现和保持"至道之本性"呢？如果不能体现和保持"至道之本性"，那么，万物也就成了脱离"妙本"的东西。况且，在"妙本"所生成的万物之中，独有人最为复杂。儒家专门探讨人的本质性情问题，佛教也就人性（佛性）问题做过深入的探讨，参与三教对话与交融的道教，当然不能丢开人而专究宇宙本体和万物根据问题，这就必然要求在探讨了万物之本源和生成问题之后，对包括人在内的万物（庶类）的本性问题进行哲学的思考。

从道体论到道性论，也是面临来自佛教的激烈挑战，道教为克服自身的本体论危机而寻求新路径的必然结果。老子曾就"道"提出两个著名的哲学命题，其一是"道生一，一生二，二生三，三生万物"（《老子》第42章），其二是"人法地，地法天，天法道，道法自然"（第25章）。这两个看

---

① 《唐玄宗御制道德真经疏》卷一，《道藏》第11册，第754页。
② 《唐玄宗御制道德真经疏》卷七，《道藏》第11册，第787页。

似简单明了的哲学命题,却给后来的道教理论带来了本体论上的重大诠释困境。初唐以前,道教著名典籍《西升经》和《升玄内教经》等,一方面主张道气生物,把道看做宇宙的本体和万物的根据,另一方面却又在解释"道法自然"的时候主张"道出于自然"或"道本自然"。直至唐初成玄英的《老子注》,仍主张"道即是本,物从道生",同时又主张"道是迹,自然是本"。若如成玄英说:"道是迹,自然是本,以本收迹,故义言法也。又解:道性自然,更无所法,体绝修学,故言法自然也。"①这显然存在一个不可克服的矛盾:既然"自然"与"道"是本迹关系,何以又说"道"与"自然""更无相法"呢?

为此,与成玄英几乎同时的佛教学者慧乘和法琳等人,对道教在"道"之上还有个更根本的"自然"进行了猛烈攻讦。他们认为,如果是这样,那么,"自然"是本、是常,"道"则是迹、是无常,"道"也就不能成为道家(教)所标榜的那种至上无极、常住不变的存在。这显然是对道教道体论的尖锐挑战。

道教学者们面对佛教的攻讦,力图克服自身道体论上的矛盾和不足。《道体论》便试图以佛教的"因缘"观念来解决这个危机,主张"造化者,即是自然因缘;自然因缘,即是不住为本,取其生物之功,谓之造化。化不外造,日日自然,自化迹变,称曰因缘",因而,"道"与"自然"之间,"差之则异,混之则同"。② 这样虽然暂时模糊了"道"与"自然"之间的明显"对立",但仍没有真正解决二者之间的关系。唐玄宗继《道体论》之后,自觉地探讨了困惑道教的"道法自然"问题。他明确指出:"(道)法自然,言道之为法自然,非复仿自然也。"如果像佛教徒所攻讦的那样,即"以道法效于自然",那么老君所说的"域中有四大",就不是四"大",而是五"大"了。佛教攻讦者把《西升经》中"虚无生自然,自然生道"一语,解释为"以道为虚无之孙,自然之子",显然是"妄生先后之义,以定尊卑之

———————————
① 〔唐〕成玄英:《道德经义疏》,蒙文通《道书辑校十种》,第 428 页。
② 《道体论》,《道藏》第 22 册,第 889 页。

目,塞源拔本,倒置何深"！他认为,事实上,"虚无者,妙本之体,体非有物,故曰'虚无'。自然者,妙本之性,性非造作,故曰'自然'。道者,妙本之功用。所谓强名,无非通生,故谓之'道'。幻体用名,即谓之'虚无自然道'尔"。[①] 显然,唐玄宗对"虚无""自然"与"道"做了明确的区分,并确认"虚无""自然"和"道"是"妙本"的三大不同特征,其中"虚无"是"体"状,"自然"是"性"质,"道"是"功用"。这不仅比较有力地回应了来自佛教的激烈挑战,而且也澄清了道教本体理论上的一些带根本性的模糊认识,推进了道教理论的自觉发展,同时还突出了"妙本"的"自然之性"的理论地位。

一、"道性似水,莫之能胜"的道性论

老子对水的一些特性给予了高度的赞颂,如谓"江海所以能为百谷王者,以其善下之,故能为百谷王"(《老子》第 66 章),"天下莫柔弱于水,而攻坚强者莫之能胜"(第 78 章)等等,并明确地指出:"水善利万物而不争……几于道。"(第 8 章)后来,《老子河上公章句》《老子想尔注》及其他道教典要,都指出"水性几与道同"[②]"水性与道相近"[③],继而发展为以"水之性"诠释"道性"。唐玄宗自觉地继承和发扬了这一思想传统,进一步诠释了"道性"的特点。老子说:"水善利万物而不争,处众人之所恶。"(《老子》第 8 章)成玄英在《老子疏》中进一步提出水有"三能"的观点。他指出,"水善利万物"是水的第一"能",是说"水在天为雾露,在地为泉源,津润沾洽利物处,多以此功能"。"不争"是水的第二"能",是说"水性柔和,不与物争,方圆任器,壅决随人"。"处众人之所恶"是水的第三"能",是说"卑下之地,水则居之",而众人"舍下趋高,骄慢陵物",因而恶之。[④] 唐玄宗承继并发展了上述思想,他阐述"水性之三能"说:"水性甘

---

① 《唐玄宗御制道德真经疏》卷三,《道藏》第 11 册,第 768 页。

② 《老子河上公章句》,《道藏》第 12 册,第 2 页。

③ 〔唐〕李荣:《老子注》,蒙文通《道书辑校十种》,第 574 页。

④ 《道德真经玄德纂疏》卷二,《道藏》第 13 册,第 376 页。

凉散洒,一切被其润泽,蒙利则长,故云'善利',此一能也。天下柔弱,莫过于水,平可取法,清可鉴人,乘流遇坎,与之委顺,在人所引,尝不竞争,此二能也。恶居下流,众人恒趋,水则就卑,受浊处恶不辞,此三能也。"①并指出,以上"水性之三能",颇近于至道之性:"'利物'明其弘益,'不争'表其柔弱,'处恶'示其合垢。"②

不过,在唐玄宗看来,水的最大特性,是"己得徐清"。他指出,水也有混浊之时,然而,混浊之水,总是能够"徐徐自清"以显示出其"清静"本色。他还以"混浊"为喻,指示佛教中的"法尘"("法"),认为水之所以能够在混浊之中自清,就在于水本身固有"清静之性",而此"清静之性,不滞于法"。③他明确地指出,大道之性,也同水一样具有本来的"清静"特征,它是无所混杂的。他说,至道"真性清静,无诸伪杂"④。他甚至还指出:"道性清静,混然无际而无间隙尔。"⑤也就是说,"清静"与"道"是同一不二的,"道"即"清静","清静"即"道"。这实际上是把"清静"看做"道"的基本特性。

唐玄宗还非常推崇水性"善下不争"的特点,认为这种特性使水成为天下最柔弱的东西,没有什么东西不能渗入和被其攻破,因此,它是世界上最坚强能胜者。他说:"水之为性,善下不争,动静因时,方圆随器,故举天下之柔弱者,莫过于水矣,而攻坚强莫之能胜者。夫水虽柔而能穴石,石虽坚而不能损水。若以坚攻坚,则彼此而俱损。以水攻石,则石损而水全。故知攻坚伐强,无先水者。故云'莫之能胜'。"⑥实际上,在唐玄宗看来,道性亦如水性,"善下不争"。它虚怀若谷,总是谦逊卑下,不为世人所察知;和顺庶类,不与万物争功利;柔弱不力,无物不能克制。

由此可见,唐玄宗阐扬水性"利物""处恶""不争"和"清静",正是着

---

① 《唐玄宗御制道德真经疏》卷一,《道藏》第 11 册,第 754 页。
② 《唐玄宗御制道德真经疏》卷一,《道藏》第 11 册,第 755 页。
③ 《唐玄宗御注道德真经》卷一,《道藏》第 11 册,第 722 页。
④ 《唐玄宗御制道德真经疏》卷七,《道藏》第 11 册,第 791 页。
⑤ 《唐玄宗御制道德真经疏》卷六,《道藏》第 11 册,第 783 页。
⑥ 《唐玄宗御制道德真经疏》卷一〇,《道藏》第 11 册,第 806—807 页。

力阐发道性弘益万物、卑顺不亢、清静无混、坚强不争的特点。

二、"修性反德,复归于道"的复性论

唐玄宗借水性来说明道性的基本特点,目的在于要阐发其人性观念。因为人与其他庶类都是禀资于"妙本"之"道"而生成,自然赋有"道性"。成玄英曾明确指出:"道者,虚通之妙理,众生之正性也。"①唐玄宗也以"道"来阐发人性问题。他认为,既然人与众生都禀资于"道",那么,"人之正性,本自澄清,和气在躬,为至柔也"②。人所秉承的这种"澄清"的"正性",只是在未出生落地之前才具有。"及受形之后,六根爱染,五欲奔驰,则真性离散,失妙本矣。"③大道所赋予的"正性"(或称"真性")往往容易丧失,这是人们后天放纵情欲,染著代尘,为功名利禄和声色所诱惑而造成的。人身所秉承的"澄清至柔"之"正性"一旦离散失去,实际上就从先天之"至柔"变成了后天的"至坚",因而很容易成为"死之徒"。唐玄宗指出,丧失"正性"的人如果想要摆脱死亡的命运,就必须设法"修性反德,复归于道",使自身返回到原本具有的"正性"状态,成为"澄清至柔"的"不死"者。这实际上指出了修持"复性"的指导方向。

唐玄宗指出,"修性反德"的实质,就在于"不离妙本,自有归无,还冥至道"④,也就是"归根则静止矣""复所禀之性命"⑤。然而,要真正达到"修性反德",关键还在于能否守道雌静,除却七情六欲。他说:"人既知身是道冥之子,从冲冥而生也,当守道清静,不染妄尘,爱冥养神,使不离散。人从道生,望道为本,令却归道守母。"⑥他特别指出,人生禀资于"道"的"澄清""正性"的最大危害者,就是人身中固有的情欲因素。对于"修性反德"来说,如果人们能够在"欲心未动安静之时,将欲守之,令不

①《道德真经玄德纂疏》卷一六,《道藏》第 13 册,第 499 页。
②《唐玄宗御制道德真经疏》卷六,《道藏》第 11 册,第 783 页。
③《唐玄宗御制道德真经疏》卷二,《道藏》第 11 册,第 760 页。
④《唐玄宗御制道德真经疏》卷三,《道藏》第 11 册,第 764 页。
⑤《唐玄宗御注道德真经》卷一,《道藏》第 11 册,第 722 页。
⑥《唐玄宗御制道德真经疏》卷七,《道藏》第 11 册,第 789 页。

散乱,则甚易持执"①。如果"人不能为之于未有,理之于未乱,而更有所营为于性分之外,执着于尘境之中",则终究会导致"祸败而失亡"。②即便是在情欲萌兆之后,也应当尽早尽快地加以收敛和杜绝。须知情欲开始发动之时,表现微弱,但是如果不力加克制,而是任其放纵,则终致不可收拾,后果难以想像。"夫情欲伤性,皆生于渐,无不始于易,而终成难,初于细而后成大。"③如果不及时杜绝,终将由小祸而酿成大灾。他甚至说,人们如果能够谨守清静而致虚,从而"归复所禀之性命",就能够实现老君所说的"长生久视"的理想。

唐玄宗认为,"修性反德",有圣凡之别。对于凡俗大众而言,要真正实行"修性反德",并不是一件很容易的事情,必须有至人"善士"通过立教来指导进行。由于"善士之心无染,则自然静止",因而能够"于代间爱欲混浊之中,而以清净道性而静止之,令爱欲不起,亦如水浊而澄静之,令徐徐自清"。④然而,对于圣人、至人来说,他们能始终如一地守道雌静,因而清静之性常存。"圣人无为安静,故素分成全而无败;虚忘无执,故真性常存而无失。"⑤正因为圣人、至人能够"率性清廉,自然化下,秽彼之浊,以扬其清"⑥,所以,"玄德之君[亦称"圣人"或"至人"],无为而化。不测其量,深也;所被无外,远也。故能与万物反归妙本,然后乃至大顺于自然真性尔"⑦。

由于先天的生理发育和遗传性因素、后天的社会生活环境与教育等的影响,人与人之间难免会存在着或大或小的智力上、知识上和性情上的差异。但是,如果过分夸大这种差异,认为社会大众都是鲁钝的、愚昧的、纵情声色功名的,只有极个别的位居千万人之上的至人或"玄德之君"才是聪明的、率性清廉的,那么,那极少数自我标榜具有"玄德"的帝

---

①③《唐玄宗御制道德真经疏》卷八,《道藏》第11册,第798页。
②⑤《唐玄宗御制道德真经疏》卷八,《道藏》第11册,第799页。
④《唐玄宗御制道德真经疏》卷二,《道藏》第11册,第760页。
⑥《唐玄宗御制道德真经疏》卷八,《道藏》第11册,第795页。
⑦《唐玄宗御制道德真经疏》卷九,《道藏》第11册,第800页。

王将相，自然也就无须"修性反德，复归于道"，而他们的一言一行也都自然合乎道性的本色。然而，那千千万万的愚钝纵情的社会大众，当然而且必须在"玄德之君"的"立教"指导之下，心甘情愿地去收敛性情、克制欲念，安分守己地去"修性反德"。不难看出，这与其说是劝告世人"修性反德，复归于道"，不如说是别有用心地捏造"圣凡之别"，来为帝王将相的为所欲为提供掩人耳目的借口，并为其推行统治政策提供理论依据。

三、"法性清净，是曰重玄"

唐玄宗在着力阐发"道性清静""修性反德"思想的同时，还提出了一个颇有特色的重玄学命题，即"法性清净，是曰重玄"①。玄宗通常只谈"道性清静"，为什么他又谈"法性清净"呢？"法性清净"与"道性清静"有什么关系呢？

在玄宗以前，隋唐重玄学颇为流行。这种以老庄学为依托、以佛教大乘中道论的双遣思维模式融合老庄思想的道教思辨哲学，显示出经过佛教化的调合，道教理论从原始的平民哲学发展到一个比较成熟的高水平形态，是道教哲学从原来的本体论形态过渡到心性论形态的一大关键，也从理论上直接促进了道教外丹学向内丹学的转化。而双遣思维模式的一个重要特征，就是要达到"不滞于不滞""无欲于无欲"，强调既不执着于"有"，也不执着于"无"，更不执着于"非有"或"非无"。唐玄宗自觉地继承了这种佛教化的重玄道教学思维方法。他在阐发《道德经》中的"玄之又玄"时指出，有欲与无欲，都以"道"为本体和根据。"意因不生，则同乎玄妙，犹恐执玄为滞，不至兼忘，故寄'又玄'以遣'玄'，示明无欲于无欲，能如此者，万法由之而自出。"②《唐玄宗御制道德真经疏》又说："无欲于无欲者，为生欲心，故求无欲；欲求无欲，未离欲心。今既无

---

① 《唐玄宗御制道德真经疏》卷四，《道藏》第 11 册，第 769 页。
② 《唐玄宗御注道德真经》卷一，《道藏》第 11 册，第 716 页。

有欲,亦无无欲,遣之又遣,可谓都忘。"①这种思想方法必然对其"道性"观念产生影响。

在唐玄宗看来:"人生而静,天之性;感物而动,性之欲。若常守清静,解心释神,返照正性,则观乎妙本矣。若不正性,其情逐欲而动,性失于欲,迷乎道,原欲观妙本,则见边徼矣。"②《唐玄宗御制道德真经疏》则进一步分析说,"欲"有两种,一种是"逐境而生心",另一种是"思存之谓"。就前一种而言,"人常无欲,正性清静,反照道源,则观见妙本矣。若有欲,逐境生心,则性为欲乱,以欲观本,既失冲和,但见边徼矣"。就后一种而言,"常无欲者,谓法清静,离于言说,无所思存,则见道之微妙也。常有欲者,谓从本起用,因言立教,应物遂通,化成天下,则见众之归趋矣"。③由此不难看出,人之"正性"与"法性",实际上是同一所指,即"天之性",亦即先天禀资于"妙本"之"道"所获得的"自然之性"。这个"性"与"欲"鲜明对立。无论是"逐境而生心",还是"思存"与"言说",都是以"动"为特征的。而"欲"之所以与"性"构成鲜明的对立,就在于它以"动"破坏了"性"所固有的"静"(或"清静")。正如上面所指出的,"有欲"固然是执滞于"欲"亦即执滞于"动","无欲"也是执滞于"欲",即执滞于"欲求无欲"之"欲",仍是执滞于"动"。唯有"既无有欲,亦无无欲,遣之又遣,可谓都忘",才无所执滞。即是说,既遣"有欲"之"动",又遣"无欲"之"动",自然"忘"其所"动"而一无所"动",达到完全的"静"(或"清静")。而这种完全的"静"(或"清静")便是人之"正性"和"法性"的主要特征,实际上正是"妙本"之"道"的"自然之性"的主要特征。

"静"是与"动"相对而言,"清静"也就是寂静。"正性清静""法性清静""道性清静",都是说明"正性""法性""道性"的寂静不动的特征。而"净"则是与"垢"或"染"相对而言。也就是说,"清静"(或"清净")是指无欲无为而无所染污。唐玄宗以"清净"说明"道性""正性"和"法性"的特

①③《唐玄宗御制道德真经疏》卷一,《道藏》第 11 册,第 750 页。
②《唐玄宗御注道德真经》卷一,《道藏》第 11 册,第 716 页。

征,在《唐玄宗御制道德真经疏》《唐玄宗御注道德真经》中屡见不鲜。如谓:"道性清净,妙体混成,一无间隙。"①又如:"道性清净,妙本湛然,故常无为也。"②"夫人之正性,本自澄清,和气在躬,为至柔也。"③唐玄宗认为,人的"澄清"("清净")之"正性"的最大危害者,就是"染著代尘",因此,"若驰骋情欲,染著代尘,为声色所诱,则正性离散,为至坚也"④。"修性反德",就是要清除"染著",使"正性"复归"清净"无垢的状态。老君虽然没有明确提出"清净"概念来说明"道"的特征,而是强调"清静为天下正"(《老子》第45章),但这并不能说明老君没有阐述"道"的"清净"无染之性。老君常以"素""朴"等来说明"道",而且他还以"豫若冬涉川""敦兮其若朴""浑兮其若浊,孰能浊以静之徐清"等来说明善士"能于代间爱欲混浊之中,而以清净道性而静止之,令爱欲不起,亦如水浊而澄静止,令徐徐自清"⑤,以恢复到禀资于"妙本"之"道"的"清净"正性状态。

在此值得一提的是,《道德经》"清静为天下正"一语,无论是王弼注本、河上公注本,还是长沙汉代马王堆出土的帛书本,都没有什么大不同,只是"为"字或言"可以为",或言"以为"。而傅奕注本谓"清靖以为天下正"。不过,古汉语中的"靖"通"静"。道家著作《管子》有"以靖为宗,以时为宝,以政为仪"(《白心》)之说,王念孙疏为"靖与静同"。因此,傅奕注本与前几个注本实际上也一样。有所不同的是唐玄宗的注疏本,"清静为天下正"变成了"清净为天下正"。这至少可以说明唐玄宗想以佛教的"清净"概念来替代道家道教原有的"清静"概念。

但是,唐玄宗以"清净"来阐扬"道性""正性"和"法性",并不是单纯地以佛教的"清净"观念来阐释《道德经》中的"道"性观念。他没有因主张"道性清净"而丢弃"道性清静"观念,也不是因《道德经》本无"道"性"清净"的意识而直接引入佛教的"清净"观念,而是自觉地吸取佛教中的

---

① 《唐玄宗御注道德真经》卷三,《道藏》第11册,第734页。
② 《唐玄宗御制道德真经疏》卷五,《道藏》第11册,第777页。
③④ 《唐玄宗御制道德真经疏》卷六,《道藏》第11册,第783页。
⑤ 《唐玄宗御制道德真经疏》卷二,《道藏》第11册,第760页。

"清净"思想来更加鲜明地阐发和凸显《道德经》中尚不太突出的"道"的"清净"特性。

不过,唐玄宗在阐发"道性""正性"和"法性"的特征时,有时会将"清静"之性与"清净"之性合一而用,并没有什么严格的区分界限。因为"有为""有欲""有事""有言"等后天言行,既是"动",又是"染";而"无为""无欲""无事""无言"等,既是"清静"之性的表现,也是"清净"之性的要求。比如,他既言"法道清净,无为忘功于物"①,强调"夫无知无欲者,已清净也,则使夫有知者渐陶淳化,不敢为徇迹贪求而无为也"②;同时又言"真性清静,无诸伪杂""人君清静,无为道化"③,主张"无为则清静""好静则得性"④。"清静"与"清净"之间存在的一而二、二而一的关系,既说明了"道性"的不同特征,又说明了"道性"不同特征之间的共同性,而且既符合原始道家和道教的"清静"之言,又符合佛教的"清净"之言,这显然是唐玄宗调和佛道观念的一种反映,同时也使得"清净"与"清静"一样,成为"无欲于无欲"的道教重玄学范畴,而这正是唐玄宗在自觉继承和发扬初唐重玄学道性观念基础上着力阐发其"修性反德,复归于道"的道性思想的必然结果。

第四节　"因学知道,行无行相"说

道家和道教以反智的神秘主义著称。老子和庄子都抨击智慧之害、知识之弊。不过,他们虽然都主张"离形去智""塞兑闭聪",但也并不一概否定所有认知。因为如果否定一切认知,那么他们就无从谈"道"论"德",更无须主张"知常曰明"和"小知不及大知"。在他们看来,不"知道",便无从"修道",更不可能"得道"。唐玄宗说得更明确:"道在于悟,

①《唐玄宗御制道德真经疏》卷三,《道藏》第11册,第768页。
②《唐玄宗御制道德真经疏》卷一,《道藏》第11册,第753页。
③《唐玄宗御制道德真经疏》卷七,《道藏》第11册,第791页。
④《唐玄宗御注道德真经》卷三,《道藏》第11册,第740页。

不在于求,不如财帛,故可日日求而得之。"①他甚至说:"夫妄心起染,则业累斯生,若悟道虚心,则罪因自灭。"②这实际上是力图继承和发展老庄所倡导的"玄鉴""静观"思想。

"修性反德,复归于道"的道性论,要求身处法尘之中的世间众生,居法尘而又必须不滞于法尘,乃至"不滞于不滞"。因此,修性之行,不离世间法,又不滞于世间法;"虽藉勤行,必须无著,次来次灭,虽行无行,相与道合","如此则空有一齐,境心俱净"。③ 不过,唐玄宗认为,要真正做到"行无行相""心与道冥",还必须"于诸法中体了真性"。④ 也就是说,体悟至道,至关重要。

一、"俗学伤性,绝学无忧"的学道观

唐玄宗认识到,一般的知识的发生,在于人心与外境的接合。他说:"夫心与境合,是以生知。"⑤常人所说的"智",是指人们"役心"追逐外境所产生的种种识见。不过,这种因"役心逐境"所产生的知识和智慧,并不能够把握"至道",恰恰是远离了"至道"。因为"至道"妙生万物,微明难测。如果不是"役心逐境",而是反求诸己,摒弃外缘,倒是有可能获得"至道"。正如玄宗自己所说:"若反照内察,无听以心,了心观心,不生知法。能如此者",则可谓"明了"大道。⑥"心"与"境"相"合"之所以不能"明了至道",除由于"至道"神妙难测之外,更由于"心"为外境所"迷执"。为外境所迷执,则"心"欲动而失其真性,如此哪能"知道"呢? 因此,要真正了知大道,就必须破除外"境"对"心"的诱惑和"心"对外"境"的迷执,使"心无边境之迷,境无起心之累"⑦。

---

① 《唐玄宗御注道德真经》卷四,《道藏》第 11 册,第 742 页。
② 《唐玄宗御制道德真经疏》卷八,《道藏》第 11 册,第 797 页。
③ 《唐玄宗御制道德真经疏》卷四,《道藏》第 11 册,第 769 页。
④⑦ 《唐玄宗御注道德真经》卷二,《道藏》第 11 册,第 727 页。
⑤⑥ 《唐玄宗御制道德真经疏》卷四,《道藏》第 11 册,第 774 页。

　　唐玄宗把"役心逐境"所产生的知识称为"俗学"，即世间凡俗之人所为之学。他说："夫俗学有为，动生情欲，熙熙逐境，役役终身，如馐夫之临享太牢，恣贪滋味，冶容之春台登望，动生爱著。"[①]凡俗之人获取知识，都带有强烈的世俗功利目的。他们为各种名利和欲望的满足而以眼、耳、鼻、舌、身去接触外界形形色色的事物，以为眼睛所见、耳朵所听、鼻子所嗅、舌及身所感触到的，都是"至道"之知。他们"耽著矜夸巧智，是法皆执，自为有余"[②]。他们还分别善恶，辩论是非。岂不知"目视色，耳听声，口察味，伤当过分，则不能无损"。实际上，他们"坐令形骸聋盲，爽差失味"，又何况"耽滞代间声色诸法，不悟声色性空"。他们"耽声滞色"，"驰骋欲心，亦如畋猎，但求杀获，欲心奔盛，逐境如驰"。[③]　这哪里是获求"至道"之知，不过是"越分求学"以"增长是非"，离"至道"之知日渐遥远。唐玄宗认为，要想真正获得"至道"之知，不是需求"有为过分之学"，而是绝此"有为过分之学"。他说："夫人之禀生，必有真素，越分求学，伤性则多。若令都绝不为，是使物无修习，今明乃绝有为过分之学，即《庄子》所谓'俗学以求复其初'者。"[④]因此，弃绝有为"过分"的俗学，就不会有所执滞。无所执滞，也就无忧患。

　　"俗学"最早是《庄子·缮性》中提出来的，主要是指儒家所提倡的仁义礼智等伦理之学。庄子及其后学继承《道德经》中"绝圣弃智""绝仁弃义"等思想，指出："夫德，和也。道，理也。德无不容，仁也。道无不理，义也。义明而物亲，忠也。中纯实而反乎情，乐也。信行容体而顺手文，礼也。礼乐遍行，则天下乱矣。"（《庄子·缮性》）后来，郭象发挥庄子后学思想，指出"欲以俗学复性命之本，所以求者愈非其道也"。初唐成玄英更进一步指出："人禀性自然，各守生分，率而行之，自合于理。今乃智于伪法，治于真性，矜而矫之，已困弊矣。方更行仁义礼智儒俗之学，以求归复本初之性，故俗弥得而性弥失，学逾近而道逾远也。"并提出："以

[①][④]《唐玄宗御制道德真经疏》卷三，《道藏》第 11 册，第 763 页。
[②]《唐玄宗御制道德真经疏》卷三，《道藏》第 11 册，第 764 页。
[③]《唐玄宗御制道德真经疏》卷二，《道藏》第 11 册，第 757 页。

俗学归本,以思虑求明,如斯之类,可谓蔽塞蒙暗之人。"①不难看出,唐玄宗所阐发的"有为过分之俗学",正是对成玄英思想的自觉发展。只是由于唐玄宗并不像成玄英那样鲜明地反对儒学,而是积极地调和儒、道两家之学,所以他在"俗学"之前加上了一个定语"过分"。因为"性分"本是儒家概念,是指人性善恶之间的界限。唐玄宗吸取这一思想来说明"至道"之学和有为俗学的界限,认为无为至道之学是"分内之学"②,而"有为过分之俗学"是"营为于性分之外,执着于尘境之中"的"分外之学"或"过分之学"③。

那么,如何才能做到"绝学"(即绝弃有为过分之俗学)而"悟道"呢?唐玄宗认为,关键在于"了心":"学之不绝,只在于心。"④他明确地指出:"道在于悟,悟在了心,非如有为之法,积日计年,营求以致之尔。但澄心窒欲,则纯白自生也。"⑤"了心"是"悟道"的前提和关键。而"了心",也就是要"澄心窒欲",使"心"无所拖累、无所执滞,从而"虚室生白"(《庄子·人间世》)。所以他特别强调:"求道者以心为舟,以信为车,车用在于运,舟用在于虚。常取不足,勿求有余。静心而不系者,虚舟也。运动而不倦者,信车也。"⑥凡人俗学之所以不能悟道,关键在于不能"信车""虚舟"。而至人之所以能够绝有为过分之学,就在于其"畏绝俗学,抱道含和,独能怕然安静"⑦;"忽忽无心,常若昏昧而心寂然,曾不爱染,于法无住";对于世间诸法,"独无分别","等无是非","有似鄙陋"而"心实了悟"。⑧

总而言之,圣人与凡人在悟道上的根本区别就在于:凡人"执有身相",而圣人"能体了身相虚幻"。他说:"吾所以有大患者,为吾执有身

---

① 《南华真经注疏》卷一八,《道藏》第16册,第479页。
②④⑦ 《唐玄宗御制道德真经疏》卷三,《道藏》第11册,第763页。
③ 《唐玄宗御制道德真经疏》卷八,《道藏》第11册,第799页。
⑤ 《唐玄宗御制道德真经疏》卷八,《道藏》第11册,第797页。
⑥ 〔唐〕李隆基:《通微道诀碑》,陈垣编纂,陈智超、曾庆瑛校补《道家金石略》,第147页,北京:文物出版社,1988。
⑧ 《唐玄宗御制道德真经疏》卷三,《道藏》第11册,第764页。

相,好荣恶辱,辩是与非;不得则大忧以惧心神,内竭于贪欲,形骸外因于奔竞尔。"而要破除执有身相之患,就必须"无身"。他说:"无身者,谓能体了身相虚约,本非真实,即当坐忘遗照,隳体黜聪,同大通之无主,均和之非我。自然荣辱之途泯,爱恶之心息。所谓帝之悬解,复何计于大患乎!"①"帝之悬解"一语,出自《庄子·养生主》:"安时而处顺,哀乐不能入也,古者谓是帝之悬解。"初唐成玄英谓:"安于生时,则不厌于生;处于死顺,则不恶于死。千变万化,未始非吾,所适斯适,故忧乐无措其怀矣",而"帝者,天也","无死无生者,悬解也。夫死生不能系,忧乐不能入者,而远古圣人谓是天然之解脱也"②。不难看出,成玄英的疏解,正是唐玄宗所强调的圣人悟道、"能体了身相虚幻"的境界,亦即陈鼓应先生所说的"用达观而不悲观的豁达心胸去直面死亡"③的人生态度。

二、"因学知道,悟理忘言"的悟道观

唐玄宗积极主张绝弃有为过分之俗学以悟道,并不意味着他一概反对"为学"。在他看来,一般人很难直接绝弃有为过分之俗学而悟道,因为"夫唯我道广大,迥超物表,固非凡情探赜所知"④。他们往往需要经过初渐修为学、而后顿悟证道两个阶段。他指出:初渐修为学,是"益见闻,为修道之渐";后顿悟证道,是"损功行,为悟道之门"。"夫为学者,莫不初则因学以知道,修功而补过;终则悟理而忘言,遗功而去执。"⑤

唐玄宗仍然是从圣凡之别的观念出发来阐述其所谓初渐修为学思想的。在他看来,"妙本"之"道"本来是无所执滞的,既不执滞于言,也不执滞于教,而圣人之所以能够成为圣人而体悟大道,也就在于其能够"了

---

①《唐玄宗御制道德真经疏》卷二,《道藏》第 11 册,第 758 页。
②《南华真经注疏》卷四,《道藏》第 16 册,第 321 页。
③ 陈鼓应:《老庄新论》,第 151 页,上海:上海古籍出版社,1992。
④《唐玄宗御制道德真经疏》卷九,《道藏》第 11 册,第 800 页。
⑤《唐玄宗御制道德真经疏》卷六,《道藏》第 11 册,第 786 页。

言忘言,悟教遗教,一无执滞"①。可是,广大社会民众是不能像圣人那样"一无执滞"而体悟大道的,而需要圣人以言设教,阐明"道"理,引导他们渐修为学而向"道"接近。也正因为如此,他认为,言教固然是对"道"的执滞,但对于初学之人而言,仍不可缺少。他说:"夫言者,在乎悟道。悟道则忘言,不可都忘,要其诠理。……若能因彼言教,悟证精微,不滞筌蹄,则合于自然矣。"②又说:"因言以诠道,不可都忘。……若能因言悟道,不滞于言,则合自然。"③对于天下凡众而言,关键不在于是否脱离"言教",而在于能否"因言悟道"。他特别强调指出,凡众最容易执滞言教,这就使他们难像圣人那样"了言忘言,悟教遗教,一无执滞",而只能在圣人的引导下一步一步地逐渐接近"道",圣人也正是由此出发,因言而设教。他说:"天地至大,欲为狂暴尚不能久,况于凡人执滞言教而为卒暴。不能虚忘渐致造极,欲求了悟,其可得乎?"④然而,很多人并不理解圣人"因言设教"的一片苦心,误认为圣人"因言设教"也是执滞于"言教",并不是什么好事。"老君欲以自明所演言教,化导众生,实为精信,故与俗相违,代人以为不美。"⑤

问题是圣人并不计较凡夫俗子的百般误解,而是从化导众生悟道的宏伟目标出发而竭尽所能。他说:"圣人虽不积滞言教,然以法味诱导凡愚,尽以与人,于圣人清静之性,曾无减耗,唯益明了。"⑥"圣人虽不积滞言教,然众生发明慧心,必资圣人诱导,故圣人以清静理性,尽与凡愚而教导之,于圣人慧解之性,曾不减耗。"⑦这说明凡夫俗子要想发明慧心,必须有圣人"因言设教"以指导,同时,圣人也毫不保留、毫无私心地尽力教导他们,这不仅使凡众能渐渐接近于大道,而且也不会使圣人由于没有脱离"言教"而减耗清静慧解之性。

---

①⑥《唐玄宗御制道德真经疏》卷四,《道藏》第 11 册,第 748 页。
②④《唐玄宗御制道德真经疏》卷三,《道藏》第 11 册,第 766 页。
③《唐玄宗御注道德真经》卷二,《道藏》第 11 册,第 726 页。
⑤《唐玄宗御制道德真经疏》卷一〇,《道藏》第 11 册,第 808 页。
⑦《唐玄宗御制道德真经疏》卷一〇,《道藏》第 11 册,第 809 页。

唐玄宗阐述"因学知道"思想时,虽然带有明显的圣凡之别观念,并为圣人"因言设教""尽与凡愚"而大唱赞歌,表现出不可避免的身份等级偏见,但是,积极肯定"言"是"诠理""悟道"的必要手段,为学必以渐修和"日益见闻"为初阶等思想,则反映出其对名言在认识活动中重要意义的真切认识和对为学必始于感性认识阶段的合理体认。

唐玄宗所谓的初渐修为学,并不同于前面所谓的过分之俗学。过分之俗学是执着于世间法,追逐世间名利情欲。而初渐修为学,是圣人因言而立教诱导凡愚,使凡愚"渐致造极"之学。渐修之学与俗学的另一个重要区分,在于其最终达到不执滞"言教"而"体了无滞,言忘理畅"①。唐玄宗特别强调这一点。他明确指出在初渐修为学之后"忘言""遗教"的重要性。他说:"夫言教者,道理之筌蹄也。有筌蹄者,乃得鱼兔。今滞守筌蹄,则失鱼兔矣。执滞言教,则失妙理矣。失理则无由得道。""言教所以诠理。若执言滞教,则无由悟了,必失道而生迷。故风雨不可飘骤,言教不可执滞也。欲明忘言,即合自然。"②也就是说,圣人为诱导凡愚而"因言设教",目的只在于要凡愚"日益见闻"和"因言悟道",并不是要"执滞言教",追求越来越多的闻见。在他看来,凡愚之所以在圣人"因言设教"的诱导下仍不能"悟理得道",一个重要的原因就在于,凡愚执言滞教、追求闻见,这就极大地误解了圣人"因言设教"的一片苦心了。

唐玄宗肯定"言"以"诠理",强调"言"是一般人得以"悟道"的必要手段,但是,他又极反对执滞于言而勉强"悟道"。他认为这与"欲为狂暴"、抛开圣人"因言"所设之教而急切悟道一样,都不能实现悟道的目的,恰是偏离了大道。他认为,真正的"悟道"之人,必定是"于法无爱染,于言无执滞"而"体道自然"③。也就是说,了悟者不以言辩说,以言辩说者未了悟。而圣人之所以是了悟大道之人,就在于其"妙达理源,深明法性,悟文字虚假,了言教空无,所说之理既明,能说之言亦遣,则于彼言教,一

---

① ③《唐玄宗御注道德真经》卷三,《道藏》第 11 册,第 739 页。
② 《唐玄宗御制道德真经疏》卷三,《道藏》第 11 册,第 766 页。

无滞积"①。这说明,圣人之所以能了悟大道,就因为其从重玄学的"不滞于不滞"的思维模式出发来对待"言教",而不像世间众生"封著名相","无言执言而滞教,惑于言教"。②从重玄学的角度说,"言以不言而为宗"③,"执言滞教,则害于道"④,所以"老君云,我所言以畅于理,理畅则言忘,故易知也"⑤。

那么,世间众生为什么容易执滞于言教呢?唐玄宗指出,原因就在于他们好多闻和信悟不足。他说:"夫多闻则滞于言教。滞教则终日言而不尽,既非了悟,故曰不知。"⑥初渐修为学阶段,固然需要"日益见闻",但是,"见闻"终究不是目的而应有所止。否则,多闻博学,必将损害心灵而偏离大道。所以他说:"体道了悟之人,在乎精一,不在多闻,故庄子云'博溺心'也。"⑦与此同时,如果信念不足,也会执言滞教,不能"悟道"。他说:"人之所以不能体了、证理忘言,谓于信悟不足而生惑滞。既生惑滞,则执言求悟。执言求悟,则却生迷倒,是有不信应之也。"⑧"执言滞教,不能了悟,是于信不足也。"⑨这实际上是强调,世间凡众必须要有坚定不移的悟理得道信念,而不可苟且学道,否则,难免心生惑滞,背道而驰。

三、"悟教之善,在于修行"的修道观

在唐玄宗看来,圣人因言立教以示导世间众生进修悟道之路,并不仅仅是一种获知的过程,同时也是一个践履的过程。仅在思想上为学渐进,是难以忘言悟道的,还必须身体力行,切实体会大道。所以,悟道在于体道。"体"含有修行和悟解两层意义。行与悟,并不是可以明显分开的两个阶段,而是相并而为的。所谓忘言悟道,亦即"行不言之教,辩雕

---

① ⑥《唐玄宗御制道德真经疏》卷一〇,《道藏》第 11 册,第 809 页。
② ③ ⑤《唐玄宗御注道德真经》卷九,《道藏》第 11 册,第 802 页。
④ ⑨《唐玄宗御注道德真经》卷二,《道藏》第 11 册,第 726 页。
⑦《唐玄宗御制道德真经疏》卷一〇,《道藏》第 11 册,第 808 页。
⑧《唐玄宗御制道德真经疏》卷三,《道藏》第 11 册,第 766 页。

万物,穷理尽性"①。因此,"益见闻为修学之渐,损功行为悟道之门,是故因益以积功,忘功而体道矣"②。所谓忘功,并不是弃行,而是于行中忘却功名之心,不因言而辩说功名,所以说"善者在行,无辩说"③。

唐玄宗指出:"福祸之极,岂无正定耶？但由于人不能体道无为,妄生迷执,失其正尔。"④然而,须知"体道自然,非爵禄所得贵也。超然绝累,非凡俗所得贱也",而体道之人,必须既不执滞于言教,又能和光同尘,"塞兑闭门,根尘无染",⑤则澄心窒欲,虚心悟道,与"玄"同德。事实上,也就是要求断绝与外界的关联,消除心中各种世俗杂念,使心灵澄静而无知无欲。

不过,在唐玄宗看来,无知无欲只是体道修行的最基本要求。因为有行必有迹,有迹则难免会有执滞。执行滞迹,如同执言滞教,都不符合重玄学"不滞于不滞"的要求。因此,唐玄宗说:"悟教之善,在于修行。行而忘之,曾不执滞。"⑥这也就是他所说的"于诸法中,体了真性,行无行相,故云善行。如此则心与道冥,故无辙迹可寻求"⑦。

总而言之,唐玄宗主张以修行而悟教,虽是强调了"行"体悟大道过程的重要意义,但也并不是一味地去"行"便真的能把握至道和圣教。恰恰相反,"行"只是体悟大道所必需的手段或途径,只有达到在"行"中忘"行",行无所行,不执滞于修行,方是真正把握了大道。不难看出,唐玄宗这种"行无行相"的体道论,具有十分鲜明的佛教化道教重玄学色彩。

①《唐玄宗御制道德真经疏》卷六,《道藏》第 11 册,第 784 页。
②《唐玄宗御注道德真经》卷三,《道藏》第 11 册,第 736 页。
③《唐玄宗御注道德真经》卷四,《道藏》第 11 册,第 748 页。
④《唐玄宗御制道德真经疏》卷八,《道藏》第 11 册,第 794 页。
⑤《唐玄宗御制道德真经疏》卷七,《道藏》第 11 册,第 793 页。
⑥《唐玄宗御制道德真经疏》卷一〇,《道藏》第 11 册,第 808 页。
⑦《唐玄宗御注道德真经》卷二,《道藏》第 11 册,第 727 页。

第五节　"理身理国"说

唐玄宗摄取儒、释思想以论"道德",从而弘阐道教重玄学之妙理,既高扬了作为李唐王朝家学的道教的至尊无上地位,又为有选择地采用某些儒、佛思想因素阐发政治思想提供了必要的哲学基础。他强调道教具有优于其他宗教和思想意识形式的社会政治及人心教化作用,则是十分明显地将这种含摄了儒、释思想的新道教推上了政治化的舞台,以实现其政教合一的统治理想。

《道德经》中包含着"无为而无不为"的"君人南面之术"思想。这一思想在汉代初期得到发展,并曾盛行一时。西汉中后期严君平的《老子指归》和河上公的《老子章句》,都不同程度地阐述了这种"君人南面之术"的思想。至隋唐时期,河上公的《老子章句》颇为流行。然而,河上公的《老子章句》毕竟是以阐述长生之道为主旨的,它明确地把"常道"看做"自然长生之道",而非"经术政教之道"。标榜老子"立教化人"的唐玄宗,当然不会满意河上公的致思偏向,认为严君平和河上公虽然也阐述了老学中的"君人南面之术"思想,但终究"颇乖精义",其他各家更不用说了。他批评那些嘉好老道之言而仅能"游其廊庑"者:"皆自以为升堂睹奥,及研精覃思,然后知其于秋毫之端,万分未得其一也。"①并指出,先圣老子说经,"激时立教,文理一贯,悟之不远",只是后来各家注解,多增歧路,"既失本真,动生疑误"。有鉴于此,他"恭承余烈,思有发明,推校诸家,因之详解"。②

通过推校发明,摄佛融儒,唐玄宗认为,《道德经》既"明道德生畜之源",然而其"要在乎理身理国"。③这实际上颠倒了河上公将老君的"非常道"看做"经术政教之道"、把"常道"看做"自然长生之道"的做法,而明确地认定老子所指"不可道"的"常道",就是指"理身理国"的"经术政教

①③《唐玄宗御制道德真经疏·释题》,《道藏》第11册,第749页。
②〔唐〕李隆基:《答张九龄请施行御注道德经批》,《全唐文》卷三七。

之道",从而自觉地继承和发展汉初黄老道家所弘扬,而后长期为人们所轻视的老君"君人南面之术"的思想。

唐玄宗认为,理国之道,是"绝矜尚华薄,以无为不言为教"①。老君说"道常无为而无不为,侯王若能守,万物将自化"(《老子》第 37 章),"我无为而民自化,我好静而民自正,我无事而民自富,我无欲而民自朴"(第57 章)等,正是指明理国之旨。而理身之道,是要"少私寡欲,以虚心实腹为务"②。老君说"常无欲以观其妙"(第 1 章),"不贵难得之货……不见可欲"(第 3 章),以及"塞其兑,闭其门,挫其锐,解其纷"(第 56 章)而守之以柔弱雌静,则是理身之要。他还特别指出,老君所教"理国"与"理身",并非二事,"圣人治国理身,以为教本。夫理国者,复何为乎? 但理身尔"③。理身即是理国,理国必当理身。因此,探析唐玄宗道教政治哲学,当将理身与理国合一而观。

一、"清静无为"

"清静无为",是《道德经》中的一个重要观念,是老子政治思想的总原则。后世道家多仅以此作为修身养生的基本法则,而失掉了老君治国理民的主旨。唐玄宗力图直接继承和发扬老君"清静无为"之旨,认为人身是"道炁之子",妙本之道,本性清静,因而"人之正性"亦"本自清静",只是由于性动而逐境生心,种种邪杂之念遂生,从而逼近"死之地"。他还引入佛教大乘空宗的"性空"论来说明人性本空而清静,强调"诸法性空,自无矜执"④,而那些沉湎声色之人,驰骋欲心,犹如畋猎,但求杀获,欲心奔盛,逐境如驰,哪知声色诸法,性实是空,逐境生心即伤性。他还积极吸取儒家的天命等级观念,认为"人之受生,所禀有分"⑤,因而当各守本分,否则"矫性妄求,既其乖失天然",必致"妨伤道行"。⑥ 以上便是

---

①②《唐玄宗御制道德真经疏·释题》,《道藏》第 11 册,第 749 页。
③⑤《唐玄宗御制道德真经疏》卷一,《道藏》第 11 册,第 752 页。
④《唐玄宗御制道德真经疏》卷一,《道藏》第 11 册,第 751 页。
⑥《唐玄宗御制道德真经疏》卷二,《道藏》第 11 册,第 757 页。

唐玄宗阐发其"清静无为"的理身理国之道的人性论基础。从此出发,他认为,理身理国应着重从三个方面来贯彻"清静无为"之旨,即"守静无为""守柔用谦"和"恭俭自牧"。

"静"是老学清静无为思想的第一要旨。老君一再强调指出:"重为轻根,静为躁君"(《老子》第 26 章),"躁胜寒,静胜热,清静为天下正"(第45 章)。可以说,"无为"的精髓,就在这一个"静"字。唐玄宗颇能发挥老子的"清静"思想,他指出:"夫重则静,轻则躁……重有制轻之功,静有持躁之力。"[①]为人君者如果喜好重静,无为偃化,则百姓不致烦劳,天下归顺,无所躁动。这显然是发挥老君"重为轻根,静为躁君"之旨。他又发挥老君"躁胜寒,静胜热"之旨,认为此是说明躁极必寒,万物因之以衰死;静极必热,万物和气发生。因此,"躁为趣死之源,静为发生之本",而"能无为清静者,则趣生之本。此劝人当务静以祈生,不当轻躁而赴死尔"。[②] 也正因为如此,人君理身理国,应当常守清静,不可有为躁动。有为躁动,则百姓烦劳,天下难有安静之日,民反国乱,人君终将弃国丧身。

"守柔用谦"[③]是"守静无为"的更具体要求。在老子看来,"静"乃柔弱谦下,不与物争。《吕氏春秋·不二》称"老聃贵柔"。的确,老子特别强调柔弱的作用,认为"天下之至柔,驰骋天下之至坚"(《老子》第 43章),"天下莫柔弱于水,而攻坚强者,莫之能胜"(第 78 章),甚至说,"人之生也柔弱,其死也坚强"(第 76 章),因而"坚强,死之徒也。柔弱,生之徒也"(第 76 章)。唐玄宗认为,老君所言,正说明普天之下,唯水居最下,最为谦卑,也最为柔弱,然而,它能"动静因时,方圆随器"[④],天下之物,并非攻坚而为先进,因而,"人君能谦虚用柔,受国之不祥,称孤寡不谷,则四海归仁,是谓天下王矣"[⑤]。而且,"人之生也,和气流行,自然以

①《唐玄宗御制道德真经疏》卷三,《道藏》第 11 册,第 768 页。
②《唐玄宗御制道德真经疏》卷六,《道藏》第 11 册,第 785 页。
③《唐玄宗御制道德真经疏》卷六,《道藏》第 11 册,第 782 页。
④《唐玄宗御制道德真经疏》卷一〇,《道藏》第 11 册,第 806 页。
⑤《唐玄宗御制道德真经疏》卷一〇,《道藏》第 11 册,第 807 页。

之柔弱；人之死也，和气离散，四肢以之坚强”，因此，老君以“柔弱坚强”为后世之人的“生死之戒”，要人知“为坚强之行者，是入死之徒，为柔弱之行者，是出生之类”。① 由此不难看出，守柔用谦，不仅能使四海归仁而成为天下之主，而且还是促使和气流行、益寿延年的必要途径。总之，理身理国，都应当而且必须“守柔用谦”。

“恭俭自牧”②是“守静无为”的又一个基本要求。清静无为，要求少思寡欲，节俭纯朴。老君曾谓“罪莫大于可欲，祸莫大于不知足，咎莫大于欲得”（《老子》第 46 章），并主张“见素抱朴，少思寡欲”（第 19 章）。唐玄宗指出，这是老君示诫人君，如果不能少思寡欲，不仅伤性败身，而且“百姓效上而为奢泰，驰竞淫饰，日以繁多”。人君若“不能寡欲以御人，而欲彰法令以齐物，人既苟免而无耻，吏则窃盗而为奸，上下相蒙”。③ 因此，多欲对于理身理国的人君而言，不仅内损其身，而且外伤家国。他再三强调，人君当节俭为政，不可追求奢华，攀比富贵，“人君将欲理化下人，敬事上帝，为德之先。无如爱费，即俭德也”。“夫唯能俭爱之君，理人事天，以俭为政者，是以普天之下，亦当早服事于君。”由此他得出结论：“理人事天，无过用俭。”④

无论是守静无为、守柔用谦，还是恭俭自牧，都是强调人君理人事天必须清静无为，而不可淫奢有为。淫奢有为，是矫性妄求、背“道”而驰，既内伤自身，又外伤家国。因而，唐玄宗曾颁布一系列清静无为的敕令，如《全唐文》中就收录有《宽宥天下囚徒制》《禁厚葬制》《禁僧徒俭财诏》《示节俭敕》《禁屠敕》等等。唐玄宗本人在执政前期，也在一定程度上力求践履清静无为之旨，这对于开元盛世的出现的确起到了积极的影响。但是唐玄宗并没有始终如一地守静无为、守柔用谦、恭俭自牧，而是在开元盛世的欣喜之中忘乎所以，清静无为之旨也随之淡忘，或者只是口头

---

① 《唐玄宗御制道德真经疏》卷一〇，《道藏》第 11 册，第 805—806 页。
② 《唐玄宗御制道德真经疏》卷六，《道藏》第 11 册，第 784 页。
③ 《唐玄宗御制道德真经疏》卷八，《道藏》第 11 册，第 794 页。
④ 《唐玄宗御制道德真经疏》卷八，《道藏》第 11 册，第 795 页。

上宣扬,要臣民去清静无为,自己却淫奢有为,最终导致李唐王朝走上衰败。

二、"爱民理人"

古人很早就注意到了人在社会历史中的主体性地位和作用。《尚书》中已有了明确的"人唯邦本"观念。儒、道、法、墨等诸家,都较重视人的意义的探讨。在李唐时代,李世民是非常重视社会民众的巨大力量的。他自觉地吸取隋末农民起义的教训,深感民心可畏,认为只有重民、保民,才能维护自己的统治。他说:"君依于国,国依于民。刻民以奉君,犹割肉以充腹,腹饱而身毙,君富而国亡。""赋重则民愁,民愁则国危,国危则君丧矣。"①他甚至更明确地指出:"凡事皆须务本,国以人为本,人以衣食为本。"②作为一国之君和唐太宗李世民的仰慕者,唐玄宗非常注重对国民地位的认识,以确立治国安民的政策。他所制的《道德真经疏》中先后四次引用《尚书》"惟天地,万物父母;惟人,万物之灵""民惟邦本,本固邦宁"等远古民本思想命题,认为人是"国之本,亦神之主","若鬼神伤人,则害国之本。圣人伤人,则匮神之主",③强调人君理身理国必须以爱民理人为要,明确提出了"为政在养人"的思想。这实际上是其"守柔用谦""清静无为"思想的逻辑继续。

在唐玄宗看来,"道生万物,爱养熟成而不为主宰,于彼万物,常无欲心"④,因而虚怀应物。有道之君,亦当爱养熟成万物而不为主宰。他说:"善士怀道抱德,宇量旷然,宽大于物,悉能含受,如彼虚谷,无不包容。"⑤人君如果能够真正做到"含容应物","乃公正无私,无私则天下归往,是谓王矣"。⑥

①《资治通鉴》卷一九二,第 6026 页。
② 裴汝诚、王义耀译注:《贞观政要选译》,"论务农",第 208 页,成都:巴蜀书社,1990。
③《唐玄宗御制道德真经疏》卷八,《道藏》第 11 册,第 796 页。
④《唐玄宗御制道德真经疏》卷四,《道藏》第 11 册,第 775 页。
⑤《唐玄宗御制道德真经疏》卷二,《道藏》第 11 册,第 760 页。
⑥《唐玄宗御制道德真经疏》卷二,《道藏》第 11 册,第 761 页。

　　"公"与"私"是中国古代政治哲学中的一对重要范畴。老子强调："容乃公,公乃王,王乃天,天乃道,道乃久,没身不殆。"(《老子》第16章)也就是说,老子是将包容性、公正无私性和统治者的命运紧密地联系在一起的。没有包容性,就谈不上公正无私;不能公正无私,也就谈不上统治天下,而是背"道"而驰。包容无私是道的基本特性之一。所以河上公说:"能知道之所常行,则除去情欲,无所不包容。"又言:"无不包容,则公正无私,众邪莫当也。""公正无私,则可为天下王。"成玄英进一步指出:"只为包含万物,公正无私,所以作大法王,为苍生之所归往。"李荣也说:"偏私不堪宰物,公正可以君临也。"①唐玄宗则更直接地以"道"的包容性和公正无私性来阐述人君理身理国之道。他指出,为人君者,当以大道为法则,含容天下人物,公正无私,无所偏爱,以治理家国。因此,必须打破种种私情私欲所造成的局限,泛爱天下民众。他说:"天地所以能长且久者,以其覆载万物";"圣人效天地之覆载,必均养而无私,故推先与人,百姓欣赖,为下所仰";②"王侯称物平施,无偏无党,既惠化而大同,自东自西,亦何思而不服"③? 他特别指出,至人虚怀若谷,"于法无住,忘善而善,是善之上上"④,因而人君当"虚怀爱民",不为万民所背弃。强调爱民公正无私,实际上是要人君对天下众民不怀抱任何偏见,从万民为国家之大本出发,博爱众生,使民众无有不归顺,从而民安国泰。

　　当然,在唐玄宗看来,为人君者要真正"爱民理人",除公正无私之外,还应当"无为""简易"。他指出,人君当"务谦聚人",方可"固邦之本"。侯王如果"无矜化育之德,用谦之道",而"爱养于人",则"百姓思之如子之于母也。若为德反,是则人离散矣"。⑤ 因此,"爱养万人,临理国政,能无为乎? 当自化矣"⑥。他认为,为政只在"爱民理人",使人人安居

<hr />

①《道德真经玄德纂疏》卷四,《道藏》第13册,第396页。
②④《唐玄宗御制道德真经疏》卷一,《道藏》第11册,第754页。
③《唐玄宗御制道德真经疏》卷四,《道藏》第11册,第774页。
⑤《唐玄宗御制道德真经疏》卷五,《道藏》第11册,第780页。
⑥《唐玄宗御注道德真经》卷一,《道藏》第11册,第719页。

乐业,而不致躁动。① 然而,"爱之义,长之言之,务存清静,合于简易"②。他还说:"理人俭爱,则万方早服。""早服不扰,则其德交归。"③他甚至更明确地指出,所谓爱民,就是要使广大民众不暴卒,"役之不伤性",而理国理人者,当"务农而重谷,事简而不烦,则人安其生"。④ 因而,他积极主张行宽简之政,与民休息。他指出,如果君上无赋敛,民众无烦扰,则"耕田凿井,家给民足"⑤。相反,"若政烦赋重,而人贫乏,则国本斯弊,弊则危矣。是以下人不足,由君上食用赋税之太多"⑥。因而,"人君将欲理人事天之道,莫若爱费,使仓廪实,人知礼节,三时不害,则天降之嘉祥,人和可以理人,天保可以事天矣"⑦。

他还比较"有为"之君与"无为"之君在政教宽严上的明显差异,指出:"无为之君,政教宽大,任物自成,既无苛暴,故其俗淳淳而质朴也";然而,"有为之君,其政峻急,以法绳人,法令滋彰,盗贼多有,故凋弊而离散矣"。⑧因此,唐玄宗主张"爱民理人",就是要为政无私,泛爱天下,宽大于民,使万民无生存之忧患,无苛暴之怨忿,安居乐业,无所用心,亦即"化归淳朴,政不烦苛,人怀其生,所以重死,敦本乐业,无所外求,各安其居,故不远迁移也"⑨。这说明唐玄宗不仅仅是自觉地认识到"民为邦本",更重要的是发扬道家精义来阐发"爱民理人"的固本安邦思想,这无疑是对道家思想的丰富和发展。

三、"任臣道化"

唐玄宗之所以能够取得开元之治的伟业,与其善于选贤用能有着十

---

① 〔唐〕李隆基:《戒州县扰民敕》,《全唐文》卷三五。
② 《玄元皇帝临降制》,《唐大诏令集》卷一一三,第589页,北京:商务印书馆,1959。
③ 《唐玄宗御制道德真经疏》卷八,《道藏》第11册,第795页。
④ 《唐玄宗御制道德真经疏》卷一,《道藏》第11册,第756页。
⑤⑧《唐玄宗御制道德真经疏》卷八,《道藏》第11册,第794页。
⑥ 《唐玄宗御制道德真经疏》卷一〇,《道藏》第11册,第805页。
⑦ 《唐玄宗御注道德真经》卷三,《道藏》第11册,第740页。
⑨ 《唐玄宗御制道德真经疏》卷一〇,《道藏》第11册,第808页。

分密切的关系。如果没有姚崇、宋璟等一批贤相良臣的得力辅佐，唐玄宗所架构的"无为之治"理想，也最终难以实现。因而，李德裕在其所著《次柳氏旧闻》中，称唐玄宗"有人君之大度，得任人之道焉"。李氏此誉，对于开元时期的唐玄宗而言，绝非为过。事实上，唐玄宗选能任人，有其明确的指导思想。这一指导思想，较集中地体现在其"道治"哲学的"任臣道化"观念之中。

唐玄宗认为，选拔贤相良臣，是为君者非常重要的一件政事，也是关系到能否真正实现"无为而无不为"政治理想的一个重要问题。在儒家和法家看来，人君选贤与能，当以是否"忠君"为首要条件，所选之臣方为忠臣。道家老子则极鄙视儒家的忠孝观念，认为"智慧出，有大伪""国家昏乱，有忠臣"（《老子》第 18 章）。唐玄宗虽然以自觉继承老子思想为标识，但是他毕竟并不否弃儒家思想，而是积极吸取其中有益于维护社会统治的因素。因此，对待选用贤能时儒家所提出的"智"和"忠"标准问题，他则表现出明显的儒道调和倾向。他认为，老子所批评的"智慧"是巧智，并非"无为之智"。老子所指的是，"后代之人，役用智慧，立法以检俗，制典以诘奸。恐其不信，作符玺以信之。恐其不平，为斗斛以量之。而不仁之人，兼盗符玺，并窃斗斛，则夫智慧之作法，适足侈大其诈伪"[①]。智慧本身并不是绝对的坏，而是容易为人所盗用，成为巧智。他对"忠臣"也有自己的看法。他说："忠者，人臣之职分"，也就是人君对臣相的基本要求。但是，臣可忠君，不可佞君。为人君者，如果"失御臣之道，令佞主之人获进，亲君于昏暗，使生祸乱，则有见危致命蒙死，难以匡社稷而获忠臣之名"[②]。因此，在唐玄宗看来，挑选贤能的臣相，仍然要以"忠"和"智"作为标准，只是这个"忠"是"忠君"而不是"佞君"，这个"智"是"无为之智"而不是"巧智"。这种理解，显然是对老子"忠""智"观念的儒学化改造。

挑选了贤能的臣相之后，关键就在于如何任用，发挥其才能了。唐

---

①②《唐玄宗御制道德真经疏》卷二，《道藏》第 11 册，第 762 页。

玄宗认为,有道之君,应当体道之自然,任物自化,因此,选贤与能之后,应使贤能之臣能够自行"道化",不要干预太多,以免使之丧失清静无为之性而产生伪诈。"有为之君,矜用政教";而无为之君,则任臣道化。① 这实际上就是要求人君自己首先应当清静无为,能够体道之性而对待人臣。唯有人君自己无为,才有可能使人臣充分发挥"道治"的作用。唯有"天子无为",方能使"三公论道,皆所以垂训立教,化不善之人"。② 他甚至主张,为人君者,应当以谦虚的态度来对待人臣,这样才可能使人臣尽力辅政。"善用其人,以言谦下,人必尽力,可以成功,故《易》曰'以贵下贱,大得人也'。""善用人者,常谦而为下",能如是者,则"人皆欢心,思竭其力"。③

唐玄宗所主张的"任臣道化"的御臣之道,主要包括两个方面的内容。第一,对人臣当量能授爵,而不可凭旧功授爵。在中国古代,人君挑选臣相,多自为树立人君统治建有功勋的人中,因而任命臣相之职而授爵禄,也多半依其所建功勋大小而定。唐玄宗坚决反对如是作。他认为,人君不可如此轻易地选择臣相。他说:"夫君多轻易必烦扰,烦扰则人散,谁与为臣?"如果以已有的功劳来授臣职位和爵禄,那么那些真正有才能的治国辅佐之人就得不到很好的使用。况且,有功之臣,往往容易居功自傲,烦扰国政。因此,"为人臣者,当量能受爵,无速官谤",使臣不可拥兵自重、受爵无量。"若矫迹干禄,饰诈祈荣,躁求若斯,祸败寻至,坐招窜殛,焉得事君?"④不难看出,唐玄宗很注重人臣的现实辅政事君能力,而不注重其已有的功勋业绩,这说明他的"任臣道化"观念具有鲜明的时代特征,不仅有力地打击了那些居功自傲的旧臣宿相,而且也有利于增进人臣事君治政的积极性和创造性。

唐玄宗御臣之道的第二个方面,就是使人臣以"道化"无为辅佐人

---

① 《唐玄宗御制道德真经疏》卷八,《道藏》第 11 册,第 793 页。
② 《唐玄宗御制道德真经疏》卷八,《道藏》第 11 册,第 797 页。
③ 《唐玄宗御制道德真经疏》卷九,《道藏》第 11 册,第 801 页。
④ 《唐玄宗御制道德真经疏》卷三,《道藏》第 11 册,第 769 页。

主。他指出，为人君者，首先应当避免任用多智之臣。人君如果取用了多智之臣，"使令治国，智多必作法，法作则奸生，故是国之贼也。若不用巧智之臣，但取纯德之士，使偃息蕃丑，弄丸解难，自然智诈日薄，淳朴日兴，人和年丰，故是国之福也"①。因此，与此同时，要使为人臣者不可以巧智和威武来欺诈和胁迫人君，而"当用道化无为，辅佐人主，致君尧舜，是曰股肱。舞干羽于两阶，修文德于四海，令执大象而天下往，太阶平而寰宇清。若震耀戈甲之威，穷黩侵伐之事，亢兵以加彼"②，则天下何以能太平，人君何以能永固其位？因此，"人君能知此两者，委任淳德之臣，是以为君楷模法式"，而"人君常知所委任，是谓深玄至德矣"。③

　　唐玄宗的选贤与能、任臣道化思想，体现了他对道家"无为而无不为"思想的深刻领会和积极发展，应该说这是他在总结历史经验与教训的基础上对老子"自然无为"思想的自觉运用。

四、"处实行权"

　　"实"与"权"是一对佛教哲学范畴。"权"是"方便"的异名。适于一时机宜之法名"权"，究竟不变之法名"实"。成玄英曾谓："用道匡时，须资权实两智"，但是，"权不畏实"。他甚至指出："君子善人，贵能用道，事不获已，方动兵戈。虽战胜前敌，不以为善，故素服而哭，仍以丧礼葬之。既其武不足文，足明权不及实，治国则不得已而用武，应化则不得已而行权，以此格量，故知权劣实胜也。"④唐玄宗则在此基础上进一步摄佛论道，借用佛教中的"实""权"范畴来阐述其政治哲学观念，提出了"处实行权"的命题。

　　唐玄宗将"权"与"实"看做"无为之道"的两种运作方式，指出"权实两门，是道之动用"⑤。在他看来，"道"有动静、常变，人君虽然要守"清静

---

①③《唐玄宗御注道德真经》卷四，《道藏》第 11 册，第 743 页。
②《唐玄宗御制道德真经疏》卷四，《道藏》第 11 册，第 772 页。
④〔唐〕成玄英：《道德经义疏》，蒙文通《道书辑校十种》，第 439—440 页。
⑤《唐玄宗御制道德真经疏》卷六，《道藏》第 11 册，第 781 页。

无为",让"万物自化",但也不可执着于守静处常。况且,世间众生之根性,有利与钝之差异。对于利根之人,人君固然可以守静处常;但是,对于钝根之人,因其惑滞滋久,情欲躁动,故人君当"变而化之",使之符合大道的要求。他指出,《易》中有"一阖一辟谓之变"之语,实是"言圣人设教,应变无常"①。圣人并非总是守静处常,而是不断地"用权道以摄化众生"②。他说:"夫人既有钝根利根,故教有权有实。圣人欲量众生根性,故以权实覆却,相明利根。众生见善则迁,有过则改。"老子的"将欲歙之,必固张之;将欲弱之,必固强之;将欲废之,必固举之;将欲取之,必固与之"(《老子》第 36 章),正是说明人君用"权道"摄化众生。那些"钝根众生","惑滞滋久,自非以权摄化,不可令其归往。故将歙敛其情欲者,则先开张极其侈心,令自困于爱欲,即当自歙敛矣"③。圣人或人君行使"权道"或"权谋"的方式,通常有利器、刑罚等等。这些都是圣人或人君为摄化钝根众生而不得已才施行的办法。

不过,唐玄宗认为,人君施行"权道"或"权谋",并不是随心所欲的,而必须合于时宜。他指出:"夫权道在乎适时,不得已而方用。"④人君如果滥施"权道",臣民会怨声载道,乃至犯上作乱。与此同时,"权道"也不能为君以外的其他人所施用。他认为,老君所说的"鱼不可脱于渊,国之利器不可以示于人"(《老子》第 36 章),正说明"权道不可以示非其人,故举喻云:鱼若失渊,则为人所擒。权道示非其人,则当窃以为诈谲矣"⑤。那些智诈之臣往往最善于"谋用"而害国叛君。人君如果"任用智诈之臣,使之理国,智多则权谋,将作谋用,则情伪斯起,伪起则道废,有害于国"⑥。所以说,行使"权道"或"权谋",只能限于人君,而不能听任人臣或其他人自主。这实际上是要将行使"权道"的权力垄断于人君一人之手,

---

① 《唐玄宗御制道德真经疏》卷一,《道藏》第 11 册,第 756 页。
②③《唐玄宗御制道德真经疏》卷五,《道藏》第 11 册,第 776 页。
④ 《唐玄宗御制道德真经疏》卷八,《道藏》第 11 册,第 794 页。
⑤ 《唐玄宗御注道德真经》卷二,《道藏》第 11 册,第 731 页。
⑥ 《唐玄宗御制道德真经疏》卷九,《道藏》第 11 册,第 799 页。

禁绝人臣玩弄"权谋"而叛君作乱。这既是他企图垄断一切政治大权、实行绝对君权统治的思想反映,也是他在总结历代臣相玩弄权谋犯上作乱的历史教训基础之上提防人臣图谋不轨的心理反映。

然而,强调人君垄断"权道",就势必会违背道家的"清静无为"之旨。况且,"权道"应当"适"宜之"时",到底指示什么? 这都关系到唐玄宗"权道"思想的本质问题。由是,他提出了"权"与"实"的关系问题。

唐玄宗在阐发其权实观念的时候,并没有丢弃其摄佛融儒以论道的思想特色。他在积极地吸取佛教思想中"权实"范畴的同时,也自觉地从中国先秦的儒家典籍中寻求"经权"范畴,并将二者相会通,以阐释其带有鲜明道家思想色彩的政治权实观念。

在唐玄宗看来,儒家所说的"经",就是"常",而"实"正是"道之常",因此,"经"与"实"都是"常",与"权变"相对应,这正是"经权"与"实权"的权通之处。他认为,无论是"经权"还是"实权",都有个"权反"的问题,即"权必反经""权必反实"。如果人君施行"权道"而不反"经"、反"实",则人君垄断"权道"势必违背清静无为之道,而且也不能使"权道适时"。他说:"人主以权谋为多,不能反实,下则应之以诈谲",所以国家难免会滋长昏乱。[1] 他指出,老君说"反者道之动"(《老子》第 40 章)和"正言若反"(第 78 章),都说明人君施行"权道",必须"反实"或"反经合义"。他说:"《经》云'正言若反',《易》云'巽以行权',反经而合义者也。故君子行权,贵于合义;小人用之,则为诈谲。"[2]并说,"反者道之动",是"言众生矜执其生而失于道,故圣人变动设权,令反俗顺道尔。……令贵以贱为本,高以下为基,有以无为用"。[3] 在他看来,"反实""反经合义"都不过是"初则乖反常情,而后合顺于道","故谓此为道之运动也。孔子曰:'可与立,未可与权。'权道反常而难晓,故举棠棣之喻言其华。先反而后合,以喻权道先逆而后顺尔"。[4] 这也就是说,"权道"施行是一种"逆道"行为,是

---

①《唐玄宗御注道德真经》卷三,《道藏》第 11 册,第 739 页。
②《唐玄宗御注道德真经》卷二,《道藏》第 11 册,第 731 页。
③④《唐玄宗御制道德真经疏》卷五,《道藏》第 11 册,第 780 页。

人君不得已而采取的一种"摄化众生"的手段,其最终目的,仍然是要合顺于大道。所以说,"权道"是"先反而后合""先逆而后顺"。这也正是"权道"在操作过程中的基本特征。

"权道反实"或"权道反经合义"的关键问题,是所反之"实"或"经"到底是什么。唐玄宗明确指出,老君所说的"弱者道之用",正是说明"实道":"言人皆贱弱而贵强,是知强梁雄躁者,是俗之用也。道以柔和而胜刚,是知柔弱雌静者,是道之常用。"[1]又谓:"弱者,取其柔弱雌静。柔弱雌静者,是圣人处实。处实者,是道之常用。"[2]很显然,"权道"所"先反而后合""先道而后顺"之"实"或"经",就是道家所极力倡导的"柔弱雌静"之"道"。这也就是说,唐玄宗虽然借用了儒、释两家的"经权"和"权实"范畴,但是在阐发其"经权"(或"权实")观念的实质问题(即"经"或"实"的本质问题)时,并没有采纳儒、释的思想内容,而是以儒、释的形式来表达道家的内容。这正是他自觉地摄佛吸儒以论道的思想特征的一个极具体的表现。

不过,唐玄宗提出"权道"对于"实道"(或"经义")是"先反而后合""先逆而后顺"的,并不是说在初行"逆实""反经"的"权道"之时,可以不顾忌"实道"(或"经义")。事实上,恰恰相反,在初行"逆实""反经"的"权道"之时,仍需要而且必须不脱离"实道"(或"经义")。也就是说,人君必须只在"处实"之时,才能真正施行"权道"。人臣之所以不容易正确地施行"权道",就在于其未能"处实"。所以他强调指出:"巽顺可以行权,权行则能制物,故知柔弱者必胜于刚强矣。"[3]唯有"巽顺谦卑[即'处实']",则"可以行于权道。故欲歙先与之张,欲弱先与之强,而卒令其歙弱者,是柔弱之道,能制胜于刚强也"。[4] 因此,所谓处实行权,就是要以"实道"为施行"权道"的出发点和最终目的,究其实质,就是要求在不违背清静

---

[1]《唐玄宗御制道德真经疏》卷五,《道藏》第 11 册,第 780 页。
[2]《唐玄宗御注道德真经》卷三,《道藏》第 11 册,第 733 页。
[3]《唐玄宗御注道德真经》卷二,《道藏》第 11 册,第 731 页。
[4]《唐玄宗御制道德真经疏》卷五,《道藏》第 11 册,第 776 页。

无为之道的大前提下采取有效手段来治理家国,使国泰民安,以巩固清静无为的统治之道,达到长治久安的目的。

尚需指出的是,由于唐玄宗深受佛教思想的影响,并自觉继承和发扬初唐盛行的重玄学,因而他在阐述其"处实行权"的政治哲学思想的同时,又提出了一个"权实两忘"的重玄学观点。《唐玄宗御注道德真经》卷三云:"夫实之于权,犹无之生有,故行权者贵反于实,用有者必资于无。然至道冲寂,离于名称,诸法性空,不相因待。若能两忘权实,双泯有无,数舆无舆,可谓超出矣。"①《唐玄宗御制道德真经疏》卷五则进一步指出:"不相因待者,言道至极之体,冲虚凝寂,非权亦复非实,何可称名?诸法实性,理中不有,亦复不无,事绝因待。……若知数舆无舆,即知数诸法无诸法,岂有权实而可言相生乎?悟斯理者,可谓了出矣。"②这里有两点颇值得注意:

其一,唐玄宗将"实"与"权"的关系,比做"无之生有"的关系。也就是说,"权"出自"实",有"实"才有"权"。他甚至明确指出:"天下有形之物,莫不以形相禅,故云生于有,穷其有体,必资于无。……有无既尔,权实亦然。"③此谓"实"是本、是体,"权"是末、是用。这就从本体论上确立了"权"与"实"的关系,实际上是为其政治哲学的"权实"观念提供了本体论基础。

其二,唐玄宗从佛教的诸法性空、不相因待的观念出发来看待"权""实"概念,指出从根本上讲,至道冲虚凝寂,不可以名言概念来表述,因此,至道既非"实",亦非"权",而是超越一切名言概念之限制的。由此而言,忘却"权"与"实",才能真正超出执着"权实"范畴所引起的局碍,就不可能有"实"体"权""用"等观念,从而直接面对至道,这也就是"权实两忘"。这实际上是在"权实"观念的本体论基础之上,进一步阐述其至道"离于名称"的超本体观念。这看似是对上述"处实行权"观念的超越,实质上是唐玄宗试图超脱现实政治生活的一种宗教理想追求。这或许就

①《唐玄宗御注道德真经》卷三,《道藏》第11册,第733页。
②《唐玄宗御制道德真经疏》卷五,《道藏》第11册,第781页。
③《唐玄宗御制道德真经疏》卷五,《道藏》第11册,第780—781页。

是唐玄宗从积极有为的崇道蜕变成消极无为的"佞道"在思想意识上的某种反映。

五、"文本武末"

中国古代的政治家和政治思想家,无不特别关注"文"("德")与"武"("刑"或"力")的关系问题。因为这是涉及如何有效地治理国家、确保社会稳定和休养生息的重大问题。历代统治者由于各人对"人惟邦本,本固邦宁"这个古老的遗训的认识有所不同,从而在"武"("刑"或"力")方面表现出"宽"("轻")与"猛"("重")之别。但是,他们几乎都主张"文"("德")与"武"("刑"或"力")并用。法家和兵家主张"重刑"("武"或"力"),但仍不放弃"文"("德")之治。墨家主张"兼爱""非攻",实际上是重"文"轻"武"或重"德治"轻"刑治"。儒家主张"先德后刑"。而道家则主张"自然无为"、"德""刑"两弃。唐玄宗自觉吸取历代统治者的经验与教训,从实际政治经验和需要出发,摄取儒家的"先德后刑"观念来推进道家"德力"思想,阐发了"文本武末"的政治主张。当然,这里的"文",并非儒家的"德",而是道家的"慈俭"。唐玄宗所提出的"以慈俭之道为本,以武刑之术为末"的"文本武末"观点,实际上也是其"处实行权,权必反实"思想的必然要求。因为在他看来,"武"("刑"或"力")是施行"权道"的手段。而"慈俭"之"文"("德")则是人君所处的"清静无为"之"实"。既然"实"是本、是体,"权"是末、是用,那么"文"("德")与"武"("刑"或"力")也应当是本与末、体与用的关系。

唐玄宗认为,在远古之世,淳古之君处无为之事,行不言之教,臣下但知有所尊之君,如穹天高高在上,被四时生育之美,不知何以称其德。其后,黄帝、尧、舜继起,施教行善,仁及百姓,"故亲之柔弱,致平功高,天下故誉之亲之","下及三王五霸,浸以凌迟,严刑峻制",于是"下议罪而求功,上赏奸而生诈,相蒙若此,可谓寒心"。[①] 其实,天地好生,万物皆为

---

① 《唐玄宗御制道德真经疏》卷二,《道藏》第 11 册,第 761 页。

其涵养,仁人者当顺天德以全济为务,不可逞能欺诈而好乐杀。贪残之君,人必不归附,如何可以得志于天下呢? 因此,为人君者,当知"道化无为,淡然平正。既不为察察之苛酷,亦无滋彰之法令",如此则"岁计有余,淳风和畅,动植咸遂,其物光亨"。① 如果政令烦苛,禁网凝密,令苛则人扰,网密则刑烦,必将导致百姓不安,四方离散,人君欲求以"权道"摄化众生,岂不困难吗? 他甚至批评那种喜好兴师动众的国君:"人惟邦本,本固邦宁",而"兴师动众,则人劳于役;行斋居送,则妨功害农。农事不修,故生荆棘",更有甚者,大军之后,必"积费既多。和气致祥,兵气感害,水旱相继,稼穑不生",这样就难免有凶荒之年。② 由此可见动武、用刑、尚力而乐杀之害。

不过,唐玄宗抨击动武、用刑、尚力、乐杀,并不是一概地反对使用武力。只要人君"处实"而行"权道",最终使"权反于实",则在必要的时候动用武力亦无妨,也就是说,武力只是治国之末,而文德才是治国之本。他指出:"夫文德者,理国之器用也;武功者,文德之辅助也。"③"文则经纬天地,武则克定祸乱。虽天生五材,废一不可,而武功之用,定节制宜。"④正因为人君为政之道是"文为本,武为末",故"专事武功,是弃本而崇末也"。⑤ 因而,用武只是在不得已之时方可为之。他说:"老君曰,凡事不得已而欲用兵,用兵之善,但求止杀,令不为寇,必以众暴寡凌人取强,取强则事好却还。"⑥拥兵恃强,犹如物以其壮而逞其强。然而,须知"物用壮,适足以速其衰老;兵恃强,则不可全其善胜。兹二事者,是谓不合于道。贤臣明主知其不合于道,当须早止不为"⑦。因此,用武不是目的,只是人君"处实"之时所行之"权道"。用武过后,往往"应之谓四夷来侵",而"王师薄伐,所当示之以恩惠,绥之以道德"。⑧

①《唐玄宗御制道德真经疏》卷五,《道藏》第11册,第776页。
②⑥《唐玄宗御制道德真经疏》卷四,《道藏》第11册,第772页。
③⑤《唐玄宗御制道德真经疏》卷七,《道藏》第11册,第790页。
④⑧《唐玄宗御制道德真经疏》卷四,《道藏》第11册,第773页。
⑦《唐玄宗御制道德真经疏》卷四,《道藏》第11册,第772—773页。

唐玄宗特别指出,作为泱泱大国的国君,固然可以凭借强大的国力,以威武来强取四邻小国,然而,终究不能使四夷心悦诚服。他积极提倡大国对于四邻弱小国家,应当"不事威武而用谦卑之德以柔服之",这样一来,"小者将欲怀来附庸之君,取其小国之人而为臣妾尔"。① 因此,人君真正善于以"道"来建邦立国,就应当"因百姓之不为,任兆人之自化,然后淘以淳朴,树之风声,使仪形作孚,乐推不厌,则功业深固,万方归德"②。

老子曰:"我有三宝,保而持之。一曰慈,二曰俭,三曰不敢为天下先。慈故能勇,俭故能广,不敢为天下先故能成器长。今舍慈且勇,舍俭且广,舍后且先,死矣。"(《老子》第 67 章)唐玄宗认为,老君所示以上"三宝",乃理身理国之枢要,说明"舍其利物之慈,苟且害人之勇;舍其节用之俭,苟且奢泰之广;舍其谦退之后,苟且矜伐之先。如此之行,有违慈俭,以之理国,则国亡;以之修身,则身丧"③。在"三宝"之中,他特别强调"慈"的重要性,认为"慈为三宝之首,故偏欢美也"④。在他看来,在不得已而用武之时,必"主之以慈",方可不违道家"清静无为"之旨。他明确指出:"古者用兵,常有诫令,当须以慈自守,不可生事而贪",若"以慈为主,自戢干戈,则有兵本无杀意"。⑤ 他甚至还认为,如果人君以"慈"而战,则"天将助之"而能"全众";如果以"慈"而守,则"天将护之"而"可以安人"。但是,从根本上说,"明德之君,用道为理,行慈俭而育物,不威武以御人,所尚以慈",若"以慈不争,由乎尚德。若用力争,胜非善胜也"。⑥因此,"善士者,常柔而不武;善战者,常慈而不怒;常胜者,常让而不争"⑦。总而言之,动武用兵,无论在什么情况下,都应当慎之又慎,不可轻率猛勇而为,而要始终坚持以"道德"为本,以"慈柔"为要,达到战胜而不扰民伤人、天下太平的目的。

---

①《唐玄宗御制道德真经疏》卷八,《道藏》第 11 册,第 796 页。
②《唐玄宗御制道德真经疏》卷七,《道藏》第 11 册,第 791 页。
③④⑥⑦《唐玄宗御制道德真经疏》卷九,《道藏》第 11 册,第 801 页。
⑤《唐玄宗御制道德真经疏》卷九,《道藏》第 11 册,第 802 页。

　　唐玄宗标榜"文本武末"，提倡"慈让"，固然是自觉继承和发扬道家思想来施行"权实"统治之道，在前期的确取得了团结和取信于臣民、维护统治政权的相对稳定的积极作用，但是，如果一味地强调和恪守"慈守""柔让"，也难免使一些因特殊关系而进入统治阶层的人滋生异念，利用君上"慈""让"而为所欲为，甚至犯上作乱，安禄山等人所发动的叛乱，便是典型的事例。这虽然与其违背了选贤与能的观念有关，但更重要的是与其重于文德之治而疏于武力之治的指导思想有关。

第十二章 吴筠的哲学思想

　　吴筠发挥了东晋葛洪以来的神仙道教思想,以老庄的长生久视之道阐发长生可贵、神仙可学的观念,进而从形与神、精气神、阴与阳、形与性等方面,阐述了"虚静去躁,神生形和""益精易形,守神固气""以阳炼阴,虚明合元""以有契无,益形存性"的修真成仙理论。

第一节 吴筠的生平与著述

　　吴筠(?—778 年),字贞节(一作正节),法号洞阳子,华阴(今属陕西)人。弱冠涉猎儒、墨,通晓诸经。善文章,工于楷隶。三教九流之书,无所不览。因自幼生长于道教胜地华山,故于道术早有所好。又仰慕鲁仲连之举,失意之余,与喜好道术者一同归隐南阳倚帝山,曾作诗谓:"兹山何独秀,万仞倚昊苍。晨跻烟霞趾,夕憩灵仙场。俯观海上月,坐弄浮云翔。松风振雅音,桂露含晴光。不出六合外,超然万累忘。信彼古来士,岩栖道弥彰。"[①]开元中,南游金陵,"既知命寡,逐慕寻真,讨究仙经,莫得生理"[②]。于是往江南访寻茅山道派修真之迹,

---

① 〔唐〕吴筠:《游倚帝山》,《全唐诗》卷八八八,第 10110 页,北京:中华书局,1999。
② 〔唐〕吴筠:《玄纲论自序》,《全唐文》卷九二五。

"登茅巅，入石室，先得玄道真经，即太上道君归根复本、号而不嘎之理也。乃执其理十余年，惟攻胎息，续用既劳"①。他还游访天台、会稽、剡中诸地道场。吴筠擅长著述，与吴越地区的文人学士李白、孔巢父等相交游，以诗酒相唱酬。其所著诗篇，流传至京师。天宝二年（743年），唐玄宗闻其诗名，派遣使臣征诏至京师。吴筠请求度为道士，筑宅于嵩山，乃随陶弘景三传弟子冯齐整而受上清正一之法，于是"苦心钻仰，尽通其术"②。

天宝十三载（754年），吴筠向玄宗呈进《玄纲论》3卷。他在《进玄纲论表》中声称：大道奥旨，久未修撰，"重玄深而难赜其奥，三洞秘而罕窥其门。使向风之流，浩荡而无据。遂总括枢要，谓之'玄纲'。冀循流派而可归其源，阐幽微而不泄其旨。至于高虚独化之兆，至士登仙之由，或前哲未论，真经所略，用率鄙思，列于篇章"③。唐玄宗非常重视《玄纲论》，专门诏授翰林供奉，指出："尊师[指吴筠]迹参洞府，心契冲冥，故能词省旨奥，义博文精，足以宏阐格言，发明幽致。朕恭承祖业，式播玄风，览此真筌，深符梦想。岂惟披玩无斁，将以启迪虚怀。其所进之文，用列于篇籍也。"④

唐玄宗在接见吴筠时，向吴筠请教"道法"和神仙修炼诸事，吴筠一一回答。吴筠认为，"道法之精，无如'五千言'"，其他各家之说，不过枝词蔓说，徒费纸札罢了。关于神仙修炼之事，他指出，这是"野人之事，当以岁月功行求之，非人主之所宜适意"。⑤也就是说，道法之精微，全在一部《道德经》之中，其他各家的道论，都没有超出此《道德经》之外。神仙修炼之事，需要长期的日积月累功夫，坚持不懈地勤修密炼。帝王的业绩在于理国安邦，不宜进行如此修炼。由此不难看出，吴筠论道之要，全赖《道德经》。他明确地把"野人"的神仙修炼之事，与帝王将相的治

①〔唐〕吴筠：《玄纲论自序》，《全唐文》卷九二五。
②⑤《旧唐书》卷一九二，"吴筠传"，第5129页。
③〔唐〕吴筠：《进〈玄纲论〉表》，《全唐文》卷九二五。
④〔唐〕李隆基：《答吴筠进〈玄纲论〉批》，《全唐文》卷三七。

国安邦大业区分开来,劝告唐玄宗当一心一意治国安邦,不可置国家大业于不顾而迷恋于"野人"的修炼之事。这是他对过去一些帝王将相因迷恋仙术而误国害民的历史经验教训的总结。因此,他"每与缁黄列坐,朝臣启奏,筠之所陈,但名教世务而已。问之以讽谏,以达其诚。玄宗深重之"①。

吴筠在翰林时因特承唐玄宗的恩顾,为群僧所妒嫉,并因其讲论玄道而多斥佛门,故为素尊佛教的高力士和群沙门所攻讦。吴筠毫不示弱,奋起卫道,先后著有《邪教论》《明真辨伪论》《辅正除邪论》《辨方正惑论》《道释优劣论》《诸家论优劣事》《复淳化论》和《思还淳赋》等。从现存的《思还淳赋》②等文章来看,吴筠为捍卫道教和"五千言"而排斥佛教,是很激烈的。

首先,他认为,佛教传入中国,加剧和扩大了对中国传统淳朴民风的破坏。中国远古之世,民风淳朴。唐虞之后,淳化之风日以沦亡,及至殷周而殆尽。只是到了孔丘之时,目睹当时民风浇漓之状而生悯惜之心,乃发奋编修《诗》《书》,制定《礼》《乐》,以救崩溃。"五霸既没,七雄交驰,爰至暴秦,儒残道瘵。"直至"皇汉底定,人怀辑熙。孝文御宇,所向无为,刑法几措,欢心秉彝。孝武好夫征伐,亦兼崇于典仪,虽纯懿未举,而文章载施。元成孺弱,政教陵迟"。正是在这"苍生息肩"之日,"世祖中兴"之时,汉明帝匪德而为祅梦所迷惑,"创戎神之祠宇,遵恍惚之妄见。始涓涓于滥觞,终浩汗以流羡,历三国而犹微,更五胡而大建"。由是,华夏之大礼遭废弃,边荒之风大扇,"诊气悖以兴行,人心飒以倾变"。于是,世人诬侮君亲、蔑视彝宪,"髡跣贵,簪裾贱。事竭思以徼福,劣舍疑而惧谴。上发迹于侯王,下无劳于奖劝。尊甉屃之金狄,列峥嵘之紫殿。伐千亩之竹,不足纪荒庙寓言;倾九府之财,焉能充悯款诚愿"。他认为,这便是佛教进入中国后所造成的最直接的危害。

---

① 《旧唐书》卷一九二,"吴筠传",第 5129 页。
② 《思还淳赋》,《宗玄先生文集》卷中,《道藏》第 23 册,第 656—657 页。以下 5 段所引此文内容,不再加注。

其次，他指出，佛教传入中国，不仅使华夏之礼废弃，华夏之财消耗，而且，还因尊崇释氏而排斥异己，大批出家僧众，不务劳作而鲸吞蚕食。他们"重贝叶讹谬，轻先王典籍。钦刑残鄙夫，宴广厦精室，使白屋终劳、缁门永逸"，导致"自国至家，祈虚丧实"。凡是虔诚信佛而颂扬佛教者，则"绐之以嘉祥"。凡是唾骂而批评佛教之人，则"欺之以罪疾"。因而，"中智已下，助成其奸宄之术，可谓至真隐，大伪出。所以孼党妖徒，此焉游息，储不因耕，衣不俟织，诱施冒贷，鲸吞蚕食。若蛟螭之在水，犹豺豹之附翼，罔不假小善以外慈，藏深邪而内贼。岂止一时之封豕，乃为万代之蟊贼，足使宵人得意而傲睨，上士伤心而悯默"。

第三，他还指出，佛教之所以能够如此畅行于华夏，固然与先民淳化之风的日渐沦亡、"匪德"帝王的惑于妖术有关，同时也与道安、慧远、图澄等人的极力表彰、理窃老庄、噬儒吞道有密切关系。

他说："虽孼自天启，亦袄由人彰。斯乃钟刘石之两羯，偶符姚之二羌，凭胡书之恢谲，资汉笔以阐扬。道安讨论于河洛，惠远润色于江湘，图澄挟术以鼓舞，罗什聚徒以张皇。迹无征于班、马，理唯窃于老、庄，褒蛮陬为中土，贬诸夏为偏方。务在乎噬儒吞道，抑帝掩王，夺真宰之柄，操元化之纲。"那些深受其影响的当世之士，未能窥探妙门，洞察幽赜，笼而统之地以泯灭为真实，以生成为假幻，"但所取者性，所遗者形，甘之死地，乃谓常理"[①]。他还郑重指出，历代帝王者，爰自晋、宋，迄至齐、梁，莫不是兴之者灭，废之者昌。"竟流遁而不返，终取侮以危亡。"

从以上三个方面来看，吴筠认为，佛教自传入中土以来所造成的诸多严重危害，未有其匹。"自古初以逮今，未有若斯之弊。"由此，他极力主张，应该大力弘扬中华民族的传统儒学和道教，"荡遗袄于千载"，使人伦顺化、神道永贞、民俗雍熙，以"流惠泽于八纮"。吴筠对佛教的批判，与其说是对当时崇信佛教的"高力士及群沙门短于帝"的回应，不如说是对中国传统儒、道教的极力维护，特别是对老子《道德经》思想的维护。

---

① 《神仙可学论》，《宗玄先生文集》卷中，《道藏》第 23 册，第 660 页。

因为在《道德经》中,理想的社会风尚,就是民风淳朴。吴筠对远古之世淳朴民风的高扬和对佛教传入后淳朴民风被破坏的批评,正说明了这一点。当然,远古淳朴民风至汉明帝后更加浇漓,其根本原因并不在于佛教传入中国后带来的消极影响,实在于社会发展之必然。而吴筠以此攻讦佛教,不仅显示出其认知视野之褊狭和错误,更说明他对佛教的批评带有浓烈的传统夷夏情结,是对西晋以来顾欢等人以"夷夏之辨"来排斥佛教,维护中国传统儒、道教的继承。

天宝中,李林甫、杨国忠等执掌朝政,李唐王朝纲纪日紊。吴筠知天下将乱,请求回到嵩山,得以别立道院。不久,安史之乱爆发,吴筠又自嵩山返还茅山。其间,吴筠曾栖隐庐山,与道士吴太清、宋冲虚为陆修静建立"贞石"。至德二年(757年)以后,登会稽,浮浙河,息天柱。大历七年(772年),与颜真卿、刘全白等交游于湖州。大历十三年(778年),卒于宣城天柱山,众弟子私谥其"宗玄先生"。

吴筠长于著述,所撰诗文,有"词理宏通,文彩焕发,每制一篇,人皆传写"[1]之誉。他对道教基本理论,特别是仙道论,有较深入的研究。他以老学为宗,自觉继承和发展了东晋葛洪的仙道思想,成为唐代中期一位非常重要的仙道理论家。他还积极面对隋代和唐初佛教徒对道教理论基础的大力攻讦,在初唐重玄学家成玄英、李荣等人吸佛补道的基础上,更进一步地维护和发展道教的理论基础。所著有《宗玄先生文集》10卷,其中包括《玄纲论》3篇32章、《形神可固论》5章和《心目论》《神仙可学论》等。

第二节 "道至无而生天地"

"道"是老子"五千言"中的最高范畴。在《道德经》中,老子曾用"无名""无""一""希""夷""微""大""无物之象""无状之状"和"法自然"等来

---

[1]《旧唐书》卷一九二,"吴筠传",第5130页。

形容"道"作为世界本体的特性,以"道之为物,惟恍惟惚。惚兮恍兮,其中有象。恍兮惚兮,其中有物。窈兮冥兮,其中有精。其精甚真,其中有信"(第21章)来说明"道"的存在不虚,还以"道生一,一生二,二生三,三生万物"(第42章)来说明"道"与阴阳、天地和万物的关系。后来,道教理论家们以此为基础,构筑道教理论的本体论和世界观。以标榜"五千言"为"道法"之宗旨的吴筠,则自觉地继承了这一思想传统。

吴筠指出:"道者何也? 虚无之系,造化之根,神明之本,天地之源。其大无外,其微无内。浩旷无端,杳冥无对。至幽靡察,而大明垂光。至静无心,而品物有方。混漠无形,寂寥无声。万象以之生,五音以之成。生者有极,成者必亏。生生成成,今古不移,此之谓道也。"①作为本体之"道",是无形、无声而又不可察知的。因此,他特别强调"道贵无名"②,并以"其大无外,其微无内"来说明"道"是至大与至小的统一,认为"道包亿万之数而不为大,贯秋毫之末而不为小"③。也就是说,道体至大,无所不包。同时,又是至小,无物不含有。

他还积极发展"五千言"中关于"道"是混成、无为之体,玄妙之宗的思想。他说:"夫道者,无为之理体,玄妙之本宗,自然之母,虚无之祖。高乎盖天,深乎包地。与天地为元,与万物为本。将欲比并,无物能等。意欲测量,无处而思。于混成之中为先,不见其前。毫厘之内为末,不见其后。一人存之不闻有余,天地存之不闻不足。旷旷荡荡,渺渺漭漭。"④可见,吴筠把"道"看做盖天包地、无为而玄妙、测量而不可得的宇宙本体。在这里,他特别指出了"道"不可闻见、不可思议的特性,反映出其"道"本体论是一种不可知论。同时,由于他强调"道"是"混成""无为"的,又是"旷旷荡荡、渺渺汉汉"的"玄妙"之"宗",因而又表现出鲜明的宗教神秘主义思想特征。

---

① 《玄纲论·道德章第一》,《道藏》第23册,第674页。
② 《玄纲论·专精至道章第二十九》,《道藏》第23册,第680页。
③ 《玄纲论·同有无章第七》,《道藏》第23册,第675页。
④ 《形神可固论·守道》,《宗玄先生文集》卷中,《道藏》第23册,第663页。

为了说明天、地、人和世界万物的形成过程，吴筠大肆发挥《道德经》中"有生于无"和"道法自然"的观点，明确指出："大道之要，玄妙之机，莫不归于虚无者矣。虚无者，莫不归于自然矣。自然者，则不知（其）然而然矣。是以，自然生虚无。虚无生大道，大道生氤氲，氤氲生天地，天地生万物。万物剖氤氲一炁而生矣。故天得一自然清，地得一自然宁，长而久也。"[①]如果用图式来表示，世界的发生过程即是：

自然→虚无→大道→氤氲→天地→万物（包括人）

在这个图式中，"大道→氤氲→天地→万物（包括人）"这一部分，与上面他把"道"作为宇宙万物的本体、根源和老子"道生一，一生二，二生三，三生万物"的宇宙生成论并无什么区别。问题在于，"自然→虚无→大道"是指什么呢？难道是说，在"大道"之前，还有个比"道"更根本的本体"虚无"，在"虚无"之上还有个比"虚无"更根本的本体"自然"吗？如果在"大道"之上有个更根本的"虚无"、在"虚无"之上有个更根本的"自然"，那么，又如何理解上面所提到的"夫道者……自然之母，虚无之祖"呢？这不是明显的前后矛盾吗？更何况唐初著名佛教僧侣法琳等人就曾猛烈抨击"五千言"中的"道法自然"论，攻击道教之"道"并不是最高范畴，从而极力贬低道教，难道中唐时期的著名道教理论家和排佛之士，面对佛教徒的攻讦，不是自觉地迎接来自佛门的挑战，积极推进道教理论发展，而是自陷迷途吗？事实上，面对来自佛门的攻讦，吴筠在如何处理"道"与"自然""虚无"之间的关系问题上，态度是很鲜明的。

首先，他主张应当从"有"与"无"的关系中来把握"道"，坚决反对"贵无以贱有"或"取有以遗无"等割裂"有"与"无"的机械论做法，明确指出"有"从"无"生成，"无"因"有"而显明，"有"是"无"的作用，"无"是"有"的"资本"，"有"与"无"一体，"混同"不二。他说：

　　夫道，无为无形，有情有信。……世情谓道体玄虚，则贵无而贱

①《形神可固论·序》，《宗玄先生文集》卷中，《道藏》第 23 册，第 663 页。

有。人资器质，则取有而遗无。庸知有自无而生，无因有而明，有无混同，然后为至。故空寂玄寥，大道无象之象也。两仪三辰，大道有象之象也。若但以虚极为妙，不应以吐纳元气、流阴阳、生天地、运日月也。故有以无为用，无以有为资，是以覆载长存，真圣不灭。①

又说：

夫道至虚极也，而含神运气，自无而有。故空洞杳冥者，大道无形之形也。天地日月者，大道有形之形也。以无系有，以有合无，故乾坤永存。②

"有"和"无"是指"大道"所固有的两种不同的存在方式。"无"指"道"处于"空寂玄寥"的"虚极"状态，是"无形之形""无象之象"。而"有"则指"道"处于与具体形象合一的呈现状态，是"有形之形""有象之象"。既不能把"道"仅仅理解为"虚极"之"无"，也不能把"道"片面地理解为"混物"之"有"，而应当把"道"看做"有"与"无"的统一。"无"是"道"的最原始的本真状态，"有"是"道"运作之后所呈现的状态。"无"并不是虚幻无实的不存在，而是一种真实的本体存在。本真状态的"道"是不可名状的，因为它是看不见、摸不着和无法测量的，唯有通过呈现状态的"有"来显现其客观存在性，才能为一般人所感知。因此，"有"与"无"并不是截然不同的两个东西，而是相互"资用"、"混同"为一的"道"本身。既然"无"只是"道"所存在着的一种状态，那么，"虚无生大道"或"虚无→大道"，实际上是指"道"从"无"的本真状态运作至"有"的呈现状态，即从"无"之"道"运作至"有"之"道"，而不是指在"大道"之外，另有个什么"虚无"的本体。"虚无生大道"，不过是指"道"从"无"至"有"而自生和自我呈现而已。

其次，他主张以"道生德成"来把握"道"，从而把"自然"看做"生成

---

① 《神仙可学论》，《宗玄先生文集》卷中，《道藏》第 23 册，第 661 页。
② 《玄纲论·以有契无章第三十三》，《道藏》第 23 册，第 681 页。

者""出无入有""莫究其朕"的常态。

"道生""德畜"是《道德经》中的一个基本观点。老子认为,物之形状,来源于"道"的生成、"德"的畜养,因而万物未有不尊崇"道"与贵重"德"的。尊"道"贵"德","夫莫之命而常自然"(第51章)。对于万物来说,"道"生出它们、抚养它们、长成它们、培育它们、成就它们、成熟它们,覆盖保护着它们。"道"生育万物而不据为己有,施恩泽于万物而不求其报德,长成万物而不宰制以自利。吴筠以此为出发点,把"五千言"中的"德畜""物形""势成"都归结为"德成",以"通生"释"道"体、"畜成"释"德"用,试图在唐初重玄学道论的基础上来推进道教理论。他说:

> 德者何也? 天地所禀,阴阳所资,经以五行,纬以四时,牧之以君,训之以师。幽明动植,咸畅其宜。泽流无穷,群生不知谢其功。惠加无极,百姓不知赖其力。此之谓德也。然则,通而生之之谓道,道固无名焉。畜而成之之谓德,德固无称焉。……生者不知其始,成者不见其终。探奥索隐,莫窥其宗。入有之末,出无之先,莫究其朕,谓之自然。自然者,道德之常,天地之纲也。[1]

以"通生"释"道"体,说明吴筠自觉接受了隋代和初唐以来的道教重玄学的道体论思想的影响。在吴筠看来,宇宙间一切物质性的和精神性的东西,莫不由"道"发生,由"德"成遂。这一发生与成遂的运动过程,是无始无终、不可窥见的,只知道它是出无入有,而不知道其生成变化的轨迹,这就是"自然",实即莫知其所以然而然。而这个"自然",就是道生德成的常态,天地万物的纲纪。可见,"自然"并不是个什么本体性的东西,而是道生德成的一种不知其然而然的状态。就其作为"道"的一种状态和不可知的特性而言,"自然"与"虚无"并没有什么两样。然而,"虚无"是就"道"的寂静状态而言,而"自然"是就"道"的发生状态而言。吴筠之所以把"自然"放到"虚无"之前,提出"自然生虚无"或"自然一虚无",无

---

[1]《玄纲论·道德章第一》,《道藏》第23册,第674页。

非是说明"道"的终极和初始存在状态不是虚寂不动的,而是生生不息的。这实际上是把道体与运动联系在一起,从而避免了佛教徒对道体如何从至寂运作创生天地万物的诘难。

第三,为了更进一步地说明"道"与"自然""虚无"的关系,吴筠还从阴阳之元气的角度来阐发其"真一运神,元气自化""真精自然,寂默无为"的观点。

吴筠指出:

> 太虚之先,寂寥何有? 至精感激,而真一生焉。真一运神,而元气自化。元气者,无中之有,有中之无,旷不可量,微不可察。氤氲渐著,混茫无倪,万象之端,兆朕于此。于是清通澄朗之气,浮而为天,浊滞烦昧之气,积而为地。平和柔顺之气,结而为人伦。错谬刚戾之气,散而为杂类。自一气之所育,播万殊而种分。既涉化机,迁变罔穷。然则,生天地人物之形者,元气也。授天地人物之灵者,神明也。故乾坤统天地,精魂御人物。气有阴阳之革,神无寒暑之变。虽群动纠纷,不可胜纪,灭而复生,终而复始。道德之体,神明之心,感应不穷,未尝疲于动用之境矣。①

> 天地不能自有,有天地者太极。太极不能自运,运太极者真精。真精自然,惟神惟明,实曰虚皇。高居九清,乃司玄化,总御万灵,乾以之动,坤以之宁。寂默无为,群方用成。空洞之前,至虚靡测。元和澄正,自此而植。神真独化,匪惟巨亿,仰隶至尊,咸有所职。丹台瑶林,以游以息。云浆霞馔,以饮以食。其动非心,其翔非翼。听不以耳,闻乎无穷。视不以目,察乎无极。此皆无祖无宗,不始不终,含和蕴慈,悯俗哀蒙。清浊体异,真凡莫同。降气分光,聿生人中。贤明博达,周济为功。为君为长,俾物咸通。②

从上面这些话中,我们不难看到,"太极"即元气,促使元气自化

①《玄纲论·元气章第二》,《道藏》第 23 册,第 674 页。
②《玄纲论·真精章第三》,《道藏》第 23 册,第 674—675 页。

的,是"真精"。"真精"的特性是"自然"。"神明"即是"真精自然"特性的表现。这个"自然"的"真精",就是"虚皇"。这个"虚皇"高居九清之上,司玄化,总御万灵,天地因之而动、静,虚寂无为,至虚不可测知。但是,它自身能"听不以耳,闻乎无穷。视不以目,察乎无极","降气分光,聿生人中"。事实上,这个"真精""真一"或"神明",即"自然"、"虚皇"、"至虚"("虚无"),也即是"道"。不过,它不是纯然的"自然之道",而是精神化的至道。这无疑显示出吴筠的道体论具有鲜明的神学色彩。他所说的"气有阴阳之革",不过是说众生万物有终始。而"神无寒暑之变",则是为了说明道无终始而永恒存在。这实际上与初唐成玄英、王玄览等人的道物观是完全一致的。

因此,从根本上讲,吴筠是自觉地继承了老子的道本论思想,并力图将道教神学化,从而改造成为其道教神学的理论基础。应该说,吴筠在阐述其"道至无而生天地"的道教神学本体论和世界观时,不仅自觉地回应了初唐佛教学者对道教理论基础的攻击,更明确和更深入地探讨了道教神学的基本理论问题,而且也自觉地超越初唐时期道教重玄学家们通过吸佛论道来回避佛门攻讦的被动局面,对于中国古代道教神学基本理论的完善和发展做出了重要贡献。

第三节 "道德、天地、帝王,一也"

吴筠主张"道生德成"的宇宙造化论,把"道德"看做天地万物的始祖和根本。在此基础上,他进一步把这一思想扩大到社会历史领域,试图建立起一种能够调和社会矛盾的"道德"宗教神学。

首先,吴筠认为,作为天地之始祖的"道德"、作为万物之父母的"天地"、作为三才之主的"帝王",具有同一的特性,即虽分别为三而实则一体。天地是"道生德成"的结果,而帝王则是因循道德而治理国家社会的人主。他说:

> 道德者,天地之祖。天地者,万物之父。帝王者,三才之主。然

则,道德、天地、帝王,一也。①

天地间的一切事物,像古今民风之异,社会治乱之别,都是由体现"道德"生成的"天地之道、阴阳之数"决定着的。"道德"本身无兴衰更替之变化。如果至阳真精降而为人主,则社会得治。相反,如果太阴纯精升而为君,则社会必乱。"运将泰也,则至阳真精降而为主,贤良辅而奸邪伏矣。时将否也,则太阴纯精升而为君,奸邪弼而贤良隐矣。天地之道,阴阳之数,故有治乱之殊也。"②

　　他还进一步用"阴阳之数"来说明两种不同的"无为而治"的政治观,认为"通乎道"与"同乎物"均是无为,然而,"通乎道"者属于"慧","同乎物"者属于"昏"。他积极宣扬"通乎道"的"主明而无为",坚决反对"同乎物"的"主暗而无为"。他说:

　　　　夫天地昼亦无为,夜亦无为。无为则一而理乱有殊者何哉?昼无为以明,故众阳见而群阴伏;夜无为以晦,故群阴行而众阳息。是以主明而无为者,则忠良进,奸佞匿,而天下治也。主暗而无为者,则忠良隐,奸佞职,而天下乱也。故达者之无为以慧,蔽者之无为以昏。慧则通乎道,昏则同乎物。道与物俱无为也,奚可以一致焉?故至人虽贵乎无为,而不可不察也。察而无为者,真可谓无为也。③

很显然,"主明而无为",就是尊道贵德、得忠良之臣辅佐、抑奸佞之徒妄为的"无为而无不为"之治。而"主暗而无为",则是忘道弃德、执着于世俗之事、忠良之臣退隐于野、奸佞之徒非为于朝的无为而为所欲为。因此,"主明而无为"与"主暗而无为",虽同为"无为",实则有天壤之别。"主明而无为",则天下得治;"主暗而无为",则天下必乱。"主明而无为",是明慧之无为;"主暗而无为",是昏暗之无为。吴筠对此二种"无为"的区分,正说明"无为"之治并不必定是"五千言"中"无为"之旨。老

---

① ②《玄纲论·化时俗章第八》,《道藏》第 23 册,第 676 页。
③《玄纲论·形动心静章第十五》,《道藏》第 23 册,第 678 页。

子的"无为而治"思想,是"通乎道"的"主明而无为",而不是"同乎物"的"主暗而无为",这种认识无疑是对《道德经》"无为"政治思想的积极引申和发挥。

"主明而无为"是以"尊道贵德"为前提的。吴筠认为,仁、义、礼、智、信五者,是"道德"的具体体现。社会上如果"尊道贵德",则民风淳朴;如果弃道背德,则民风浇薄。"所以古淳而今浇者,亦犹人幼愚而长慧也。婴儿未孩,则上古之含纯粹也。渐有所辩,则中古之尚仁义也。成童可学,则下古之崇礼智也。壮齿多欲,则季世之竞浮伪也。变化之理,时俗之宜,故有浇淳之异也。"因此,要使民风淳朴,就必须施教于仁、义、礼、智、信。而要使社会得到治理,则必须以"道德"为本。"核其所以,源其所由,子以习学而性移,人以随时而朴散。虽然,父不可不教于子,君不可不治于人。教子在乎义方,治人在乎道德。义方失,则师友不可训。道德丧,则礼乐不可理。虽加以刑罚,益以鞭楚,难制于奸臣贼子矣。是以示童蒙以无诳,则保于忠信。化时俗而以纯素,则安于天和。故非执道德以抚人者,未闻其至理者也。"[1]

从以上来看,吴筠似乎是在调和儒、道二教,以道教的形式来倡导施行儒家的仁、义、礼、智、信等纲常伦理。然而,在"五千言"中,老子是极力排斥儒家的纲常伦理礼教的。以《道德经》为宗的吴筠,又为何来调和儒、道两家的对立呢?

其实,吴筠并不是想借助道教来弘扬儒家伦理,他和东晋时期的著名道教学者葛洪一样,都是主张道本儒末的。这大概与他们早年所受到的深厚的儒学熏陶分不开,同时,也与他们所不能脱离的那个中国政治社会本来就是儒家伦理化了的现实有着密切的联系。所以他说:

> 夫仁义礼智者,帝王政治之大纲也。而道家独云遗仁义、薄礼智者,何也? 道之所尚,存乎本。故至仁合天地之德,至义合天地之宜,至礼合天地之容,至智合天地之辨。皆自然所禀,非企羡可及。

---

[1]《玄纲论·化时俗章第八》,《道藏》第 23 册,第 676 页。

矫而效之,斯为伪矣。①

显然,吴筠把至仁、至义、至礼、至智等,都看做"道生德成"的天地"自然所禀"的特性,并指出这些"自然所禀"的特性是不以人的主观意志为转移的,因此,不能人为地加以利用和改造而成为强令执行的社会规范。如果人为地加以改造和利用,就必然违背自然的大法则,各种欺诈行为便会伴随而起。"伪则万诈萌生,法不能理也。"②在这里,我们应当注意到,吴筠所强调的是不以人的意志为转移的、为天地"自然所禀"的"至仁""至义""至礼""至智",而不是人为地强令执行的社会规范。也正因为如此,所以他主张应当贵远古淳朴之世,而贱后世之浇薄。远古淳朴之世所施行的,就是"至仁""至义""至礼""至智",而不是浇薄之后世所强迫施行的人为的仁、义、礼、智。这实际上是将道教所主张的"自然所禀"法则与后世儒教纲常伦理明确地区分开来,显示出道、儒两教的根本分别。

在吴筠看来,道德是人世社会的内在根本之所在,而仁、义、礼、智、信等社会规范,不过是人世社会外在的行为要求。前者是本,后者是末。唯有敦厚其本,才能坚固其末,切不可本末倒置。但同时他又指出,强调本末不可倒置,并不意味着可以有本而无末,无仁义礼智之末,则道德之本无法体现,人世社会便也难以因道德而得以直接维系。他强调指出,唯有执持道德之本,才能较顺利地和牢固地遵循仁、义、礼、智、信等规范。若仅仅执持仁、义、礼、智、信之末,则实难真正而有效地达到社会之治。因此,吴筠主张,只有以道为心、以德为体,以仁义为车服,以礼智为冠冕,天下才得以很好地治理。他说:

> 所以贵淳古而贱浇季,内道德而外仁义,先素朴而后礼智,将敦其本,以固其末,犹根深则条茂,源濬则流长,非弃仁义薄礼智也。故道丧而犹有德,德衰而犹有仁,仁亏而犹有义,义缺而犹有礼,礼

①②《玄纲论·明本末章第九》,《道藏》第23册,第676页。

坏则继之以乱,而智适足以凭陵天下矣。故礼智者,制乱之大防也。道德者,抚乱之宏纲也。然则,道德为礼之本,礼智为道之末。执本者易而固,持末者难而危。故人主以道为心,以德为体,以仁义为车服,以礼智为冠冕,则垂拱而天下化矣。①

他一再强调指出,不能因为崇尚仁义礼智之末而遗忘道德之本,"若尚礼智而忘道德者,所为有容饰而无心灵,则虽乾乾夕惕而天下敝矣"②。

吴筠还以道德、仁义礼智来概括远古之治的社会变迁,认为三皇为至治之世,五帝为邻至乱之世,强调老学之根本,是在"南面之术",也就是要以道德为本,以礼智为末。如果单纯以礼智治国,必然带来祸患。"三皇化之以道,五帝抚之以德,三王理之以仁义,五伯率之以礼智,故三皇为至治,五伯邻至乱。故舍道德而专任礼智者,非'南面之术',是以先明道德。道德明,则礼智薄矣。老子曰:'礼者,忠信之薄而乱之首。'以智治国,国之贼。不以智治国,国之福。此谓礼亏则乱,智变则诈。故塞其乱源,而绝其诈根。"③他批评汉代大儒扬雄、班固等人,片面地理解老子在"五千言"中贬斥仁义礼智之名,而视老学为专任清虚无为之学,实则是远离了老子《道德经》的本意。他说:"扬雄、班固之俦,咸以道家轻仁义薄礼智而专任清虚者,盖世儒不达玄圣之深旨也。"④

照吴筠的说法,老学与孔学、道家与儒家,并不是绝对对立的,老学先,孔学后;道家为本,儒家为末。只是本与末、先与后不可倒置,既不可离本而尚末,也不可离末而务本。事实上,这与其说是调和老学与孔学、道家与儒家的对立,不如说是吴筠试图以老学来融通孔学,以道家来含摄儒家,以隐者之道来攀缘帝王之尊,从而为道教施化于社会,成为名正言顺、道高德厚的李家王朝之教而张目。

为了指明李家王朝之教所以建立的客观依据,吴筠还从"道生阴阳"的思想出发来阐明"教之所施,专为中人"的道理。他把社会中的人划分

---

① ②③④《玄纲论·明本末章第九》,《道藏》第23册,第676页。

为三种类型,秉阳灵之纯气为睿哲,秉阴魅之纯气为顽凶,第三种是介乎二者之间的"中人"。他说:

> 夫道本无动静而阴阳生焉,气本无清浊而天地形焉。纯阳赫赫在乎上,九天之上无阴也。纯阴冥冥处乎下,九地之下无阳也。阴阳混蒸而生万有,生万有者,正在天地之间矣。故气象变通,晦明有类,阳以明而正其粹为真灵,阴以晦而邪其精为魔魅。故禀阳灵生者为睿哲,资阴魅育者为顽凶。睿哲惠和,阳好生也。顽凶悖戾,阴好杀也。或善或否,二气均合而生中人。①

他把睿哲看做天生的、不教而自知,认为顽凶是天生的、虽教亦无所知。这是它们各自所受纯阳、纯阴之气所决定了的,因此,教无须施与它们。而处于二者之间,既秉有阳气、又秉有阴气的"中人",既可除却阴气、积善而为纯阳,又可除却阳气、积恶而为纯阴。也唯有这种人,才可施教,使其除恶积善。所以吴筠指出:

> 三者各有所禀,而教安施乎? 教之所施为中人尔,何者? 睿哲不教而自知,顽凶虽教而不移,此皆受阴阳之纯气者也。亦犹火可灭,不能使之寒;冰可消,不能使之热,理固然矣。夫中人为善,则和气应;为不善,则害气集。故积善有余庆,积恶有余殃。有庆有殃,教于是立。②

吴筠将社会中的人划分为三等,即上等睿哲之人、下等顽凶之人和介乎两者之间的"中人",反映出其特有的社会等级观念。虽然将世人划分为上、中、下三等由来已久,并不是吴筠的创见,但是,他从当时特定的社会历史条件出发,为迎合世俗社会统治阶级的需要,为道教发展依恃于李唐王朝的扶助的目的,设想三种不同等级的人群,并以"道生阴阳"观念来加以论证、说明,从而为其"道德"之教存在的现实性和重要性提供依据。不难看出,吴筠所谓上等睿哲之人,即是李唐王朝的帝王将相。

---

① ②《玄纲论·天禀章第四》,《道藏》第23册,第675页。

这等人之所以不教而自知，是因为道教本身就是李唐王朝之家教，无须教而获知。那些所谓下等顽凶之人，则主要是指攻击道教的异教之徒，这等人当然是无法教而知。而所谓中人，则是指普天之下的广大百姓。在他看来，这等人人数浩大，又摇摆于诸教之间，因此，最需要施教而把他们争取过来，从而弘大道教。

在这里，吴筠以"道生阴阳"来论说上等睿哲天生"不教而自知"，乃是其"道德、天地、帝王，一也"思想的直接反映。不过，我们应当看到，吴筠将社会上之人一分为三，以其特有方式鞭挞下等顽凶之人，强调为"中人"立教，无非是想孤立和排斥佛教，争取更多的一般民众信奉道教，尊道贵德，从而来对付佛教在当时社会上的重要影响，这既是他面对来自佛门的不断挑战的积极回应，也是他为道教与佛教争夺信仰地盘所进行的理论论证。而他之所以在明知老、孔之学鲜明对立的同时，自觉调和儒、道二教，倡导道本儒末，以道教含摄儒学，不过是想利用儒家思想之影响，争取受过传统儒家伦理道德教育的广大社会民众来信奉并不明确弃绝仁义礼智的道教和（或）排斥绝口不谈仁义礼智的异教——佛教。通过扩大道教对儒学思想的包容性，在道本儒末的形式下，既可争取到更多受过儒家思想熏陶的一般民众，又不损害道教自身的权威性和至上性。应该说，这种方式对于广大社会民众是具有很大影响力的。总的说来，吴筠通过"道德、天地、帝王，一也"和为"中人"立教等理论论证与说教，试图使"道德"的道教神学不仅成为名副其实的李唐王朝之教，而且也成为广大社会民众信奉的国教，从而成为调和李唐王朝统治下社会矛盾的工具。

第四节　"神仙可学"

重生恶死、追求长生久视之道，是老庄学和道教学的精义之所在，也是其区别于佛教和其他思想体系的根本之所在。老子曾提出"根深蒂固，长生久视"和"久死而不亡者寿"等思想。后来，《太平经》说："人最善者,莫若常欲乐生。"①"是曹之事,要当重生,生为第一,余者自计所为。"②《老子想尔注》谓:"归志于道,唯愿长生。"③《周易参同契》和《抱朴子内篇》更是以探索长生久视之道为旨归。被称为"道教之首经"的《无量度人上品妙经》更明确地指出:"仙道贵生,无量度人。"④稍早于吴筠的司马承祯也指出:"人之所贵者生。"⑤吴筠自觉地继承了这一思想传统,并以老庄所论长生久视之道为根据来阐发自己的长生可贵、神仙可学思想。既然长生可贵,一般的凡夫俗子都可以积学修炼而得道成仙,那么具体应该如何才能真正实现积学而成仙呢?吴筠在其"放远取近"的思想基础之上,分别从形与神、精气神、阴与阳、形与性等方面,通过对神仙本质特性的揭示,阐发了其独具特色的积学修真方法论思想。

一、"虚静去躁,神生形和"

　　形与神的关系问题,是中国古代生命哲学中的一个极其重要的问题。所有探索生命问题的古代哲学家,无不对此问题做出这样或那样的回答。战国时期的荀况曾提出"形具而神生"(《荀子·天论》),《吕氏春秋·尽数》则主张"精神安于形,而年寿得长久"。汉代桓谭也谓"精神居形体,犹火之燃烛"(《桓子新论》)。南北朝时期范缜提出"形质神用"的思想。佛教思想家因关注"人死后如何"的问题,而主张形神相离,形灭而神不死。道家与道教则相反,他们主要关注的是"人如何不死"的问题,因而主张形神相合,守形存神。庄子把"神将守形,形乃长生"(《庄子·在宥》)者称为"神人""真人",主张"形全精复,与天为一"(《达生》)。《太平经》主张形神调和,而葛洪则主张"形神相卫"(《抱朴子内篇·极言》)。至唐代,王玄览提出了"坐忘养,舍形入真"⑥的观点。继而,司马

① 王明编:《太平经合校》,第80页。
② 王明编:《太平经合校》,第613页。
③ 饶宗颐:《老子想尔注校笺》,第38页,香港:苏记书庄,1956。
④ 《无量度人上品妙经》卷一,《道藏》第1册,第5页。
⑤ 《坐忘论·叙言》,《道藏》第22册,第892页。
⑥ 《玄珠录》卷下,《道藏》第23册,第628页。

承祯认为"神性虚融,体无变灭,形与道同,故无生死"①。吴筠也以形神来论仙道,认为"神与形合而为仙"②,然而要达到"神与形合",就必须"虚静去躁"以使"神生形和"。

《西升经》曾云:"知一万事毕,则神形也。"此语道出了道教哲学的一个公开的秘密,那就是,形神问题关系着道教哲学的根本问题。吴筠认为,形与神来源于"剖道之一气",是人生的两大支柱,"人之所生者神,所托者形"③。若知守形存神,则"可齐天地之寿,共日月而齐明"④。如果为眼前的七情六欲所伤辱,或是设斋铸佛、祈祷鬼神来固形,都将会导致败身逆道,亡形沉骨。他指出:

> 抱朴子曰:人不知养生,焉能有为生? 人不曾夜行,焉知有夜行? 故知养神修身者寿老,弃神爱欲者中夭也。……阴阳之道,以有此身。身含形神全一,心动则形神荡。欲不可纵,纵之必亡。神不可辱,辱之必伤。伤者无返期,朽者无生理。但能止嗜欲,戒荒淫,则百骸理,则万化安。⑤

况且,他还指出,人是禀受道气而剖得形神,如果有此形骸而不能尽力守养,"但拟取余长之财,设斋铸佛,行道吟咏,祈祷鬼神、以固形骸,还同止沸加薪,缉纱为缕"⑥。形与神应当常思养之,而沉溺于声色香味以"快其情""惑其志""乱其心",是败身逆道、亡形沉骨乃至丧身的最大祸害。

吴筠认为,人情所至爱的东西,对于修道之人的心志所造成的危害是极大的。然而,世上之人"不知至爱者招祸致夭,无欲之介福永寿"⑦。"燕赵艳色,性之冤也;郑卫淫声,神之谊也;珍馔旨酒,心之昏也;搢绅绂冕,体之烦也。此四者,舍之则静,取之则扰,忘之则寿,耽之则夭"⑧,因此,都是注重守形存神的道家最忌讳的。

---

① 《坐忘论·得道七》,《道藏》第 22 册,第 896 页。
② 《玄纲论·制恶兴善章第二十一》,《道藏》第 23 册,第 679 页。
③ 《心目论》,《宗玄先生文集》卷中,《道藏》第 23 册,第 661 页。
④⑤⑥ 《形神可固论·养形》,《宗玄先生文集》卷中,《道藏》第 23 册,第 664 页。
⑦⑧ 《玄纲论·道反于俗章第二十八》,《道藏》第 23 册,第 680 页。

　　既然色香声味和功名利禄是人情所至爱的东西,要守形存神,自然十分不易。为了清除人情所至爱者对守形存神的危害,吴筠特别提出了"虚静去躁"的主张。他认为,"静则神生而形和,躁则神劳而形毙,深根宁极,可以修性情哉",然而,"动神者心,乱心者目,失真离本,莫甚于兹"。① 因此,为了全面而具体地阐明"虚静去躁"对于守形存神的重要意义,他假心与目之间的对话,来表达自己的看法:

　　心对目说,它本想忘情隐逸,率性希夷,出乎生死之域,入于神明之极,然而,目却好流览万象、喜悦美色,致使它不能实现忘情绝虑、超尘脱俗的理想。以此,心说:

> 予欲忘情而隐逸,率性而希夷,偃乎太和之宇,行乎四达之逵,出乎生死之域,入乎神明之极,乘混沌以遐逝,与汗漫而无际。何为吾方止,若且视;吾方清,若且营。览万象以汩予之正,悦美色以沦予之精。底我邈邈于无见,熙熙于流眄,摇荡于春台,悲凉于秋甸。凝燕壤以情竦,望吴门而发变;瞻楚国以永怀,俯齐郊而泣恋。繄庶念之为感,皆寸眸之所眩。虽身耽美饰,口欲厚味,耳欢好音,鼻悦芳气,动予之甚,皆尔之谓。②

所以,心认为,它的最大敌人就是目,视目为"我之尤"。

　　目对心把其不能忘情绝虑之责完全归咎于自己并视自己为仇敌非常不满。它认为,一国之君,不能把国家衰微的责任推给民众;同样,一身之主(指心),不能把心神惑乱之责归咎于耳目等器官。心怀大道,当克制欲念于未发之时。如果能将一切私心杂念止息于机微之时,心神就不会混汩,也就不会沉溺于身外迷幻之物。目说:

> 一人御域,九有承式。理由上正,乱非下忒。故尧俗可封,桀众可殛。彼殊方而异类,犹咸顺乎帝则。统形之主,心为灵府,逆则予

---

① 《心目论》,《宗玄先生文集》卷中,《道藏》第23册,第661页。
② 《心目论》,《宗玄先生文集》卷中,《道藏》第23册,第661—662页。

舍,顺则予取。嘉祥以之招,悔吝以之聚。故君人者制理于未乱,存道者克念于未散。安有四海分崩而后伐叛,五情播越而能贞观者乎?曷不息尔之机,全尔之微,而乃辨之以物我,照之以是非。欣其荣,感其辱,畅于有余,悲于不足,风举云逝,星奔电倏,纷沦鼓舞,以激所欲。既汩其真,而混其神,乖天心而悖天均,焉得不溺于造物之景,迷于自然之津哉!①

心自己不能克念存道,反而任五情播越,终致乖天心而悖天钧,如何怪罪目呢?因此,心指责目因流览万象、喜悦美色而扰乱心神是没有道理的。

心对目的辩解不以为然。心认为,五情播越,并不是它不能克念存道,相反,正是"庶物之为患"。即便是"庶物之为患",如果我"将择其所履,相与超尘烦之疆,陟清寂之乡,餐颢气,吸晨光,咀瑶华,漱琼浆",必将"期灵化于羽翼,出云霞而翱翔,上升三清,下绝八荒,托松乔以结友,偕天地以为常",因此,任何毁誉都不能及之,任何取舍都不足忘之。②

目认为,心之所言,虽然不无道理,但是尚非至论。它指出,如果真像心所说的那样,"欲静而躁随,辞埃而滓袭",真可谓"暗乎反本之用,方邈然而独立"。因为希夷之体,"卷之无内,舒之无外,寥廓无涯,杳冥无对"。如果唯独去此取彼,必然得小而失大。"忘息阴以灭影,亦何逃于利害?伊虚室之生白,方道德之所载。绝人谋于未兆,乃天理之自会。"因此,老君言"挫其锐,解其纷"以"观其妙",孔子"废心而用形","轩帝得之于罔象,广成契之于杳冥,颜回坐忘以大通,庄生相天而能精。历众圣以稽德,非智谋之是营,盖水息澜而映澈,尘不止而鉴明,未违世以高举,亦方寸之所宁",所以能淡泊而常处,感通而出,不光而曜,不秘而密,"冥始终而谁异,与万物其为一",因而无得亦无失。"诚踵武于坦途,可常保于元吉,若弃中而务表,乃微往而不窒",何也?水深而有龙,林茂而有兽,"神栖于空洞,道集于玄虚",如果不"刳其所有",怎么能"契其所无"

①②《心目论》,《宗玄先生文集》卷中,《道藏》第 23 册,第 662 页。

呢？若不"忘形静寂，瑕滓镜涤，玄关自朗，幽键已辟"，如何度于无累之
境呢？若不能这样，怎么能驾驭八景、升腾九霄，目睹煌煌金阙，脚踏寥
寥紫庭，"同浩劫之罔极，以万椿为一朝"呢？①

心听完目的陈述后，先前的犹豫渐消、众虑渐息，诚挚地向目表示谢
忱。心说，它很荣幸地获悉善道，真是至理名言，让它大梦初醒。它
指出：

> 启我以重玄，升我以真阶，纳我以妙门，纵我于广漠之野，游我
> 于无穷之源。既匪群而匪独，亦奚静而奚谊，协至乐之恒适，抱真精
> 而永存。遣之无遣，深之而又深，通乎造化之祖，达乎乾坤之心，使
> 我空欲视于目盲之外，塞将见于玄黄之林。睹有而如见空寂，闻韶
> 而若听谷音。与自然而作侣，将无欲以为朋。免驱驰于帝王，保后
> 天之所能。窒欲于未兆，解纷于未扰，忘天壤之为大，忽秋毫之为
> 小，处寂寞而闻和，潜混溟而见晓。应物于循环，含光而闭关。飘风
> 震海，迅雷破山。滔天焚泽，而我自闲。②

以上这则拟人化的对话，表面上看起来是心与目的对话，实际上，由
于目是形的一个重要组成部分，所以它代表形与神（心）进行着对话。这
则对话说明了形与神的淡泊和虚静与否，对于学道修仙都有着重要的影
响。吴筠借这则对话说明：学道修仙，既要淡泊其形，又要虚静其神，而
神为一身之主，最需要保持虚静，心神能保持虚静，耳目之形也便随之淡
泊。心神虚静去躁，身形淡泊无欲，自然得道成仙。然而，心神虚静去
躁，要在"窒欲于未兆，解纷于未扰"。如果等到五情播越才来窒欲、解
纷，无疑悔之晚矣。

二、"益精易形，守神固气"

以精、气、神来说明人体生命结构，在秦汉时期的医书中就已有所阐

---

① ②《心目论》，《宗玄先生文集》卷中，《道藏》第 23 册，第 662 页。

述。道教早期经典《太平经》中也有"夫人本生混沌之气,气生精,精生神,神生明"之说,并认为"神者受之于天,精者受之于地,气者受之于中和,相与其为一道",①从而把精、气、神的合一看做"道"。稍早于吴筠的著名内丹家张果指出:"一者,精也。精乃元气之母,人之本也,在身为气,在骨为髓,在意为神,皆精之化也。"并强调:"神定则气定,气定则精定",然后,"返炼其精,精返为神,炼神合道"。② 吴筠也以精、气、神来说明生命的本质,认为"夫人生成,分一炁而为身,禀一国之象,有炁存之,有神居之,然后安焉",由此主张守神、采气、返精。他说:"身者,道之器也。知之修炼,谓之圣人。奈何人得神而不能守之,人得炁而不能采之,人得精而不能反之。"如果自己任精、气、神流逝,何以怨天地不保佑呢?况且,"按黄帝书云,人因积炁以生身,留胎止精可长存,天年之寿,昭昭著矣。抱朴子曰,自古人移遗却妻,今世人移遗却身,何也? 谓不解反精采炁,故遗也"。③ 也就是说,古往今来,守神、采气、返精,是长生的根本所在。

为了说明守神、采气、返精对于修炼长生的重要性,吴筠多次引证《老君秘旨》《阴符经》等古代养生学经典。他指出,据《老君秘旨》所言,"吾不敢为主复为客,慎勿临高自投掷。促存内想闭诸隙,正卧垂囊兼偃脊。四合五合道自融,吸精吐炁微将通","补之之道将如何,玄牝之门通且和"。④ 又据太阳子谷阴女说:"我行青龙与白虎,彼行朱雀及腾蛇……反精采炁而补我身。"并引《阴符经》"经冬之草,覆之不死,露之见伤。火生于木,祸发必克",强调"精生于身,精竭而死。人之炁与精神,易浊而难清,易暗而难明,知之修炼,实得长生"。他还形象地将得道者比喻为鱼,指出鱼一旦离开了水,就会被蝼蚁所食,同样,人若不守神而离道,则亦会被虫蛆所侵溃。鱼若常游于水中,就不会干涸而死,人如果常固于炁中,就不会丧身而亡。他说:"人皆好长生,而不知有益精易形,人皆畏

---

① 王明编:《太平经合校》,第739、728页。
②《太上九要心印妙经·三一机要》,《道藏》第4册,第312页。
③④《形神可固论·守神》,《宗玄先生文集》卷中,《道藏》第23册,第664页。

其死，而不知有守神固炁。"①如果能真正做到益精易形，守神固炁，那么，子就不会有丧父之忧，弟就不会有哭兄之患，"天年之寿，自然而留矣"②。由此可见，延年益寿，必须益精易形，而益精易形的关键，就在于守神固炁。

那么如何才能守神呢？吴筠认为，人的心性含有神与情两个方面。神是禀于道的无形之至灵者，以静的姿态存在于心性之中。而情则是人性受外物诱惑而发动所致，是与神截然对立的，常常扰乱神，使人不得延寿长生。他说：

> 神者，无形之至灵者也。神禀于道，静而合乎性。人禀于神，动而合乎情。故率性则神凝，为情则神扰。凝久则神止，扰极则神还。止则生，迁则死，皆情之所移，非神之所使。③

他把守神看做率性凝神。如果不率性凝神，就容易导致"变性为情"。因为"内则阴尸之气所悖，外则声色之态所诱，积习浩荡，不能自宁，非神之所欲动也"④。由此，他主张克情、率性、凝神。只有克情，使情不扰神，率性使心静神凝，才能真正实现守神的目的。

在守神的同时，还必须固炁。吴筠坚决反对外丹黄白术，认为修身合真，必须而且只能"宗元一炁"。"宗元一炁"便是真正的"金丹大药"。然而，自上古以来，服炁固炁之术，或文墨不载，或秘而不宣。即便是老子的"五千言"真文，也只是"言元牝门，谓天地根"。许多服炁之人，或食从子至午，或饮五牙之津，或吐故纳新，仰眠伸足，或餐日月，或闭所通又加绝粒，其实这些方法不仅不能延年长生，反而常常因"攻内受外"而速死。事实上，"炁之为功，如人之量器，如水之运流，堤坏则水下流矣，闭通则炁不居矣。但莫止出入自然之息，胎炼精神，固其太和，含其大

---

① 《形神可固论·守神》，《宗玄先生文集》卷中，《道藏》第 23 册，第 664 页。
② 《形神可固论·守神》，《宗玄先生文集》卷中，《道藏》第 23 册，第 665 页。
③④ 《玄纲论·率性凝神章第二十七》，《道藏》第 23 册，第 680 页。

道"①。他认为,胎息与元炁,其实是一回事。"《德经》曰:可以却走马以粪,如婴儿之未孩。故《龟甲经》云:我命在我不在天。不在天者,谓知元炁也。"②

吴筠特别指出,人与天地,"各分一炁",天地之所以能够长存,而人多夭逝,就因为人为炁所役使。"炁者,神也。人者,神之车也,神之室也,神之主人也。主人安静,神则居之;躁动,神则去之。神去,则身死者矣。"③他把炁归结为"神",并不意味着炁就是"神",而是说,通过固炁,使人心处于安静而无躁动的状态,从而使神得以安居。如果不固炁,反为炁所役使,则终致人心躁动、神无所居而逝去。因此,在吴筠看来,固炁,也就是为了守神。因此,益精易形、守神固炁的核心,就在于守神。难怪《太平经》早已有言:"天不守神,地不守神,山川崩沦。人不守神,身死亡。万物不守神,即损伤。"④

很显然,吴筠自觉地继承和发扬了《道德经》《太平经》《阴符经》等道家道教经典中的"益精易形,守神固气"思想,积极扬弃已为历代修道实践证明无益于延寿长生的外丹黄白术的仙学价值,强调守神固炁、益精易形的重要作用,使道教的心性修炼与气功炼养紧密结合,推进了道教理论从外丹术向内丹学的发展。

三、"以阳炼阴,虚明合元"

以阴阳论生命,在中国古代早已有之。老子谓"万物负阴而抱阳"(《老子》第42章),把一切生命物质都看做阴与阳"冲和"的产物。《太平经》也认为"上天下地,阴阳相合施生人",并主张"和合阴阳"。⑤ 魏伯阳的《周易参同契》更明确地借《周易》来阐发养生之道,主张"以阴养阳,阳气不亢",从而使"阴阳符合"。后来的《黄庭经》认为常人以五味五谷养

---

① 《形神可固论·服炁》,《宗玄先生文集》卷中,《道藏》第 23 册,第 663 页。
②③ 《形神可固论·服炁》,《宗玄先生文集》卷中,《道藏》第 23 册,第 664 页。
④ 王明编:《太平经合校》,第 727 页。
⑤ 王明编:《太平经合校》,第 305、728 页。

生,仙家以太和阴阳之气养生,主张"通我华精调阴阳"。其后历代道家道教养生学家都主张调理阴阳,吴筠也不例外。

吴筠认为,阴阳合并,人乃生成。魂为阳神,魄为阴灵,二者结胎运气,育体构形。然而,"势不俱全,全则各返其本。故阴胜则阳竭而死,阳胜则阴销而仙"①。他以阴与阳来论人之死与仙,使其仙道论建立在阴阳之道的基础之上。

为了在阴阳之道的基础之上阐发仙道修炼理论,吴筠把柔和、慈善、贞清等称为阳,把刚狠、嫉恶、淫浊等称为阴。如果心中澹泊虚无,则阳气侵袭;如果意志躁动欲生,则阴气溷人。"明此二者,制之在我,阳胜阴伏,则长生之渐也。渐也者,陟道之始,不死之阶也。"②可见,吴筠所强调的,并不是阴阳调和,而是阳胜阴伏,并以此作为长生的初阶。他自觉地继承了古代养生学中"我命在我不在天"的修道传统,认为死与仙均在于我,而不在我身之外,因此,以阴阳修炼的关键,不在身外炼养,而在身中"以阳炼阴"。

吴筠把"阳胜阴伏"归结为"以阳炼阴",认为阴与阳犹如水与火之不能相容。在他看来,俗人与道人在修炼阴阳问题上,存在着根本的差异。俗人是"以阴炼阳",而道人是"以阳炼阴"。他指出:"阴炼阳者,自壮而得老,自老而得衰,自衰而得耄,自耄而得疾,自疾而得死。阳炼阴者,自老而反婴,自浊而反清,自衰而反盛,自粗而反精,自疾而反和,自夭而反寿,渐合真道而得仙矣。"③因此,修仙之要,首先在于区分是"以阴炼阳"还是"以阳炼阴"。如果误入俗人修炼之道,即以阴炼阳,不仅不能成仙,反而会自壮而老、而衰、而耄、而疾、而死。如果正确地选择了道人修炼之道,即以阳炼阴,即使只有纤毫之阳,只要尚未竭尽,也不至于死。以阳炼阴,就是要以阳来取代阴,因此,即使只有锱铢之阴,只要尚未泯灭,也未及于仙。为什么呢?"仙者,超至阳而契真。死者,沦太阴而为鬼。

---

① ②《玄纲论·阳胜则仙章第十二》,《道藏》第 23 册,第 677 页。
③《玄纲论·以阳炼阴章第十四》,《道藏》第 23 册,第 677 页。

是谓各从其类。所以含元和,抱淳一,吐故纳新,屈伸导引,精思静默,潇洒无欲者,务以阳灵炼革阴滞之气,使表里虚白,洞合至真,久于其事者,仙岂远乎哉?"[1]很显然,修炼长生,不再是以往神仙家所主张的调和阴阳,而是以阳制阴。他甚至指出,"阴滓落而形超,阳灵全而羽化"[2]。由此把阴看做阻滞阳灵的渣滓,从而把阴与阳绝对地对立起来。

为了克制阴滞之气对阳灵的干扰和破坏,吴筠又进一步提出了"虚明合元"的主张。他说:"道不欲有心,有心则真气不集;又不欲苦忘心,苦忘心则客邪来舍。""道"只在于平和、恬澹、澄静、精微、"虚明合元"。如果我自心静寂无欲,不为外物所驱动,则物无不正。如果我心中识念为外物所动,则物无不邪。因此,"邪正之来,在我而已。虽所尚虚漠,遗形能虑,非精感遐彻,则不能通玄致真"。即便是上学之士,如果怠于存念而为外物所牵累,则邪来而阴气胜;如果勤于修持而不为外物所倾心,则正来而阳气胜。阳气胜的仙与阴气胜的死,只在一勤一怠之分别中。如果能够"克节励操,务违懈慢之意,使精专无辍于斯须,久于其事者",则"[阴气之]尸销而[阳气之]神王。神王者,谓之阳胜。阳胜者,道其邻乎"?[3]

吴筠甚至还将阳胜阴伏理解为"虚白其志"和"制恶兴善"。他认为,悲哀感恚之人,通常"与阴为徒",而欢悦忻康之人,则往往"与阳为徒"。他说:"心悲则阴集,志乐则阳散。不悲不乐,恬澹无为者,谓之元和,非元和无以致其道也。"[4]也就是说,修炼仙道的人,既不能悲哀感恚,以免阴集,也不能欢悦忻康,以免阳散,而当虚白其志、恬澹无为。这实际上是对老子"五千言"中"无为"观念的发挥。

继而,他又指出:"阳之精曰魂与神,阴之精曰尸与魄",神胜则为善,尸胜则为恶,因此,"制恶兴善则理,忘善纵恶则乱。理久则尸灭而魄炼,

---

[1]《玄纲论·以阳炼阴章第十四》,《道藏》第 23 册,第 677 页。
[2]《登真赋》,《宗玄先生文集》卷中,《道藏》第 23 册,第 658 页。
[3]《玄纲论·虚明合元章第十三》,《道藏》第 23 册,第 677 页。
[4]《玄纲论·虚白其志章第二十二》,《道藏》第 23 册,第 679 页。

乱久则神逝而魂销"。① 如果尸灭魄炼,则神与形合而为仙。如果神逝魂销,则尸与魄同而为鬼,这都是"自然之道"。因此,坚持不懈地制恶兴善,对于修炼仙道是十分必要的。

不过,吴筠所强调的"制恶兴善"虽然包含心性修养的意义,但它毕竟不是伦理学上的制恶兴善。这里的"制恶兴善",是就仙道修炼方法论而言的,也就是要"虚凝静息"。所谓虚凝静息,即是指"餐元和,彻滋味,使神清气爽,至于昼夜不寐"。因为"觉与阳合,寐与阴并。觉多则魂强,寐久则魄壮。魂强者,生之徒。魄壮者,死之徒"。因此,吴筠认为,只有虚凝静息的人,"善无以加焉"。②

以阴阳之道来阐释长生之仙道,虽然并不是吴筠的创造,但是,他能自觉地继承和发扬古代养生学家的阴阳学论,并在此基础上积极探索与内在心性修炼相结合的阴阳炼养方法,突出了"以阳炼阴""虚明合元"和"虚凝静息"在内丹修炼中的重要意义,丰富和发展了当时正在崛起的内炼理论。

四、"以有契无,益形存性"

"形"与"性"作为一对哲学概念,在中国古代典籍中并不鲜见。佛教传入中国之后,佛教理论中的"性相"说逐渐影响中国传统思想。隋唐时期,道家道教学者自觉接受佛教性相学说的影响。或如王玄览直言性相,《玄珠录》曰:"诸法无自性,随离合变为相为性。"③或如《道体论》作者和司马承祯言形性,《道体论》:"性起于道,形生于德。"④《天隐子》:"何谓存想? 曰收心复性。何谓坐忘? 曰遗形忘我。"⑤其实,"形"与"性"作为一对哲学范畴,是说明人的内在方面与外在方面:人的内在方面,是性;

---

① 《玄纲论·制恶兴善章第二十一》,《道藏》第 23 册,第 679 页。
② 《玄纲论·虚凝静息章第二十四》,《道藏》第 23 册,第 679 页。
③ 《玄珠录》卷下,《道藏》第 23 册,第 631 页。
④ 《道体论》,《道藏》第 22 册,第 881 页。
⑤ 《天隐子》,《道藏》第 21 册,第 699 页。

人的外在方面，是形。吴筠在前人有关形性观念的基础之上，突出了形与性在仙道修炼方法论中的特殊意义，提出了"以有契无，益形存性"的观点。

吴筠认为，大道既是"无形之形"，又是"有形之形"。也就是说，它既是"空洞杳冥"之"无"，又是"天地日月"之"有"，因此，与道合真的仙圣，也是"有"与"无"的统一体。何谓"神仙"之"有"？即形。何谓"神仙"之"无"？即性。

有人曾问吴筠：道本无象，仙贵有形，以有契无，理难长久，何如得性遗形之妙呢？吴筠认为，大道是"以无系有，以有合无"，如果独以得性为妙而不知炼形为要，则"所谓清灵善爽之鬼，何可与高仙为比哉"！[①] 也就是说，形毕竟是性之府，若形败则性无所存。为得性之妙，并不是弃形而独得性，如果这样，神仙就成了绝对无形而独有性灵的异人。吴筠认为，真正的神仙，应当是形与性的统一。仅有性灵而无形体，是鬼而非仙。所以他曾批评佛教徒"取性遗形，真假颠倒"，坚决主张"形性相资"。

正因为仙必有形，所以修持神仙之道，就要求守道益形。何谓"守道益形"？吴筠指出：

> 岐伯曰：上古之人知道者，法则阴阳，和于术数，饮食有节，起居有度，为而不为，事而无事，即可柔制刚，阴制阳，浊制清，弱制强。如不退骨髓，方守大道。大道者，多损而少益，多失而少得。益之得之，至真之士也。益者益形，得者窈冥。得此窈冥，感通神明。[②]

守道益形，既不是遗形，也不是执着形，而是要不为形所牵累。人既有形与性两个方面，修仙当然既要守道益形，又要养性存性。吴筠指出，上士能栖神炼气而逸于霄汉之上，下士则"伐性损寿"而沦于幽壤之下，为什么呢？上士能得道之妙而化于道，下士不能得道之妙而不能化于道。而下士之所以不能得道之妙而化于道，就在于他们"败德伤性"。"夫目以

---

① 《玄纲论·以有契无章第三十三》，《道藏》第 23 册，第 681、682 页。
② 《形神可固论·守道》，《宗玄先生文集》卷中，《道藏》第 23 册，第 663 页。

妖艳为华,心以声名为贵,身好轻鲜之饰,口欲珍奇之味,耳欢妙美之声,鼻悦芳馨之气,此六者皆败德伤性,只以伐其灵根者也。"①他认为,人性本至凝,因外物所感而动,"既习动而播迁,可习静而恬晏",因此,善习者"寂而有裕",不善习者"烦而无功"。② 由此,他认为应当"委心任运","忘其所趋,任之自然"。③将躁而制之以宁,将邪而闲之以贞,将求而抑之以舍,将浊而澄之以清。也就是默嗜欲,鉴聪明,视无色,听无声,恬澹纯粹,体和神清,虚夷忘身,从而使情反于性,"复与道同"④。

当然,益形与全性并不是分开的两个过程。道"气本无质凝,委而成形。形本无情,动用而亏性。形成性动,去道弥远"⑤。也就是说,形与性是相互影响的,但是,造成"形成性动"而亡道损寿的主要原因是情之所动。因此,吴筠十分明确地指出:

> 生我者道,灭我者情。苟忘其情,则全乎性。性全则形全,形全则气全。气全则神全,神全则道全。道全则神王,神王则气灵。气灵则形超,形超则性彻,性彻则返覆流通,与道为一。⑥

于是,可以使有为无,使虚为实,从而与造化者为俦,生死无所累。

因此,"以有契无",也就是要以"形"契"性",使"形"符合于"性"而无累于"性",实际上也就是"益形存性"。只要不为外物所感动,情欲不生起,则"形"自然无所作为与损耗,由是"性"亦便得全而无累。"形"与"性"合一而得全,气、神、道均得以全,何尝不能"超形"(或"形超")而得道成仙、与"道"为一呢?吴筠的"益形存性"观念,实际上是对此前其"神生形和"和"益精易形"观念的丰富和发展,显示出其形神观念的丰富性和深刻性。

吴筠的修真成仙思想,在隋唐时期是独具特色而又颇为系统的,可

---

① ③《玄纲论·委心任运章第二十三》,《道藏》第 23 册,第 679 页。
②《玄纲论·会天理章第二十五》,《道藏》第 23 册,第 679 页。
④《玄纲论·性情章第五》,《道藏》第 23 册,第 675 页。
⑤《玄纲论·同有无章第七》,《道藏》第 23 册,第 675 页。
⑥《玄纲论·同有无章第七》,《道藏》第 23 册,第 676 页。

见吴筠对道教仙道思想进行了全面而深入的探索，从而成为中国古代道教仙学理论中的宝贵资源。虽然他宣扬的"形超"观念带有浓厚的宗教神秘主义特色，但是，其中所包含的修真方法论思想显示出他对道教理论的一些主要观念的丰富和推进，如形神观念、精气神观念、阴阳观念、形性观念等，这是对中国道教思想发展的重要贡献。

第十三章　张志和的哲学思想

在《玄真子外篇》中,张志和摄佛解庄,以大乘佛教空宗的中道理论发挥《庄子》的思想,阐述了"为物之宰曰造化"的本体论、"至道非有无之殊"的辩证法、"无心可知道之妙"的认识论、"死生有循环之端"的生死观,从而重构了一套独特的庄学思想体系。

第一节　张志和的生平与著述

张志和,字子同。原籍婺州金华。原名龟龄,授左金吾卫录事参军后,遂改名志和。张志和的父亲曾任于朝,清真好道,通晓庄、列二子之书,著有《南华象罔说》10卷和《冲虚白马非马证》8卷,可惜都未保存下来。张志和自幼受家学影响,好庄、列之论。16岁时,游太学,以明经擢第,献策于肃宗李亨,深蒙赏重。于是得待诏翰林,授左金吾卫录事参军,不久坐事贬官为南浦尉,不愿赴任,遂回原籍。既而丧亲,后归隐会稽。此后,张志和傲居江湖,"立性孤峻,不可得而亲疏,率诚澹然,人莫窥其喜愠。视轩裳如草芥,屏嗜欲若泥沙"①。南宋陈思《书小史》卷一○

---

① 〔唐〕颜真卿:《颜鲁公集》卷九,《景印文渊阁四库全书》第 1071 册,第 13 页。

称,张志和"性高迈不拘检,自称烟波钓徒"①。其兄鹤龄担心志和浪迹不归,乃于会稽买地为其筑室,茅茨数椽,花竹掩映。志和于是"常以豹皮为席,鬃皮为屬,隐素木几,酌斑螺杯,鸣榔擎杖,随意取适,垂钓去饵,不在得鱼"②。越州刺史兼御史大夫、浙东观察使陈少游,曾屈驾拜访,频往问候,与志和坐必终日,表其居曰"玄真坊"。陈还为其门前道路因流水阻隔而营造桥梁,时人称之为"大夫桥"。肃宗李亨曾赏赐奴、婢各一人,志和将他们配为夫妻,号曰渔童、樵青。人问其故,志和答曰:"渔童使卷钓收纶,芦中鼓枻;樵青使苏兰薪桂,竹里煮茶。"③

张志和博学能文,善画。《历代名画记》称其"书迹狂逸,自为《渔歌》,便画之,甚有逸思"④。《续仙传》谓:"(张志和)善画,饮酒三斗不醉,守真养气,卧雪不冷,入水不濡,天下山水,皆所游览。鲁国公颜真卿与之友善。真卿为湖州刺史,日与门客会饮,乃唱和,为《渔父词》。其首唱即志和之词,曰:'西塞山边白鸟飞,桃花流水鳜鱼肥。青箬笠,绿蓑衣,斜风细雨不须归。'真卿与陆鸿渐、徐士衡、李成矩共唱和二十余首,递相夸赏。而志和命丹青剪素,写景夹词,须臾五本。花木禽鱼,山水景象,奇绝踪迹,古今无比。而真卿与诸客传玩,叹伏不已。"⑤志和"善画山水,酒酣或击鼓吹笛,舐笔辄就,曲尽天真,自撰《渔歌》,便复画之。兴趣高远,人不能及"⑥。唐宪宗曾写真求访玄真子《渔歌》,叹不能致。《唐朝名画录》亦载,张志和自号"烟波子",常钓于洞庭湖。颜真卿在吴兴就职,闻其高节,写了五首《渔歌词》送给张志和,以表敬重。"张乃为卷轴,随句赋象,人物、舟船、鸟兽、烟波、风月,皆依其文,曲尽其妙,为世之雅律,深得其态。"⑦

---

① 〔宋〕陈思:《书小史》卷一〇,《景印文渊阁四库全书》第814册,第7页。
② 〔清〕汪灏等:《佩文斋广群芳谱》卷一五,《景印文渊阁四库全书》第847册,第12页。
③ 〔宋〕钱易:《南部新书》卷九,《景印文渊阁四库全书》第1036册,第5页。
④ 〔唐〕张彦远:《历代名画记》卷一〇,《景印文渊阁四库全书》第812册,第10页。
⑤ 《续仙传》卷上,《道藏》第5册,第77页。
⑥ 〔元〕辛文房:《唐才子传》卷八,《景印文渊阁四库全书》第451册,第5页。
⑦ 〔唐〕朱景玄:《唐朝名画录》,《景印文渊阁四库全书》第812册,第21页。

宋朝罗大经《鹤林玉露》乙编卷之三说,黄山谷有《题〈玄真子图〉词》,其中有"人间底是无波处,一日风波十二时"之句,"固已妙矣",而张仲宗则题词云:"钓笠披云青嶂晓,橛头细雨春江渺。白鸟飞来风满棹,收纶了,渔翁拍手樵童笑。明月太虚同一照,浮家泛宅忘昏晓,醉眼冷看朝市闹,烟波老,谁能惹得闲烦恼。"此语意"尤飘逸"。并说:"仲宗年逾四十即挂冠,后因作词送胡澹庵贬新州,忤秦桧,亦得罪。其标致如此,宜其能道玄真子心事。"[①]这与其说是评论张仲宗,不如说是评价张志和。"渔翁"和"烟波老"的"飘逸",正是张志和精神的写照。

张志和著有《太易》《玄真子》等。其中,《太易》15卷,凡265卦,以有无为宗。《玄真子》有十二卷本、二卷本两种。今存《玄真子外篇》上、中、下三卷。《全唐诗》卷三八尚载有其所作《渔父》《空洞歌》《太寥歌》等诗词9首。

张志和虽然执意践履庄生之言而逍遥于江湖山水之间,但是,他毕竟不能脱离当时那种佛道交融的文化精神氛围。事实上,隋代以来颇为盛行的以摄佛融道为主要特征的道教重玄学思潮,和盛极一时的佛教天台学、三论学及唯识学等,对他的庄学体悟都产生了很大的影响。从《玄真子外篇》中,即可见其摄佛解庄、谈玄论道的思想特色。

第二节　"为物之宰曰造化"的本体论

自然、造化问题,是道家学的一个重要内容。老子认为,自然造化,是"无为"而自成、自化。他主张"道法自然"(《老子》第25章),大道取法自成;"万物将自化"(第37章),万物自行化生;"辅万物之自然而不敢为"(第64章),大道辅助万物自然成长而不敢有所施为。庄子及其后学继承并发展了老子"无为而自化"的自然造化观。《庄子·大宗师》指出:"彼方且与造物者为人,而游乎天地之一气。"这就是否定有意志的造化

---

① 〔宋〕罗大经:《鹤林玉露》卷九,《景印文渊阁四库全书》第865册,第13页。

万物之神主的存在,而只承认以大道为造化万物者。庄子及其后学者主张,芸芸众生和万事万物,都是大道所化生的阴阳二气的自然无为所造化的结果,任何人都不可违逆这种自然造化的必然规律,而是应当顺其自然,无为而任其自将、自迎、自毁、自成与自变、自化。后来,如同《老子想尔注》等所显示的那样,道教学者们把"自然"与"道"看做"同号而异体"的造物主,把万物的生成与变化看做与"道"合一,认为芸芸众生和万事万物,都是"道本自然",无为而生化的结果。南北朝以后,佛教的缘起理论和"无自性"思想,对道家道教理论产生了较大的影响,"自然无为之道"化生万物的中国本土观念得到了改造和发展。"无为之自然",成了"无自性之然",即"无自而然"。《道教义枢》就明确地指出:"自然者,本无自性;既无自性,有何作者?作者既无,复有何法?此则无自无他无物无我。"①随后,唐初的《道体论》的作者则更进一步认为,作为"造化者"的"自然之道",对万物的造化,不是自然生化,而是"自然因缘"。"造化者,即是自然因缘;自然因缘,即是不住为本,取其生物之功,谓之造化。化不外造,日日自然,自化迹变,称曰因缘。差之则异,混之则同。"②因此,万物都是"无自而然"的"造化者",万物都是因缘于他物而自然造化的结果。在宇宙世界之中,没有一个独立于万物之外的绝对无待的自然造化者。张志和的"无自而然""无造而化"的造化观,就是在这样的思想背景影响之下产生出来的。

盛行于隋代和唐代前期的佛教天台宗和三论宗,都是以大乘空观的中道论作为其重要思想基础。张志和深受大乘空观的中道论思想的影响,并仿照《庄子》的人格化手法,把天、地、空(即位于天地之间者)的主宰者,分别称为紫微之帝(曰"神尊")、黄郊之帝(曰"祇卑")、碧虚之帝(曰"灵荒");谓:"祇卑王于地,山河草木属焉。神尊王于天,日月星汉属焉。灵荒王于空,风雷云雨属焉。"③设想在灵荒的盛情迎请之下,祇卑和

---

①《道教义枢》卷八,《道藏》第24册,第831页。
②《道体论》,《道藏》第22册,第889页。
③《玄真子外篇·卷上·碧虚》,《道藏》第21册,第718页。

神尊均"遇于灵荒之野",灵荒虚位郊迎,倾国之所有,积肉成霞,散酒成雨,电走雷奔,风歌云舞,"累月为中道主,上下无怨。二帝欣然,愧灵荒之厚德,令碧虚之不安,争让国以延灵荒之帝"。① 神尊说他有天,祇卑说他有地。灵荒不知天地之名用意何在,便询问二帝:他仰视于上,不异于空,俯察于下,也不异于空,空之中又有何物可言呢? 既然如此,那么二帝所言的"天"和"地",其形状又是什么样子呢? 祇卑说,他的地,体大质厚,资生元元,中高外垂,其势坤,层然如坛。神尊说,他的天,穹然如帐,罩住万物,各种星宿,如日月转轮,都在此帐中,实仙天宫殿。灵荒觉得祇卑和神尊二帝之言并不可信。于是,张志和借灵荒之口,阐述了"空"的中道观念:

> 天地之形,造化信然。……朕之空茫唐濛,同无不通,无内无外,无西无东,旷闻潎荡,苍茫清冥,含日月之光,震雷霆之声,挂虹霓之色,飞龙鸾之形。朕坐而游之,卧而泅之,泛然飘摇,皆可停。豁乎包乎母,廓乎坚乎寿,非春夏之能生,非岁年之能朽,先天地不见其初,后天地不知其久。若然者,安能弃朕之长无,寄君之暂有哉!②

按照灵荒的说法,天地固然能资生万物,然而天地不能自行造化,因为天地自身需要有造化者,这个造化者就是"空"。"空"之所以能"造化",就在于它空无所有而又无所不包,不像天地有形象和春夏秋冬有岁年之局限,"空"是无形无象又超越时空的。这实际上是通过"空"来排遣"有"(有形有象,如天和地)和"无"(虚无而不有),以确立"中道主"之"空"的"造化者"地位。

那么这个"中道主"之"空"的"造化者"是个什么样子呢? 张志和又借碧虚子之口指出:"无自而然,自然之元。无造而化,造化之端。廓然态然,其形团。阖尔之视,绝尔之思,可以观。"③也就是说,如果用形象化

---

① ②《玄真子外篇·卷上·碧虚》,《道藏》第 21 册,第 718 页。
③《玄真子外篇·卷上·碧虚》,《道藏》第 21 册,第 719 页。

的方式来说明作为"自然之元""造化之端"的"造化者",那么它就如同一个圆形物,无棱无角。但实际上,它又不是个什么圆形物,因为这个"自然之元""造化之端"的"造化者",是不可以用肉眼去观察、不可能用思维去把握的。其实,用圆形来描绘"自然之元""造化之端"的"体"象,不过是想说明"造化者"的圆融无碍、无所执滞的本性。这显然是融入了佛教圆融无碍思想的产物。

也正因为"造化者"具有圆融无碍、无所执滞的本性,所以,张志和借碧虚子之口阐述了"造化者"的重玄"妙本"之理。他说:"无自而然,是谓玄然。无造而化,是谓真化。之玄也,之真也。无玄而玄,是谓真玄。无真而真,是谓玄真。"①自然,即自成。无自而然,即无自性而成。这就是说,排除自性而成就,便是玄(然),排除造作而化生,便是真(化)。如果进一步排除玄,便是真玄;如果进一步排除真,便是玄真。这显然采用的是双重排遣方法。通过这种双重排遣,由"自然"变成了"真玄","造化"也就变成了"玄真"。这与其说是在阐述宇宙自成之"元"、"造化之端",不如说是在阐发道教重玄学的"妙本"之理。

进而,碧虚子又指出:"无然乎? 其然一乎然,然后观乎自然。无化乎? 其化一乎化,然后观乎造化。无玄乎? 其玄一乎玄,然后观乎真玄。无真乎? 其真一乎真,然后观(乎)玄真。"②讲然、化、玄、真都只是对造化者的一种表达,造化者既然是圆融无碍的,当然就是不可执着,因而不能执着于然、化、玄、真。在张志和看来,无成与成,齐一无分别,知此理,便能真正把握自成"自然";无化与化,齐一无分别,知此理,便能真正把握"造化";无玄与玄,齐一无分别,知此理,便能真正把握"真玄";无真与真,齐一无分别,知此理,便能真正把握"玄真"。这实际上是通过排遣名言概念之间的本质差异,来说明"重玄"与"造化"之理不可以惯常的认知方式获得,从而把"造化者"置于玄而又玄、离却名言概念的境地。这也是对老子"道可道,非常道;名可名,非常名"思想的一种独特理解和对庄

---

①②《玄真子外篇·卷上·碧虚》,《道藏》第 21 册,第 719 页。

子"万物齐一"思想方法的一种发展。

"造化者"不可以名言概念而得知,并不是说"造化者"完全不可为人所认识。人们是可以通过"造化者"的具体运作来把握它的。正如张志和所说:"夫无有也者,有无之始也。有无也者,无有之初也。无有作,有无立,而造化行乎其中矣。"①"有无"与"无有"是互为初始的,宇宙间的一切变化过程,都是"无有"与"有无"的相对运动,而"造化者"正是运作于"有无"与"无有"的变化之中。"造化"一旦兴起,万事万物(包括意识观念)都相应产生,并发挥各自所具有的特殊功能。张志和明确指出:

> 夫造化之兴也,空以遍之,风以行之,水以聚之,识以感之,气以通之,而万物备乎其中矣。空遍而体存,风行而用作,水聚而有见,识感而念生,气通而意立。体存故可以厚本,用作故可以明渐,有见故可以观变,念生故可以知化,意立故可以详理。……是故风水竞变,物其物而不同;识气多端,意其意而不一。斡乎乾而能常,浮乎坤而能长。运之而无穷,生之而无方,化之而无边,因之而无疆。原其原者,夫何谓欤? 造而化之存乎初,太而极之存乎无。自而然之存乎虚,无而住之存乎妙。观其所存,而造化之元可见矣。②

很显然,"造化者"的运作能力是很强大的,宇宙间的一切现象都本源于它。就连其自身的"体"象,也在"造化"运动中呈现出来。这也就是前面所言作为"中道主"的"空"。意识观念的产生,反过来得以"明渐""观变""知化"和"详理"。通过"明渐""观变""知化"和"详理",从而得知万事万物是变化无穷和多种多样的。不过,运作、资生、变化和因循,都是"造化"的作用和结果,而不是"造化"的终极存在状态。

"造化"的终极存在状态,是虚无玄妙的太初,也就是所谓造化之境。由此可见,张志和一方面将"造化"与物质变化运动联结起来,强调"造化"的物质运动特性;另一方面,又将"造化"的终极存在状态置

①②《玄真子外篇·卷上·碧虚》,《道藏》第 21 册,第 719 页。

于具体事物的运动变化之上，强调"造化"是一种玄而又玄的"造物者"。

为了进一步揭示"造化"的终极存在本性，张志和对"造化之境"进行了拟人化的探索。他借红霞子之口说："吾为造化知己，罔有弗详，而造化独不吾知，致有所乏。吾无惭于造化，造化有愧于吾，吾将往而诉之。"于是，红霞子驾红阳之驹，乘碧寥之舆，相继拂衣东辕、南驰、西驱、北趋，"假道"而往诉"造化"。当他东辕经"诸无之国"时，遇"同空"。"同空"告之曰：未尝闻有"造化"之名，诸无国之东也"无化可造"。当他南驰经"自然之域"，遇上"化元"。"化元"云"造化"是其盟国，因而不能假道红霞子以"诉朕之亲"。红霞子便西驰，经"无住之邦"，遇"因本"，亦遭拒斥。红霞子不得已，改趋北方，经"太极之野"，遇"生首"。"生首"告诉他，现在已经太晚了，因为"造化之境"是非常遥远的，"可知而不可邻，可闻而不可亲"。后来，红霞子迷失了道路而巧遇曾与"造化""牧道于玄郊"，因玩于"六塞之戏"而"俱亡其道"的两个童子，即"神"与"易"。"神"与"易"邀请红霞子一同泅水于"玄川"，于是，"赭然浮光沉影，溯濑沿波，与二童乘玄涛之腾，澹泛六合之外，倏忽至造化之境，自然奉常然衣，太极进无极食，焕然盈造化之域"。"神"与"易"领着红霞子一同去拜谒"造化"。"造化"询问"神"与"易"所亡失的"道"在哪里，"神"与"易"回答说："无亡无不亡，道不离乎皇之乡。""造化"欣然说："无有其有者，无亡其亡。无不有其不有者，无不亡其不亡。放乎玄原之郊而无边。"听罢，红霞子便"盈自然衣，充太极食，乐造化言，荷造化力，揖造化舆"，谢辞"神"与"易"而去。①

以上这段描述说明，"大道"并不脱离于"造化之域"，而是在"造化之域"之中，即"道"是"造化"之"道"，"造化"是"道"之"造化"，因此，在"造化之域"中不存在"亡道"或"不亡道"的问题。因为"造化之域"是无边无际、超绝时空的。有与无之间，也没有截然分明的界限，一切都同归于

---

① 《玄真子外篇・卷上・碧虚》，《道藏》第 21 册，第 719—720 页。

"造化之域"中。在"造化之域"中,唯有"自然""常然""太极"和"无极",也就是大"道"的终极存在的本质。这就将"道"与"造化"紧密地联结在一起,不是"二",而是"一",不是依存关系,而是同一关系,从而将"造化"作为"道"的本质特性。这也正是道家道教对"道"的本质特性的一种普遍理解:"道"即"造化","造化"即"道"。

但是,到底什么是"造化"呢? 当然不能简单地归结为人们通常所见到的变化无常的状态。后来,红霞子在"诸无之国"遇上"太虚",便告诉太虚他去了"造化之域",亲身体会到"造化"的特点。他说:

> 吾适也,面造化容,意造化心耳。造化言吾知至道之无有也。吾岂见寰中之有无哉? 化之元也。原乎有者,观其无。原乎无者,观其有。奚以状其然邪? 容之为言也。冥其灵乎也精,茫其唐乎也荒。故曰,冥灵精之难明,茫唐荒之难详,殊万形之无穷,异万心之无方,是以昔之登太寥,观化元者,知其运乎工而未央,作太寥之歌曰:化元灵哉,碧虚清哉,红霞明哉,冥哉,茫哉,惟化之工无疆哉,非夫同万形之殊,殊万形之同,一万心之异,异万心之一,驰不想而届乎冥茫之端倪者,则何以环游太无,观造化之无矣。[1]

这实际上是张志和借红霞子之口表达对造化之道的本质的认识。张志和以有与无的关系来说明造化的特点。在他看来,造化之道,本无所谓有与无,有与无只是造化的具体呈现状态。就造化本身而言,有与无互为本原,无是有之无,有是无之有。就万物与造化之道而言,造化之道是"冥灵精""茫唐荒""殊万形""异万心",因而"难明""难详""无穷""无方"。造化之道能够"同万形之殊,殊万形之同,一万心之异,异万心之一",正反映出"道"是"同"与"殊"、"异"与"一"的辩证统一,也说明了"道"与"形"(具体的事事物物)和"心"(各种各样的思想意识)是"同"与"殊"、"异"与"一"的辩证统一关系,反映出张志和对"造化之道"的本质

---

[1]《玄真子外篇·卷上·碧虚》,《道藏》第 21 册,第 720 页。

的认识。

第三节 "至道非有无之殊"的辩证法

张志和以有与无的关系来说明"造化"的特点,实际上正是以有与无的关系来说明"道"的特性。在历史上,以"有""无"论"道"肇始于老子。老子把"道"看做"有"与"无"的统一体,称:"无名,天地之始;有名,万物之母。故常无欲,以观其妙;常有欲,以观其徼。此两者同出而异名。同谓之玄,玄之又玄,众妙之门。"(《老子》第1章)并主张:"天下万物生于有,有生于无。"(第40章)庄子亦以"有""无"论"道",说:"夫道,有情有信,无为无形。"(《庄子·大宗师》)"泰初有无,无有无名。"(《庄子·天地》)后来,东晋道教理论家葛洪承继老庄之说,强调"道"是涵乾括坤、统一"有""无"的宇宙本体。他说:"道者涵乾括坤,其本无名。论其无,则影响犹为有焉。论其有,则万物尚为无焉。"(《抱朴子内篇·道意》)隋唐时期的道教重玄学家们都很注重以"有""无"来谈论"道"的特性。《道教义枢·有无义》强调不可离"有""无"而别复有"道":"有以体碍为义,无以空豁为义,此就粗为释。若妙无者,非体非碍,能体能碍,不豁不空,能空能豁。"但是,有与无,也不过是假名。"有无者,起乎言教,由彼色空,若体无物而非无,则生成乎正观,知有身而非有,则超出于迷途,此其致也。有无二名,生于伪物。"[1]

张志和探讨了"造化之间"大与小、有与无之间的相对关系,明确提出了"至小者大,至大者小,至无者有,至有者无"的思想。《玄真子外篇》卷中《鸳鸯》说:

> 太寥问乎无边曰:若夫造化之间,万象不一求,小大有无之至者,可得而言乎? 无边曰:以吾之观,至小者大,而至大者小;至无者有,而至有者无。若知之乎? 太寥曰:以吾闻之,至小不可以大,至

①《道教义枢》卷一〇,《道藏》第24册,第835页。

大不可以小；至无不可以有，至有不可以无。子之所谓者何也？无
边曰：吾请告，若至小至大者，莫甚乎空；至无至有者，莫过乎道。其
所然者何也？包天地至有外者唯乎空，非空之至大耶？判微尘至无
内者成乎空，非空之至小耶？巡六合求之而不得者，非道之至无耶？
出造化离之而不免者，非道之至有耶？故曰，至小者大，至大者小，
至无者有，至有者无，无不然乎？[①]

按照太寥的说法，宇宙造化之间的万事万物，都各自有分别，根本不存在
两片完全相同的树叶，因此，不能用统一的眼光去看待万事万物，如小与
大、无与有之间，是界限分明、毋容混同的。无边的看法刚好相反。他认
为，宇宙造化之间的万事万物，并不存在严格的、绝对分明的界限，它们
都是相对而言的，像小与大、有与无之间，并没有什么本质的区别，即便
是至小与至大、至无与至有之间，也都不存在根本的分别。因为至小与
至大都是相对于包罗天地和微尘的"中道"之"空"而言的，任何至大、至
小者，都不可能超越这个无边无际的"中道"之"空"。在这个"空"之中，
还有比"至有外"的天地更大的"至大者"吗？还有比"至无内"的微尘更
小的"至小者"吗？同时，造化之"道"是含蕴一切有、无的，它既是有，又
是无，是有与无的统一体。六合之内，求之而不可得见其形象，因而谓之
"无"；出于造化，离异它而不可得免其主宰，因而谓之"有"。在造化之
间，还有什么比求之而不可得见的"无"形之"道"更虚无缥缈的"至无者"
呢？还有什么比离之而不可得免的"主宰"之"道"更加确实的"至有者"
呢？只有大"道"，才超越了大与小、有与无的分别，而是真正的"至大"与
"至小"、"至有"与"至无"的统一体。这里有三点值得注意：

其一，张志和自觉地采摘了佛教大乘空宗的"空"观念，以不有不无、
无所不包又无所不至的"空"作为其阐发"至大"与"至小"、"至无"与"至
有"之间关系的出发点。"空"既是有，也是无，既是非有，也是非无；既是
至大，也是至小，既是非至大，也是非至小。这就将有与无、至大与至小

---

① 《玄真子外篇·卷中·鸳鸯》，《道藏》第 21 册，第 721 页。

的关系有机地联结在一起,它们之间不是对立的,也不是等同的,而是一而二、二而一的关系。

其二,他承继和发展了老子"大音希声""大象无形"和庄子"万物齐一"的"道观"思想方法,把现实中一切相互对立的两极都拿来与统括万象的"空"或"道"相比较,从而抹杀了一切事物之间的相对区别。通过对事事物物之间各各有别的界限的消除,凸现了"造化之道"的绝对本性。

其三,张志和通过以上的阐述,说明了"道"既是至无,又是至有,是至有与至无的统一体。因此,"造化之道"既不可以单纯的"至无"论,也不可以单纯的"至有"论。"有"与"无"都是"道"的基本特性。不能离"有"而谈"无",亦不能离"无"而谈"有","有"与"无"是一而二、二而一的统一体。正因为如此,张志和坚决反对割裂"有"与"无"的相互关系,强调至道是"有"与"无"二者的统一,而"非有无之殊"。

为了进一步阐明"有"与"无"的相互关系,张志和还从异时性与共时性关系的角度做了更深层的阐发,继而对"道"的有无关系的特性做出了更深入的揭示。

首先,他认为,所谓至有和至无,并不是什么"未无之有"或"未有之无":"有之非,未无也;无之非,未有也。且未无之有而不有,未有之无而不无,斯有无之至也。"①也就是说,"有"的否定并不是"无",而是包含着"无"的"有";"无"的否定并不是"有",而是包含着"有"的"无"。而包含着"无"的"有"的否定("不有"),则是"至有";包含着"有"的"无"的否定("不无"),则是"至无"。用图式表示即是:

有	无	肯定
有之非(未无)	无之非(未有)	否定
未无之有而不有(至有)	未有之无而不无(至无)	否定之否定

从这个图表中不难看出,其中包含着鲜明的肯定—否定—否定之否

---

① 《玄真子外篇·卷下·涛之灵》,《道藏》第 21 册,第 725 页。

定的辩证法。钱锺书先生曾指出："《老子》之'反'融贯两义，即正、反而合"，"足与'奥伏赫变'（aufheben）齐功比美"，与"黑格尔所谓'否定之否定'，理无二致也"。[1] 钱先生又将"否之否""反之反"与佛教中观论的"非实非非实"的双遣思维法则相类比，说明都以"破理之为障，免见之成蔽"，亦即"西方神秘家言所谓'抛撇得下'（Gelassenheit）"。[2] 这足以说明张志和的"至有""至无"观念，既是对《道德经》的继承和发展，又是对佛教双遣思维方法的吸取与道家化阐释，同时也是对人类认识辩证法的一个贡献。

继而，张志和又从时间性来阐释"有"与"无"之间的相互关系。他指出，在常人的眼里，经常看到"有"（如某个存在着的东西）突然变成了"无"（不见踪影了）的现象，其实，这并不是说"有"突然间无缘无故地变成了"无"，而是说在"今之有"变成"无"之前，即存在着"昔之无"，此时之"有"突然所变成的"无"，即是彼时已经存在着的"无"凸现了出来而已。同样，人们看到某个东西突然间出现在眼前，即此时之"无"突然变成为"有"，也不是说"无"是在无缘无故中产生了"有"，而是彼时本来就存在着"有"，只是在此时突然显现出来了而已。"故今有之忽无，非昔无之未有；今无之忽有，非昔有之未无者，异乎时也。"[3]"有"与"无"总是同时态地存在着，此时之"有"与彼时之"无"、此时之"无"与彼时之"有"，总是相互关联、不可分割的即一不二的关系，因此，"有"与"无"的相对转化，完全是由于它们处于不同的时间域所造成的。"若夫无彼无，有连既往之无，有而不殊；无此有，无合将来（之）有，无而不异者，同乎时也。"[4]张志和进而甚至将"今有之忽无"和"今无之忽有"看做"不然"，亦即偶然现象；而把"有连既往之无"和"无合将来（之）有"，看做"今有之忽无"和"今无之忽有"的"必然"，指出："异乎时者，代以为必然会有不然之者也。同

---

① 钱锺书：《管锥编》第 2 册，第 445—446 页，北京：中华书局，1991。
② 钱锺书：《管锥编》第 2 册，第 448 页。
③④《玄真子外篇·卷下·涛之灵》，《道藏》第 21 册，第 725 页。

乎时者,代以为不然会有必然之者也。"①这就将"有"与"无"之间的变化关系,看做必然与偶然(不然)的关系,不仅大大深化了对"有"与"无"关系的认识,而且也揭示了必然与偶然相互依存不二的辩证关系。

不仅如此,张志和还通过光与影的对话,阐明了"无"与"有"的分别并不是"造化之命"使然,而是人们后天认识上的主观分辨的结果。《玄真子外篇》卷下云:

> 影之问乎光曰:"吾昧乎体之阴,君昭乎质之阳。君之初,吾之余。君之中,吾之穷。君之没,吾之灭。君之清,吾之明。何君之好,无怕俾吾之令无常钦?"光答乎影曰:"子在空而无,在实而有;在翼而飞,在足而走;在钩而曲,在弦而直。子之近乎烛,出子体之外。子之远乎镜,入吾质之内。子之自无怕,岂吾之独无常钦? ……吾将问诸造化:穷理尽性而不知者,命也。"夫影笑之曰:"君弟收光,吾将灭影。有之与无,由君之与吾,何背何正,妄推乎造化之命哉?"②

很显然,"有"与"无"之区分,与"造化"的必然性并没有什么关系,犹如光("君")与影("吾")本身只是"造化"的一种外在显现形式,并不是"造化"自身,而是人们后天对"造化"所显现的外在形式的主观认识。这无疑是对上文所谓至道之"造化"并非"有无之殊"的观点的进一步阐发。张志和否定"有"与"无"的真实区分,并不意味着他要否定一切"有"或"无"。在他看来,要真正把握"有无之理",就必须端容节气、默寂而忘地进入"真无之域"。他说:

> 默之来也,默曰一,寂能一之;默曰二,寂能二之。默之一也无,寂之一也有。默之二也无有,寂之二也有无。一之一也,不离乎二。二之二也,不离乎一。然则,知寂之不一,明默之不二者,斯谓之真一矣。夫真一者,无一无二,无寂无默。无是四者,又无其无,斯谓之真无矣。夫能游乎真无之域者,然后谒乎真一之容者焉。夫游乎

---

①②《玄真子外篇·卷下·涛之灵》,《道藏》第 21 册,第 725 页。

真无之域,谒乎真一之容者,乃见乎诸无矣。①

不难看出,从"一"之"有"和"无",到"二"之"无有"和"有无",再到"不一""不二"之"不有"和"不无有",是一个肯定—否定—否定之否定的辩证过程。张志和认为,这种否定之否定的"不一不二,无寂无默",只是"真一",还不是"真无"。要达到"真无",还须进一步加以否定,即"无其无",也就是不执滞于不执滞("无"或"不")。这显然是对佛教双遣思维方法的运用。不过,不要误解张志和主张"无其无"就是要否定一切真实的存在。其实,在他看来,"真一"与"真无",都是"至道"或"造化"的本质存在领域,"真一"即上文提到的"至有",而"真无"即"至无"。"真无"固然是对"真一"的否定,但这是在本质存在域中的自我否定。通过这种否定,至道表现出其"无"的本质存在特性。而"真一"或"至有"则是至道表现出其"有"而不虚的本质存在特性。这就从本质的层面揭示了"有"与"无"的统一关系。

张志和还通过风之飘、云之气、雷之声、海之涛、火之嫖、日之耀、地之震、天之鸣、空之寥等"九大"竞能,阐述了宇宙之间能力至大者,莫过于"造化之道"的思想。

风之飘说,他能够"扇鸿濛","鼓橐籥","蹙石拔木,鼙浪奔涛",宇宙间没有谁的能力比他更伟大。云之气说,他能够"翳海吞山,遏日漫天",宇宙间没有谁能与他相媲美。雷之声说,他能如"洪涛震鼓,猛兽唬怒",宇宙间没有谁能与他比试高低。海之涛说,他能够"翻鼇荡鲸,崩壶倒瀛",宇宙间没有谁能胜过他。火之嫖说,他能够"涸泽燋山,炽日熏天",宇宙间没有谁的本领比他更大。日之耀说,他能够"光天照地,流金铄石",宇宙间没有谁的能耐比他更大。地之震说,他能够"浸海流河而有常,奔山走陵而无疆",宇宙间没有谁的能力比他更强。天之鸣说,他能够"包水旋风,盖地寰空",宇宙间没有谁能够与他抗衡。空之寥说,他能

---

① 《玄真子外篇·卷下·涛之灵》,《道藏》第 21 册,第 725 页。

够"包天裹地,诞阴育阳",宇宙间没有谁能够与其争高下。① "九大"各自炫耀自己的能力举世无双,以至相持不下。其实,在张志和看来,他们都是蔽于己而不知人,逞己之能而贬人之所不能。同时,他们都是各各相竞其能,而不知在他们之上还有个无所不能的"万能者",这个"万能者",就是"造化之道"。"九大"之所以各自能逞所能,也都是因"造化之道"的"赐予"。没有"道"的"造化"之功,哪有九大所逞之能!

因此,当"九大"得知"太上之言'道',名之曰'大'"之后,"云停其气,风息其飘,日罢其耀,海弭其涛,地复其震,火灭其熛,天静其鸣,空丧其寥,于是乎俾雷之进入道之境,声者让响,形者让影。不有不无,不动不静。九大观之,各惭而还,遂相让为无为之色,相与成无为之域,以终乎尘劫之极而已焉乎欤"。② 在"造化之道"面前,"九大"谁也不敢有为而逞能,而只可为无为,以了却尘劫之极。这正是以"道"来含摄"九大",以"九大"之有限与虚骄,来凸现"道"的无限与谦逊。

那么"道"何以能够含摄"九大"而真正"名之曰大"呢?张志和指出:

> 道之形也虚,道之影也无,道之声也初,道之响也如。……廓然其虚者,空也。莫然其无者,灭也。永然其初者,远也。静然其如者,定也。字之曰遗、退、明、默、悫、博、玄、圆者,何也?遗以尽其失,退以邈其遥,明以照其光,默以湛其寂,悫以坚其固,博以大其广,玄以神其妙,圆以现其周。故曰,德者,得也,得乎不得,不得乎得,斯之谓乎?得其德者,何也?文宣德之而无我,老氏德之而未孩,南华德之,独与天地精神往来而不敖睨于万物。噫!冲虚德之,泠然御风;颜回德之,同于大通。然则,大寥德之,无终始已矣。③

也就是说,"造化之道"的状貌是"空",意即廓然无边,虚寥无定。"造化之道"的身影是"灭",即莫然无所见。"造化之道"的声音是"初",永远是开始,遥远不知其端。"造化之道"的回响是"如",静然守定不动。遗、

---

①《玄真子外篇·卷中·鸳鸯》,《道藏》第 21 册,第 721—722 页。
②③《玄真子外篇·卷中·鸳鸯》,《道藏》第 21 册,第 722 页。

遐、明、默、恚、博、玄、圆等，则是更进一步说明了"道"的特性。而"造化之道"的基本特性，仍不过是"有"与"无"。若能掌握"造化之道"的这个基本特性，便是"得道"。能得"道"，便会如孔子"无我"、老子"未孩"、庄子"独与天地精神往来"、列子"泠然御风"、颜子"同于大通"。可见，以"九大"竟能来凸现"道"大，仍不过是说明"造化之道"具有"有"与"无"的基本特性。

张志和又通过对箧躯、负垢、根蝉、眩华诸虫相互哂笑对方"自谓养生之固"，实不如自己之逍遥的描述，阐明了"造化之道"是"取之而不得，舍之而不克，谓无而有，谓有而无"的。

《玄真子外篇》卷中《鸳鸯》曰：

箧躯哂乎烛腹曰："子之自谓养生之固者也，烛乎腹，耀乎夜，见乎险阻，审乎取舍。然而，世人相有炫明之患，怪乎物，亡乎身，未若吾之晦迹之逍遥也。"

负垢哂乎箧躯曰："子之自谓养生之固者也，橐乎体，箧乎躯，进则外乎首而行，恐则内乎元而静。然而，出入有首鼠之患，怪乎物，亡乎身，未若吾之盖形之逍遥也。"

根蝉哂乎负垢曰："子之自谓养生之固者也，蓁然芥，孽然垢，徐然步，物之不疑子之动也，粪然形，物之不疑子之生也。然而，虑风火有惊恐之患，未若吾之瘈体之逍遥也。"

……

眩华闻之，哂乎根蝉曰："子之自谓养生之固者也，藏乎口，匿乎目，虚乎心，实乎腹，根乎足，润水土于外而不行，苗乎脊，受风日于外而屡长，无羁羁鶂鹊之嫌者矣。然而累乎质，碍乎有，苟迈掘凿之患，怪乎物，亡乎身，未若吾之瞥然之逍遥也。"

根蝉曰："吾禀乎造化之奇，妙乎古今之知，藏口匿目，虚心实腹，之数虫者，其于卫生莫吾如也。向吾闻子之声，昧子之形，状子之有，自何而生？"

眩华曰："吾生乎目之眩,长乎视之乱。其徐也,聊若星之贯;其疾也,纷若华之散。取之而不得,舍之而不克,谓无而有,谓有而无。其来也,倏见乎造化;其去也,寂归乎太虚。能游乎不物之域者,方睹乎吾之逍遥之墟域。"①

以上四虫相争,各自炫耀自己的"逍遥"之游,其实都如上文中的"九大"相争,不过是张志和借此来辨明"造化之道"的有无观。在张志和看来,无论是篋躯的"晦迹之逍遥",负垢的"盖形之逍遥",还是根蝉的"瘢体之逍遥",都不如眩华的"瞥然之逍遥"。这是因为"晦迹之逍遥""盖形之逍遥"和"瘢体之逍遥"都有碍于"迹"或"形"或"体"之"有",企图通过"晦迹"或"盖形"或"瘢体"来追求"无"的境界。其实,"有"与"无"并不是截然对立的,而是"造化之道"的两种不同的基本表现形式或基本特性。张志和所谓睛星之眩华,正是"造化之道"的拟化之名。相对于篋躯、烛腹、负垢来说,根蝉能藏口、匿目、虚心、实腹,因而能够"禀乎造化之奇,妙乎古今之知",摆脱纷繁复杂的外界干扰而模糊地感觉到"道"的存在,却不能真正认识"造化之道"的本质是什么,也就是不知道眩华之声、形、有来源于何处。

事实上,张志和通过眩华之口说明了"造化之道"的基本特点:"造化之道"总是出现于世人目眩、视乱之时,因而常不为世人所觉察。"造化之道"是"无而有""有而无",不能单独以"有"或"无"来把握它的存在本质,因而,欲取之"有"而失之"无"故不可得,欲舍之"无"而失之"有"故不能克。"造化"与"太虚"是"道"处于"动"与"寂"或"混"(与物为混)与"寂"的状态中所表现出来的两种基本存在方式,亦正是"有"与"无"两种基本特性的表现。能藏口、匿目、虚心、实腹,则可以"倏见乎造化"之"有",即"道之来"。然而,只有能"游乎不物之域"者,方能真正把握大道"寂归乎太虚"之"无",即"道之去"。这也正是眩华所强调的"瞥然之逍遥"的境界。因此,"道"的本质即是"无"而"有"、"有"而"无"。"养生之

①《玄真子外篇·卷中·鹙鹭》,《道藏》第 21 册,第 722 页。

固"只在体"道"之"有而无""无而有",居世而不累于物,瞥然逍遥于物外。

第四节 "无心可知道之妙"的认识论

体"道"、知"道"与法"道"、修"道",同是道家、道士追求得"道"的重要途径。不能体"道",便无以法"道"。不能知"道",便无以修"道"。这是道家和道教理论家、实践家们的共识。在如何知"道"的问题上,老子曾提出"涤除玄览"方法,庄子则主张"心斋""坐忘"等方法,葛洪甚至主张"涤除嗜欲,内视反听,尸居无心"(《抱朴子·论仙》)。《列子·仲尼》则谓"务外游,不如务内观"。而《太上老君内观经》强调"道以心德,心以道明"的"自照"方法。隋唐时期,因受佛教止观学说的影响,以司马承祯为代表的"坐忘"思想盛极一时。因此,就张志和以前及同时代的道家(教)知"道"方法而言,总括起来主要有三种:一是外观法,以万物为道所造化,观万物之变动,即知"道"不无;二是"坐忘"法,安坐收心离境,兼忘物我,与"道"同归于虚无,即知"道"不有;三是内观法,泯灭动心,无心于物与我,虚心自照,即知"道"不无不有。张志和认为,"至道"不是可以用"有"或"无"来区别把握的,外观与坐忘之法,都不足以"知道之妙"。由此他主张"节并弭关"的"通真"静观方法。

在《玄真子外篇》卷下,张志和首先以涛之灵(曰"江胥")、汉之神(曰"河姑")和道之微(曰"至玄")三者的对话,阐明了其"无心可知至道"的道教认识论思想。

江胥与河姑先自称是灵神之至,无所不能,无所不知,傲若无他。位于真原之野的至玄听过他们的自我吹嘘之后,对江胥和河姑说:"吾见天地之创,遂观涛汉之有",所谓的涛和汉,都不过是"假名乎巫咸之口,投首乎春秋之代"。迷惑者自释涛、汉之疑,如果真的有什么涛之灵、汉之神,"奈何爱迷徒之咨而不觉,窃造化之巧以为功,不惭迷者之鬼,笑若于黄泉之间"

呢？江胥和何姑听罢，悚然感谢至玄说，他们听说至玄先于天地而生，居住在真原之野，愿与至玄结为盟友。他们"寂而不动，虚而能应"，以请求至玄辨析"灵神之所因"。① 于是，张志和借至玄之口，阐述了自己的思想：

> 吾将告，若欲知汉之说者，观乎碧之理，有洁白之文，寥乎萤之腹，有昏晓之变，体之异也，岂有姑之神邪？虽天汉之大，非川可知矣。若欲知涛之说者，观乎脉之血，有往来之势；察乎槐之叶，有开合之期。气之应也，岂有胥之灵耶？虽海涛之盛，非识可见矣。若欲知吾之说者，空之无形而不动，谷之无情而能应，虚之至也，岂有微之邪？虽吾道之妙，无心可知矣。吾且告，若昆仑之墟，有智虫焉，赘闻而疣见。托吾之无，凭若之有，强目河姑之神，假意江胥之灵，妄首至玄之微，伪之兴也。②

且不说至玄辨析"灵神之所因"是否具有无可辩驳的理据，仅看其以"体之异"来说明根本不存在的"江之神"，并以"气之应"来说明根本不存在的"涛之灵"，从而破除了江胥和河姑自我吹嘘的"神灵"观念，应该说，这是具有朴素唯物主义无神论色彩的。同时，张志和又阐明，至玄之道，是"无形而不动""无情而能应"的"至虚"。然而，这个至虚、至玄的"道"无论多么微妙，也不是不可以得知的，"无心"便可以知之。这实际上说明，"道"虽是至虚，却不是俗见之所谓虚无，而是客观的真实存在者，因而可以知之。问题的关键只在于，既不能执着于"无"，也不能执着于"有"，更不能迷信所谓神、灵，而应当把握至玄之道"无形而不动""无情而能应"的特性。这正是"无心"的结果。如果有心，就是有执着，不是执着于有，就是执着于无，要不就是执着于神灵。只有无心，才能抛弃执着，对有无有一个正确的把握。真正地把握了有无之关系，就能够正确地认识道的特性。张志和借至玄之口，实际上充分肯定了至玄至虚而微妙的"道"的可知性，批驳了以"道"之"至虚"为"无"，以河、江之奔流为"有"，从而割裂有与无的即一不二关系、

---

①《玄真子外篇·卷下·涛之灵》，《道藏》第 21 册，第 723—724 页。
②《玄真子外篇·卷下·涛之灵》，《道藏》第 21 册，第 724 页。

臆造神灵的伪劣做法。

紧接着,张志和借至玄之口,揭露了太寰之内存在着的六种容易迷惑世人心智的"似神而无"者。至玄说:

> 起吾观之太寰之内,似神而无者六:海波溯江而为涛,天文皎夜而为汉,炎光闪云而为电,雨色映日而为虹,阳气转空而为雷,心智灭境而为道。其所然者,皆有由也。非若之灵,无吾之玄然。吾之无也,不无。在若之有乎,何有。[1]

很显然,涛、汉、电、虹、雷和道(非造化之道)六种"似神而无者",都是人们割裂了至虚之"道"的"无"与造化之"道"的"有"而造成的假象。在现实中,并非真的存在着什么纯然为"有"的"神灵"和纯然为"无"的至玄。至玄之虚无,并不等于不有之无,而是有之无。造化之涛汉,并不是真的存在其实,而只是造化之"道"的一种特殊形式的外在显现。唯有"道"虚无而真有,其他的一切都是"道"的造作。在这里,张志和特别将"心智灭境而为道"也列为六大"似神而无者"之一,实际上是对佛教所宣扬的"唯识无境""唯心无境"思想的一种否定,表明在他看来,那种以心智排除外境而求求至道的方法,是一种以"有心"妄求至道的错误认识方法。

为了进一步揭穿割裂有与无以知"道"的错误实质,张志和还通过通真之伯、起观之君和坐忘之后三者之间的对话,批驳了起观之君执滞于"有"、坐忘之后执滞于"无"以知"道"的错误做法。

通真之伯曾与起观之君、坐忘之后交友论道。起观之君与坐忘之后各论辩"道"之"有"和"无","连关解并,竟日不决"。起观之君说,他起于观亭之间,"知道不无而见有"。坐忘之后说,他坐于忘台之上,"见道不有而知无"。那么到底谁是谁非呢? 张志和借通真之伯之口指出,对于造化之"至道",不可以"有"或"无"来加以分别和论定,像在天空之中,日

---

[1]《玄真子外篇·卷下·涛之灵》,《道藏》第 21 册,第 724 页。

与月的体积有大与小之分别,诸星辰的位置也有广与狭之区分。如果以距离我们的远近来论辩日、月之大小,则"稽夫日也,失之于炎凉"。如果以我们所感受到的炎凉来判定日、月距离我们的远近,则"稽夫日也,失之于小大"。因此,日、月之小与大,并不以距离我们的远近来论定,远近只是我们旁视仰观的结果,日、月的体积并无任何变化。同时,"至道之见乎心也,亦犹是哉"。然而,对于起观之君和坐忘之后来说,"至道"或以为有,或以为无。"以道为有,使观君处妄台而见无,以道为无,使忘后游观亭而知有,斯乃忘观之心自尔。有无之体不殊,由意之怀执滞者也。"也就是说,起观之君与坐忘之后各执滞"至道"以为"有"或"无",并不是说"至道"真的有所谓有与无的不同,而是起观之君与坐忘之后各自体察"至道"的方式不同所造成的误解。如果执着"至道"为"有"的起观之君坐于"忘台"之上,必定会发现"至道"如坐忘之后所见的那样,是"无";同样,如果执着"至道"为"无"的坐忘之后站在"观亭"之中,也必定会发现"至道"像起观之君所见的那样,是"有"。由此,张志和特别强调指出,要想获得真正的"至道",必须剖判"古今不明之癖",打破各种"执滞之碍",以"合至道之有无"。①

其实,所谓起观之君,是指那些执着于"道"造化外物之"有"以知"道"的人,其所采用的是外观认识方法。这种认识方法,只能看到"道"造化万物之功,而不能知晓"道"同时"寂归于太虚",也就是说,只看到了活动变化着的"造化之道",而看不到寂静无为中的"至虚之道"。所谓坐忘之后,是指那些执着于忘形去知、兼忘物我,与"道"同于"太虚"的人。他们所采用的是坐忘认识方法。这是盛、中唐时期司马承祯等人所极力宣扬,并具有一定社会影响的一种知"道"方法。这种方法,虽然能够把握寂静无为状态中的"至虚之道"(或"虚极之道"),但是不能把握生畜有为状态中的"造化之道"。而所谓通真之伯,是指那种既能了知"至道"虚寂而不有、又能知晓"至道"化物而不无的人。这种人所采用的则是与以

---

①《玄真子外篇·卷下·涛之灵》,《道藏》第 21 册,第 724 页。

上两者相区别的认识方法，既能把握寂静无为状态中的"至虚之道"，又能把握生畜有为状态中的"造化之道"。张志和正是通过通真之伯之口，揭露了外观认识方法与坐忘认识方法"未通乎执滞之碍"的偏弊，而主张一种形式独特的知"道"方式，即"无心以知道"。这显然是对道家道教中比较流行的朴素的外观认识方法和神秘主义体知论的坐忘认识方法的超越。

那么这种形式独特的知"道"认识方法具有什么基本特征呢？张志和以善于画鬼的吴生自述"得道"之法，阐述了这个问题。

吴生擅长画鬼，其粉墨笔锋风驰电走，若合自然，似见造化，因而颇负盛名。当他行年六旬之时，天下的画工仿行其画而未能尽其神妙。玄真子得知后，专程前去造访，探询吴生画鬼的奥妙所在。吴生见玄真子所问至深，颇为中意，便以酒茶热情款待，自述画鬼得道之法。吴生说：

> 吾何术哉？吾有道耳。吾尝茶酣之间，中夜不寝，澄神湛虑，丧万物之有，忘一念之怀。久之，寂然、豁然、倏然、恢然。匪素匪画，诡怪魑魅，千巧万拙，一生一灭，来不可网，貌不可竭。吾以其道之妙，其方之要，每以图鬼为事，未尝告术于人，是以行年六十，负于国名，天下以吾为图鬼之祖。自吾作古，图工如林。愿吾之睹，声吾响而不终，形吾影而不穷，响吾巧而竭力，影吾道而莫测。感子有造化之问，吾不能无造化之对，以吾不传于人，请子告于代。①

这里的"澄神湛虑，丧万物之有，忘一念之怀"，就是处于一种清静而无所想念、不执着一切的状态，既不执滞于外在之物，也不执着于内在之心。如果能持久"澄神湛虑"，便会在突然间感悟至道的存在状态及其特征。这看似与坐忘知"道"方法无异，其实迥然有别。因为坐忘知"道"的"道"，是虚寂无形无为之道，而这里所获知的"道"，是不有不无、"千巧万拙"、"一生一灭"（即一动一寂）之道。坐忘所得"虚无之

---

① 《玄真子外篇·卷下·涛之灵》，《道藏》第 21 册，第 724—725 页。

道"，显然是不能够图画描绘的。而"澄神湛虑"的静观所得之道，是"造化之道"，其又不同于外观所得的执着于"有"或外物的"造化之道"，而是"一生一灭"、"似神而有"（而不是"似神而无"）的"至道"，因而吴生能够于"形神"（或"有无"）之间图画。这里以"鬼"喻"道"，并非鼓吹有鬼论思想，而是说明吴生所得之"道"如"鬼"一样不有不无、"似神而有"。如果吴生所得之道是"似神而无"者，则无所谓"造化之问"与"造化之对"。如果吴生所得之道纯然之"有"，则根本用不着"丧万物之有"。而强调"忘一念之怀"，正是要"无心"。因此，吴生之所以得"道"，是"无心"而静观（"丧万物之有"）的结果。事实上，这也正是中国传统绘画艺术强调传神而不失之天然、介于形与神之间的审美旨趣的基本要求。因而，这种以"无心"静观为基本特征的知"道"方法，也反映出张志和对传统绘画艺术思维本质的深刻认识。而这种认识方式，正是一种道教的认识论。

第五节 "死生有循环之端"的生死观

道家、道教最关注生与死的问题。《庄子》曾两次引"仲尼曰"强调生死问题的重要性（见《德充符》和《田子方》），其实孔子所代表的儒家生死观，是"未知生，焉知死"，即重视生的问题而轻视死的问题。老子和道家、道教则不回避生与死的问题，甚至将生与死的问题放在非常重要的位置上加以探讨。老子就曾指出"坚强者死之徒，柔弱者生之徒"（《老子》第 76 章），坚决主张"守柔""贵生"。这看起来像是与孔子、儒家一样重生轻死，实际上只是重视生的价值，而不回避对死的问题的探讨。不探讨死的问题，就不知道生的价值所在，况且，生与死并不是对立的，而是相互关联，甚至可以互相转化。佛教以有生为空幻，宣扬涅槃灭度，主张生死轮回，追求超度苦海以进入涅槃不生的境界。显然，佛与道在生死观上是截然相反的。不过，南北朝以后，道教积极吸取佛教教义以充实和发展自己的理论基础，在生死观上也摄取了佛教的轮回说,从而使道教原来所宣扬的即身成仙观念转变成轮转成仙思想,这样,佛教与道教在生死观念上的对立得到了一定程度的调和,至隋唐时期,道教的这种轮转成仙思想已相当流行,王玄览便主张"生死而非常"①,认为生与死都是可以改变的,生可以转变成死,死亦可以转变成生。张志和的生死观念,正是这一思想流行的一种特殊表现。

张志和是以日月有合璧之元、薄蚀之交来论述其生死观念的。他指出:

> 日月有合璧之元,死生有循环之端。定合璧之元者,知薄蚀之交有时;达循环之端者,知死生之会有期。是故月之掩日而光昏,月度而日耀。日之对月而明夺,违对而月朗。是故死之换生而魂化,死过而生来。②

以循环论来说明生死关系,显然是受佛教轮回思想的影响。在张志和看来,生与死并不是绝对对立的,而是循环转化的,死去则生来,生去则死来。而且与日月有薄蚀之交一样,生与死也有相会之期。这种将生死看做一种如同日月轮转的自然现象的观点,若从世界的事事物物总处在生生死死的过程中的观点来看,是有其积极、合理的意义的,但若就具体的个别事物的生死变化来看,则带有明显的主观性。特别是当他以"魂化"来说明"死之换生"时,其神秘唯心主义本质便十分鲜明地表露了出来。

在张志和看来,生与死都不能脱离对方而显现自身,如同"月之明,由日之照者也;死之见,由生之知者也。非照而月之不明矣,非知而死之不见矣"③。从这个意义上讲,无生便无死,无死也便无生。这种观念显然包含着认识的辩证法。张志和进一步指出,生与死既是人的主观认识上的区分,有生有死便必有生死之忧患,这对于世俗之人来说是不可避免的,因为他们执着于生与死。对于至人来说,则无所谓生死之忧患,因

---

① 《玄珠录》卷上,《道藏》第 23 册,第 621 页。
②③ 《玄真子外篇·卷下·涛之灵》,《道藏》第 21 册,第 725 页。

为"死生之会,不能变至人之神。……神不变,故至人无死生之恐者矣"①。也就是说,至人只有形躯之生死,而无精神之生死。形躯之生死,是自然的必然规律,任何人(包括世俗之人和至人)都不可逃避。精神之生死则不然。凡夫俗子往往因有形躯之死生轮转而生精神之变化,自然会有生死之忧患,而至人则始终精神不变化,自然超越于生死之外。不难看出,这种形死神存、形有死生变化而神无变化的观念,是一种典型的唯心主义形神观,这也正是张志和生死观的实质所在。

①《玄真子外篇·卷下·涛之灵》,《道藏》第 21 册,第 725 页。

第十四章　杜光庭的哲学思想

杜光庭是晋唐道教重玄思想的集大成者。在其《道德真经广圣义》和《太上老君说常清静经注》中,杜光庭阐述了道气、体用、本迹等道教宇宙论范畴及辩证思维,阐发了"有无双遣"的重玄思想核心,论证了"穷理尽性"与"安静心王"相联结的思维方式,发挥了道教"无为理国、无欲理身"的"身国同治"传统。

第一节　杜光庭的生平与著述

杜光庭(850—933年),字宾圣(一曰圣宾)。道号东瀛子,又称广成先生。此外,他还自称华顶羽人。① 新旧《唐书》及新旧《五代史》均无传,其出生地及生卒年月皆无述。关于他的出生地,《五代史补》说他是长安人,《全唐文》与《古今图书集成》本传皆说他是缙云人,《全五代诗》说他是括苍人,《历世真仙体道通鉴》(简称《仙鉴》)则说他是处州人。以上所说各有存疑,莫衷一是,然而,详考原委,亦可见其端倪。杜光庭《谢恩除户部侍郎兼加阶爵表》中自称:

---

① 参见《洞天福地岳渎名山记·序》,《道藏》第11册,第55页。

> 臣某江湖贱质，簪褐微才，为儒既殊于成鳞，学道甘期于画虎，矧复辞吴岁久，奉圣年深，杳无山水之思，每感风云之会，归栖照育，三十余秋。[①]

此即言己乃故地吴越之人。又其《题鸿都观》曰：

> 双溪夜月明寒玉，众岭秋空敛翠烟。也有扁舟归去兴，故乡东望思悠然。[②]

此乃叙阔别故乡年久，出家未尝忘家，登高望远，思绪万千之感慨。据此以明，杜光庭绝非长安人，只能是缙云、括苍或处州人。处州古又叫括州，括苍即丽水古地名，三地皆在今浙江省境内，属古代吴越三地，又是三国时东吴故土。三地相去不过几十公里，古地名之地界不是很分明，三地又都在唐时括州治内，故称杜光庭为括州人最为适宜。关于生卒年，根据《仙鉴》的说法推算，杜光庭生于849年，卒于933年。

杜光庭少习六经，博极群书，志趣超迈，工于词章翰墨，"为时巨儒"。唐懿宗咸通年间（860—874年），奔京都长安应九经举不第，乃愤然弃儒皈道，赴天台山拜应夷节为师，学道术，为司马承祯之第五传弟子，习"正一之法"，属上清派。郑畋荐其文于唐僖宗，始得召见，遂深得敬信，"赐以紫服象简，充麟德殿文章应制，为道门领袖。当时推服皆曰：学海千寻，辞林万叶，扶宗立教，海内一人而已"[③]。时杜光庭大约25岁。

中和元年（881年），黄巢军攻占长安，杜光庭随从僖宗"幸兴元"（兴元即今陕西汉中），后又至成都以逃避兵乱。光启元年（885年），唐军收复长安，杜光庭返回长安，见"两都烟煤，六合榛棘，真宫道宇，所在凋零"。此一节，《全唐文》说杜光庭从"僖宗幸兴元，留蜀事先主"。《仙鉴》也说"中和初，从驾兴元"，"先生知国难未靖，上表句游成都，喜青城山白云溪气象盘礴，遂结茅居之。溪，盖薛昌真人飞升之地也。未几，驾将复

---

① 本章及之后所引唐人文章，均据《全唐文》，北京：中华书局，1983，不再加注。
② 本章及之后所引唐诗，均据《全唐诗》，北京：中华书局，1960，不再加注。
③《历世真仙体道通鉴》卷四〇，《道藏》第 5 册，第 330 页。

都,诏光庭醮二十四位。会王建霸蜀,召为皇子师".[1] 以上两种说法都未见明确。唐末战乱,黄巢军及李克用军数进长安,僖宗则几度逃遁,去处无非凤翔、兴元及成都。《新唐书·僖宗本纪》记载,僖宗两次到过兴元、成都,第一次是在中和元年(881年),第二次是在光启二年(886年),中间相隔五年。杜光庭是哪一次"从幸兴元"而留居成都的呢? 事实上,中和元年那次逃遁显然没有留居成都,他在《无上黄箓大斋后述》中自称:"余属兹艰会,漂寓成都,扈跸还京。"意即他在唐军收复长安之后即返回了京都。他大概是光启二年再随僖宗到兴元后留事成都,再也没有返回京都。从光启二年至天复七年(907年),长达21年,这段漫长的岁月,杜光庭主要隐居青城山,他的主要著作也系在此期间写成,其《修青城山诸观功德记》等篇记载了他在这里的隐居生活。其间,他曾在兵戈相交的环境下冒险游历四川乃至云南各地,试图抢救在战火焚毁下几于殆尽的道书,备尝艰辛。云南《大理府志》记载:"杜光庭,青城人。寓滇以文章教蒙氏,尝书蒙诏德化碑,精妙有法,卒葬玉局峰,其子卒葬腾越龙凤山。"[2]并且记载了杜光庭在云南所作的几首诗,其中写道:

> 往岁真人朝玉皇,四真三代住繁阳。初开九鼎丹华熟,继蹑五
> 云天路长。烟锁翠岚迷旧隐,池凝寒镜贮秋光。时从白鹿岩前去,
> 应许潜通不死乡。

其所记事迹未必准确,但可以肯定杜光庭在云南留下过遗迹。907年,朱全忠在大梁(河南开封)废唐哀帝,自立为帝,改国号为梁。与此同时,王建也在成都称帝,仿三国时刘备,立国号为蜀。蜀王朝待杜光庭很是礼遇,王建授他金紫光禄大夫、尚书户部侍郎、上柱国蔡国公,赐号"广成先生"[3],又

---

[1]《历世真仙体道通鉴》卷四〇,《道藏》第5册,第330页。

[2]《大理府志》还称杜光庭为"唐御史"。

[3]《五代史补》说唐僖宗赐杜光庭"广成先生"号。此说未可信,杜光庭《谢恩除户部侍郎兼加阶爵表》中说:"伏蒙恩敕,除授光禄大夫、尚书户部侍郎、上柱国蔡国公、广成先生者。"明言受蜀王朝恩敕得"广成先生"号。

特命他为太子师,王建赞曰:"昔汉有四皓,不如吾一先生足矣。"①杜光庭出入禁中,与皇帝保持非常密切的关系,《全唐文》所收他的文章中,竟有57篇属于他给皇帝的奏表,"道籍两尘于美号,官荣再履于崇班"(《谢独引令宣付编入国史表》)。当时,蜀王朝承唐旧制,佛道并兴,尤宠道教,王建特下旨,令杜光庭不随二教,"不杂缁黄之侣,俾其独行,显示优恩"(《谢恩奉宣每遇朝贺不随二教独引对表》)。王衍继位后,"受道箓于苑中",又尊他为崇文阁大学士,加"传真天师"称号。在朝供职期间,他除了献治乱兴亡之策,还经常为皇帝、太子及大臣设斋摆醮,祈命祝寿,也曾出入军中,"分析贼中事宜"(《宣示解泰边垂谢恩表》),献克平之策。杜光庭饱尝战乱颠沛之苦,故极力反对战争。可是另一方面,他又完全赞成蜀王朝对外的征伐行动。王建北伐陇州,节度使桑简降,杜光庭写了《贺收陇州表》,说:"北面军前陇州节度使桑简,以手下兵士及城池归降,收复陇州者,睿算遐宣,元勋效节。"他希望王建能够"荡定三秦,统临万国"。杜光庭后以年老请退,归隐青城白云溪。在青城山,他还曾积极从事道教宫观的建设与修缮。② 临去世前,他还创建真宫。长兴四年(933年)十一月,真宫竣工时,"光庭八十四岁,一旦,披法服,作礼辞天,升堂跌坐而化。颜色温晬,宛若其生。异香满室,久之乃散"③。葬于清都观。

　　杜光庭一生著作宏富,论述浩瀚。《道藏》中收有他的著作26种268卷,其中有通过解老注老阐述其哲学思想的,如《道德真经广圣义》《太上老君说常清静经注》;有描写道教大小洞天福地盛状的,如《洞天福地岳渎名山记》;有讲述宫观、教主、真人灵验的,如《道教灵验记》;有记载仙异神人显化事迹及怪异神物的,如《神仙感遇记》《录异记》等;有讲本命,用于拜章和消灾等,及道士修真、谢罪、忏悔等科仪的,如《道门科范大全集》;有记叙应制青词表文的,如《广成集》;有专言古今女子得道升仙之

---

① 《历世真仙体道通鉴》卷四〇,《道藏》第5册,第330页。
② 见其《修青城山诸观功德记》《告修青城山丈人观醮词》《丈人观画功德毕告真醮词》等作。
③ 《历世真仙体道通鉴》卷四〇,《道藏》第5册,第331页。

事的，如《墉城集仙录》；有追述历代官方崇道历史的，如《历代崇道记》，等等。《全唐文》收录了杜光庭的文章 300 篇，主要为表章奏文、功德记事、著作序录及斋醮词等。《全唐诗》收杜光庭诗赋 28 篇，《全五代诗》收其诗赋 17 篇（其中《纪道德》与《怀古今》合为一首），王重民、孙望等编著的《全唐诗外编》还收录杜光庭《题天坛》一首。此外，《中国医学大成》收录其《玉函经》3 卷，《说郛》卷七收录其《王氏神仙传》和《仙传拾遗》，《合刻三志》"志奇类"收录其《豪客传》1 卷，《颐氏文房小说》收录其《虬髯客传》1 卷。由于杜光庭生活于唐末战乱时期，加上著作繁多，难逐篇考究其成书年月，现只能根据其著作中所记略见概貌。他的著作写成时期主要在他赴天台山学道之后至王建称帝之前，即 865—907 年之间，这段时间正是他弃儒叛道、扶宗立教、思想日臻成熟时期。其中《历代崇道记》作于中和四年（884 年），《洞天福地岳渎名山》作于天复元年（901 年），《道德真经广圣义》写作也不晚于天复元年。天祐四年（907 年）之后，他的写作多为斋醮词颂、表奏文之类，其政治活动也很频繁，没有更多的创获。

　　杜光庭的著作按其著述方式又分为几种类型：第一类是他"撰述"的，如《道德真经广圣义》；第二类是他"修定"的，如《太上灵宝玉匮明真大斋言功仪》等；第三类是他"汇集"的，如《太上黄箓斋仪》《金箓斋启坛仪》等；第四类是他"删定"的，如《太上洞渊三昧神祝忏谢仪》《道门科范大全集》等；第五类是他纂辑的，如《录异记》。除"撰述"类外，其他四类，尤其是斋戒科仪方面的，多是在前人基础上编纂或改定的。这确实说明杜光庭在收集道书残卷方面曾做过艰苦的努力，《仙鉴》说："道法科教自汉天师暨陆修静撰集以来，岁月绵邈，几将废坠。遂考真伪，条列始末，故天下羽属永远受其赐。"[①]杜光庭在《无上黄箓大斋后述》中也自述了这方面经历。他说，安史之乱中，两京秘藏多遭焚烧，至咸通年间，尚存道书 5300 卷。黄巢攻占长安，"玉笈琅函，十无三二"，经其广泛搜罗，新书

---

① 《历世真仙体道通鉴》卷四〇，《道藏》第 5 册，第 330 页。

旧诰,仅存 3000 卷,且"未获编次"。于是他"重游三蜀",更欲搜访,虽然"未就前志",却也总有收获。他在《太上洞玄灵宝素灵真符·序》中也谈及:"天复丙寅岁,请经于平都山,复得其本[即翟乾祐所传《素灵符》],编入三洞藏中。"[①]陈国符先生断定,在道书经唐末五代战火摧毁之后,杜光庭在蜀中重建《道藏》。[②] 日本的窪德忠先生也认为,正是由于杜光庭同几位道士的努力收集,才有宋真宗时代"称为《道藏》的道教的一切经典"。[③] 笔者认为,上述论断大都合乎历史,原因是:第一,唐末京都所剩下的道教文献都被杜光庭带进了成都;第二,在全国战乱的情况下,唯独西南地区相对安定,具备编纂《道藏》的社会政治环境。

第二节　重玄思想的清理及其理论旨趣

自《太平经》问世,中经魏晋南北朝数百年间的造经运动,至隋唐,"三洞四辅"的架构已成,道教进一步的发展则是如何使其丰满完备。隋唐以降,道教理论家很少造经,而以解注经文为务。刘鉴泉先生在《道教征略》中说:"唐时道士多注释古经,训诂不苟,犹之儒者之治经也。"[④]杜光庭在构筑自己的重玄哲学体系时,同样是凭借注疏,敷扬己意。

一、清理学脉

杜光庭的哲学思想主要体现在他对《道德经》和《太上老君说常清静经》的注解里。他在清理前人所注《道德经》时说:"此《道德经》自函关所授,累代尊行,哲后明君,鸿儒硕学,诠疏笺注,六十余家。"[⑤]《道德经》作为道教的首经,本是殷周哲学思想发展的逻辑总结,它包含了宇宙生成图式、辩证方法、认识论、社会历史观、人生观等完整的哲学框架,其构想恢

---

① 《太上洞玄灵宝素灵真符·序》,《道藏》第 6 册,第 343 页。
② 参见陈国符《道藏源流考》上册,第 127 页,北京:中华书局,1963。
③ [日]窪德忠:《道教史》,萧坤华译,上海:上海译文出版社,1987。
④ 刘鉴泉:《道教征略》,《图书集刊》1948 年第 7—8 期。
⑤ 《道德真经广圣义·序》,《道藏》第 14 册,第 309 页。

宏,契思深远。而其行文简赅,同儒家经典《论语》一样,为后人留下了无限的想像与解释的余地,特别是被奉为道教经典之后,又获得了特别重要的意义。杜光庭说:"所释之理,诸家不同,或深了重玄,不滞空有;或溺推因果,偏执三生;或引合儒宗;或趣归空寂。"①考究杜氏所陈述的诸家,大抵可分两种情形:

1. 各人立意不同,所释之理各有偏重。即如杜光庭所说:"道德尊经,包含众义,指归意趣,随有君宗。"②有偏重"理国"道理的,如河上公(《章句》)、严君平(《指归》);有偏重"理身"道理的,如松灵仙人(无名氏)、魏代孙登(注二卷)③、梁朝道士陶弘景(注四卷)、南齐道士顾欢(注四卷);有兼该"理家理身"与"虚极无为"道理的,如魏山阳王弼、南阳何晏、颍川钟会,晋仆射太山羊祜(注四卷)、后魏博士范阳卢裕(注二卷)、草莱臣刘仁会(注二卷)等;有偏重事理因果道理的,如西胡沙门鸠摩罗什(注二卷)、后赵西胡僧人图澄(注二卷)、梁武帝萧衍(注四卷)、道士窦略(注四卷);有偏重重玄义理的,如梁代道士孟智周(注五卷)、道士臧玄静(疏四卷)④、陈朝道士诸糅(玄览六卷),隋朝道士刘进喜(疏六卷),唐朝道士成玄英(讲疏六卷)、李荣(注六卷)、车玄弼(疏七卷)、张惠超(志玄疏六卷)、黎元兴(注四卷),

①《道德真经广圣义·序》,《道藏》第14册,第310页。
②《道德真经广圣义》卷五,"释疏题明道德义",《道藏》第14册,第340页。
③ 杜光庭以孙登为隐士,"字公和、魏文、明帝时人"。《晋书·隐逸传》有孙登其人,与杜氏所言似为一人。《隋书·经籍志》谓孙登为"晋尚书郎",注《道德经》二卷。《经典释文序录》说:"孙登《老子集注》二卷,字仲山,太原中和人,东晋尚书郎。"可见有两个孙登,前一孙登与嵇康、阮籍同时,史书未见其有注老之作。杜氏所言"以重玄为宗"之孙登,实为东晋时孙登,杜氏误。参见蒙文通《校理老子成玄英疏叙录》(见其《古学甄微》)和黄海德《李荣〈老子注〉重玄思想初探》(《宗教学研究》1988年第2、3期)。
④《道德真经广圣义》说,梁道士臧玄静,字道宗,作疏四卷。《云笈七签》卷六"三洞经教部"载"第二太平者三一为宗"云:"《太平洞极之经》……一百四十卷……自宋、梁以来,求者不得……至宣帝立……乃命太平周智响往取此经。……帝因法师得此经,故号法师为太平法师,即臧靖法师之禀业也。"(《道藏》第22册,第36页)又《云笈七签》卷五"经教相承部"云:"王远知……事贞白先生,授三洞法。又从宗道先生臧矜,传诸秘诀。"(《道藏》第22册,第29页)据蒙文通先生考辨,臧矜即臧靖,臧靖亦即臧玄静。宗道乃臧玄静字,杜光庭误写为道宗。太平法师应是孟智周,而误为周智响。臧玄静实从孟智周禀业,而王远知则从臧玄静禀业。参见蒙文通《古学甄微》,第352页。

以及蔡子幌、黄玄赜等。这是唐代以来第一次对历代注解《道德经》的总结，不仅标出注疏者的名姓、时代、身份，以及篇名、卷数，而且分理出各家注解的理论重点。这既是杜光庭营构自己的道教哲学思想体系的需要，也是道教进一步发展的需要。他为宗教教义理论重心的选取提供了广阔参考系。此外，他的总结也有意标榜作为道教基本经典的《道德经》的正宗地位，注解既有道士，也有儒生、佛徒、官宦、隐士，乃至帝王，尽管注解者各人立意不同，却表明《道德经》涵盖深远，有无穷可释之理，自尹喜作节解、内解以来，汉、魏、晋、南北朝，以至隋唐，注解代代相续，绵绵不绝。

2. 各人立场不同，所承继的学脉殊异，因而各人解经的原则与方法也有区别。即如杜氏所说："诸家禀学立宗不同。"他将由学宗不同引起的殊异分为五种类型："严君平以虚玄为宗，顾欢以无为为宗，孟智周、臧玄静以道德为宗，梁武帝以非有非无为宗，孙登以重玄为宗。"①现具体分释如下：

（1）以虚玄为宗。以虚玄为宗者实不限于严君平一人，王弼、何晏、郭象等玄学家皆从玄学立场注释《道德经》，然而杜氏以严君平为其道，亦颇有意味的。严君平注老不泥章句，注重义理发挥，如对道做了如下注解："万物所由，性命所以，无有所名者，谓之道。""道体虚无，而万物有形。"又如对有无虚实做了如下解释："虚之虚者生虚虚者，无之无者生无无者，无者生有形者。""有生于无，实生于虚。""无不生无而生有。"②严君平乃扬雄之师，扬雄《太玄》在营构哲学体系时，以"玄"标宗："玄者，幽摛万类而不见其形者也。"也是用"无形"规定"玄"的本性。可见严氏于扬雄不无影响。玄学家王弼开宗明义地讲："天地虽大，以无为心，圣王之大，以虚为主。""无形无名者，万物之宗也。"③严君平与王弼都推崇虚无，两人不仅在思想内容上有着一致性，而且论证方式也非常相似。可以说，严君平开了以虚无立宗注释《道德经》的先河，考察其《道德真经指

<hr>

① 《道德真经广圣义》卷五，"释疏题明道德义"，《道藏》第14册，第341页。
② 《道德真经指归》，《道藏》第12册，第341—394页。
③ 〔魏〕王弼著，楼宇烈校释：《老子指略》，《王弼集校释》上册，北京：中华书局，1980。

归》的思想,可以更好地了解魏晋贵无论产生的前期过程。[1]

（2）以无为为宗。顾欢的解老著作已佚,《正统道藏》所收题名为"顾欢"的《道德真经注疏》显然是后人伪托,"但'其经题顾欢作者,应自有故',盖为宗顾氏学派之徒所托名撰作者"[2]。顾欢"志尽幽深,无与荣势,自足云霞,不须禄养"[3],他这种绝意仕进、委志修身的人生态度,自然流露于解老的致思归趣中。《道德真经注疏》在释"有之以为利,无之以为用"句时说:"神为存生之利,虚为致神之用,明道非有非无,无能致用,有能利物,利物在有,致有在无,无谓清虚,有谓神明。而俗学未达,皆师老君全无为之道。道若全无,于物何益? 今明道之为利,利在用形;无之为用,以虚容物故也。"[4]意谓神与虚、有与无,皆各有所能,神、有为利,虚、无为用,故不应当排遣有而归于无。这既批评了"虚无为宗",也彰显了任其无为而自为的思想。这种以无为立宗的注经原则实际上源于《河上公章句》,其云:"治身者当除情去欲,使五藏空虚,神乃归之。"[5]正如蒙文通先生所说:"葛玄、顾欢、张氏、王玄辩兼明仙道,说明于《河上》,顾、王之疏,更显依河公之注,斯其较著者也。"[6]

（3）以道德为宗。此宗注老以道德二义为论,推论道德体用一致,本末同源。杜光庭在《道德真经广圣义·释疏题明道德义》中说:"臧玄静云,道者通物,以无为义。"[7]又说:

> 臧玄静云,智慧为道体,神通为道用也。又云,道德一体而具二义,一而不一,二而不二。二而不二,由一故二;一而不一,由二故一。不可说言有体无体,有用无用。盖是无体为体,体而无体;无用

---

① 参见任继愈主编《中国哲学发展史（秦汉）》,"汉代中后期道家思想的演变和道教的产生"章,北京:人民出版社,1985。

② 卿希泰主编:《中国道教史》第 1 卷,第 490 页。

③《南齐书》卷五四,"顾欢传",第 929 页,北京:中华书局,1974。

④《道德真经注疏》卷一,《道藏》第 13 册,第 282 页。

⑤《老子河上公章句》,《道藏》第 12 册,第 3 页。

⑥ 蒙文通:《古学甄微》,第 346 页。

⑦《道德真经广圣义》卷五,"释疏题明道德义",《道藏》第 14 册,第 337 页。

为用,用而无用。然则无一德非其体,无一用非其功。寻其体也,离空离有,非阴非阳,视听不得,搏触莫辩。寻其用也,能权能实,可左可右,以小容大,以大容小。体既无已,故不可思而议之;用又无功,故随方不示见。①

臧玄静从孟智周禀业,而唐初道士王远知"从宗道先生臧矜"②,王远知所习道法属正一派,于此可知孟、臧二人师承学宗为正一派。杜光庭说孟、臧明重玄之道,以其注老特点及其证论方式来看,确乎不越重玄之轨。

(4)以非有非无为宗。梁武帝萧衍早年景仰道教,从陶弘景受经法,后来于天监年间下诏舍道皈佛,佛道二教于其身兼而有之。萧氏解老著作已佚,无从考见其思想面貌。然而,依其所禀佛教之宗系来看,不外风行六朝的中观学说。中观学说正是以"非有非无"的论辩及其双遣两边的方法来实现佛教的精神超越。杜氏说,罗什、图澄、梁武帝皆因因果之道,即谓其注老解老侧重因果道理,由因推果,由果溯因,由此引导出善恶有缘、死生轮回的结论。于此可知萧衍是以佛教观点与方法来解注《道德经》的。

(5)以重玄为宗。杜氏举"明重玄之道"一家,却另以孙登标其宗,《隋书·经籍志》和陆德明《经典释文》皆言孙登有注老二卷,可惜已佚。孙登乃孙盛之侄,孙盛是东晋大思想家,学问渊博,"善言名理",孙登从学于孙盛。孙盛作《老子疑问反讯》,说:"《道经》云:'故常无欲以观其妙,故常有欲以观其徼,此两者同出而异名,同谓之玄,玄之又玄,众妙之门。'旧说及王弼解,妙谓始,徼谓终也。夫观始要终,睹妙知著,达人之鉴也。既以欲澄神昭其妙始,则自斯以己宜悉镇之,何以复须有欲得其终乎? 宜有欲俱出妙门,同谓之玄,若然以往,复何独贵于无欲乎?"③这是对以虚无为宗的严君平、王弼于有欲与无欲、始与终、妙与徼中遣其一

①《道德真经广圣义》卷五,"释疏题明道德义",《道藏》第14册,第338页。
②《云笈七签》卷五,"经教相承部",《道藏》第22册,第29页。
③《老子疑问反讯》,《广弘明集》卷五,《大正藏》第52卷,第120页。

端、执着一面的有力批评。然而,孙登重玄学宗的双遣方法也于此初见端倪。蒙文通先生说:"重玄之说,实由'有欲俱出妙门,同谓之玄'之难诘而启之也。"①综上所述,杜氏分解老之学宗为五派,其中以无为为宗的顾欢偏于"非有非无"的义理阐释,反对以虚无为宗的玄学派"遣有归无"的论证方式及无为修身的式态,这在道派源流上亦并不独辟蹊径,故此,这一学派实际上归于重玄学宗。以道德为宗的孟智周、臧玄静本"明重玄之道",更不离重玄学宗之藩篱。这样一来,五派学宗实际上可归为三宗:以虚无为宗、以非有非无为宗、以重玄为宗。在杜氏看来,"宗旨之中,孙氏为妙矣"②。

　　杜光庭在整理前人注解《道德经》的理论要点、学脉宗承、论证方式之后,得出的结论是:"虽诸家染翰,未穷众妙之门,多士研精,莫造重玄之境。"③

二、"重玄"义旨

　　重玄学说应道教理论建设的需要而产生,应与儒、释争高低的需要而发展,它既是一个解释道教经典的思想流派,又是注重义理思辨的宗教思想体系,还是一种理论方法。魏晋时期,经学中衰,玄学勃兴,玄学代表人物何晏、王弼皆"祖述老庄立论",用改造过的道家学说阐释儒家经典,故以"儒道兼综"为基本特征,以名教与自然关系问题的论证为官方正宗哲学,又以围绕有无、体用、本末等范畴所展开的辩论别开一学术生面。佛教作为外来宗教,为求得生存之地,努力使自身中国化。所谓中国化,在魏晋时期就是玄学化,慧远说:"如令合内外之道以求弘教之情,则知理会之必同。"④佛教"本无义"即附会王弼的"贵无论","即色义"附会向秀、郭象的"独化论","心无义"有鉴于诠无释有偏于空形色不空心神,故提出"无者心无"的学说。僧肇则综述各义,品评得失,观其会

① 蒙文通:《古学甄微》,第 350 页。
②《道德真经广圣义》卷五,"释疏题明道德义",《道藏》第 14 册,第 341 页。
③《道德真经广圣义·序》,《道藏》第 14 册,第 310 页。
④《三报论》,《弘明集》卷五,《大正藏》第 52 卷,第 34 页。

通。因此说，"般若学派中的'六家七宗'乃是东晋时代玄学家的流派在佛教思想中的反映"①。佛教极力摄取玄学思想内容，自然是为了安身立命，但佛教思辨确与具有较高水准的玄学思辨相契合，玄学关心名教与自然问题，佛教关心世间与出世间问题，两种世界观虽有很大差距，其论证方法却确有相通之处。故佛学可借用玄学范畴阐扬佛教思想，也容易为人所接受。道教在理论上"杂而多端"，且"多巫觋杂语"，有"妖妄不经"之嫌疑。道教要取得生存权利和实现进一步发展，须为自己的宗教信仰建立哲学论证。葛洪适应这种需要，为从早期道教中游离出来的神仙道教营建一个理论系统，他所能利用的现成思想材料无非玄学，《抱朴子内篇》开篇说："玄者，自然之始祖，而万殊之大宗也。"在他看来，"玄"即是"道"，"道"即是"玄"，道—玄既可以是王弼的"无"，又可以是郭象的"有"，或者说是有—无的同一体："论其无，则影响犹为有焉；论其有，则万物尚为无焉。"（《抱朴子内篇·道意》）葛洪"精辩玄赜，析理入微"和"由小验知大效，由已然明未试"的致思方式已同早期道教的"苦妄度厄""用持杀鬼"等大相径庭。随着佛教在中国土壤扎根，大量佛经被译成汉文，而玄学则渐衰落，佛教不再依傍玄学，大乘空宗的般若学经鸠摩罗什及其弟子传授，泛滥中土。罗什师徒所传的中观学后成为三论宗的思想渊源。三论宗最著名的论证方式便是"中道"方法，如《中观论疏》说："非有非无，则是中道。"②《大乘玄论》卷四说："虽无而有，不滞于无，虽有而无，不累于有。不滞于无，故断无见灭；不累于有，故常著冰销。……不累于有，故不常；不滞于无，故非断。即中道也。"③这种论辩确比玄学更为玄远。佛教的兴盛与发展，对于道教来说，不仅使其产生了与佛教争高低的需要，亦为道教理论的发展提供了可借鉴的基础，北魏寇谦之、南梁陶弘景皆引佛入道。杜光庭说罗什、图澄、僧肇皆注《道德经》，正表明佛教向道教领域渗透，摄取道教理论成分，从而反过来说，道教摄取佛教

---

① 任继愈：《汉唐佛教思想论集》，第 43 页，北京：人民出版社，1994。
② 《中观论疏》卷一〇末，《大正藏》第 42 卷，第 160 页。
③ 《大乘玄论》卷四，《大正藏》第 45 卷，第 55 页。

的中观学说以阐扬重玄思想也是应有之理。道教学者既主动引佛入道，当不远佛学流行的论题。陆希声说："王（辅嗣）、何（晏）失老氏之道，而流于虚无放诞。"①

这些正好表明道教理论家在与佛教论辩的过程中，已不满足于以玄学思想作为自身的理论基础，欲代之以思辨性更强的理论，这就是摄取了佛教中道原则的重玄学说。如上所述，杜氏服膺孙登，孙登是从"有欲无欲"的诘难中得到启发的，加上对佛教"中道"方法的运用，自然会产生非有欲、非无欲的观念。故此，蒙文通先生说："重玄之妙，虽肇乎孙登，而三翻之式，实始乎罗什，言老子别开一面，究源乎此也。"②

重玄学派至唐初，经成玄英、李荣及孟安排等人的彰显，俨然成一大宗。他们扬弃王弼玄学，认为玄学家未深了"玄"的意蕴。成玄英说："玄者深远之义，亦是不滞之名……既不滞有，亦不滞无，二俱不滞，故谓之玄。"③王弼以为遣有归无即是玄义，在成玄英看来，这恰恰是滞着于无，只有有无两不滞才是"玄"。很显然，成玄英是在佛教三论宗"有无两遣"的基础上来理解"玄"的。什么叫"又玄"呢？成玄英接着说："有欲之人，唯滞于有。无欲之士，又滞于无。故说一玄，以遣双执。又恐学者滞于此玄，今说又玄，更祛后病。既而非但不滞于滞，亦乃不滞于不滞。此则遣之又遣，故曰玄之又玄。"④意思是，在有无两遣的基础上再遣（"遣之以遣"），玄之又玄，即谓"重玄"。成玄英又批评佛教三论宗之中道思想未明重玄道理，说："学人虽舍有无，得非有非无，和二边为中一，而犹是前玄，未体于重玄理也。"⑤李荣在成氏基础上进一步推演说："借玄以遣有无，有无既遣，玄亦自丧，故曰又玄。又玄者，三翻不足言其极，四句未可致其源，寥廓无端，虚通不碍，总万象之枢要，开百灵之户牖，达斯趣者，众妙之门。"⑥有、无—非有、非无—非非有、非非无，这是一个否定之

①《道德真经传序》，《道藏》第 12 册，第 115 页。
② 蒙文通：《古学甄微》，第 348 页。
③④⑥《道德真经玄德纂疏》卷一，《道藏》第 13 册，第 361 页。
⑤《道德真经玄德纂疏》卷二〇，《道藏》第 13 册，第 533 页。

否定的三翻式,每一次否定都表示了一次超越提升。并且,李荣还认为,三翻式也未必就穷极致源了,重玄之极是要做到"寥廓无端,虚通不碍",方是"重玄之境",也就是达到"道"所取法之"自然",如成玄英所说的——"自然者,重玄之极道也。"①重玄学者把"重玄"义确定为《道德经》的核心内容:"言教虽广,宗之者重玄。"②因而,隋唐的道教理论家几乎都接受了重玄观点,王玄览、司马承祯、唐玄宗等甚而从不同方面发展了重玄思想。从而,这些重玄观点也成了杜光庭重玄思想的直接理论来源。杜光庭说:"寄又玄以遣玄,欲令不滞于玄,本迹两忘,是名无住,无住则了出矣。"③"本迹"譬犹"有无","本迹两忘"指非有、非无(玄);"是名不住"指非非有、非非无(又玄)。经过这番遣之又遣的过程,做到"无住",才可以"了出",进入重玄之境。总之,既遣有无(玄学),又遣非有、非无(释学),不滞于有无,不滞于非有非无,一无所滞,乃可入重玄境界。从以上所述可以看出,重玄学宗是从魏晋玄学始,经佛学思辨阶段的否定,再扬弃玄学和佛学而建立起来的解经学派。作为重玄理论,它是一种注重义理思辨、企图超越世俗见识、追求宗教理想境界的思想体系。作为重玄方法,它是一种通过不断地遣除思想偏执以建构道教宗教哲学体系的思维方式。

重玄学者十数家,然而,在杜光庭看来,皆"莫造重玄之境":"谁能绝圣韬贤?""谁能含光遁世?"他觉得唯自己能"思抗迹忘机""思去奢去欲",再造重玄之境。④

三、造重玄之境

如何造重玄之境呢? 杜光庭说:"教以无执无滞。"⑤对于重玄义蕴之

---

① 《道德真经玄德纂疏》卷六,《道藏》第13册,第412页。
② 《道德真经玄德纂疏》卷一八,《道藏》第13册,第518页。
③ 《道德真经广圣义》卷六,"玄之又玄众妙之门"义疏,《道藏》第14册,第344页。
④ 《道德真经广圣义·序》,《道藏》第14册,第310页。
⑤ 《道德真经广圣义》卷一,"叙经大意解疏序引",《道藏》第14册,第314页。

领悟,杜光庭与成、李、孟氏等并无根本差异,差别在于,成、李、孟氏等运用了重玄的境界,以求超越儒、释;杜光庭则欲将重玄方法推及理论与践履的每一个方面,重心在于"无住了出",欲构造一个重玄的宗教哲学思想体系,以求超越世俗。这可从杜光庭对于现象界诸关系和主客体关系两个方面的论述窥其堂奥。

1. 现象界诸关系。

(1) 有无。杜光庭借用佛教的提法,认为平俗之人偏执于"有",未明"诸法性空",即不知现象界(法界)本性空无,圣人能够以无遣有,化有归无,却又偏执于无(道教以"仁为德之阶",圣贤为趋仙得真之次第),有鉴于此,老君立教"是令众生不滞于迹[疑为'有'],圣人不滞于空,空有两忘,尽登正观矣"①。亦即"无此有,亦无此无"。从上述看来,他借用佛教命题阐释道教思想,尚有未加消化之痕迹,不过,他立即又补充说:"非无非有,非名为道……空无之道,亦非自然……无无者无执也。"②即是说,万象也并非就是空无,空无并非万象的根本特性,把空无作为万象本体是玄学或佛教观点,不合道教的精神,道教所说的作为本体的自然之道,超乎有无之上,它既是有,又是无,既非有,又非无。玄学和佛学执于有无与非有非无,只表明在主观上的偏执。因而重玄学强调"无执"义,一无所执,才合乎道义。

(2) 本迹、因果。从现象界自身过程来看,有因有果,有本有迹,修因可趋果,显本可由迹。从重玄的高度来看,则无所谓因,无所谓果;无所谓本,无所谓迹。所以,不可偏执因果、本迹,而应当"因果双遣""本迹俱忘",然后又忘此忘,"此忘吻合乎道"。③

2. 主客体关系。如何把握主、客之间的关系,杜光庭同样依据重玄方法,提出"辩兼忘":"玄之又玄者,辩兼忘也。"④所谓兼忘,就是物我两

①《道德真经广圣义》卷二九,"无名之朴亦将不欲"义疏,《道藏》第14册,第454页。
②《太上老君说常清静经注》,《道藏》第17册,第186页。
③《道德真经广圣义》卷六,"玄之又玄众妙之门"义疏,《道藏》第14册,第344页。
④《道德真经广圣义》卷六,"道可道"章疏,《道藏》第14册,第342页。

忘,外以忘"境",内以忘"智"。"趋重玄之境"是相对于存在着的主体而言的,主体在致思存神的修炼过程中,不仅应当摆脱客体的困扰,更要超越自身,故此,忘我、非我至关重要,须"忘其所习,遣其所执,从寂于中,神化于外"①。在道教看来,纷繁杂陈的现象界是个大宇宙,人本身又是有心有形、有三尸八神的小宇宙,因此,"忘我""非我"也需有两忘,即"遗形忘我,无身无主",最后做到"心形俱无",然后"混然与大道冥通"。具体说来,表现在三个方面:

(1) 有欲与无欲。杜光庭说:

> 为生欲心,故求无欲,欲求无欲,未离欲心,既无有欲,亦无无欲,遣之又遣,可谓都忘。②

意谓有人以为摈弃有欲、执着无欲就算超尘脱俗,其实未绝追逐物欲之心("放心"),只有连无欲的意识都没有了,才称得上超脱,杜光庭称这种超脱为"无欲于无欲者"。

(2) 想与缘。杜光庭说:

> 随境生欲谓之缘,因心系念谓之想。……想缘俱忘,乃可得道。③

意谓不仅要泯灭"随意生欲"的感觉能力,还要排遣"因心系念"的思考能力,想缘两绝,乃可以非常状态契合道体。

(3) 有为与无为。杜光庭认为,行仁积善、立功累德是符合于趋真归道的"有为",同时又要具有无为的意识,不矜持于功德,最后还要上升到重玄的高度,连无为的意识也遣尽:

> 为而不有,旋立旋忘,功既旋忘,心不滞后,然谓之双遣,兼忘之至尔。④

---

① 《道德真经广圣义》卷六,"道可道"章疏,《道藏》第 14 册,第 342 页。
② 《道德真经广圣义》卷六,"玄之又玄众妙之门"义疏,《道藏》第 14 册,第 344 页。
③ 《道德真经广圣义》卷四,"释御疏序下",《道藏》第 14 册,第 332—333 页。
④ 《道德真经广圣义》卷三六,"损之又损以至于无为"义疏,《道藏》第 14 册,第 494 页。

综上所述,杜光庭的重玄思想核心是"遣执",遣有之偏执,遣无之偏执,遣非有非无之偏执,外遣物境,内遣自我,遣之又遣,以归"无无"。即,有无、物我、心形等一切主观与客观现象经过连续不断的遣除,都可在主观上视为不存在,只有最高本体的道是存在的,它是不无之无,既能理有,又能理无:

> 道之为无,亦无此无;德之为有,亦无此有。斯则无有、无无执病都尽,乃契重玄,方为双绝。①

作为一种理论方法,它不仅容纳了玄学、三论宗,也吸收了禅宗"四照用"的方法。但作为一种思想体系,它又与佛学异趣。佛学以现实世界虚幻不实,重玄学视修炼为物象所牵累,讲究存思存神。这种区别在道佛关系史上始终存在。

第三节　"道通一气"

道家、道教皆以"道"作为本学派或本宗教的标帜,表明无论是作为一种学术派别,还是作为一种宗教,对"道"的论证都垂范于史,尽管道家支系错综(先秦时就有关尹,老聃,宋鈃、尹文,彭蒙、田骈、慎到,以及庄周等若干派别),道教分流杂陈(汉末、魏晋时就有五斗米道、太平道、帛家道、李家道、上清派、灵宝派等教派),然而它们无不以论气说道、营构自己的宇宙本体论为首务。于是,自然而然地汇成一个文化传统。这也是道教作为本民族的宗教与世界其他宗教相区别的一个重要标志。

一、道与气

道、气是道教的两个基本范畴,两者形影相联,伴随着道教起伏兴衰之始终。

---

① 《道德真经广圣义》卷五,"释疏题明道德义",《道藏》第14册,第338页。

（一）道

道是老子哲学的起点，又是其归宿。它是极其空泛的绝对抽象，又是包含了潜在的、无限的丰富内容的实在。

在老子哲学中，道有多种含义和属性：

（1）本根义。其一是"有物混成，先天地生"（《老子》第 25 章），"似万物之宗"（第 4 章）、"万物之奥"（第 62 章），"可以为天下母"（第 25 章）的物质性实体，这种实体在混沌状态时，"其中有象……其中有物……其中有精；其精甚真"（第 21 章）；其二是"无状之状，无物之象"（第 14 章），是惚恍无定、绳绳不可名的精神性实体。

（2）法则义。老子云："道大，天大，地大，人亦大……人法地，地法天，天法道，道法自然。"（第 25 章）又云："天道无亲"（第 79 章），"独立不改，周行而不殆"（第 25 章）。即是说，道是自然而然、周而复始地运行着的法则，它既是自然法则（"天之道"），又是人类社会的最根本的法则（"人之道"），正所谓"孔德之容，惟道是从"（第 21 章）。

（3）变化动力义。老子云："反者道之动，弱者道之用。"（第 40 章）又云："道隐无名，夫唯道，善贷且成。"（第 41 章）意思是说，物质运动过程有始有终，终而复始，是由于隐于物质运动过程背后、不见形迹的道的推动。

（4）主宰义。老子云："以道莅天下，其鬼不神。"（第 60 章）"天之道，不争而善胜。"（第 73 章）此外，道还有"长生久视"之义。[①]

正是由于道具有精神与物质、整体与多义两种性质，才很容易被道教改造利用。

杜光庭对"道"有如下几种含义的界定：

（1）道在气物、形质之先。他说：

> 道之起也，无宗无祖，无名无形，冲而用之，渐彰于有其初也，示若无状之状，无象之象，无物之物，无名之名。天地未立，阴阳未分，

[①] 见《老子》第 59 章："深根固柢，长生久视之道。"

清沌未判,混沌圆通,含众象于内而未明,藏万化于中而未布。①

意谓道是自本自根、无因无待、完全绝对的自在之物,它虽含众象而藏万化,却非形名、言象所及,天地、阴阳、形名万象皆赖其孕育化生。杜氏改造了《道德经》中"有物混成"义,认为"有物"并非实有其物,而是"有妙物也,即虚极妙本也"②。"虚极妙本"也就是道。

（2）道超有无、时空。他说:

此妙本不有不无,难为名称,欲谓之有则寂然无象,欲谓之无则湛似或存……乃是无中之有,有中之无。③

意谓说它是有,却无形无象,来焉莫见,往焉莫追;说它是无,却似无中存有。实际是既存乎有无之中,又超乎有无之上。又说:道"后劫运而不为终,先天地而不为始,圆通澄寂,不始不终"④。意谓具体事物有始有终,道无始无终。

（3）道是万物运动之根源。杜氏说:

冬寒夏暑春生秋杀,万象运动皆由道而然。⑤

意谓道使万物有动有静,道自身则无动无静,它"通变无方",存亡自在。

（4）道可悟得。杜氏认为道非形非象,非名非实,非始非终,非感觉可觉,非理性所识,却可通过修道体悟而得:

玄理真性,考幽洞深,可以神鉴,不可以言诠也。⑥

（5）道即老君。杜氏说:

老君乃天地之根本,万物莫不由之而生成,故立乎不疾之途,游于无待之场,御空洞以升降,乘阴阳以陶埏,分布清浊,开辟乾坤,悬三光,育群品,天地得之以分判,日月因之以运行,四时得之以代谢,

---

① ②《道德真经广圣义》卷二一,"有物混成先天地生"义疏,《道藏》第14册,第413页。
③ ⑤《道德真经广圣义》卷一九,"道之为物惟恍惟惚"义疏,《道藏》第14册,第402页。
④《道德真经广圣义》卷六,"道可道非常道"义疏,《道藏》第14册,第342页。
⑥《道德真经广圣义》卷四,"释御疏序下",《道藏》第14册,第332页。

　　五行得之以相生。[①]

凡道所具有的所有属性,老君同样都具有,他"生于无始,起于无因",为万物之光,元气之祖。他以虚无为体,自然为性。莫能使之然,莫能使之不然,不知其所以然,不知其所以不然。一句话:"大道之身,即老君也。"[②]杜氏还全面而系统地叙述了神化了的老君名号由起、降生年代、氏族事迹等。

　　(6)道即气。杜氏说:

　　　　道者,虚无之系也,混沌之宗,乾坤之祖,能有能无,包罗天地。[③]

　　以上杜氏所述"道"的六种含义,基本上是从宗教立场来看待"道"的,与《道德经》中"道"的意蕴相去甚远。同以前的道教理论家一样,杜氏要建构宗教哲学体系,也必定从"道"这个基础范畴开始,首先将道含义中的物质内容排遣掉,然后再把精神的内容神化、人格化。为实现这一过程,杜氏首要防范的是有物有实、有形有名、有始有终这些内容。因为在这些日常即可感觉到的内容基础上建立起超现实的神仙世界,是不可思议的。故,不妨把道直接称为"虚无",只有如此,才能"圆通沉寂""通变无方"。但是另一方面,将道遣归虚无,确有可能流于空泛放诞,使道失去规定性,而与玄学无异,因此杜氏又强调道是"不无之无,不有之有",进而又称道为气,以气充实虚无之道。

　　(二)气

　　气化论是我国的唯物主义传统,稷下道家首先改造了《老子》"冲气以为和"的命题,提出:"气通乃生,生乃思,思乃知。"(《管子·内业》)甚至认为气之精者即是道,完全以一元性的物质的气替代老子二重性的道。《易·系辞》亦云:"精气为物,游魂为交。"《越绝书》云:"道生气,气生阴,阴生阳,阳生天地。"《淮南子·天文训》第一次提出"元气"概念,云:"道始于虚廓,虚廓生宇宙,宇宙生元气。元气有涯根,清阳者薄靡而

[①]《道德真经广圣义》卷二,"释老君事迹氏族降生年代",《道藏》第14册,第317页。
[②]《道德真经广圣义》卷二,"释老君事迹氏族降生年代",《道藏》第14册,第316页。
[③]《太上老君说常清静经注》,《道藏》第17册,第183页。

为天,重浊者凝滞而为地。"一方面断定气化而有天清地浊,另一方面又肯定元气来源于"虚廓",把元气化生看做道生万物的一个阶段。王充以"疾虚妄,重效验"的实践精神,把元气上升为宇宙万物的最后本源,把道理解为事物发展的规律——"自然之道",从而确立元气唯物的地位。此后,王符的《潜夫论》进一步提出太素—气(阴气、阳气)—天地人的宇宙化序次,完善了气化论。即使充满谶纬迷信思想的《白虎通义》也承认:"天地,元气之所在,万物之主也。"

道教引气入道,一是道教自身理论发展的需要,二是源于早期道教创始人所能够直接继承的思想资料。《河上公章句》说:"元气生万物","天地含气生万物"。又说:"一生阴与阳","阴阳生和气清浊三气,分为天地人也"。①《太平经》说:"夫物始于元气","元气包裹天地八方,莫不受其气而生"。《抱朴子内篇·至理》说:"人在气中,气在人中,自天地至于万物,无不须气以生者也。"以上所运用的"气"概念都具有物质始基的意义。

对于"气"概念,杜氏用了几种名称予以描述,或直称为"气",或称做"元气",或称做"玄元始气",或称为"冲气",或称为"和气",还称为"道气"。事实上,除了"道气",其他都是在不同场景下的名称之异,其意蕴大体相同,皆指物质性的原始材料:

(1) 冲气。杜氏说:

> 一者冲气也,言道动出冲和妙气,于生物之理未足,又生阳气,阳气不能独生,又生阴气。积冲气之一,故云一生二,积阳气之二,故云二生三。②

即言冲气乃阴阳未分、混沌未判的微妙之气,是不杂的纯一,纯一的冲气分化为阴阳二气,阴阳二气生"三"(表示多样性),而后有万物。这是从混沌状态描述气。

---

① 《老子河上公章句》,《道藏》第 12 册,第 1,12—13 页。
② 《道德真经广圣义》卷三三,"道生一一生二二生三"义疏,《道藏》第 14 册,第 479 页。

（2）和气，又可叫做冲气。杜氏说：

> 道动出和气以生于物，然于应化之理犹自未足，更生阳气，积阳
> 气以就一，故谓之二，纯阳又不能生，更生阴气，积阴气以就三，故谓
> 之三。三生万物者，阴阳交泰。冲气化醇，则遍生庶汇也。[1]

意谓气在单一状态下不能生成万物，只有在交泰掺和状态下才能生成。这是受《易传》"天地氤氲，万物化醇；男女构精，万物化生"的思维模式的启发，从交合状态描述气。

（3）元气，又称玄元始气，三位而一体。元气生化过程是：

> 元炁分为二仪，二仪分为三才，三才分为五行，五行化为万物。[2]

在杜氏看来，气有无数，元气是其本根，"于九万九千九百九十亿万气之初，运玄元始三气而为天上，为三清三境"[3]。始气为玉清境，元气为上清境，玄气为太清境。由于玄气始气的鼓冶，分阴分阳，无穷演化，从而有"三境四民三界"，即是说玄元始气不仅演化为俗界——三界（欲界、色界、无色界），而且演化为仙界——三清境、四人天（常融天、玉融天、梵度天、贾奕天）。这是吸收佛教三法界说，融会道教三清境说，从原初意义上描述气。

（4）道气。将道与气合称为"道气"，这是前人留下的思想遗产，又是杜氏重建道教宇宙本体论所直接碰到的、毋庸回避的重要问题。可以说，道教与佛教一个重大区别在于，佛教断定万象虚无不真，诸法寂灭，道教虽讲"诸法性空"，却认为"其中有精，其精甚真"。成玄英释"希、夷、微"时曾说道："明至道虽言无色，不遂绝无，若绝无者，遂同太虚，即成断见。"[4]杜氏在《常清静经注》中也说：

> 所说空相亦非空相，空相是道之妙用，应道用即有，不用即无，

---

[1]《道镇真经广圣义》卷三三，"三生万物"义疏，《道藏》第14册，第479页。
[2]《太上老君说常清静经注》，《道藏》第17册，第184页。
[3]《道德真经广圣义》卷二，"释老君事迹氏族降生年代"，《道藏》第14册，第317页。
[4]《道德真经玄德纂疏》卷四，《道藏》第13册，第389页。

> 非无非有非名为道。道本无形之形，真之能名。德本无象之象，是
> 谓真象。①

成、杜的共同点是试图说明道教虽然推崇虚玄，但并不是讲"绝无"。既要求虚，又要求真，这是道教理论难以克服的矛盾。求虚则欲以道为超言绝象，无形无名，求真则欲引气实道，这乃是道教宇宙本体论的一般特征。杜氏正是从试图解决这一矛盾入手来论述"道气"范畴的。

（三）道气

在杜氏看来，道与气在穷根究底意义上是有区别的，虽则可以说"道本包于元气"，但依《道德经》"道生一，一生二，二生三"的生成次序，道在气之先，"道动出和气"，"道动出冲气"，"大道吐气，布于虚无，为天地之本始"。② 如前所述，倘若在此意义上构建道教哲学本体论，容易使道失真，而如若在元气基础上构建本体论，则与唯物主义无异，可是宗教天生就是唯心主义。为走出二难境地，杜氏提出"道气"概念，说"（混元）以其道气化生"③，"知身是道气之子"④，以"道气"作为天地人的本体。杜氏称道、气为"道气"。道与气皆有"万象之本原"义，道之称"朴"⑤，气之称"元"，都含"最初最小"义，按照自然数列，两者可以在"一"基础上统一起来，故说"元者，道也"⑥。两者又都有"生成"义，元气造化而有天地万物，冲和之气化醇而有阴阳之象。道乃混沌之宗，乾坤之祖，"一切物类无不从道而生"⑦。更重要的是，老子所说的"道"，本身就含有物质实体的因素，道、气最早就有同一的根源。

道、气如何同一？可以看到，唐以前"道气"概念，多以"道"与"气"两

---

① 《太上老君说常清静经注》，《道藏》第 17 册，第 186 页。
② 《道德真经广圣义》卷六，"无名天地之始"义疏，《道藏》第 14 册，第 343 页。
③ 《道德真经广圣义》卷四，"释御疏序下"，《道藏》第 14 册，第 334 页。
④ 《道德真经广圣义》卷三七，"既知其子复守其母殁身不殆"注，《道藏》第 14 册，第 503 页。
⑤ "端寂无为者道之真也，故谓之朴。"《道德真经广圣义》卷二七，"朴虽小天下不敢臣"义疏，《道藏》第 14 册，第 441 页。
⑥ 《太上老君说常清静经注》，《道藏》第 17 册，第 184 页。
⑦ 《太上老君说常清静经注》，《道藏》第 17 册，第 186 页。

种概念简单地、直接地进行统一，并不解释统一的条件和内在因素，用中国古代之和、同殊致的说法，可以称为道、气"和而不同"。杜氏则不同，他具体地分析了道、气各自的特性，认为道的最根本特性在"通"，气的最根本特性在"生"，他说：

> 道，通也，通以一气生化万物，以生物故，故谓万物之母。①

以道通气，"通"与"生"两性结合，道—气则达于直接的无差别的同一。杜氏在做此种结合与同一的解释时，把气看做事物的运动，把道看做运动的规律，运动与规律当然是不可须臾分离的，是客观的同一。但在包括杜氏在内的所有道教学者的理论中，道不仅是规律，更是精神实体；气不仅是运动，首先是物质实体。所以，杜氏所说的"道气"乃是物质与精神结合的二元体。

以"道气"作为宇宙本体，既可说物质现象产生的根源在于无形无象的极微妙之气，亦即说明物不能生于非物这种"俗人"皆普遍接受的道理，又可说物质和精神现象所产生的共同根源乃在于超乎心物之上的超言绝象之道，亦即说明了道生心物的"道人"可悟得的玄妙道理。既能满足凡俗认识的需要，又能满足宗教认识的需要。既可满足道教理论中求虚的需要，又可满足求真的需要。说道气是物质性的亦可，说它是精神性的亦可，甚至可说它就是万神之主——老君。道气既是虚，又是实。虚实通变无方，圆融不碍，因而"道气"命题最终亦符合重玄精神。

二、道气与万物

杜氏在确立了道气二元体作为宇宙本体之后，就以此为始基推演出宇宙万象的存在，断定天地人皆由道气所生。

（一）道气生物

杜氏说：

---

① 《道德真经广圣义》卷四，"释御疏序下"，《道藏》第 14 册，第 334 页。

> 混元以其道化生,分布形兆,乃为天地。而道气在天地之前,天
> 地生道气之后。①

混元乃天地未分、阴阳未判、名号未彰、言语路绝、混混无端的道气原始
状态,由于道气的躁动,而后"分布形兆",有阴有阳、有天有地、有名有
号。从发生学角度讲,杜氏首先明确了道气与天地万象之产生与被产生
的关系,说明天地万象并非从来就存在,只是道气化生的结果,所以说:

> 阴阳虽广,天地虽大,非道气所育,大圣所运,无由生化成
> 立矣。②

道气生化,自本自根,无须外力,它自身具有生物之一切条件,是形式与
质料的统一,既是生物之本根,又自身具有运动的能力,人们无法感知道
气生化事物的过程,却可知见它生化万物的功用。由于道气的蕴化,始
有阴阳二气,"阳气在上而下感于阴,坤为阴也。阴气在下而上感于阳,
二气交感而生万物。是则孤阴孤阳不能生化"③。显而易见,道气与阴阳
二气殊异,道气未分阴阳,其蕴化之机难测,而阴阳二气有对立的两极,
其交感的运动形式可知;道气是纯一,由纯一分化阴阳二气,而阴阳二气
则须交和方能生化,孤阴孤阳都不能生成。这实际上是辨明道气与阴阳
二气谁是产生者,谁是被产生者。依循这种思路,杜氏继续论证了道、
形、器的关系。

（二）道、形、器

"形而上者谓之道,形而下者谓之器。"这是《易传·系辞》用以表述
法则与器物之间关系的命题,意谓未有形质的道称为"形而上",已有形
质的器称为"形而下"。杜氏利用这一命题表述了他的宇宙生成观,
他说:

---

① 《道德真经广圣义》卷四,"释御疏序下",《道藏》第 14 册,第 334 页。
② 《道德真经广圣义》卷二,"释老君事迹氏族降生年代",《道藏》第 14 册,第 318 页。
③ 《道德真经广圣义》卷三三,"三生万物"义疏,《道藏》第 14 册,第 479 页。

> 凡万物从无而生，众形由道而立，先道而后形。道在形之上，形在道之下，故自形而上谓之道，自形而下谓之器，形虽处道器两畔之际，形在器上不在道也，既有形质可为器用，故云形而下者谓之器。①

重要的是他改造了"形"的概念，认为形"处道器两畔之际"，在道之下却不是器物，在器之上却不是道，既非道，又非器，是什么呢？考其原委，杜氏所说的"形"乃是气凝结的一种状态，凝结的气已具有"形质"，而形质则可为器用。他又说：

> 无名天地始，无名无氏，然后降迹，渐令兆形，由此而天地生，气象立矣。②

无名无氏（道或道气）—形—天地，照这个序次，形在道之下，又在天地之上。它非抽象的道（道本身难为名称），又非具体的人之形、物之形（具体的形称为器），实际也就是阴阳二气的交和形态，是具体的形之兆初，是一种"形气"。杜氏既以道与道气通称，按照"有形有器皆合于道"的规则，其宇宙生成图式又可表述为：道（道气）—形气（阴气、阳气）—器物。形气为道气生化万物的中间过渡形态，或谓中介物。这样就把道气产生万物的过程多层面化，凸显了"积"和"渐"的作用。

（三）道气与人体

道气既是宇宙万物的本体，自然地，它也是人体之本体。杜氏说：

> 人之禀生本乎道气。③

从本根意义上讲的确如此，但由于杜氏将道气生化万物的过程多层面化，经过"积""渐"过程，道气本身也在不断地分化，分化开来的气重新组合又产生新的气。杜氏认为，这些从道气分化来的气不仅有量的区别，也有质的差异，特定的气产生特定的对象。人体就是由阴阳、天地两种

---

① 《道德真经广圣义》卷一一，"故有之以为利无之以为用"义疏，《道藏》第 14 册，第 371 页。
② 《道德真经广圣义》卷六，"无名天地之始"义疏，《道藏》第 14 册，第 343 页。
③ 《道德真经广圣义》卷四〇，"我好静而民自正"义疏，《道藏》第 14 册，第 519 页。

对立性质的气交和而新生的"和气"而产生的，天清地浊，阴升阳降，而后出现和气。人禀和气，故人的特性亦是"和"。既然气有阴阳、清浊的属性，则所催生之人亦有智愚、男女等种差。杜氏说：

> 人之生也，禀天地之灵，得清明冲朗之气为圣为贤，得浊滞烦昧之气为愚为贱，圣贤则神智广博，愚昧则性识昏蒙，由是有性分之不同也。老君谓孔子曰易之生人及万物鸟兽昆虫，各有奇偶，谓气不同。……于和气之间有明有暗，故有贤有愚。愚欲希贤，即越分矣；暗欲代明，即妄求矣。[①]

我们知道，东汉王充曾以朴素唯物观论证过元气与人的关系，《论衡·幸偶》云："俱禀元气，或独为人，或为禽兽。并为人，或贵或贱，或贫或富。富或累金，贫或乞食；贵之封侯，贱之奴仆。非天禀施有左右也，人物受性有厚薄也。"比较杜氏与王充各自所述，可以明确以下几点：

（1）都是讲气化生人，但王充所说的"气"是弥沦天地无差别的物质性的元气，杜氏所说的"气"亦可谓物质性的和气，但有物质和精神二元体的道气高耸其上。

（2）两人都执定气之生人有贵贱智愚差别，乃凭偶然因素，但王充强调学可至圣的后天努力，杜氏则强调贤愚贵贱未可越分妄求。

（3）两人都相信气不仅产生人之物质实体（人体），也产生思想行为，但王充所谓人禀之气，只有原薄等量的差异，杜氏则认为和气生人，不仅有量的差异，而且具有清浊、暗明之质的差异。

至此，可见宗教认识与唯物认识之殊致，以及杜氏在这方面所做的继承和发展。从杜氏的思维过程看，他是从宗教的价值取向出发，依恃"三一为归"的传统思维模式，来对古代气化论厉行改造和发挥的。

---

① 《道德真经广圣义》卷八，"不贵难得之货使民不为盗"义疏，《道藏》第14册，第352页。

（四）道气与心

在宇宙生成图式的论述方面，杜氏执定道通一气、道气化生万物的道—气本体说。另一方面，他在论及"心"的修炼过程时，意识到"心难理也"，于是又强调了心的地位和作用。他说：

> 心与天通，万物自化于下。……一切世法因心而灭，因心而生。①

这样便又有心本体的意味。道教理论本来是一种客观唯心的理论体系，讲求物我两忘，冥心契道，但又在讲求修道修心时，无意间突出了心的地位和作用，从而在某种程度上偏向主观唯心。这种偏向，绝非偶然，是道教理论发展的必然，显示着道教炼养理论的一个重大转向，即内丹道教逐渐取代外丹道教。此种转向从唐初成玄英就已显明。成氏摄取佛教修炼术，推崇"三业清净，六根解脱"，王玄览则有了"心生诸法生，心灭诸法灭"的命题，司马承祯的"安心坐忘之法"和"五渐门"之修次，讲的无非是"收心断缘""存思复性"。杜氏是这一过程的继续和总结。但是，在道气与心两者统一的问题上，杜氏还是坚持了以气统身、以道息心的路向。他说：

> 知身是道气之子，从道气而生。②

由此推出，修身即修心，修心以契道。

应当指出，杜氏所论述的气，从共相的"道气"，到殊相的冲气、和气、形气、阴气阳气，乃至人体中的精气，都无明确的界定，保持了较大的弹性，甚至常常含混模糊，我们实际上只能根据其致思趋向，在具体情形下领略其确定的含义，这亦是道教哲学思维的一大特点。然而，从无差异的"气"概念到有属种、性质区别的"气"概念，这不能不算是一种发展。

---

① 《道德真经广圣义》卷八，"虚其心"义疏，《道藏》第 14 册，第 353 页。
② 《道德真经广圣义》卷三七，"既知其子复守其母殁身不殆"疏，《道藏》第 14 册，第 503 页。

第四节 "体用相资"的辩证思维

世所公认,儒、释二家有自己的哲学思想。提起道教,人们多以为其"杂而多端",并无多少哲学思辨。其实这是历史偏见。《老子》一书本身具有较高的思辨水平,《庄子》继之,以"是非有无"之辩将思辨水平推至人"不可与庄语"的高度。魏晋孙登肇其始,唐初成玄英、李荣扬其波,五代杜光庭汇其成的重玄学派,深发老庄之古义,采获释理以扶翼本教,引含玄学以补助自身。至此,道教总算凝炼成了自己的哲学思辨。

一、"道资于德""德宗于道"的"道德相须"说

"道""德"是道家和道教的最高范畴。老子云:"道乃久"(《老子》第16章),"德乃长"(第54章);"道莅天下"(第60章),"其德乃普"(第54章)。即从时空两维言道、德亘古绵延无终始,弥绝天地无涯际。杜光庭借此以张扬,全面而系统地论证了两范畴之间的辩证关系。

杜氏认为,道与德首先是一种对峙关系:道以无为居先,德以有为称次;道是无形,德是有形;道因生以立称,德由教以立名;道居先而处上,德居后而处下。道有三义:理也,导也,通也。德亦有三义:得也,成也,不丧也。道理贯生成,义恢因果;德任其自得,无不遂性。道以冥冥,德以昭昭,"由是分上下二经,亦犹天清而居上,地浊而处下尔"[1]。这显然是继承了《道教义枢》的思想,只是顺序稍有变动而已,《道教义枢》提出道有三义:理、通、导。这里是:理、导、通。不过,杜光庭在德的方面阐述具体化了,把德看做道的落实。

道德虽相对峙,却更相"因待"。杜氏说:

> 因待释者,明非德无以言道,非道无以言德。[2]

---

[1]《道德真经广圣义》卷四,"释御疏序下",《道藏》第14册,第335页。
[2]《道德真经广圣义》卷五,"释疏题明道德义",《道藏》第14册,第337页。

"待",俟也,即《庄子·逍遥游》"若夫乘天地之正,而御六气之辩,以游无穷者,彼且恶乎待哉"之"待"。"因",就也,即《庄子·齐物论》"因是因非,因非因是"之"因"。因待是讲对立着的任一方未可摆脱对立面而成为独立的、无依凭的自在,它自身的存在、性质、地位都要依就对立面才能取得规定,非德无以言道,非道无以言德。他接着说:

> 道非德无以显,德非道无以明。①

意谓道不仅依赖于德而存在,而且道的规定性只有依赖德才能得到合理的解释和说明。反之亦然。以道的生化过程为例,道主生,德主成;道在理、导、通,德在得、成、不丧。仅仅凭虚无之理、导、通不能生化万象,须恃有为之得、成、不丧:"虚无不能生物,明物得虚无微妙之气而能自生,是自得也。任其自身,故谓之德也。"②换言之,无昭昭之得,冥冥之功亦难显示出来。③应当承认,杜氏以一种体验的经验方式,以朴素的思辨水平,理解到了相互依据对方而相互得到说明和印证的内容,自我由非我得到说明和理解,道由德显其功用。杜氏这一思想的直接来源是成玄英,成氏云:"道体窈冥,形声斯绝,既无因待,亦不改变。"④不过,成氏所谓因待,只在说明事物之间依赖、联系的性质,并无对立面双方互相印证与说明的意思。杜氏于此概念有所体悟而创发新义。

"互陈"是杜氏对矛盾同一性的另一种表述。如果说"因待"概念在于表述矛盾双方的依赖和印证情形的话,那么,"互陈"概念则意在表述矛盾双方的交叉情形,即你中有我、我中有你,你我不散不离。他说:

> 道资于德,德宗于道,是互陈也。互者,交也,差也;陈者,布也。

---

① 《道德真经广圣义》卷四,"释御疏序下",《道藏》第 14 册,第 335 页。
② 《道德真经广圣义》卷四,"释御疏序下",《道藏》第 14 册,第 334 页。
③ 杜光庭的这种观点,使我们联想到德国人费希特"自我与非我统一的命题:'自我≠自我,而是自我＝非我,非我＝自我'"(引自北京大学哲学系外国哲学史教研室编译《西方哲学原著选读》下卷,第 343 页)。费希特认为,自我与非我之能统一,在于自我设定了非我,非我扬弃了自我,不仅非我为自我所设定的对立面,自我亦因非我而得到说明和印证。
④ 《道德真经玄德纂疏》卷七,《道藏》第 13 册,第 416 页。

> 互观其理,皆达精微,其所谓不可散也。①

道依恃德而获得自身的规定(资),德亦依恃道而获得自身的规定(宗),因而道与德是互交关系,道中有德,德中有道。所谓互观其理,在此并非说道、德作为有意识的行为主体互相观察对方,这里的"观"是显示的意思,《考工记·卓氏》"嘉量既成,以观四周"即其义。这里的"理"表示存在的根据、原则及其性质。因而"互观其理"意谓对立着的矛盾双方,交互显示对方所由以存在的根据,表现对方所具有的内涵。杜氏在发挥唐玄宗"不必定名于上下也"句的时候如此说:

> 外分道德之殊,而经有互陈之义。②

正是基于"道与德有相资相禀之义"③,才可以称言道德未可分为绝对离散之两体,杜氏将此种关系又称为"道德相须"。

二、"无所可同""无所可异"的"道德异同"之辨

既有道德之殊,则有道德之同,道德对立相峙是殊异,道德因待、互陈是合同,由其异而有同,由其同而有异,因而杜氏把道德对立而同一的关系又称为同异关系。他说:

> 道德不同不异,而同而异。不异而异,用辩成差。不同而同,体论惟一。不异异者,《经》云"道生之,德畜之"也;不同同者,《西升经》云"道德混沌,玄妙同也"。知不异而异,无所可异。不同而同,无所可同。无所可同,无所不同。无所可异,无所不异也。④

此番同异之辨颇绕口舌,细详玩味,大致有三层关系:

---

①②《道德真经广圣义》卷四,"释御疏序下",《道藏》第 14 册,第 335 页。
③《道德真经广圣义》卷五,"释疏题明道德义",《道藏》第 14 册,第 337 页。
④《道德真经广圣义》卷五,"释疏题明道德义",《道藏》第 14 册,第 338 页。

$$（一）\begin{cases} 不同不异 \\ 而同而异 \end{cases}$$

$$（二）\begin{cases} 不异而异无所可异 \\ 不同而同无所可同 \end{cases}$$

$$（三）\begin{cases} 无所可同无所不同 \\ 无所可异无所不异 \end{cases}$$

第一层意思是同与异的基本关系是分析和抽象的结果。"不同不异""而同而异"意谓道与德既是有区别的对立面，又是相互因陈的同一体。就同中有异来讲，道与德可归结为"异"（"不异异者"），譬如"道生之，德畜之"，道、德各有所司，故言道德"不异而异"。就异中有同来讲，道与德可归结为"同"（"不同同者"），譬如"道德混沌，玄妙同也"，道德浑然一体，本根玄同，故言道德"不同而同"。

第二层意思是在"不同同者"与"不异异者"基础上的推演。从同中有异、异中有同这一基本点出发，可以逆推反命题。"不异异者"的反命题为"不异而异无所可异"，既然异中含同，那么任何范围内的"异"都是"同"（"无所可异"）。"不同同者"的反命题为"不同而同无所可同"，既然同中含异，那么任何范围内的"同"又都是"异"（"无所可同"）。

第三层意思是在"无所可同""无所可异"基础上的进一步推演。"无所可同"的反命题为"无所可同无所不同"，既然任何范围内的"异"（"无所可同"）都包含着"同"的内容，那么任何意义上的"异"都是"同"（"无所不同"）；"无所可异"的反命题为"无所可异无所不异"，既然任何范围内的"同"（"无所可异"）都包含了"异"的内容，那么任何意义上的"同"都是"异"（"无所不异"）。

按照其思维的逻辑，可分为两组肯定—否定—再否定的命题式：

$$（一）\begin{cases} 不同而同（肯定、正）\rightarrow 同 \\ 不同而同无所可同（否定、反）\rightarrow 异 \\ 无所可同无所不同（肯定、合）\rightarrow 同 \end{cases}$$

$$（二）\begin{cases} 不异而异 \quad（肯定、正）\rightarrow 异 \\ 不异而异无所可异（否定、反）\rightarrow 同 \\ 无所可异无所不异（肯定、合）\rightarrow 异 \end{cases}$$

同→无所可同→无所不同,异→无所可异→无所不异,这并非只是从正命题走向反命题,而是表示了抽象的上升,从具体的同异关系推演到普遍意义的同异关系,蕴含了概念的运动在更高程度上回归到出发点的哲学思想。就同一性与差异性之辩说的外观看,与惠施"大同异小同异"命题颇为相似,但其运思方式殊异:惠施是从物与物之间的同异关系出发进行推演的,运用的是形式逻辑的方式;杜氏则从道德对立统一范畴出发进行推演,其同异关系限定在构成矛盾的统一体内,主要运用的是辩证逻辑的方式,从同中求异,从异中求同,由肯定求否定。就辩证逻辑高于形式逻辑而言,杜氏的运思方式比惠施深刻,但就形式逻辑对古代自然科学的直接推动作用而言,杜氏并未超越惠施。在惠施那里尚有一些形式逻辑的雏形,道教理论家虽有点石烧金的实验经历,却是不懂得形式逻辑的。此外,应当承认,杜氏的同异之辨强化了道教的思辨能力,于此亦可窥见道教理论家在与佛教理论家互相诘难过程中努力提高自身理论素质的史影。

三、"道为德体""德为道用"的"体用双举"说

杜氏体用论的基本思想是以道为体、以德为用,以无为体、以有为用,体用同出而异名,体用相须而双举。

"体""用"是中国哲学的一对基本范畴,体有本体义、实体义,用有现象义、功用义。从《周易》提出体用范畴以来,其就成为一种运思模式。此运思模式作为认知结构,是一种开放性体系,不同的认知主体按此结构,依各自不同的立场进行选择、接收不同的认识内容,经过理论加工与整合,形成不同的认识:玄学以"无"为体,以"有"为用,以论证"不能舍无以为体";华严宗以"事"为用,以"理"为体,以论证"理事圆融无碍";宋代理学家以"理"为体,以"气"为用,以论证"无形而有理";张载以"气"为体,以物为用,以论证"气之为物",其聚其散"适得吾体","不失吾常"。此运思模式作为开放性体系,作为中国哲学认同的认知结构,它自身也必然是一个弃旧更新、不断完善的过程。先秦时期,体、用还只是未获得

稳定规定性的两个概念。《易·系辞》云："神无方而易无体"，"显诸仁，藏诸用"。《荀子·富国》云："万物用宇而异体，无宜而有用为人，数也。"此所谓体，盖指形体；用，盖指功用，尚未具体涉及体用关系。王弼、韩康伯谓："必有之用极，而无功显。"韩康伯引王弼《太衍义》，认为将"有之用"发挥到极致，"无之功"就显示出来了，亦即由用以显体。僧肇有体用"同出而异名"的命题，禅宗慧能则说"定慧［体用］一体，不是二"，至程颐提出"体用一源，显微无间"，标志"体用不二"的传统思维模式已经完成。将杜氏的体用论置于"体用不二"模式的发展完善过程中，可看出其共性和独特的个性。

杜氏说：

> 有以无为本（体），无以有为用，道德相须为上下二经之目也。①

他推崇唐玄宗《御注道德经》。唐玄宗说："知道者德之体，德者道之用。"②杜氏义疏曰：

> 真实凝然之谓体，应变随机之谓用。杳冥之道，变化生成，不见其迹，故谓之体也，言妙体也。……此妙体展转生死，生化之物任乎自然，有生可见而不为主，故谓之用，此妙用也。庄子曰"昭昭生于冥冥，有伦生于无形"是也。③

显然，杜氏所谓体指本体，用指现象。本体生化"不见其迹"，现象因体而"有生可见"，有伦可寻；本体冥冥，现象昭昭，故本体与现象谓妙体妙用。魏晋玄学家也是以无为体、以有为用，但玄学家的"无"由于缺乏规定而流于虚无，杜氏之"无"乃是"真实凝然"之体，虽然它绝乎言象，不见形象。由此推论，"真实"之体不是可以感知的形体，其"可见"之用亦不为具体形体的功用。这又与唐代崔憬的体用论相异，崔氏以"形质"为体，以"形质上之妙用"为用，即以物质实体为体，以物质实体的作用、功能为

---

① ②《道德真经广圣义》卷四，"释御疏序下"，《道藏》第 14 册，第 334 页。
③《道德真经广圣义》卷四，"释御疏序下"，《道藏》第 14 册，第 334—335 页。

用。在杜氏看来，"体"可谓精、本、朴，"用"可称粗、末、器：

> 精粗先后可两言之，体精而为本朴也，用粗而为末器也。①

以精粗有别、本末有异、道器有别、有无有分而论，精、本、道、无未可简单地混同于粗、末、器、有，如此体用可"言散尔"；以粗由精生、有自无出、末源自本、器禀乎道而论，精、本、道、无与粗、末、器、有又未可绝对剖作两然。杜氏说：

> 妙体、妙用生于妙无是同出也，由精而粗是异名也。混而为一是同，谓之玄也。②

即体与用虽则异名，却又同出一源，如同道与德异名而同出。因此，体用之间是可散而不可散的关系："体用虽异，是何散也？相资而彰，不可散也。"③这一思想契合于僧肇的体用论，僧肇以静为体，以动为用，主张"求静于诸动"，反对"释动以求静"，认为动静未始异，有无未始异，本体与现象不可截然分开，即动即静，即有即无，即体即用，他说："用即寂（体），寂即用，用寂体一，同出而异名，更无无用之寂而主于用也。"不过，杜氏与僧肇亦稍有异趣，僧肇之"异名同出"凸现"即"之同一，杜氏之"异名同出"凸现"生"之同一。此一分殊乃由佛道二旨所致，佛教以即万象、即动自身求得万象不真，动是假名；道教以万象之生，以有之所自出求得万象虽殊，其源始自"真实凝然"之道体。可以断定，宋代理学家体用"源"之同一的思想与道教这种"生"之同一的思想不无关系。

　　体、用既是同出而异名，那么体用关系又可演为分一为二和合二为一的形式，杜氏推论道：

> 分而为二者，体与用也，混而为一者，归妙本也。④

以道德为议：

---

① ② ③ ④《道德真经广圣义》卷四，"释御疏序下"，《道藏》第 14 册，第 335 页。

> 夫道为德体,德为道用,语其用则云常德乃足,语其体则云复归
> 于朴。归朴则妙本清净,常德则应用无穷。……既富于德,则合
> 于道。①

道、德虽则有二,却能合二而一。故此,他引臧玄静语云:"道德一体而具
二义,一而不一,二而不二。二而不二,由一故二;一而不一,由二故
一。"②即是说,道德体用从名义上讲是二异名,从实义上言是同一体。其
异名乃同体所生,此谓"由一故二";反之,承认道德体用同一还不够,须
理解一中涵二,即同一体涵有二异名,此谓"由二故一"。名义与实义,
"由二故一"与"由一故二",杜氏更看重后者,即实义和"由一故二",如此
类推,道德、有无既然合二而一,那么也就证实了体用不二的道理。

体用相资不散不仅有体用不二的意义,亦有体用相明、互为体用的
意义。杜氏说:

> 可道可名者,明体用也。义云体用者,相资之义也。体无常体,
> 用无常用,无用则体不彰,无体则用不立,或无或有,或实或权,或色
> 或空,或名或象,互为体用,转以相明,是知体用是相明之义也。③

这实际上是将因待、互陈等表示的矛盾同一性的原理推及体用范畴。不
过,杜氏并非机械地套用,而是因体用范畴而开矛盾关系之新义,有三点
是可以肯定的。其一,体用无二致,体因用而彰,用因体而立,无体则无
用,无用则无体。其二,体用相互转化,无与有、实与权、空与色、名与象
等构成的矛盾关系皆可"互为体用,转以相明",对立的双方不是只能互
相说明和印证,亦可相互转换其位置,所以说"体无常体,用无常用"。其
三,体与用各自之肯定自身中蕴含着否定的因素,即蕴含着对立面的因
素,这也就是他引臧玄静语所说:"无体为体,体而无体,无用为用,用而

---

① 《道德真经广圣义》卷二四,"为天下谷常德乃足复归于朴"疏,《道藏》第 14 册,第 427 页。
② 《道德真经广圣义》卷五,"释疏题明道德义",《道藏》第 14 册,第 338 页。
③ 《道德真经广圣义》卷六,"道可道"章疏,《道藏》第 14 册,第 341 页。

无用,然则无一德非其体,无一用非其功。"①体用双方之能够相互转换,其根源正在于此。在上述意义上,他提出了"体用双举"原则:

> 无为有为,可道常道,体用双举,其理甚明。②

他将体用双举列为五种情形:第一,以无为体,以有为用,可道为体("道,本也"),可名为用("名,涉有也")。第二,以有为体,以无为用,"室、车、器以有为体,以无为用","用其无也"。第三,以无为体,以无为用,自然为体,因缘为用,"此皆无也"。第四,以有为体,以有为用,天地为体,万物为用,"此皆有也"。第五,以非有非无为体,以非有非无为用。总体来看,杜氏亟欲表明,有无可以相为体用,在此一情形下为体,在彼一情形下为用,有无、道德之体用关系并无恒定的品格,倘若持住无为体、有为用,或有为体,无为用,都是有所执滞,不及圆通,因而不合重玄义旨。体用双举的合理因素在于考虑到了事物及其性质的多维性、复杂性和变化性,主体对其认识须不断地调整,或变换认识角度,或变换认知方式,在此一情形下以无为体、以有为用,在彼一情形下以有为体、以无为用(如室、车、器之为有,当其无乃有室、车、器之用)。基于这种认识,强调体用并举,不可偏废,未可舍"有"以求"无",亦未可弃"无"而逐"有"。但是,体用双举原则亦有重大缺陷,有泛体用主义的倾向,将体用的转换视为无须任何条件,容易忽视质的差异,"有"可说成"无","无"可说成"有",甚至缺乏规定性的"非有"与"非无"亦是体用关系。而且,他在这里所称的"体用"已不限定在本体与现象关系范围内,"室、车、器以有为体,以无为用"实指形体与功用的关系,这便与前面所谓精、本、朴——体,粗、末、器——用的基本性质的规定不一致了。

四、"随事立迹""寻迹悟本"的"无本无迹"思想

道与德、无与有亦称做"本迹"关系。杜氏以履喻本,以履之行迹喻

---

① 《道德真经广圣义》卷五,"释疏题明道德义",《道藏》第 14 册,第 338 页。
② 《道德真经广圣义》卷六,"玄之又玄众妙之门"疏,《道藏》第 14 册,第 344 页。

迹,强调不可混淆两个概念的差别,未可把行迹当做履:

> 迹者履之所出,而迹岂履哉?迹出于履,以迹为履,而复使人履
> 之,愈失道矣,明迹为末也。①

本与迹既有差异,则不可等量齐观,本与迹实则是产生与被产生的
关系:

> 无名有名者,明本迹也。义云本迹者,相生之义也。有本则迹
> 生,因迹以见本,无本则迹不可显,无迹则本不可求。迹随事而立,
> 以为本迹。②

以相生相因而论,本不离迹,本由迹显;迹不离本,迹由本生。就认识
过程来看,认识事物的本质当经现象始,认识某种实体,如果不拘限于
外观的话,亦当由其功用始,因而杜氏"寻迹而本可悟"的主张是符合
认识的辩证法的。由于本迹范畴"随事而立",因而外延极广,涵盖极
其普遍,既涵盖了本质与现象,又涵盖了实体与功用。唯其"随事而
立",杜氏担心人们于事事物物上去涉求,会为物事所累,于是他又强
调"本迹俱忘",从主观上做到"无本无迹",然后才能清静无滞,了悟重
玄之境。

本迹关系又可称做根末关系:"本者,根也;迹者,末也。"究其内核,
本迹、根末范畴与体用范畴大同而小异,都是对本体与现象、实体与功用
在不同意义上的概括和抽象。

此外,杜氏还论证了道气、性理、观行、境智及言象意等范畴和命题,
毫无疑问,这些范畴和命题皆富有很强的思辨性,乃是道教文化中最有
价值的部分,是值得深究的。

杜氏一方面看到道与德、有与无之间的矛盾、对执,另一方面又将其
归结为因待、互陈,即把矛盾性完全归结为同一性;一方面将道德有无作
为矛盾范畴加以阐释,另一方面又将其归结为体用、本迹关系,在体用不

---

①②《道德真经广圣义》卷六,"道可道"章疏,《道藏》第14册,第341页。

二、因迹见本的原则下消解了矛盾；一方面通过德有、道无范畴，论证了对执、因待、互陈、同异、体用、本迹等辩证原理，另一方面又从宗教立场和重玄观点出发，认为对执是"妄生对执"，道德乃"强立假名"，"有无性空"，同异、体用、本迹乃"强言立教"的人为设定。这乃是杜光庭作为宗教理论家所特有的立场决定的：看到对立的关系，却力图化解对立，以便实现宗教的圆融。

第五节 "穷理尽性"与"安静心王"

与传统的思维方式相联系，道教的思维方式属于重体得的经验思维方式，即在辨明客观现象时，总是掺和着主体的意识和行为，置主体于客体关系的氛围中，不离主体而言客体，推求主体在此氛围中的地位和作用。因而，一般说来，道教不远人以识天地，不离神以论形，不弃神明以谈精气。所谓经验思维方式，非谓只重感性、排斥理性的思维方式，这是一种创造性的思维方式，在思维过程中，贯穿其中的主体既是思维着的理性主体，又是感受着的行为主体，理性的主体与感性的主体结合客观外境，经过整合加工，形成这样或那样的认识——道教称此一过程为"明了"或"体悟"。杜光庭的认识观同样不外乎这一框廓，他的认识论与修炼方式难以截然分开，"穷理尽性"与"安静心王"相联结，物之理与己之性、心与道、悟与炼、识道与体道相联结。

一、"穷理尽性"

《周易·说卦》云："穷理尽性以至于命。"唐以前，诠释者多以"性理"为物之性理，"穷理尽性"即言穷尽万物所禀之性理，"性"盖指物之自性、本质，"理"盖指物之所以得性之深妙道理。道教以客观世界为大宇宙，以一人之身为小宇宙，因而认识的主体面临两种既相区别又相联系的境界。杜光庭说：

> 穷极万物深妙之理，究尽生灵所禀之性。物理既穷，生性又尽，

以至于一也。①

明确提出认识的两重任务：万物之理、生灵之性，亦即认识客观外界和主观自身。这便与《说卦》古义大异其趣，杜氏所谓性已非物之自性，专指人之"性"。然而杜氏认为，万物之理、生灵之性尚不为认识的终极目的，客观外界和主观自身两者皆穷尽了，乃契于"一"——"道"，认识的真正对象实乃"一"——"道"，道超乎自然，却又总御万象，分殊出物之"理"和人之"性"，道以德显，德资于道。德者，"任其自得"，"各得生成，无不遂性"，万物因德资道而有其理，人因德资道而有其性，也就是说，道通过德使万物和生灵各有其理，各有其性，认识（"识"）之主体虽在于人，认识之引发虽在万象，认识的真实目的、对象唯在于"道"。

可是，道非文字能诠，非文句能述。老君曰："斯固非可言传也。"②同样，杜氏认为物之玄理、人之真性亦超言绝象，非言辩所及，非智虑所思，因而，"识之途"非博闻旁求，亦非"随境生欲"之"缘"和"因心系念"之"想"，识道之要妙在于了悟、神鉴。所以他说：

> 穷理者，极其玄理；尽性者，究其真性。玄理真性，考幽洞深，可以神鉴，不可以言诠也。③

如何了悟？如何神鉴？杜氏提出"闭缘息想"的方法。缘，指人们能够对外界事物产生各种感觉的能力；想，指人们能够对外物产生的感觉进行理性思考的能力。杜氏认为，外物纷繁杂陈，人的感觉追逐物象而不断迁移，必定为物所累，而感觉无限，理性思考亦无穷，如此"心"必定是不能清静定住，而躁动不安之心是谈不上了悟、神鉴的，因此必须"闭缘息想"。缘、想亦有善恶之分："意随善境而生善欲，谓之善缘"；"意随恶境而生恶欲，谓之恶缘"；"心系善念而生善想"；"心系恶念而生恶想"。④ 善缘善想有入道之愿望尚且不能入道，恶缘恶想则离道更远。故而，他说：

---

①③《道德真经广圣义》卷四，"释御疏序下"，《道藏》第 14 册，第 332 页。
②《道德真经广圣义》卷四，"释御疏序下"，《道藏》第 14 册，第 333 页。
④《道德真经广圣义》卷四，"释御疏序下"，《道藏》第 14 册，第 332—333 页。

　　　　夫初修道者,即闭恶缘又息恶想,以降其心,心澄气定,想念真
　　正,稍入道分。善缘善想亦复忘之,穷达妙理,了尽真性,想缘俱忘,
　　乃可得道。故云:穷理尽性,闭缘息想也。①

　　显然,杜氏以闭缘息想为穷理尽性的前提,尽管善缘善想"稍入道
分",但终究未尝穷达妙理,了尽真性,未尝入道,只有将善缘善想也排除
在外,才能达到穷尽天下之理、人物之性,才能通于大道。在这一点上,
杜氏与成玄英一脉相承。成玄英说:"前以无名遣有,次以无欲遣无,有
无既遣,无欲还息,不欲既除,一中斯泯,此则遣之又遣,玄之又玄,所谓
探微索隐,穷理尽性者也。"成氏也是将穷理尽性归结到主观感觉能力与
主观意识能力的排遣上,强调"心不缘历前境而知",说"能体知诸法实
相,譬悬镜高堂,物来斯照而无心也"。成氏的"体知"同杜氏的了悟、神
鉴可谓异曲而同工,都是排斥正常的由感觉到理性思考的认识途径,坚
持某种神秘的意会。杜氏将此一过程又称为"绝俗学","俗学"指有为之
学,亦即《道德经》"为学日益"之学。为学之士不知守其本心,外以越分
过而求之,遇物斯感,牵动心虑,悦而习之,也就是博闻旁求。在杜氏看
来,俗学之士永远也达不到对道的体知,也是不可能完成穷理尽性的认
识任务的,理由有二。首先:

　　　　道在乎知,不在乎博,知而行之者,至道不烦,一言了悟。②

知道、悟道既然不在博,不在烦,那么"绝俗学"亦就是损、玄之学。"损
者,毁灭之谓也;玄者,深微之谓也。""损之又损,渐入玄微,玄之又玄,即
阶真趣。"③其次,道在悟不在于求,故"绝俗学"又称为绝"日求而得"
之学:

　　　　贵道之意不日求以得者,言道在于悟,悟在了心,非如有为之

----

① ③《道德真经广圣义》卷四,"释御疏序下",《道藏》第 14 册,第 333 页。
②《道德真经广圣义》卷五〇,"知者不博"义疏,《道藏》第 14 册,第 565 页。

法,积日计年营求以致之尔,但澄心窒欲则纯白自生也。①

杜氏认为,积日计年地从事事物物上去营求,尽管劳神明竭思虑,尚去道甚远,何不如"一言了悟"来得直截了当,故此他嘲笑"日求而得"之学者"尚轻尺璧而重寸阴"。②

悟有渐悟、顿悟之分。渐、顿之悟出自佛教修养学说。魏晋南北朝时,支道林等人立小顿悟说,认为理可有分,慧可有二,悟有迟速,故须次第修行。先行渐修,"积德累功,损之又损,则由初地渐进以至七住"③。至于七住,则行顿修,即豁然开通,悟其全分。竺道生主大顿悟说,认为至理本不可分,悟亦不可有阶段,"夫真理自然,悟亦冥符。真则无差,悟岂容易"④。但是,道生又说:"大乘者,谓平等大慧,始于一善,终乎极慧是也。"⑤"大慧"谓顿悟,"一善"则谓渐修。由此以明,大小顿悟说都未放弃渐修说。杜氏援佛入道,却又结合儒学性品说,对渐、顿之说加以改造,以符合道教宗旨。他认为渐、顿之分乃由于悟道之士有利钝之根性,根性有殊,进而有权、实二教之区别:

> 圣人设教,分权实二门。上士利根,了通实教。中下之士,须示权门。⑥

所谓根性,指"智性之根",人所"禀受之性由其气也",气有清浊不同,则性有利钝差别。禀气清和者,生乃颖利,才智过人,明古达今,问一知十,此种人根性既利,了悟圆通,见可而进,知难而退;见善如不及,闻恶如探汤,故能见善则迁,有过则改,明方便之法,知进趣之途。故此,利根之人不俟权道,自悟得道。钝根之人禀气浊杂,生性顽钝,莫辨是非,不知善

---

① 《道德真经广圣义》卷四二,"不日求以得有罪以免耶故为天下贵"疏,《道藏》第14册,第531页。
② 《道德真经广圣义》卷四二,"不日求以得有罪以免耶故为天下贵"义疏,《道藏》第14册,第531页。
③ 汤用彤:《汉魏两晋南北朝佛教史》,第468页,北京:中华书局,1991。
④ 《大般涅槃经集解》卷一,《大正藏》第37卷,第377页。
⑤ 《法华经疏》卷上,《卍续藏经》第27卷。
⑥ 《道德真经广圣义》卷二九,"将欲翕之必固张之"句义疏,《道藏》第14册,第451页。

恶，故须示以权门次第修道，令其自悟。所以，杜氏作结说：

> 悟有渐顿之殊，顿悟者不假于从权，渐化者须资于善诱，乃有权实之别尔。①

这里所谓权门，指"善诱之教"，从认识过程来说，就是渐悟。这里所谓实门，指"真实之教"，从认识过程来说，就是顿悟。

从以上杜氏所说来看，他的认识论不是要人们从事事物物之理开始，终极普遍性的"道"之理，也不是要人们反省自身，达于自我认识，而是要人们悟得其道，而后凭道监照，以穷极万物之理，究尽生灵之性。杜氏所谓悟，非谓由感觉到理性之悟通，它排斥由缘而想的认识途径，靠神秘的契会，即超越感觉和理性思维的了悟、神鉴。他所谓渐悟，非假物有感、感而遂通的日进渐臻的认识途径，而是以摈弃感知为前提的勤久的修炼功夫，故谓："悟而勤久，久而弥坚，则得道矣。"②他所谓顿悟，亦非在日进渐臻认识基础上的理性升华，而是与先天禀性相联系的超常感通。然而，透过其迷离的外纱，深入审定其命题，仍然可窥见其认识价值。从实质上讲，他所说的"悟"并非深不可识，悟亦即"体悟"，是感性与理性的契会，是知与行的掺合，既是感觉又是思维，既是意志又是行动。正如他所说：

> 知而行之者，至道不烦，一言了悟。……知而求博，博而不修，言之于前，行之不逮，则失道矣。③

从这种意义上说，杜氏的"悟"本身是不排斥感性和理性的，杜氏所以要将"悟"提高到神秘难测的程度，其原因只能归结到他的宗教立场上去，因为理论须服从宗教，认识须服从神学。杜氏尽管公开拒斥缘、想，却又在一定程度上默认了它们的地位和作用。"想念真正，稍入道分"④，尽管

---

① 《道德真经广圣义》卷二九，"将欲翕之必固张之"句义疏，《道藏》第 14 册，第 452 页。
②③ 《道德真经广圣义》卷五〇，"知者不博"义疏，《道藏》第 14 册，第 565 页。
④ 《道德真经广圣义》卷四，"释御疏序下"，《道藏》第 14 册，第 333 页。

杜氏渐、顿之说将感觉与理性排斥在外,但他意识到了认识由渐而顿的过程,意识到了感性积累和理性升华的过程。从中可以辨明杜氏所以陷于困惑的原因:一方面,他看到认识的途径须经由"渐"的过程,认为想缘为识道之径;另一方面,他又看到想缘、日求博闻之学有极大局限性,他从宗教立场出发,强调"无执无滞",因而高扬了作为物之理和人之性的道的超越性,以超理性的神秘悟通方式简单地抛弃了感性和理性认知阶段,认为"道之所以为天下贵者,顿悟而得,不在营求"[1],并把"渐"改造成勤久的修炼功夫,把物之理、人之性理解为超言绝象的自在。

杜氏又援引王弼的言、象、意来论证理绝言象。他说:

> 理非言说所及,非心智所思,不异忘言绝虑之真体。故云:象似也。喻如临镜照影,影非骨肉之身,若执影为身,即失真影。若不因影,无以识其真身。镜喻言也,影喻象也,身喻意也。言得意者,但冥契真心矣。[2]

镜(言)是为了明影(象)的,影(象)是为了明身(意)的,得镜者非得影,得影者非得身,同样,得言非得象,得象非得意。身超镜影,意超言象,如若执着镜影以为得其身,执着言象以为得其意,则必陷于悖谬,而流失其真。在此意义上,杜氏所述完全合理,但他由此推论说"理非言说所及,非心智所思",则难免陷于悖谬,他认为得意无须由言及象,由象及意,"但冥契真心矣",也就是前面所说的灵心一动的悟通。在这点上,他与王弼同出一辙,王弼"言不尽意"论开始是不离言述象,不离象述意,由于意识到言、象的局限性,得出"得象而忘言,得意而忘象"的结论,把忘言忘象作为得意的前提;杜氏以身喻意,以镜影喻言象,意识到镜影的局限性,并对此局限性做了夸大。然而,杜氏与王弼也有区别,王弼从玄学观点出发,夸大言象的局限性,推论"言不尽意";杜氏从重玄观点出发,不

---

[1] 《道德真经广圣义》卷四二,"不日求以得有罪以免耶故为天下贵"义疏,《道藏》第 14 册,第531 页。
[2] 《道德真经广圣义》卷二三,"善言无瑕谪"义疏,《道藏》第 14 册,第 421 页。

仅认定言象的局限,而且讲述不滞言象,推论"理绝言象"。杜氏说:

> 教必因言,言以明理,执言滞教,未曰通途。在乎忘言以袪其执,既得理矣,不滞于言,是了筌蹄之用也。……若执筌蹄,乃非鱼兔矣,若执于言,又非教意矣。①

重玄深于玄,教意高于玄意,神学胜于俗学,故言:"无言之言,穷理之理,庶乎神洞幽赜,了悟忘言,此故非文字可诠评也。"②从宗教与世俗不可通约的立场来说,杜光庭也只能这么去理解理与言象之间的关系。

"观"与"行"是杜氏认识论的一对重要范畴。他说:

> 观者所行之行也。以目所见为观(音"官"),以神所鉴为观(音"贯"),意见于外,凝神于内,内照一心,外忘万象。所谓观也,为习道之阶,修真之渐,先资观行方入妙门。夫道不可以名得,不可以形求,故以观行为修习之径。③

从这段话可以明确三层意思。第一,认识过程本身包含了两个阶段,即"以目所见为观"的感觉阶段,这一阶段的特点是"悉见于外";"以神所鉴为观"的理性阶段,此一阶段的特点是"凝神于内"。但在杜氏看来,既已"凝神于内",则须"内照一心,外忘万象",如若拘滞于以目所悉见之万象,就有碍于心之临照。他将"悉见于外"的感觉阶段和"凝神于内"的理性阶段统称为"观",即合感觉与理性为一体,区别仅仅在于:

> 目见者为观览之观[音"官"——引者]也,神照者观行之观[音"贯"——引者]也。④

经过如此合二为一,从理论上公开拒斥感觉阶段存在的合理性,即销"悉见"于"凝神"之中。第二,"观"又非纯粹的思想过程,"观"寓有"行"的内

---

① 《道德真经广圣义》卷二〇,"希言自然"义疏,《道藏》第14册,第407页。
② 《道德真经广圣义》卷四,"释御疏序下",《道藏》第14册,第336页。
③ 《道德真经广圣义》卷六,"道可道"章疏,《道藏》第14册,第341—342页。
④ 《道德真经广圣义》卷六,"玄之又玄众妙之门"义疏,《道藏》第14册,第344页。

容,神照既有贯行之义,"观者所行之行也",这里又把"观"直接理解为"行"了。经过如此合二而一,将"行"消融于"观"的过程中,从而公开拒斥了"行",即将身体力行的实践行为归结于思想行为。第三,合"目见"与"神鉴"为一,合观行为一,实质上是突出了神之观对于认识活动的决定意义,强调了识道无须循名责实或以形求名的"俗学"认识路径,只须以观为"习道之阶,修真之渐","先资观行方入妙门"。有了神鉴之观就无须观览之观,而有此神鉴之观,行也就在其中了。杜氏所说的"神鉴之观"包含了"观览之观"的感觉内容和"行"的实践内容,却以同一个"观"字模糊感觉性与理性的界限(区别仅仅在读音上),又以"所行之行"为观,消融了思维活动与实践活动的界限。他何不明快地承认感觉与实践的作用?这只要联系他提出的了悟的思维方式就不难理解了。了悟、体悟、神鉴异名同实,皆指一种认识方式,如前所述,它既是感性又是理性,既是知又是行,可是为了使这种思维方式神秘化,就在名义上公开拒斥了感性和理性、思维和实践,则他的"神鉴之观"并非纯粹的理性活动,只是了悟的另一种表述。

杜氏还用"境、心、智、知"论证了悟、心照的认识作用。"境"指外界客观事物,"心"指人的思维器官,"智"指人用思维器官认识事物的能力,"知"指人们对外界所产生的认识。首先,"因境则知生,无境则知灭"①。境是知产生的前提,有境而后有知的可能,人"役心用智"才能产生知。在杜氏看来,境也有善恶之分,境正则心与知皆正,境邪则心与知皆邪,"万境所牵,心随境散"②,心入虚室则欲心正,心入清庙则敬心生,故此,人须慎戒其心,避免为物所牵引。为慎戒其心,则须"反照内察,无听以心,了观其心,不生知法,能如此者是谓明了"③,即用反照内察之法,清洁为外境所迁之心,心既清洁,则不生知法,知法不生则可了观,了观慧照无不周遍。故此,杜氏将"智"与"明了"对立起来,认为"智者役用以知

---

① ② ③《道德真经广圣义》卷二七,"知人者智自知者明"义疏,《道藏》第 14 册,第 444 页。

物,明者融照以鉴微,智则有所不知,明则无所不照"①,即肯定"智"以知物总是有限的("有所不知"),而且知是粗(物),而从心"明了"则洞幽察微,无所不知。在此,杜氏同样是颂扬"明了"的作用,贬低"智"的作用。

二、"安静心王"

在杜氏穷理尽性的认识论中,含有身心修炼的内容。了悟、神鉴是知与行的结合,其"行"的一个重要内容就是身心修炼活动,如果说前者是为了"尽性"的话,那么后者就是为了"修命"。识道与体道本乃是同一问题的两面,分别仅在于识道以"明了",体道以"登真"。

（一）修道即修心

杜氏说:

> 惟道集虚,虚心则道集于怀也,道集于怀则神与化游,心与天通,万物自化于下……修道即修心也……修心即修道也。②

在杜氏看来,"心"不仅是认识活动的关键,也是修炼活动的关键,一切世法因心而生,因心而灭,心生则乱,心灭则理。如前所述,悟道的前提是心清净无业,躁动之心不能入道,体道亦然,因为道的特点是集虚圆通,无所局滞,那么也要求体道之心虚怀若谷,一无所滞,以虚应虚,则能道集于怀,德充于体,至此,神可化游,出脱三世,长生久视,不随物类生生灭灭,正所谓"龙车凤辇非难遇,只要尘心早出尘"(《题平盖沼》)。故此,"心不可息,念道以息之;心不可见,因道以明之"③。杜氏以为,帝王制官僚,明法度,置刑赏,悬吉凶,正是认识到"心难理也"④,才用以劝戒人们不可生其乱心。他认为,做到无心不有、定心不惑、息心不为、制心不乱、正心不邪、净心不染、虚心不著等七个方面,才算达到修道的基本条件,"可与言道,可与言修其心矣"⑤。修道之士与不修之士有着根本区别,习道之士灭心契道,世欲之士纵心而危身。由此以明,杜氏所谓修道

---

① 《道德真经广圣义》卷二七,"知人者智自知者明"义疏,《道藏》第14册,第444页。
②③④⑤ 《道德真经广圣义》卷八,"虚其心"义疏,《道藏》第14册,第353页。

修身,其实质是修心,这不仅由于"心"是认识活动的关键,也是体道活动的关键,修心与不修心是习道之士与世俗之士区别之所在,而且由于一身之中,心为至要。他说:

> 理身者以心为帝王,脏腑为诸侯。若安静心王,抱守真道,则天地元精之气纳化身中为玉浆甘露,三一之神与己饮之,混合相守,内外均和,不烦吐纳,存修各处。玉堂琼室,阴阳三万六千神森然备足,栖止不散,则身无危殆之祸,命无殂落之期,超登上清,汛然若川谷之赴海而无滞着也。①

心与五脏六腑之间如同帝王与诸侯之间的隶属关系,心居支配地位,脏腑居从属地位,心如能修炼得好,就能很好地使五脏六腑运转不息,君王臣服,心静脏腑平和,如是,精气神谐和,天地人混一,身无危殆,命能长久。杜氏并非反对吐纳呼吸养生之术,也肯定通过吸后天之气,应合体内的先天之气,外固其形,内存其神,渐契妙无,然合于道,可以长一。只是在吸天地之气固精保神与安静心王两方面,他更偏重后者,即重视虚其心,而不是实其腹。在他看来,其心虚,其腹自实,只要做到外无所染,内无思虑,就会冲气不散,神不离身。这显然是受了司马承祯的影响。司马氏《坐忘论》提出"安心坐忘之法"的七个阶次,第三阶是"收心",他说:"所以学道之初,要须安坐,收心离境,住无所有,不著一物,自入虚无,心乃合道。"②即是强调修道须做到心无所著。《天隐子》提出入道"五渐门",第三门是"存想",说:"存谓存我之神,想谓想我之身,闭目即见自己之目,收心即见自己之心。心与目皆不离我身,不伤我神,则存想之渐也。"③即是强调修道须收心复性。杜氏"修道即修心"的思想是在"收心""存想"基础上的进一步发挥。

---

① 《道德真经广圣义》卷二七,"譬道之在天下犹川谷之与江海"义疏,《道藏》第 14 册,第 443—444 页。
② 《坐忘论·收心三》,《道藏》第 22 册,第 893 页。
③ 《天隐子》,《道藏》第 21 册,第 700 页。

　　修心之术的精要在于窒其欲心，以全其知。杜氏说：

　　　　修道之士不察察于存祝，不孜孜于漱咽，无为无欲自全其和，可
　　阶于道矣。①

存祝、漱咽之事并非杜氏所不为，《全唐文》所收杜文中，为人祈命消灾之
祝文最多，他贬抑存祝、漱咽等修道活动，意在抬举无欲无为的修心方
术。心有想的功能，如不主动窒息，它就会受万境所牵，散而不知归，因
而随境生欲是心的劣根性，修道也只能在窒欲心上下功夫。杜氏认为，
窒欲心应先用"无名之朴"以镇静苍生欲心，无名则朴质无华，朴质无华
将不生欲心，亦即不好美，不好声色口味，不贪功名，则欲心除，遂能殃身
不殆，终竟天年无危难之事。这个"无名之朴"实际上就是道的别名，以
无名之朴窒欲心，亦就是以道息欲心。如果说以无名之朴镇静苍生欲心
所产生的结果在于没身不殆、终竟天年的话，那是不够的，因为还没有超
脱此岸世界。故此，他进一步提出："苍生欲心既除，圣人无名亦舍。"如
同以药理病，以舟济水，病除药忘，水济遗舟，若欲心已除，却还不舍无名
之朴，"岂唯不达彼岸亦复再生患累矣"。② 不舍无名之朴，也就是"有
心"，只有"无心"才能登仙入道。担心人们把握不住分寸，杜氏又进一步
借"五时七候"说：

　　　　夫欲修道，先能舍事，外事都绝，无起于心，然后安坐内观，
　　心起若觉，一念心起即须除灭，随动随灭，务令安静，惟灭动心，
　　不灭照心。于此修心，务其长久，久而习者，则心有五时，身有
　　七候。③

"动心"指欲心，"照心"指"无名之朴"。心有五时：第一时心动多静少；第
二时心动静参半；第三时心静多动少；第四时心无事特静，事触运动；第

_____

① 《道德真经广圣义》卷二四，"故大制不割"义疏，《道藏》第 14 册，第 428 页。
② 《道德真经广圣义》卷二九，"无名之朴亦将不欲"义疏，《道藏》第 14 册，第 454 页。
③ 《道德真经广圣义》卷四九，"是以圣人执左契不责于人"义疏，《道藏》第 14 册，第 561 页。

五时心与道冥,触亦不动心。这是表示修道渐次,修完五时始得安乐,了契于道。身有七候:第一候心得定已,觉无诸尘漏,举动顺时,容色和悦;第二候宿病普消,身心轻爽;第三候填补天损,迥年复命;第四候延数千岁,名曰仙人;第五候炼形为气,名曰真人;第六候炼气成神,名曰神人;第七候炼神合道,名曰圣人。这是表示修行所得之结果,修行功夫越深,得果越硕。按照修行次第,人们能务在长久:"去住任运,不贪物色,不著有无,能灭动心,了契于道。即契道已,复忘照心。动照俱忘,然可谓长生久视,升玄之道尔。"[1]

杜氏坚持认为,老君设教普拯无遗,不只上品之人可顿悟得道,中下品中的大多数亦可渐悟得道:

> 有欲无欲之人,同受气于天地,禀中和滋液则贤圣而无为,禀浊乱之气则昏愚而多欲,苟能洗心易虑,澄欲含虚,则摄迹归本之人也。人能修炼俗变淳和,则返朴之风可臻太古矣。[2]

洗心易虑、澄欲含虚,镇静苍生之论说,窒欲全和之议辨,基本思想在于为"教人理身,无为无欲"的宗教教义做论证,是为了完成"无心自化"的说教。

道教自晋时葛洪大倡金丹大药始,历经南北朝、隋唐五代,服食金丹为修道成仙的主要方式,吐纳、存思、炼精气等只是作为辅助方式。但炼丹服丹有极大弊端:一则炼丹条件要求很高,非道众所能施行;二则服丹往往致人命夭,使通向仙境的预言难以兑现。这也影响了道教势力的扩张。为摆脱困境,唐代道教理论家竭力探寻,刻意求新,孙思邈试图通过"要方""翼方"的医药实践为人解除病痛,扩大道教影响。成玄英、王玄览向佛教修养术求助,成玄英强调"能所两忘,境智双遣",王玄览则主张"识所知为大心,大心性空为解脱"。司马承祯更是于天台禀"三观"之法,引合道家"虚心实腹"之说,提出一个修心为主旨的七阶次的修炼之

---

①《道德真经广圣义》卷四九,"是以圣人执左契不责于人"义疏,《道藏》第14册,第561页。
②《道德真经广圣义》卷六,"同谓之玄"义疏,《道藏》第14册,第344页。

术。杜光庭承继前人，明确地提出"修道即修心""修心即修道"的命题，将修道众方术归结为修心的方术。虽则杜氏并未实现由外丹道教向内丹道教的转变，但他的修心术为张伯端的《悟真篇》和全真性命之说提供了必要的理论前提。

（二）神与形的关系

道教的修炼无论以哪种方式，其归宿点毕竟落在生死问题上，亦即形与神的关系问题。《太平经》云："古今要道，皆言守一，可长存而不老。"①《老子想尔注》云："道人……但归志于道，唯愿长生。"葛洪云："道家所至密至要者，莫过于长生之方。"（《抱朴子内篇·黄白》）陶弘景云："食元气者，地不能埋，天不能杀。"②道教是结合了秦汉神仙方术而产生的宗教，企求形神不离、长生成仙是其根本特征，与佛教以人生为寂灭，超脱轮回、进入涅槃的修养风格大异其趣，正所谓"佛家求死，道家求生"。唐懿宗时期，正值道教修炼方术由外丹修炼向内丹修炼转化，道教在生死、形神问题上也经历了一个转向。正如刘鉴泉《道教征略》言："唐以远，道教诸名师皆明药之非草，长生之非形躯，不言白日升青天。"③但是，这还仅仅是一个转向，实际上"形神俱飞"并非成为过时之风尚，钟离权、韩湘子仍被人们奉为修真登仙之范式。转变过程中的新旧观念之杂陈必定投射到修炼理论上来，在杜氏修道论里，就有这样的反映。一方面，他承认气有穷极，人有岁数，禀生有分，赋命有常，未可越分以求生，应守命安常，如此才可以终竟天年，全和其生。相反，"有其生者累生，生之厚者死"④，故"守其分则可以永全，失其常必之死地，是以圣人垂戒不欲厚以求生，贤士知微自可任于天授"⑤。即是说，人可以外生死而不中途夭折，但人毕竟有生有死。不过他又认为，通过修炼，可"顺化无私，不

---

① 王明编：《太平经合校》，第 716 页。
②《养性延命录》卷上，《道藏》第 18 册，第 475 页。
③ 刘鉴泉：《道教征略》，《图书集刊》1948 年第 7—8 期。
④《道德真经广圣义》卷三六，"以其无死地"疏，《道藏》第 14 册，第 499 页。
⑤《道德真经广圣义》卷四八，"夫唯无以生为者是贤于贵生"义疏，《道藏》第 14 册，第555 页。

以死为死"①,即形死神不死。他所说的遗形忘我、无身无主、融神观妙、返一归无、与道为一、常存不亡,指的就是精神的长存,而非形体长存。另一方面,他认为,通过修道修心,受精养气存神,可形神长存:"受生之始,道付之以气,天付之以神,地付之以精,三者相合而生其形,人当受精养气存神,则能长生若一者。"②在他看来,人之生因道禀神而生其形,"形为神之宅,神为形之主"③。神(又称"神明")托虚好静,人当洗心息虑以适合于虚静,如此则神不离身,神身不离,则形神长存,"修道者纵心虚漠,抱一复元,则能存已有之形,致无涯之寿"④。杜氏吸取佛教的三界说,认为欲界、色界、无色界之内,皆有生有死,有始有终。超越三界,入于四天——一常融天、二玉融天、三梵度天、四贾奕天,就能不生不灭,无年寿之数,无沦坏之期。这具有较大的诱惑性,它向人们表明,通过勤苦的修炼,可超越三界,入不死之福乡,登通仙之幽径。不过,在援引佛教形神观念时,他所说的"神"与佛教所说的"神"之意蕴有所不同,佛教所谓神指人的精神、意识,杜氏所谓神,不全指精神、意识。他不离精、气而论神,他说:

> 夫神者,阴阳之妙也;形者,阴之体也;气者,阳之灵也……神气全则生,神气亡则死。⑤

杜氏所说的"神",有时指神明,有时指神气,有时指精神。在"神"范畴之外,还有个"心"范畴:"心者,形之主;形者,心之舍。"⑥在此,心又表示精神、意识。与修道长生成仙论相配合,杜氏提出四种升仙阶次:(1)飞升,即云车羽盖,形神俱飞。此为神仙之上者。(2)隐化,即牧谷幽林,隐景潜化。(3)尸解,即解化托象,蚳蜕蝉飞。(4)鬼仙,即逍遥福乡,逸乐遂志,年充数足,升阴景之中,居王者之秩。冲天者为优,尸解者为劣,鬼仙

---

①《道德真经广圣义》卷三六,"以其无死地"注,《道藏》第14册,第499页。

②③⑤《道德真经广圣义》卷四六,"无厌其所生"义疏,《道藏》第14册,第549页。

④《道德真经广圣义》卷三二,"天下之物生于有有生于无"义疏,《道藏》第14册,第472—473页。

⑥《太上老君说常清静经注》,《道藏》第17册,第185页。

者为最下。冲天者为形神俱存,其他几种皆为精神长存。

总的来说,杜氏在修道方式上看重修心炼形,却又不废精气的炼养,在长生成仙途径上主张仙道多途,这就是他所总结的:"神仙之道百数,非一途所限,非一法所拘。"(《墉城集仙录序》)

第六节　理身与理国

道教自创始起,就鲜明地表现了这样的特殊性:在体现创教者个人意识的同时,也体现了社会的意识;在体现宗教理想的同时,又要关心社会现实;在专一修道成仙的主张下,又具有"杂而多端"的形式。基于这样的特性,道教布道在勉励"出世"的同时,又主张"入世",不但欲求登仙,亦企望盛世,不但利己,亦要利人。如此便出现这样的矛盾现象:一方面逃避现实生活,委志虚无,兴宫观于山水林泉之间,思玄妙于无尘染之境;另一方面又有强烈的干预政治愿望,所谓十方丛林、大小洞天福地与历代朝政不无千丝万缕的联系,统治者假道教将其统治神圣化,道教组织则借朝廷势力扩展自己的影响,并努力为实现"太平盛世"的政治理想进行社会实践。道教所崇尚的"三一之道",亦即天地人三才统一,精气神三者合一,无非讲治国、治家、治身之道以及长生之术。因此,道教理论家建构理论体系必然选择这样的路向:外治其国,内治其身,外御其形,内修其心。《太平经》"专以奉天地顺五行为本,亦有兴国广嗣之术①,被称为"致太平"之书。《河上公老子章句》主张"治身则有益于精神,治国则有益于万民",较早阐明了修身与治国的关系。葛洪提出"内以治身,外以治国"(《抱朴子内篇·明本》)。寇谦之主张"兼修儒教,辅助泰平真君"②。历代道教大师受朝廷礼遇的史事不胜枚举,杜光庭也享受"礼加异等,事越常伦"的特殊待遇。杜氏立《道德经》三十八教义,其中理国理身是其主旨。他的"理国理身"论既因承道教传统,又不泥前

①《后汉书》卷三〇下,"郎顗襄楷列传",第1081页,北京:中华书局,1973。
②《魏书》卷三五,"崔浩传",第814页,北京:中华书局,1974。

贤,有其独到见地。

一、"无为"理国

在三十八教义中,杜氏数次提及理国之要妙:"第一,教以无为理国";"第三,教以道理国";"第十一,教诸侯以正理国"。① "无为""正""道"意义等同,都是主张以自然和社会以及人的最高的、最普遍的法则——自然而然、无为而无不为的"道"作为治国的准绳。"无为"并非一无所为,亦即非无为而无为,或有为而无为,而是要通过无为实现"无不为";"自然"并非放任不理,而是要任其自然而达于"然"。"自然""无为"表示手段或路径,"然""无不为"表示目的或归向。理国本属有为,亦即有为乃理国应有之义,向统治者荐"致太平"之术,或"以道佐国""以德匡君"更是有所为之。故杜氏推崇"无为理国"不是要将人的意识、意志、目的排斥在外,而是有显明的宁国兴邦的目的性,是高扬"无不为"的主体实践精神。

其一,道倡自然,"理国者任物之性,顺天之时"②。治国者应当息苛暴、轻赋徭,做到事简不烦,全民之性,随民之愿。为此统治者须树立爱民的意识,"使之不暴卒,役之不伤性",使民能休养生息。相反,"政虐而苛则为暴也,赋重役繁则伤性也,使之不以时则妨农也,不务俭约则毂也"。③ 在杜氏看来,民君之间是本末关系,他借用荀子"水则载舟,水则覆舟"的哲言释民本原理,说:"君犹舟也,人犹水也。人非君不理,舟非水不行,舟水相须不可暂失,故理国之本,养人为先。"④一方面,"舟非水不行",水是行舟的前提,水为本,舟为末,"人惟邦本,本固邦宁",如此,"民弱则国危,民聚则国霸"。⑤ 另一方面,"人非君不理",因为王者通道,

①《道德真经广圣义》卷一,"叙经大意解疏序引",《道藏》第14册,第314页。
②《道德真经广圣义》卷三二,"反者道之动"义疏,《道藏》第14册,第471页。
③《道德真经广圣义》卷一一,"爱民理国能无为乎"疏,《道藏》第14册,第367页。
④《道德真经广圣义》卷三五,"天下有道却走马以粪"疏,《道藏》第14册,第489页。
⑤《道德真经广圣义》卷二六,"杀人众多以悲哀泣之"疏,《道藏》第14册,第439页。

"惟天为大，惟王则之，其德同天，而无不覆，故曰王乃天。王德如天，则无为而理，道化乃行，故云天乃道"①，"王德合天，乃能行道"②。就是说，王者御民统众，符合天地之德、道德之性。这实际上是在民本君末前提下的君上民下，美化了王者的统治，表明了道教与世俗政权之间的特殊联系。但这种民本思想自有其可取之处。它阐明了在封建社会条件下的君民关系——君民相须，喻之以客观存在——"舟水相须不可暂失"，警告王者随时有背道弃德、违民之愿、反自然之性的危险，犯俗人易犯的错误，对王者的主观随意性加以客观限制，要求统治者恪守自然而然的原则，"斯可谓反俗顺道乎"!③ 可见，在与世俗政权关系上，杜光庭一方面坚持道教要向世俗政权靠拢，希求干预政治生活过程；另一方面，又坚持要引导世俗权力向宗教方面发展，使得世俗权力具有某些超越的性质。

其二，道贵柔弱、清静，理国者须谦逊，清静无为，"理国以谦静则万物从顺，如水之赴溪矣"④。为致谦静，则须外晦其明，内积其德。积德之要在乎"善结"："绳约之结可解可散，世之常法也；结人之心或离或合，世之常交也。理国之善结者，其德如天，物无不覆；其仁如地，物无不载；其明如日，物无不照；其利如水，物无不润。则六合之心，亿兆之众，可结而不可散也。"相反，"不善结者临之以威，峻之以令，检之以法，胁之以兵，人或畏之，暂结而散矣。其散也，虽诱之以赏，啖之以利，荣之以爵，贵之以位，已散之心不可复结矣"。⑤ 绳约可解可散之常法，人心或离或合之常交，清楚表明了一个历史辩证法，两个"常"即包含了无常的内容，杜氏从"常"中追寻无常，从"结"中看出"解""散"，从"合"看出"离"，把民心的离合、结散视为国家兴衰存亡的关键，"民散则国亡"。为使民心不散，则

---

①《道德真经广圣义》卷一五，"天乃道"疏，《道藏》第 14 册，第 387 页。

②《道德真经广圣义》卷一五，"道乃久"疏，《道藏》第 14 册，第 387 页。

③《道德真经广圣义》卷三二，"反者道之动"义疏，《道藏》第 14 册，第 471 页。

④《道德真经广圣义》卷二四，"知其雄守其雌为天下溪"义疏，《道藏》第 14 册，第 426 页。

⑤《道德真经广圣义》卷二三，"善结无绳约而不可解"义疏，《道藏》第 14 册，第 422—423 页。

须善结民心,善结不是以威临之、以令峻之之"暂结",而是要谦静守弱,尊道养德,行仁与义。在这种意义上说,杜氏"善结"的思想比董仲舒"天不变道亦不变"的政治说教毕竟高明一些。"晦明"之要在乎不恃其力:"为政不恃其力",不尚威武,不专用其事,无拓疆之欲,无兴兵之趣,如此则万物顺从,众德归凑。杜氏生活于唐末五代时期,目睹"泽国江山入战图,生民何计乐樵苏"(曹松《己亥岁》)的悲惨现实,饱尝流离颠沛之艰辛,故而他坚决反对武力用事,他说:

> 有道之君守在四夷,外无兵寇,戈盾不用,锋镝不施,却甲马于三边,辟田畴于四野,深耕浅种,家给国肥。①

> 今图功名而好战,贪土地而杀人,驱彼生灵,陷之死所,有道之士,君子之人,安得不哀伤之乎?②

所以,"若以政教理国,奇诈用兵,斯皆不合,唯无事无为可以取天下"③。他主张以道莅天下,肯定以道理天下,再三强调佐国者当以清静匡君,未可以兵谋辅国。

其三,道本朴无名,理国者须使民复朴还淳。他说:

> 理国执无为之道,民复朴而还淳。④

理国以自然而然、以谦静,在一定意义上,是为了促使民众复朴还淳,是道教的社会政治理想,"淳和既著,天下化之,于国则圣德无穷,于身则长生无极"⑤。如果说理国以自然而然、以谦静是为统治者考虑的话,那么使民复朴还淳则是为了道教自身,向统治者荐"致太平"之策,是与道教自身的功利意识和理想愿望密切相关的。在杜氏看来,民之所以不淳朴,原因在于人有"欲",因而使民复朴还淳应在解除人们欲望上着力,

---

① 《道德真经广圣义》卷三五,"天下有道却走马以粪"义疏,《道藏》第14册,第489页。
② 《道德真经广圣义》卷二六,"杀人众多以悲哀泣之"疏,《道藏》第14册,第439页。
③ 《道德真经广圣义》卷四〇,"以无事取天下"注,《道藏》第14册,第517页。
④ 《道德真经广圣义》卷一四,"能知古始是谓道纪"义疏,《道藏》第14册,第380页。
⑤ 《道德真经广圣义》卷二四,"为天下式常德不忒复归于无极"义疏,《道藏》第14册,第427页。

"凡人欲动作有为者,人君则将无名之朴而镇静之,今言于彼无名之朴亦将不欲者,夫所以镇无名之朴,为众生兴动欲心"①。以无名之朴镇静苍生,实质上是抑止"众生兴动欲心",欲心生动是一切社会矛盾冲突的根源。取得统治地位的理国者应致力于以无名之朴化民,民化则动心欲心不生,自然淳和朴质。"人化则道弥",民达于淳和朴质,至尚至美至善的道普照人间,无处不在,从而也就实现了道教的社会政治理想。对于理国者自身来说,"欲心既除,圣人无名亦舍","若复执滞无名,还将有迹,令此众生寻迹丧本,复入有为,则与彼欲心等无差别"②。即是说,理国者使天下复归于朴,实现了致太平之有为,切不可再执定有为,须树立功成不居的意识,若继续抱定有为,就等于使天下人放弃了欲心,而自己未弃欲心。有鉴于此,杜氏告诫道:"理国之道先弘德化,后忘其迹,所以成太平之基也。"③谦静以无名之朴本来是道教修炼的方式,所谓化民,就是将道教的意识、意志转化为广大民众的意识、意志,这种转化既有潜移默化的过程,也有强加的过程,因为这种转化符合统治者的利益,可得到统治者的支持和强化。而当要"化王",实现道教的更高意志和意识时,则只能靠说教的形式(包括升仙、长生、承负、惩诫等学说)来打动统治者的心了。

欲将道教意志转化为社会的意志,便涉及道与仁义礼智的关系,以杜氏看来,"道废则仁义遂行"④。即按时间顺序,道在仁义之先,上古淳朴,无仁与义。"兼爱"为仁,而行仁者未尝施而不求报,求报则小惠未孚,故此,仁义礼智各有偏私,仁独为仁,义独为义,不能兼而化之,"行仁者以慈爱为心,故无则断之用,是则义缺矣;行义者以决断裁非,有取有舍,是则仁缺矣"⑤。唯道可"统于仁义,合于礼乐,制于信智,囊括万

---

① ②《道德真经广圣义》卷二九,"无名之朴亦将不欲"疏,《道藏》第14册,第454页。
③《道德真经广圣义》卷三六,"为学日益为道日损"义疏,《道藏》第14册,第493页。
④《道德真经广圣义》卷三〇,"上仁为之而无以为"疏,《道藏》第14册,第457页。
⑤《道德真经广圣义》卷三〇,"上仁为之而无以为"义疏,《道藏》第14册,第458页。

行"①,圆融无碍,周济万类而无偏私,兼施众生而忘其迹,行仁忘仁,施义忘义。杜氏认为,礼义法度对于化民淳朴亦不可不用,教分权、实,权为实之阶,仁义礼智及其法度皆属权教:"理人为政,以权实化俗,理亦然哉!"②也就是说,化民权实并用,"先以道化之,次以德教之,复以文抚之,示以淳和,兼以仁育和"③。以此推论,道本儒末,道包儒法。

以上所述,已可辨明,杜氏的"理国"论无非是"帝王南面之术",为统治者提供了一个儒道法并用、以道为本根的治国之术。这是寓大有为于无为,强化了参与治理国家的实践功能,突出了对于政事的干预意识。理国强调自然而然任民之性,随民之愿,是从君民之间的利害关系着眼的,依矛盾对抗的形式而言,可简称为"外";理国谦静,是从统治者自身性情、品德着眼考虑问题的,依是否谦静引发或激化社会矛盾而言,可简称为"内";理国使民复朴还淳,是从国家的长治久安和道教自身社会政治理想着眼推求的,而且是从民众和君主更深层的心理结构着力的,因而可简称为"合"。由内而外,以至于合,是一个自我圆融的思想结构,每一步骤都融会了明显的主观目的性。理国的最高准则"道",也排除不了人的主观意识,"王乃天"(这里的"天"即谓道)就已沟通了道与人,同时也给道输入了人的主观意志,因而,道也正是客观的无意志和主观的有意志的统一。

二、"无欲"理身

三十八教义中,理身与理国同样重要,而且理身条文多于理国条文,兹综录如下:"第十九,教人修身,曲己则全,守柔则胜";"第二十,教人理身,无为无欲";"第二十一,教人理身,保道养气,以全其生";"第二十二,教人理身,崇善去恶";"第二十三,教人理身,积德为本";"第二十四,教

---

① 《道德真经广圣义》卷三四,"不言之教无为之益天下希及之"义疏,《道藏》第 14 册,第 483 页。
② 《道德真经广圣义》卷三二,"天下万物生于有有生于无"义疏,《道藏》第 14 册,第 473 页。
③ 《道德真经广圣义》卷四五,"古之善为士者不武"义疏,《道藏》第 14 册,第 542 页。

人理身,勤志于道";"第二十五,教人理身,忘弃功名,不耽俗学";"第二十六,教人理身,不贪世利";"第二十七,教人理身,外绝浮竞,不炫己能";"第二十八,教人理身,不务荣宠";"第二十九,教人理身,寡知慎言"。① 道教"即世"而"救世"的立教思想再现于杜氏的治身论中,他在《纪道德赋》中说道:

> 可以越圆清方浊兮,不始不终。何止乎居九流五常兮,理家理国。

理国不能不同时理身,利人也要利己,成人也须成己,兴国泰民安之事业,修道者自身也能长生久视、登真成仙。杜氏的修身论,既融前人所论,又有自家的创获,既有"俗人"修养功夫,又有"道人"超越意识,既有长生永存的目的,又有道德教化的内容。

其一,道既是最普遍的法则,理身须遵循道。遵道也就是遵行"无为无欲"。"无为无欲"本是道教徒个人修炼的内容,但杜氏为了强化道教的社会实践功能,就将"道人"的修炼内容,泛化为"道人"与"俗人"共有的修养内容。杜氏认定,铦锐之心、纷扰之事皆由人动心兴欲所生,王者贪欲疆土就会兴兵杀人,贪欲财货就会横征暴敛,贪欲珍奇就会骄奢淫侈。百姓欲望兴动就会互相侵夺凌辱,欲高就会贱下,欲贵就会贱贫。"俗人"兴动于知,就会博闻旁求,学流泛滥。以美与善而论,本无定在,亦是人欲所致,"美善者,生于欲心,心苟所欲,虽恶而美善矣。故云皆知己之所美为美,所善为善。美善无主,俱是妄情,皆由分执有无,分别难易,神奇臭腐,以相倾夺"②。即是说,美与善只是人的主观感觉,无客观的依据,一心所动,始有美善。这实际上是庄子"因其所下而大之,则万物莫不大;因其所小而小之,则万物莫不小"(《庄子·秋水》)的相对主义观点的再现,也是杜氏"修道即修心"观点的另一种表现。

---

① 《道德真经广圣义》卷一,"叙经大意解疏序引",《道藏》第 14 册,第 315 页。
② 《道德真经广圣义》卷七,"天下皆知美之为美斯恶已皆知善之为善斯不善已"注,《道藏》第 14 册,第 345 页。

因为人人都难免有欲，故修道理身之首务是窒欲，窒欲既是治国之方策，亦是治身之要妙，不过两者立足点不同，所通过的路径有异。前者是从统治者的利益和道教的最高理想来推求窒欲的，通过强制和兴社会风尚的潜移默化实现；后者是从每个人的切身利益关系来推求的，通过内心自觉的涵养实现。为要窒欲，首先要知足安分。知足的关键在于心知足，他说：

> 物足者非知足，心足者乃知足。知足者谓足在于心，不在于物。①

安分是要安其所禀之性，"自道所禀谓之性，性之所迁谓之情"②。断妄情、摄欲念以归于"正性"。以高下为例，"高下名空也，高下两名，互相倾夺。……高忘其高，下忘其下，各安其分，守以天常，则无倾夺之事"③。"安其所禀之分，则无过求之悦矣，若所禀之外越分过求，悦而习之，则致淫悖之患而伤其自然之和。"④可见杜氏无欲理身之术，实乃攻心之术，其实质类似于后来王阳明所言的"破心中贼"。

杜氏所谓理身无为，也就是"执无为之行"，不贪功，不好利，不妄求。无为与无欲，乃是一种内外关系，无为为外，无欲为内，外为内显，内为外根，内无欲即可外无为，外无为亦会反求诸内。"身修于内，物应于外，德发乎近而及乎远，一夫感应尚犹若此，况于帝国乎？"⑤执无为之行，则神全气王，气王者延年，神全者升玄；窒有欲之念，则"外无侵竟，内抱清虚，神泰身安，恬然自适"⑥。无为与无欲，相为益彰，互为补助，共同履行理身的职能。

其二，理身以积德为本，崇善去恶。这本非老子《道德经》固有之意，

---

① 《道德真经广圣义》卷三五，"知足之足常足矣"义疏，《道藏》第 14 册，第 491 页。
② 《道德真经广圣义》卷一九，"恍兮惚其中有物"义疏，《道藏》第 14 册，第 403 页。
③ 《道德真经广圣义》卷七，"高下之相倾"义疏，《道藏》第 14 册，第 346 页。
④ 《道德真经广圣义》卷一八，"绝学无忧"义疏，《道藏》第 14 册，第 397 页。
⑤ 《道德真经广圣义》卷三八，"修之天下其德乃普"义疏，《道藏》第 14 册，第 510 页。
⑥ 《道德真经集义》卷九，《道藏》第 14 册，第 178 页。

道教理论家为履行宗教劝善诫恶的社会职能，就假托老子之意，开其生面。道家主张无恶无善，早期道教创始者将儒家善恶注入道教，设定了道教的善恶说。《太平经》以承负说、夺算夺纪说劝导人们行善诫恶。张道陵"使民内修慈孝，外行敬让"，并以"正一盟威之道、禁戒科律，检示万民逆顺，祸福功过，令知好恶"。① 葛洪主张"天地有司过之神，随人所犯轻重，以夺其算"（《抱朴子内篇·微旨》）。陆修静则明确提出："禁戒以闲内寇，威仪以防外贼，礼诵役身口，乘动以反静。"②寇谦之援佛教生死观入道，以"十善十恶"说、"生死轮转"说进行劝善说教。成玄英力主"三业清净，六根解脱"。杜光庭著《道门科范大全集》，更多地融摄佛教善恶观念，开示新义。他借用佛教的根业尘缘学说，认为人生而有三业十恶四缘：

> 人之禀生有三业十恶。三业者，一身二心三口业也。十恶者，身业有三恶……心业亦有三恶……口业有四恶……此三业十恶合为十有三矣……此十恶事又各有四缘，皆为罪恼之本……凡此十恶三业计五十三条，动罹此罪，即之死地。③

也就是说，人生来就俱有"原罪"，"人能制伏三业十恶则可得道长生，可谓生之徒"④。为要制伏此"罪恼之本"，就须"积德为本""崇善去恶"，而积德崇善就能修得善果，"得之生者，合于纯阳，升天而为仙；得以死者，沦于至阴，在地而为鬼。鬼中之一，自有优劣强弱，刚柔善恶，与世人无异也"（《洞渊神咒经序》）。鬼神的优劣强弱、刚柔善恶及其等级差别本是人间的反映，此种反映却可用来劝诫现世的人，诱导其修道行德，免于死后入地府再蒙磨难，行道者功德深厚还可轻举升天，永远摆脱三业十恶四缘的困扰，入不死之福乡，使三尸不能干，百邪不能扰。

杜氏认为，修道之阶渐臻其妙，立功积德乃入道门必经之途：

---

① 《道门科略》，《道藏》第 24 册，第 779 页。
② 《洞玄灵宝斋说光烛戒罚灯祝愿仪》，《道藏》第 9 册，第 822 页。
③④ 《道德真经广圣义》卷三六，"人之生动之死地十有三"义疏，《道藏》第 14 册，第 498 页。

> 夫立功之义盖亦多途,或拯溺扶危,济生度死,苟利于物,可以劝行;或内视养神,吐纳炼藏,服饵导引,猿经鸟伸,遗利忘名,退身让物,皆修之初门也。既得其门,务在勤久,勤而能久,可以积其善功矣。[1]

修炼和行善事并用,利物和内养双举,从小事做起,应功补过,积微成著。功不在大,遇物斯拯,过不在小,知非则悛,过在改而不复为,功在立而不中倦。功与德紧密相连,"善功"里自然寓有"德性",积善功就能成德,累德者自然寓有善功。从修道渐次看,德高于功,太上有其德,其次有立功,因此,功为德之阶,善功越大,其德性越深厚。杜氏《题莫公台》诗言:"将军悟却希夷诀,赢得清名万古流。"《赠蜀州刺史》又云:"再扶日月归行殿,却领山河镇梦刀,从此雄名厌寰海,八溟争敢起波涛。"即是颂扬大功大德。

杜氏将行善积德的道德教化内容纳入道教修身范围,昭示了道教深刻的世俗根源,将行善积德与赎罪戒恶、在生升仙与死后免罚联系起来,能更好地履行道教的社会职能,在道教说教的背后,隐藏着很强的主观目的性,即试图培养后来《太上感应篇》所说的"善人":"天道祐之,福禄随之,众邪远之,神灵卫之。"[2]一夫感应尚犹若此,那么人人修此,国家可致太平。

其三,将个人修炼与道德教化相结合。杜氏以前的道教学者言治身多限于个人服养导引的修炼活动。《河上公老子章句》将道分为"经术政教之道"和"自然长生之道",以自然长生之道为治身治国的理论基础,主张"无为养神,无事安民"的治身治国论,强调治身以长生为目的,不及功德之事,只把行善与恶的行为后果交予"天道"的"司察"。《太平经》认为修身就是"守一":"夫守一者,可以度世,可以消灾,可以事君,可以不死。……可以长生,可以久视。"把功德之事归属于治国范围。葛洪说:

---

[1]《道德真经广圣义》卷三六,"损之又损以至于无为"义疏,《道藏》第14册,第494页。
[2]《太上感应篇》卷五,《道藏》第27册,第28—32页。

"治身则身修长,治国则国太平。"(《抱朴子内篇·明本》)虽然他主张治身与治国双举,却分《抱朴子》为内、外篇,外篇言世事臧否,人间得失,内篇言修炼神仙之事,认为仙道"与世事不并兴"(《抱朴子内篇·金丹》),只有废得了人间事务,才能修炼成仙。司马承祯专言治身之术,其《坐忘论》"安心坐忘之法"论长生久视之道,不谈道德教化内容。杜氏则主张炼养与德性双举,既要修心养神,吐纳炼藏,服饵导引,也要拯溺扶危,济生度死。德业双修,才算功夫。人生俱来就有三业、十恶、六根、四缘等"罪恼之本",人欲制伏它们就要修道,而修道除了无为无欲、内视养神、服养导引,还需多立功德,多行善事,功德善行乃入道门之必经渐次,如此结合,比单纯讲立功为国、立德为家、修炼为己的说教能更好地履行道德教化的社会职能。

由于道教不能只局限于极少数人"白日飞升"的成功,道教欲求扩大自己在社会生活中的影响,欲将自己的意志外化为国家的意志、外化为全民的意志,欲将说教转化为内心自觉,就必须进行广泛的布道施教,劝善修道。如此便面临一个修道的层次问题,即涉及修道者自身素质问题。杜氏如何解决这一问题呢? 他吸收和改造了韩愈的"性三品"说:

> 《师说》云,就人之品识大判有三,谓上中下也。细而分之则有九品,上上品者即是圣人,圣人自知,不劳于教;下下品者即是愚人,愚人不移,教之不入。所可教者,谓上中以下,下中以上,凡有七品之人可教之耳。……既有九品,则第五品为正中人也。其二、三、四为上,六、七、八为下。惟下下之士教而不移,闻道则笑矣。[1]

九品之中,上上品无须用教,自可悟道;下下品顽愚不化,不可施教;中间有七品,为人的大多数,是施教的主要对象,尽管其智愚程度差别很大,布道者亦须竭尽己能,诱而教之,因为"道无弃物,常善救人"。在杜氏看来,启迪昏蒙、参悟真正、琢玉成品、披沙得金乃布道者之责任。然而,智

---

[1]《道德真经广圣义》卷三二,"上士闻道勤而行之"义疏,《道藏》第 14 册,第 473 页。

愚程度不同,施教方式亦当有分别,利根之人禀气清,了悟圆通;钝根之人禀气浊,智识不通。于是设权、实二教,利根者了通实教,不教而化,示以实门;钝根者智识不通,则示以权门,教而化之。"权门变通其法甚广",根据修道者智愚差别,采取循序渐进的方式诱而导之。知过则改、立功补过、积微成著皆渐进之路径。杜氏又说:"权教者,帝王南面之术也。"①这是明确地将修道之术与统治之术对等起来,仙道与王道合流了,因此任何统治策略也就是修道的步骤,所以他接着说:

> 权教者,先以善道诱之;不从,以恩赏劝之;劝之不从,以法令齐之;齐之不从,以科律威之;威之不从,以刑辟禁之。……故劝教之所不及而后用刑也。是故刑之使民惧,赏之使人劝,劝以趣善,惧以止恶。……理身者,体柔顺之道,去刚强之心,久而勤之,长生何远乎!②

儒家"道之以政,齐之以刑,道之以德,齐之以礼"的道德仁政学说被杜氏很自然地融合进修道理论中了。如是,上士修道或可成仙,中士修道亦能安身立命,各得其所,故谓"神道设教为中士"③。由此可明,以劝善诫恶和修心炼养为基本内容的个人修道理论就成为"老君设教"的主要内容了,而不是少数人服金丹妙药或服食饮气以成仙。这可说是道教理论发展的重大转向。后来的《太上感应篇》将道德实践直接作为追求现实利益和通向神仙境界的唯一手段,则是顺理成章的事了,以致宋元兴起的全真道乃"以忍耻含垢、苦己利人为宗"。

杜氏一方面讲修道无为无欲,另一方面又讲修道积功累德,看来似乎矛盾,但杜氏认为,这只是"俗人"的看法,"道与俗反",以"道人"看来,非但不矛盾,而且恰好圆通无碍,功德乃修道之必须路径,不能不立,只是"俗人"有了功德便容易居功自傲,矜持自伐,而不知克尽思道。"道

---

① 《道德真经广圣义》卷三二,"弱者道之用"义疏,《道藏》第 14 册,第 472 页。
② 《道德真经广圣义》卷三二,"弱者道之用"义疏,《道藏》第 14 册,第 471—472 页。
③ 《道德真经广圣义》卷三二,"上士闻道勤而行之"义疏,《道藏》第 14 册,第 474 页。

人"虽立功德,却功成不居,为而不恃,即不滞于功德,亦即具有超越的意识,一心求道,不为物类所累。拯溺扶危、济生度死本属有为,杜氏鼓励人们为此善行也就是鼓励人们有为进取;同时他又强调修道之人须有无为的意识,善于从有为中解脱出来,实现自我超越:"善功既积,不得自恃其功,矜伐于众,为而不有,旋立旋忘。功即旋忘,心不滞后,然谓之双遣,兼忘之至耳。"①

三、理身与理国

从上面的论述可以十分清楚地看到,杜氏的理国与理身理论,涵盖了道教理论中的许多重大理论问题,如有为与无为、有欲与无欲、己与人、道与俗、出世与入世、即世与救世、王教与道教以及修道成仙与社会教化等,难怪他在三十八教义中喋喋不休地重复理身理国的教条,其目的乃在于引起人们的重视。

(一)身与国的联系

三十八教义提出"无为理国""以道理国",又提出理身"无为无欲"、"理国修身尊行三宝"(慈、俭、不敢为天下先),即是断定身与国是统一的,理身与理国是密切相关的。《大学》提出正心、诚意、修身、齐家、治国、平天下,建树起儒家身与国的修身理论与政治抱负,为仕则有益于民,为民则独善其身,内修以成圣人,外仕以成王道,成己与成物被视为统一体的两面。道教沿用儒家这一思想,将它和《周易》"三才统一"思想结合,并进而推求身与国之能够统一的基础,如《太平经》以"三一"为宗,天地人三者合一以致太平,精气神三者合一以获长生。前者讲自然与社会的感应相通,后者讲形神呼应相通;前者合一达于太和,后者合一达于中和;前者合一的基础是"太和之气",后者合一的基础是"精气"。而天地人与精气神在"气"的基础上又能统一起来。《河上公章句》说:"天道

---

① 《道德真经广圣义》卷三六,"损之又损以至于无为"义疏,《道藏》第14册,第494页。

与人道同,天人相通,精气相贯。"①即是强调"气"贯通天人的基础作用。
不过,《老子想尔注》将"气"又称做"道气",从而使贯通天与人、身与国的
基质具有物质和精神二元意味。杜光庭进一步确立了"道气"概念,以二
元体的道—气作为天道与人道统一的基础,在他那里,"道气"又被称做
"道","道"贯天人,"道"贯身与国。他说:"理国执无为之道","理身执无
为之行"。② 又说:"人化则道弥广,己修则德愈昌,道广德昌,理国理身之
至要矣。"③"理国之道,理身之方,舒卷任时,因物之性。"④无为、无欲、自
然,皆"道"的同义语,道与德则是"同出而异名"。在杜氏看来,老君历劫
禀形,随方演化,或现身为现实生活中的人,如赤松子、王子乔之类,"因
以示教",或理性化为道,无所不在,无所不能,既为自然之普遍法则,又
为社会——身与国的普遍性法则。因而,身与国在道的前提下是能够统
一起来的,理国之道、理身之方乃道的具体化,体现在理国方面主要强调
无为,体现在理身方面则主要强调无欲。无为、无欲实乃道体的两个不
同的方面,都服从于最高的意志——老君——道。理国"人化"表现了
"道"普照无遗的特性,理身"己修"表现了"德"美好善良的特性。因此
说,杜氏所推崇的理身与理国的统一,乃是在原则义和目的义上的精神
性统一,这个原则就是自然而然、无为无不为的道,这个目的就是实现道
广德昌的理想境界。

(二)身为国先

身理与国理虽为道的不同体现,在同一原则和目的下达于统一,但
身与国毕竟有个先后、本末、内外关系问题。杜氏断定,身为国之先,有
诸己而后有诸人,先成己而后成物,身理而后国理,他说:

> 未闻身理而国不理者,夫一人之身,一国之象也,胃腹之位犹宫
> 室也;四肢之别,犹郊境也;骨节之分,犹百官也。神犹君也,血犹臣

---

① 《老子河上公章句》,《道藏》第 12 册,第 14 页。
② 《道德真经广圣义》卷一四,"能知古始是谓道纪"义疏,《道藏》第 14 册,第 380 页。
③ 《道德真经广圣义》卷二四,"为天下谷常德乃足复归于朴"义疏,《道藏》第 14 册,第 427 页。
④ 《道德真经广圣义》卷一〇,"动善时"义疏,《道藏》第 14 册,第 363 页。

也，气犹民也，知理身则知理国矣。爱其民所以安国也，弘其气以全身也，民散则国亡，气竭则身死，亡者不可存，死者不可生，所以至人销未起之患，理未病之疾，气难养而易浊，民难聚而易散，理之于无事之前，勿追之于既逝之后。[1]

将一人之身与一国之象进行比附，治国如同治身，气存身存，气竭身亡，民结国存，民散国亡，有气而有身，有身而有国，以身观身，身正天下皆正，身理天下皆理。这种主观比附虽然有点牵强，但辩证地阐明了气与身、身与国以及民与国之间的关系，其弘气全身、爱民安国的思想有着积极的意义。同时，强调"销未起之患，理未病之疾"也为统治者治理国家张目。由此以推，身为国之本，国为身之末，"理国之本如何"？杜氏以为：

> 本在理身也，未闻身理而国乱、身乱而国理者。[2]

又说：

> 圣人理国，理身以为教本。夫理国者复何为乎？但理身尔。故虚心实腹，绝欲忘知于为无为，则无不理矣。[3]

有本方有末，有末以显本，本末相须；身理方有国理，国理以彰身理，理身与理国相须。自然，身与国也就是内外关系，内以修己，外以化人，内圣外王，"夫理国者，静以修身，全以养生，则下不扰，下不扰则人不怨"[4]。身修生养为内，安定太平为外，无内则无外，没有修身，也就没有国家安定太平。

儒家始终执着身先国后、身本国末、身内国外，《大学》云："欲治其国者，先齐其家；欲齐其家者，先修其身；欲修其身者，先正其心；欲正其心者，先诚其意。"杜氏在这一点上与儒家并无二致，如果说有差别的话，那

①《道德真经广圣义》卷八，"是以圣人之治"义疏，《道藏》第 14 册，第 352—353 页。
②④《道德真经广圣义》卷三，"释御疏序上"，《道藏》第 14 册，第 332 页。
③《道德真经广圣义》卷八，"是以圣人之治"义疏，《道藏》第 14 册，第 352 页。

就是儒家的修身只是一种道德修养,杜氏的修身是道德修养和修心存神以及吐纳导引等道教修炼活动的结合;儒家的修己在于成就圣人,杜氏的修己则在于成善成仙;儒家的治国是要实现王道,杜氏的理国则既要实现致太平的政治理想,又要善于从事事物物中超脱出来;儒家的修身治国是世俗的,杜氏的理身理国是超尘的。在这里,道教以宗教化的形式反映了世欲化的内容。

(三)理国理身所体现的主体能动精神

理身理国皆人之所为,是以人为主体的行为,无论是存思存想、去奢去欲的思想行为,还是建功立德、治国化人的身体力行的劳作行为,都离不开人的个人或社会活动,那么,人在这些活动中占据什么样的位置?即是以人为主体的行为,人的主体能动精神体现在哪里?杜氏从道教立场出发,执着于理国无为、谦静,理身无欲、雌柔,这种屈己柔弱、任其自然的立论与儒家养浩然之气、自强不息的进取精神适成反照。儒家高扬了人的精神,而道教窒息了人的主观能动性。从一般的外部特征来看是如此,然而执着于此尚不足以真正把握道教,尤其是不能真正地明辨杜光庭的思想实质。他的"理国"论,从主张任民之性经谦静到复朴还淳,每一步骤都渗透着显明的主观目的性,一则为帝王提供"南面之术",二则通过帝王的治国实现道教"致太平"的社会政治理想。他的"理身"论将个人修炼与道德教化内容糅为一体,力主为善戒恶,积功累德,故此他并不一味反对有为进取,而把进取有为、积功累德视为入道门的阶次。其无欲修身又与治国的目的相联结,修道先修己,己修而人化,人化则国安,而无欲攻心乃实现身修国治的根本点。他的理身与理国原则,并不是纯粹的道教修养论,他把"权教"直接等同于"帝王之术",将修炼活动混同于道德实践,即是说,不满足于有限的修道者的范围,将修道理论做了扩张,力求将道教的宗教意识上升为国家和全民意识,将宗教的意志转化为人们广泛的内心自觉。

仅就个人炼养方面讲,杜氏勉励人们务在勤久,终身不息,这一动一行皆是有为之举,主观意志在这些行为之中起着主导作用,行为中始终贯穿着道教的动机、目的。至于杜氏屡屡通过斋醮、符命、祝祷、长生术等干预朝政，以及几度为唐王朝、后蜀王朝的座上宾，则更直接地体现了道教有为的世俗化特点。

但道教毕竟有异于世俗，它究竟不愿将自己完全混同于世俗，它在鼓励深入世事的同时，又强调了超越的意识，这表现为：在理论方面推崇玄妙深微，在修道实践方面讲冥通神鉴。王道与仙道、入世与出世是道教产生便带来的理论难题。杜氏解决这一难题的办法是提出"重玄"原则，他告诫人们在建功立德的同时，又不可滞于功德；在深入世务时，未可累于世事；在有所为的同时，又未可忽视无所为，亦即无欲于功德，无为于有为，无欲于世事。然后再用双遣之则，外遣诸境，内遣诸己，既遣有为，又遣无为，遣之又遣。外境与内己、有为与无为都忘，方可入重玄之境，达众妙之门。

由此可见，杜氏奉行的是"执着以臻其妙""先弘德化，后忘其迹"的修道理论。在这里，有为寓于无为中，人的主观能动性、人的主体精神通过投射的形式反映出来。

第十五章 《无能子》与《化书》中的哲学思想

《无能子》基于道家的自然主义思想,继承了道教重玄学的传统,对道家的生死观、生命观与人生观进行了独特的解释,强调人生、生死、生命所应遵循的自然之道。谭峭的《化书》融摄了儒释道三教的思想,阐述了宇宙万象与社会人生的变化特性,从道教修炼的角度提出了"虚化"论,又进一步形成了以自然论为基础的社会批判思想。

第一节 《无能子》与《化书》

一、《无能子》及其作者

无能子,《无能子》作者的化名,其真实姓名及生卒年月皆不得知。《无能子·序》说:"光启三年,天子在褒,四方犹兵……"由此可知他是唐僖宗时人,其生活年月正值"黄巢乱"。因而"避地流转,不常所处,冻馁淡如也"。由于处于战乱年代,可谓饱尝艰难困苦,"寓于左辅景氏民舍,自晦也。民舍之陋,杂处其间,循循如也"。《唐书·艺文志》认定他是一个"隐民",而《四库总目提要》则认为"序中有'不述姓名游宦'语,则亦尝登仕籍,非隐民也"。王明先生依据《无能子·答通问》有"无能子贫,其昆弟之子且寒而饥,嗟吟者相从焉"语,断定他是前曾作吏的破落书生。[①]
这种推断合乎情理,但从他的经历来看,随他同行的有"昆弟之子""兄之
子""从父子弟"等等,可见是整个家庭都在辗转流徙,其出身可能不是庶
族,而是望族。从与他交友并崇拜他的人,如华阳子、愚中子等的社会地
位和学识水平来看,他是一位相当博学的学士。从他的言论所表现出的
思想性来看,他不只是因为战乱才隐姓埋名的,而的确是一位淡泊名利、
高尚其事、"不知所以饥寒富贵"的道家学者,如其所说:"吾泪乎太虚,咀
乎太和,动静不作,阴阳同彼。今方自忘其姓氏,自委其行止,操筝投缕,
泛然如寄,又何暇梏其肢体,愁其精神,贪乎强名,而充乎贪欲哉!"(《无
能子·严陵说》)《无能子》书中的自然论和社会批判思想,应当不仅来源
于道家思想传统,而且来源于他对社会动乱、人生疾苦的深刻体验和冷
眼洞察。他在此书序言中说:"昼好卧不寐,卧则笔扎一二纸,兴则怀之
而不余示。自仲春壬申至季春己亥,盈数十纸,卷而囊之,似有所著者。"
显然,所"著"者也就是所见、所思、所得。

《无能子》3 卷为《旧唐书·艺文志》著录,宋《崇文总目》将其列入"道
家"类,晁公武《郡斋读书志》记"书三十篇"。明《正统道藏》将之收录于
"太玄"部,仍分 3 卷,篇目为 34 篇,与序言所述相合,但实存内容只有 23
篇,其中卷上阙第六、八、九、十篇,卷中阙第五篇,卷下阙第七、九、十、十
二、十三、十四篇。近有王明的《无能子校注》,为最新的字义诠解。

二、《化书》及其作者

谭峭,字景升,五代时人,出生地及生卒年月皆不详。有著作《化书》
六卷,分道、术、德、仁、食、俭六化。

最早撰述谭峭生平活动的,是五代时人沈汾的《续仙传》,说他是唐
国子司业谭洙之子,"幼而聪明,及长颇涉经史,强记,问无不知,属文清
丽。洙训以进士业,而峭不然,迥好黄老诸子及周穆、汉武、茅君列仙内

---

① 王明校注:《无能子校注》,北京:中华书局,1981。本章以下所引《无能子》均据此本,不再加注。

传,靡不精究。一旦,告父出游终南山。父以终南山近京都,许之。自终南游太白、太行、王屋、嵩、华、泰、岳,迤逦游历名山,不复归宁。父驰书委曲责之,复谢曰:茅君昔为人子,亦辞父学仙,今峭慕之,冀其有益。父以其坚心求道,岂以世事拘之? 乃听其所从"。又说他师于嵩山道士十余年,得辟谷养气之术,唯以酒为乐,"常醉腾腾周游,无所不之。夏服乌裘,冬则绿布衫。或卧于风霜雪中经日,人谓其已毙,视之气出休休然"。其父常遣家童寻访,春冬必送些衣物及钱帛给他,峭把家童打发走,然后将这些衣物、钱帛分送给那些贫寒者,或寄留一些在酒家以充沽酒之资。人或问之,何为如此? 曰:"何能看得,盗之所窃,必累于人,不衣不食,固无忧矣。"有人说他已"疯狂",峭不以为然,而自行吟:"线作长江扇作天,靸鞋抛向海东边,蓬莱信道无多地,只在谭生拄杖前。""后居南岳,炼丹成,服之,入水不濡,入火不灼,亦能隐形变化,复入青城山而不出矣。"①

有关《化书》,《续仙传》没有提到谭峭作《化书》,《宋史·艺文志》中称"齐丘子撰",晁公武《郡斋读书志》仍题为"宋齐丘化书六卷",又引张耒语对宋齐丘其人做了"犬鼠之雄耳,盖不足道"的评价,但又对《化书》做了较高的评价:"文章颇高简,有可喜者。其言曰:君子有奇智,天下不亲,虽圣人出,斯言不废。"马端临《文献通考》述晁公武的说法,实际上同样对宋齐丘其人及其文表示了怀疑。《仙鉴》引陈景元《跋》明确讲:"宋仁宗嘉祐五年夏四月,碧虚子[即陈景元]题《化书》后序云:鸿蒙君曰:吾尝问希夷先生诵此书至稚子篇,掩册而语吾曰:吾师友谭景升始于终南山著《化书》,因游三茅,经历建康,见宋齐丘有仙风道骨,虽溺机智而异乎黄埃稠人。遂引此篇云:稚子弄影不知为影所弄,狂夫侮像不知为像所侮……齐丘终不悟,景升乃出《化书》授齐丘曰:是书之化,其化无穷,愿子序之,流于后世。于是杖靸而去。齐丘夺为己有而序之耳。"②据《四库提要》载,元陆友仁《砚北杂志》称"谭景升书世未尝见",《化书》在元代

---

① 《续仙传》卷下,《道藏》第 5 册,第 97 页。
② 《历世真仙体道通鉴》卷三九,《道藏》第 5 册,第 326—327 页。

"流传盖已罕矣"。明初时代王府曾经刊行,后又有刘氏、申氏诸本。由于陈景元提供有力的证据,后人公认《化书》为谭峭所作,而与宋齐丘无关,唯万历年间所刊行的景明刊本《子汇》仍题"齐丘子",但同时题宋景濂的话:"噫! 是书之作非齐丘也,终南山隐者谭峭景升也,齐丘窃之耳。"明代以后,除了《正统道藏》《续道藏》,还有20多种类书收录了《化书》,明代杨慎曾评"化书六卷",清代王一清作"化书新声七卷"。

第二节 《无能子》中的自然论

《无能子》开宗明义地说:"其指归于明自然之理,极性命之端。自然无作,性命无欲,是以略礼教而外世务焉。""自然",在道家和道教典籍中,几乎是"道"的代名词,有时被视为神秘的最高本体,有时被看做自然而然的自然总规律。从无能子的思想倾向来看,他是一个无神论者,他所论述的"自然",乃是贯彻于自然和社会、人生和生命等全过程的行之一贯的客观规律性。从思想来源看,他是将道家唯物论者的自然观、抗迹尘外的人生观和道教长生久视的生命观熔诸一炉而自成一家的。他的自然论也从这三个方面展开。

一、自然生死观

(一)"混沌一炁"

与所有道教学者不同,无能子的自然生死观不是以抽象性的"道"作为出发点,而是以"混沌一炁"作为立论的始基。书中说:

> 天地未分,混沌一炁,一炁充溢,分为二仪,有清浊焉,有轻重焉,轻清者上为阳为天,重浊者下为阴为地矣。天则刚健而动,地则柔顺而静,炁之自然也。天地既位,阴阳炁交,于是裸虫鳞虫毛虫羽虫甲虫生焉。(《无能子·圣过》)

这段话包含三层意思:(1) 在天地万物之先,有一个充溢宇宙、弥漫无间的"混沌一炁"的存在,这个"炁"无数量的限定,却有轻清与重浊"二仪"的区别,亦即有质量的差异,这种差异随着时间的绵延伸展而扩大,重浊者下降成为有形有象的地,轻清者上升为无形无象的天,天地不仅有无形与有形的差别,还有阴与阳、静与动、刚健与柔顺的对立。从"二仪"的差异到两极的对立,是一个伴随着时间的漫长流逝的发展过程,其间并不存在上帝或"道"的有意推动。(2)形成对立两极的天地之"炁",借助阴与阳、静与动、刚健与柔顺相斥相交与相济,生化出气象多姿的现象界来。从"混沌一炁"到天地之"阴阳炁",虽则都是一个"炁"字,却有着抽象与具体的层次上的差别。从无形之"炁"到有形之物,又是一个从可能到现实的转化。(3)无论是从"混沌一炁"生化"阴阳炁",还是从"阴阳炁"生化现象世界,都贯彻着同一规律——"炁之自然"。

王充和柳宗元是东汉和中唐后期的两位著名的元气唯物论者。王充认为天地即是具阴阳二性的元气:"天覆于上,地偃于下,下气蒸上,上气降下,万物自生其中间矣。"(《论衡·自然》)在他看来,天地之元气自古如此,没有层次上的区别,也没有质量上的差异,人物禀气而生,只有厚薄的差异。柳宗元说:"彼上而玄者,世谓之天;下而黄者,世谓之地;浑然而中处者,世谓之元气。"(《天说》)同样肯定充塞天地间的只是物质统一基础——元气。柳氏同王充一样,除了坚持元气自动、万物自生观点,也没有分别出元气有其漫长的分演过程,以及元气的不同层次;柳氏虽则也提出了太虚、无极等范畴,但没有深入解析其内涵及其与天地间元气之间的深刻联系。对元气做了分演层次的精细区别的是带着宗教色彩的道教"道炁论"。杜光庭在《道德真经广圣义》中就把"炁"分称为"玄元始气""和气""冲气""形气"等,这些对"炁"的不同称呼,无非是要表示炁有数量、质量、有形、无形的区别,从"玄元始气"到形成具体的物质之象的"形气",乃是炁从抽象到具体、从混沌到有分、从无形到有形的无穷演化过程所致。无能子的气论正是在道教元气层次说与道家元气自动说融合基础上建立起来的,既肯定了元气唯物,又肯定了元气演化无穷。

（二）人之"自然"

无能子不仅认为自然物质界的生化循着"天之自然"，同样也认为人类社会的形成要有其"自然"，这种人之自然原则完全类同于"天之自然"。书中说：

> 人者裸虫也，与夫鳞毛羽虫俱焉同生，天地否交而已，无所异也。或谓有所异者，岂非乎人自谓异于鳞羽毛甲诸虫者？岂非乎能用智虑耶？言语耶？（《无能子·圣过》）

就"智虑"方面来说，人有好生避死、营宫室、谋衣食、生育乳养及其男女而私之等欲望，而鸟兽亦有好生避死、营巢穴、谋饮啄、生育乳养及其同类而护之等欲望，"何可谓之无智虑耶"？就"言语"方面来说，"自鸟兽迨乎蠢蠕者，号鸣哼噪皆有其音，安知其族类之中非语言耶"？人以不能通晓鸟兽语言而笼统地说动物不能言，实乃偏见，岂不知鸟兽等动物也可由不能通晓人的语言而判定人无语言呢？就"形质"方面来说，人与动物固然不同，但是"鳞毛羽甲中形质亦有不同者，岂特止与人不同耶？人之中形质亦有同而异者、异而同者，岂特止与四虫之形质异也"？总之，人与动物本质上没什么区别，区别只在于文明程度的高低。因而人与动物皆服从于同样的自然规律，书中说：

> 所以太古时裸虫与鳞毛羽杂处，雌雄牝牡自然相合，无男女夫妇之别，父子兄弟之序。夏巢冬穴，无宫室之制；茹毛饮血，无百谷之食。生自仆，死自驰，无夺害之心，无瘗藏之事，任其自然，遂其天真，无能司牧，濛濛淳淳。（《无能子·圣过》）

在这种自然状态中，人们没有私心，不相掠夺，人与人、人与动物甚至没有严格的区分，皆服从于最简单纯朴的规律——自然而然。虽然过着极其粗糙的生活，但人人从不受制于他人，任自然，遂天真。那么人类社会是如何形成的呢？无能子认为，在原始状态中：

> 繁其智虑者，其名曰人。以法限鳞毛羽诸虫，又相教播种以食

百谷,于是有耒耜之用。构木合土以建宫室,于是有斤斧之功。设婚嫁以析雌雄牝牡,于是有夫妇之别、父子兄弟之序。为棺椁衣衾以瘗藏其死,于是有丧葬之仪。结罝罘网罗以取鳞毛羽诸虫,于是有刀俎之味。漓淳以之散,情意以之作,然犹自强自弱,无所制焉。繁其智虑者,又于其中择一以统众,名一为君,名众为臣。一可役众,众不得凌一,于是有君臣之分、尊卑之节。尊者隆,众者同。降及后世,又设爵禄以升降其众,于是有贵贱之等用其物,贫富之差得其欲。乃谓繁智虑者为圣人,既而贱慕贵、贫慕富,而人之争心生焉。谓之圣人者忧之,相与谋曰:彼始濛濛淳淳,孰谓之人,吾强名之曰人,人虫乃分。彼始无卑无尊,孰谓之君臣,吾强建之,乃君乃臣。彼始无取无欲,何谓爵禄,吾强品之,乃荣乃辱。今则醨真淳、厚嗜欲,而包争心矣。争则夺,夺则乱,将如之何?智虑愈繁者曰:吾有术焉。于是立仁义忠信之教、礼乐之章以拘之。君苦其臣曰苛,臣欺其君曰叛,父不爱子曰不慈,子不尊父曰不孝,兄弟不相顺为不友不悌,夫妇不相一为不贞不和。为之者为非,不为之者为是,是则荣,非则辱,于是乐是耻非之心生焉,而争心抑焉。降及后代,嗜欲愈炽,于是背仁义忠信,逾礼乐而争焉,谓之圣人者悔之,不得已乃设刑法与兵以制之。小则刑,大则兵,于是缧绁桎梏鞭笞流窜之罪充于国,戈铤弓矢之伐充于天下,覆家亡国之祸绵绵不绝,生民困贫夭折之苦漫漫不止。(《无能子·圣过》)

这是何其生动的阶级社会形成过程的描述!在这个过程中,有着一系列合乎人类社会发展规律的阶段,笔者将此列为以下简明图式:

农业生产——生产工具的改进(耒耜、斤斧)——居住条件的改善(构木合土以建宫室)——男女夫妇之别、父子兄弟之序——社会精神生活(情意)——恃强凌弱——君臣之别(择一统众,众不得凌一)——尊卑贵贱、等级名分——争夺之心生——术之运用(仁义智信、礼乐)——刑法与兵——国破家亡、生民困贫夭折尽管《无能子》认定,人类的每一次嬗变都是"繁其智虑者"之所为,但它毕竟说明了这样一种现象:物质生活资料的生产是首要的条件,随着物质生活条件的改善,人才能与动物区别开来,才会产生羞耻、荣辱、礼节,才会有精神生活及其等级名分、行为规范、社会制度、军队、法律。在这点上,《无能子》与春秋时期的《管子》颇为相似,《管子》提出:"仓廪实而知礼节,衣食足而知荣辱。"但《无能子》比《管子》具体而丰富,其思想性更为明确,而且有一点是《管子》所没有的,即《无能子》向人们清楚地表露出这样一种思想:社会文明程度越高,不平等就越加剧,最后的结局必然是"覆家亡国","生民困贫夭折"。因为在《无能子》看来,一切不平等现象皆是人所"强立""强分""强为""强行",违背了"天真""自然",与其"不自然而人之",还不如"自然而虫之"。这实际上是将"动物的自然状态"描写为人类较为理想的选择。

二、自然生命观

无能子的生命观根源于《庄子》"生之来不能却,其去不能止"的生命观点,但又积极扬弃了道教性命论。书中说:

> 夫性者神也,命者气也,相须于虚无,相生于自然,犹乎埙篪之相感也,阴阳之相和也。形骸者性命之器也……形骸非性命不立,性命假形骸以显,则性命自然冲而生者也,形骸自然滞而死者也。自然生者虽寂而常生,自然死者虽摇而常死。今人莫不好生恶死,而不知自然生死之理,睹乎不摇而僵者则忧之,役其自然生者,务存其自然死者。存之愈切,生之愈疏。是故沉羽而浮石者也,何惑之甚欤?(《无能子·析惑》)

人皆"好生恶死",看到别人由活人变成死人("不摇而僵"),不免忧惧死期之终归要到来,于是挖空心思、想尽办法("役其自然生者"),求访仙迹,或服丹饵药,欲以保形骸之全,长生久视("务存其自然死者"),岂不知适得其反,厚其生愈是急切,反而"生之愈疏"。在无能子看来,这是

"不知自然生死之理"，所谓自然生死，即自然冲而生、自然滞而死，这种自然生、自然死的常生常死无限交替循环，也就是无生无死。为了说明这个道理，无能子又说：

> 夫人大恶者死也，形骸不摇而僵者也。夫形骸血肉耳目不能虚而灵，则非生之具也。故不待不摇而僵则曰死，方摇而趋本死矣。所以摇而趋者，凭于本不死者耳，非能自摇而趋者。形骸本死，则非今死，非今死无死矣。死者人之大恶也，无死可恶，则形骸之外，何足洞吾之至和哉！（《无能子·无忧》）

人们通常以不动而卧者（"不摇而僵"）为死，以动而走者（"摇而趋"）为生，这只是个表象，其实能动而走者乃"本死"矣，因为能动而走者并非自身有此功能（"自摇而趋"），而是依凭于"本死"。"本死"，谓形骸自身即是"滞而死"，形骸看起来是活的，能动能走，但其本性即是死（"形骸本死"）。在这里，无能子下了这样一个断语："形骸本死，则非今死，非今死无死矣。"意谓形骸先在的是死，并非现实的死。既然早已是死，不是现实的死，那么也就无所谓死了。如何让人们感到自己的死不是死，而是有所存呢？或曰死中有生呢？这是单凭"非今死无死"的说理不能解决的问题。无能子回答这一问题的手段还是借助于道教的性命观。在道教内丹学说中，性命也就是神气，神与气相和而生形骸，形骸死而复归神气。在无能子看来，性命是形骸的内容，形骸是性命的形式，没有无内容的形式（"形骸非性命不立"），也没有无形式的内容（"性命假形骸以显"），两者互为显隐。人生而有形骸，无非是性命之"显"，人死而无形骸，无非是形骸之"隐"。形骸与性命、显与隐的自然代谢与无限往复，即无能子所理解的"至和"。无能子又把这种"至和"叫做"自然之元"："舍神体虚、专气致柔者，得乎自然之元者也。"（《无能子·真修》）这已与道教神仙说相差无几了。而且无能子在处理性命、神气关系时，虽然也讲性命、神气"相须于虚无""相生于自然"，但其归根处还是落在性、神上。其云："夫水流湿，火就燥，云从龙，风从虎，自然感应之理也。故神之召气,气之从神,犹此也。知自然之相应,专玄牝之归根,则几乎悬解矣。"(《无能子·真修》)因而"非今死无死",其实只是说形死、神不死。经过这番处理,《无能子》的自然生死观也就圆通了。

三、自然人生观

无能子将自然主义的观点运用于人生处世上来,从而形成了唐代特色的道家人生观。与早期道家无为的自然观点有所不同,无能子强调不待思而为之"心之自然",书中说:

> 夫鸟飞于空,鱼游于渊,非术也,自然而然也。故为鸟为鱼者,亦不自知其能飞能游,苟知之,立心以为之,则必堕必溺矣。亦犹人之足驰手捉、耳听目视,不待习而能之也。当其驰捉听视之际,应机自至,又不待思而施之也者。苟须思之而后可施之,则疲矣。是以任自然者,久得其常者,济夫浩然而虚者,心之自然也。今人手足耳目,则任其自然而驰捉听视焉,至于心,则不任其自然而挠焉。欲其至和而灵通也,难矣。(《无能子·真修》)

意思是,人皆有"不待习而能之"的各种本能,如鸟之能飞、鱼之能游,这些本能为人们所具备,但人们自身并不必通晓("不自知其能飞能游"),这些本能的运用与发挥"应机自至",也无须人们有意识地运用、发挥、督促("不待思而施之"),倘若人们有意识地运用发挥("立心以为之"),或先用心考察人是否有些本能,而后再运用这些本能,反而"疲",失却此本能。在这个意义上讲,"任自然者""久得其常者""济夫浩然而虚者",实际上是任"心之自然",就是不是有意地去推动或限制某种行为,其行为虽然看来是"有为",但任"心之自然",也就是"无为"了。这个道理就如同镜子可用来反照妍丑、称可用来权衡轻重一样,原因在于"称无心而平""镜无心而明"。下面这则对话较为生动明了地表述了无能子的这种自然人生观:

> 无能子形骸之友华阳子为其所知,迫以仕。华阳子疑,问无能

子曰:"吾将学无心久矣,仕则违心矣,不仕则忿所知,如何其可也?"
无能子曰:"无心不可学,无心非仕不仕,心疑念深,所谓见瞽者临阱
而教之前也。夫无为者无所不为也,有为者为所不为也,故至实合
乎知常,至公近乎无为,以其本无欲而无私也。欲于中渔樵耕牧,有
心也;不欲于中帝车侯服,无心也。故圣人宜处则处,宜行则行。理
安于独善,则许由善卷不耻为匹夫;势便于兼济,则尧舜不辞为天
子。其为无心一也。尧舜在位,不以天子之贵贵乎身,是以垂衣裳
而天下治。……此皆不欲于中而无所不为也。子能达此,虽斗鸡走
狗于屠肆之中,搴旗斩将于兵阵之间,可矣。况仕乎!"(《无能子·
答华阳子问》)

华阳子在"学无心"与"仕"之间的关系上陷于困惑,不能自解。无能子的
回答言简意赅,意蕴深邃。他首先指出华阳子"学无心"本身即是糊涂的
观念,欲有所学,已是"有心",怎么谈得上"无心"呢? 故他明言"无心不
可学",意谓无心即在不言之自然之中,顺应自然,即是"无心"。其次,他
进一步指出"无心非仕不仕",意谓"无心"并不在乎"仕"或"不仕",关键
在于仕而无欲,有"欲于中渔樵耕牧",虽然布衣庶民,远离仕宦,却已是
"有心";"不欲于中帝车侯服",虽是锦衣峨冠,当仕宦之位,倒是"无心"。
衡量"有心"与"无心"的标准是行为者内在的"至实""至公""无欲""无
私","以其本无欲而无私也"。在这个意义上,无能子对道家"无为而无
不为"的传统观念做了新的解释。在他看来,要达于"无不为"的目的,不
是通过无作为来实现,而是通过"有为"而"无心"来实现。有为而无心即
是"无为",故云"无为者无所不为",又叫做"不欲于中而无所不为"。人
们之所以积极"有为"却"有所不为",并不是"有为"本身的过错,而是没
有做到在"有为"过程中贯彻"无心",有心有为当然就"有所不为"了。因
此,人们"宜处则处,宜行则行",不必拘泥于仕或不仕的偏见。

无能子的自然人生观明显地接受了道教重玄学的思想影响。唐代
重玄学家成玄英、李荣、强思齐、杜光庭等并不笼统地反对人们"有为",

只是强调人们不可"滞于有",要善于超越,既不滞有,又不滞无,一无所滞,合于重玄。书中借西伯与吕望之间的对话,表述了有为而无滞无欲的思想:

> 夫无为之德包裹天地,有为之德开物成事。……无为则能无滞,若滞于有为则不能无为矣。(《无能子·文王说》)

为做到无滞无欲,他又借助庄子的坐忘观点:"夫鱼相忘于江湖,人相忘于自然,各适矣。"(《无能子·质妄》)意谓人们虽然有所作为,但只要善于超越,忘于自然,就能无欲无心、适得其所。而为有心者、情有所专者,"明者不为"。

第三节 《无能子》的社会批判思想

一、数"圣人之过"

对圣人和礼教的否定,是中国封建社会时期社会批判的主要形式。继魏晋社会批判思潮之后的唐末社会批判思潮,既是对早期道家和魏晋社会批判思想的合理承续,又有着极富时代特征的发展。

无能子的社会批判论是以自然状态为出发点的,认为合理的自然和平状态的社会任其自然,遂其天真,而讲求仁义忠信之教、礼乐之章的不合理的等级社会违其自然,背其天真。这种无等级的自然和平状态的社会"无所司牧",而等级森严的阶级社会乃是"繁其智虑"的圣人所为,如此,他便把一切的文明社会的罪恶皆归咎于"圣人"了,历数"圣人之过"与"圣人之误"。他说:

> 嗟乎!自然而虫之,不自然而人之。强立官室饮食以诱其欲,强分贵贱尊卑以激其争,强为仁义礼乐以倾其真,强行刑法征伐以残其生,俾逐其末而忘其本,纷其情,伐其命,迷迷相死,古今不复,谓之圣人者之过也。(《无能子·圣过》)

> 五兵者,杀人者也;罗网者,获鸟兽虫鱼者也。圣人造之,然后

人能相杀,而又能取鸟兽鱼虫焉。使之知可杀,知可取,然后制杀人之罪,设山泽之禁焉。及其衰世,人不能保父子兄弟,鸟兽鱼虫不暇育麇鹿鲲鲕,法令滋彰而不可禁,五兵罗网教之也,造之者复出其能,自已乎?(《无能子·固本》)

今人莫不失自然正性而趋之,以至于诈伪。激者何也? 所谓圣人者误之也。(《无能子·质妄》)

人类与动物区分开来,标志着人类文明的开端,但这是以牺牲自然本性为代价。宫室饮食、贵贱尊卑、仁义礼乐、刑法征伐等等文明社会的产物固然有正面价值,但它们自出现起便同时携带着与之相抵的负面价值——诱其欲、激其争、倾其真、残其生、诈伪等等。文明社会的产物不仅没有使人获得更大程度的自由解放,相反,完全沦为文明社会的附属物。而且实际上其负面价值远远大于正面价值,文明社会给人类带来的灾难远远甚于给人类带来的好处。在无能子看来,这种由自然向文明的嬗递,并非合乎自然规律的过程,完全是人为所致,是"繁其智虑"的结果,"自古帝王与公侯卿大夫之号,皆圣人强名,以等差贵贱而诱愚人尔"(《无能子·严陵说》)。如同兵器、罗网,圣人凭借其超人的智识造出它们来,诱导激励人们取之用之,以致相互杀戮,然后圣人"复出其能",设立种种制度限制,不过是彰显自己的智识才能而已。在这方面,无能子与谭峭不同,谭峭认为人类从自然到不自然是人之所不得已的自然而然的过程,由不自然的社会返归到自然的社会也是人力所不可遏的"势";而无能子则认为由自然到不自然既然是人为的,那也就是可避免的,因此,他诅咒圣人所起过的历史作用。

二、非礼乐教化

首先,无能子对封建的宗法血缘关系提出了批判。他说:

古今之人谓其所亲者血属,是情有所专焉,聚则相欢,离则相思,病则相忧,死则相哭。夫天下之人与我所亲,手足腹背耳目口鼻头颈眉发一也,何以分别乎彼我哉?所以彼我者必名字尔,所以疏于天下之人者不相熟尔,所以亲于所亲者相熟尔。嗟乎!手足腹背耳目口鼻头颈眉发,俾乎人人离析之,各求其谓之身体者且无所得,谁谓所亲耶?谁谓天下之人耶?取于名字强为之者。若以各所亲之名名天下之人,则天下之人皆所亲矣;若以熟所亲之熟熟天下之人,则天下之人皆所亲矣,胡谓惟所专耶?夫无所孝慈者孝慈天下,有所孝慈者孝慈一家,一家之孝慈未弊,则以情相苦,而孝慈反为累矣。弊则伪,伪则父子兄弟将有嫌怨者矣。(《无能子·质妄》)

这段文字表达了三层意思:第一,人们所称之为亲疏者,是以血缘和情感关系作为基础的。第二,这种血缘和情感的亲疏关系实际上是以"彼我"的名称相区分的,所亲所熟者名之"我",在亲与熟之外的皆名之"彼"。既然是以"名"相区分的,而名之亲、名之疏只是人们"强为之者",那么照此类推,天下之人皆可名之"亲"、名之"熟",天下皆是亲人熟人,而应当"泛爱",相形之下,血有所宗,情有所专,岂不显得偏狭?第三,有所专必有所偏,有所孝慈必有所不孝不慈,孝慈一家必不能孝慈天下,肯定了此,就排除了彼,这是一个部分与整体的关系。儒家倡导的是"推己及人"的孝慈观点,如孟子主张的"老吾老,以及人之老;幼吾幼,以及人之幼"。这种孝慈观念实际上乃建立在血有所宗、情有所专的基础之上的。无能子正是针对儒家的伦常观点提出诘难的,在他看来,只有从总体上而不是从偏狭的血缘和情感的角度来理解孝慈,才无此偏弊,这即是"无所孝慈者孝慈天下"。而且,文中之隐义还在于指出儒家所推行的孝慈中有"伪"。无能子指出并批判了宗亲血缘关系的"弊"与"伪",应当说,无能子提出的疑问是深刻的,他怀疑儒家"推己及人"的普遍有效性——能否由己推及到天下人?对此,无能子依靠的批判手段还是庄子的相对主义,有所孝慈,必有所偏弊,无所孝慈,才无所偏弊。尽管人们把这种孝慈说成是没有偏弊,但实际上就是不诚实的了。不过,无能子看到这个道理,但他的解决手段仍然是苍白无力的。

其次,在指出"圣人之过"的同时,无能子还认定礼义等行为规范乃"妄作者"所为:

> 盖昔有妄作者文之以为礼,使人习之,至于今,而薄醨固醇酎也。(《无能子·纪见》)

在《老君说》中,无能子借孔子问礼于老聃的记载,编造了一个老子指责孔子的故事:

> 孔子定礼乐,明旧章,删诗书,修春秋,将以正人伦之序,杜乱臣贼子之心,往告于老聃。老聃曰:夫治大国者若烹小鲜,蹂于刀几则烂矣。自昔圣人创物立事,诱动人情,人情失于自然,而夭其性命者纷然矣。今汝又文而缛之,以繁人情,人情繁则怠,怠则诈,诈则益乱,所谓伐其天真而矜己者也。

古之圣人"创物立事,诱动人情"已是过错,孔子又欲作之,伐人之天真,岂不更错?古之圣人与孔子皆为后儒所称的"圣人",无能子在这里则一并斥之,谓其"矜己者也"。在这里,无能子不过是借编故事来阐述自己的社会历史观念,与《庄子》书中假借孔子与老聃的对话表述自己的历史哲学观一样。

三、"壮哉,物之力"

"人情"之所以可以物"诱动",是因为人有满足自身需要的物质欲望。虽说这种物质欲望是对人顺其自然、遂其天真的本性的否定,在无能子看来是不合理的,但是,这种欲望有着不可遏制的巨大驱使力,物质欲望得到满足的程度越高,越显得尊贵,越得人们的敬仰,反之,得到的满足越少,地位越贱。无能子说:

> 天下人所共趋之而不知止者,富贵与美名尔。所谓富贵者,足于物尔。夫富贵之亢极者,大则帝王,小则公侯而已。岂不以被衮冕、处宫阙、建羽葆警跸,故谓之帝王耶?岂不以戴簪缨、喧车马、仗

旌旗铁钺，故谓之公侯耶？……物足则富贵，富贵则帝王公侯，故曰：富贵者足物尔。……以足物者为富贵，无物者为贫贱，于是乐富贵、耻贫贱、不得其乐者无所不至，自古及今醒而不悟。（《无能子·质妄》）

人们在追求物质欲望时，并非诚服，在很大程度上讲是不得已，却不得不依其然。那么，无能子所说的人们"醒而不悟"作如何解？无非说人们意识到自己正在做的梦是个恶梦，却被这恶梦笼罩住了，有意识，却不能完全醒过来。在他看来，真正醒过来的人，应当把个人的尊严、自由置于物质欲望之上，因为从价值上来说，尊严和自由远远高于物质欲望。

棺椁者济死甚矣，然其工之心，非乐于济彼也，迫于利，欲其日售则幸死。幸死非怨于彼也，迫于利也。医者乐病，幸其必瘳，非乐于救彼而又德彼也，迫于利也。（《无能子·固本》）

棺材是用来安置死了的人，可是做棺材来卖的人并不是为了安置死的人才做棺材，他只是为了赚钱，所以他希望有人死，可也不能说他对人都心怀恶意，或者因为怨恨才希望人死，他只是受到利益的驱动；同样，医生希望有人生病，又乐意治好人的病，他并不是想要治病救人而又使人感激他，只是因为治病可以获利。人们毕竟不是生活在理想的自然状态中，人们的行为皆受到物质利益关系的支配，合于利而动，不合于利而止，尽管这种人与物的关系表示的是人为物所驱使，表示的是人的本性的异化，但是人对此无能为力。故此，无能子惊叹物质力量不可抗拒："壮哉，物之力也！"（《无能子·质妄》）

在上述意义上来说，无能子在人类创世问题上是一种英雄（圣人）史观，在人类社会发展问题上是一种唯物自然史观。当然，无能子在看到后一个事实时表现得极不情愿，他的感叹意味着他洞察到了一个社会历史的必然性，却显得对此无奈。然而他终究认识到这个事实。从这一点来看，无能子并非缺乏现实时代感。

四、标立独立人格

冷静地观察、透视社会、历史、人生等，展开批判，在价值观上趋向于上古社会，似乎欲恢复到史前自然状态，其实这不过是表明了无能子的慕往而已，其真实的目的，乃在于通过否定性批判而逃离现实的社会关系，在主观上完善自我本性。通观《无能子》一书，可以看出，作者完全是一个庄学者，受庄子思想影响极深。同庄子一样，无能子追求人的自然本性的完善，追求个体精神自由和独立人格，而要做到这一点，就要把个体与社会的对立程度提升到极点，方能从中逃离出来。无能子所推崇的"衣冠不守，起居无常，失万物之名，忘家乡之礼"（《无能子·纪见》），即是在外表举止上表示了对现实社会的悖逆；"知之而反之者，则反以为不知"（《无能子·纪见》），表示了在认知态度和价值观上与俗人相反；而把朋友分为"形骸之友"（"无能子形骸之友华阳子为其所知，迫以仕"［《无能子·答华阳子问》]）与"心友"（"无能子心友愚中子病心，祈药于无能子"［《无能子·答愚中子问》]），则表示了与其交友的人中有精神境界高低或曰体天真自由程度之区分。

在《严陵说》中，无能子编造了汉光武帝与严陵子的这样一段对话。光武帝找到在富春钓鱼的昔日布衣之友严陵，欲聘之为官，说：

> 吾有官爵可以贵子，金玉可以富子，使子在千万人上，举动可以移山岳，叱咤可以兴云雨，荣宗华族，联公继侯，丹膜宫室，杂沓车马，美衣服，珍饮食，击钟鼓，合歌舞，身乐于一世，名传于万祀，岂与垂饵终日、汩没无闻、校其升沉荣辱哉？可为从于我也。

严陵子用严辞批驳了光武帝。其一说：

> 夫四海之内，自古以为至广大也。十分之中，山岳江海有其半，蛮夷戎狄有其三，中国所有一二而已。背叛侵凌征伐战争未尝怗息，夫中国天子之贵，在十分天下一二分中；征伐之中自尊者尔，夫

所谓贵且尊者不过于一二分中;徇喜怒、专生杀而已,不过一二分中。①

意谓光武帝妄自称大,不知天下之广大。其二说:

> 天子之贵何有哉? 所谓贵我以官爵者,吾知之矣。自古帝王与公侯卿大夫之号,皆圣人强名,以等差贵贱而诱愚人尔。……夫强名者,众人皆能为之,我苟悦此,当自强名曰公侯卿大夫可矣,何须子之强名哉? ……官爵实强名也,自我则有富贵之实,不自我则富贵何有哉?

意谓官爵、富贵皆人为名之,人人皆有自以"名人"的权利,自我感觉到自己是富贵的,自己认为自己是个官爵,这才是实在的;别人强加的富贵、官爵,而自己并没有觉得这些是自己需要的,那么这样的富贵与官爵是没有意义的。其三说:

> 子所诱我者,不过充欲之物而已。……况吾汩乎太虚,咀乎太和,动静不作,阴阳同彼。今方自忘其姓氏,自委其行止,操竿投缕,泛然如寄,又何暇梏其肢体,愁其精神,贪乎强名,而充乎妄欲哉! ……今子战争杀戮不知纪极,尽人之性命,得己之所欲,仁者不忍言也,而子不耻,反以我渔为耻耶?

意谓超然物外者无其富贵,超然精神者无其妄欲,连太虚、太和、动静、阴阳皆溟然无分,哪里还有什么富贵贫贱呢! 在无能子看来,"战争杀戮"、"尽人之性命"以填一己之贪欲本已是不仁德,"强名"之富贵贫贱亦是不真,只有到达超越于物质和精神之上的无我境界,才能找回失去的真实的自我。因而,他坚决拒斥官爵、富贵的引诱驱使。自我本性的完善即是对权威、社会人伦的否定、泯灭,"前无圣人,上无玄天"(《无能子·答鲁问》)。

---

① 《后汉书》有严陵事迹记载,其云:"严光字子陵,一名遵,会稽余姚人也。少有高名,与光武同游学。及光武即位,乃变名姓,隐身不见。"《后汉书》卷八三,"严光传",第 2763 页。

第四节 《化书》中的"虚化"论

谭峭的"虚化"论是以老子的运动转化观、庄子的齐物泯差论和《黄庭经》的内修涵养论为理论渊源，又广泛吸收了佛、儒观点和道教神仙理论实践，但绝非简单的袭用，而是重新加以整合发展，其中浸润着谭氏本人的创造性见解。如果说以前的道教理论家倾向于宇宙本体论的建构与界说的话，那么谭峭则明显倾向于宇宙万象、社会人生的变化观。谭氏有诗云："云外星霜如走电，世间娱乐似抛砖。"（《句》）十分真切地道明了他的理论倾向性与价值选择。

一、"虚化"论的基本特征

（一）"来不可遏，去不可拔"——"化"的绝对性

谭峭说：

> 虚化神，神化气，气化形，形化精，精化顾眄，而顾眄化揖让，揖让化升降，升降化尊卑，尊卑化分别，分别化冠冕，冠冕化车辂，车辂化宫室，宫室化掖卫，掖卫化燕享，燕享化奢荡，奢荡化聚敛，聚敛化欺罔，欺罔化刑戮，刑戮化悖乱，悖乱化甲兵，甲兵化争夺，争夺化败亡。其来也，势不可遏，其去也，力不可拔。①

这是谭氏"虚化"论的一个总的表述。其为"虚化"，则有以下基本特性：（1）"虚"。以虚为出发点，经过一系列的运动变化，又恢复到原出发点（"败亡"即是"无"）。（2）"化"。含有运动、变化、转化之义，既有形貌外表特征的变化，亦有内在本质的变化，而且，是一切现象的自生自化自返，无须外在力量的推动。（3）普遍性。这种运动、变化、转化非个别现象或某一类现象，而具有最大的普遍性，从微观世界（神、气）到宏观世界（各种物形），从自然（神、气、形）到人类社会（揖让、升降、尊卑、分别、冠

①《化书·道化·大化》，《道藏》第36册，第298页。

冕、车辂、宫室、掖卫、燕享、奢荡、聚敛、欺罔等等社会现象），从物质（形体）到精神（精、顾眄），无不遵循"化"的原则。（4）绝对性。包罗万象的运动转化，皆是一个自然而然的历史过程，生生无已，化化无穷，来"不可遏"，去"不可拔"，富有精神、意志特征的主体的人在这个自然过程面前是无能为力的，主体实际上只是自然客体的一个部分，依随自然客体流行运化。

为了说明人必然服从自然客体的运化，他进一步说明：

> 稚子弄影，不知为影所弄；狂夫侮像，不知为像所侮。化家者不知为家所化，化国者不知为国所化，化天下者不知为天下所化。三皇，有道者也，不知其道化为五帝之德；五帝，有德者也，不知其德化为三王之仁义；三王，有仁义者也，不知其仁义化为秦汉之战争。醉者负醉，疥者疗疥，其势弥颠，其病弥笃，而无反者也。①

"弄影"的主观感觉与"侮像"的主观行为看似属主体的人的自控行为，其实被非自控的客体的无意识行为所支配，"自为"实际上是顺从于"物"。同样，化家者、化国者、化天下者自以为家化、国化、天下化属于自己的行为带来的后果，却不明自己本身即为家、为国、为天下所化。这不仅是主体行为的物化与异化，而且在其本来意义上讲，主体的行为是服从并纳入了自然物化的行为过程中的，三皇之道化为五帝之德，五帝之德化为三王之仁义，三王之仁义化为秦汉之战争，这个自然历史变化虽非三皇、五帝、三王的主观行为，却属于绝对的必然，只不过这个客体行为不为主体行为者所了知罢了。这即是谭氏所要标立的"变化之道"。于此可见，他是一个决定论者，而且在他看来，主体的行为意识越强，越适得其反，如同醉者负醉，疥者疗疥。

（二）"化"有其则

"化"既是体现客观现象界运动变化的绝对必然性，就有其一定的规

---

① 《化书·道化·稚子》，《道藏》第 36 册，第 299 页。

定性。谭氏说:

> 道之委也,虚化神,神化气,气化形,形生而万物所以塞也。道
> 之用也,形化气,气化神,神化虚,虚明而万物所以通也。是以古圣
> 人穷通塞之端,得造化之源,忘形以养气,忘气以养神,忘神以养虚。
> 虚实相通,是谓大同。故藏之为元精,用之为万灵,含之为太一,放
> 之为太清。是以坎离消长于一身,风云发泄于七窍,真气熏蒸而时
> 无寒暑,纯阳流注而民无死生,是谓神化之道者也。①

用图式表示此一运化规则,即是:

道—虚—神—气—形,乃"道之委",表现了"顺化"的过程,即从抽象化
为具体、精神化为物质的过程。委者,随也,顺也,含顺化之意。如阳固《演
赜赋》云:"既听天而委化兮,无形志之两疲。"形—气—神—虚—道,乃"道
之用",表现了"逆化"的过程,即从具体化为抽象、物质返归精神的过程。
其为"用"者,乃道动而返归其根的作用。道与形、虚与实、通与塞,处于一
种动态互流的双向运动中,道、虚、通,委顺而变为形、实、塞,而形、实、塞又
逆返为道、虚、通。虚、通是道的两种特性,实、塞是形的两种特性。这里谭
氏意在指出,抽象与具体、精神与物质皆可在"化"的自然原则下相通,相互
之间并不存在不可逾越的障碍。人的自觉能动性在于"穷通塞之端,得造
化之源",亦即了彻"化"的道理,抓住化机,顺应并促进运动转化,返归道
体,达到"虚实相通"的"大同"境界。显而易见,谭氏的"虚化"论是从抽象

①《化书·道化·紫极宫碑》,《道藏》第36册,第297页。

精神出发,经过一系列物化过程又复归精神的本体论。有人以为谭氏所论的宇宙本体即是"虚",从虚出发又复归于虚。这种说法其实未切准谭峭的原意,在他那里,"虚"只是道的本然状态,并不是道本身,化之源是道,顺逆互化的基础在于道之"委"与"用",虚亦只是"道之委"。

谭峭"虚化"论的直接理论来源是老子的运动转化观。老子说:"反者道之动,弱者道之用。"(《老子》第 40 章)又说:"夫物芸芸,各复归其根。"(第 16 章)"其上不皦,其下不昧,绳绳兮不可名,复归于无物。"(第 14 章)在老子看来,道本身化为物,物复归于"无物"之状的道,皆属道自身周而复始的运动作用,任何物质现象都不是永恒的存在,而只是道在运动转化过程中不同阶段的变现,只有道本身才是永恒的自在,正所谓"道乃久""德乃长"。谭氏在这些方面与老子一脉相承,而且在本来意义上讲,谭氏的"虚化"论与老子的观点一样,也是一种循环转化论。但《化书》也有不同于《道德经》的地方:首先,老子的"道"乃是含有物质成分的,谭氏的"道"则是彻底的精神体,这是由于后者寓有宗教神学的蕴义,前者则没有;其次,老子讲的转化是不讲任何条件的转化,谭氏的转化则一方面是绝对无条件的转化(化的趋势),另一方面又是讲转化条件的,他要求人们"穷通塞之端",把握化机,即是喻明转化是有一定根据条件的。在道家和道教发展史上,几乎每一理论大家都要围绕宇宙本体论的论证讲述运动变化与转化问题,但像谭峭这样以如此明了的方式、酣畅的笔墨来突出"虚化"论,则是自老子之后所未有的。

二、"化"的根据

作为一种宗教哲学的论证,"虚化"论仅仅宣布一切皆"化"是不够的,还须回答"化"的内在根据,说明物质与精神、自然与社会、宏观与微观是如何实现转化交替的。

谭氏说:

> 形气相乘而成声。……声导气,气导神,神导虚;虚含神,神含

气，气含声。声气形相导相含……①

　　虚含虚，神含神，气含气，明含明，物含物。达此理者，情可以通，形可以同。②

"乘"在此指利用、运载；"导"在此指引导、开通。不仅两种物质现象（形、气）相互利用，而且又可引发另一种现象（声、气、形、虚之递相"导"），之所以能够递相引发（"导"），在于一种现象本身涵育着另一种可引发的现象（虚、神、气之递相"含"）。这里列举的各种现象之间并不存在根本的障碍（无论是物质的还是精神的）。如果说前一段话尚且表述得不够彻底的话，那么后一段话则是彻底明了的，不仅各种现象之间递相涵育，而且同类现象也叠相涵育。既然虚虚相含，神神相含，甚而物物也相含，那么相互转化、变现也就没有什么问题了，"至淫者化为妇人，至暴者化为猛虎"③，"马可使之飞，鱼可使之驰，土木偶可使之有知"④。谭峭将各类变现、转化现象总体分为两类情形：一是"自无情而之有情也"，如"老枫化为羽人，朽麦化为蝴蝶"；二是"自有情而之无情也"，如"贤女化为贞石，山蚯化为百合"，等等。⑤

　　物质的东西与精神的东西、无情与有情之间相互变现转化，中间有无某种东西作为中介呢？或者说不同质的东西可以互换位置，其中是否具有某种同质的东西呢？显然，如果回避这样的问题，就不能做到谭峭本人所要求的那样："穷通塞之端，得造化之源"。谭氏的回答是肯定的，他说：

　　太上者，虚无之神也；天地者，阴阳之神也；人虫者，血肉之神也。其同者神，其异者形。⑥

①《化书·道化·大含》，《道藏》第 36 册，第 299—300 页。
②《化书·术化·大同》，《道藏》第 36 册，第 302 页。
③《化书·术化·心变》，《道藏》第 36 册，第 301 页。
④《化书·术化·蠮蝎》，《道藏》第 36 册，第 301 页。
⑤《化书·道化·老枫》，《道藏》第 36 册，第 297 页。
⑥《化书·道化·神道》，《道藏》第 36 册，第 299 页。

> 太虚，一虚也；太神，一神也；太气，一气也；太形，一形也。命之
> 则四，根之则一，守之不得，舍之不失，是谓正一。①

> 云龙风虎，得神气之道者也。神由母也，气由子也，以神召气，
> 以母召子，孰敢不至也？②

以上所述包含了三层意思：第一，各类现象虽然千差万别（形异），但其中
有着同一不二的东西——神，太上域、天地域、人虫域皆有同质的神。第
二，虚、神、气、形分殊而异，名实有别，但贯彻其中的"正一"之神则是其
"根"，亦即根同由③殊。这个相同之"根"不可以具体事物的得与失来权
衡，不管各类现象如何实现转化，它始终贯穿其中，"神可以分，气可以
泮，形可以散。散而为万，不谓之有余；聚而为一，不谓之不足"④。第三，
"神"与"气"的关系犹如母与子，子由母生，母召子至，亦即万象万类虽有
丰富的表现与特性，却皆可以"神"来统摄号令。在以上三种意义的基础
上，他肯定地说：

> 以一镜照形，以余镜照影。镜镜相照，影影相传，不变冠剑之
> 状，不奇黼黻之色。是形也，与影无殊。是影也，与形无异。乃知形
> 以非实，影以非虚，无实无虚，可与道俱。⑤

谭峭没有进一步说明作为万象同质的"神"究竟是什么，但从其逻辑
语义分析来看，这个"神"乃是最高、最普遍意义的道在某一运化层次上
的变现和具体化，它与道具有直接的同一性，是广泛意义上的现实存在，
却又非可感的生动具体的存在，包含属于具体可感的存在物中，又超越
具体的有限物形，它的每次超越便外在化为每一个"转化"，而无限的转
化又都以它作为中介、枢纽，故此它又称做"神化之道"。谭氏显然接受

---

① 《化书·道化·正一》，《道藏》第 36 册，第 299 页。
② 《化书·术化·云龙》，《道藏》第 36 册，第 300 页。
③ 《博雅》："由，用也。"
④ 《化书·道化·正一》，《道藏》第 36 册，第 298 页。
⑤ 《化书·道化·形影》，《道藏》第 36 册，第 297 页。

了佛教华严宗"理事无碍"学说的影响，但更直接的理论来源则是唐代道教的义理化倾向和内丹学说，这一点我们在后面还要谈到。

三、齐物等差的相对主义方法论

在隋唐五代时期，借老庄哲学以加深道教宗教哲学论证是道教历史发展的时代要求，《庄子》被敕封为《南华真经》虽然较晚，但唐初就已有广为流布的成玄英《庄子》注疏本，《新唐书》中就录庄子注解者十四家、百余卷。谭峭在展开"虚化"论哲学时，显然借用了庄子的相对主义方法论。

（一）在承认物差的前提下齐物等差

这方面谭峭同庄子如出一辙，他们只有一点细微的差别。庄子先着力揭示事物之间的差别矛盾现象，然后又从相对主义观点出发，认定这些差别与矛盾只是有限的，是主体有限的视角所造成的，在道的标准看来，这些差别与矛盾是不存在的。如《庄子·秋水》所云："以道观之，物无贵贱；以物观之，自贵而相贱；以俗观之，贵贱不在己。以差观之，因其所大而大之，则万物莫不大；因其所小而小之，则万物莫不小……"谭峭则不在提示差别、矛盾现象上做文章，只在承认差别、矛盾的基础上着力去泯灭事物之间的界限、差别与矛盾，其基本做法是把一切事物放在一个"化化不间""环环无穷"的绝对运动状态中来考察。他说：

> 龙化虎变，可以蹈虚空，虚空非无也；可以贯金石，金石非有也。有无相通，物我相同，其生非始，其死非终。[1]
>
> 枭夜明而昼昏，鸡昼明而夜昏，其异同也如是。或谓枭为异，则谓鸡为同；或谓鸡为异，则谓枭为同。孰枭鸡之异昼夜乎？昼夜之异枭鸡乎？孰昼夜之同枭鸡乎？枭鸡之同昼夜乎？夫耳中声我自闻，目中花我自见，我之昼夜，彼之昼夜，则是昼不得谓之明，夜不得

---

[1]《化书·道化·龙虎》，《道藏》第 36 册，第 298 页。

谓之昏,能齐昏明者,其唯大人乎?①

即在无限的"化"的链条上,一切对立与差别皆消融了,龙虎、金石、枭鸡、同异、有无、物我、彼此等等,也都在始而终、终而始、昼而夜、夜而昼的无限反复循环的变动中互换、互化、互生,因而人们不必也不应该执着于某一具体的物质形态,而应从"化"的高度把一切看做齐同无异。

（二）心、神、物混合无差

谭峭在运用相对主义的方法论时,自然地运用了庄子"心斋""坐忘"的方法。他说:

> 唯无心者火不能烧,水不能溺,兵刃不能加,天命不能死。其何故?志于乐者犹忘饥,志于忧者犹忘痛,志于虚无者可以忘生死。②

> 万物可以虚,我身可以无。以我之无,合彼之虚,自然可以隐,可以显,可以死,可以生,而无所拘。夫宫中之尘若飞雪,而目未尝见;穴中之蚁若牛斗,而耳未尝闻,况非见闻者乎?③

> 术有火炼铅以代谷食者,其必然也。然岁丰则能饱,岁俭则能饥,是非丹之恩,盖由人之诚也。则是我本不饥而自饥之,丹本不饱而自饱之。饥者大妄,饱者大幻,盖不齐其道也。故人能一有无,一死生,一情性,一内外,则可以蜕五行,脱三光,何患乎一日百食,何虑乎百日一食。④

在谭峭看来,人世间的忧乐、痛苦、性情、内外、饥饱、生死皆依心之所适。心志于诚时,就可以产生"忘"的效应,飘在空中大如飞雪的尘埃可以视而不见,在巢穴中的蚂蚁争斗之如牛斗,可以听而不闻;百日一食与一日百食皆可置之不顾;火不能烧,水不能溺,兵刃不能相加,从而生与死之疆界也可以合,生而无生,死而无死,生即是死,死即是生。既然

---

① 《化书·道化·枭鸡》,《道藏》第 36 册,第 298 页。
② 《化书·术化·虚无》,《道藏》第 36 册,第 301 页。
③ 《化书·道化·射虎》,《道藏》第 36 册,第 298 页。
④ 《化书·道化·铅丹》,《道藏》第 36 册,第 297 页。

可以外生死,什么五行、三光亦皆随之齐同。所谓诚,即是要努力使自己内心一尘不染,一念不生,无心无欲,达到至虚境界,以心之无合万物之虚,从而显隐自在,生死无拘。以主观上的有来衡量、解释客观现象界的有无,这带有明显的心学倾向,如谭峭所明确表述的那样:

> 非物有小大,盖心有虚实。……人无常心,物无常性。①

从相对主义走向主观的心学,并不为怪,因为此间本来就存在着由此达彼的桥梁。隋唐佛教,尤其是天台宗和禅宗大量地吸收庄子哲学,也是根源于这一点。而道教自唐初以来所实现的义理化过程中就带有心学的倾向,却又终究没有完全演变为心学,它自始至终只是带有主观心学的倾向。以上情形在谭峭的"虚化"论中也有明显的表现,这种表现也是谭峭与庄子相区别的一个重要方面。庄子是在相对的有限主体与无限客体的认识基础上主张"坐忘"的,试图将有限的主体泯化在无限的客体之中去,从而以有限个体分享到无限的整体。谭峭同样是在庄子认识论基础上,试图解决有限主体与无限客体之间的矛盾,但是在他看来,以心之无合物之虚是解决问题的方式。这还只是问题的一面,而问题之能解决,心之无之能够合物之虚,还在于有着某种根源。他说:

> 土木金石,皆有情性精魄。虚无所不至,神无所不通,气无所不同,形无所不类。孰为彼? 孰为我? 孰为有识? 孰为无识? 万物,一物也;万神,一神也。②

这是说万物皆为虚、神所通,万物皆有同一无差的神寓其中(万神一神),万物虽殊,却无不合于类(万物一物),因而有识(神)与无识(物)皆融为一体,主体与客体相合和,有限的个体也就同一于无限的整体了,然而,认为土木金石皆有情性精魄,则又附着上了泛神的特色。

(三) 泛神特色

从万物皆有同一不二的神及万物可以互化互生,必然引出"土木金

---

①《化书·术化·虚实》,《道藏》第 36 册,第 301 页。
②《化书·道化·老枫》,《道藏》第 36 册,第 297 页。

石,皆有情性精魄”的结论。谭峭说:

> 涧松所以能凌霜者,藏正气也;美玉所以能犯火者,蓄至精也。①

涧松所藏之“正气”、美玉所蓄之“至精”与人的“浩然正气”“精诚之心”并无原则的区别,对于人来说,“神全则威大,精全则气雄。万惑不能溺,万物可以役。是故一人所以能敌万人者,非弓刀之技,盖威之至也;一人所以能悦万人者,非言笑之惠,盖和之至也”②。故而“五行之精”“万物之灵”与人的精神情性可以互为因果,交相表现。在《化书》中,谭峭列举了许多这样的情形,有“自无情而之有情者”,如“老枫化为羽人,朽麦化为蝴蝶”③,“粉巾为兔,药石为马”④,“土木偶可使之有知”⑤;有“自有情而之无情”者,如“六尺之躯可以为龙蛇,可以为金石,可以为草木”⑥;还有“自有情而之有情者”,如“婴儿似乳母”⑦,“至淫者化为妇人,至暴者化为猛虎”⑧,如此等等。

谭峭的这种泛神论思想倾向在中世纪广为流传,对同一历史时期兴起的唐末传奇小说产生了巨大影响,如《太平广记》中就记载了秦始皇丢在海里的“算袋”后来变为“乌贼鱼”的故事。对明清小说的影响更大,《西游记》中的灵猴、白骨精、树精,《红楼梦》里的宝玉、灵草皆是“万物有灵”在文学上的表现。至于《聊斋志异》,则完全充满着物类有灵有情的生动故事情节。

四、谭峭的论证与道教内丹学的关系

唐末五代正是道教修仙理论急剧嬗变时期,外丹学逐渐式微,内丹学方兴未艾,这个时期的道教理论家一方面对道家传统的存思存神、吐

---

① 《化书·术化·涧松》,《道藏》第 36 册,第 302 页。
② 《化书·术化·猛虎》,《道藏》第 36 册,第 300 页。
③ 《化书·道化·老枫》,《道藏》第 36 册,第 297 页。
④ 《化书·道化·环舞》,《道藏》第 36 册,第 297 页。
⑤⑦ 《化书·术化·蟌蟓》,《道藏》第 36 册,第 301 页。
⑥⑧ 《化书·术化·心变》,《道藏》第 36 册,第 301 页。

纳导引等杂多之术加以精炼归纳与提炼，又广泛摄取佛儒修养理论成分，拿来与原先的外丹理论加以整合，重建了一套系统完整的类似外丹烧炼过程的内丹学说，出现了《入药镜》《灵宝毕法》《钟吕传道集》《西山群仙会真记》《还丹内象金钥匙》等内丹道书。另一方面又展开了内丹学说的哲学论证，这种论证既表现为对传统外丹理论的"证伪"，又表现为对内丹学说逻辑理论的"证实"。这种批判中的创造是在道教内部自行实现的，却也是源于在外丹术靡费无效的严肃事实面前找寻出路。唐代道教界出现了许多宗教哲学大师，如唐初成玄英、李荣、王玄览，中唐司马承祯、吴筠、李筌，晚唐钟离权、吕洞宾、杜光庭等等。内丹修仙术提出了宗教哲学论证的需要，宗教哲学加深了内丹修仙术的理性思维水平，完善了它存在的合理性与可靠性，而内丹修仙术则又反过来使宗教哲学的论证更加神秘化。这个过程在开始时是分途而同向地进行的，到后来北宋张伯端《悟真篇》的出现，则标志着两种努力的完全合流。

作为五代时期的宗教哲学大师，谭峭的论证有其独到之处和划时代的意义。

（一）神可不死，形可不生

道教的一个基本理论观点是通过修炼或服丹，达到全神保形的目的。如陶弘景说："形神合时，是人是物；形神若离，则是灵是鬼。"[1]在外、内丹术相嬗替的唐代，这种观念开始动摇。唐太宗曾说过：

> 神仙事本是虚妄，空有其名。秦始皇非分爱好，为方士所诈，乃遣童男童女数千人，随其入海求神仙。方士避秦苛虐，因留不归，始皇犹海侧踟蹰以待之，还至沙丘而死。汉武帝为求神仙，乃将女嫁道术之人，事既无验，便行诛戮。据此二事，神仙不烦妄求也。[2]

白居易《海漫漫》中同样表现出这种倾向：

---

[1]《答朝士访仙佛两法体相书》，《华阳陶隐居集》卷上，《道藏》第 23 册，第 646 页。
[2]《贞观政要·卷六·论慎所好》。

> 海漫漫,风浩浩,眼穿不见蓬莱岛。不见蓬莱不敢归,童男丱女
> 舟中老。徐福文成多诳诞,上元太一虚祈祷。君看骊山顶上茂陵
> 头,毕竟悲风吹蔓草。何况玄元圣祖五千言,不言药,不言仙,不言
> 白日升青天。

但是,人们并没有完全放弃对肉体超举飞升的想像,中唐时期的吴筠尚
且相信"形神合同,不必金丹玉芝,可俟云軿羽盖矣"①。相传中唐以后的
唐武宗、唐宣宗等服丹中毒即是在追求形神俱飞的过程中付出的代价。
唐初孙思邈主张"神能性慧",成玄英主张"应感赴机",司马承祯主张"心
安而虚则道自来",杜光庭主张"安静心王""以心合道",都是试图说明形
不与神俱升。然而以最明了的命题突破形神关系的是谭峭,他说:

> 载我者身,用我者神,用神合真,可以长存。②
> 我为形所昧,形为我所爱,达此理者,可以出生死之外。③
> 彼知形而不知神,此知神而不知形,以形用神则亡,以神用形
> 则康。④
> 虚化神,神化气,气化血,血化形,形化婴,婴化童,童化少,少化
> 壮,壮化老,老化死。死复化为虚,虚复化为神,神复化为气,气复化
> 为物。化化不间,由环之无穷。夫万物非欲生,不得不生;万物非欲
> 死,不得不死。达此理者,虚而乳之,神可以不化,形可以不生。⑤

上述无非表示:(1) 人们通常为形体所昧,只知爱形体,不知形体终究是
要消亡的。(2) 就具体的人的形神关系来说,神为主,形为用,以神来役
使形体则健康长寿,以形体役使神则不免神疲形亡。(3) 形的特点是
"塞",不能合真(道),只有以"虚"为特点的神才能合虚通之道,故此,"用

---

① 《玄纲论·学则有序章第十一》,《道藏》第 23 册,第 677 页。
② 《化书·道化·阳燧》,《道藏》第 36 册,第 299 页。
③ 《化书·道化·爪发》,《道藏》第 36 册,第 299 页。
④ 《化书·术化·用神》,《道藏》第 36 册,第 300 页。
⑤ 《化书·道化·死生》,《道藏》第 36 册,第 299 页。

神合真,可以长存"。(4)在以上意义上可以肯定,神合永恒的道,故可以不死;形不为人所爱,故可以不生。"数可以夺,命可以活,天地可以反覆。"①谭峭的形神论是与内丹道教互为表里的,符合道教发展的要求。

（二）"神化之道"

在形神关系辩论的基础上,谭峭进一步探讨了修炼成仙的途径问题,他说:

> 以其心冥冥兮无所知,神怡怡兮无所之,气熙熙兮无所为,万虑不能惑,求死不可得。是以大人体物知身,体身知神,体神知真,是谓吉人之津。②

"心"与"神"语殊义同,心动谓之神,神静谓之心,意思是人们如能做到身安心静,身心高度合一,外无所惑,内无所忧,那么就离仙境不远了。具体做法是:从事事物物的体验中察知自己的存在,从自己的形体中察知本心的存在,从本心中察知道(真)的存在,道存于心,心神存于形体,形体存于物事,知身应当忘物,知心应当忘身,知神应当忘心,外忘物事,内忘身心,此为通仙之幽径。"津"者,指由此岸达彼岸的济渡处。在谭峭看来,登真成仙不过是得道,而道基本的特性是虚通,物事是塞滞不能通的。人们如果在事事物物上去追求,则永无臻期,因而"召之于外,不如守之于内"③,"用神合真,可以长存"④。在道教理论中,神为阳性,气为阴性,内丹学说是要通过炼养形气,化为纯阳的神性,然后无死期。谭峭同样如此,他把这样修炼登仙的途径叫做"神化之道":"纯阳流注而民无死生,是谓神化之道者也。"⑤神化合道,则形之存亡显得无关紧要,只要内养成神,"然后用之于外,则无所不可"⑥,即内神则外物应化,无所不宜,这也即是儒学"内圣外王"之道在宗教理论上的翻版。而在形神关

---

① 《化书·术化·转舟》,《道藏》第 36 册,第 301 页。
② 《化书·道化·蛰藏》,《道藏》第 36 册,第 297 页。
③⑥ 《化书·术化·云龙》,《道藏》第 36 册,第 300 页。
④ 《化书·道化·阳燧》,《道藏》第 36 册,第 299 页。
⑤ 《化书·道化·紫极宫碑》,《道藏》第 36 册,第 297 页。

系上，从形神俱飞到形亡神存的转变，又与佛教"形静神驰"的说法相差无几了。不断地汲取佛、儒等其他文化养分以丰富完善自己，此即是道教杂取兼容、融合创新的理论特色。由此亦可洞见儒释道三教合流的内在基础。

可以看出，谭峭"虚化"论有两个未能克服的矛盾：第一，他试图说明"道"超有无，"无实无虚"，"虚实相通"，它是"有"，却不是具体形态的有，它是"无"，却不是没有内容的、缺乏规定性的无。在有与无的矛盾关系中，由于突出超越以及宗教神学的需要，他不自觉或自觉地倾向于无，确有虚无化的倾向，如云："万物本虚，万物本无"①，"人无常心，物无常性"②，"能师于无者，无所不之"③。第二，他在谈到万物皆"化"时，是包括形神在内的，形神也要随着道化的一体性周而复始地运动转化，但他在谈到以心合真、登仙成神时，又宣布"神可以不化，形可以不生"，这种不化不生的理想追求便与"化化不间""环环无穷"的事实相抵牾了。两种矛盾说到底，乃是理想与现实之间的矛盾。

然而，正是在这种矛盾中，谭峭求得了超越前人的"深解"。他的"虚化"论以其明彻的语言、深刻的思辨以及生动形象的表述，概括出了道家、道教辩证法的总特征，是对老庄道家辩证思想的发展。他的形神论结束了道教"形神俱飞"的理论垄断，具有清新的划时代意义。

第五节 《化书》的社会批判思想

一、"大化之往"——自然论基础上的社会发生论

谭峭以"虚化"论淋漓尽致地描绘并论证了宇宙自然的衍生运化。同样地，他也以此来审视、权衡、品评历史领域的广泛社会现象，由此形

---

① 《化书·术化·水窦》，《道藏》第 36 册，第 300 页。
② 《化书·术化·虚实》，《道藏》第 36 册，第 301 页。
③ 《化书·术化·狐狸》，《道藏》第 36 册，第 301 页。

成他以自然论为特色的社会批判论。

首先,谭峭从自然主义的观点出发,认定自然在先,道德伦常在后;道在先,名理在后。他说:

> 旷然无为之谓道,道能自守之谓德,德生万物之谓仁,仁救安危之谓义,义有去就之谓礼,礼有变动之谓智,智有诚实之谓信,通而用之之谓圣。道,虚无也,无以自守,故授之以德;德,清静也,无以自用,故授之以仁;仁用而万物生,万物生必有安危,故授之以义;义济安拔危,必有臧否,故授之以礼;礼秉规持范,必有凝滞,故授之智;智通则多变,故授之以信;信者,成万物之道也。①

从"无为"之道、"自守"之德,到"生万物"之仁、"救安危"之义、"去就"之礼、"变动"之智、"诚实"之信,是一个自然而然的过程。自然的原则先于人伦的原则而存在,人伦的原则只是自然的原则自在、自好、自化的结果,既非"王道设教",又非"圣人化性起伪",圣人在这里只能对普通原则(道、德)的具体化(仁、义、礼、智、信)正当合理地运用罢了("通而用之之谓圣"),在"化"的链条上没有"圣人"的地位。在此,谭氏还亟欲表明,道、德、仁、义、礼、智、信皆有其负面价值,道"无以自守",德"无以自用",仁有"安危",义有"臧否",礼有"凝滞",智"则多变",这些负面的东西皆为其自身所不能克服,道须借助于德、德须借助于仁……如此,道—德—仁—义—礼—智—信之递相嬗变,也是"来不可遏,去不可拔"的"势"。

为了说明社会政治、人伦规范对于自然的从属性、派生性,以及与自然关系的一体性,谭峭进而以道、德与天、地相匹配,以五常(仁、义、礼、智、信)与五行相匹配。他说:

> 道德者,天地也。五常者,五行也。仁,发生之谓也,故均于木。义,救难之谓也,故均于金。礼,明白之谓也,故均于火。智,变通之谓也,故均于水。信,慇然之谓也,故均于土。仁不足则义济之,金

---

① 《化书·仁化·得一》,《道藏》第 36 册,第 305 页。

伐木也;义不足则礼济之,火伐金也;礼不足则智济之,水伐火也;智不足则信济之,土伐水也。始则五常相济之业,终则五常相伐之道,斯大化之往也。[①]

自董仲舒以四时五行配合四情(喜、怒、哀、乐)、五常(仁、义、礼、智、信)以来,这种"天人感应"的思想不仅为儒学所沿袭,道教也根据自身理论化建设的需要进行利用。但是,道教并不是在儒学那样广泛的意义上的认同,而是在宇宙、人生的终极目的上,亦即在宇宙本体上,在人何以契真通道、何以以有限的自我泯合最高的无限本体上认同了"天人感应"论。谭峭在这里也并不愿意说明自然之天对于社会、人生的干预作用,而是倾向于一种自然发生论:仁、义、礼、智、信类似于土、木、金、火、水,五行相生如同五常"相济",五行相克如同五常"相伐",无论是"相济"的产生过程,还是"相伐"的克服过程,都依自然而然的原则,无须凭借任何外力的有意促动。这种融自然与社会为一炉的整体协调的发生论,谭氏称做"大化之往"。据此,他批判儒学执着分殊五常而不知"五常之道",是"日暮途远,无不倒行",是难以行得通的:

> 儒有讲五常之道者,分之为五事,属之为五行,散之为五色,化之为五声,俯之为五岳,仰之为五星,物之为五金,族之为五灵,配之为五味,感之为五情。所以听之者若醯鸡之游太虚,如井蛙之浮沧溟,莫见其鸿濛之涯,莫测其浩渺之程,日暮途远,无不倒行。殊不知五常之道一也,忘其名则得其理,忘其理则得其情,然后牧之以清静,栖之以杳冥,使混我神气,符我心灵。若水投水,不分其清;若火投火,不问其明。是谓夺五行之英,盗五常之精,聚之则一芥可饱,散之则万机齐亨。其用事也,如酌醴以投器;其应物也,如悬镜以鉴形。于是乎变之为万象,化之为万生,通之为阴阳,虚之为神明。所以运帝王之筹荣,代天地之权衡,则仲尼其人也。[②]

---

① 《化书·仁化·五行》,《道藏》第36册,第305页。
② 《化书·德化·五常》,《道藏》第36册,第303页。

在谭峭看来,儒者所讲五常之理繁多,使人听之如醯鸡之游太虚,井蛙之浮沧溟,不切实用,原因在于儒者知其五,而不知其一——"五常之道"。此"一"夺五行之英,盗五常之精,充之一芥不为小,放之万机不为大,其理一,分殊而万,人能得之,应物鉴形,通变自在。这个"一"——"五常之道"也就是"大化之往"。如何能得其"一"呢?他提出了一个近似王弼"得意忘象,得象忘言"的方式:"忘其名则得其理,忘其理则得其情。""一"之所以能够御"五",不仅在于"五"生于"一",而且在于"五"依大化之则,能返于"一",从实际情形来说,这种由五返一的体认方式乃根源于老子"和光同尘"的体知方式。谭氏这段话,十分明了地突出了一个价值判断:道高于儒。儒家重人伦轻自然,道家重自然而轻人伦,自然的原则高于社会的原则,社会的原则不仅根源于自然的原则,而且终归要返回到自然的原则。在这种原则指导下,谭峭所论述的社会伦理,始终是以自然为终极原则。

其次,谭峭认为人类社会的伦常规范最早即存在于动物活动之中。他说:

> 夫禽兽之于人也何异?有巢穴之居,有夫妇之配,有父子之性,有死生之情。鸟反哺,仁也;隼悯胎,义也;蜂有君,礼也;羊跪乳,智也;雉不再接,信也。孰究其道?万物之中,五常百行无所不有也,而教之为网罟,使之务畋渔。且夫焚其巢穴,非仁也;夺其亲爱,非义也;以斯为享,非礼也;教民残暴,非智也;使万物怀疑,非信也。夫膻臭之欲不止,杀害之机不已。羽毛虽无言,必状我为贪狼之兴封;鳞介虽无知,必名我为长鲸之与臣虺也。胡为自安?焉得不耻?吁!直疑自古无君子![1]

鸟兽无言无知,然而其活动的内容与人类社会同样具有丰富性,有配偶,有情性,有仁义礼智信,而且动物生活中这些内容比人类还要纯朴真切。

---

[1]《化书·仁化·畋渔》,《道藏》第36册,第305页。

社会生活中的人们虽然彼此充满仁义道德,却凭借物力对同样充满社会生活内容的鸟兽动物施行非仁非义非礼非智非信的迫害,以一类仁义道德有意践踏破坏另一类仁义道德,早已是非仁义道德的了。显然,谭氏将动物的自然性与人类的社会性混同了,将动物的本能反应与人类的精神生活内容齐同了,这是一种不言而喻的浅显的错误。但不可由此断定谭氏浅陋。首先,谭氏只不过是借这些事例表述道家、道教历来如此的价值观。尽管其对自然状态的社会生活,或重新树立起来的自然道德价值准则的理解及描绘是在缺乏考古、实证材料基础上的臆测推断,因而粗浅、朦胧,甚至荒诞不经,但这毕竟是对现实生活的扬弃。其次,在上述意义上讲,谭氏并不只是醉醺醺的呓语,也不是不食人间烟火的异想天开,相反,他的论述是建立在对社会生活的深刻透视和对人生的切身体验基础之上的,是一个先入世而后出世的冷峻观察者的超尘脱俗之论。

最后,谭峭以自然原则为基础,形成善恶是非判断。他剖析了为恶与为善的内心世界:

> 为恶者畏人识,必有识者;为善者欲人知,必有不知者。是故人不识者谓之大恶,人不知者谓之至善。好行惠者恩不广,务奇特者功不大,善博弈者智不远,文绮丽者名不久。是以君子惟道是贵,惟德是守,所以能万世不朽。①

作恶者唯恐为人所知,行善者生怕不为人所知,然而客观效果恰恰是怕人知者偏偏有人知,怕人不知者常常有人不知。同样,"好行惠者""务奇特者""善博弈者""文绮丽者"等等,主观愿望与客观效果总是差距很远。因为作恶者怕人知,行善者怕人不知,行惠者示人恩报,务奇特者求功绩,善博弈者欲表现自己的聪明,文绮丽者务名声,这种主观欲望本身就限制了自己的行为,狭窄的动机不可能引发出广大的行为。解决这一问

---

① 《化书·仁化·善恶》,《道藏》第 36 册,第 307 页。

题的方法在于泯灭主观动机与客观效果之间的联系,主客两忘,唯道德清虚是守。谭峭于是推论:

> 救物而称义者,人不义之;行惠而求报者,人不报之。民之情也,让之则多,争之则少,就之则去,避之则来,与之则轻,惜之则奇。故大义无壮,大恩无象。大义成,不知者荷之;大恩就,不识者报之。①

在这里,主观动机与客观效果不仅是存在落差,而且相反了,主观意识越强,得到的效果越差,反之,不求称义者,人们不自觉地以之为"义",不求恩报者,却有人无意识地为之感恩戴德。此即是主观动机与客观效果的辩证法。

谭氏还分析了"智愚"问题:

> 夫智者多屈,辩者多辱,明者多蔽,勇者多死。②

> 无所不能者,有大不能;无所不知者,有大不知。夫忘弓矢然后知射之道,忘策辔然后知驭之道,忘弦匏然后知乐之道,忘智虑然后知大人之道。是以天下之主,道德出于人;理国之主,仁义出于人;忘国之主,聪明出于人。③

凡玩弄聪明者必有屈穷之时,玩弄善辩才能者必自招辱,自以为明达者必有不达之蔽,自恃勇敢者必因勇敢而死。在谭氏看来,越是自以为有能耐的,越是自以为聪明的,其实越无能耐,越无智识。因为有能则有所不能,有知则有所不知,人们越矜夸自己大能大知,带来的危害越大。与其这样,还不如在主观上忘却自我,顺应"万物之情",在道的高度上临照统协,这样才能超越无能与万能、智与愚的区别,于己无害,于物无损。

显然,谭氏在理论上借助了庄子"大辩不言"的相对主义方法论,试

---

①《化书·仁化·救物》,《道藏》第 36 册,第 306 页。
②《化书·仁化·海鱼》,《道藏》第 36 册,第 306 页。
③《化书·德化·聪明》,《道藏》第 36 册,第 303 页。

图超越有限契合于无限,超越片面合于完整。这一方面表现了道教理论家宽阔的理论视界,同时也暴露出他在理想与现实之间的一厢情愿。尽管如此,应当肯定他对"民之情"的洞悉是透彻的。

二、"反覆之道"——对社会矛盾的揭露与批判

首先,谭峭揭露了君臣与民之间的利害关系。

统治者与被统治者处在不同的政治地位,但具有同样的物质欲望:"君之于民,异名而同爱。君乐驰骋,民亦乐之;君喜声色,民亦喜之;君好珠玉,民亦好之;君嗜滋味,民亦嗜之。其名则异,其爱则同。"[1]在谭峭看来,君权并非"神授",君王所居"高台崇榭"与所享之"金根玉辂"并非平民所不欲,只不过依仗着武力与等级制度才使得君临于上、民迫于下。谭氏警告说,这种情况并非亘古不变,于是他提出个"反覆之道":

> 天子作弓矢以威天下,天下盗弓矢以侮天子。君子作礼乐以防小人,小人盗礼乐以僭君子。有国者好聚敛,蓄粟帛、具甲兵以御贼盗,贼盗擅甲兵、踞粟帛以夺其国。[2]

> 所以民道君之德,君盗民之力。能知反覆之道者,可以居兆民之职。[3]

统治者用以维护自身物质利益的种种手段,被统治者亦可因以反而施行之,以其人之道还治其人之身,统治者与被统治者之间不存在某种先定的、不变的从属关系,上可欺下,下亦可犯上。"上以食而辱下,下以食而欺上,上不得不恶下,下不得不疑上,各有所切也。夫剜其肌、啖其肉,不得不哭,扼其喉、夺其哺,不得不怒。"[4]上与下或辱或欺,或恶或疑,统治者的欲望满足建立在对他人欲望的侵夺基础之上,"主者以我欲求

---

[1]《化书·俭化·君民》,《道藏》第 36 册,第 310 页。
[2]《化书·德化·弓矢》,《道藏》第 36 册,第 303 页。
[3]《化书·德化·酒醴》,《道藏》第 36 册,第 304 页。
[4]《化书·食化·雀鼠》,《道藏》第 36 册,第 309 页。

人之欲,以我饥求人之饥"①。统治者与被统治者处于物质利益的对立冲突之中,只是这种冲突被仁德之类的外纱掩盖了罢了,在本质上不存在什么上对下仁爱、下对上事忠的关系。谭氏发扬了庄子"窃钩者诛,窃国者为诸侯"的思想,认为上与下冲突的根源在于上,在于统治者对于民众的肆意剥夺与猎取:"非兔狡,猎狡也;非民诈,吏诈也。慎勿怨盗贼,盗贼惟我召,慎勿怨叛乱,叛乱禀我教。"②这实际上是在唐末农民起义的动荡年月里对农民义军行为进行合理辩解,将社会动乱的原因归咎于统治者的荒虐无度,"夫禁民火不如禁心火,防人盗不如防我盗"③。谭峭进一步描述了统治者对被统治者的掠夺情景:

> 王取其丝,吏取其纶;王取其纶,吏取其绰。取之不已,至于欺罔;欺罔不已,至于鞭鞑;鞭鞑不已,至于盗窃;盗窃不已,至于杀害;杀害不已,至于刑戮。欺罔非民爱,而哀敛者教之;杀害非民愿,而鞭挞者训之。④

在这里,统治者不仅是一切社会矛盾的根源,而且直接就是欺罔、鞭挞、盗窃、杀害、刑戮的唆使者,这种唆使始于统治者对被统治者物质利益的剥夺和无限制的贪婪,取之不已,才导致民众反其道,效其行。谭氏列举了民众承受的七种盘剥:

> 民事之急,无甚于食,而王者夺其一,卿士夺其一,吏兵夺其一,战伐夺其一,工艺夺其一,商贾夺其一,道释之族夺其一,稔亦夺其一,俭亦夺其一。所以蚕告终而缲葛苧之衣,稼云毕而饭橡栎之实。王者之刑理不平,斯不平之甚也;大人之道救不义,斯不义之甚也。⑤

在层层沉重的掠夺下,织者不得衣、耕者不得食,连最起码的生活需求都

---

①《化书·食化·燔骨》,《道藏》第 36 册,第 308 页。
②《化书·仁化·太和》,《道藏》第 36 册,第 306 页。
③《化书·德化·养民》,《道藏》第 36 册,第 305 页。
④《化书·食化·丝纶》,《道藏》第 36 册,第 308 页。
⑤《化书·食化·七夺》,《道藏》第 36 册,第 307 页。

得不到保证,哪里还会听从统治者的教化,"行切切之仁,用蹙蹙之礼"①?"民服常馁,民情常迫,而论以仁义,其可信乎?讲以刑政,其可畏乎?"②尽管民众本不愿为盗为暴,然而死且不免,还有什么顾忌的呢?"性命可轻,无所不为"③,一夫揭竿,万夫影从,"天下遂乱"。

到此,谭峭似不像泛泛而论天下兴亡之道,倒像是对王仙芝、黄巢农民大起义社会背景的叙述,可见谭氏并非一般方外之士,而是具有时代感的。

其次,谭峭以"反覆之道"的方法论对温情脉脉的社会表象做了深层的矛盾解析。

他对感、喜、怨、怒现象做了分析:

> 感父之慈,非孝也;喜君之宠,非忠也。感始于不感,喜始于不喜。多感必多怨,多喜必多怒。④

感激父母的慈爱、喜欢君主的优宠,自古以来已成价值定式,然而在谭氏看来,人们在有感激行为之前,肯定存在一个不曾感激的行为状态,只是在得到慈爱与优宠之后才产生感激与欢喜之情的。既然如此,那么在得到慈爱、优宠之前,本来不感激父母、不喜欢君主,也就意味着对慈孝、忠诚的否定了。因此,有感则有怨,有喜则有怒。对个人来说,感、喜之情源于慈爱、优宠,慈爱、优宠有轻重,感、喜也有浅深。慈爱、优宠重则多感喜,轻则怨怒生。对他人来讲,慈于此则疏于彼,宠于此则薄于彼。感激愈多,怨恨愈多;欢喜愈多,愤怒愈多。在此意义上,他断定仁、义、礼、智、信等五常也并非有益无害,用之不当,也会适得其反:

> 仁义者常行之道,行之不得其术,以至于亡国;忠信者常用之道,用之不得其术,以至于获罪;廉洁者常守之道,守之不得其术,以

---

① 《化书·食化·七夺》,《道藏》第 36 册,第 307 页。
② 《化书·食化·战欲》,《道藏》第 36 册,第 308 页。
③ 《化书·食化·燔骨》,《道藏》第 36 册,第 308 页。
④ 《化书·德化·感喜》,《道藏》第 36 册,第 304 页。

> 至于暴民；材辩者常御之道，御之不得其术，以至于罹祸。①

过于强调仁义而不言利，会忽视民众的物质生活需求；一味忠信，不知回避之术，会因此得罪人，获罪于君；清廉而不知宽容于人，会因此严苛暴施于人；善辩不得其要，也会陷入不能自拔的矛盾之中，总之，"不得其术"，皆因"不得化之道"。因而，谭氏警告统治者：

> 赏不可妄行，恩不可妄施。其当也，由为争夺之渐；其不当也，即为乱亡之基。故我自卑则赏不能大，我自俭则恩不得夺。历观乱亡之史，皆骄侈恩赏之所以为也。②

这乃是治乱兴亡的历史辩证法，是刻骨铭心的警世恒言。

同时，谭氏剖析了誉、谤、疑、信等社会生活内容的"反覆"关系。他说：

> 誉人者人誉之，谤人者人谤之。是以君子能罪己，斯罪人也；不报怨，斯报怨也。所谓神弓鬼矢，不张而发，不注而中。天得之以假人，人得之以假天下。③

对别人的赞誉就表现了自己对别人长处的慕往，表现了自己不矜不伐的谦逊态度，这种态度本身就值得别人赞誉；反之，爱诽谤别人的人，本身就暴露出自己行为的不端正，自然，也会反招来诽谤。同样，坚持严于律己而不苛求于人，就树立起了"君子"的风范，高风亮节会感化他人，引起"罪人"的社会效益，而以德报怨，也会起到相反的效果。

谭峭又说：

> 抑人者人抑之，容人者人容之。④
>
> 是故疑人者为人所疑，防人者为人所防。君子之道，仁与义，中

---

① 《化书·德化·常道》，《道藏》第 36 册，第 304 页。
② 《化书·德化·恩赏》，《道藏》第 36 册，第 304 页。
③ 《化书·仁化·神弓》，《道藏》第 36 册，第 306 页。
④ 《化书·德化·酒醴》，《道藏》第 36 册，第 304 页。

与正,何忧何害!①

对别人不信任,别人会反过来对自己不信任;对别人时时提防,别人也会反过来对自己处处加以提防。还不如以堂堂之心,坦而荡之,既不忧己,又不害人。

人们之所以陷入这种种矛盾不得自拔,谭峭认为,根本原因是"知往而不知返":

> 知往而不知返,知进而不知退。而但知避害而就利,不知聚利而就害。夫贤于人而不贤于身,何贤之谓也?博于物而不博于己,何博之谓也?②

何谓"往"?何谓"进"?感、喜、行、用、守、御以及施恩行赏、誉人谤人、疑人防人等意识和行为即其意。何谓"返"?何谓"退"?由以上意识和行为引来的相反的结果即其意。人们知道运用种种手段"避害而就利",却不知这些手段会带来与初衷相违的效果,亦即"聚利而就害"。谭峭在此还欲向人们说明:第一,一物两面,事物的正面就蕴含着反面,对于正面的运用"不得其术",会转向反面,这是说一物之有"反覆";第二,事物皆"化化不相间""环环无穷",任何行为皆只有暂时的性质,最终都会遵循自然的原则,向反面转化,这是说物物之运化有"反覆"。于此可见,谭峭在对社会各种矛盾展开揭露与分析批判时,是以"反覆之道"的方法论作为指导的,是建立在冷静观察、深沉思考基础之上的,是道家思想在新历史条件下的理性升华。这与因对社会不满而感情用事的社会批判是有区别的。

三、"太和"之道——治世思想

谭峭在对社会、政治进行了深入剖析和强烈批判之后,又提出了一

---

①《化书·德化·黄雀》,《道藏》第36册,第303页。
②《化书·德化·飞蛾》,《道藏》第36册,第303页。

套治理社会的政治主张。本来前面的批判与庄子"圣人不死,大盗不止"的批判思想几无区别了,已是"非圣无法",这里却又生出一套拨救社会危难、解决社会矛盾的思想,有时甚而完全站在统治者的立场说话,岂不自相抵牾?其实这种情形并不奇怪,只要回顾道教在隋唐的发展,就知道道教在隋唐时期已不安于逍遥于"十方丛林"、在"洞天福地"中陶醉,不满足于憧憬治太平之世的社会政治理想,而是跃跃欲试,积极参与和插手社会政治事务,像著名道教理论家王远知、李荣、叶法善、吴筠、杜光庭等皆已涉足政治,并且在教义教理上也肯定了"入世"亦"出世"的观念。谭峭同样践行着这种观念,但是,他为疗治社会"疾痼"所开出的"处方",既不是高贤纳谏,也不是法制术势,而是要求统治者"吃素",看似为统治者着想,实际只是欲借此进行治太平政治理想的实践。

(一)"均其食"

通过对社会现象的洞悉和对社会矛盾的分析,谭峭明白了这样一个道理:"自天子至于庶人,暨乎万族,皆可以食而通之。"所谓食,泛指衣食等物质生活资料,"我服布素则民自暖,我食葵藿则民自饱"。[1] 在一切社会生活中,"食"是最基本的生活,精神生活依存于物质生活。他说:

> 君无食必不仁,臣无食必不义,士无食必不礼,民无食必不智,万类无食必不信。是以食为五常之本,五常为食之末。[2]

五常是施行社会教化的手段,又是衡量人们道德水准的标志,而在谭峭看来,较之于食,五常是末,食为本,应当崇本息末,这是《管子》道家学派提出的"仓廪实而知礼节,衣食足而知荣辱"思想在唐末经过大规模农民起义洗礼后所获得的新发展。

食为本,却民腹常馁,民情常迫,这是"王者之刑"最大的不平,"大人之道"最大的不义。解决本末倒置的方法应当是"均其食":

---

[1]《化书·食化·无为》,《道藏》第 36 册,第 309 页。
[2]《化书·食化·鸱鸢》,《道藏》第 36 册,第 309 页。

夫君子不肯告示人以饥,耻之甚也。又不肯矜人以饱,愧之甚也。既起人之耻愧,必激人之怨咎,食之害也如是。而金笾玉豆,食之饰也;钟鼓戛石,食之游也;张组设绣,食之感也;穷禽竭兽,食之暴也;滋味厚薄,食之忿也;贵贱精粗,食之争也。欲之愈不止,求之愈不已,贫食愈不足,富食愈不美,所以奢僭由兹而起,战伐由兹而始。能均其食者,天下可以治。①

苟其饥也,无所不食;苟其迫也,无所不为。斯所以为兴亡之机。②

依谭氏的看法,怨咎、奢僭、战伐等一切社会对立冲突都根源于物质利益的不均衡(食不均),物质利益对人的诱惑导致人们的行为冲突,只要人们"不贵难得之货",平衡利益关系(均其食),一切矛盾悉归于无,"天下可以治"。这个思想实际上是"不患寡而患不均"的农民均平意识在道教理论上的反射。

(二)"纯俭之道"

对于广大民众而言,由于不劳而食者层层盘剥,几于"剜其馁""夺其哺",本来已是"瘠"不可言,从而更无所从"俭"。所谓俭,专指统治阶级而言。前面讲"均其食",是政治主张,而落实处却要归于统治阶级,要求其"纯俭"。他说:

君俭则臣知足,臣俭则士知足,士俭则民知足,民俭则天下知足。③

王者皆知御一可以治天下也,而不知孰谓之一。夫万道皆有一:仁亦有一,义亦有一,礼亦有一,智亦有一,信亦有一。一能贯五,五能宗一。能得一者,天下可以治。其道盖简而出自简之,其言非玄而人自玄之。是故终迷其要,竟惑其妙。所以议守一之道,莫

①《化书·食化·奢僭》,《道藏》第 36 册,第 308 页。
②《化书·食化·兴亡》,《道藏》第 36 册,第 308 页。
③《化书·俭化·三皇》,《道藏》第 36 册,第 311 页。

> 过于俭,俭之所律,则仁不荡,义不乱,礼不奢,智不变,信不惑。故
> 心有所主而用有所本,用有所本而民有所赖。①

同样,他对"俭"与"五常"的关系做了对比论证:"一能贯五,五能宗一",即"俭"贯彻于"五常"的内涵之中,"五常"之理归宗于"俭",并由"俭"的问题上升到治国平天下的高度,这样便把王弼的"执一统众之道"改写成"执俭治天下之道"。显然,谭氏欲以"俭"来约束统治者,其约束力不是董仲舒所说的天的谴告,而是近乎道德自律般的天下存亡兴衰的危机感:"垂礼乐、设赏罚教生民,生民终不泰。夫心不可安而自安之,道不可守而自守之,民不可化而自化之,所以俭于台榭则民力有余,俭于宝货则民财有余,俭于战伐则民时有余。不与之由与之也,不取之由取之也。海伯亡鱼,不出于海;国君亡马,不出于国。"②仁义礼智信及刑罚等,都不过是用来教化生民的,用以巩固一定的统治秩序,然而在谭氏看来,这些外在手段从根本上讲是无济于事的,一切事物之"化"都是"自化",民情亦无须"教"而化,只要统治者从自身做起,以"俭"律己,从而藏富于民,便国泰民安,生民不教而化,反之,则虽教而不化。为了把"俭"变成统治阶级的内心自觉,谭氏还从身心健康上论述"俭"的重要性:

> 俭于听可以养虚,俭于视可以养神,俭于言可以养气,俭于私可
> 以护富,俭于公可以保贵,俭于门阃可以无盗贼,俭于环卫可以无叛
> 乱,俭于职官可以无奸佞,俭于嫔嫱可以保寿命,俭于心可以出生
> 死,是知俭可以为万化之柄。③

如果说,强调"俭"对于治理国家的重要性不能入统治者之耳的话,那么从养生长寿的方面规劝统治者从"俭",倒是可以为其所接受的。道教从早期的民间道教上升为后来的神仙道教,即是统治者接受了道教的养生长生之术,在经济文化繁荣的唐代,养生长寿之术有广泛的社会基础。

---

① 《化书·俭化·御一》,《道藏》第 36 册,第 311 页。
② 《化书·俭化·雕笼》,《道藏》第 36 册,第 311 页。
③ 《化书·俭化·化柄》,《道藏》第 36 册,第 311 页。

谭峭提出"俭"的原则欲以约束限制统治阶级的穷奢极欲,是有积极意义的,其对统治者的揭露与批判是深刻而有力的,但他所谓"纯俭之道",乃是源于老子"小国寡民"的思想。在价值取向上,他倾向于自然状态的小农经济社会,在这种自然状态中,却又裹挟着阶级社会的劣迹:"于己无所与,于民无所取,我耕我食,我蚕我衣,妻子不寒,婢仆不饥,人不怨之,神不罪之。"①经济上的自然状态,政治上的等级社会,这类理论上的矛盾表明了谭峭治太平之世的理想根本不可能付诸实施。像这样对于社会问题分析时的现实主义与解决社会问题时的理想主义,乃是中世纪社会批判思想的共同特性。

(三)"不逆万物之情"

谭氏要求统治者要在"禁心火"上着力,即设法泯灭民众心理上的不平衡,设身处地为民众着想,与民心相通。他说:

> 心相通而后神相通,神相通而后气相通,气相通而后形相通,故我病则众病,我痛则众痛。怨何由起?叛何由始?斯太古之化也。②
> 我怒民必怒,我怨民必怨,能知其道者,天下胡为乎叛?③

显然,这种由心、神、气、形之相通而导致的思想情绪和政治态度之相通,乃是道家自然原则的具体运用,"太古之化"的原则亦是现实民情教化的原则。在谭氏看来,自然原则与社会原则本质上是相同的,故而他在论述社会政治问题时,所引用的例子多为动物活动的自然现象。

既然自然定律同时就是社会定律,或曰社会定律最终都服从于自然定律,那么尊尊、亲亲、恩恩、爱爱以及仁义礼智信也就成为多余的了,故此,他说:

> 无亲、无疏、无爱、无恶,是谓太和。④

---

① 《化书·俭化·悭号》,《道藏》第 36 册,第 310 页。
② 《化书·仁化·蝼蚁》,《道藏》第 36 册,第 306 页。
③ 《化书·食化·燔骨》,《道藏》第 36 册,第 308 页。
④ 《化书·仁化·太和》,《道藏》第 36 册,第 306 页。

同样地,一切为解决社会各种矛盾所采取的策略、手段皆是多余之举,他说:

> 止人之斗者使其斗,抑人之忿者使其忿,善救斗者预其斗,善解忿者济其忿。是故心不可伏,而伏之愈乱;民不可理,而理之愈怨。水易动而自清,民易变而自平,其道也在不逆万物之情。①

人之斗、人之忿乃是社会矛盾和心理不平衡的外在化,既然已经表现为现实,欲止之、抑之已属徒劳,此日抑止明日又起,明日抑止后日又起,此处伏而彼处起,久而久之,矛盾积累越多,爆发出来的冲突越烈,与其行太劳无用之功,还不如使斗者疲于斗,忿者泻其忿,从而重新趋向和平与平衡。看来,谭氏不赞成在社会冲突已经爆发出来后再寻求解决方案,而主张防患于未然,其基本原则是遵循自然,因势利导,顺应万物之情,使怨不积,忿不起,民之平如水之清。

---

① 《化书·仁化·止斗》,《道藏》第 36 册,第 307 页。

第十六章　罗隐的哲学思想

罗隐将道家的自然哲学与儒家社会伦理政治融合,被视为糅合儒、道的道家思想"异端"。在《谗书》中,罗隐提出了以"道""时""位"为特征的自然历史论和"化于内外"的社会治世论,同时对统治阶级及圣贤、英雄提出了尖锐的批判。

第一节　罗隐的生平与著述

罗隐,字昭谏,自号江东生,杭州新城(今浙江杭州市富阳区西南)人,《吴越备史》卷二称他"本名横。凡十上,不中第,遂更名"。生于唐文宗大和七年(833年),卒于五代梁开平三年十二月(910年)。"家门寒贱"(罗隐《投秘监韦尚书启》),"少而羁窘"(罗隐《答贺兰友书》)却极"聪敏","自道有言语"(罗隐《谗书序》),《唐才子传》说他"少英敏,善属文,诗笔尤俊拔"。唐大中十三年(859年)"即圣贡籍",咸通元年(860年)赴长安应进士试,十上不第,逗留京师至于十一年(870年)。十二年(871年),得湖南衡阳县主簿之任,"已至界首,回望旌棨"(罗隐《谢湖南于常侍启》),又不幸因人中途作梗,说他"不宜佐属邑"(罗隐《湘南应用集序》),终未成。遂乞归故里。后得吴越王钱镠鉴识,《吴越备史》云:"及来谒王,惧不见纳,遂以所为《夏口诗》标于卷末,云'一个祢衡容不得,思量黄祖漫英雄'之句。王览之大笑,因加殊遇。"遂奏授钱塘令,后又任镇海军掌书记、节度判官、盐铁发运副使、著作佐郎、给事中。

罗隐一生著述宏富。据《全唐诗》云,有《歌诗集》14 卷、《甲乙集》3 卷、《外集》1 卷,《全唐诗》编其诗 11 卷。郑樵《通志·艺文略》载《罗隐集》20 卷、《后集》3 卷,又有《吴越掌记集》3 卷。陈振孙《直斋书录解题》则说《甲乙集》仅 10 卷,《后集》5 卷,《湘南集》3 卷,又有《淮海寓言》及《谗书》等。其书多已散佚,《四库全书·别集类》采康熙初彭城知县张瓒所辑诸集,包括《两同书》10 篇,及诗、赋、疏、序、记、论、碑、铭、记事、启、表(一卷九篇,皆为《谗书》所存之篇)等,合编为《罗昭谏集》。此外,《丛书集成初编》录嘉庆年间吴骞校刊的《谗书》5 卷 60 篇。罗隐本是一位颇具才思的儒生,有着强烈的功名进取意识,"常以先师之道,干名贡府"(罗隐《东安镇新筑罗城记》),然而怀才不遇,如他所自述:

> 某也,江左孤根,关中滞气。强学虽亡其皮骨,趋时久困于风尘。福星不照于命宫,旅火但焚其生计。徘徊末路,惆怅危途。览八行之诏书,空仰圣人在上。咏五言之章句,未知游子何之。兴言而几至销魂,反袂而自然流涕。(《投郑尚书启》)

> 自出山二十年,所向摧沮,未尝有一得幸于人。故同进者忌仆之名,同志者忌仆之道。(《答贺兰友书》)

唐兴科举制度,目的在于破除六朝以来的门阀仕进制度,广开门路,使寒贵有才之士皆具登科及第的机会。罗隐既怀经世之才,却屡试不中,其原因有二:其一,出身寒微,朝中无靠山。"前窥而四海清平,内顾而一身流落"(罗隐《投同州杨尚书启》),故而"营生则饱少于饥,求试则落多于上"(罗隐《投盐铁裴郎中启》)。儒学传统的人生追求促使他决意仕进,但他又缺乏必要的媒梯。这样一种进退两难的处境正如他在《西京崇德里居》中所描述的:

> 进乏梯媒退又难，强随豪贵辔长安。风从昨夜吹银汉，泪凝何
> 门落玉盘。抛掷红尘应有恨，思量仙桂也无端。锦鳞报尾平生事，
> 却被闲人把钓竿。

其二，不愿沉浮流俗，不合当时世态。在《陆生东游序》中，他记述了这样的事实：

> 俱以所为道请于有司，既不能以偷妄相梯，又不能挟附相进，果
> 于数百人中，不得吏部侍郎意。

唐代科举取士，虽有抑制权贵、奖拔寒俊的作用，而且也偏尚文辞，然而其科试文体，内容与形式皆有所拘泥。罗隐不愿循规蹈矩，又不肯追随时尚，趋炎附势，落榜亦是自然之理。有关这一点，他自己总结道：

> 不惟性灵不通转，抑亦进退间多不合时态。（《投知书》）

在《答贺兰友书》中表述得更为明了：

> 仆之所学者，不徒以竞科级于今之人，盖将以窥昔贤之行止，望
> 作者之堂奥，期以方寸广圣人之道。可则垂于后代，不可则庶几致
> 身于无愧之地。……去就流俗不可以不时，其进于秉笔立言，扶植
> 教化，当使前无所避，后无所逊，岂以吾道沉浮于流俗者乎！……苟
> 利其出处，则儡傀从事，亦人之常情也，在不枉其道而已矣。道苟不
> 枉，以之流离可乎？……非仆之不可苟合，道义之人皆不合也。而
> 受性介僻，不能方圆，既不与人合，而又视之如仇雠，以是仆遂有狭
> 而不容之说。……彼山也水也，性之所适也，而眷眷不去者，以圣明
> 之代，文物之盛，又安可以前所忌者移仆初心，苟不得已，仆亦自有
> 所处。大凡内无所疾，外无所愧，则在乎命也天也，焉在仆与时
> 人乎？

尽管清醒地认识到如要利于进退，须趋合时态，但如同追求山水之自然正性一样，罗隐宁愿"流离"，甘受"介僻""狭而不容"之讥，也终不肯"移

仆初心"。如此笃行践履,理想追求与客观现实之间的矛盾是无法解决的。

自然,罗隐不服气自己在仕途上的失意,他感叹道:

> 呜呼!大唐设进士科三百年矣,得之者或非常之人,失之者或非常之人。若陈希孺之才美,则非常之人失之者矣。德行莫若敦于亲戚,文章莫若大于流传……(《陈先生集后序》)

这既是为陈希孺所感,又是针对自己的。罗隐这种对科场弊端的不满甚而达到了愤激的程度,疾呼"九泉应有爱才人"(《经张舍人旧居》),从而也不免使他对"修齐治平"的人生追求与"天将大任于斯人"的政治抱负产生了疑问:

> 得相如者几人?得王褒者几人?得之而用之者又几人?……良时不易得,大道不易行。(《投知书》)

仕途上的困顿,生活上的窘迫,这些复杂的经历及其痛苦的体验,促成他在思想上产生了一个变异,即出儒入道。尽管他常常还以儒学的本位,自诩"小儒",对释、道家二家进行抨击:"释氏宝楼侵碧汉,道家宫殿拂青云。"(《代文宣王答》)然而,他的思想面貌全然非儒学者,而是一个道学家了。这可以从两方面看出来:

首先,他对归隐生活产生强烈的慕求,如在《晚眺》中写:

> 凭古城区眺晚晴,远村高树转分明。天如镜面都来静,地似人心总不平。雾向岭头闲不彻,水流溪里太忙生。谁人得及庄居老,免被荣枯宠辱惊。

又,《寄剡县主簿》写道:

> 金庭养真地,珠篆会稽官。境胜堪长往,时危喜暂安。洞连沧海阔,山拥赤城寒。他日抛尘土,因君拟炼丹。

又,《答宗人衮》诗亦云:

> 昆仑水色九般流,饮即神仙憩即休。敢恨守株曾失意,始知缘
> 木更难求。鸰原谩欲均余力,鹤发那堪问旧游。遥望北辰当上国,
> 羡君归棹五诸侯。

又,《归五湖》云:

> 江头日暖花又开,江东行客心悠哉。高阳酒徒半凋落,终南山
> 色空崔嵬。圣代也知无弃物,侯门未必用非才。一船明月一竿竹,
> 家住五湖归去来。

而从罗隐将名中"横"字改为"隐"字一事,亦可窥见他的思想转变之
一斑。

其次,罗隐对人、物、时事的讽讥与抨击,早已越乎儒者行为规范,俨
然是一个异端思想家了。据《唐诗纪事》载,昭宗看过罗隐的一首诗,很
是看重,"欲以甲科处之,有大臣奏曰:'隐虽有才,然多轻易。明皇圣德,
犹横遭讥,将相臣僚,岂能免乎凌轹。'帝问讥谤之词,对曰:'隐有华清诗
曰:"楼殿层层佳气多,开元时节好笙歌。也知道德胜尧舜,争奈杨妃解
笑何。"'其事遂寝。"① 罗隐的《两同书》即是合道、儒两家之言,至于《谗
书》则全然是道家者言,与韩愈《论佛骨表》在思想格调上有显著的区别。
称罗隐"轻易""介僻""恃才傲物",实质上是切中实际的。因为这正是异
于流俗的道家风范。罗隐亦"自谓是非颠倒,不复见其人"(《陆生东游
序》),"开卷则悒悒自负,出门则不知所之"(《投知书》)。这种处世态度
与同时代的谭峭、无能子如出一辙。

有一点应当指出,罗隐崇奉的是道家的人格,却不是道教里的鬼神
说。他竭力反对道教中的术士玩弄装神弄鬼的骗术,在《广陵妖乱志》
中,他对信奉吕用之、诸葛殷等术士的高骈进行了强烈的批判。②

总体来说,罗隐是一个糅合道、儒且以道家思想为基本面貌的道家

---

① 转引自〔清〕王士禛原编、〔清〕郑方坤删补《五代诗话》。
② 《广陵妖乱志》云:"高骈末年,惑于神仙之说,吕用之、张守一、诸葛殷等皆言能役使鬼神,变
化黄白,骈酷信之,遂委以政事……"

思想异端,正是从异端思想立场对社会历史的深入洞悉和尖锐批判,实现了其思想的历史价值。

第二节 "贵贱之理著之于自然"

晁公武《郡斋读书志》评价罗隐的《两同书》说:"隐谓老子养生,孔子训世,因本之著内、外篇各五。其曰'两同书'者,取两者同出而异名之意也。"《四库全书》序《两同书》亦说:"其说以儒道为一致,故曰两同。"《两同书》计十篇,其篇目其实无内、外之分,前五篇借老子之言阐述贵贱、强弱、损益、敬慢、厚薄之哲理,后五篇借孔子之言阐述理乱、得失、真伪、同异、爱憎之哲理,道家与儒家的言论不分轻重主次,皆在统一的理性尺度下合而论之,确乎是异名而同出。自然,表现罗隐会通道儒思想的,不局于《两同书》,也散在《谗书》诸篇及其词赋诗文中。

从道儒会通的内容来看,突出地表现在罗隐将道家自然哲学与儒家社会伦理政治融会起来了。道家与儒家的一个基本区别是,道家对社会、人生等等的解释皆是建立在一种自然论的哲学基础之上,在老子那里,社会的原则服从于自然的原则;儒家则将对自然、社会的解释建立在宗法人伦的基础之上,在孔子那里,自然的原则服从于人伦的原则。罗隐融合二者的方法是,在道家的自然哲学中注入仁义礼智等道德人伦的内容,又将儒家的人伦道德注入自然哲学的内容中。《两同书》的第一篇《贵贱》,一开始就提出"贵贱之理著之于自然也"。老子的"道""德"本来都是自然性的,无人伦道德之义蕴,而罗隐则将这种自然性与人伦道德等同起来,认为老子所谓德即是儒学崇尚的"皇天无亲,惟德是辅"的"德",说:"岂皇天之有私,惟德佑之而已矣。故老氏曰道尊德贵,是之谓乎!"[1]在罗隐看来,尊崇自然之性,也就是全和仁义之礼:"顺大道而行者,救天下者也;尽规矩而进者,全礼义者也。"(《辩害》)同样,他所理解

---

[1] 〔唐〕罗隐:《两同书·贵贱》,雍文华校辑《罗隐集》,北京:中华书局,1983。本章以下所引罗隐《两同书》均据此本,不再加注。

的"圣人",不只是"克己以复礼",而是顺道体物:"彼圣人者,岂违道而戾物乎?"(《道不在人》)儒家主张刚健进取之仁,道家主张战胜刚强的柔弱之性,罗隐将这种柔弱之性与进取之仁结合起来,提出"妇人之仁",说:"张良若女子,而陈平美好,是皆妇人之仁也。外柔而内狡,气阴而志忍,非狡与忍则无以成大名。无他,柔弱之理然也。"(《妇人之仁》)在《庄周氏弟子》一文中,他编造了这样一则故事,说:"庄周氏以其术大于楚鲁之间,闻者皆乐以从之,而未有以尝之。"有一个鲁国人欲率族而从其学,庄周戒之曰:"视物如伤者谓之仁,极时而行者谓之义,尊上爱下者谓之礼,识机知变者谓之智,风雨不渝者谓之信。苟去是五者,是吾之堂可跻,室可窥矣。"此人受其教,"一年二年而仁义去,三年四年而礼智薄,五年六年而五常尽,七年其骨肉虽土木之不如也"。当此人以此学教化其族人时,却遇到了全族的抵制:"吾族儒也,鲁人以儒为宗。今周之教,舍五常以成其名,弃骨肉而崇其术,苟吾复从之,殆绝人伦之法矣。"罗隐从而总结道:"故周之著书摈斥儒学,而儒者亦不愿为其弟子焉。"显然,罗隐欲借此说明一个道理:道、儒不必互斥,本来是互相补益的,"违道而戾物"自然不能行,而摈弃仁义礼智亦行不通。

一、以"道""时""位"为特征的自然历史论

(一)"道不在人"

罗隐在《道不在人》一文中说:

> 道所以达天下,亦所以穷天下,虽昆虫草木,皆被之矣。

这是说,"道"贯彻于宇宙间的一切事物和过程之中,既贯彻于社会人事之中,又被泽于自然物事之中,并不因人之好恶而兴废,故曰:"道不在人。"在这里,罗隐所说的"道"乃是一个自然之道,与老子所说的"道"无甚区别。然而,他又说:

> 善而福,不善而灾,天之道也。用则行,不用则否,人之道也。天道之反,有水旱残贼之事;人之道反,有诡谲权诈之事。(《天机》)

初看起来,这种说法与老子的说法无异,细玩文意,则分殊已明。老子讲到过"天之道"与"人之道",他说:"天之道,损有余而补不足。人之道则不然,损不足而奉有余。"(《老子》第 77 章)在老子看来,自然之道与人治之道不相一致,行"人之道"就要逆"天之道",反之亦然。而罗隐则欲将两者结合起来,"天之道"和"人之道"在畅达时,天无"水旱残贼"之灾,人无"诡谲权诈"之祸,只有在发生紊乱时("反"),才会有天灾人祸。因此,"天之道"和"人之道"在本来意义上是一致的。正是在此意义上,他说:

> 古之明君,道济天下,知众心不可以力制,大名不可以暴成,故盛德以自修,柔仁以御下,用能不言而信,治垂拱以化行,将乃八极归成、四方重译,岂徒一邦从服、百姓与能而已哉!(《两同书·强弱》)

道家的"柔仁"与儒家的"盛德"皆在"道"的基础上统一起来了。显然,罗隐所言的"道"既非道家的自然之道,又非儒家的人伦之道,而是以自然为基本规定性、涵儒家社会人伦内容的道。

隋唐道教理论家在将宗教世俗化的过程中,其基本做法便是将儒家仁义礼智等内容排列在"道"的范畴之下,如同成玄英、李荣、吴筠等所做的那样。罗隐明显地受到了道教的这种影响,尽管罗隐反对任何形式的宗教(包括道教、佛教),但是对道、佛所推动的三教合流的学术风气,他不是采取拒斥态度的。

(二)"道"与"时"

"道"既是万事万物普遍的法则,人们尊道行事就应该是"善而福,不善而灾",而实际上其结果常常是事与愿违。罗隐从这中间的疑难中得出了一个"时""机"的概念:

> 善而福,不善而灾,天之道也。用则行,不用则否,人之道也。天之道反,有水旱残贼之事。人之道反,有诡谲权诈之事。是八者谓之机也。……苟天无机也,则当善而福,不善而灾,又安得饥夷齐而饱盗跖?苟人无机也,则当用则行,不用是否,又何必拜阳货而劫

卫使？是圣人之变合于其天者，不得已而有也。故曰："机"。
（《天机》）

在罗隐看来，道虽然达济天下，但道乃是高度抽象的原则，对具体的事事物物未见得周济有效。他说：

> 故天知道不能自作，然后授之时。时也者，机也。在天为四气，在地为五行，在人为宠辱忧惧通厄之数。故穷不可以去道，文王拘也，王于周。道不可以无时，仲尼毁也，垂其教。彼圣人者，岂违道而戾物乎？在乎时与不时耳。岂以道为人困，而时夺天功。（《道不在人》）

道不能"自作"，须借助于"时""机"，通过四气五行、宠辱忧惧通厄之数来贯彻其作用。这实际上是依缘于道家宇宙生成图式立论，道分演为四气五行，而四气五行皆体现道的原则。此"时""机"虽然只是"天道、人道一变耳，非所以悠久"（《天机》），但要是无"时""机"，则道不能起到规范万事万物的作用。在罗隐看来，道既是普遍的法则，人们不能不遵循，这种遵循决心甚而须达到执着的地步，不可因时机的变化而动摇，"穷不可以去道"，文王拘于羑，而不弃其道，终能"王于周"。同样，人们欲行其道，又不可忽视时机，"道不可以无时"，抓住时机，适时行道，可以大有作为，反之，时机不好，勉而行之，终不见功。孔丘行道至于"知其不可而为之"的地步，屈原秉忠履直，"楚存与存，楚亡与亡"，爱国之心非不切，然而孔子"毁"，屈子"死"，皆在于时机不好，所以说"道为人困，时夺天功"。在对"道"与"时"的理解中，罗隐贯穿了这样一种思想，一是顺应天道，这乃根据道家的思想；二是在时机好的情形下，人能行道，这乃有取于儒家的思想。罗隐正是在道家和儒家的互补中得到了认知的提升。

（三）"道"与"位"

人有弘道的愿望，又有了好的时机还不够，还须有能弘道的权位。罗隐说：

> 禄于道，任于位，权也。食于智，爵于用，职也。禄不在道，任不

在位,虽圣人不能阐至明;智不得食,用不及爵,虽忠烈不能蹈汤火。先王所以张轩冕之位者,行其道耳,不以为贵。(《君子之位》)

罗隐认为,权、位只是行道的方便,不是用来昭显贵富的。没有这些方便,即使再圣明的人,也会同一般人一样无所作为,舜不得其位,只不过是历山上的一个耕夫,谈不上"能翦四凶而进八元";吕望不得其位,亦只是棘津一个垂钓的穷叟,谈不上"能取独夫而王周业"。所以说:"勇可持虎,虎不至则不如怯;力能扛鼎,鼎不见则不如羸。"(《君子之位》)再以周公与孔子这两人来说,都称为圣人,但周公生之时能使天下治理,而孔子生之时却天下大乱,既然都是圣人,"岂圣人出,天下有济不济者乎"? 其实只是时机好坏、有其位与无其位的差别:"周公席文武之教,居叔父之尊,而天又以圣人之道属之,是位胜其道,天下不得不理也";孔子所处之时代,"源流梗绝,周室衰替,而天以圣人之道属于旅人,是位不胜其道,天下不得不乱也"。位胜其道者,可以此显尊,以此跻康庄,以此致富贵;位不胜其道者,只得叹息时运不佳,只能处困厄之境。周公得其时、其位,故能居相位于生前;孔子不得其时,不居其位,故只能落个死后人们为其立庙的结果。(《圣人理乱》)因此,罗隐感叹道:"噫! 栖栖而死者何人? 养浩然之气者谁氏?"(《君子之位》)这既是感古,又是对个人人生体验的咏叹,这种咏叹又如诗中所述:"地寒谩忆移暄手,时急方须济世才。宣室夜阑如有问,可能全忘未然灰。"(《孙员外赴阙后重到三衢》)罗隐多次写到孔子、屈子、夷齐的生平遭遇,就是由于有着与他们同样的人生经历。

罗隐对道、时、位关系的解悟无疑是深刻的,总的来说,这种解悟合乎客观实际过程。但要指出,他所理解的借助时、位以弘道的人,不是一般的普通人,是某种圣明的人,圣明之人不得其时、位,可能混同于耕夫、渔夫,而不能弘道。而他所理解的时、位又主要表现为人的活动的时机、地位,因而这无异是说道对人的活动有着某种依赖关系,自然历史的规律性离不开活动着的历史的人,但活动着的历史的人如何通过自己的活动体现历史的规律性呢？对此，罗隐是不甚明了的。他主张的借助时、位以从道，实际上只是个人在历史上作用的发挥、价值的实现而已，没有说明人如何弘其道。在这里，道成了缺乏规定的抽象而模糊的观念，有违于他对道的客观性为基质的原初解释。这即是他在融合道家与儒家思想过程中未能融化掉的两种不同思想内容的痕迹。

二、化于内外的社会治世论

罗隐在《三帝所长》一文中说道：

> 尧之时，民朴不可语，故尧舍其子而教之，泽未周而尧落。舜嗣尧理，迹尧以化之，泽既周而南狩，丹与均果位于民间，是化存于外者也。夏后氏得帝位，而百姓已偷，遂教其子，是由内而及外者也。然化于外者，以土阶之卑，茅茨之浅，而声响相接焉。化于内者，有宫室焉，沟洫焉，而威则日严矣。是以土阶之际万民亲，宫室之后万民畏。

化于外与化于内，不同的治化方式体现了不同的社会发展阶段。《庄子·知北游》说："古之人外化而内不化，今之人内化而外不化。"庄子崇尚古朴时代，但毕竟所处时代不同了，因而罗隐所主张的乃是内外皆化的社会治世论。这集中体现在他的《两同书》中，其中包含了对社会各种矛盾的深刻分析。

（一）贵与贱

孔子说："富与贵，是人之所欲也，不以其道得之，不处也。贫与贱，是人之所恶也，不以其道得之，不去也。"（《论语·里仁》）在《两同书·贵贱》中，罗隐认为，贵与贱并非一成不变，处贵之位者未必一定贵，处贱之位者未必一定贱，"贵贱之途未可以穷达论也"。殷纣王处九王之位，齐景有千驷之饶，孔子则为鲁国之逐臣，伯夷为首阳山之饿士，然而殷纣、齐景终为人所贱，孔子、伯夷终为人所贵，所以说："处君长之位非不贵矣，虽莅力有余而无德可称，则其贵不足贵也。居黎庶之内非不贱矣，虽贫弱不足而有道可采，则其贱未为贱也。"贵与贱作为高下悬殊的地位差别,也并非不可变易。"昔虞舜处于侧陋,非不微矣,而鼎祚肇建,终有揖让之美;夏桀亲御神器,非不盛矣,而万姓莫附,竟罹放逐之辱。""以虞舜之微,非有毂帛之利以悦于众也;夏桀之盛,非无戈戟之防以御于敌也。"贵贱易位的条件以是否有"道"、有"德"为则,"故贵者荣也,非有道而不能居;贱者辱也,虽有力而不能避也。苟以修德,不求其贵,而贵自求之;苟以不仁,欲离其贱,而贱不离之"。这里,罗隐实际上是将观念形态上的贵贱与实际地位的贵贱结合起来考虑的,谈到观念上的贵贱时,偏重从价值和美学观来予以判定,在这个意义上,贵与贱只是人们的不同看法;而谈到实际地位的贵贱时,又以地位得失与人的行为的实际效果来予以判定,在这个意义上,贵与贱是现实地位差别。两方面内容的共同点是,贵贱非恒定不变,"贵者愈贱,贱者欲贵,求之者不得,得之者不求。岂皇天之有私,惟德佑之而已矣。故老氏曰道尊德贵,是之谓乎"!

(二)强与弱

老子说:"天下莫柔弱于水……弱之胜强,柔之胜刚,天下莫不知,莫能行。"(《老子》第 78 章)罗隐《两同书・强弱》继承"柔弱胜刚强"的思想,说:"夫金者天下之至刚也,水者天下之至柔也。金虽刚矣,折之而不可以续;水虽柔矣,斩之而不可以断,则水柔能成其刚,金刚不辍其弱也。"晏婴、甘罗弱如侏儒、童子,却可以做齐、秦的宰相,而侨如、长万虽是成人、壮士,却终遭椿其喉、醢其肉的结局,这即是"乾以健刚终有亢极之悔,谦以卑下能成光大之尊"的明证。同时,罗隐发扬了老子"反者道之动,弱者道之用"的转化思想,进一步阐明了强弱的依赖及其转化关系。他说:

> 夫强不自强,因弱以奉强,弱不自弱,因强以御弱。故弱为强者所伏,强为弱者所宗,上下相制,自然之理也。

强、弱互为其根,皆可以从对面找到自己存在的根据。那么,什么是强?什么是弱?他说:"所谓强者,岂壮勇之谓耶? 所谓弱者,岂怯懦之谓耶? 盖在乎有德,不在乎多力也。"显然,罗隐避开了正面回答,只是说壮勇不是真正的强,怯懦不是真正的弱,并由此引出"德""力"的概念:"所谓德者何?唯慈唯仁矣。所谓力者何?且暴且勇耳。"以仁慈为内涵的德乃是"兆庶之所赖",以暴勇为内涵的力乃是"一夫之所恃",然而"矜一夫之用,故不可得其强;乘兆庶之恩,故不可得其弱"。因此,他主张"盛德以自修,柔仁以御下",反对"舍德而任力,忘己而责人"。他说:"壮可行舟,不能自制其嗜欲;材堪举鼎,不足自全其性灵。至令社稷为墟,宗届无主,永为后代所笑,岂独当时之弱乎!"到这里看得出来,罗隐对老子"柔弱胜刚强"的思想已经做了修正,老子主张处慈守弱、不敢为天下先,罗隐却不是要永处柔弱地位,而是要促成柔弱到刚强的转化,他要的是真正的强,而不是永远的弱。以德化下,可由暂时的、表面的弱达到长久的、实质性的强;以力御下,只能由暂时的、表面的强转变为"永为后代所笑"的弱。显然,他的这种强弱关系的论证乃是道家和儒家精神的糅合。

(三)损与益

"损""益"本乃《易经》里的两个卦名,也是一对对立的范畴。对"损",《易经·彖传》解释道:"损下益上,其道上行。"对"益",《易经·彖传》解释道:"损上益下,民说无疆。自上下下,其道大光。……凡益之道,与时偕行。"损、益作为一对抽象的范畴,表示的是一种普遍的关系,而且按其最初意义讲,表示的是某种自然关系,或损或益,皆"与时偕行",在损益的双向流动中达到自然关系的平衡。这也就是老子所论证的"天之道,损有余而补不足"。但在老子看来,"人之道"是不可能损益平衡的,"人之道"是"损不足而奉有余"。罗隐则沿用这一范畴来论证社会政治生活的关系,欲达到两种对立关系的平衡,从而缓解社会矛盾。他的《两同书·损益》说:

> 盖人君有所损益也,然则益莫大于主俭,损莫大于君奢。奢俭之间,乃损益之本也。

罗隐在这里自然是站在统治者的角度说话的,但他的损益观确是建立在对社会矛盾的深入了解基础之上的:他认为"益"不应是更多地聚敛财富,而应是"俭";穷奢极欲,这才是"损"。损益的关系是可以用俭与奢来表示的。统治者"俭"则天下无为,万姓受其赐,这个行为也就是"损一人之爱好,益万人之性命",效果是明"于日月亦已大矣";统治者"奢"则天下多事,万姓受其毒,这个行为也就是"损万人之性命"以"益一人之爱好",其效果是害"于豺狼亦已甚矣"。统治者的行为甚于豺狼,则民"不畏其死矣","夫死且不畏,岂得畏其乱乎"? 反之,"生且是忧,岂不悦其安乎"? 罗隐于此警告说:"人主欲其己安而不念其人安,恐其人乱而不思其己乱,此不可谓其智也。"通过两种行为的分析,罗隐认为,人主损己益人,人必共益之,"则君孰与其损哉";人主损人益己,人必共损之,"则君孰与其益哉"。"是故损己以益物者,物既益矣,而己亦益之……益己以损物者,物既损矣,而己亦损之。"①由此,罗隐进一步总结道:

> 彼之自损者,岂非自益之道欤? 此之自益者,岂非自损之道欤? 损益之道固安明矣。嗟夫! 性命者至重之理也,爱好者不急之事也。今我舍一身之不急,济万姓之至重,不言所利,广遂生成,永居南岳之安,常有北辰之政,则普天率土,孰为我损乎? 夫以嗜欲无厌,贪求莫止,士饥糟糠,犬马余其粟肉,人被皮毛,土木荣其锦屬,崇虚丧实,舍利取危……则九州四域,孰为益乎?

自损即是自益,自益即是自损,益彼即益已,损彼即损己,这就是唐末五代道家思想家对老子"正言若反"的辩证法的灵活运用与发展。

(四)厚与薄

厚与薄是专指人们的养生而言的。罗隐在《两同书·厚薄》中说:

> 夫大德曰生,至贵唯命。故两臂重于四海,万物少于一身。虽禀精神于天地,讬质气于父母,然亦因于所养以遂其天理也。

松柏有凌云之操,然而若养之失其所,"壅之以粪壤,沃之以咸流","则不

---

① "物既益矣,而己亦益之……物既损矣,而己亦损之"句的原文为"物既益矣,而物亦益之……物既损矣,而物亦损之",这里据上下文意改。

及崇朝,已见其憔悴矣";冰雪无逾时之坚,若养之得其道,"藏之于阴井,庇之于幽峰","则苟涉盛夏,未闻其消解也"。对于人来说也是同样,"寿之有长短,由养之有厚薄"。然而养之厚就一定长寿,养之薄则一定夭折吗? 他说:

> 饮食男女者,人之大欲存焉。人皆莫不欲其自厚,而不知其厚之所以薄也;人皆莫不恶其为薄,而不知薄之所以厚也。

以厚养生者其生反而薄,以薄养生者其生反而厚。纵长夜之娱,淫酒色之乐,极情肆志者,终逢夭折之痛,"自殒于泉垅之下,是则为薄亦已甚矣"。修延年之方,遵火食之禁,拘魂制魄者,终能得长久之寿,"自致于云霄之上,是则为厚亦已大矣"。人的性命是有限的,而嗜欲之心是无穷的,"以有限之性命逐无穷之嗜欲,亦安可不困苦哉"? 若以嗜欲之心求其厚养,通常是"养过其度",因而反为"丧生之源"。正当的养生方法则是外其身,薄其养,"夫外物者养生之具也"。

　　关于养生的厚薄对于人的寿命长短的影响,道家和道教学者早已有详细论证,然而罗隐重新把这一问题拿出来予以论证,则具有时代的内容。他并不想泛泛地谈论这个问题,他实际上是专门针对唐朝统治者而言的,他说:

> 神大用则竭,形大用则劳,神形俱困而求长生者,未之闻也。为人主者,诚能内宝神气,外损嗜欲,念驰骋之诚,宗颐养之言,永保神仙之寿,常为圣明之主,岂不休哉? 故老氏曰:外其身而身存。其是之谓乎!

以养生长寿之方来劝导统治者过清淡的日子,不要穷奢极欲,此是罗隐的真实用心。罗隐曾奔竞仕途,落魄于长安,对于上层社会的骄奢与下层社会的疾苦,对于"朱门虎狼性"与路途饥民情不无体查。

　　(五) 真与伪

　　这是专指统治术而言的,分析统治者在用人上如何区别真伪。其《两同书·真伪》对真伪关系的解剖,不乏精当之处。统治者要治化天下,然而"主上不能独化也,必资贤辅"。但是,在众人之中如何才能区别真伪善恶呢?这实际上是一种工心之术。人心之动,"情状无形象可见,心虑非视听所知",所以说"物心不为易治也"。按照事物本身的辩证法来说,善恶相生,是非交糅,形彰而影附,唇竭而齿寒,真中有假,假中有真,真假混杂,"苟有其真,不能无其伪",况且生活中人们有意地"以真为伪,以伪为真",如同山鸡无灵,卖之者却谓之凤,野麟嘉瑞,伤之者却谓之鹿。故此,罗隐说:

> 所是不必真,所非不必伪也。故真伪之际有数术焉,不可不察也。夫众之所誉者不可必谓其善也,众之所毁者不可必谓其恶也。我之所系者不可必谓其贤也,我之所疏者不可必谓其鄙也。

罗隐在此实际上提出了鉴别真伪的两条警策:其一,不可为真伪的表象所迷惑,表象千差万别,然而其真伪的实在性要靠人去鉴察;其二,鉴察不仅要排除个人的主观意见,还要排除别人的偏见,因为真伪关系不是以认可其的人数的多少来确定的,所以说"众议不必是,独见未为得"。在排除表象和情绪的影响干扰之后,又如何有效地鉴别人的真伪善恶呢?罗隐提出了一个观察方法,即"试之以任事,则真伪自辨"。他说:

> 远使之而观其忠节,近使之而察其敬勤,令之以谋可识其智虑,烦之以务足见其材能,杂之以居视以贞滥,委之以利详以贪廉,困穷要之以仁,危难思之以信,寻其行而探其性,听其辞而别其情……则伪者去而真者得者矣。故孔子曰:众善者必察焉,众恶者必察焉。其是之谓乎!

不管罗隐是站在什么立场上谈论这些问题,他提出的对真与伪、善与恶、贤良与不肖的鉴别方法,是合乎社会认识的辩证法的。在他那个时代,取得这种见识极其难得。

(六)同与异

杜光庭的同异之辨是在最普遍、抽象的意义上展开的,罗隐在《两同书·同异》中所展开的同异之辨则主要以社会生活为内容。在他看来,异类可以有其同，同类可以有其异，"父子兄弟非不亲矣，其心未必同；君臣朋友非不疏矣，其心未必异"。这个道理"犹烟灰同出，而飞沉自分；胶漆异生，而坚固相守"。他分析了社会生活中的种种同异情形：

> 有面同而心不同者，有外异而内不异者，有始同而终异者，有初异而末同者，有彼不同我而我与之同者，有彼不异我而我与之异者。

这不只是说同中有异、异中有同的一般性的问题，而是进入到同异的具体情况的解析，他要求从外表的同异关系进入到内心的同异关系的分析，从同异发展的过程考察同异关系，从同异的交叉情况考察同异关系。总体来说，同与异并不是一成不变的，同异之分是"随时之宜，唯变所适"。

对于如何处理社会生活中的同异关系，罗隐理所当然地异于惠施的那种"泛爱万物"的方式，他认为，应当"因其可同而与之同矣，因其可异而与之异矣"。在这里，罗隐喻明，同异关系不能臆断，不能混同，应根据实际情形分别对待，可同则同，可异则异。然而，罗隐并不是想为一般人提供一套辨同异的方法，从实质上讲，他的目的是为统治者提供"南面之术"：

> 卫青竖耳，汉武委之以军旅；由余虏耳，秦穆授之以国政。夫以卫青，由余敌于秦汉，非不疏矣，犹知可同而同之，况于父子兄弟之亲，而有可同者乎？且管叔兄耳，姬旦诛之以极刑；石厚子矣，石碏死之以大义也。夫以管叔、石厚比之以旦、碏，非不亲矣，犹知可异而异之，况夫君臣、朋友之疏而明可异者乎！故能同异者为福，不能同异者为祸。

作为统治之术，毫无疑问，这的确是很精明的。这种统治之术之所以精明，乃在于其中有着哲学的分析，而且这种哲学的分析确乎至于精微的地步。正如罗隐所总结的那样："同异之际，不可失其微妙也。"

罗隐在《两同书》中还广泛谈到敬与慢、理与乱、得与失、爱与憎等多对范畴，其中不乏哲学思辨，如谈到"敬慢"时说道："向之所敬者，岂徒敬人而已哉,盖以自敬之;向之所慢者,岂徒慢人而已哉,盖以自慢也。"
(《两同书·敬慢》)等等。

第三节 《谗书》的批判性质

一、"自谗"说

从思想正统转向思想异端,这其中伴随着许许多多个人的思想困惑
和人生体验,这些困惑与体验通常又以尖刻和愤激的文字洋溢在文章、
词、赋中。这类文章、词、赋被罗隐集中起来,称为《谗书》。在《谗书序》
中,他写道:

> 丁亥年春正月,取其所为书诋之曰:"他人用是以为荣,而予用
> 是以为辱。他人用是以富贵,而予用是以困穷。苟如是,予之旧乃
> 自谗耳。"目曰《谗书》。卷轴无多少,编次无前后,有可以谗者则谗
> 之,亦多言之一派也。

在《谗书重序》中,他又写道:

> 文章之兴不为举场也,明矣。盖君子有其位则执大柄以定是
> 非,无其位则著私书以疏善恶,斯所以警当世而诚将来也。自扬孟
> 以下,何尝以名为? 而又念文皇帝致理之初,法制悠久,必不以虮虱
> 痒痛遂偃斯文。今年谏官有言,果动天听,所以不废谗书也,不亦
> 宜乎!

从这两篇序言以及其他文章所述及的内容可以看出:第一,《谗书》非一
时所作,"丁亥年"即 867 年,是罗隐进京赴试的第八年,也正是其仕途困
穷、徘徊末路、惆怅危途之时,在徘徊、惆怅之中逐渐酝酿出对仕途超越
的思想。将平日所写的内容相关的文章集于一册,即是实现思想超越的
一个标志。以后又写"重序",说明《谗书》已经流布朝野,再次誊抄时,篇
目、内容不泥于初,随着阅历的丰富,肯定会将新作纳入其中。第二,在

文体上,《谗书》以小品、文章为主,兼收赋、诗。"卷轴无多少,编次无前后",表明编排中主要考虑到内容的一致性,而文体非纯一不杂。在《投郑尚书启》中,罗隐写道:"咏五言之章句,未知游子何之。兴言而几至销魂,反袂而自然流涕。"《全唐诗》题罗隐诗说:"其诗以风刺为主。"这类诗赋按理当收在《谗书》中的。第三,《谗书》是嫉世讽世、批判社会的道家者言。《庄子·渔父》云:"好言人之恶谓之谗。"罗隐自谓用其文以致困、辱,乃言《谗书》是"自谗"。这实际上只是一种借喻托词而已,既然言"有可以谗者则谗之",既然为文"不为举场","不以名为",既然是"疏善恶""警当世"而"诫将来"的"私书",当然就不只是"自谗",而是谗于世的"多言之一派"。在《投秘监韦尚书启》中他说:"某月日,以所著谗书一通,寓于阍吏。退量僭越……某由是反袂兴怀,扪心注恨……"在《投郑尚书启》中说:"十五年之勤苦,永有所归。"在《谢大理薛卿启》中说:"中间辄以所著谗书,上干阍吏……"可见他的文章的批判锋芒是掩不住的。

二、"谗于世"说

(一) 批判统治阶级的昏聩

《屏赋》写道:

> ……吴任太宰,国始无人,楚委靳尚,斥逐忠臣。何反道而背德与,枉理而全身?尔之所凭,亦孔之丑,列我门闾,生我妍不。既内外俱丧,须是非相糺。屏尚如此,人兮何知?在其门兮恶直道,处其位兮无所施……吾所以凄惋者在斯。

这里显然是作者欲借"屏障"之感,指斥当道者反道背德、颠倒是非、逐陷忠良、欺骗内外的劣迹。《市赋》则借晏婴对齐王的劝导,喻明官场如同市场,揭露官场上的"市侩"搬弄是非、混淆善恶、诱其所好、兴风作浪、无信义操守的面目:

> 其名曰市……先己后人,惟贿与赂,非信义之所约束,非法令之所禁锢。市之边无近无远,市之聚无蚤无晚,货盈则盈,货散则散。

贤愚并货,善恶相混,物或戾时,虽是亦非。工如善事,虽贱必贵……舍之则君子不得已之玩好,挠之则小人不得已之衣食……

《题神羊图》写道:

尧之庭有神羊,以触不正者。后人图形象,必使头角怪异,以表神圣物。噫!尧之羊,亦由今之羊也。但以上世淳朴未去,故虽人与兽,皆得相指令。及淳朴销坏,则羊有贪狠性,人有刲割心。有贪狠性,则崇轩大厦,不能驻其足矣。有刲割心,则虽邪与佞,不能举其角矣。是以尧之羊,亦由今之羊也。贪狠摇其正性,刀匕割其初心,故不能触阿谀矣。

这不只是对古朴之风尚的向往,也是借古喻今,讽刺御史一类的谏官,指斥其贪图利益,丧失本性。

在《风雨对》中,罗隐写道:

风雨雪霜,天地之所权也;山川薮泽,鬼神之所伏也。故风雨不时,则岁有饥馑;雪霜不时,则人有疾病。然后祷山川薮泽以致之,则风雨雪霜果为鬼神所有也,明矣。……复何岁时为?复何人民为?是以大道不旁出,惧其弄也;大政不问下,惧其偷也。

罗隐在此不只是指民众蔽于鬼神之说,主要是指统治者惑于鬼神之说。在《清追癸巳日诏疏》中,他就曾劝说皇帝不必靠祈祷得雨,云:“彼蒲萧辈复何足以动天。国之兴也听于人,亡也听于神。”高骈晚年惑于神仙之说,大兴土木,营构庙宇,罗隐为此写了《广陵妖乱志》一文,批判了高骈的荒唐,其中录有其在庙成时所题的讽刺诗,云:

四海兵戈尚未宁,始于云外学仪形。九天玄女犹无圣,后土夫人岂有灵?(《后土庙》)

罗隐不止是具有鲜明的现实时代感,其历史感也是十分突出的,对历史上发生过的重大事件,他都以自己的目光重新审视,予以评价。《西施》一诗写道:

> 家国兴亡自有时，吴人何苦怨西施。西施若解倾吴国，越国亡
> 来又是谁？

人们惯于从表面上理解历史事件，而不去追踪其背后的原因。吴国为越国所灭，自然是与夫差迷于女色有关，岂不知吴国统治阶层内部早已腐烂。如果说吴国亡于女色，那么后来灭掉吴国的越国又是怎样被灭掉的呢？同样，人们习惯将安史之乱归罪于杨贵妃，那么，唐僖宗时爆发的社会动乱又归罪于谁呢？毫无疑问，罗隐的寓意及其诘问都是超乎常人所解悟的程度。又如《迷楼赋》就借隋炀帝兴构的大型建筑——迷楼，批判了统治者的荒淫奢侈，同时又一针见血地道出，隋朝之亡，责任不在炀帝一人：

> 君王欲问乎百姓，曰百姓有相。君王欲问乎四方，曰四方有将。
> 于是相秉君恩，将侮君权，百姓庶位，万户千门。且不知隋炀帝迷于
> 楼乎？迷于人乎？若迷于楼，则楼本土木，亦无亲属，纵有所迷，何
> 爽君德？吾意隋炀帝非迷于楼，而人迷炀帝于此，故曰迷楼。

这类词、赋、文章很多。针对汉武帝封禅一事，他提出："东封之呼，不得以为祥，而为英主之不幸。"（《汉武山呼》）

（二）揭露战乱中人民的痛苦

罗隐生活于唐末五代，目睹了一代王朝末期的腐烂，饱尝了战乱的痛苦，这类经历自觉或不自觉地表现在他所写的文章和词、赋中，正如《四库全书总目提要》所云："其诗如《徐寇南逼感事献江南》一首、《即事中元甲子》一首、《中元甲子以辛丑驾幸蜀》四首，皆忠愤之气溢于言表。"《即事中元甲子》云：

> 三秦流血已成川，塞上黄云战马闲。只有赢兵填渭水，终无奇
> 事出商山。田园已没红尘内，弟侄相逢白刃间。惆怅翠华犹未返，
> 旧痕空滴剑文斑。

《中元甲子以辛丑驾幸蜀》其一云：

> 子仪不起浑瑊亡，西幸谁人从武皇。四海为家虽未远，九州多事竟难防。已闻旰食幸真将，会待畋游致假王。应感两朝巡狩迹，绿槐端正驿荒凉。

中和元年（881年），黄巢义军攻克长安，僖宗皇帝在田令孜统领的五百神策军的护卫下，仓皇出逃兴元（今陕西汉中）、成都，自此，唐王朝失去对全国的有效控制。农民军、官府军阀、西北异族军遂逐鹿中原，掠夺、杀戮之事不绝，土地荒芜，城阙焚毁，尸骨蔽野，罗隐的诗正是当时情景的生动写照，与杜甫记述安史之乱之诗恰好相映。有许多诗不明写作年月，却可从不同的侧面、不同的时间反映五代战乱的情形，如《秋江》云："兵戈村落破，饥俭虎狼骄。吾土兼连此，离魂望里消。"又《遁迹》云："遁迹知安住，沾襟欲奈何。朝廷犹礼乐，郡邑忍干戈。华马凭谁问，胡尘自此多。因思汉明帝，中夜忆廉颇。"这类词、赋当然不只是对历史景象的记述，而是混合着作者对统治阶级的批判。尽管罗隐对农民义军存有种种历史的偏见，但他善于从农民起义带来的社会大动乱中反省社会矛盾，追溯统治者的罪责，如上述《西施》所诘问的那样。又如《钱》和《雪》中所表述的，其《雪》云："尽道丰年瑞，丰年事若何？长安有贫者，为瑞不宜多。"如果说罗隐对农民义军有所怨恨的话，那么他对官军的怨恨有时则甚于义军，如在《上招讨宋将军书》中他写道：

> 自将军受命，迄今三月，关东之惨毒不解，杀伤驱辇之不已，乃将军为之，非君长、仙芝之所为也……以愚度之，将军之行，酷于君长、仙芝之行也。

（三）对圣贤、英雄的诘难

罗隐对社会的批判也表现在他对经典、圣人、英雄的怀疑与反诘上。他在《丹商非不肖》一文中对陶唐、虞舜乃至孔子提出了责难，他说：

> 理天下者，必曰陶唐氏，必曰有虞氏；嗣天下者，必曰无若丹朱，无若商均。是唐虞为圣君，丹商为不肖矣。天下知丹商之不肖，而不知丹商之为不肖不在丹商也，不知陶虞用丹商于不肖也。

在罗隐看来,陶唐、虞舜既不能使其子"肖",则已是有过,而欲推不肖子继嗣天下,更是有罪。所以他说过错"不在丹商之肖与不肖矣",而"仲尼不泄其旨者,将以正陶虞之教耳"。同样,孔子篡改历史,不能不算是一种过错。在《三叔碑》中,他对周公提出了责难:

> 当周公摄政时,三叔流谤,故辟之囚之黜之,然后以相孺子洎。召公不悦,则引商之卿佐以告之。彼三叔者固不知公之志矣,而召公岂亦不知乎? 苟不知,则三叔可杀而召公不可杀乎? 是周公之心可疑矣。向非三叔,则成王不得为天子,周公不得为圣人。

这是指责周公实行两种道德标准及其弄玩权术。在《解武丁梦》一文中,他对武丁"假梦征象以活商命"的作为提出了批评:

> 呜呼! 历数将去也,人心将解也,说复安能维之者哉! 武丁以下民之畏天命也,故设权以复之。唯圣能神,何梦之有?

在《惟岳降神解》文中,他对孔子删《诗》的行为提出疑问:

> 三百篇亦删于仲尼,而岳降申甫不删者,岂仲尼之前则其事信,仲尼之后则其事妖? ……是必以国之兴也听于人,亡也听于神。当申甫时,天下虽理,诗人知周道已亡,故婉其旨以垂文,仲尼不删者,欲以显诗人之旨。苟不尔,则子不语怪,出于圣人也? 不出于圣人也? 未可知。

孔子一方面不语怪、力、乱、神,另一方面在删《诗》时却又保留了神妖之说,岂不是言行不一吗? 同样,他对董仲舒附和灾异之说、玩弄阴阳方术的做法表示了不屑一顾的态度:

> 灾变儒生不合闻,谩将刀笔指乾坤。偈然留得阴阳术,闭却南门又北门。(《董仲舒》)

按照传统的观念,英雄是不能与盗贼混为一说的,而罗隐在《英雄之言》一文中提出完全相反的看法:

　　　　夫盗亦人也。冠履焉,衣服焉。其所以异者,退让之心、贞廉之
　　节不恒其性耳。视玉帛而取者,则曰牵于寒饥,视国家而取者,则曰
　　救彼涂炭。牵于寒饥者,无得而言矣,救彼涂炭者,则宜以百姓心为
　　心。而西刘则曰居宜如是,楚籍则曰可取而代。……为英雄者犹若
　　是,况常人乎? 是以峻宇逸游,不为人之所窥者,鲜矣。

即是说,英雄之言与盗贼之言、英雄之心与盗贼之心无不相通,人们通常
称之为英雄者,在某种意义上讲,也就是盗贼。此说与《庄子·胠箧》"窃
钩者诛,窃国者为诸侯""圣人不死,大盗不止"的说法正好相为表里。

　　罗隐批判社会的内容远不止以上这些,不仅他的许多著述已经亡
佚,而且其现存的作品由于涉及社会面宽、背景复杂、典故繁多,加上文
字多有隐语、转意,即令当时人也难以明了。恰如他自己所云:"劝君不
用分明语,语得分明出转难。"(《鹦鹉》)尽管如此,他的批判已足够锐利,
其未明谕的东西又给后代留下了咀嚼的余地,譬如鲁迅就显然受到了他
的小品文体及其批判社会方式的影响。

第十七章　隋唐重玄学说与内丹学说

重玄学是隋唐时期道教哲学的重要思潮。它是对东晋孙登以来重玄思想的继承和发展。隋唐重玄学者如成玄英、李荣、吴筠、杜光庭等，皆借重对《老子》《庄子》的注疏阐发重玄之方法及重玄之境思。隋唐道教内丹学的勃兴，一方面表现于内丹学的理论基础及思想内容趋于成熟，另一方面也表现于道教内丹学经典的逐渐完善。

第一节　道教的重玄学说

隋唐时期出现的"重玄"哲学思潮，以唐初成玄英开释老庄为显要，以唐末五代杜光庭述《道德经》注疏"宗趣旨归"、明"重玄为宗"为总结。国内外学者围绕有无一个"重玄学派"已有聚讼。那么到底历史上有没有一个道教重玄学派呢？

一、重玄思潮之辨

关于有没有一个重玄学派的讨论，自然涉及对"学派"的界定，但其实质问题还是有没有一个重玄思潮。如果有，那么它有怎样的历史起源、承传脉络与思想特征呢？

"重玄",乃取自《道德经》"同谓之玄,玄之又玄"。然而,就其历史意义来说,它并非《道德经》"玄之又玄"的简单重复,而是包含了自魏晋玄学、佛学至道教数代学者的创见在内的翻新与回归。"玄,深妙也。"①重玄,也即深妙之深妙。唐初孟安排《道教义枢·七部义》说道:"太玄者,重玄为宗。"又说:"太玄为大乘,太平为中乘,太清为小乘。"②意谓在三乘之教中,"重玄"乃是最高修炼境界。故而,重玄也就是一种宗教超越,围绕宗教超越而展开的道教哲学论证,就是重玄哲学。

杜光庭在《道德真经广圣义·释疏题明道德义》中总结说:"道德真经,包含众义,指归意趣,随有君宗。"又说:"诸家禀学立宗不同。严君平以虚玄为宗,顾欢以无为为宗,孟智周、臧玄静以道德为宗,梁武帝以非有非无为宗,孙登以重玄为宗。宗旨之中,孙氏为妙矣。"③同时,杜光庭在"重玄之道"条中又说,梁朝道士孟智周、臧玄静,陈朝道士诸糅,隋朝道士刘进喜,唐朝道士成玄英、蔡子幌、黄玄赜、李荣、车玄弼、张惠超、黎元兴皆"明重玄之道"。姑且不论杜光庭所做的分宗是否准确,重要的是我们能否根据他的提示找出一个前后有序的重玄学宗。

就时间次序来说,孙登为先。《隋书·经籍志》以及陆德明《经典释文》皆言孙登有《老子注》二卷,可惜已佚。孙登乃东晋思想家孙盛之侄,从学于孙盛。孙盛曾研习佛学书籍,作《老子疑问反讯》,其中针对"有欲""无欲"提出难诘:"宜有欲俱出妙门,同谓之玄,若然以往,复何独贵于无欲乎?"④近人蒙文通先生据此断言:"重玄之说,实由'有欲俱出妙门同谓之玄'之难诘而启之也。"⑤尽管如今我们未能尽睹孙登的注本,但杜光庭以孙登标重玄学宗之始,他肯定看到了孙氏的注本。⑥ 孟智周、臧玄静、诸糅的著作也都亡佚,但在唐初道士孟安排的《道教义枢》及杜光庭

---

① 《唐玄宗御注道德真经》卷一,《道藏》第 11 册,第 716 页。
② 《道教义枢》卷二,《道藏》第 24 册,第 815 页。
③ 《道德真经广圣义》卷五,"释疏题明道德义",《道藏》第 14 册,第 337 页。
④ 《老子疑问反讯》,《广弘明集》卷五,《大正藏》第 52 卷,第 120 页。
⑤ 蒙文通:《古学甄微》,第 350 页。
⑥ 岷山道士张君相所集《三十家注老子》卷八中收录有隐士孙登之注,可惜未能流传下来。

《道德真经广圣义》中有其言论的部分引述。《道教义枢·有无义》说："《本际经》云：'无无曰道，三者具如。'孟法师［即太平法师孟智周］释亦是有无之名相待，故有四者，体了有无，毕竟清静，俱不思议，故并无名近顺物情。"①可见，孟智周吸收了佛教绝待、相待之说，从有无关系论证方面强调"体了"，即超乎有与无的相对性差别，以达于重玄的绝对性玄同。《道教义枢》又说：

> 玄靖法师［即臧玄静］解云：夫妙之一本，绝乎言相。……三一圆者，非直精圆，神炁亦圆。何者？精之绝累即是神，精之妙体即是炁。亦神之智照，即是精神之妙体，即是炁。亦气之智照，即是精气之绝累，即是神也。三一既圆，故同以精智为体，三义并圆而取精者，名未胜也。②

《道德真经广圣义》亦记述了臧玄静类似的话，其曰：

> 不可说言有体无体，有用无用。盖是无体为体，体而无体；无用为用，用而无用。③

可见，臧玄静是以精气神三一为归为圆为实和体用两橛的方式，表述重玄超越的思想的。

隋唐解老著作甚多，只是被唐末连绵的战火焚毁大半，除了成玄英、李荣的著述因敦煌遗书及强思齐等人集注而保存下来，刘进喜、车玄弼、蔡幌等人的著述只在托名"顾欢"的《道德真经注疏》及宋代李霖《道德经取善集》中存有部分言论。即在这所存言论中也可窥见重玄思想的踪影。顾欢《道德真经注疏》引蔡幌的话说："有身者执著我身，不能忘遣，为身愁苦，忧其勤劳，念其饥寒，即大患。故知执有生累，存身患起，贵我身者与贵大患不殊。"④这是从遣除我身我执方面讲述重玄超越思想。

---

① 《道教义枢》卷一〇，《道藏》第 24 册，第 835 页。
② 《道教义枢》卷五，《道藏》第 24 册，第 825—826 页。
③ 《道德真经广圣义》卷五，"释疏题明道德义"，《道藏》第 14 册，第 338 页。
④ 《道德真经注疏》卷二，《道藏》第 13 册，第 284 页。

实际上,杜光庭所条列的重玄学宗仅限于解注《道德经》系列,而此系列中也有未收罗者,如唐玄宗就是一位典型的宗奉重玄者,其《御制道德真经疏》说:"法性清净,是曰重玄,虽藉勤行,必须无著,次来次灭,虽行无行,相与道合。"①专门纂集重玄观点的强思齐和著《老子道德经论兵要义》的王真也是重玄学者。在《道德经》的解注范围之外,还有大量重玄学者:孟安排在《道教义枢》中从各个角度反复地申述重玄思想,司马承祯从修炼方法上申述重玄思想,卢重玄解注《冲虚经》也贯以重玄思想,张志和的《玄真子》从"真无之域"的境界方面讲论重玄思想,甚至五代时谭峭的《化书》也讲求"非玄而入自玄玄"。此外,盛行于隋唐的《升玄经》《本际经》《常清静经》等道教经典所提出的范畴,如道意、道体、道性、真一、真性、道心及性命等,也无不贯以重玄的踪影。足见"重玄"思想是贯乎六朝、隋唐之始终的一种哲学思潮。它有所宗奉,有所流转,并在不断地获得内容的丰富性。它没有一种明确的宗派传法系统,却有着精神宗旨传承的一致性。我们知道,隋唐时期,道教重教阶,不重派别,"各派混而为一,已不相非毁"②,因而上清、灵宝、正一各派皆可接受同一的思想。又依六朝以降派系承传的实际情形,上清派最盛,"太平无传,灵宝不见,正一亦微"③,因而在一定意义上来说,重玄哲学思潮主要是通过上清派得以兴起与阐扬的。既然不同派别可以混同,那么同一大宗派宗奉《道德经》"玄之又玄"而创重玄学宗也是自然之理。在道教史上,有一些学派并非当事者自己所标立,而属后人谥加,如宋以后张伯端的"南宗"、王喆的"北宗"、李道纯的"中派",本无其"宗""派"。在这层意义上来说,将重玄学宗称为"重玄学派"亦无不可。

由于史料的原因,我们难以确切地了解孙登的思想全貌,但我们可以肯定,孙登代表了东晋以后道教理论建设的历史趋势。这个趋势又是由两种历史因素导致的。首先,魏晋时期,经左慈、葛玄、郑隐、葛洪等人

---

① 《唐玄宗御制道德真经疏》卷四,《道藏》第 11 册,第 769 页。
②③ 刘鉴泉:《道教征略》,《图书集刊》1948 年第 7—8 期。

的努力,早期除病祛邪的民间道教被改造为希求长生的神仙道教,而这种神仙道教的理论基础不外"假求外物以自坚固"的外金丹论以及以"玄"为道宗的玄学论。然而,外金丹论主张"金液入口,则其身皆金色"(《抱朴子内篇·金丹》),一来能够服食金丹的人毕竟有限,有违普教无遗的宗教精神;二来服外金丹的危险性难以使人安得身、立得命,当然也就谈不上普遍实现宗教的超越。玄学固然有助于道教的理论化,但玄学的有、无本体论有流于实在或虚无的倾向,不够抽象,也就不够超越。而且,自东晋僧肇始,吸收了玄学的佛学也在努力摆脱其影响,佛教所倡导的"非有非无"的中道观显然就越乎玄学之上,如道教仍抱守玄学观点,岂不与佛教自然地分出优劣来了! 其次,佛教自传入中国,便与本土生长的道教有着优劣高下的对抗,顾欢写《夷夏论》指斥佛教为西戎之法,甄鸾著《笑道论》则贬斥道教道法浅陋。后者对前者的攻斥更为尖刻。因而,无论是为了对付异教的挑战,还是为了自身的发展,道教都有着加强理论化建设的需要,重玄学说正是适应这种需要产生的。重玄学者们一方面大量地研习佛教经典,另一方面则重读老、庄、文、列,力求在开新的基础上归宗返本。他们把道教的核心精神概括为在"玄"的基础上的"重玄",其意正在于此。

二、重玄之方法

重玄思潮既是一种追求宗教超越的哲学,它就有一套实现超越的方法。这种方法既是辨思的方法,又是修养与认知的方法;既讲物事间的同异与相对、绝对关系的辩证,又讲究我执与他执、主体与客体关系的分析;既要超越物事,又要超越自我。其中包含了从具体到抽象、从个别到一般的思想意义。

重玄学者从佛学的思想方法中受到启示,却欲在更高思辨基础上向老庄复归,因而,他们对"玄""重玄"有着自己的一套见解。成玄英说:

> 玄者,深远之义,亦是不滞之名。有无二心,原乎一道,同出异

名。异名一道,谓之深远。深远之玄,理归无滞。既不滞有,又不滞无,二俱不滞,故谓之玄。①

即是说,以有、无释"玄"皆不切当,有、无皆有所滞著,不够"深远",只有既不滞有,亦不滞无,才是"玄"。什么是"重玄"呢? 成玄英又说:

有欲之人唯滞于有,无欲之士又滞于无,故说一玄以遣双执。又恐行者滞于此玄,今说又玄更祛后病。既而非但不滞于滞,亦乃不滞于不滞,此则遣之又遣,故曰玄之又玄。②

即谓佛教的"双遣""中道"是滞于不滞("非有非无"),或曰滞于玄,正所谓"行人虽舍有无,得非有非无,和二边为中一,犹是前玄,未体于重玄理也"③。而道教是要"离一中道",不滞于不滞,在双遣基础上再遣,方是重玄境界。稍后于成氏的李荣说得更深入:

又玄者,三翻不足言其极,四句未可致其源,寥廓无端,虚通不碍,总万象之枢要,开百灵之户牖,达斯趣者,众妙之门。④

即谓"三翻""四句"的遣除功夫也还没穷尽,须经过多次反复的遣除,达到主客一切不著,才是"重玄"。但是,讲有无不著,非有非无不著,非非有非非无不著,三翻、四句皆不著,并非说无须有无、非有非无等等,而是说不断地竭其两端,又超越两端,也就是不断地摄取个别达于一般,掠过相对趋于绝对。所谓不玄者,乃是人之心有所滞著而不玄,所以说,重玄的方法是使修养、认知的自我逐渐达到玄与重玄境界的方法。有关这一点,孟安排在《道教义枢》中说得明白:"直趣重玄之致"⑤,"重玄之心既朗,万变之道斯成"⑥。因而,重玄学者在运用重玄方法教人们修炼去执时,认为这种方法与庄子教人"坐忘"之法有着本来意义上的一致性。

---

① 《道德真经注疏》卷一,《道藏》第 13 册,第 275 页。
②③ 《道德真经注疏》卷一,《道藏》第 13 册,第 276 页。
④ 《道德真经玄德纂疏》卷一,《道藏》第 13 册,第 361 页。
⑤ 《道教义枢》卷五,《道藏》第 24 册,第 826 页。
⑥ 《道教义枢》卷二,《道藏》第 24 册,第 815 页。

成玄英说：

> 行人但能先遣有欲、后遣无欲者，此则双遣二边，妙体一道，物我齐观，境智两忘，以斯为治理无不正也。①

"有欲"是对外物有心，"无欲"是对外物无心，但"无欲"还是对外物有一个无欲之心，主客、物我、境智俱不存，方是坐忘重玄。《天隐子》说：

> 坐忘者，因存想而得也，因存想而忘也。行道而不见其行，非坐之义乎？……道果在我矣，我果何人哉？天隐子果何人哉？于是彼我两忘，了无所照。②

这里并没完全否定"存想而得"，而是还要在此基础上"存想而忘"，从而形泯心寂，彼我两忘，以至于忘无所忘，也就是《常清静经》所说的"心无其心"。杜光庭称之为"辩兼忘"："玄之又玄者，辩兼忘也。"③"照"，又称为"观"。佛教讲求"二观"，即观身身空，观心心空。《道教义枢》将"二观"与定慧结合起来，联系到道教的存思存想方术，也提出"二观义"，曰："二观者，一者气观，二者神观。既举神气二名，具贯身心两义。身有色象宜受气，名以明定；心无难测宜受神，名以明空慧。故《本际经》云：炁观神观，即是定慧。"又说："观有为炁观，观无为神观。"④观有之炁观容易落于实在，观无之神观容易落于空无，因而"正观"当先资炁观以观有，后资神观以观无，"有无既非，非亦非非"⑤。炁观、神观之关系是如此，本迹关系也是如此。唐玄宗说：

> 摄迹归本，谓之深妙。若住斯妙，其迹复存，与彼异名等无差别，故寄又玄以遣玄，欲令不滞于玄，本迹两忘，是名无住，无住则了出矣。……正观若斯，是为众妙。其妙虽众，若出此门，故云'众妙

①《道德真经注疏》卷一，《道藏》第13册，第279页。
②《天隐子》，《道藏》第21册，第700页。
③《道德真经广圣义》卷六，"道可道"章义，《道藏》第14册，第342页。
④《道教义枢》卷五，《道藏》第24册，第826页。
⑤《道教义枢》卷五，《道藏》第24册，第827页。

之门'也。①

"正观"并非排除本迹、境智,炁观与神观,而是要无住超越。这与道教由渐到顿修炼、认知的一贯主张是完全契合的。

重玄学者们还把重玄方法运用在有为与无为关系的论辩上。杜光庭认为,无为不排除有为,而且有为是通向无为的必经途径,因而人们应当行仁积善,积功累德。但是,在有为的同时,又应具有无为的意识,努力遣除有为,促使有为向无为过渡。按重玄的观点,仅此还不够,还需连无为的意识也遣尽。"为而不有,旋立旋忘。功既旋忘,心不滞后,然谓之双遣,兼忘之至尔。"②"功行既忘,忘心亦遣。"③有为与无为问题是困扰道教的一个老问题,在引入重玄方法后,这个问题便合理地解决了。

重玄学说讲求无累无滞,自然是适应道教的修炼方术要求的,同时也与其宗教的认识论相关联。在通常意义上来说,宗教哲学的认识论直接就是宗教修养论。非有非无,非非有非非无,不滞于滞,不滞于不滞,其认识论意义是不断遣除片面性。道家、道教一贯坚持把道体(真理)看做全面的、整体的,这在《庄子·齐物论》中早已清楚地表述过了。因而以"有"或"无"或"非有非无"的观点来理解道体都是不正确的,只要尚有一息的偏执就不可能达到对道的认知,只有将认知的对象连同认知着的自我都排遣了,才可以"达观"道体——真理。达观显示整体性,以整体性的主体达观整体性的道。所以,在道教学者看来,感觉印象(他执)不能识道,抽象思维(我执)也不能识道,只能靠合感性与理性、思维与行动的体认。重玄学者都推崇这种体认方式,又如"了悟""了照""神鉴"等等,皆异名同实。唐玄宗说:"知者,了悟也。言者,辩说也。夫至理精微,玄宗隐奥,虽假言以诠理,终理契而言忘,故了悟者,得理而忘言。辩说者滞言而不悟,故曰知者不言,言者不知。"④杜光庭也说:"玄理真性,

---

①《唐玄宗御制道德真经疏》卷一,《道藏》第 11 册,第 750 页。

②《道德真经广圣义》卷三六,"损之又损之以至于无为"义疏,《道藏》第 14 册,第 494 页。

③《道德真经广圣义》卷三六,"无为而无不为"义疏,《道藏》第 14 册,第 494 页。

④《唐玄宗御制道德真经疏》卷七,《道藏》第 11 册,第 793 页。

考幽洞深，可以神鉴，不可以言诠也。"①其意都不过表明：经过日积月累的勤苦修炼，反复地排除各种偏失，以玄玄之心去体知那重玄之道，洞见重玄之境界。

三、重玄之境界

重玄学者反复地申述"重玄境界"。成玄英提出"重玄之道""重玄之域""重玄之境"，张志和提出"真无之域"，杜光庭提出要"造重玄之境"。这个"重玄境界"到底是什么？实际上，从宗教体验上来说，境界是不可以说的，但从理论上说，这个"重玄境界"就是用重玄方法建立起来的宗教哲学体系，包括以重玄方法展开的宗教哲学论证及其宗教神灵世界。对于道教来说，道的境界就是宗教哲学的境界，道的境界要靠人的宗教哲学来塑造与神化，而在建构道的境界时，却不能不关心道境与人境、神灵世界与世俗世界的关系，以至于将两种世界以某种同质的东西来加以会通，以表示两个世界之间既严格区分，又可以特殊的方式由此岸到达彼岸。

所谓道的境界、神灵的境界，也就是道体的境界，整个重玄学说都是以此为核心而展开的。道教一方面认为道是神秘不测的，另一方面又认定道有个道体，并对这个"体"给予界说。所谓体，也即宇宙本体。这个本体被道教学者赋予多种异号。

第一，为了表明道体极其幽深玄远，《本际经》讲"无无曰道"，《道教义枢》讲"玄玄道宗"，并依次提出了多层次的境界，如太易、太初、太虚、太始、太无、太素、太空、太极、太有、太神、太炁、太玄、太上、太一等等。《玄真子外篇》讲"真无""玄真""真玄"，其曰：

> 无自而然是谓玄然，无造而化是谓真化，之玄也，之真也，无玄而玄是谓真玄，无真而真是谓玄真。②

①《道德真经广圣义》卷四，"释御疏序下"，《道藏》第 14 册，第 332 页。
②《玄真子外篇·卷上·碧虚》，《道藏》第 21 册，第 719 页。

第二，为了表明道体是高度抽象的，不同于具体实物，成玄英认定道体即"妙理"：

> 道者，虚通之妙理，众生之正性也。①

李荣进而明确地称道体即是"理体"：

> 道者虚极之理体，不可以有无分其象，不可以上下极其真。所谓妙矣，难思，深不可识。②

强思齐则强调：

> 道是虚通之理境，德是志忘之妙智。③

在中国哲学史上，把宇宙的本体确定为"理体"，这是具有历史意义的。

第三，为了避免理本体带来的空疏的偏颇，表明道体不仅表现为某种永恒的客观精神，而且有实在的内容贯彻其中，重玄学者称道体为"道炁"。成玄英说：

> 炁，道也。④

这是明确地以炁的实在特性来限定道体。《升玄经》说："人之若鱼，道之若水。鱼得水而生，失水而死。炁不居人身，人身则空，人身既空，何得长久？"唐玄宗进一步肯定："身是道炁之子。"⑤人身与宇宙本体的关系是如此，道体与宇宙万物的关系更是如此，杜光庭说："阴阳虽广，天地虽大，非道气所育，大圣所运，无由生化成立矣。"⑥如果说早期道教所称"道炁"，只是不自觉地、偶然地将道与炁合起来的话，那么，到了隋唐时期重玄学者将道与炁合称为"道炁"，则是完全自觉的、深思熟虑的。道、炁相贯是道教的根本点，从道、炁互释到道炁合成二元绝对体，表现了道教文

---

①《道德真经注疏》卷六，《道藏》第 13 册，第 337 页。
②③《道德真经玄德纂疏》卷一，《道藏》第 13 册，第 358 页。
④《道德真经玄德纂疏》卷三，《道藏》第 13 册，第 380 页。
⑤《唐玄宗御制道德真经疏》卷七，《道藏》第 11 册，第 789 页。
⑥《道德真经广圣义》卷二，"释老君事迹氏族降生年代"，《道藏》第 14 册，第 318 页。

化的本位意识,这一点并不因为重玄学吸收佛教大乘空宗的思想而有任何改变。重玄学家在做道体的抽象提升时,援引了佛教的空论,但正如王玄览所表明的,"道体实是空,不与空同"①,不同处就在于道体中有"炁"。因而《升玄经》在论及"道根"时说:"请问道根。……夫道玄妙,出于自然,生于无生,先于无先。挺于空洞,淘育乾坤,号曰无上玄老太上三炁。三炁,玄元始也,无上正真道也,神奇微远,不可得名。"

　　第四,为了表明"道不远人"、道与人之间有着相通之处,重玄学者摄取了佛教的"佛性"说,称道体为"道性""真性"。《太玄经》说:"道性众生,皆与自然同。"《道教义枢》说:"道性者,理存真极,义实圆通,虽复冥寂一源,而亦备周万物。"②唐玄宗说:"道之为法,非复仿法自然也。"③又说:"道性清净,妙本湛然,故常无为也。"④道性既抽象地表现为宇宙万物的本体——道体自身,又能生动具体地表现为人的本性,正所谓"无极大道,众生正性"⑤。当它作为宇宙本体时,"道性常一不异"⑥;当它作为人的本性时,称为"众生道性","其道无常性,所以感应众生修"⑦。因而宇宙道性与众生道性有着直接的同一性,故道性又称"真性"。《升玄经》说:"思维分别,得其真性。"成玄英说:"修道善人达见真性,得玄珠于赤水,故能宝而贵之。"⑧杜光庭《常清静经注》说:"道性既清静,乃得真性。既得真性,返归于无得之理也。如此清静,渐入真道。"又说:"凡欲得成真性,须修常性而为道性。得者动也,动其本性谓其得性也。"⑨其谓"真性",意在说明人性之中有不变之真常道性,不过这种真常道性须经过修炼才能得到。在这个意义上,《升玄经》大倡"真一之性",其曰:

---

① 〔唐〕王玄览:《玄珠录》,朱森溥《玄珠录校释》,第 114 页,成都:巴蜀书社,1989。
② 《道教义枢》卷八,《道藏》第 24 册,第 831 页。
③ 《道德真经玄德纂疏》卷七,《道藏》第 13 册,第 418 页。
④ 《唐玄宗御制道德真经疏》卷五,《道藏》第 11 册,第 777 页。
⑤ 《道德真经注疏》卷一,《道藏》第 13 册,第 274 页。
⑥ 《道性论》,《云笈七签》卷九三,《道藏》第 22 册,第 641 页。
⑦ 〔唐〕王玄览:《玄珠录》,朱森溥《玄珠录校释》,第 79 页。
⑧ 《道德真经注疏》卷六,《道藏》第 13 册,第 337 页。
⑨ 《太上老君说常清静经注》,《道藏》第 17 册,第 187 页。

> 真一之一,不能不一。不能不一,则有二。有二,非一之谓。不
> 一之一,以不见二故,则无一。无一者,是无二义。

> 念一者,想不散。一念者,心得定也。心定在一,万伪不能迁,
> 群邪不能动,故谓真一。

实际是说,以真一不二之心守一,就能得到那不变的真一之性,即"真性常一"。"道性"说在六朝、隋唐时期甚为流行,这个时期的道教文献几乎都要就道性问题讲论一番。就外在因素来说,道教受佛教的影响。东晋以后,佛教中佛性论流行,逐渐摆脱玄学本体论的影响。与佛教争高下的道教,在佛教大量摄取老庄哲学的同时,也大量地吸收佛教的观念。就内部因素来说,"道性"说根源于《老子想尔注》"道性不为恶事"的说法,却又是重玄哲学兴起的产物。把道体理解为"理""性",并把道性与人性联系起来,包含了从早期道教的空洞的抽象到具体的抽象的意义,也包含了从本体论向认识论深化的内容。认识自我,就已隐含了对道性的认识,从而也找到了从个体通向道体、从世俗通向仙境的超越之路径。自此仙境不仅是高深玄妙,又似是天涯咫尺,如同谭峭所说的:"蓬莱信道无多路,只在谭生拄杖前。"此外,"道性"说与道教内丹学说关系甚为密切。六朝到隋唐,也正是道教从外丹学转向内丹学的时期,内丹学说在形成过程中的一个重要内容便是心体与道体的关系问题。"道性"说在将宇宙精神本体的道性与人性联系起来考虑时,实际上执着人与道所同之"心",心作为同质的东西可以沟通天人,如《道教义枢》主张的"神凝于重玄"。《常清静经》主张道性只是清静之心,《升玄经》称此心为"道心","盖是修善,行合道心"。"道心"又叫做"道意",正如《道教义枢》所说:"道意者,谓是正道之心。"①

对于道教来说,一切学说都是为如何成仙服务的。唐后期,外丹学说逐渐被内丹学说代替,重玄学逐渐与内丹学合流。重玄哲学的本体论融化、落实在内丹学说中了,这突出地表现在两个方面:第一,作为宇宙

---

① 《道教义枢》卷三,《道藏》第 24 册,第 821 页。

本体学说的"道炁"论逐渐占支配地位。道炁是道(理)与炁的绝对同一体,道炁就蕴含着理。第二,作为道与人之间终极关怀的"性命"说取代了"道性"说,性命是人的整体表现,性命当中就隐含了道性。这两个方面又关联一致,在内丹家看来,"性"即是"神",即是"道","命"即是身,即是"炁"。修炼性命,就是要从后天返还先天的道炁,道炁长存,人则不亡。至于说重玄的方法,则作为内丹修炼的方法融会在内丹修炼的过程中了。因此,重玄学在唐以后不是衰落,而是发生了转化。

如果说重玄学说中尚有未曾泯灭的受佛学影响的痕迹的话,那么,在重玄学实现了向内丹学的转化之后,便醇乎又是道教特色的学说了。这既不失道家文化开放、兼容的特性,又不失却文化本位特性。

第二节　道教内丹学与神学思辨

道教的修仙方术从外丹学转向内丹学,乃是道教发展过程中的重大转变,这种转变一是由于药石等外物的烧炼"靡费"而"无效",道教理论家转而向体内探求通仙之路径,二是道教传统的服气、导引、辟谷、存思等内养方术的发展以及道教善于采获别家之长的兼容特性所致。如果说外丹学尚有一些科学实证意义的话,那么内丹学则把道教本来具有的神秘特征理论化、系统化了,其道"无问无应","不可秘禁,又不可妄泄"。[①] 然而,一种不可忽略的现象是:伴随这种修仙方术的神秘主义化,道教所特具的思辨哲学应运而生,显示出本国特色的宗教理论的成熟。

一、内丹学的宇宙论基础

与佛教相比,道教的一个突出特点是善于建构自己的宇宙本体论。古今道教理论家无不论气说道,无不把建立道、气、人一致,天、地、人相

---

① 《悟真篇·陈观吾序》,〔宋〕张伯端撰,〔清〕仇兆鳌集注《悟真篇集注》,第 210 页,上海:上海古籍出版社,1989。

通,精、气、神一贯的哲学论证作为营构理论体系的首要任务。这种现象当从两个方面去理解:一是要从道教发轫的理论基础来看,二是要从道教内丹发展的需要来看。

我们知道,道教是以先秦两汉的道家思想作为理论基础的,老庄的"道",宋尹、《淮南子》以及王充的"气"乃是道教创始人得以进行精神创造活动的出发点,道家思想的最基本范畴同样也是道教思想的最基本范畴,《太平经》《老子想尔注》《老子河上公章句》皆充满了道、气的论证。只不过道教作为一种宗教,它不可能简单地搬用道家现成的思想材料,因而要对道、气做适应性的改造。道教创始者首先抽取了《道德经》"道"中的物质性内容,不仅将"道"理解为不生不灭的永恒宇宙精神,而且将"道"人格化为有情信、有意志、显隐自在的神,以求实现其宗教超越性,甚至将"道"界定为"玄"。但他们又担心过于虚玄而失去规定性,于是又援"气"来充实"道"。《太平经》云:"元气行道,以生万物,天地大小,无不由道而生者也。"《老子河上公章句》云:"道生万物。"[1]又云:"元气生万物。"[2]《老子想尔注》则云:"道气常上下,经营天地内外。"[3]《抱朴子内篇·至理》亦云:"自天地至于万物,无不须气以生者也。"在生成意义上道与气已等同使用,不过在早期道教思想家那里,道与气的等同还未上升到理论自觉的程度。他们没有真正弄清楚道与气是一种什么关系,如若肯定道是最高的本体,虽然实现了宗教的超越,却难免与现实脱节,找不到由凡俗通向仙境的路径,亦即缺乏中间媒介,那个至上的道最终也流于虚无放诞;如若肯定气是最高本体,虽然真实可信却无异于唯物主义,而无法实现宗教超越,也谈不上成仙的问题。这乃是一个两难选择。然而,道教在很长时期盛行的是外丹术,外丹术的基本思想是以丹炉模拟宇宙,以加速的药物反应过程模拟整个宇宙的漫长生成过程,以丹道

---

[1]《老子河上公章句》,《道藏》第12册,第14页。

[2]《老子河上公章句》,《道藏》第12册,第1页。

[3] 饶宗颐:《老子想尔注校证》,上海:上海古籍出版社,1991。

合天地自然之道,炼出的"还丹"乃是"固化了的道"。① 人服用了"还丹"就能冥契于道,长生久视。气在此过程中不具突出的意义,因为运用药物炼成的"还丹"直接通于道,而不必经过气的环节,从而吐纳、导引、服气等修炼方术只作为金丹大药的辅助,它们能使人延年,不能使人通仙。如汉末阴长生所说:"不死之要,道在神丹。行气导引,俯仰屈伸,服食草木,可得延年,不能度世,以至乎仙。"可见,外丹道教学者此时尚未深究道与气的关系问题,而到了唐末外丹学日渐衰落、内丹学兴起时,道与气的关系就成为道教理论家不可回避的问题了。

　　精、气、神的气功修养在我国源远流长,道教以长生成仙为目的,因而很早就将之纳入修道范围,《太平经》有"爱气、尊神、重精"的思想,《老子想尔注》和《老子河上公章句》皆主张精气神合一,陶弘景总结内养实践编制了《导引养生图》,只是精气神的炼养在隋唐以前不被视为"丹道"。隋开皇年间,苏元朗著《旨道篇》,道教才开始有内丹之说。内丹术是以身为鼎炉,以精气神为药物,以神的运用程度为火候,经过阳火阴符、取坎填离、抽铅添汞、龙降虎伏、通三关、运周天的"烧炼"功夫,使精气神凝结不散,化为纯阳之物,结成圣胎,"其用则精气神,其名则金液还丹",复加九年面壁之功,守一抱朴,达于"形神俱妙",亦称"金液大还丹",至此,"大修之事毕矣"。② 道—气—阴阳—天地人,体现了道生万物及人的演生程序,称"顺";事物演化必然回到出发点,即"返"于道的过程,称"逆"。人通过修炼,实现精气神—圣胎—虚的反演就是模拟自然物质"还"的过程。老子曾说:"反者道之动"(《老子》第 40 章),"夫物芸芸,各复归其根"(第 16 章)。内丹学正是以老子矛盾转化论及其循环论作为其哲学基础。内丹学的另一个哲学基础是天人感应论,《老子河上公章句》最早表明:"天道与人道同,天人相通,精气相贯。"③内丹学以一人之身为小宇宙比附身外大宇宙,以肺肝肾心脾比附自然中的金木水火

---

① 参见胡孚琛《魏晋神仙道教》,第 237 页,北京:人民出版社,1989。

②《悟真篇·陈观吾序》,〔宋〕张伯端撰,〔清〕仇兆鳌集注《悟真篇集注》,第 19 页。

③《老子河上公章句》,《道藏》第 12 册,第 14 页。

土,以精气比附自然中的铅汞,以心肾等部分比附乾坤坎离,以精气及身体各部分的灵适运用和高度协调比附乾坤坎离卦变所代表的自然现象的阴阳交媾变化和有机统一,以月候之大运(春夏秋冬)及日候之小运(子卯午酉)比附心、肺、肾等部分的运转与制衡关系,"以炁度合天度,以日用参年用"①。整个过程则是以炼精化气、炼气化神、炼神还虚的主观潜能的发挥应合道生万物、万物复归于道的演化过程,大宇宙与小宇宙相对称,内在修炼过程与外在变化规律相呼应,后天之气与先天之气相配合。天与人既相感应,人通过修炼即能通仙,那么感应之机在哪里?通仙之幽径在哪里? 这是道教理论家不能不解决的问题。从道教"三一为归"的致思模式来看,天地人之能合一,精气神之能同一,其统一的基础还是要落实到"气",天地万物乃至人,都是由阴阳二气的不断分化而产生的,因而对这一问题的解决须回到早期道教一开始就提出来的道、气关系问题。我们知道,西汉时的董仲舒"天人感应"论就提出"爱气""乐气""怒气""哀气"的观念,以为气体现了天喜怒哀乐等性情。《太平经》提出"神气""心意气""善气""恶气""正气""邪气"等,强调天人一体,"相去远,应之近"。但《太平经》并没说明在亿万具象气之上的元气具有物质的或精神的属性,因而也没说明道与气是怎样的关系。《老子河上公章句》和《老子想尔注》做到了道与气的等同却只限于生成意义,没有广泛证道、气关系。因而总的说来,早期道教很好地改造了"道"范畴,但没能对直接从元气论那里利用过来的"气"范畴进行适应性的改造。

随着道教养生学的发展,尤其是上清派内修大师的阐扬,道、气理论有了重大发展,《黄庭经》"存思还神"的修炼方法突出了体内八景神、二十四真及其通仙的内在条件,即肯定构成人的气本体自身具有的特性。陶弘景断定"仙是铸炼之事极,感变之理通也"②,认为通仙包含了精神性

①《西山群仙会真记》卷四,《道藏》第 4 册,第 438 页。
②《答朝士访仙佛两法体相书》,《华阳陶隐居集》卷上,《道藏》第 23 册,第 646 页。

感通活动的内容。隋唐是道教内丹学兴起的时期,相应地,对道、气的哲学论证亦日臻深入和成熟。吴筠说:"闻大丹可以羽化,服食可以延龄,遂汲汲于炉火,孜孜于草木,财屡空于八石,药难效于三关,不知金液待诀于灵人,芝英必滋于道气。"①这是肯定成仙须凭借"道气"这个桥梁。又说:"修真未合其真,且须宗玄一炁。"②这种道气、宗玄一炁又同于"真精",所指皆非纯粹单一的物质或精神,而是兼有物质和精神两种特性。在他看来,"人受道炁则剖得神,分得一"③,禀受这种道气而生的人自身就蕴含了与道相通的能力。杜光庭提出"玄元始气",亦即"道气",认为玄元始气不仅演生凡俗世界(欲界、色界、无色界),而且演生仙界(三清境、四人天)。显然,以物质性的气演生仙未免生"越分"的嫌疑,只有带有精神和物质两种特性的气才能够演生两种世界。杜光庭正是为了解决一开始就摆在道教理论家面前的二难选择,于是着手来确立并重新界定"道气"范畴的,他断定:"混元以其道气化生,分布形兆,乃为天地。而道气在天地之前,天地生道气之后。"④"人之禀生本乎道气。"⑤在他看来,道的最根本特性在"通",气的最根本特性在"生":"道,通也,通以一气生化万物,以生物故,故谓万物之母。"⑥以道通气,"通"与"生"两性结合,道一气则达于直接的无差别的同一。这样,"道气"就被赋予物质和精神二重属性,乃是精神与物质绝对同一的二元体。人即是"道气"之子,则人先天就禀受了与道同一的内涵,经过艰苦的修炼就能契真合道。如此,人与道相通的桥梁在带有物质和精神两性的气的基础上搭成了,气和神就是精气神的基本内核,内丹学中的"炼神还虚"实际上就是通于道气的本然状态。自此后,道冠羽流凡言内丹者,莫不"以生身受气之初,求返本还元之药"⑦。

---

① 《神仙可学论》,《宗玄先生文集》卷中,《道藏》第23册,第660页。

② 《形神可固论·金丹》,《宗玄先生文集》卷中,《道藏》第23册,第665页。

③ 《形神可固论·养形》,《宗玄先生文集》卷中,《道藏》第23册,第664页。

④⑥ 《道德真经广圣义》卷四,"释御疏序下",《道藏》第14册,第334页。

⑤ 《道德真经广圣义》卷四〇,"我好静而民自正"疏,《道藏》第14册,第519页。

⑦ 《悟真篇集注序》,〔宋〕张伯端撰,〔清〕仇兆鳌集注《悟真篇集注》,第23页。

从以上所述可以看出,先秦两汉的道家思想为内丹成仙提供了有益启示,道家的道、气宇宙观奠定了内丹学的理论基础,而道教内丹学则在修道成仙的宗旨下深化了对道与气的论证,又在这种论证下透露出一个完整的宗教神学宇宙观。

二、内丹学的心论基础

外丹学和内丹学的一个共同点是都想通过特定的修炼手段,达到与道的契合。如司马承祯所说:"夫人之所贵者生也,生之所贵者道也,人之有道,如鱼之有水……长久者,得道之质也。"①道教在追求"得道之质"、与道同体的目标下,其修炼方式已呈现出多样性特征。

隋唐道教理论家在谈到修仙方式时多不废精气神,但更重炼心的功夫。成玄英认为道是"虚无之理境",德是"志忘之妙智",②人们只要善于排除各种偏私,穷理尽性,"体兹重玄",就能至于"虚无之理境",契合于道,骨肉同飞有日。王玄览认为"道与众生亦同亦异"③,其同在众生禀道生,"众生中有道",其异在众生有生灭,其道无生灭。故此,"恬淡是虚心,思道是本真"④。司马承祯认为,人常失道,而道不失人,道潜藏在人体中,人人具有内在与道相通的能力,道在人体内的存在要靠心去体验,"心满则道无所居",故"心不受外名曰虚心,心不逐外名曰安心,心安而虚道自来居"。因而他断定:"学道之初,要须安坐,收心离境,住无所有,不著一物,自入虚无,心乃合道。"⑤吴筠说:"道德之体,神明之心,应感不穷。"⑥也是相信心与道有内在感应关系。杜光庭提出"安静心王"的修炼方式:"若安静心王,抱守真道,则天地元精之气纳化身中,为玉浆甘露,三一之神与己饮之,混合相守,内外均和,不烦吐纳存修,各处玉堂琼室,

---

① 《坐忘论》,《云笈七签》卷九四,《道藏》第 22 册,第 643 页。
② 〔唐〕成玄英:《道德经义疏》,蒙文通《道书辑校十种》,第 375 页。
③ 〔唐〕王玄览:《玄珠录》,朱森溥《玄珠录校释》,第 77 页。
④ 〔唐〕王玄览:《玄珠录》,朱森溥《玄珠录校释》,第 143 页。
⑤ 《坐忘论·收心三》,《道藏》第 22 册,第 893 页。
⑥ 《玄纲论·元气章第二》,《道藏》第 23 册,第 674 页。

阴阳三万六千神,森然备足,栖止不散,则身无危殆之祸,命无殂落之期,超登上清,泛然若川谷之赴海,而无滞着也。"①在他看来,"虚心则道集于怀",心与道合就能超凡登真,因此,他的结论是:"修道即修心也,修心即修道也。"②隋唐修炼论皆以心为感通的契机,盖受两种影响:一是道教传统内养方式的影响,二是佛学禅定方式的影响。

为了确立"心"具有通道契真的能力,并使人在行修心术过程中笃信不疑,就有在宗教哲学上论证的需要,使之有强说服力。成玄英从"守三一之神"的观点出发,认为"守"的功夫依赖于心,人之生存虽恃精气神,而心为之主宰,"欲得虚玄极妙之果者,须静心守一中之道,则可得也"③。而心有外驰之根性,游心于外物而不知守中,就难以返根归朴——道,故此,他对心的地位和作用做了无限夸大,肯定万事万象皆由心的起灭而有兴生与寂灭,甚至借用佛教六尘六根说,"体知六尘虚幻,根亦不真"④,强调只有按他所倡导的双遣方法,外遣物事,内遣身心,做到"外无可欲之境,内无能欲之心"⑤,才能与道合真。王玄览对心物、心道关系做了更彻底的论证,他认为,"心之与境,常以心为主","心生诸法生,心灭诸法灭",只因"法本由人起,法本由人灭",只要一心不生,则万法无咎。⑥ 不仅广漠的空间,而且久远的时间,在他看来,只在一念之生灭:"一心一念里,并悉含古今,是故一念一劫,非短亦非长;一尘一世界,非大亦非小。"⑦这是将人的主观精神无限吹胀了,由于这种主观精神的生灭,始有宇宙万象的生生灭灭。那么,心与道之间是什么关系? 他说:"人心之与

---

① 《道德真经广圣义》卷二七,"譬道之在天下犹川谷之与江海"义疏,《道藏》第 14 册,第 443—444 页。
② 《太上老君说常清静经注》,《道藏》第 17 册,第 185 页。
③ 《道德真经玄德纂疏》卷四,《道藏》第 13 册,第 395 页。
④ 《道德真经玄德纂疏》卷一四,《道藏》第 13 册,第 478 页。
⑤ 《道德真经玄德纂疏》卷七,《道藏》第 13 册,第 422 页。
⑥ 〔唐〕王玄览:《玄珠录》,朱森溥《玄珠录校释》,第 129、144、153 页。
⑦ 〔唐〕王玄览:《玄珠录》,朱森溥《玄珠录校释》,第 100 页。

道连,是亦如之。"①人们只需在心上做功,使一切凡俗"知见灭尽,乃得道矣"②。这种心与道的连接,实际上是无限膨胀了的主观精神与永恒的客观精神的连通。司马承祯和杜光庭皆从认识论的角度论证了心与道的感通关系,执定修炼过程即是"悟"的认识过程,体悟了道,即是契合了道。司马承祯提出的"安心坐忘之法",其核心是要论证"心体以道体为本",人们只要按照他所设计的"敬信、断缘、收心、简事、真观、泰定、得道"七个阶次循序渐进地修炼,就能修成仙。他并根据修道者智愚根性的差异,提出"渐""顿"两种悟通方式。杜光庭提出了"了悟""神鉴"的认识方式:"知而行之者,至道不烦,一言了悟。"③"以目所见为观(音'官'),以神所鉴为观(音'贯'),意见于外,凝神于内,内照一心,外忘万象。"④他相信人在心神不染一尘、极度虚静的境况下能够产生一种超常的感通能力,"心与天通,万物自化于下"⑤,借助"安静心王"修炼方术的论证,表述了"穷万物之理""尽生灵之性""寻迹悟本"等命题,分析了缘与想、观与行,以及境、心、知、智等辩证关系,在其神秘的外观下包蕴了一个包括感性、理性以及在感性、理性基础上的超感活动的完整的道教认识观。道教本来是把"道"物化为客观的精神实体,但在寻求主观精神通往客观精神的路径的过程中,由于遇到"心难理"的难题,因此在处理心(意识)与人体各器官以及心与外物关系时,膨胀了主观精神——心的地位和作用,附着上了主观唯心论的色彩。然而,不可由此断定道教理论家在外丹向内丹转变中放弃了自己的宗旨,或者说其简单地搬用佛教的佛性论或儒家的心性论。

这里便产生一个问题:肇兴于隋开皇年间,确立于唐末五代,成熟于宋元、以精气神为修炼内容的内丹学是否弃隋唐修心论不顾,而独辟修

---

① 〔唐〕王玄览:《玄珠录》,朱森溥《玄珠录校释》,第 119 页。
② 〔唐〕王玄览:《玄珠录》,朱森溥《玄珠录校释》,第 88 页。
③《道德真经广圣义》卷五〇,"知者不博"疏,《道藏》第 14 册,第 565 页。
④《道德真经广圣义》卷六,"道可道"章疏,《道藏》第 14 册,第 342 页。
⑤《道德真经广圣义》卷八,"虚其心"义疏,《道藏》第 14 册,第 353 页。

仙之蹊径呢? 考镜内丹学之源流,不能不说隋唐修心论融摄在内丹学说中了,成为其不可分割的部分。内丹学经籍中包含了大量对"心"的描述。而从内丹学精气神的基本概念看,其"神"实质上指的是"心",心与神共为一物,其静谓之心,其动谓之神,故曰:"动神者心。"①由于内丹学中对概念、范畴的界定缺乏严格定量、定性,因而它们变得难以捉摸。"神"亦称"神气"、"精"亦叫"精气",然而经过深入解剖,仍可见其底蕴,如前所述,自吴筠、杜光庭重新界定"道气"范畴之后,内丹学上的"气"皆有精神的韵味,因而"神"亦可称"气",神、气互训,如吴筠所言:"炁者,神也。"②又如杜光庭所言:"神气全则生,神气亡则死。"③精气神之能相互转化正是体现了这一特点。再以心—神在内丹修炼过程中的地位和作用来看。内丹托诸乾坤鼎炉、龙虎铅汞,其名不可胜举,稽其实,无过虚心实腹——性功命功。《悟真篇提要》七条第一条即"凝神定息",强调心息相依,外静内澄、一念规中、万缘放下,然后经过"运气开关""保精炼剑""采药筑基""还丹结胎""火大符温养"等阶段,最后归于"抱元守一"。前面六个阶段即"炼精化气、炼气化神",皆有为、有作之功,"其凝神定息丹法始终用之"。至"抱元守一","炼神还虚","乃绝虑忘机之候,斯时,虚极静笃,内外两忘,以逍遥自在之身,观大化流行之妙人也"。④ 整个修炼过程,始于虚心,终于忘心。这样,炼心既是出发点,又是整个内炼过程的保证,还是最终目的。

　　在上述意义上讲,道教内丹经书不应将隋唐许多理论大家的道书排除在外,外内丹转变过程中的理论恰恰是十分重要的环节,因为它们为内丹学提供了理论依据,而内丹学不过是实现了理论到方术的转变。

---

① 《心目论》,《宗玄先生文集》卷中,《道藏》第 23 册,第 661 页。
② 《形神可固论·服炁》,《宗玄先生文集》卷中,《道藏》第 23 册,第 664 页。
③ 《道德真经广圣义》卷四六,"无厌其所生"疏,《道藏》第 14 册,第 549 页。
④ 〔清〕仇兆鳌:《悟真篇提要》,〔宋〕张伯端撰,〔清〕仇兆鳌集注《悟真篇集注》,第 137 页。

三、道教的形神观

"人之所生者神，所托者形。"①无论外丹或内丹，最后都要落实到形神关系问题，"形神俱妙"是道教各种修炼方式所追求的目标。道教认为形神相合，是人是物，形神相离，是灵是鬼，主张形神俱升以超俗越尘，摆脱生死，身得道神亦得道，身得仙神亦得仙，以形神合同作为升仙的先决条件。道教在将神仙分为天仙、地仙、尸解仙等级时，也始终是将形神联系起来的。葛洪在《抱朴子内篇·论仙》中云："上士举形升虚，谓之天仙；中士游于名山，谓之地仙；下士先死后蜕，谓之尸解仙。"其"尸解"似断定人死形去神留。其"形"亦叫"形气"，其"精"亦叫"神气"，精气神在本来意义上讲是合一的。既然形神在最初意义上是同质的，那么人们经过修炼在最终意义上也是可以同时举升的。这种神仙观念影响深远，即在隋唐时期，人们仍然奉行这种观念，道教理论大师潘师正以"蜕化"卒，司马承祯称"受职玄都"，"已蜕形关"，吕岩、韩湘被时人誉为形神俱飞之范式。

然而，道教内部滋生的内丹学所阐扬的形神问题，毕竟有了一些新的内容和特性。司马承祯说："道有深力，徐易形神，形随道通，与神合一，谓之神人。神性虚融，体无变灭，形与道同，故无生死。隐则形同于神，显则神同于气……然虚心之道，力有浅深，深则兼被于形，浅则唯及于心。被形者，神人也；及心者，但得慧觉而身不免谢。"②这是把神仙分为两类：功力深厚者成为"神人"，形神俱"被"，形神同于道体，显隐自在，"人怀道形体，得之永固"；功力浅薄者形神不能兼"被"，形去身谢，其神可合道。吴筠著《形神可固论》，认为人剖道气而有形神，"有一附之，有神居之，有炁存之"，"身含形神"，人应于形神"常思养之"，使神不劳、形

---

①《心目论》，《宗玄先生文集》卷中，《道藏》第 23 册，第 661 页。
②《坐忘论·得道七》，《道藏》第 22 册，第 896 页。

不弊、心宁气远，①然后"形存道同，天地之德也"②。在此基础上，他进而提出性全—形全—气全—神全—道全，以及神王—气灵—形超—性彻的顺逆两行的修炼方式，这是承认形可不亡，神可同道。同时他又认为契合于道体靠的是"心"：神明之心，应感无穷。这同"形存道同"论似有异趣。然而，实际上并无矛盾，因为在他看来，"形"也即"形气"，而气即神："夫形气者为性之府，形气败则性无所存，于我何有？"③同样，他也认为"身者，道之器也"④。形—气—神既然可以相通，那么心神合道，也可以是形神合道，形与神均无损亏，因为形神在"虚"的意义上是同质的；身既为道之器用，那么器（身）是归于道的，器归于道，而器（身）亦并无损亏，因为器（身）、道在其本来意义上讲是同一的。杜光庭认为，"形为神之宅，神为形之主"。人们通过修道修心，受精养气存神，可形神长存："受生之始，道付之以气，天付之以神，地付之以精，三者相合而生其形，人当受精养气存神，则能长生若一者。"⑤在他看来，神既为形之主，修道就是洗心息虑，使神适于虚静，如此神不离身，形神不离则长存："修道者纵心虚漠，抱一复元，则能存已有之形，致无涯之寿。"⑥但是，他肯定形神俱存并非每个修道者都能实现，他将人分为九等，上上等人自悟得道，不假于渐修；下下士愚冥不移，教之不入；中间七等为中士，是教化的主要对象，因而他宣称"神道设教为中士"⑦。与此相应，他将仙分为四等：飞升、隐化、尸解、鬼仙。除了极少数人能够实现飞升，大多数人只能实现形谢神存，而"神道"恰恰是为大多数人设立的。正是基于这种观念，他主张人们不应厚其生，而应遗形忘我，无身无主，"无私顺化"⑧，不以死为死，返

---

① 《形神可固论·养形》，《宗玄先生文集》卷中，《道藏》第 23 册，第 664 页。
② 《玄纲论·超动静章第六》，《道藏》第 23 册，第 675 页。
③ 《神仙可学论》，《宗玄先生文集》卷中，《道藏》第 23 册，第 660 页。
④ 《形神可固论·守神》，《宗玄先生文集》卷中，《道藏》第 23 册，第 664 页。
⑤ 《道德真经广圣义》卷四六，"无厌其所生"义疏，《道藏》第 14 册，第 549 页。
⑥ 《道德真经广圣义》卷三二，"天下之物生于有生于无"疏，《道藏》第 14 册，第 472—473 页。
⑦ 《道德真经广圣义》卷三二，"上士闻道勤而行之"义疏，《道藏》第 14 册，第 474 页。
⑧ 《道德真经广圣义》卷三六，"以其无死地"疏，《道藏》第 14 册，第 499 页。

朴归元,与道为一,常存不亡,亦即精神长存。谭峭从他的"虚化"论观点出发,认为"虚化神,神化气,气化血,血化形,形化婴,婴化童,童化少,少化壮,壮化老,老化死,死复化为虚"乃是一个"环之无穷"的自然过程,因此,人之生不为得,人之死亦不为失,而且人之有形反而有累于神明,"神至明而结形不明"。[1] 如若神不为形累,就能适志虚无、逍遥自在了。他甚至把"形"视为赘疣:"惟神之有形,由形之有疣,苟无其疣,何所不可。"[2]他相信,人们通过精气神的勤劳修炼,可以达到这样一个目的:"神可以不化,形可以不生。"[3]显而易见,各家所述体现了一个由隐到显、由微至著的理论论证过程,即逐步实现形神不必俱飞的理论转变。谭峭是这一转变的完成者。这种转变是同内丹学的兴起与发展同步的,为成熟形态的内丹学提供了形神观方面的理论基础。

总的来说,内丹神学提出了宗教哲学论证的需要,而宗教哲学的论证则深化和完善了内丹神学,这两者的结合便标志着中国形式的宗教的成熟。

第三节　《周易参同契分章通真义》的"还丹"说与"数"论

东汉魏伯阳所撰《周易参同契》"辞隐道大,言奥指深",历经两晋、六朝、隋唐,皆无注本。唐玄宗时四川绵州昌明县令刘知古著《日月玄枢论》,称:"道之至秘者,莫过还丹;还丹之验者,必先龙虎;龙虎所自出者,莫若《参同契》。"表明刘知古已窥见《参同契》之大要。唐后期出现的《钟吕传道集》《灵宝毕法》中已明言内还丹修炼的数度关系,但不言《参同契》。因此,后蜀彭晓所著的《周易参同契分章通真义》被《四库全书总目》称为解注《参同契》的"最古"本。其另一著作《还丹内象金钥匙》在内容上乃是《通真义》思想的进一步展开与延伸。

彭晓(生卒年不详),字秀川,自号"昌利化飞鹤山真一子",永康(今

---

[1]《化书·道化·神道》,《道藏》第36册,第299页。
[2]《化书·道化·耳目》,《道藏》第36册,第297页。
[3]《化书·道化·死生》,《道藏》第36册,第299页。

重庆)人,活动于五代孟蜀时期,做过地方官员。据《三洞群仙录》所引《野人闲话》及《历世真仙体道通鉴》,他曾注《阴符经》《周易参同契》,著《还丹内象金钥匙》《真一诀》,现仅存《周易参同契分章通真义》和《还丹内象金钥匙》(节本),为考察其思想的基本依据。彭晓的思想集中在丹道修炼及其火候法度方面。

一、元精、元气生纯粹的"还丹"说

彭晓是从注《参同契》开始,进而发挥"还丹"思想的。《参同契》虽则由于铅汞药物烧炼外丹的需要而产生,却包含了大量人体内修炼以配合外丹炼造的内容,尤其重要的是,《参同契》合三圣于一体,以人工造化模拟天地自然造化的运思方式,不仅适合于修炼外丹,也适合于修炼内丹,故《参同契》可以从外、内丹两个方面进行诠释。自然,诠释者在诠释过程中又多投注着包含自身体验的再创造。有一种观点认为,彭晓是从炼外丹的角度解释《参同契》的。这是一种误解。的确,《通真义》中有许多论铅、汞、水、金的,并以之作为"大药之基",如说:

> 巍巍尊高者,谓真铅。未有天地混沌之前,铅得一而相形,次则渐生天地阴阳五行万物众类,故铅是天地之父母,阴阳之本元。盖圣人采天地父母之根而为大药之基,聚阴阳纯粹之精而为还丹之质,殆非常物之造化也。则修丹之始,须以天地根为药根,以阴阳母为丹母。如不能于其间生天地阴阳者,即非金液还丹之道。[1]

彭晓还有诗云:

> 至道希夷妙且深,烧丹先认大还心。日爻阴耦生真汞,月卦阳奇产正金。女妊朱砂男孕雪,北藏荧惑丙含壬。两端指的铅金祖,莫向诸般取次寻。(《参同契明镜图诀诗二首》)

然而,值得注意的是,他所说的真铅、真汞、正金,已与《参同契》所说铅

---

[1]《周易参同契分章通真义·采之类白章第二十五》,《道藏》第 20 册,第 139 页。

汞、正金异趣。在《参同契》中，铅汞、金水是非常之物，它们有不变之质和善变之形，能夺天地之造化于炉火之中，但《参同契》从未称之为"真铅""真汞"。真铅、真汞的运用，乃是内丹学说兴起、丹家为区别内丹炼养的药物与外丹炼造药物而提出来的。内丹家所指称的"真铅""真虎"即是元气，"真汞""真龙"即是元神。再看彭晓所说的"真金""真铅""真汞"：

> 真金是天地元气之祖，以为万物之母。……天地之先，一气为初而生万象，金是水根，取为药基。[1]

> 夫黑铅水虎者，是天地妙化之根，无质而有气也，乃玄妙真一之精，为天地之母，阴阳之根。……无名天地之始，有名万物之母，即是真一之精，圣人异号为真铅。则天地之根、万物之母是也。岂可以嘉州诸铅、硫黄、硐砂、青盐、白雪、雄黄、雌黄、消石、铜、铁、金、银、水垢、水精、凡砂、凡汞、桑霜、楮汁、松子、柏脂秽污之物，白石、消石、夜霜、朝露、雪水、冰浆、其渚、矾土杂类之属，草木众名之类，已上皆误用不可备载也。……黑铅者非是常物，是玄天神水生于天地之先，作众物之母，此真一之精元是天地之根，能于此精气中产生天地五行万物，岂将天地之后所生之杂物呼为真铅，即误之甚矣。[2]

> 红铅火龙者，是天地妙用，发生之气，万物因之以生，有气而无质。[3]

很显然，彭晓称为"真汞""真铅"的，正是元气、元精，两者的共同点是"有气而无形"，只有"金是太阴之玄精，能长养万物，有气而有质，故号曰金华也"。[4] 这样一来，《参同契》中所运用的铅、汞、金、水等，只是内丹学说中元精、元气的代名词而已，进而"黄芽""河车""姹女"等外丹名词也为

---

① 《周易参同契分章通真义·巨胜尚延年第三十二》，《道藏》第 20 册，第 141 页。
②③ 《还丹内象金钥匙》，《云笈七签》卷七〇，《道藏》第 22 册，第 486 页。
④ 《周易参同契分章通真义·太阳流朱章第六十八》，《道藏》第 20 册，第 150 页。

内丹所借用："河上姹女者,真汞也。……黄芽即真铅也。"①后来俞琰、陈显微等内丹家在解注《参同契》时,也都沿用彭晓解注的思路。

人如何运用元精、元气、元神这些"药物",在人体内进行类似外丹烧炼的运炼呢? 彭晓说:

> 青龙既能吐气,白虎因得吸精,精气相含,共生纯粹。②

"纯粹",即指纯阳之物,亦即还丹。这种还丹乃是阴阳"精气相合"而成就的,其云:"金液还丹,莫不合日月阴阳精气而成也。"③精气为何物? 何以能够造就还丹? 这便涉及道教的宇宙本体观念。彭晓说:

> 太易、太初之前,虽含虚至妙,则未见兆萌。太始、太素、太极之极,因有混成,乃混沌也。中有真一之精,为天地之始,为万物之母。一气既形,二仪斯析,然后有乾坤焉,有阴阳焉,有三才五行焉,有万物众名焉。④

又说:

> 元精者,是鼎中神灵真精,天地之元气也。搏之不得,视之不见,而能潜随化机生成万物。⑤

即谓元精(又谓真一之精)也就是元气。元精与元气的差别只是在宇宙生成的层次上,按照太易、太初—太始、太素、太极—元精(真一之精)—元气(阴阳二气)—五行之气—万物的衍生模式,元精在先,元气在后。在先的元精已包孕了在后的元气,在后的元气则彰显了本已在元精中潜藏的阴阳二气,而且在运用中阴气通常被称为太阴之精,阳气则称为太阳之气,从而,精气相合,才可造就还丹。元精,抑或元气,按其本性来说,都是某种亘贯宇宙无始末的物质性的东西,因为无始末,故无寿夭。

---

① 《周易参同契分章通真义·河上姹女章第七十二》,《道藏》第 20 册,第 151 页。
② 《周易参同契分章通真义·子当右转章第六十九》,《道藏》第 20 册,第 151 页。
③ 《周易参同契分章通真义·易者象也章第六》,《道藏》第 20 册,第 135 页。
④ 《周易参同契分章通真义·乾坤易之门户章第一》,《道藏》第 20 册,第 133 页。
⑤ 《周易参同契分章通真义·元精眇难观章第十六》,《道藏》第 20 册,第 136 页。

在彭晓看来,人生禀精气,人生来就具有与超乎寿夭的精气的同一性,只是人之生亦禀有阴阳短促浊乱之气,故有生有死。他说:

> 却死期者,须知得身之始末。始末者,元气也。喻修还丹,全因元气而成,是将无涯之元气,续有限之形躯。无涯之元气者,天地阴阳长生真经,圣父灵母之气也。有限之形躯者,阴阳短促浊乱凡父母之气也。故以真父母之气,变化凡父母之身,为纯阳真精之形,则与天地同寿也。……古歌曰:炼之饵之千日期,身既无死那得死。故纯阳之精气无死坏也。[1]

可见,彭晓称为纯阳之物的"还丹",乃是去掉"短促浊乱"之气的精气混合体。但是,作为一种内修还丹理论,彭晓有着未能制驭的混乱:第一,他在使用"精气"范畴时,对这对范畴的界定与其在修炼中的作用时常混淆不清,既称真一之精为真铅、真金、太阴之玄,又称之为纯阳精气,而作为基本性别的"阴"与阴中所包含的阳(阴中之阳)及其运用中的阴阳互化,是应加以明确的。第二,他并未摆脱外丹学说的影响,仍然把内还丹的修炼视为某种实物的结果。尽管他在个别地方也讲"存神气而于有中炼妙全身",也提出了有形与无形的关系问题,但总的说来,道教内修炼中的三宝——精、气、神,他主要运用了精、气观念,物质性的精气如何能转化为永恒的神呢? 如此,便不能解决宗教精神超越的问题。外丹修炼讲求服不朽之物——金丹,从而身形不朽长寿。内丹修炼讲求精化为气,气化为纯阳之神,以神感通道体,进而神登仙径。宋代以后的内丹家虽也称"内金丹",但在丹家的眼里,内金丹既是有形的,又是无形的。彭晓在这方面的困惑,表明了内丹理论在五代时期还是不够成熟的。

二、"阴阳互含"与"以无制有"

彭晓在述《参同契》一书的大意时说道:

---

[1]《周易参同契分章通真义·将欲养性章第六十二》,《道藏》第20册,第148页。

托易象而论之,莫不假借君臣以彰内外,叙其离坎,直指汞铅;列以乾坤,莫量鼎器;明之父母,系以始终;合以夫妇,拘其交媾;譬诸男女,显以滋生;析以阴阳,导之反复;示之晦朔,通以降腾;配以卦爻,形于变化;随之斗柄,取以周星;分以晨昏,昭诸刻漏。[1]

道教内丹学说的成熟,乃是这种宗教的成熟,因为内丹学说是建立在人体、自然、天人、思维、心理、意志等多方面关系的论证基础上的,这些论证系统的展开与完备,便是宗教思辨哲学的建构。在彭晓的论证中,阴阳关系便是内丹学说始终萦绕的一对范畴,乾坤、铅汞、男女、夫妇、晦朔等,都是阴阳两性在不同方面的体现。彭晓在解释时说:"先立乾坤既济鼎器,然后使阴阳合精气于其中。"[2]又说:"谓水火阴阳二气双闭相须而成神药,余无别径也。"[3]意谓炼丹的过程就是使相关联的阴阳二气和合于鼎器(人体)之中,使金之情、气之性发生合乎自然法则的变化。这种变化的内在根据在于阴阳两性的相互蕴含,他说:

坎戊月精者,月阴也,戊阳也,乃阴中有阳,象水中生金虎也。离己日光者,日阳也,己阴也,乃阳中有阴,象火中生汞龙也。故修丹采日月之精华,合阴阳之灵气,周星数满,阴阳运终尽归于土德,而神精备矣。[4]

阴中包含着阳性,阳中亦包含着阴性,这种阴阳互含的本性已经潜藏着阴阳交合所能发生作用的内在根据,故能阴来阳往,阳伏阴施,东西之气相交,夫妇之情相契,"孤阴寡阳,不能自成"[5]。陈抟作《太极图》《无极图》所依据的正是这种思想。至于宋代张伯端以后的内丹家,则又进一步发展为取阴中之阳、阳中之阳、阴阳中之阳,合为三阳纯粹

①《周易参同契分章通真义·序》,《道藏》第20册,第131页。
②《周易参同契分章通真义·乾坤刚柔章第四十一》,《道藏》第20册,第143页。
③《周易参同契分章通真义·上德无为章第二十二》,《道藏》第20册,第138页。
④《周易参同契分章通真义·言不苟造章第九》,《道藏》第20册,第134页。
⑤《周易参同契分章通真义·物无阴阳章第七十三》,《道藏》第20册,第151页。

之体。

修丹不仅在体内有阴阳顺逆变化,体外也有阴阳顺逆变化,体内的阴阳关系契合体外的阴阳关系,体外的阴阳关系则与体内相和顺呼应。彭晓说:

> 神胎居中宫,喻君处明堂如北辰也。阴阳五行之气,臣下也,但君臣理内如北辰正天之中,则阴阳五行之气顺和,鼎室金水之液滋生。……三光者,即阳火、阴符、金胎,以象日、月、星也。外运亦有三光,分在动静爻克之内、阴阳符火之中,变化而成也。缘内外各有阴阳变易之体,不可备论。①

> 阳火自子进符,至巳纯阳用事,乃内阴求外阳也。阴符自午退火,至亥纯阴用事,乃外阳附内阴也。②

不仅体内外存在着"内阴求外阳"和"外阳附内阴"的过程,体内阴阳之中,阴中之阳和阳中之阴之间也存在着类似过程,内中之内、外中之外皆存在着如同连锁反应般的阴阳变化关系。内丹家强调年中择月,月中择日,日中择时,时中择刻,以及先天炁应合后天炁,皆是阴阳关系的具体实践运用。

由于真铅、阴虎、金水乃是"有气而有质",故彭晓称之为"有";真汞、阳龙、木气是"有气而无质",彭晓称之为"无"。修炼中的阴阳关系,又是一个有无关系,彭晓说:

> 无者龙也,有者虎也。无者汞阳之气也,有者铅阴之质也。铅汞处空器之中,而未能自生变化。因坎离升降,推运四时,遂见生成,盖用空器而以无制有也。③

意谓人体内阴阳俱足,但只有在升降坎离、推运四时的运炼过程中才能

---

① 《周易参同契分章通真义·辰极受正章第二〇》,《道藏》第20册,第137页。
② 《周易参同契分章通真义·春夏据内体章第五》,《道藏》第20册,第134页。
③ 《周易参同契分章通真义·以无制有章第八》,《道藏》第20册,第134页。

促成发生合乎丹道要求的变化。而变化实乃"龙虎交媾",进而"虎伏龙降",最终达到阳龙胜乎阴虎,阴尽阳纯,所以说"以无制有"。北宋张伯端以性命、神气表示阳龙阴虎、汞阳铅阴的关系,从凝神定息到炼神还虚,主张炼性贯彻修炼始终,以纯阳之神体合大道,乃是成熟的内丹有无论的表述。彭晓没有明确地把阳龙认定为阳神,这是他的局限,但他毕竟以某种辩证的论证把有无关系表述了出来,并且又以有形与无形的论证进一步深化了这种表述。他说:

> 神仙之道贵有形,故弃阴而炼阳。阳气积而动,动即返阳,阳即归生,生即得仙不死者,故名曰上升。上者,轻也,飞也。仙者,升也,举也。仙道贵有形,盖运气于真有中炼妙无,为上天九阳中清真妙灵之神仙,即非常之无也。[1]

道教主张的是有形成仙。但如何得成仙? 彭晓认定的仙径为:弃阴炼阳,阳动而生,"生即得仙不死者"。然而,生为形生? 抑或神生? 彭晓没有讲明,从表述过程看,似是仙道所贵的形生,但形生是以阳气的形式获得的。他在前面既已讲到阳气是有气而无形的,在这里却等于说无形的阳气可以成就有形的神仙,这便陷入难以自圆其说的矛盾。彭晓解决这个矛盾的方法是把这个矛盾交给神仙去回答,即神仙可以显化,可以隐没,当其显化是有形,当其隐没是无形,从而"形而入无形",所以说阳气乃是"妙无",神仙则是"非常之无"。如此,便既保全了"仙道贵有形",又默认了无形升仙。

最后,便是前面已经提到的有限与无限的关系论证。形躯是有限的,有限的形躯自身不能实现无限之寿。元气是无涯的,它超乎始末,但元气自身并不体现某种主体意识,因而无所谓寿夭。在彭晓看来,可以借助无涯之气来"续有限之形躯",使寿限有数变为"寿限无数",即超乎寿限之数。但是,如何把无意识的元气变成有意识的人,实现以无限延

---

[1]《还丹内象金钥匙》,《云笈七签》卷七〇,《道藏》第 22 册,第 488 页。

续有限呢？彭晓的回答只是元气本身的差异，"圣父灵母之气"可以续无限之寿，"短促浊乱凡父母之气"只能成就有限的形躯。这无异于对自己提出来的一个深刻的问题做了简单粗俗的答复，而且恢复到了西晋时期葛洪"仙人有种"的结论上去了。唐初王玄览以"道性"方式来解决有限与无限的关系问题，中唐司马承祯以心性的形式来解决这个问题，五代谭峭以"道化"的方式来解决这个问题。可以说，彭晓虽然以鲜明的方式把有限与无限关系问题提了出来，但在解决这个问题时，没能超过前人。

三、修丹之"大数"

修丹既是"与天地造化同途"，那么人之所为就要与天地自然之所为相符合。彭晓说：

> 是故修金液还丹，若非取法象天地造化，以自然之情，则无所也。①

天地自然造化有其自身的运数，春夏秋冬四季一循环，子午卯酉一周天，阴阳刑德一交会，圆合天符三百六十度，彭晓称之为"万物生成之数"。冬至以后、夏至以前半年一百八十日，子后午前半日六辰，动静盈缩，此为"造化万物之数"。夏至以后、冬至以前半年一百八十日，午后亥前半日六辰，天符进退，周星造化，此为"万象生成潜运之数"。② 修炼内丹也有自身的运数，阳进为"火"，阴退为"符"。修丹的进火退符须以天地之大数为法度，这叫做"应天符"。彭晓说：

> 依天地之大数，协阴阳之化机，其或控御不差，运移不失，则外交阴阳之符，内生龙虎之体。……盖喻修丹之士，运火候也。③
> 是以设法象，采至精，具鼎炉，运符火，循刻漏，行卦爻，定时辰，

① 《周易参同契分章通真义·赏罚应春秋章第六》，《道藏》第 20 册，第 134 页。
② 《还丹内象金钥匙》，《云笈七签》卷七〇，《道藏》第 22 册，第 486—487 页。
③ 《周易参同契分章通真义·牝牡四卦章第二》，《道藏》第 20 册，第 133 页。

分节候,以尽天地之大数也。①

"内生龙虎之体"的修炼之所以要以"外交阴阳之符"为则,不仅在于"内生"是对于"外交"的模拟,而且在于内炼的火进符退之候及其纤细的心理、生理变化极其不易把握,如纤毫差迟,都有毁炉焚鼎的危险。故此,从防危虑险的角度来看,也当以天符为法度。这里借用的同样是类推方法,即以大验小,在大参考系统中找到小的方所,在大数中实现对小数的定位,所以说:"年与月同,月与日同,日与时同。"②以至循其刻漏,以人数应天数。

彭晓在试图为内炼还丹建立一个系统的火候法度的过程中,以《周易参同契》为依据,遵循汉魏象数易学诸法式,并结合隋唐以来内修内炼的经验,把四象、五行、八卦、十二辟卦、十二辰、二十八宿、三十圆缺、七十二候、百刻之数融合为一个整体的系统,并制成《明镜之图》:

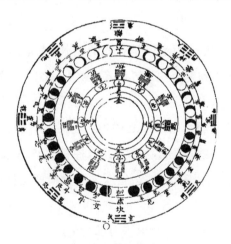

参同契鼎器歌明镜图③

其具体做法是:

首先,于年中寻月,月中寻日,日中寻时,时中寻刻。"以一年十二月

①《周易参同契分章通真义·圣人不虚生章第十二》,《道藏》第 20 册,第 135 页。
②《周易参同契分章通真义·火记六百篇章第三十六》,《道藏》第 20 册,第 142 页。
③《周易参同契鼎器歌明镜图》,《道藏》第 20 册,第 159 页。

气候,蹙于一月之内;以一月气候,陷于一昼夜十二辰中。定刻漏,分二弦,隔子午,按阴阳,通晦朔,合龙虎。"①以一月/360 时象一年之数,以月中五日/60 时象一月之数,以两日半/30 时象半月十五日之数。又以十二辰象一年之数,以六辰象半年/180 日之数,其中春秋二分、冬夏二至皆在十二辰之中。以此表示内炼与外运每每应合相通。

其次,以卦气关系规范火进符退的刻度。"有阴鼎阳炉,刚火柔符,皆依约六十四卦,周而复始,循环互用。又于其间运春夏秋冬,分二十四气,挈七十二候。"②即以坎离震兑四正卦象春夏秋冬四季、子午卯酉四时;以八卦、十二辟卦象八维、十二月、十二辰;以六十卦、三百六十爻象五日六十时、三百六十日,"每日朝暮两卦,计六十卦,每卦六爻,合计三百六十爻,凡五日为一周,合六十时,应一月六十卦,用事六十时,系卦三百六十爻,便应三百六十日"③。又以卦爻变化表示的爻辰象二十四气、七十二候,"每一辰内于二十四气中分得二气,七十二候中分得六候"④。其中每一爻的添减表示的不仅是时辰的消长,也是内炼火符进退的刻度:自复卦一阳始生到乾卦六爻皆阳,表示进火之候;自姤卦一阴始生到坤卦六爻皆阴,表示退符之候,周而复始,循环往复,始成还丹。彭晓说:"还丹之道,要妙在震巽,起阴阳之中,复遭分进退之符。十二卦周行一年,气足坎离,运用龙虎生成,数满周星,神精水火进气而出,即非常药也。"⑤唐宋以后的内丹家进求"法轮六候",大概就是从彭晓这里得到的启示。

最后,运用五行说,又吸收甲子、月体、星宿之说。彭晓说道:

> 列阴阳五行万象入鼎中,辅助金水龙虎离女坎男交姤,共生真砂真汞而成还丹也。⑥

---

①②《周易参同契分章通真义·牝牡四卦章第二》,《道藏》第 20 册,第 133 页。
③《还丹内象金钥匙》,《云笈七签》卷七〇,《道藏》第 22 册,第 486—487 页。
④⑤《还丹内象金钥匙》,《云笈七签》卷七〇,《道藏》第 22 册,第 487 页。
⑥《周易参同契鼎器歌明镜图》,《道藏》第 20 册,第 160 页。

内丹家皆以肾比水，以心比火，以肝比木，以肺比金，以脾比土，金情木性相恋，坎水离火既济，皆须经戊己之土的媒合，所以这里说五行"辅助"铅汞龙虎交媾而成还丹。子、丑、寅、卯、辰、巳、午、未、庚、申、戌、亥等十二地支，虚、女、牛、斗、箕、尾、心、房、氐、亢、角、轸等二十八宿，以及月体三十圆缺皆每每与年、月、日、时、刻及其内炼的升降进退相关联。

彭晓的《明镜图》可以说是一种以系统关联式表示的内炼还丹的火候法度图，其核心是说明人体与自然环境、内炼火候与天地之阴阳消长的符应关系。其依据虽然是《参同契》，却是以内丹的观点加以发挥了，并以明了的方式把《参同契》中隐含之义表达了出来。后来俞琰《周易参同契发挥》虽则进一步地"发挥"了，并把《明镜图》分解为若干图式，却毕竟不出《明镜图》的框廓。

然而，以人体修炼的法度符合天地之大数、运数、时数，并不意味着彭晓所代表的道教学者主张宿命的观点，相反，在符天数的原则下伏藏着极强的主体能动精神，即"合天符"是为了"夺天符"。把一年蹙于一月中，把一月蹙于一日内，把一日蹙于一时内，把一时蹙于一刻内，目的在于把天地大数浓缩于人体内炼的火符之中，人炼一时功，可相当于一月、一年的自然造化功。彭晓说：

> 凡一时夺得三百六十年正气，一日夜夺得四千三百二十年正气，一月夺得一十二万九千六百年正气，一年夺得一百五十五万五千二百年正气也。[1]

将天地变化、万物生成、晦朔阴阳、刑德交会之大数投注人体"鼎炉"之中，就是为了以人为夺天为。炼内丹讲求七返九转、十月胎圆、三年温养、九年面壁，人为所夺天为之数无以胜计，如此，人的寿命不仅可以不可胜计地延长，而且也能发生宗教修养所企望的境界升

---

[1]《还丹内象金钥匙》，《云笈七签》卷七〇，《道藏》第 22 册，第 487 页。

华——成仙。而这正是《阴符经》已经表述出来的基本哲学思想：盗天地之化机。

以退为进，以柔制刚，以弱胜强，这是道家、道教蹈之一贯的原则，守弱处雌并非不有能动精神。彭晓以应合天数来夺天数，以无制有，以有限之形躯达于无限之寿命，正是在内丹学说中表述出来的主体能动精神。

第十八章　隋唐时期的三教关系

儒道释三教是中国传统文化的主体,三教之间的冲突和融合是三教关系的主旋律。隋唐时期,佛道论争的过程中,道教与佛教亦相互摄取,从而形成了中国化的佛教和融入佛教思想的道教重玄哲学。同样,道教与儒家也相互借重,以至于儒道两家在心性论、修行论等领域多有契合。

第一节　佛与儒的关系

隋唐时期的儒家哲学主要局限在经学的形式中进行开展,儒家经学没有建立精密的形上学论辩,这方面却一直是佛学的擅场。隋唐之际的颜之推、王通等稍涉性理玄学,而多援佛入儒,借用佛学在哲学方面的成果来融合、丰富儒家的心性理论,总体而言,其哲学思想的创获不多,并没有形成儒家特有的哲学论述。隋唐中国佛教哲学的发展,可以说是在六朝佛教各派论师所建立的教义基础上,推陈出新,更为系统地展开了中国化佛教哲学的论辩。三论、天台、华严等诸家义学试图从更为中国化的佛教思想的角度去融合与发挥印度大乘佛教教义之中观、如来藏思想的法流,形成了独具特色的哲学思想系统;玄奘为代表的新唯识学派则致力于纠正六朝佛教唯识学的旧义,以恢复印度瑜伽行派的思想路线为己任,这一新的唯识法相思想与其他宗派的中国化佛教思想之间形成了批判性的互动。隋唐时期最具中国化特色的佛教宗派无疑要数禅宗了。禅宗无论是在对经教的理解与处理,还是在对于佛教禅定方式的革命性论述等诸多方面都取得了相当大的思想突破,慧能《坛经》的出现标志着中国化佛教思想达到巅峰,从此而形成了"天下凡言禅,皆本曹溪"的局面。隋唐中国哲学思想的论究,佛教哲学成为最有标志性的典范。

隋唐哲学的主流表现在佛门之中,出现了儒门淡薄、收拾不住的局面,无怪乎韩愈慨叹唐代周孔之道衰败,而道德仁义之说"不入于老,则入于佛"[①]。有学者指出,初唐的士学者还没有三教共存的困扰,他们设定儒家士人与僧侣、道士各有不同的社会领域(儒士处理社会生活的经验领域,而僧侣、道士处理方外的玄秘之域)。于是,初唐学者原则上没有把排佛作为其学统的基本要义,但是从韩愈开始,儒家士大夫开始寻找一种包罗万象的"道",这种道已经不再局限在世俗社会政治生活的领域,而是把经验世界关联到形上学的领域来做整体的思考。[②] 于是,士大夫有关"外王"的制度性与社会政治的考虑,就必须关涉到文化传统,特别是道体的源流与属性方面来进行。这种道事不二一体的哲学思维方式,正是唐宋之际开始流行于中国精英思想界的一种潮流。

儒学的道统,孔孟之后,汉儒止于传经之学,性道微言之学已经几乎中绝,隋唐儒家对于性道精微的论述,又大多无法绕过"异端"之学,而要借佛教为援手。可以说,从韩愈开始,隋唐儒家试图重建儒家独立的哲学传统——道统。韩愈的道统论述中"酷排释氏",他的《原道》对于佛教的批判就是出于这一思考。《原道》批判老、释两家之道"非吾所谓道也",认为老、释之道只停留在虚无的形上境界,缺乏贯彻于日常人伦与政治生活的内涵,"必弃而君臣,去而父子,禁而相生相养之道,以求其所谓清净寂灭者"。这种"去仁与义"所言之道,在他看来就是"一人之私

---

① 〔唐〕韩愈撰,马其昶校注,马茂元整理:《原道》,《韩昌黎文集校注》卷一,第 14 页。
② 参见〔美〕包弼德《斯文:唐宋思想的转型》,刘宁译,第 22—23 页,南京:江苏人民出版社,2001。

言"、一己之解脱,而非普遍性的道。韩愈提出,儒家之道由尧、舜、禹、汤、文、武、周公、孔子一脉相承,都是如《大学》所明之道,由修心治身而贯穿于天下的,"以之为心,则和而平;以之为天下国家,无所处而不当"。① 韩愈标举大旗,想为儒家建立起独创的性命天道之学,但由于他本身缺乏哲学的创思,对于佛教的批判虽然涉及道体哲学的方面,但还没有发挥出义理之精微。即是说,他对于佛教的批判"终不离乎文字语言之工","而于本然之全体,则疑其所未睹"。②

韩愈之辟佛,代表了唐代儒佛论辩的一种思想类型。然而其"急于功名,无甚精造",对于隋唐中国哲学论述的建构还没有深入到性微玄理的层面来开展,正如苏辙所批评的那样:"从事于仁义、礼智、刑名、度数之间,自形而上者,愈所不知也。"③苏轼也批评他的辟佛论"于理而不精,支离荡佚"④。唐代韩愈所开创的儒佛论辩,虽然还没有完成精微的哲学论述,却为宋代理学的哲学论辩提供了一个重要的思想方向。唐代所开展的儒释之辨,成为宋代理学哲学建构的一个活水源头。

第二节 道与佛的关系

道佛两教,在中国差不多有着共同的兴衰经历。东汉是佛教传入中国的时期,也是道教发生的时期,二者又都经魏晋南北朝时期的酝酿发育,至隋唐而繁荣并盛。佛教自隋代智颤倡"五时八教"的判教理论、创立天台宗后,三论、法相、华严、禅宗等宗派相继产生,有着难以羁勒的发展势头。道教在两晋时已有灵宝、上清等派系,但派系之间的界限并不显明。隋唐时期,道教虽在总体上势力不及佛教,但由于自觉实行了革新,加上李唐王朝的庇护,也同步进入了繁荣期。道佛两教,一个是中土

① 〔唐〕韩愈撰,马其昶校注,马茂元整理:《原道》,《韩昌黎文集校注》卷一,第 14—18 页。
② 朱熹校《昌黎集》中"与孟尚书书"评语,见〔唐〕韩愈撰,马其昶校注,马茂元整理《韩昌黎文集校注》卷三,第 213 页。
③ 〔唐〕韩愈撰,马其昶校注,马茂元整理:《原道》,《韩昌黎文集校注》卷一,第 13 页。
④ 〔宋〕苏轼:《韩愈论》,《苏轼文集》第 1 册,第 114 页,北京:中华书局,1986。

文化,一个是外来文化,这两种文化的本然身世决定了两者互不相让与互相融摄的历史情形。

一、道与佛的论争

隋唐两代的佛道论争,除在《老子化胡经》的真伪这个老问题上继续以外,最激烈的还是在初唐武德、贞观年间傅奕、李仲卿、刘进喜所代表的道家、道教与法琳、李师正、道宣所代表的佛教之间进行的。道士出身的太史令傅奕在《废省佛僧表》之后又多次上书,力主废佛。道士李仲卿写了《十异九迷论》,道士刘进喜写了《显正论》。道教所陈述的理由主要依据夷夏之论,强调中土与西土文化冲突的利害关系。这些争论从内容上来看,与魏晋、六朝时期的佛道论争无大差别,但侧重不同。过去的论证主要在对比差异,从理上去说,如老子与佛陀谁在先、谁在后、谁教化了谁,又如沙门该不该敬奉王者、华夏与佛教文化是不是相违逆等等。现在虽然还是这些东西,但论证的重点集中在文化与社会冲突上,以及这种冲突给王权政治带来了怎样的直接危害。我们来看傅奕在武德年间写的这篇《废省佛僧表》:

> 臣闻羲农轩顼,治合李老之风;虞夏汤姬,政符周孔之教。虽可圣有先后,道德不别;君有沿革,治术尚同。……当此之时,共遵李孔之教,而无胡佛故也。自汉明夜寝,金人入梦,傅毅对诏,辩曰胡神。后汉中原,未有之信。魏晋夷虏,信者一分。笮融讬佛斋而起逆,逃窜江东;吕光假征胡而叛君,跱立西土。降斯已后,妖胡滋盛,太半杂华。缙绅门里,翻受秃丁邪戒;儒士学中,倒说妖胡浪语。曲类蛙歌,听之丧本。臭同鲍肆,过者失香。……伏惟陛下定天门之开阖,更新宝位;通万物之屯否,再育黔黎。布李老无为之风,而民自化;执孔子爱敬之礼,而天下孝慈。且佛之经教,妄说罪福,军民逃役,剃发隐中。不事二亲,专行十恶,岁月不除,奸伪逾甚。臣阅览书契,爰自庖牺,至于汉高,二十九代,四百余君,但闻郊祀上帝,

官治民察,未见寺堂铜像,建社宁邦。请胡佛邪教,退还天竺,凡是沙门,放归桑梓。令逃课之党,普乐输租,避役之曹,恒忻效力。勿度小秃,长揖国家,自足忠臣,宿卫宗庙。则大唐廓定,作造化之主;百姓无事,为羲皇之民。①

不用说,傅奕在向皇帝陈述这番道理的时候,态度是很犀利的,他并不去论道与佛的学理差别,而是直接从佛教的社会作用说起,这里面有两条理由:一是在佛教传入中国之前,老子和孔子的学说发挥了很好的社会作用,而在佛教进入中国之后,中国并没有因此变得更好,反而使民情变得不纯正了;二是佛教的广泛传播带来了巨大的社会问题,如逃避国家赋税、不侍奉父母等等。为此,傅奕提出了"益国利民十一条"。这十一条在官方的文书里已经亡佚,只在佛教的典籍中保存了下来。为了反击傅奕的指责,《广弘明集》中部分保留了傅奕的言论,其中就有"佛法来汉,无益世者""入家破家,入国破国""寺多僧众,损费为甚"②。在《请除释教疏》中,傅奕加强了上述指责,说:"佛在西域,言妖路远。汉译胡经,恣其假讬。故使不忠不孝,削发而揖君亲;游手游食,易服而逃租赋。演其妖书,述其邪法,伪启三途,谬彰六道。恐吓愚夫,诈欺庸品,凡百黎庶,通识者稀。"③说全国有僧人十万以上,如果给这十万僧人匹配婚姻,可以成十万之户,生养儿女,可使国家人口大为增长。

对这样的指责,佛教当然不能接受,法琳针锋相对地写了《对傅奕废佛僧事》《辨正论》,李师正写了《内德论》《正邪论》,道宣写了《集古今佛道论衡》《广弘明集》,对道教的观点逐条地进行反击,当然,反击言论中也不会客气,甚至把老子贬为一般的"贤人",而非圣人。佛教攻斥道教的主要观点集中在:(1)释迦在老子之先,老子乃释迦的大弟子迦叶菩萨,若诽毁释迦,则"太昊文命,皆非圣人;老子文王,不足师敬"(法琳《对

---

① 《唐上废省佛僧表》,《广弘明集》卷一一,《大正藏》第52卷,第160页。
② 见《广弘明集》卷一一,《大正藏》第52卷,第166、165、163页。
③ 《佛祖历代通载》卷一一,《大正藏》第49卷,第564页。

傅奕废佛僧事》）；（2）佛法有真应二身、权实二智，非但不"无益于世"，而且"教人舍恶行善，佛法最先，益国利民，无能及者"（法琳《对傅奕废佛僧事》）；（3）道教主"道本自然"，说明"道有所待；既因他有，即是无常"（法琳《辨正论·九箴篇》），"佛经无叙于李聃，道书多涉于释训"，道教"才用薄弱，不能自立宗科"（道宣《广弘明集·辨惑篇序》）。①

　　武德年间的这场论争以道教的获胜而终结，高祖下令限制佛教。法琳虽然不服，但也无可奈何。只不过，因为玄武门之变，唐王朝的政治权力发生变更，高祖的诏令还没有得到执行，就在太宗那里得到了纠正。太宗力主三教并行，所以儒释道各自都得到了良好的发展空间，以致这种主张成为唐朝的基本国策确定了下来。只是法琳的个人命运却没有因此改变，他因为强烈反对道教的立场，有些话不免说得过头了，他的《辨正论》有对老子不敬之嫌，并且在贬低老子的同时，连孔子也一起贬，被道士秦世英告到了太宗那里。太宗拿过《辨正论》仔细看后，认定法琳有诽毁祖宗之罪，大理寺因此定罪法琳流放，最终，法琳死在了去益州的路上。

　　这种论争谈不上公正，道教死死抓住佛教的异土性，抓住佛教不敬王者、无助教化，试图将佛教挤出中国文化圈。佛教则死死抓住"老子化胡"说的荒诞，及释迦比老子年代更早的记载，竭力贬低道教。这类论争的胜负并没有直接引起朝廷对其中任何一方的兴与废，李唐王朝始终奉行三教并行的政策，这一点并不因哪一代皇帝对佛或道的偏爱而有根本的改变。无论是高祖一并削减僧尼、道士及寺、观的数量，还是高宗、玄宗对道教的偏重，抑或是武后对佛教的厚爱，并没改变其基本格局。历史上把法琳遭黜、武宗废佛事件归咎于秦世英与赵归真，是对历史现象过于简单的判定。法琳遭黜，除他在攻斥道教时连孔子也一同骂之外，还因为法琳卷入了李唐王朝内部的权力之争，李建成在政治上的失败自然也累及了他。当然，在唐朝的整个历史中，因为皇帝的偏好，佛教与道

---

① 以上见《广弘明集》卷一一，《大正藏》第 52 卷，第 163、166 页；卷一三，第 187 页；卷五，第 118 页。

教在朝廷里的地位会有起伏变化,但这些喜好没有动摇唐朝宗教政策的根基。唐朝的皇帝们清楚道佛两教的分野,既愿意它们彼此保持这种分野,又把分野限制在一个适当的范围内。各朝皇帝也还要经常采取一些措施及时调整宗教政策,如贞观年间的《道士女冠在僧尼之上诏》、显庆年间的《僧尼不得受父母拜诏》、天授年间的《释教在道法之上诏》、圣历年间的《条流佛道二教制》、景云年间的《僧道齐行并进制》、开元年间的《令僧尼道士女冠拜父母敕》、太和年间的《条流僧尼敕》等等。①

　　除此之外,皇帝也亲自主持三教论坛,儒释道三教领袖对谈,谁说的有理就采取谁的。日久天长,三教的关系逐渐平和了起来,除了彼此说话的时候讲究仪则风范,也注意吸收对方的长处,于是有了三教融合的倾向,而且道教和佛教也的确在言论与著述当中彼此承认。

　　既然如此,为何武宗年间的废佛事件还是发生了呢? 历史上有一种意见,把这次废佛诏令的出台归咎于赵归真,认为因为他向武宗进了谗言,才发生了这场灾难。这种观点实际上过高估计了赵归真的作用。真正的原因还是在于佛教自身。我们来看看武宗废佛的这道诏令:

> 朕闻三代已前,未尝言佛,汉、魏之后,像教浸兴。是由季时,传此异俗,因缘染习,蔓衍滋多。以至于蠹耗国风,而渐不觉;诱惑人意,而众益迷。……今天下僧尼,不可胜数,皆待农而食,待蚕而衣。寺宇招提,莫知纪极,皆云构藻饰,僭拟宫居。晋、宋、齐、梁,物力凋瘵,风俗浇诈,莫不由是而致也。况我高祖、太宗,以武定祸乱,以文理华夏,执此二柄,足以经邦,岂可以区区西方之教,与我抗衡哉! 贞观、开元,亦尝厘革,划除不尽,流衍转滋。朕博览前言,旁求舆议,弊之可革,断在不疑。而中外诚臣,协予至意,条疏至当,宜在必行。惩千古之蠹源,成百王之典法,济人利众,予何让焉。其天下所拆寺四千六百余所,还俗僧尼二十六万五百人,收充两税户,拆招提、兰若四万余所,收膏腴

---

① 〔宋〕宋敏求编的《唐大诏令集》及李希泌主编、毛华轩等人编的《唐大诏令集补编》(上海:上海古籍出版社,2003)中收录了大量类似的诏令。

上田数千万顷,收奴婢为两税户十五万人。隶僧尼属主客,显明外国之教。勒大秦穆护、祆三千余人还俗,不杂中华之风。[1]

文化上的冲突是个长期的问题,却不见得会立即引起武宗皇帝下决心废佛,倒是佛教势力的快速扩张引起了世俗政权与佛教王国的对立。表面上是从文化冲突说起,落脚处却在社会问题:从废除佛教寺院的数量和下令还俗的僧侣人数来说,佛教的扩张是引起了王朝政府紧张的主要原因。如此庞大的寺院经济却不向朝廷纳税,如此众多的人出家,在经济上、政治上对朝廷造成了不小的压力,必然引起朝廷对佛教的限制。有关这一点,白居易的诗中就已有表露:"寺门敕榜金字书,尼院佛庭宽有余。青苔明月多闲地,比屋疲人无处居。忆昨平阳宅初置,吞并平人几家地。仙去双双作梵宫,渐恐人间尽为寺。"(《两朱阁》)处在京城的白居易都感受到了佛教扩张的压力,连他都担心人间的房屋都变成了寺院,可知佛教扩张的程度了。

不过,武宗的废佛政策也不是要铲除佛教,还是规定保留一定的寺庙。[2] 而且,废佛令没有持续多久,就因为他的离世而终止了,代之而来的是宣宗皇帝的《复废寺敕》,认定武宗的废佛令"厘革过当,事体未宏",于是全面恢复佛教的寺院。[3]

既然佛教并不因道教的诋毁被挤出中土,道教也不因佛教的贬低而失去生命力,那么,结果只能是相互承认对方存在与发展的合理性。因而唐中后期,佛道之间虽仍有论争,但多不再相互诋毁,从白居易《三教论衡》的记载来看,儒释道三家对御论谈的内容多为"自叙才能,及平生志业",不相攻斥。裴休为佛教大师圭峰宗密的《华严原人论》作序时表

---

[1]《旧唐书》卷一八上,"武宗本纪上",第605—606页。

[2] 会昌五年(845年),武宗敕令上都、东都每街留两寺:"上州合留寺,工作精妙者留之;如破落,亦宜废毁。其合行香者,官吏宜于道观。其上都、下都每街留寺两所,寺留僧三十人。"李希泌主编,毛华轩等编:《唐大诏令集补编》,第1403页。

[3] 李希泌主编,毛华轩等编:《唐大诏令集补编》,第1404页。

示："孔、老、释迦皆是至圣,随时应物,设教殊途,内外相资,共利群庶。"①
道教理论的集大成者杜光庭表示:"三教圣人所说各异,其理一也。"②佛
道二教的相互承认,也包括了对儒学的认同,最终导致了三教的合流。

二、佛道之共殊关系

佛道两教之间的交往历史久远而错综复杂,而交往史又根源于两教
之间的共殊关系。这种共殊关系既存在于原始的本然状态,又根据时代
的变迁存在于交往的过程中。尽管每个时代的特殊社会文化背景使两
教交往表现出交叉融通以至合流的情形,但两教之间的共殊关系依然如
故,只是有显隐的差别罢了。之所以有此不泯的共殊关系,则要归结为
文化功能。只要佛道二教任何一方不为另一方同化,那么各自就要别其
殊致。同样,双方都有发展的欲望,那就要认其同趣。别殊与认同,认同
又别殊,如此反复,就形成了佛道交往的基本格局。

在分析具体时代的佛道关系时,首先须弄清两教之间的基本共殊关
系,否则说不清楚两教交往表象下的实质内涵。

其一,佛教从西土传播而来,道教发轫于中土,这种最简单、最显明
的差异包含了以后所有矛盾对立的根源。然而,两者都是宗教,这种同
样最简单、最显明的相同包含了以后所有交往认同的基础。无论道教怎
样造出老子西去流沙以化胡的动人故事,佛教怎样造出老子乃释迦大弟
子迦叶的神话,毕竟不能说服人。靠造经造神话来吞噬、同化异教是不
可能的,而在中国的历史环境下,也没有发生宗教征伐的可能,那么,结
果只能是对峙并存与相互承认。

佛道都是宗教,又都把世界分为此岸与彼岸相隔离的两个境界。然
而,佛教认定一切现实世界皆虚妄不真,有"法我皆空"说。谢镇之《析夷
夏论》说:

---

① 《原人论序》,《大正藏》第 45 卷,第 708 页。
② 《太上老君说常清静经注》,《道藏》第 17 册,第 187 页。

> 佛法以有形为空幻,故忘身以济众;道法以吾我为真实,故服食
> 以养生。

这类别殊异之论产生于佛教努力摆脱老庄及玄学思想影响、独立标帜的时期,因而比较真切地反映了佛道二教的本然特征。这种本然特征并不随佛道儒三派文化以后的交融而有根本的改变,无论是印度小乘佛教的有宗,还是十六国六朝时期盛行的大乘空宗,抑或是隋唐时期盛行的大乘有宗,在这个根本点上没有两样。

道教在把世界分成两个境界时,一方面把天国描绘得活灵活现,如陶弘景《真灵位业图》中所表述的仙班品位如同人间的官阶品位,另一方面并不否认现实生活的实在性,差别在于现实生活有生有灭而"无住",由此带来肉体的痛苦与灵魂的纷扰,而仙界则"常住"无生灭,因而无人间的哀怨苦愁。在道教看来,天国是道的境界,人间是气的境界,道无生灭,气有聚散生灭。因此,不像佛教主张"物无自性",须依他而缘生,道教主张物皆有自性,只是自性中存着通于道体的根源。道教虽也讲空无,但"空、虚、无"乃是道的一种存在状态,而"有"不仅是道之有,也是现实之有。道教修养中讲求遣有归无,只是要求达到自我的虚静灵明,并不否定自我及周围世界的现实性。

其二,佛道二教对待现实世界的不同态度,引起在出世超越问题上的分野。虽然佛道都要出世超越,但超越的方式与路径殊异。佛教的超越以否定一切现实性为代价,认定周围现象界皆是虚妄,佛教各个宗派无论有多大差别,都以不同的方式论证"法界"(现象)虚妄不实。相传释迦牟尼"弃国学道","释其须发,变其章服",表示彻底断绝俗缘的决心,因而佛教不认六亲,也不认帝王之尊,甚而舍身以求佛,即以心神追求"真如法界"。在佛家看来,儒家与道家因为有身与国的牵累,还停留在凡俗界,唯佛教无身无国,才称得上超越。慧远的《沙门不敬王者论》,其基本观点也同于此。在修炼方式上,佛教只讲修心,不讲修身。道教不仅不否弃现实性,而且其所追求的超越境界还偏偏要在现实性中去寻

找。既然道可以混迹于气当中,那么于平实的气当中是可以找到至上的道的,功夫在于于身炼身,就心炼心,身心合一、性命双修的提升,即能达于仙境,故而道教不离世亲,有"天地君亲师"的尊奉。《太平经》曾被看做"帝王南面之术",保持着较强的世俗特性。修炼得道者,被称为"真人",即从现实中活生生的凡人升格为活生生的仙人。因而道教的修仙术又称为"长生久视之道"。

其三,佛道两教各有自己的一套精深的思辨哲学,然而思维的方式殊异。中国的佛教有着整套精巧繁富的名相术语与思辨技巧,其中融涵着印度的因明逻辑方法,又加上吸收中国哲学的范畴术语,更博大精深。佛教不仅时常与道教、儒家辩难,其内部也时常思想交锋,相互辩驳,佛教的破相破执论就是在此类辩难中发展起来的。因而,就原本意义讲,从印度传译过来的佛教的思维方式乃是一种纯粹理性思维的,玄奘从印度搬来的唯识学就突出地带有这种特色。道教的思辨哲学以老庄哲学作为底子。老庄哲学精深玄远,属于中国哲人的智慧,然而老庄哲学的方式并非纯粹的理性思维,而是蕴含着感性体验与理性思维的创意思维,讲究"契思",而非"辨思",所以是寓辨于不辨之中。在庄子看来,辩论引起"道隐于小成,言隐于荣华",道昭而不道,言辩而不及,故他推崇"大道不称,大辩不言"。所以说,道家的哲学确乎有着非理性、非逻辑的一面。道教在把老庄哲学拿来作为其宗教哲学思想基础时,正是发展了非理性非逻辑的这一面。尽管道教也吸纳了墨学思想成分,甚至《道藏》也将《墨子》收入其中,但道教吸收的是墨学中博爱、任侠与苦己利人的方面,并不曾继承与发扬墨学中的逻辑思想。在很长的时期内,道教只有自然的哲学,没有真正的思辨哲学,不仅没有自己的思辨范畴体系,甚至老庄的现成范畴也没有运用起来,根本无力与佛教哲学相抗衡,故而在与佛教的聚讼中总是处于被动局面。但这只是六朝及其以前的情形。隋唐时期,迫于与佛教争衡的需要,道教建立起了自己的思辨哲学,而这种思辨哲学的建构不免借鉴了许多佛教术语。

道佛两教之相共者,则互相征引、仿效;两教之相殊者,则互相攻斥、难诘,其中在相反之论中又根据自身的需要悄悄地摄取涵纳。因此,明为水火不容,暗则有潜流互动。隋唐奉行的宽松的宗教与学术政策,使两教能够并立发展,同时相互之间的交往更加频繁,在谁也不能同化谁的情况下,最终导致了相互的认同,及由此而产生的合流倾向。

三、道教摄取了佛教的范畴术语

道教在建构自己的思辨哲学时,大量地吸收了佛教的方法和范畴,然而这些范畴却是根据道教自身的需要进行过改造的。隋唐的道教学者一方面发挥道教的兼容特性,深入纳获;另一方面道教主体意识也很强,要在精研老庄的基础上吸收佛教思想,也就是先固其本,再博采他说。他们的主旨是,借佛教的名相术语阐扬老庄的思想,进而使老庄思想根据宗教发展的实际需要得以提升,达到安身立命的目的。

（一）"佛性"说

道教有"道性"说,佛教有"佛性"说。把宇宙本体作为某种抽象的本质来看,并非佛教的独创,早期道家把"道"确定为万物的最高规定性,已经具备了这种抽象力。然而,"道法自然",道"出于自然",当"自然而然"被理解为道的最基本特性,并与人性论联系起来时,"道性"说便应运而生。"道性"即指人生之"自然",这在东汉时产生的《老子想尔注》中就明确地表述出来了:

> 道性不为恶事,故能神,无所不作,道人当法之。①
> 道性于俗间都无所欲,王者亦当法之。②

"不为恶事""于俗间都无所欲",就是要顺其自然而至道生,"道常无欲,乐清静,故令天下常正"③。

道教发明了"道性"说,却没有很好地发挥,被六朝时期蓬勃兴起的

---

① 饶宗颐:《老子想尔注校证》,"道常无为而无不为"注,上海:上海古籍出版社,1991。
② 饶宗颐:《老子想尔注校证》,"无名之朴亦将不欲"注。
③ 饶宗颐:《老子想尔注校证》,"无欲以静天地自正"注。

"佛性"说取而代之了。自竺道生倡"一阐提人皆有佛性"说以来，加上《大般涅槃经》被翻译过来，"佛性"说逐渐成为佛学主流思想。其谓"佛性"，乃指"真如法性"，即抽象的宇宙本体。作为一种本体论学说，它是将印度诸法实相说结合魏晋玄学本体论而产生的。作为一种修道论，它关心终极的抽象宇宙本性与有生灭的具体的人物有何关系。六朝与隋唐，道教大讲"道性"说，确实是接受了"佛性"说的影响。但道教并不是在本体论意义上，而是在修养论方面接受了"佛性"说。魏晋六朝，道教奉行外丹学说，其中虽有修炼身心的内容，但其主要目的只在于以清静不动之心神迎受永恒不朽的道，并没有明确地认定客观的道与主观的精神有着某种直接同一性，而"佛性"说完成了这方面的论证。道教本来讲道体论，但为了说明道体与人性之间的关系，也提倡"道性"说。孟安排《道教义枢·道性义》明白地表明了"道性"说与"佛性"说之间的内在联系：

> 道性以清虚自然为体，一切含识，乃至畜生果木石者，皆有道性也。究竟诸法正性，不有不无，不因不果，不色不心，无得无失，能了此性，即成正道。自然真空即是道性。[1]

这不仅说明一切物类都具道性，也明确提出，人如能反躬自修，了却本性，就能通道成仙。王玄览《玄珠录》既讲"道体"，又讲"道性"：

> 诸法若起者，无一物而不起。起自众生起，道体何曾起？诸法若忘者，无一物而不忘。忘自众生忘，道体何曾忘？道之真实性，非起亦非忘。[2]

道体是道之本然体，道性是道体潜在于人与物中的具体属性，故人能修性，就能全道。不过，道教的"道性"说不仅吸收了"佛性"说，也吸收了儒家的"心性"说。儒家讲尽心知性知天，基本立意是主张从一念之初的本心达知本性，达于本性则通天。道佛两教在阐扬心性时，都借鉴了儒学，

---

[1]《道教义枢》卷八，《道藏》第 24 册，第 832 页。
[2]《玄珠录》卷上，《道藏》第 23 册，第 622 页。

把客观的抽象本质与主观的心体等同起来,心动不能体知道性、佛性,心不动就能体知道性、佛性。道教把一念之初的本心称为"常清静心",佛教也讲清静之心,也即寂灭之心。司马承祯、吴筠在倡导修心契道时,就是把心与性直接同一起来的,至于唐末五代以后的内丹修炼学说,则都主张心性一体。

道教吸收了儒学和佛学,但并不能由此断定"道性"说即是"佛性"说或"心性"说,道教是按照自身的需要来吸收异派文化养分的,不仅"道性"说在道教经典中有此根芽,而且道教对佛儒的吸收也是采用涵化的方式。这表现在:其一,道教提出"畜生果木石者有道性",这种明显带有泛神论色彩的观点,正是道家、道教的本色,《庄子》主张"致道者忘心"(《让王》)、"两忘而化其道"(《大宗师》),就是以冥化自然作为体知道的途径。而这在时间上先于佛教天台大师湛然提出的"无情有性"说。其二,道教主张以常清静心识性体道,即是把常清静心作为常清静之道的同一体来看待的。在早期道家看来,常清静、自然而然乃是道的最根本特性。故而,人心能常清静,自能识道性。其三,道教在讲求"道性"说的同时也讲求"道体"说,还讲心与身的一致,不像佛教那样舍身求性。

(二)论辩术

道教在发展自己的思辨哲学时,从佛教中借用了许多术语。如"智境",王玄览说:

> 道在境智中间,是道在有知无知中间。①

成玄英说:

> 道是虚通之理境,德是志忘之妙智。境能发智,智能克境,境智相会,故称道德。②

> 圣人空慧明白,妙达玄理,智无不照,境无不通。③

①《玄珠录》卷上,《道藏》第 23 册,第 620—621 页。
②《道德真经玄德纂疏》卷一,《道藏》第 13 册,第 358 页。
③《道德真经注疏》卷一,《道藏》第 13 册,第 280 页。

又如"本迹",唐玄宗说:

> 摄迹归本,谓之深妙,若住斯妙,其迹复存,与彼异名等无差别,
> 故寄又玄以遣玄,欲令不滞于玄,本迹两忘,是名无住,无住则了
> 出矣。①

再如"观照""定慧",孟安排说:

> 二观者,一者气观,二者神观。既举神气二名,具贯身心两义,
> 身有色象,宜受气名以明定;心无难测,宜受神名以明空慧。故《本
> 际经》云:炁观神观,即是定慧。②

唐代的道家、道教不仅借用佛教范畴,也运用道家、道教固有的术语展开
论辩,如张志和关于"同乎时""异乎时"的论辩:

> 今有之忽无,非昔无之未有,今无之忽有,非昔有之未无者,异
> 乎时也。若夫无,彼无有连。既往之无,有而不殊。无此有无,合将
> 来有无而不异者,同乎时也。异乎时者,代以为必然会有不然之者
> 也。同乎时者,代以为不然会有必然之者也。③

又如杜光庭关于同异关系的论辩:

> 道德不同不异,而同而异,不异而异,用辩成差。不同而同,体
> 论唯一。……知不异而异无所可异,不同而同无所可同,无所可同
> 无所不同,无所可异无所不异也。④

诸如此类的论辩颇为饶舌,在格调上不仅类似庄子、公孙龙的辩术,也足
可与佛教的论辩相匹敌。唐代的许多道家奇书,如《化书》《无能子》《逸
书》等,都具此特点。道教还发展了一些自己的新术语,如因待、互陈、体
用双举等等。

---

① 《唐玄宗御制道德真经疏》卷一,《道藏》第 11 册,第 750 页。
② 《道教义枢》卷五,《道藏》第 24 册,第 826 页。
③ 《玄真子外篇·卷下·涛之灵》,《道藏》第 21 册,第 725 页。
④ 《道德真经广圣义》卷一,"释疏题名道德义",《道藏》第 14 册,第 338 页。

（三）双遣方法

"非有非无，不落两边"的双遣方法是龙树《中论》所阐述的基本思想，意谓执着于有是滞于有，遣有归无是滞于无，既非有，又非无，才是中道。运用在主客关系中，就是既遣他执，又遣我执，两边不落。这种方法在六朝、隋唐的佛教中有着广泛的影响。道教在根据《老子》"玄之又玄"阐扬重玄哲学思想时，借用了这种方法，成玄英、李荣把佛学的非有非无称为"玄"，把非非有、非非无称为"重玄"。《天隐子》阐发《庄子》"坐忘"观点时，也借用了双遣方法，外遣物境，内遣心智，两边不落，心泯合于道，说"彼我两忘，了无所照"①。

隋唐道家、道教学者在建立自己的形上学时，借用了佛教的术语与方法，发展了自己的术语，不仅有了思辨的外观，的确也有了思辨的高水准。但从严格意义上讲，道教虽然有了思辨的哲学，却仍然没有运用印度佛教的因明逻辑方式，尤其是没有采纳佛教的立破辩术，道家、道教原先的非逻辑特性并无根本改变。而且，随着内丹学说的兴起，隋唐形成的思辨哲学没有沿着"辩"的方向继续发展，而是服务并融注在内丹学说中，进一步朝着"契思"与神秘主义方面发展了，其结果仍然是寓辩于不辩之中，这是道教徒在与佛教徒的论辩中总是"辩"不过佛教徒的一个基本原因。

四、佛教摄取了道教的冥通精神

佛教在魏晋时期，曾以格义的方式大量地袭取了道家的概念、范畴，带有明显的玄学思想色彩。东晋以后，佛经被大量翻译过来，佛教努力摆脱玄学的影响，尽可能地少用道家典籍的范畴、概念，同时攻斥道教袭取佛学的范畴术语。至隋唐，佛教宗派林立，不仅气象博大，也显得根底深厚。从表象上看，佛教于道家、道教无所取焉，其实不然。除唯识宗属于原本的印度佛教之外，其他几派皆是在中国文化土壤上生成的，它们用以标其思想宗奉的是中国文化与印度文化的混合再生品，这是佛教中

---

① 《天隐子》，《道藏》第 21 册，第 700 页。

国化的历史必然。仅仅从范畴征引上难以看出佛教从道教那里袭取了什么,但从思想内涵及其思维方式来看,则可清楚了彻佛教从道教那里袭取了什么东西。对此,梁启超曾说:

> 惟有一义宜珍重声明者,则佛教输入非久,已寝成中国的佛教,若天台、华严、禅宗等,纯为中国的而非印度所有;若三论、法相、律、密诸宗,虽传自印度,然亦各糁以中国的特色。此种消化的建设的运动,前后经数百年而始成熟。[①]

(一)"出世"中的"在世"

原本的印度佛教乃是一种高蹈出世精神的宗教,把"不得参预世事,结好贵人"的佛陀遗训作为代代相因的传统,因之,出世就是要断绝一切俗缘,不得对现世有丝毫的回眸,不认六亲,不敬王侯。然而,当佛教传入中国并要立根中土时,它就不能不做出让步,慧远《沙门不敬王者论》中已有调和中土与西土、方内与方外矛盾的意愿。在弘教中与中国固有文化传统的反复冲撞,使佛教学者们得出了一个结论:"不依国主,则法事难立。"而在宗教教义上公开认同的,便是在中土产生的经典《大乘起信论》。其最基本思想是"一心二门"论,"一心"即"众生心","二门"即"真如门""生灭门"。《大乘起信论》说:

> 摩诃衍者,总说有二种。云何为二? 一者法,二者义。所言法者,谓众生心。是心则摄一切世间法、出世间法。依于此心,显示摩诃衍义。[②]

> 显示正义者,依一心法,有二种门。云何为二? 一者心真如门,二者心生灭。是二种门皆各总摄一切法。[③]

此"众生心"不是单指佛性、真如,也非单指个体之心、生灭现象,而是佛

---

① 梁启超:《饮冰室专集之五十八·佛教教理在中国之发展》,江苏广陵古籍刻印社影印。

②《大乘起信论》,《大正藏》第 32 卷,第 575 页。

③《大乘起信论》,《大正藏》第 32 卷,第 576 页。

性与人心、本体与现象(用)、圣与凡、净与染、绝待与相待、出世与在世等的和合。在这种和合精神原则下,佛教徒既可追寻超越的、形而上的终极境界,也可"随顺"对世间表示出普遍的关怀。《大乘起信论》自隋初流布开来,对隋唐诸宗派产生了深远的影响,天台、华严、禅宗等立宗分派多从中秉承一端,如天台的"性具"论,华严的"理事圆融""功德本具"与"随缘不变"论,禅宗"真如是念之体,念是真如之用"的体用论,都普遍地带有和合世俗的特点。

佛学与儒学,一个是彻底的出世的学问,一个是彻底的入世的学问,《大乘起信论》在调和出世与入世关系时,显然撷取了儒学"叩其两端而竭焉"的中庸观点,但它们一者作为一种出世的宗教学说、一者作为一种入世的官方正统学说,相距甚远。然而佛教与道教的关系不同,一来两者都是主张出世的宗教,二来两者又都希望获得国主的支持,在民间争地盘,因而既要互相攻斥,又要互相效仿。道教虽也常为出世与入世问题困扰,但道教先天地带有世俗的特点,老庄"无为"与"离世异俗"的学说根本上不曾放弃"无不为",不曾放弃此岸世界,道教的早期经典《老子想尔注》《老子河上公章句》及《太平经》都蕴含了"道不遗人"的精神内质。《大乘起信论》作为中国化的佛教的产物,自然极方便合理地从道家、道教那里袭取这种精神内质,而且,在互争高低的过程中,它们也竞相表现出对现世的关注情怀。

(二)相对主义的方法论

华严宗宗奉《华严经》,然而经杜顺、智俨、法藏等阐扬出来的华严思想与本经已大有异趣,华严诸师在发挥"理事无碍"观点时,接受了法相宗从印度译过来的《庄严经论》和《佛地经论》的影响,[①]又接受了《大乘起信论》的影响,还接受了庄子思想的影响,是中印佛学在新的历史条件下的产物。隋唐诸宗派中,除了法相宗,就是华严宗最讲究辩术,它是把印度的方法拿来论辩一些具有中国特色的问题,如体用、理事等。理事圆

---

① 参见吕澂《中国佛学源流略讲》,第 354 页。

融的观点依据物无自性、依他缘生的观点：

> 依他中虽复因缘似有显现，然此似有，必无自性，以诸缘生，皆
> 无自性故。①

从物无自性中，引出事事无碍、理事无碍，从而一多相即、远近相即、小大相即，如法藏所说：

> 且如见高广之时，是自心现作大，非别有大。今见尘圆小之时，
> 亦是自心现作小，非别有小。②

这与《庄子·齐物论》的小大之辩如出一辙。《庄子》从相对主义观点出发，认定一切事物的一切性质只具有相对性、暂时性，皆属观察、认知的角度不同而造成的，"因其所大而大之，则万物莫不大；因其所小而小之，则万物莫不小"（《秋水》）。也就是说万物自身没有确定的规定性。华严宗接受了《庄子》思想，这是毫无疑问的。

（三）整体性原则与"悟"的思维方式

禅宗的兴起，乃是一次佛教的革新，意味着佛教中国化的完成。从菩提达摩的"藉教悟宗"，到慧能的"不立文字"，再到"德山棒""临济喝"，贯穿着一个基本的思想路线，即从印度佛教的繁琐逻辑论证与主客二元对立中解脱出来，以简洁明了的悟通方式实现主客体的绝对同一。如铃木大拙所说的那样："禅宗与依靠逻辑与分析的哲学体系全然不同，甚至可以说它是建立在二元对立思维方式基础上的逻辑哲学的对立物。"③禅宗之所以诽毁逻辑，是因为在禅宗看来，逻辑的方式不仅使主客二元对立，而且也将真理肢解了。真理（佛性）是统一的整体，需用一种非逻辑的、超常的、整体的悟通形式才能认知。所以禅宗突出"明心见性"，认定主体之心与客体之性本来同一，能识得整体之心即能见得整体之性：

---

① 《华严一乘教义分齐章》卷四，《大正藏》第45卷，第499页。
② 《华严经义海百门》，《大正藏》第45卷，第630页。
③ ［日］铃木大拙：《通向禅学之路》，葛兆光译，上海：上海古籍出版社，1989。

故知一切万法，尽在自身中，何不从于自心，顿现真如本性。①

而要做到这一点，靠逻辑的理性的方式是永远也做不到的，此岸与彼岸虽都只存于心性，却要靠一个"悟"，而悟则顿悟顿见，即整体性地一次性把握。正所谓"法无顿渐，人有利钝，故名顿渐"②，即是说，真如法性是一个整体，只能整体地体知，人有利钝差别，须行渐修，但渐修并不是把整体的真理分次认知，而是经过渐修，提高、开导其智识，令其开悟，一次完成。"棒喝"的目的正在于此。道教一向持天地人的"三一"模式，主张天人一体、道气一贯，道教修炼的目的在于泯合主客、感通道体。在老子、庄子那里，最高的本体——道——乃是不可分的整体，无论老子讲"道者同于道"，还是庄子强调"正容以悟"，都是要求以整体的心态把握完整的道体。这与禅宗有着明显的一致性。为了达到悟的境界，庄子主张"吾丧我"，禅宗要求"无念无相无往"，这也有着相承关系。此外，禅宗为了表明佛性与人心的同一性并非外在力量使其然，也借用道家的"自然"观念，如神会说：

僧家自然者，众生本性也。③

一切万法皆因佛性故，所以一切万法皆属自然。④

总之，禅宗与老庄及道教有着非表面的深刻历史联系。但禅宗仍不失其佛教本色，这从以下三点可以明白看出：第一，禅宗的整体性悟通方式包含着印度佛学精于思辨的特点，它通过辨达到了不辨。庄子哲学虽寓辨于不辨，但庄子是要放弃辨术的。第二，禅宗在泯合主客时，强调以心合性，身是"臭皮囊"，不能与心同于佛。庄子主张坐忘、丧我，则是要以身心合一的方式契合道本。第三，禅宗的"悟"是本心与佛性的一种直接同一，道教的"悟"虽也是道体与本心的同一，却包含着"感通"的特点。

至于中国第一个佛教宗派天台宗，作为"纯粹之中国佛教"，其中自然也不难找出与道家、道教的思想联系。

---

① 〔唐〕慧能著，郭朋校释：《坛经校释》，第71页。
② 〔唐〕慧能著，郭朋校释：《坛经校释》，第37页。
③④《荷泽神会神师语录》。

第三节　道与儒的关系

隋唐之世,社会开放,文化隆盛,各种源流的思想派别皆可申明宗旨,讲疏理论,作为三大思想文化主流的儒道释适成鼎足之势,亦即"三教无阙",唐朝多任皇帝亦主持过"对御三教谈论"。这既是各家扩大影响、发展势力的机会,又是它们面临社会历史对其遴选、沙汰的严肃局面。实际情形是,各派都须经历继承、转换、吸收、整合的理论过程,谁缺乏竞争的本事和变异的功能,谁就会失去存在和发展的合理性。人所共知,佛学在这段历史的前后经历过"三武一宗"的"法难",但它并没有因为是外来文化而被挤出中国文化圈,相反,它获得了一个大发展。那么,同是本土文化而发端于不同思想派别的儒家和道家,它们自身的精神面貌如何? 它们在文化对峙与交汇中处于什么样的方位? 它们经历过怎样的理论转型? 除了与佛学的关系,它们之间的关系又是怎样?

一、唐代儒学基本面貌

由孔子创立的儒家学派,以其倡导入世进取、讲求道德理性,标立"达则兼善天下,穷则独善其身"(《孟子·尽心》)的功利意识和独立人格,在先秦诸学派中独具品格,又因其与古代典籍文献的特殊因缘关系(删诗书、削春秋),成为古代文化继承者的象征。而孔子注重教育,又为儒学的承传培养了大批学者。儒学经曾参、子思、孟轲等后学者的弘扬,俨然自成"一以贯之"的思想体系。自汉武帝"独尊儒术"以后,儒学思想便成为代代相因的官方正统思想,成为知识分子学而通仕的唯一可靠途径。虽则隋唐帝王有佞道者、佞佛者,但儒学始终处于正宗地位,如罗隐诗中所指出的:"三教之中儒最尊。"(《代文宣王答》)唐太宗曾宣称:"朕今所好者,惟在尧、舜之道,周、孔之教……失之必死,不可暂无耳。"[1]"唐

——————————————————

[1]《贞观政要·卷六·论慎所好》。

制，取士之科，多因隋旧"①，即是说，隋唐二代皆废九品中正制，取缔了门阀士族的仕进特权，行明经取士的科举制度。而所设科目大多属儒学经典，唐太宗诏孔颖达等撰成《五经正义》，"自唐至宋，明经取士，皆遵此本"②。因此，隋唐时期的儒学正宗地位非但不曾削弱，反而比魏晋六朝大大地加强了。但是，自孔子删诗书开始，便以"思无邪""一以贯之"的思想方法作为始基的儒学，从一开始就不具开放性，如王充所说："世儒学者好信师而是古，以为圣贤所言皆无非。"（《论衡·问孔》）又如韩愈所肯定的："合于道者著之，离于道者黜去之。"（《读荀》）故此，汉代今古经文之争演至谶纬神学的困厄境地，亦是自然之理。至隋唐时期，在开放与沙汰的情势下，儒学的面貌如何呢？试举数端以议之：

（一）儒学的泛化

所谓泛化，意谓儒学在外延愈膨胀时，其内涵就愈缩小。从一个学术派别的团体意识上升到统治阶级的国家意识，其外延扩大了，同时其儒学内涵就减少了。此种情形，虽正统儒学者所不欲，却实属历史之必然。汉初董仲舒为了投合汉武帝神化皇位的需要，以阴阳灾异学说附会儒经，以至于儒学经典谶纬神学化，其说已与孔子"不语怪力乱神"之旨相谬千里了。为韩愈所称道的扬雄，其《太玄》所云充满道家思想色彩，"于庄、墨、申、韩皆有取焉"（柳宗元《送僧浩初序》）。而且扬氏本身就与道家学者严君平有着某种师承关系。为李翱所仰慕的王通，有感于儒学的泛滥而流失本真，乃以"文中子"自命，欲以救治儒学，醇化"圣道"，然其所立学问在朱熹看来，多有夹杂抄袭："其间有见处，也即是老氏。……论时事及文史处尽有可观。于文取陆机，史取陈寿。""王通也有好处，只是也无本原工夫，却要将秦汉以下文饰做个三代，他便自要比孔子，不知如何比得他那斤两轻重！"③即便是欲正本清源、继孔孟之绝学

①《新唐书》卷四四，"选举志上"，第1159页。
② 皮锡瑞著，周予同注释：《经学历史》，第198页。
③〔宋〕黎靖德编，王景贤点校：《朱子语类》。

的李翱,其"情性"学说亦多被后人疑为承袭了佛学意趣。就儒家学派的构成来说,由于儒学成为官学,儒学经典被统治者定为必读书目,儒者成为读书人的代名词。如此,读书人当中除了李白、贺知章等明确称自己是道家学派,以及出家为道士、僧徒的学者,所有读书人皆可泛泛地归为儒者。其实许多人并不具有传统的儒家意识,像"随方立意"开释儒经、道经的陆德明,对时政充满"抗争和愤激之谈"(鲁迅语)的罗隐,皆具有很强的道家思想倾向。而《古今图书集成》也竟将张志和、魏徵等道家思想家列在"名儒"类。就儒学承传来说,在唐代除了尚能找出孔巢父这个孔子二十七世孙的世袭承传关系,其他所有儒学者都难爬梳出一个儒学承传宗脉。这些都表明,儒学的规定性已不那么显明,它已经泛化。要判定某人是否属于儒家,通常不能以其所读书目来确定,而要依据其思想的倾向性。当然,隋唐两代,具有儒学传统思想的亦不乏其人,他们完全可以称得上是儒家。这可以从以下方面得到说明。第一,他们都执着先秦儒家传统式的某种人格。姚崇、韩愈、李翱、李德裕等勇扛反佛大旗,韩愈以《论佛骨表》几乎丧命,也达到了"知其不可而为之"的地步。泗州开元寺僧慕李翱文词卓异,欲邀为词颂,翱严辞拒绝,云:"顺吾心以顺圣人尔,阿俗从时,则不忍为也。"(《答泗洲开元寺僧澄观书》)如此等等。第二,他们都有根深蒂固的进取意识和经世致用的观念。王通、韩愈有着以恢复孔孟之道为己任的宏大抱负,韩愈宣称:"己之道乃夫子、孟子、扬雄所传之道也。若不胜,则无以为道。"(《重答张籍书》)柳宗元以官为"器",把做官视为实现"道"的必要途径,反对道器分离,其云:"官也者,道之器也,离之非也。"(《守道论》)第三,他们都具有儒家的本位意识。韩愈、李翱标明自己所倡之"道"乃"孔孟之道";柳宗元援佛入儒,然其"所取者与《易》、《论语》合"(《送僧浩初序》);刘禹锡取佛之意在"阴助教化","曲为调柔"(《袁州萍乡县杨歧山故广禅师碑》)。不过,由于禀受儒学精神的程度不同,这些儒者呈现出不同的精神面貌:王通、姚崇、皮日休、韩愈、李翱等属于抱定"百代同道"观念,坚守儒学阵地的醇儒;陈子昂、白居易、柳宗元、刘禹锡、李德裕等则属于站在儒学立场,却走出儒学营垒、广泛涵纳道佛诸派思想的一般儒者。这两类学者虽则时常相互抵牾,但其心理意识在本来意义上是一致的,他们构成隋唐儒学的主体。

儒学的泛化带来两个直接的后果。一是儒学的危机。如同明代泰州学派将阳明心学泛化致使心学"渐失其传"一样,隋唐儒学危机必然地引起韩愈、李翱等寻儒之根,撰"古之文",做"古之人"。二是儒学理论的升华发展。如道佛两家每相融摄一次,其思辨水平就发展一次一样,柳宗元、刘禹锡融摄道佛思想就将天人关系问题的论证较荀况、董仲舒等大大提高了。

（二）儒学的危机

皮锡瑞《经学历史》云:"经学盛于汉,汉亡而经学衰。"[1]经学中衰即是儒学的危机,不过汉末儒学的危机是在儒学取得独尊地位的情况下,它自身作为官方正统思想逐渐失去维护专制集权的"法力",自身沿着谶纬神学方向繁衍不下去所引起的。而在隋唐,儒学则要承受来自两个方面的压力:一是道佛等异派文化的压力,二是儒学泛化导致的内容贫乏。

首先,道佛二教在唐代的兴盛,严重地冲击了儒学的正宗地位。就佛教而言,"始于汉,浸淫于魏、晋、宋之间,而澜漫于梁萧氏,遵奉之以及于兹"(李翱《去佛斋论》),染流中国六百余年,"其植根固,其流波漫"(韩愈《重答张籍书》),寺院林立,教徒遍布朝野,仅武宗废佛时就曾拆舍46600余所,还俗僧尼并奴婢41万余人。佛教的膨胀带来了大量社会问题,如正税侵减,人力宁堪,生灵耗蠹,恰如白居易《两朱阁》所担心的:"渐恐人间尽为寺。"在这些现象的背后,更为严重的事实是,佛教这种异土文化带来的"异数殊俗","玷中夏之风",侵夺了君臣、父子、夫妻等世情,与儒家的纲常伦理格格不入,如李翱直斥的:"七岁童子,二十受戒,君王不朝,父母不拜,口称贫道,有钱放债。"(李翱《断僧通状判》)道教虽

---

[1] 皮锡瑞著,周予同注释:《经学历史》,第141页。

然势力不如佛教大,但其政治地位胜于佛教,《老子》几度被列为上经,同儒学经典一道同为取士的门径,如天宝年间的元载即以举明庄老列文四子而入选高第。唐玄宗时甚至立孔子等四真人像侍玄元皇帝侧,这实际上是对"大成至圣"的孔子圣灵的贬降。而且,道家笑傲山林的精神风貌又与儒家修齐治平的人生追求大相径庭。道佛两教在唐代的并盛,更重要地还体现在义理思辨上。佛教在将印度思辨哲学源源不断地介绍过来时,又持续不断地与中国传统的老庄思辨哲学结合起来,呈现出宗派林立、支流众多的局面;道教在将佛教外来思辨结构与老庄思辨结合起来时,实现了自身的思辨化。这种理性化的升华乃是对儒学正宗地位最为深刻的挑战。

其次,儒学的泛化致使许多读书人只把诵读儒经作为通向仕宦的手段,并不以孔孟之言为意,儒学缺乏有理论见解的大家。即便孔颖达等用力甚巨的《五经正义》,亦不过是"章句之学",于儒学理论无甚独树处。梁启超在《新民说》中指出:唐代"儒者于词章外无所事"①。吕思勉在《隋唐五代史》中也肯定:"此学至此时,其势已衰,朝廷虽事提倡,亦无效可期矣。"②儒学内容的贫乏,自然是儒学理论自身没有发展造成的,但尤其应当注意的是,由于儒学自身的封闭性,儒学体系缺乏一种促进发展的机制,在言必称三代、行必蹈周孔的原则下,累代儒学者的聪明睿智皆倾注在儒学典籍的诠释上,反复注疏,循环论证,始终难以跳出经学的圈子。稍有越出者,"离经叛道"的诽难便会如影随形。从上述意义上讲,"危机"乃是儒学自身的危机,因为它跟不上佛道所推动的认识的发展步伐和唐代开放的大潮。

(三)儒学的心态

在唐代三教并行的学术政策以及文化繁荣和儒学危机的情势下,具有儒家传统意识的儒学者持怎样的心态呢?

---

① 梁启超:《新民说》,《饮冰室合集》,北京:中华书局,1989。
② 吕思勉:《隋唐五代史》,第 1294 页,上海:上海古籍出版社,1984。

就韩愈这类"醇儒"①来说，首先，他们都有强烈的文化危机意识，力主循古之道，扬孔孟之学。韩愈以佛老之道为"小道"，以佛老之言为"一人之私言"，而以文武周孔之道为"大道"，以孔孟之言为"天下之公言"（《原道》）。这是典型意义的"弘道"。同时，他也清醒地意识到"其道虽尊，其穷也亦甚矣"（《重答张籍书》）。李翱则宣称："吾所以不协于时而学古文者，悦古人之行也。悦古人之行者，爱古人之道也。故学其言，不可以不行其行；行其行，不可以不重其道；重其道，不可以不循其礼。"（《答朱载言书》）韩、李还参照佛道的传教系统，也标立一个尧舜文武周孔孟扬的传法世系，欲以表明儒学源流一致、学脉一贯。这乃是具有正统儒家观念的儒学者的深沉的自我意识，是他们对文化交融及佛道文化胁迫的回应。因为他们担心在儒学泛化及文化潮流的冲击下失却自我。其次，他们都坚执文化保守主义。韩愈称："夫佛本夷狄之人，与中国言语不通，衣服殊制。口不言先王之法言，身不服先王之法服。不知君臣之义，父子之情。"（《论佛骨表》）"今也举夷狄之法，而加之先王之教之上，几何其不胥而为夷也？"（《原道》）李翱则云："向使天下之人，力足尽修身毒国之术，六七十岁之后，虽享百年者亦尽矣。天行乎上，地载乎下，其所以生育于其间者，畜兽、禽鸟、鱼鳖、蛇龙之类而止尔。……以夷狄之风而变乎诸夏，祸之大者也，其不为戎乎幸矣。"（《去佛斋论》）他们主张对佛教要"人其人，火其书，庐其居"（韩愈《原道》），"永绝根本，断天下之疑"（韩愈《论佛骨表》）。不过，他们对道教的态度要缓和得多。李翱承认佛教思想中有与华夏正统思想相通的地方，说佛教论心术"不异于中土"，然而"佛法之所言者，列御寇、庄周所言详矣，其余则皆戎狄之道也"（《去佛斋论》），意即佛教虽有可取之处，但传统文化中的老庄思想

---

① "醇儒"这个说法，在剑桥大学 David McMullen 教授的著作 *State and Scholars in T'ang China*（Cambridge：Cambridge University Press，1988）中也被用到："The term 'pure Confucian(ch'un ju) was also used in the T'ang. It had positive connections, but was not a term of very strong commendation."但是，David McMullen 教授在他的著作中所用的"儒"是有些泛指的，几乎是所有知识分子身份的代名词，而不是持儒家立场的那些知识分子。

则早已具备,无须引佛进来。不过,老子的道德与韩愈、李翱所要追求的道德也还是不同的。韩愈认为,老子虽然没有对仁义采取诽毁的态度,却贬低了仁义:"老子之小仁义,非毁之也,其见者小也。……其所谓道,道其所道,非吾所谓道也;其所谓德,德其所德,非吾所谓德也。凡吾所谓道德云者,合仁与义言之也,天下之公言也;老子之所谓道德云者,去仁与义言之也,一人之私言也。"(《原道》)所以,他们相信,"周公仲尼立一王制度",其治化之道已枝叶详备,于其他思想派别无所取焉。为使儒家思想光大,免于"贰于人心","岂不欲发明化源,抑绝小道"。(李翱《再请停率修寺修寺观钱状》)正所谓"不塞不流,不止不行"(韩愈《原道》)。这种文化心态反映了正统儒学者对外来文化的拒斥和对本土多元文化思想的独断。其实韩愈、李翱对异派文化相互摄取、互补发展的事实并非毫无认识,韩愈《读墨子》即说:"孔子必用墨子,墨子必用孔子,不相用,不足为孔、墨。"但是,守道的需要排斥了对事实的认同态度。自然,他们的独断态度明显不合于隋唐文化繁荣开放的形势,因此他们的文化主张得不到广泛的社会反应。但他们勇于"逆水行舟",敢于扛儒学复兴的大旗,开创儒家的道统,宣示作为醇儒者的社会与文化责任,则开了宋明"道学"的先河。

　　就柳宗元、刘禹锡、白居易这类具有开放意识的儒者来说,他们不认为各种思想的交汇是一场儒学文化危机,而感到儒学有与道佛互补的必要。刘禹锡说:"素王立中枢之教,慭见大中。慈氏起西方之教,习登正觉。至哉!乾坤定位,而圣人之道参行乎其中。亦犹水火异气,成味也同德。辕轮异象,至远也同功。"(《袁州萍乡县杨歧山故广禅师碑》)"正觉"与"大中"相益,收异曲同工之效。柳宗元说:"浮屠诚有不可斥者,往往与《易》《论语》合,诚乐之,其于性情奭然,不与孔子异道。"(《送僧浩初序》)柳、刘二氏皆与佛徒交往甚密,由此招致韩愈的指责,云其"不斥浮屠"。柳氏反驳说:"退之所罪者,其迹也。""退之忿其外而遗其中,是知石而不知韫玉也。"(《送僧浩初序》)其实这也只是表明他们对待外来文化的一种态度,他们与佛徒交游只不过是为了某种精神上超脱的需要,未见得从佛教那里学到了多少东西。恰如柳氏自己所说的："与其人游者，未必能通其言也。且凡为其道者，不爱官，不争能，乐山水而嗜闲安者为多。吾病世之逐逐者，唯印组为务以相轧也，则舍是其焉从？吾之好与浮屠游以此。"（《送僧浩初序》）颜真卿也表示过类似的经历："予不信佛法，而好居佛寺，喜与学佛者语。人视之，若酷信佛法者然，而实不然也。"（《泛爱寺重修记》）正是在这种心态的基础上，柳、刘二氏方能"不根师说"，广求博征，问难天人，从而写出《天说》《天对》这类有见树的文章。在所有儒者当中，性格最为复杂的是白居易。早年他在《议释教》文中，尚拘拘焉恪守"唯一无二之化"，力辟佛老，后来在"对御三教谈论"中，也充演儒者角色；而在他的实际生活经历中，则有"空门友""山水友""诗友""酒友"，"凡观、寺、丘、墅，有泉石花竹者，靡不游"（《醉吟先生传》）。除了保持儒学本位观念，他始终依违、周旋于佛道之间。论对佛道二教的了解程度，唐代儒者中少有甚于他的，如其所撰写的《六赞偈》《八渐偈》便能深切理解佛教大义。然而，他宏富的著述除了展现了高超的文学艺术成就，在思想内容上于儒学无所建树。以柳宗元、刘禹锡、白居易为代表的这派儒者，由于具上述文化心态，因而不求复古，不主张文化专断，这代表了儒学发展与三教融合的趋势——虽然他们在这方面并无显著成就，但重要的是他们做出了这种姿态。

（四）理论见度

隋唐儒学虽说是"贫困"的，但也不乏有思想闪光之处，尤其是中唐以后柳、刘、韩、李等人在许多方面翻新了儒学面貌。柳宗元以"本始之茫"，"忽黑晰眇，往来屯屯，庞昧革化"（《天对》）的元气本体论论证"天"无意识，不能赏功罚罪，坚持和发展了宇宙本原问题上的唯物主义一元论。刘禹锡以人天两分、天人"交相胜""还相用"的论证深化了天人关系理论，进而提出"由小推大""由人推天"的"数""理"概念，肯定自然界有"天理"，人类社会有"人理"，并由此揆度出"人诚务胜乎天者也"。（《天论》）柳宗元还力图从社会发展轨迹中找寻固有的必然性——"势"。韩愈改造了孔子"上智""下愚"说、孟子"性善"说、荀子"性恶"说及告子"性善恶"说,提出了"性三品"说和"情三品"说。李翱在此基础上进而论证了性情之间的依赖与呼应关系,其曰:"情不自情,因性而情;性不自性,由情以明。"(《复性书》)这是儒学"人性论"在唐代所取得的重大发展,由此开启了儒家性命学说,为宋明天理、人欲之辨提供了理论前提。

尽管如此,儒学所取得的理论成就远不够成为与佛道两家相抗衡的力量。柳、刘二氏的"天人"说远不及道教"道""气"相糅的宇宙本体论精深,而且"天人"说也还停留在对以往天道观的总结上,没能对深一层次的宇宙本体论形成系统的界说。韩、李二氏的"性情"说也远不及佛教佛性论那样富有思辨性。虽然可以肯定,这些儒者在许多方面(尤其是天人关系上)有着合乎真理的认识,但总的来说,他们的学说还不具备那种理论上的彻底性。

二、儒家有借于道教

道家与儒家同是本土文化,有着共同的文化土壤和思想源头。然而基于各自发端的区域性和思想派别性,逐渐形成两种不同的文化传统:一个主张无为出世,一个主张有为入世;一个主张兼容并包,一个主张著同黜异。随着社会历史的发展,两者又都有认同互补的需要,就是在这种相互对待的具体历史过程中,双方求得了各自的发展,又促进了对方的发展。

儒学有着对异派文化拒斥的方面,又有着自觉地吸纳异派文化思想成果的方面。隋唐儒学从道家那里吸收的东西主要有以下两个方面:

（一）出世超脱论

人们在积极入世、争取仕宦功名时,又有超脱尘世、寻找自我解脱的需要,这符合人的自性。尤其是在宦途失意或对官场相互倾轧感到厌倦时,更有这种出世的精神需要。无论是保守的儒者还是开放的儒者,在这个问题上通常是不由自主的。

就韩愈这派保守的儒者说来,他们一方面有意识地排斥佛道二派,另一方面又无意识地向超脱出世思想趋近;而在佛道两种不同特色的出

世论面前,他们又本能地选择了道家。韩愈《送张道士序》云:

> 张道士,嵩高之隐者,通古今学,有文武长材,寄迹老子法中,为道士以养其亲。九年,闻朝廷将治东方贡赋之不如法者,三献书,不报,长揖而去。京师士大夫多为诗以赠,而属愈为序。

又李翱《故处士侯君墓志》云:

> (侯)少为道士,学黄老练气保形之术,居庐山,号华阳居士。每激发则为文达意,其高处骎骎乎有汉魏之风。性刚劲,怀救物之略……视贵善宦者如粪溲。与平昌孟郊东野、昌黎韩愈退之、陇西李渤濬之、河南独孤朗用晦、陇西李翱习之相往来。

这既表现了他们对道士品行、学识、胆略的赞美,又表现了他们对道士隐逸风节的仰慕。皮日休一面"伏请命有司去庄列之书"(《请孟子为学科书》),一面又撰写了大量墓志诗文为道士树碑立传,其《七爱诗》序云:

> 傲大君者,必有真隐,以卢征君为真隐焉。

就白居易、柳宗元这派开放性的儒者说来,由于他们本能地意识到异派文化互补的必要,因而较自觉地接受了出世隐逸的思想。不过他们没有保守的儒者那样强的选择性,在他们看来,道佛二教在"泊焉而无求"的出世论上大同小异。柳宗元所交方外之友中,道佛参半,柳氏赞道门友说:"常有意乎古之'守雌'者。"(《送元十八山人南游序》)"其见人侃侃而肃。召之仕,怏然不喜;导之还中国,视其意,夷夏若均,莫取其是非。"(《送贾山人南游序》)赞佛门友说:"不爱官,不争能,乐山水而嗜闲安者为多。"(《送僧浩初序》)颜真卿一面著文赞颂道门人士"邈元真,超隐沦。齐得丧,甘贱贫。泛湖海,同光尘。宅渔舟,垂钓纶。辅明主,斯若人"(《浪迹先生元真子张志和碑铭》),一面又著文赞颂佛门人士"气概通疏,性灵豁畅"(《怀素上人草书歌序》)。颜氏与隐士张志和之间的友情为后人传为佳话。名相李德裕排佛,而趋向于道,他在《退身论》中曾表示对隐沦的鉴识与慕往,自号"大洞三景弟子",亲自督造茅山崇元观南老君殿院。杜佑也曾表示对道教徒"栖迟衡芽,秕糠爵禄"(《杜城郊居王处士凿山引泉记》)精神的向往。在此类儒者中,白居易最为充分地表示了他对出世隐逸的向往之情。其《自题》云:

> 功名宿昔人多许,宠辱斯须自不知。一旦失恩先左降,三年随例未量移。马头觅角生何日,石火敲光住几时。前事是身俱若此,空门不去欲何之?

《山中戏问韦侍御》云:

> 我抱栖云志,君怀济世才。常吟反招隐,那得入山来。

他在《自诲》中还长叹道:

> 乐天乐天归去来!

对唐玄宗所作《霓裳羽衣曲》的厚爱,同样表达了他对飘飘欲仙境界的神往,如云:

> 我爱霓裳君合知,发于歌咏形于诗。(《霓裳羽衣歌》)

但是,他在追想田园山林的隐逸生活时,又表现出了作为入世的儒者所固有的矛盾心理。如《忆梦得(梦得能唱竹枝,听者愁绝)》云:

> 年长风情少,官高俗虑多。

《中隐》云:

> 人生处一世,其道难两全。贱则苦冻馁,贵则多忧患。

尽管如此,他还是相信"归去诚已迟,犹胜不归去"(《自咏五首》)。在唐代,像白居易这样的士大夫不胜枚举,至于请度为道士,像卢照邻、卢藏用、李白、贺知章等,则已完全成为道家者流了。道教出世思想能够为儒者接受,除了上述儒者有出世的精神需要,还在于道教的神仙境界确为人们提供了可以寄托其心境的"无何有之乡",而道教允许"在家出家"的修炼方式,又为人们"身不出家心出家"提供了途径。

（二）元气论

论气说道本是道家的长处，从早期道家到后来的道教，无不以道与气的论证、建立哲学本体论作为自己的首要任务。儒学关注人伦、教育，因而其所讲求的理性并不投注于气的问题，即使以人为本的伦常关系涉及天人问题，其"天"通常亦只是个笼统无分、冥冥有志的天，没有深化到道与气的问题。孟子曾说出"养吾浩然之气"，其"气"似为人的某种精神性的"正气"，无天地自然之精气的意味。《易传》作者依循《周易》的思路，架构出乾坤—阴阳—万物的生成模式，甚至提出了"太虚"范畴，可惜并未做进一步界说。荀子对先秦哲学做了全面系统的总结，其所阐述的"天"亦还是个自然之"天"，不能不说有阙如之憾。

隋唐之世的儒者，真正在哲学宇宙观上最有建树的是吸收了道家元气思想的柳宗元。他的《天说》《天对》中，有论元气的：

> 彼上而玄者，世谓之天；下而黄者，世谓之地；浑然而中处者，世谓之元气。（《天说》）

有论阴阳的：

> 寒而暑者，世谓之阴阳。（《天说》）
> 阴阳三合，何本何化？（《天对》）

有论"无极""太虚"的：

> 斡维焉系，天极焉加？（《天对》）
> 无极之极，莽弥非垠。（《天对》）
> 规毁魄渊，太虚是属。（《天对》）

有论"三一之道"的：

> 合焉者三，一以统同。吁炎吹冷，交错而功。（《天对》）

有论"九重天"的：

> 九天之际，安放安属？（《天对》）

由于是在元气的基础上论天,因而就要深刻实在得多,而不再那么空疏。在上述意义上,他批判刘禹锡的《天论》"枝叶甚美,而根不直","姑务本之为得,不亦裕乎"(《答刘禹锡天论书》)。这样的批评不无道理,因为刘禹锡的《天论》没有以唯物的元气作为对天的论证的基础。借用道家、道教的气论(剔除气论中的心论特性)来建构儒学宇宙本体论,可谓借他山之石攻己之玉。

虽然儒家从道家拿来的东西没有道家从儒家那里拿走的东西多,但还是比从佛教那里拿来的东西多,这也是儒家思想在隋唐时期发展的历史必然性。

三、道家所借助于儒者

隋唐道家从儒家那里主要吸收了以下三方面的内容:

(一) 心性论

心、性本非两物,心通常可理解为"心官"及"心能"(思维活动),性可理解为心之所从来。按传统的体用观念来理解,性即是本体,心即是器用。孟子说:"尽其心者,知其性也;知其性,则知天矣。"在他看来,尽其心官能思的特点,就能知其本性,这个本性亦即从天所受的人的本性,其内涵为仁义礼智。人天在本来意义上是相通一致的,因此他强调"存其心,养其性"。(《孟子·尽心上》)董仲舒将这一思想扩而充之,形成天人感应学说。但儒家天人感应的思想恰好符合了道教性彻超越形神、心神感通道体的修持需要,因而道教修心家自觉接受了儒家自性本善的观点,赋予其自然之性以仁义礼智等意义,使道教的"明心见性"的内修理论带上了浓厚的伦理色彩。成玄英主张后己先人,忘我济物;吴筠强调至仁合天地之德,至义合天地之宜,至礼合天地之容,至智合天地之辩;杜光庭立三十八教义,其中充满了"崇善去恶""积德为本"的内容,主张德性双修,即以拯溺扶危、济生度死的道德修养作为自然之性修养的补充。至于宋以后出现的劝善书,则更把善性修养作为治心术的教条固定下来了。

（二）"性品"说

《老子》说过："上士闻道，勤而行之；中士闻道，若存若亡；下士闻道，大笑之。大笑不足以为道。"（第41章）这是说不同的人对于"道"的不同态度，其中已蕴含了人的品性的差异，只是语焉不详，且未道破人的品性与先天禀受的自然之性有何关系。对道教影响最为直接的还是儒家的"性品"说，特别是韩愈、李翱的"性情"说。吴筠以儒学"上智下愚"说为基础，着重发展了"中智"论，认为修道之人分为"不因修学而致""学而后成"和"学而不得"三等，上品禀异气，成仙有种；后二品除智识差别外，能否成仙在很大程度上取决于能否勤而有终地修炼，下智之人通常"不能自持"，故与仙无缘；真正有希望成仙的是专以修炼为务的"中智"之人。但单从品性差别上来说，神仙是可学的。唐末杜光庭吸收发展了韩愈的"性三品"说，说："就人之品识大判有三，谓上中下也。细而分之则有九品，上上品者即是圣人，圣人自知，不劳于教；下下品者即是愚人，愚人不移，教之不入。所可教者谓上中以下，下中以上，凡有七品之人可教之耳。……既有九品，则第五品为正中人也，其二、三、四为上，六、七、八为下。惟下下之士教而不移，闻道则笑矣。"①即是说，九品之中，上上品无须用教，自可悟道；下下品顽愚不化，无可施教；中间七品，为人的大多数，是施教的主要对象。这种改造乃是对韩愈"性三品"说的精深化、系统化，适应了道教循循善诱、因人施教及广泛布道以争取信徒的需要。如此，两种不同的思想派别又在相同的主题上相接通了。

（三）入世观

道家和道教主出世的人生观，但是这种出世观并非出而遁世而无即世之意，其无为亦并非一无所为，按其本来的意义来说，它是在出世的外在形式下实现即世，在无为的表象下实现无不为。老子注重守雌处弱，其用意在于"弱之胜强，柔之胜刚"（《老子》第78章）。将这种原则运用于治理国家则是："我无欲而民自朴""我无为而民自化""以无事取天下"

---

① 《道德真经广圣义》卷三二，"上士闻道勤而行之"，《道藏》第14册，第473页。

(第 57 章)。这才是出世、无为的底蕴。汉初正是将"无为而无不为"的道家思想运用于治理国家社会,才出现了著名的文景之治,如《汉书·艺文志》所说:"道家者流……秉要执本,清虚以自守,卑弱以自持,此君人南面之术也。"①道教以道家思想为理论基础,同样贯彻了"无为而无不为"的思想原则,《后汉书·襄楷传》说,《太平经》"专以奉天地顺五行为本,亦有兴国广嗣之术"②。可见道家、道教皆有根深蒂固的"大有所为"的思想基础,只是这种"大有所为"被"无为"的表象所掩饰,若人们果真以为道家思想便是无所作为的话,便是对道家思想的实质缺乏了解,如唐代吴筠所指出的:"咸以道家轻仁义、薄礼智而专任清虚者,盖世儒不达玄圣之深旨也。"③

道家以无为追求无不为,有其认识上的深刻根源。在庄子看来,"道隐于小成,言隐于荣华"(《庄子·齐物论》),即满足于小的成就会忘了对"大道"的追求,注重浮夸之辞就不会深悉"至言"。而道家追求的不是个别的事物或单个方面的认识("小成""荣华"),而是要把握道体的全面性,因此"终身役役"以求其所成,还不如逍遥自在无所为,无所为则无成与亏,故"大道不称,大辩不言,大仁不仁,大廉不嗛,大勇不忮,道昭而不道,言辩而不及"(《庄子·齐物论》)。唯其无名无大,故能成其大。这种认识观外化为治国之术或人生价值论,就是无为而无不为、出世以即世。像汉初的曹参佐国,日夜饮酒,"吏之言文刻深,欲务声名者,辄斥去之",结果天下"载其清静,民以宁一"。④ 在同一思想原则支配下,魏晋六朝时期的道教人士皆不欲直接卷入政治事务中去,陶弘景虽被称为"山中宰相",毕竟非其所愿,终归"固辞不就";寇谦之兼修儒法,"辅助太平真君",其实还只是在"不依国主,则法事难立"的支配下,借魏太武帝之威以兴道教之业。因而,在教理教义上也尚无入世与出世关系的明确

---

① 《汉书》卷三〇,"艺文志",第 1732 页,北京:中华书局,1962。
② 《后汉书》卷三〇下,"郎顗襄楷列传",第 1081 页。
③ 《玄纲论·明本末章第九》,《道藏》第 23 册,第 676 页。
④ 《史记》卷五四,"曹相国世家",第 2029、2031 页,北京:中华书局,1963。

论证。

到了隋唐，上述情况有了很大变化。隋炀帝与王远知"执弟子礼"，王远知还扶持李世民夺取皇位；歧平定为李渊资助军粮，魏徵、韦渠牟等道士出为官，至宰相高位；吴筠不仅出入禁中，深受唐玄宗敬重，而且有向皇帝荐举贤才的人事权，李白就是因吴筠荐而得玄宗召见入朝；受唐僖宗、蜀王建敬重的杜光庭自由出入禁中；许多道士又与士大夫广泛交游，形成形形色色的方外之交。另一方面，李唐王朝认老子为宗祖，视道士女冠为本家，对著名道士的"紫金""银青"等显赫爵封屡授不绝，甚至几位公主执意要嫁给道士。道教理论家们如何看待道教徒入世有为这一既成事实？如何对统治者的亲善态度作出反应？又如何在三教对峙与竞争中获取优势？这在理论上是不能回避的。

成玄英说："用道而治，端拱玄默，天下太平，是以万国来朝，四方归附，化无不被，其德能普。"①即是说，以道家的思想来治理国家，不仅可以实现天下太平的政治理想，还可实现道教精神普照无遗的宗教理想。成氏进而把这种有为入世的思想统贯进重玄思想体系中："言教虽广，宗之者重玄；世事虽烦，统之者君主。"②吴筠说："夫仁义礼智者，帝王政治之大纲也，而道家独云遗仁义、薄礼智者，何也？道之所尚存乎本，故至仁合天地之德，至义合天地之宜，至礼合天地之容，至智合天地之辩，皆自然所禀，非企羡可及。"③意谓仁义礼智等世俗内容本来就包容在超世俗的道体当中，两者只是本末、隐显、内外的关系。只是在敦厚其本的意义上才说"遗仁义、薄礼智"，故云："内道德而外仁义，先素朴而后礼智，将敦其本以固其末。"本固而后末乃昌，"犹根深而条茂，源濬则流长"。④在此意义上，他批评了儒者的"独善其身"论："盖出而语者，所以佐时致理；处而默者，所以居静镇躁。故虽无言亦几于利物，岂独善其身而已哉？

---

① 《道德真经注疏》卷五，《道藏》第 13 册，第 329 页。
② 《道德真经注疏》卷七，《道藏》第 13 册，第 347 页。
③④ 《玄纲论·明本末章第九》，《道藏》第 23 册，第 676 页。

夫子曰：隐居以求其志，行义以达其道。所谓百虑一致，殊途同归者也。"①在"出而语"与"处而默"、"佐时致理"与"居静镇躁"相一致的论证下，儒家的入世论与道家的出世论统一了起来，从而"身居禄位之场，心游道德之乡"②。杜光庭将教化分为权、实二门，其中"权教者，帝王南面之术也"③。其实际意义在于把入世有为的政治内容教义化、合法化。而且杜氏自身就曾对唐末乱世发出这样的感叹："闷见戈鋋匝四溟，恨无奇策救生灵。"（《景福中作》）可见进取有为的意识很强烈。

　　但是，若只讲有为，不讲无为，便与儒学无异了，如何既讲有为进取，又能体现道教无为超脱的本位意识？解决这一问题的方法是杜光庭提出的"重玄之则"。他认为俗人立功容易居功自傲，矜持自我，不知其所归；而"道与俗反"，道人既要有为进取，又要有无为的意识，善于从有为的功利中解脱出来，实现自身的超越，归心于道。其云："善功既积，不得自恃其功，矜伐于众。为而不有，旋立旋忘。功既旋忘，心不滞后，然谓之双遣，兼忘之至耳。"④如此一个"旋立旋忘"便把立功立德与无为超越统一起来了，以至于功为德之阶、权为实之渐，从而无为在某种意义上讲是有为而无为，儒家的有为便圆通无碍地融会在道家无为之中了。这即是道家"夫物芸芸，各复归其根"的思辨哲学的灵活运用与发展。

　　在文化碰撞与交融的两种作用驱动下，各思想派别都滋生两种力量：一是要守道，即增强自我意识，在文化潮流的激荡中不失却自我，儒不失之为儒，道不失之为道，佛不失之为佛；二是要发展，即增强更新意识，在文化交融中摄取他家的思想成果，以补充自身之不足，促成某种变异，如果不能变异发展，同样不能保全自我。从同是本土文化的儒道两家文化的走向来看，儒家吸收了道家趋向于理论的思辨化及学术的开放

①《高士咏》，《宗玄先生文集》卷下，《道藏》第 23 册，第 669 页。
②《神仙可学论》，《宗玄先生文集》卷中，《道藏》第 23 册，第 660 页。
③《道德真经广圣义》卷三二，"弱者道之用"义疏，《道藏》第 14 册，第 472 页。
④《道德真经广圣义》卷三六，"损之又损之以至于无为"义疏，《道藏》第 14 册，第 494 页。

性,北宋程朱广泛征取道佛思想,建立道、气的本体论论证便是这种趋向的结果,而韩愈、李翱的守道思想又注定程朱理学以"道学"的面目出现;道教吸收了儒家的思想,趋向于宗教的世俗化,即不仅要关心彼岸世界,完善神仙系统的修仙理论,还要更多地关注现实世界,弘扬道德教化,《太上感应篇》的出炉及全真教的兴起,不过是实现了在唐代道教中已经出现的趋向。由此可见,即使是本土文化,也是多元存在、互补发展的,如果某一思想派别垄断了学术局面,行"惟一无二之化",便遏制了思想文化发展的生机。

第四节　唐代道教与宋明理学的关系

关于宋明理学,一种具有共识性的看法是,其是宋明儒学家会通儒释道三家思想成果重建而成的。关于理学吸收了佛道哪些东西,一种具有代表性的看法是:理学家从道教那里摄取了"宇宙生成,万物化生"理论,从佛教那里吸纳了思辨哲学,来弥补儒家哲学的粗糙、浅陋和没有严密体系的缺陷。[1] 这种看法不够确切。首先,用以帮助建构理学思辨体系的道教宇宙生成论,本身即是一种精深的思辨哲学。因为任何一种严密完整的本体理论肯定都富有其思辨性,有其思想方法意义。其二,宋明理学从道教那里摄取的东西也不仅仅是"宇宙生成,万物化生"论,实际上要宽泛而深刻得多。

过去对于理学与道教关系的研究多限于北宋陈抟《先天图》《无极图》与周敦颐、邵雍等学脉一系,这是形成上述观点的基本原因。本书拟将宋代理学具特色的学术风格、本体论、性命原则等三个方面与唐五代道教思想做一比较研究,看看宋代理学从道教那里撷取了哪些东西。

---

[1] 参见张立文《理学的思想渊源和形成过程》,《中国哲学》编辑部:《中国哲学》第五辑,北京:生活·读书·新知三联书店,1981。

一、"博杂""遍求"学术风格之由来

二程曾评价张载的学术思想说："子厚则高才，其学更先从博杂中来。"①《宋史·张载传》也说他"访诸释、老，累年究极其说"②。黄百家评论朱熹说："博极群书，自经史著述而外，凡夫诸子、佛老、天文、地理之学，无不涉猎而讲求也。"③全祖望也说："善谈朱子之书者，正当遍求诸家，以收去短集长之益。若墨守而屏弃一切焉，则非朱子之学也。"④张、朱的学术风格在理学诸派中具有广泛的代表性，这种以"博杂""遍求"为表征的学术风格用张载的话来表述就是：

> 博文以集义，集义以正经，正经然后一以贯天下之道。⑤

其实质是在"博杂""遍求"中"讲求""磨辩"，集他家之所长，以补儒学之不足。

然而，这种开放的学术风格本非儒家从来就有的。孔子"不语怪力乱神"，主张"思无邪""一以贯之"，思、孟强调"思诚""求放心"，尽管先秦时期百家之学盈天下，儒学者犹不屑曲己之道"以证其邪，故可引而不发以需其自得"⑥。先秦以降，世代儒学者皆信师是古，恪守"百代同道"观念，"合于道者著之，离于道者黜去之"（韩愈《读荀》），尤忌"杂佛老言"。儒学这种治学方式屡次使自身陷入困境与危机，如东汉谶纬神学的繁琐，隋唐章句之学的浅陋。隋唐时期，三教鼎立。佛教本身的思辨性很强，又大胆地融摄老庄哲学思想，进一步实现其中国化。道教也广泛地摄取佛教的佛性思想和儒家的心性、性品学说，实现了自身的思辨化，及其宗教哲学的系统化。唯有儒学，虽居正宗地位，思想内容却贫乏，拿不出理论性强的东西与佛道抗衡，大批儒林学士不免皈依佛道，用二程的

---

①〔宋〕程颢、程颐著，王孝鱼点校：《二程集》。
②《宋史》卷四二七，"张载传"，第12723页，北京：中华书局，1977。
③④〔清〕黄宗羲原著，〔清〕全祖望补修：《宋元学案·晦翁学案》。
⑤〔宋〕张载：《正蒙·中正篇》。
⑥〔清〕王夫之：《张子正蒙注》。

话来说："儒者而卒归异教者,只为于己道实无所得,其势自然如此。"①这对儒学来讲,乃是一场深刻的危机。就在这种危机中,儒学内部滋生出两种似乎相反的思想倾向,一是韩愈、李翱、姚崇这种醇儒的守道思想,一是柳宗元、刘禹锡、颜真卿等"不根师说""去名求实"的开放思想。前者力辟佛老,主张因循"道统",复兴正宗儒学,他们生怕后者在佛道思想交流中失却本真,于是指斥其"不斥浮屠"。后者则以佛学不与孔子异道、老子"亦孔氏之异流"为由予以回敬,指斥前者"是知石而不知韫玉"(柳宗元《送僧浩初序》)。实际上,相反相成,这两种思想倾向恰好反映了儒学发展的两种需要,前者突出了在文化融合中不可失却"自我"的本位意识,后者体现了异派思想文化合流补益的趋势。发展是自身的发展,而自身的发展囿于狭小的圈子亦不能实现。宋代理学实际上就是沿着这两种思想倾向又兼综两者发展而成的。

显然,无论就"守道"思想倾向还是"开放"思想倾向来说,佛道的思想影响是重要的,换句话来说,是佛道两者相互对立又相互摄取的文化交融刺激了儒学的这两种倾向。比较而言,道家、道教对儒家的影响要直接一些。在儒学者看来,佛学虽然"于性情奭然,不与孔子异道"(柳宗元《送僧浩初序》),能够起到"阴助教化""曲为调揉"(刘禹锡《袁州萍乡县杨歧山故广禅师碑》)的作用,但其"异数殊俗"毕竟"玷中夏之风"(李德裕《贺废毁诸寺德音表》),而道教则与儒家同为本土文化,道教"天地君亲师"的守德伦次也不与儒学纲常伦理相抵牾,因而,他们本能地认同了道家、道教的思维方式和治学态度。像柳宗元就曾试图借道家唯物的思维模式,建构自己的元气本体论学说。这种尝试与理学本体论的建构不无渊源。

隋唐文化交融中,一个更为重要的事实是,道家、道教思想家已经明确地提出"三教合流"的要求。陆希声认为孔子"文以治情",老子"质以

---

① 〔宋〕程颢、程颐著,王孝鱼点校:《二程集》。

复性"，①提出"学者能统会其旨，则孔老之术不相悖矣"②。杜光庭则更明确地提出："若悟真理，则不以西竺东土为名分别，六合之内，天上地下，道化一也。若悟解之者，亦不以至道为尊，亦不以象教为异，亦不以儒宗为别也。三教圣人所说各异，其理一也。"③这是在治学方法上开了宋明"三教合流"的先河。

北宋理学家既是沿着隋唐儒学家们开辟的学术路向和道佛励行的兼综杂取的特性发展开来的，又非简单地承袭。他们所实行的乃是兼综各家之长的重构。这种重构活动，大抵有以下三个方面：

一、"正其意"。即"以师道明正学"。在佛道二教风行，"天下之士往往自从其学，自难与之力争"④的情势下，特别是王安石之类貌以儒学而实非儒学的学说充盈政界、学术界时，尤其需要明确学术渊源，端正学术态度。张载为学"以《易》为宗，以《中庸》为的，以《礼》为体，以孔、孟为极"⑤，二程对此推崇备至，赞道："子厚［即张载］以礼教学者最善，使学者先有所据守。"⑥又说："世之信道笃而不惑异端者，洛之尧夫［即邵雍］、秦之子厚而已。"⑦本来邵雍、张载与二程在思想体系上差别很大，张子讲求元气唯物，邵子推崇数理，但他们在弘扬儒学道统上是一致不二的，故而在二程看来，差别是次要的，以礼正其学的这种纯极无杂的观念才是至关重要的。

二、"大其心"。即开阔胸襟，树立吞吐百家的博大学术气象。理学家们大都有"求诸佛老，返求诸六经"的学术经历。在六经的范围里兜圈子不能发展儒学思想，这已为以往经学史所证实。而实行三教融合、提高契思水准，已是唐代学术发展所表现出来的历史必然。之所以要求诸佛老，是因其有"究深极微"的理论；之所以要返求诸六经，则是儒学的本

---

① 《道德真经传序》，《道藏》第 12 册，第 115 页。
② 《道德真经传》，《道藏》第 12 册，第 122 页。
③ 《太上老君说常清静经注》，《道藏》第 17 册，第 187 页。
④⑥⑦ 〔宋〕程颢、程颐著，王孝鱼点校：《二程集》。
⑤ 〔清〕黄宗羲原著，〔清〕全祖望补修：《宋元学案·横渠学案序录》。

位决定的。正是在这种意义上，理学家们认为，需要"大其心，使开阔"，"规模窄狭"不能见得"道体"。① 二程说：

> 一物不该，非中也；一事不为，非中也；一息不存，非中也。何哉？为其偏而已矣。②

该物、为事、存息等，都是要人们"大其心"，在增长见识的基础上穷理，致中和。理穷，中和致，然后能"穷神知化"，从而佛老之学"不得与矣"，亦即超越佛老。

三、"研穷""深辨"而"独悟"。全祖望在《晦翁学案序录》中说朱子："竭其精力以研穷圣贤之经训。其于百家之支、二氏之诞，不惮深辨而力辟之。"③"研穷"是为了体明圣经大义，不为旁门浅学歧义所惑，但不是泥于经言；"深辨"是在"大其心"的同时，与佛老等各种学术思想"较是非，计得失"，在"讲磨""辨难"的过程中，去短集长，汲取所需养分，而非混同于佛老，失其所居。这乃是两种缺一不可的功夫，完备这两种功夫，方可实现"独悟"，发明化源，立大本，"一以其归"。经过"研穷""深辨""独悟"的过程，自己的学术思想树立起来了，"道尽高，言尽醇"，也就可以"独立不惧，精一自信"，如张载所称："吾道自足，何事旁求！"④显然，理学家于道佛并非无所取焉，他们在力辟佛老时，又自觉或不自觉地涵纳其思想。他们的言论中不时地表露出对道佛思想的认同，以二程为例，时而说"佛老其言近一"⑤，时而又说"佛庄之学，大抵略见道体"⑥。就其实际情形来说，宋代理学受道教的影响远深于佛教，其中道教经典《阴符经》就为二程、朱熹所赞同。但是，理学家们在涵纳道佛思想时，同时抱有很强的戒备心，二程说："常戒到自家自信后，便不能乱得。"⑦这种戒备，一方面是因为"释氏无实"、庄子"无礼无本"，另一方面也是儒学的学术传统所致。理学家们有勇气走出儒学营垒，"博杂""遍求"各种学术思想，也有

---

①②⑤⑥⑦〔宋〕程颢、程颐著，王孝鱼点校：《二程集》。

③〔清〕黄宗羲原著，〔清〕全祖望补修：《宋元学案·晦翁学案序录》。

④〔清〕黄宗羲原著，〔清〕全祖望补修：《宋元学案·横渠学案》。

勇气拿过来明辨之,涵纳之,却不愿意承认从异端那里得到了益处,周敦颐明明受益于道教,却"莫或知其师传之所自"①,邵雍"于佛老之学未尝言,知之而不言也"②。这即是理学家们特有的做法:阳拒阴纳。然而,理学家从道佛那里汲取了思想成果,尤其是从唐代道教那里禀受了开放的学术精神,毕竟是一个历史事实。

二、合"理"与"气"的本体论建构

儒学本来不注重本体论问题,如果说儒学也有自己的哲学的话,那只能是伦理哲学,这种只讲人伦关系的哲学在三教攻讦中,自然处于劣势,如佛教就认为"大道精微之理,儒家所不能谈"③。为扶正儒学正宗地位("为生民立命"),实现治国平天下的儒家政治理想("为万世开太平"),除了建立儒学系统完整、思辨性强的理论,没有更好的办法,其中营构儒学本体论是首要的("为天地立心")。本体论树立起来了,才能谈得上"正经",也才能够"一以其归",这是理学大师们清醒意识到了的。可是,要做到这一切,须将视角从"人之伦"转移到"物之理"上,这个过程实际上从唐代柳宗元就已开始了。北宋诸子中,周敦颐、邵雍率先向道教学习"物之理",北宋时期,道教理论家陈抟的《先天图》《无极图》经过一些中间环节,分别为周、邵二人所继承,周子着重阐扬其中的"气化观",邵子着重阐扬其中的"数理观"。朱熹曾说:周子以太极图授程子,"程子言性与天道,多出于此"④。二程也曾说过:"邵尧夫于物理上尽说得,亦大段漏泄佗天机。"⑤理学家之所以要向道教学习"物之理",是因为道教重物理轻人伦,最善于建构宇宙本体论学说,对物之理、命之体的追究也最精微。佛教虽然析理达到纤悉精微,但认万物为幻相,只强调在

---

① 〔宋〕朱熹:《通书后记》。
② 〔宋〕邵伯温:《河南邵氏闻见前录》卷一九,北京:中华书局,1985。
③ 〔宋〕张载:《张载集》。
④ 〔宋〕周敦颐著,陈克明点校:《周敦颐集》,北京:中华书局,1990。
⑤ 〔宋〕程颢、程颐著,王孝鱼点校:《二程集》。

心上用功,不究物理。

理学成熟形态的本体论实际上经历了一个理论过程,先是北宋五子分途而趋地运思营构,后是南宋朱熹兼综条贯,"交底于极"。理学家虽然各有自己的本体论,其中有唯物与唯心、主观与客观等各种观点的分野,看似各不相容,但实质上皆服从于儒学本体论建构的需要,因而总的说来,是纳入了一个似规定的过程。在此过程中,可更清楚地看到理学本体论与道教思想的深刻联系。

我们知道,本体论不仅要解决物质与精神何者为第一的问题,还要解决最高本体的规定性问题、最高本体与具体万物的生化过程和方式、最高本体与具体的精神现象等关系问题。对这些问题的解决,虽然理学家们各不相同,各有独到之处,但这些独到之处正好都被作为成熟形态的理学本体论成分包含其中。周敦颐之对于理学有开山之功,在于他明确地提出了"无极而太极"的本体论问题,而且追究了"太极"衍生万物的"动静之机"。但是,本体论在他那里还只是个框架,虽说是能"立乎其大",却毕竟理未说得尽。邵雍从象数学方面解悟,"观夫天地之运化,阴阳之消长,远而古今之世变,微而走飞草木之性情,深造曲畅,庶几所谓不惑"①。这就一方面探源万物运化之机,在"物理上尽说得",另一方面却以数理的形式提高了最高本体——"太极"的抽象性,避免了周敦颐流于气化实在的倾向。但其数理观又有流于道教术数化的倾向,故二程批评他的道论"偏驳""侮玩"。张载以王充式的"疾虚妄"精神,批判了佛教的"空"("四大皆空")和道教的"无"("有生于无"),以气本论"立标以明道",认定最高本体即是气,道只是其阴阳固有屈伸之必然,"由气化,有道之名"。② 同时,他又探究了气化流行的机理,以致"上达无穷而下学有实"③。张载还初步论证了道与万物之间表现出的"一与多"的关系问题,

---

① 《宋史》卷四二七,"邵雍传",第 12727 页。
② 〔宋〕张载:《正蒙·太和篇》。
③ 〔清〕王夫之:《张子正蒙注·神化篇》。

云："循天下之理之谓道。"①张载气本论的长处是落得"实"，其短处是不够超越，流于"形而下"的唯物主义，不符合儒家"天道"至上的要求，故朱熹说："《正蒙》所论道体，觉得源头有未是处。"②二程鲜明地提出"天理"范畴，并论证了它的实在性、本原性、超越性，更首次将宇宙本体的"理"与儒家仁义礼智的道德规范合起来论证，云："礼即是理也。"③二程还解决了本体与万象之间的一与多的关系问题，提出"理一分殊"的命题。二程的本体论论证近乎详备精微了，故为朱熹本体论的最直接理论来源。但二程轻视"气化论"，以致其"理本论"有空泛的倾向，不合于"实"。朱熹融会以上各家所长，建立了完备系统而精深的儒学本体论，其做法是：首先，将道（理）抽象到无以复加的程度，"道无不包"④，从而避免了张载的唯物主义倾向。其次，它不是悬空之物，"有是理，便有是气"⑤，阴阳二气是形而下者，而"一阴一阳者，乃理也，形而上者也"⑥，亦即理不离于气，从而避免了二程的空泛倾向。其三，理既是一，又是多，"体用一源，显微无间"，亦即"理一分殊"。其四，理不仅是人之理（以仁义礼智为内核），同时又是万物之理，"仁义礼智，物岂不有，但偏耳"⑦，从而避免了二程"理学本论"人伦化的狭窄性。经过这番功夫，理学本体论卓然自立了。

在理学本体论建构的诸要素中，有几个方面与道家有着密切的联系（这里着重分析与唐代道家、道教的内在联系）：

一、气本论。儒家原本不以气立论，孟子虽说过"养吾浩然之气"，其"气"亦不过表示人的某种精神状态，无自然之气的意蕴；董仲舒所讲的气主要是表现上帝意志的喜怒哀乐之情，同样无自然之气的意味；扬雄

---

① 〔宋〕张载：《正蒙·至当篇》。
② 〔宋〕黎靖德编，王景贤点校：《朱子语类》卷九九。
③ 〔宋〕程颢：《河南程氏遗书》。
④ 〔宋〕黎靖德编，王景贤点校：《朱子语类》卷六三。
⑤ 〔宋〕黎靖德编，王景贤点校：《朱子语类》卷一。
⑥ 〔宋〕朱熹：《晦庵先生朱文公文集》卷五九。
⑦ 〔宋〕朱熹：《论语或问》卷六二。

讲求自然之气,但在严格意义上讲,扬氏不算是一个儒学者。佛教讲法界缘起、诸法唯识、理事无碍,也不讲气。以气立论是道家开辟并为道教所承续的思想传统,道家、道教任何一部文献几乎都要谈到气。如前所述,儒学者中试以气建立宇宙本体论的当推唐代的柳宗元,柳氏依循屈原、荀况有关天人关系的思路和王充元气论的基本观点,吸取隋唐道教元气论中的有益成分,如无极、太虚、阴阳之合、三一为归等等,建立了元气自动、交错而功、无赏与罚的元气论证。这样的论证虽然不如道教元气论精深,但为儒家元气本体论开了端。北宋初,范仲淹、欧阳修以及王安石等顺着柳宗元的思路展开元气论证。张载之学虽说是"扩前圣所未发",但他与柳宗元一系受道教元气论影响的痕迹是抹不掉的,如张载乐于推求的"太虚"这一范畴,无论如何是儒经中所没有的。有一种观点认为,张载是"直接将当世自然科学的最高成果,同传统的《易传》思想融诸一途",创立了元气本体论的。① 这里有两点应该补正:第一,唐宋之世,道教中的科学处在自然科学的前列,因而所谓自然科学成果,在某种意义上讲,也是道教的思想成果;第二,易学在很长时间内主要为道教所承传、弘扬,易学流变中许多发明之义多为道家、道教人士所为。从这里也可窥见张载气本论与道教关系之一斑。

二、理本论。"理"也即"道"。程颢说"天理"二字是自家体贴而来,固然是有道理的,但是任何精神创造活动都是在前人创造而自己以为是出发点的基础上进行,因此,程子的"天理"有其"所自出"。我们知道,道家、道教在"论气"的同时,也无不"说道",自道教创始人根据宗教理论建设的需要抽取老子"道"论中的物质性内容后,后代羽冠循而宗之,一步一步地提高"道"的抽象性。到了隋唐,道教理论家们对道的规定与描述可谓至精至微,道不仅具有高度抽象性,还具有实在性、生化性、规律性、人格性等多种特性。而且唐代道教理论大师也试图用"理"来解释道,如

---

① 参见陈俊民《关学思想流变》,中国哲学史学会、浙江省社会科学研究所编《论宋明理学——宋明理学讨论会论文集》,杭州:浙江人民出版社,1983。

成玄英说:"道者,虚通之妙理,众生之正性也。"①成氏的弟子李荣也把"至真之道"看做"虚极之理"。吴筠也说:"夫道者,无为之理体,玄妙之本宗。"②在一定意义上,"道""理"已经通用。孔子曾讲过"朝闻道,夕死可矣",但儒家所讲的"道",只限于修齐治平的政治伦理的道理,尚无精神性本体之意蕴。可以肯定,程颢是把隋唐道教呼之欲出的"理"大胆地确立下来了,并把道教所论"道"的所有意蕴赋予理本体上。自然,程子确有"体贴"出来的新义,即以仁义礼智赋予理体,并以之作为"理"的最基本内核,其微妙的文字变化是在"理"之上加一个"天"字,于是儒家的"天道"便与道家的"自然之道"天衣无缝地对接上了。当然,程子"体贴"天理的过程中,也受到佛教华严宗"理事法界"说的重要影响,这里姑且不论。

与"理"相关的另一个问题是"太极",在朱熹看来,太极就是一个理:"太极图只是一个实理,一以贯之。""无极而太极,只是无形而有理。"③二程师从周敦颐,而周敦颐的师从渊源却不明了,前人多猜测他的《太极图》来自道教的陈抟,只是没有确凿的证据。不过,这可能在于周敦颐不愿明说而已,如果他的来源是某位儒家道统的学者,他便不必讳言了。④然而,这是一种割不断的联系,如果没有道家的思想渊源,在周敦颐那里不可能突然冒出来一个宇宙本体论的学说,因为他的理论框架、他的概念,都是道家所表达过的,只是周子有了自己的表述而已。

三、理气二元性。朱熹的"太极—理"本体论,一方面禀受了二程的"理",另一方面则又撷取了张载的"气",利用两者的互斥取得互补,从张载的"气"上穷究推出个"理",从程子的"理"下寻出个"气",即气"依傍"于理,理"挂搭"于气,气若无理则无"主宰",理若无气则不能"凝结造

---

① 《道德真经玄德纂疏》卷一六,《道藏》第 13 册,第 499 页。
② 《形神可固论·守道》,《宗玄先生文集》卷中,《道藏》第 23 册,第 663 页。
③ 〔宋〕黎靖德编,王景贤点校:《朱子语类》卷九四。
④ 吕思勉先生就认为宋儒不必讳言与道家的渊源关系,其曰:"周子之学,虽自成为一种哲学,然其源之出于道家,则似无可讳。"吕思勉:《理学纲要》,第 43 页,北京:东方出版社,1996。

作"。在逻辑上穷根究极,"须说先有是理"①;在实际流行运化中,则理气"不可先后言",有理则有气,有气则有理,理气分而有二,却又合二而一,故谓"理与气决非二物"②。可见,朱熹的本体论实际上是带有二元倾向的客观唯心主义,他虽肯定理是最高本体,但同时又宣布理不离于气。这在他对"天命之性"与"气质之性"的辨正中更为显明,而陆王心学攻斥朱子之学"支离",其中理气矛盾是一个重要方面。朱熹的此番"磨辩"功夫及其最终理论归宿与道教没有两样。道教的本体论是一种客观唯心论,而且是带有二元性质的客观唯心论。道教首先标立一个超言绝象的"道"作为最高本体,但是又担心这个"道"过于玄虚而丧失规定性,于是援气实道,甚至直接以气来界定道,道教史上的"道气"范畴就是在这种思路下产生的。至唐末杜光庭以"道通气生"的特点重新界定"道气",其"道—气"便作为二元性质的本体确立下来。道教理论家们的困惑,后来也同样成为朱熹的困惑,如果说两者有区别的话,那就是:道教是典型的二元论唯心论,朱熹是带有二元倾向的唯心论。这之间的源流关系自毋庸细述。

三、"性命"原则下的认知方式

理学家们树立起合自然与伦理的本体——理,是要人们去体认躬行,这样才算落得实。全祖望评述朱熹说:"其为学,大抵穷理以致其知,反躬以践其实,而以居敬为主。"③因而本体论与认识论贯通一致,乃是理学的一个基本特征。但是这种格物、穷理与性命问题相联系,并在性命的原则下讲求格物、穷理,则自有其故。原因大致有二:第一,在理学家看来,对本体——理的体认须上升到安身立命的高度,才能深入人心,自觉笃行。朱熹说得明白:

---

① 〔宋〕黎靖德编,王景贤点校:《朱子语类》卷一。
② 〔宋〕朱熹:《晦庵先生朱文公文集》卷四五。
③ 〔清〕黄宗羲原著,〔清〕全祖望补修:《宋元学案·晦翁学案序录》。

今而后，乃知浩浩大化之中，一家自有一个安宅，正是自家安身立命、主宰知觉处，所以立大本、行大道之枢要。……道迩远求，亦可笑矣！①

第二，受道佛影响，尤其是受道教的影响。自然，孟子讲过"尽心知性知天"，《易·系辞》说过"穷理尽性"，《中庸》也强调"率性之谓道"，但如纪昀所说：

王开祖以上诸儒，皆在濂洛未出以前，其学在于修己治人，无所谓理气心性之微妙也。②

儒家原来具有的粗浅的心性学说只能作为理学家吸纳道家性命说的内在根据，不能作为精微的"性命"说的直接来源。

理学家中，张载首先对性、命做了详细的分解，而差不多同时期，道教理论家张伯端著的《悟真篇》对性、命以及性命双修做过论证，从形式上难以分辨出谁受谁的影响，但这无关紧要。首先，《悟真篇》是道教内丹经典，其中关于性命的论述乃是对隋唐以来兴起的内丹学说的理论总结。一部成熟的经典，有作者自家的体会、发明，亦是前人长期探索的结果。《淮南子》中就有大量有关性命问题的论述，其《原道训》说：

夫性命者与形俱出其宗，形备而性命成，性命成而好憎生矣。

《诠言训》说：

性命可说，不待学问而合于道者，尧舜文王也。

隋唐时期正值内丹学说兴起之时，道教理论家对于古已有之的性命问题有着不同于前人的理解。如《云笈七签·元气论》说：

夫情性形命禀自元气。性则同包，命则异类。性不可离于元

①〔清〕黄宗羲原著，〔清〕全祖望补修：《宋元学案·晦翁学案》。
②《四库总目·儒家类案语》。

气,命随类而化生。①

《无能子·析惑》说:

> 夫性者神也,命者气也,相须于虚无,相生于自然。②

晚唐五代,已有《钟吕传道集》《入药镜》《灵宝毕法》等多种内丹书问世,其对性命实质的探索已近乎系统精深。张载不一定受张伯端的影响,却肯定受到道教内丹学说的影响。其次,周敦颐《通书》中有"理性命"章,而周子之学又根源于道教。程、朱不明言其性命学说与道教的关系,却一再称赞由中唐道士李筌注解的道教经典《阴符经》,性命问题正是其一个重要的论述方面。可见程、朱受道教性命学说的影响是确信无疑的。

不过,儒道两家对性命的理解,突出表现在对"命"的界定上有所不同。道教所理解的"命"通常指"命体"(人、物之体),也就是化生人物的元气。儒学所理解的"命"通常指"命数",亦即性的终极、归根处,张载说:"天所不能已者谓命。"③在一定层面上讲,命也就是性、理。道教主张以命合性,儒学主张复性归命,但是这种差别并不妨碍理学家们将两种源流的思想予以会通。

理学家们虽在性命观上见仁见智,但有一点是共同的,即认"理"为"性"。程颢说:

> 道即性也,若道外寻性,性外寻道,便不是。④

程颐说:

> 理也,性也,命也,三者未尝有异。⑤

朱熹也说:

---

①《元气论并序》,《云笈七签》卷五六,《道藏》第 22 册,第 383 页。
②《无能子·析惑第三》,《道藏》第 21 册,第 709 页。
③〔宋〕张载:《正蒙·诚明篇》。
④⑤〔宋〕程颢、程颐著,王孝鱼点校:《二程集》。

夫性者,理而已矣。①

理学家将理等同于性的做法与唐代道教如出一辙:王玄览将"大道"与
"正性"合而称之,甚而径直称做"道性",成玄英也称"道"为"妙理正性"。
在道教,"性""心""神"是完全同质的,而"心""性""理"在理学中也是同
质的。张载说:

所以妙万物而谓之神,通万物而谓之道,体万物而谓之性。②

程颢说:

理与心一,而人不能会之为一。③

朱熹说:

心、性、理,拈著一个……存则虽指理言,然心自在其中。④

道教与理学的共同点是既把客观精神的道(理)作为最高本体与人、物对
置起来,又欲把这种本体移入人的内心,要人们通过某种认知方式去体
认它。差别只在于,道教把修性体道的认知功夫称为"修炼",理学把穷
理尽性的认知功夫称为"涵养"。前者是宗教的神秘直觉,后者是道德理
性的自觉。

　　这里还有一个重要差别:道教认命为气,而气又与神、性相通,故有
"神气"之说;理学以命与性理为同义语,故其性命学说似不涉及气,即
理、性、命不杂于气。不杂至善的性—理却生出善恶相杂之性的事实来,
这作何解释呢? 张载提出了"天地之性"与"气质之性"的区别,认为"气
质之性"实际上是"未成之性","未成性则善恶混",而已成之性则本来是
善的。⑤程颐附和张子的观点说:"气有善不善,性则无不善也。"⑥程颢相
反,认为性与气不可分离:"性即气,气即性,生之谓也。……善固性也,

---

①④〔清〕黄宗羲原著,〔清〕全祖望补修:《宋元学案·晦翁学案》。
②〔宋〕张载:《正蒙·乾称篇下》。
③⑤⑥〔宋〕程颢、程颐著,王孝鱼点校:《二程集》。

然恶亦不可不谓之性也。"①朱熹在这一问题上左右徘徊,最后采取了兼取两者的做法,认为天地之性专指理言,故至善无杂;气质之性以理与气杂而言之,故善恶相混。天地之性是普遍的,气质之性是具体的,"人物并生于天地之间,本同一理,而禀气有异焉"②。因此,性(特别是具体的性)也是不能离开气而论的,"气不可谓之性命,而性命因此而立耳"③。可见朱熹在某种意义上恢复到程颢的观点上去了,他甚至说:"盖性即气,气即性也。"④这种说法却又与道教相混同了。

既然理、性同一,穷理与尽性语殊义同,那么如何穷得理、尽得性呢?张载认为人之性与物之理具有一致性,"尽其性,能尽人物之性;至于命者,亦能至人物之命"⑤。这种将物性、人性联结起来予以穷尽的观点为程、朱所接受,二程和朱熹皆主张以"格物致知"的方式来达到穷理尽性的目的。"物"指物事,特别是道德践履的物物事事;"知"指人心中固有的道德知识,也就是性理。"格物是指穷至事物之理","致知是推至心中固有之知"。⑥ 格物是致知的前提,致知是格物的目的,致知须经格物,格物须归落于致知。在程、朱看来,普遍的、至善的理溥散于人、物,若欲穷理尽性,则须经物事之理的认知积累,积之既久,一旦豁然贯通,"众物之表里精粗无不到,而吾心之全体大用无不明矣"⑦。在这一点上,程朱理学与陆王心学不同,也似与道教相异。但如进一步问性、理须穷尽到哪个地步时,就又会发现其与唐代道教有惊人的相似。二程说:"二气五行刚柔万殊,圣人所由惟一理,人须要复其初。"⑧朱熹在考虑心性功夫"究竟处"时也主张:"二夫多用在已发为未是,而专求之涵养一路,归之未发

---

① 原题"二先生语",蒙培元认定:"归程颢语似更恰当。"参见蒙培元《理学范畴系统》,北京:人民出版社,1989。
② 〔宋〕朱熹:《孟子或问》。
③ 〔宋〕朱熹:《晦庵先生朱文公文集》卷五六。
④ 〔宋〕黎靖德编,王景贤点校:《朱子语类》卷五九。
⑤ 〔宋〕张载:《正蒙·诚明篇》。
⑥ 蒙培元:《理学范畴系统》,第345页。
⑦ 〔宋〕朱熹:《大学章句·补传》。
⑧ 〔宋〕程颢、程颐著,王孝鱼点校:《二程集》。

之中去。"①即认为，经过事事物物上的格致，到反求诸己，达到本性的致知，乃是人役心用智的表现，是"已发"的功夫，要达到人欲灭尽与天理同一的境界，则须"复其初"，将"已发"归于"未发之中去"。道教认为人生之初，其性清明纯一，随着命体的生长，其性逐渐为命所蔽，从而浑浊残杂，修道即是要返其胎全，复其纯阳之性。其性纯阳，即可感通道体。司马承祯提出的"以心合道"的修道方式及杜光庭提出的"安静心王"的修道方式都是这种观点的具体表现，如杜光庭所说："穷极万物深妙之理，究尽生灵所禀之性。物理既穷，生性又尽，以至于一也。"②由此可见，理学与唐代道教的这种相似，绝非偶然。

---

① 〔清〕黄宗羲原著，〔清〕全祖望补修：《宋元学案·晦翁学案》。
② 《道德真经广圣义》卷四，"释御疏序下"，《道藏》第 14 册，第 332 页。

主要参考书目

一、传统典籍

1. 儒家典籍

程颢,程颐. 二程集[M]. 王孝鱼,点校. 北京:中华书局,1981.

程颢,程颐. 二程遗书[M]. 影印本. 上海:上海古籍出版社,1992.

程颢,程颐. 二程遗书[M]. 潘富恩,导读. 上海:上海古籍出版社,2000.

黎靖德. 朱子语类[M]. 王星贤,点校. 北京:中华书局,1986.

阮元. 十三经注疏[M]. 影印本. 北京:中华书局,1980.

张载. 张载集[M]. 北京:中华书局,1978.

郑春颖. 文中子中说译注[M]. 哈尔滨:黑龙江人民出版社,2004.

郑玄,孔颖达. 礼记正义[M]. 吕友仁,整理. 上海:上海古籍出版社,2008.

周敦颐. 周敦颐集[M]. 陈克明,点校. 北京:中华书局,1990.

朱熹. 大学·中庸·论语[M]. 影印本. 上海:上海古籍出版社,1987.

2. 道家典籍

郭庆藩. 庄子集释[M]. 王孝鱼,点校. 北京:中华书局,1961.

郭象,成玄英. 南华真经注疏[M]. 曹础基,黄兰发,校点. 北京:中华书局,1998.

河上公,郭象,成玄英. 道德真经·南华真经[M]. 上海:上海古籍出版社,1993.

老子,王弼. 老子[M]. 影印本. 上海:上海古籍出版社,1989.

老子道德经河上公章句[M]. 王卡,点校. 北京:中华书局,1993.

列御寇,张湛. 列子[M]. 影印本. 上海:上海古籍出版社,1989.

列子[M]. 张湛,注. 卢重玄,解. 殷敬顺,陈景元,释文. 陈明,校点. 上海:上海古籍出版社,2014.

蒙文通. 道书辑校十种[M]. 成都:巴蜀书社,2001.

上海书店出版社. 道藏[M]. 影印本. 上海:上海书店出版社,1988.

王明. 抱朴子内篇校释[M]. 增订本. 北京:中华书局,1985.

王明. 太平经合校[M]. 北京:中华书局,1960.

王明. 无能子校注[M]. 北京:中华书局,1981.

严灵峰. 无求备斋老子集成初编[M]. 影印本. 台北:台湾艺文印书馆,1965.

张伯端,仇兆鳌. 悟真篇集注[M]. 上海:上海古籍出版社,1989.

朱森溥. 玄珠录校释[M]. 成都:巴蜀书社,1989.

3. 佛教典籍

道宣. 续高僧传[M]. 郭绍林,点校. 北京:中华书局,2014.

高楠顺次郎,等. 大正藏[M]. 影印本. 东京:大藏出版株式会社,1988.

慧能,郭朋. 坛经校释[M]. 北京:中华书局,2020.

吉藏,韩廷杰. 三论玄义校释[M]. 北京:中华书局,1987.

鸠摩罗什. 大智度论[M]. 上海:上海古籍出版社,1991.

蓝吉富. 大藏经补编[M]. 台北:华宇出版社,1986.

普济. 五灯会元[M]. 苏渊雷,点校. 北京:中华书局,1984.

僧祐. 出三藏记集[M]. 苏晋仁,萧錬子,点校. 北京:中华书局,1995.

僧祐,道宣. 弘明集·广弘明集[M]. 影印本. 上海:上海古籍出版社,1991.

僧肇,等. 注维摩诘所说经[M]. 影印本. 上海:上海古籍出版社,1990.

释慧皎. 高僧传[M]. 汤用彤,校注. 汤一玄,整理. 北京:中华书局,1992.

释正受. 楞伽经集注[M]. 影印本. 上海:上海古籍出版社,1993.

苏渊雷,高振农. 佛藏要籍选刊[M]. 影印本. 上海:上海古籍出版社,1994.

坛经四古本[M]. 江泓,夏志前,点校. 广州:羊城晚报出版社,2011.

杨曾文. 敦煌新本六祖坛经[M]. 上海:上海古籍出版社,1993.

杨曾文. 神会和尚禅话录[M]. 北京:中华书局,1996.

圆测. 解深密经疏[M]. 刻本. 南京:金陵刻经处,1922.

赞宁. 宋高僧传[M]. 范祥雍,点校. 北京:中华书局,1987.

藏经书院. 卍续藏经[M]. 影印本. 台北:新文丰出版公司,1983.

4. 其他

陈振孙. 直斋书录解题[M]. 徐小蛮,顾美华,点校. 上海:上海古籍出版社,1987.

董诰,等. 全唐文[M]. 刻本. 清嘉庆内府.

董诰,等. 全唐文[M]. 影印本. 北京:中华书局,1983.

董诰,等. 全唐文[M]. 影印本. 上海:上海古籍出版社,1990.

韩愈,马其昶. 韩昌黎文集校注[M]. 马茂元,整理. 上海:上海古籍出版社,1986.

黄宗羲,全祖望. 宋元学案[M]. 陈金生,梁运华,点校. 北京:中华书局,1986.

李翱. 李文公集[M]//张元济,等辑. 四部丛刊初编:第 705 册. 影印本. 上海:商务印书馆,1929.

李昉,等.太平广记[M].北京:中华书局,1981.

李昉,等.太平广记[M]//纪昀,永瑢,等.景印文渊阁四库全书:第1043册.影印本.台北:台湾商务印书馆,1985.

李希泌,毛华轩,李成宁,等.唐大诏令集补编[M].上海:上海古籍出版社,2003.

李延寿.北史[M].北京:中华书局,1974.

李延寿.南史[M].北京:中华书局,1975.

刘肃.大唐新语[M].许德楠,李鼎霞,点校.北京:中华书局,1985.

刘昫,等.旧唐书[M].北京:中华书局,1975.

吕大防,等.韩愈年谱[M].徐敏霞,校辑.北京,中华书局,1991.

欧阳修,宋祁.新唐书[M].北京:中华书局,1975.

彭定求,等.全唐诗[M].中华书局编辑部,点校.北京:中华书局,1960.

全唐诗[M].增订本.中华书局编辑部,点校.北京:中华书局,1999.

上海古籍出版社.全唐诗[M].影印本.上海:上海古籍出版社,1986.

司马光.资治通鉴[M].胡三省,音注."标点资治通鉴小组",校点.北京:中华书局,1956.

宋敏求.唐大诏令集[M].北京:中华书局,2008.

宋敏求.唐大诏令集[M].//纪昀,永瑢,等.景印文渊阁四库全书:第426册.影印本.台北:台湾商务印书馆,1985.

脱脱,等.宋史[M].北京:中华书局,1977.

王弼,楼宇烈.王弼集校释[M].北京:中华书局,1980.

王利器.颜氏家训集解[M],增补本.北京:中华书局,2002.

王钦若,等.册府元龟[M]//纪昀,永瑢,等.景印文渊阁四库全书:第902册.影印本.台北:台湾商务印书馆,1985.

魏徵,令狐德芬.隋书[M].北京:中华书局,1973.

吴兢.贞观政要[M].上海:上海古籍出版社,1978.

萧子显.南齐书[M].北京:中华书局,1974.

颜氏家训[M].檀作文,译注.北京:中华书局,2020.

姚思廉.梁书[M].北京:中华书局,1973.

叶廷珪.海录碎事[M]//纪昀,永瑢,等.景印文渊阁四库全书:第921册.影印本.台北:台湾商务印书馆,1985.

颐藏主.古尊宿语录[M].萧萐父,吕有祥,点校.北京:中华书局,1994.

中国科学院图书馆.续修四库全书总目提要稿本[M].影印本.济南:齐鲁书社,1996.

二、近现代论著

1. 中国论著

卞孝萱,张清华,阎琦. 韩愈评传[M]. 南京:南京大学出版社,1998.

陈鼓应. 老庄新论[M]. 上海:上海古籍出版社,1992.

陈国符. 道藏源流考[M]. 北京:中华书局,1963.

陈弱水. 唐代文士与中国思想的转型[M]. 桂林:广西师范大学出版社,2009.

陈寅恪. 陈寅恪集:读书札记三集[M]. 北京:生活·读书·新知三联书店,2001.

陈寅恪. 陈寅恪文集之二:金明馆丛稿初编[M]. 上海:上海古籍出版社,1980.

陈垣. 陈垣集[M]. 北京:中国社会科学出版社,1995.

陈垣. 道家金石略[M]. 陈智超,曾庆瑛,校补. 北京:文物出版社,1988.

冯达文,郭齐勇. 新编中国哲学史[M]. 北京:人民出版社,2004.

傅新毅. 玄奘评传[M]. 南京:南京大学出版社,2006.

韩焕忠. 天台判教论[M]. 成都:巴蜀书社,2005.

韩廷杰. 三论宗通论[M]. 台北:文津出版社,1997.

胡孚琛. 魏晋神仙道教[M]. 北京:人民出版社,1989.

胡海牙,武国忠. 陈撄宁仙学精要[M]. 北京:宗教文化出版社,2008.

华方田. 吉藏评传[M]. 北京:京华出版社,1995.

黄忏华. 佛教各宗大意[M]. 台北:佛陀教育基金会,1988.

姜义华. 胡适学术文集:中国佛学史[M]. 北京:中华书局,1997.

金春峰. 汉代思想史[M]. 北京:中国社会科学出版社,1987.

赖永海. 中国佛教通史[M]. 南京:江苏人民出版社,2010.

梁方仲. 梁方仲文集:中国经济史讲稿[M]. 北京:中华书局,2008.

廖明活. 嘉祥吉藏学说[M]. 台北:台湾学生书局有限公司,1985.

林镇国. 空性与现代性:从京都学派、新儒家到多音的佛教诠释学[M]. 台北:立绪文化事业有限公司,1999.

刘放桐,等. 现代西方哲学[M]. 修订本. 北京:人民出版社,1990.

吕澂. 吕澂佛学论著选集[M]. 济南:齐鲁书社,1991.

吕澂. 中国佛学源流略讲[M]. 北京:中华书局,1979.

蒙文通. 蒙文通文集:第一卷:古学甄微[M]. 成都:巴蜀书社,1987.

潘桂明,吴忠伟. 中国天台宗通史[M]. 南京:江苏古籍出版社,2001.

庞朴. 稂莠集:中国文化与哲学论集[M]. 上海:上海人民出版社,1988.

皮锡瑞. 经学历史[M]. 周予同,注释. 北京:中华书局,1959.

全增嘏. 西方哲学史[M]. 上海:上海人民出版社,1983.

钱穆. 国史大纲[M]. 修订第3版. 北京:商务印书馆,1996.

钱锺书. 管锥编[M]. 第2版. 北京:中华书局,1991.

卿希泰. 中国道教史[M]. 成都:四川人民出版社,1988.

饶宗颐. 老子想尔注校笺[M]. 香港:苏记书庄,1956.

饶宗颐. 老子想尔注校证[M]. 上海. 上海古籍出版社,1991.

任继愈. 汉唐佛教思想论集[M]. 北京:人民出版社,1994。

任继愈,等. 中国哲学发展史:秦汉[M]. 北京:人民出版社,1985.

任继愈,等. 中国哲学发展史:隋唐[M]. 北京:人民出版社,1994.

圣严法师:天台思想论集[M]//张曼涛. 现代佛教学术丛刊:第57册. 台北:大乘文化出版社,1979.

石峻,楼宇烈,方立天,等. 中国佛教思想资料选编[M]. 北京:中华书局,1981.

释印顺. 性空学探源[M]. 北京:中华书局,2011.

汤用彤. 汉魏两晋南北朝佛教史[M]. 北京:中华书局,1983.

汤用彤. 理学·佛学·玄学[M]. 北京:北京大学出版社,1991.

汤用彤. 隋唐佛教史稿[M]. 北京:中华书局,1982.

汤用彤. 隋唐佛教史稿[M]. 武汉:武汉大学出版社,2008.

汤用彤. 汤用彤全集[M]. 石家庄:河北人民出版社,2000.

魏道儒. 中国华严宗通史[M]. 南京:江苏古籍出版社,2001.

吴汝钧. 游戏三昧:禅的实践与终极关怀[M]. 台北:学生书局,1993.

吴忠伟. 体一智异:柏庭善月与南宋天台对山家山外之争的总结[M]//杭州佛学院. 吴越佛教:第七卷. 北京:九州出版社,2012.

辛冠洁,袁尔钜,马振铎,等. 日本学者论中国哲学史[M]. 北京:中华书局,1986.

印顺. 华雨集[M]. 台北:正闻出版社,1998.

印顺. 中国禅宗史:从印度禅到中华禅[M]. 南昌:江西人民出版社,1990.

张岱年. 中国哲学大纲[M]. 北京:中国社会科学出版社,1982.

张风雷. 天台智者大师的世寿与生年[M]. 湛如. 华林:第一卷. 北京:中华书局,2001.

张文达,张莉. 禅宗历史与文化[M]. 哈尔滨:黑龙江教育出版社,1998.

张跃. 唐代后期儒学[M]. 上海:上海人民出版社,1994.

霍韬晦. 一九七九年佛学研究论文集[C]. 高雄:佛光出版社,1994.

2. 外国论著

阿部肇一. 中国禅宗史:南宗禅成立以后的政治社会史的考证[M]. 关世谦,译. 台北:东大图书公司,1988.

包弼德. 斯文:唐宋思想的转型[M]. 刘宁,译. 南京:江苏人民出版社,2001.

保罗·L. 史万森. 天台哲学的基础:二谛论在中国佛教中的成熟[M]. 史文,罗同兵,译. 上海:上海古籍出版社,2009.

北京大学哲学系外国哲学史教研室. 西方哲学原著选读[M]. 北京:商务印书馆,1981.

Bernard Faure. *Ch'an Insights and Oversights：An Epistemological Critique of the Ch'an Tradition*［M］. Princeton：Princeton University Press，1993.

Bernard Faure. *The Rhetoric of Immediacy：A Cultural Critique of Ch'an/Zen Buddhism*［M］. Princeton：Princeton University Press，1991.

Bernard Faure. *The Will to Orthodoxy：A Critical Genealogy of Northern Ch'an Buddhism*［M］. California：Stanford University Press，1997.

池田鲁参. 湛然における五時八教論の展開［J］. 駒澤大学佛教学部論集，1975. 10(6).

冲本克己，菅野博史. 新亚洲佛教史 07：中国Ⅱ隋唐：兴盛开展的佛教［M］. 释果镜，译. 台北：法鼓文化，2016.

崔瑞德. 剑桥中国隋唐史：589—906 年［M］. 中国社会科学院历史研究所西方汉学研究课题组，译. 北京：中国社会科学出版社，1990.

David J. Kalupahana. *Buddhist Philosophy：A Historical Analysis*［M］. Honolulu：University of Hawaii Press，1967.

D. T. Suzuki. *Essays in Zen Buddhism：Third Series*［M］. London：Luzac and Company，1934.

D. T. Suzuki. *Essays in Zen Buddhism：First Series*［M］. New York：Grove Press，Inc. ，1949.

高崎直道，等. 唯识思想［M］. 李世杰，译. 台北：华宇出版社，1985.

関口真大. 達摩大師の研究［M］. 東京：春秋社. 1969.

郭良鋆. 经集：巴利语佛教经典［M］. 北京：中国社会科学出版社，1990.

汉斯-格奥尔格·加达默尔. 真理与方法：哲学诠释学的基本特征：上卷［M］. 洪汉鼎译，上海：上海译文出版社，1999.

Heinrich Dumoulin. *A History of Zen Buddhism*［M］. London：Faber and Faber，1963.

胡伊青加. 人：游戏者：对文化中游戏因素的研究［M］. 成穷，译. 王作虹，陈维政，校. 贵阳：贵州人民出版社，1998.

John R. McRae. *Seeing Through Zen：Encounter，Transformation，and Genealogy in Chinese Ch'an Buddhism*［M］. Berkeley，CA：University of California Press，2003.

John R. McRae. *The Northern School and the Formation of Early Ch'an Buddhism*［M］. Honolulu：University of Hawaii Press，1986.

Leon Hurvitz. *Chih-I：538 – 597：An Introduction to the Life and Ideas of a Chinese Buddhist Monk*［M］. Bruxelles：Impr. Sainte-Catherine，1962.

铃木大拙. 禅学入门［M］. 谢思炜，译. 北京：生活·读书·新知三联书店，1988.

铃木大拙. 铃木大拙禅学入门［M］. 林宏涛，译. 海口：海南出版社，2012.

铃木大拙. 通向禅学之路[M]. 葛兆光,译. 上海:上海古籍出版社,1989.

鈴木哲雄. 唐五代禅宗史[M]. 東京:山喜房佛書林. 1985.

柳田聖山. 禅の語録 2:初期の禅史Ⅰ:楞伽師資記・伝法宝紀[M]. 東京:筑摩書房,1979.

柳田圣山. 禅与中国[M]. 毛丹青,译. 北京:生活・读书・新知三联书店,1988.

柳田聖山. 初期禅宗史書の研究[M]. 東京:法藏館,1966.

柳田圣山. 胡适禅学案[M]. 台北:正中书局,1990.

Mario Poceski. *Ordinary Mind as the Way:The Hongzhou School and the Grouth of Ch'an Buddhism*[M]. Oxford:Oxford University Press,2007.

木村清孝. 中国华严思想史[M]. 李惠英,译. 台北:东大图书公司,2011.

Peter N. Gregory. *Sudden and Gradual:Approaches to Enlightenment in Chinese Thought and Traditions of Meditation in Chinese Buddhism*[G]. Honolulu:University of Hawaii Press,1987.

Peter N. Gregory. *Traditions of Meditation in Chinese Buddhism*[G]. Honolulu:University of Hawaii Press,1986.

平井俊栄. 法華文句の成立に関する研究[M]. 東京:春秋社. 1985.

任博克. 善与恶:天台佛教思想中的遍中整体论、交互主体性与价值吊诡[M]. 吴忠伟,译. 上海:上海古籍出版社,2006.

田中良昭. 敦煌禅宗文献の研究[M]. 東京:大東出版社,1983.

窪德忠. 道教史[M]. 萧坤华,译. 上海:上海译文出版社,1987.

Whalen Lai, Lewis R. Lancaster. *Early Ch'an in China and Tibet*[M]. Berkely:Asian Humanities Press,1983.

篠原寿雄,田中良昭. 講座敦煌 8:敦煌仏典と禅[M]. 東京:大東出版社,1980.

宇井伯壽. 禪宗史研究[M]. 東京:岩波書店,1942.

宇井伯壽. 第二禪宗史研究[M]. 東京:岩波書店,1966.

佐藤哲英. 天台大师之研究:特以著作的考证研究为中心[M]. 释依观,译. 台北:中华佛教文献编撰社,2005.

佐藤哲英. 続・天台大師の研究[M]. 京都:百華苑,1981.

后 记

本卷为集体创作之产物,具体分工如下:

导论,龚隽(中山大学哲学系)、李大华(深圳大学哲学系)。

第一章,许晓晴(集美大学马克思主义学院)撰写第一、二节,李琪慧(中山大学历史学系)撰写第三、四节。

第二章,秦瑜(广东工业大学通识教育中心)。

第三章,蒋海怒(浙江理工大学宗教文化研究所)。

第四章,傅新毅(复旦大学哲学学院教授)。

第五章,李迎新(中山大学哲学系)。

第六、七章,龚隽、江泓(暨南大学港澳历史文化研究中心)合撰(江泓撰写第三节),其中大部分内容据龚隽《禅史钩沉:以问题为中心的思想史论述》(北京:生活·读书·新知三联书店,2006)相关章节修改而成。

第八至十七章,第十八章第二、三、四节,李大华、夏志前(华南师范大学历史文化学院)合撰,主要依据李大华、李刚、何建明《隋唐道家与道教》(北京:人民出版社,2011)。

第十八章第一节,龚隽。

全书由龚隽、李大华、夏志前统筹并抉择相关章节的安排,共同审读定稿。

编撰研究型的《中国哲学通史》是件难度很高的事业，一部有学术深度的通史绝非一人可以驾驭。这部有关隋唐断代部分的哲学史稿，由于涉及的方面很多，思想也极为复杂，我们在写作过程中颇费周章。作为研究型的通史，我们需要兼顾专题与一般通史书写两个方面，既要表现哲学史的专题深度，同时也要照顾到通史的一般叙述，这之间往往难以两全。虽然我们组织了一些学有专精的研究人员分头工作，撰写之前也就有关的体例与规范做过一些讨论，但是由于每位学者的书写风格与理解不尽相同，最终文稿所呈现出的样式还是无法整齐划一。统稿的时候，我们只做了部分调整，原则上都尊重第一作者的写作旨趣，因而除了体例与个别文句的修订，基本保留了不同作者的作品原貌。在这里，我们真诚地感谢各位作者的努力参与，也敬请读者提出宝贵的批评。

作者

2019 年 4 月于羊城